व्यावसायिक वित्त
(Business Finance)

व्यावसायिक वित्त

(BUSINESS FINANCE)

(विश्वविद्यालय अनुदान आयोग द्वारा निर्धारित देश के समस्त विश्वविद्यालयों महाविद्यालयों हेतु स्वीकृत नवीन पाठ्यक्रमानुसार)

डॉ. राजेश कुमार पाण्डेय
एम.काम., डी. फिल
एसोसियेट प्रोफेसर वाणिज्य
पं. दीनदयाल उपाध्याय राजकीय स्नातकोत्तर
महाविद्यालय, सैदाबाद, इलाहाबाद

लोकभारती प्रकाशन
पहली मंजिल, दरबारी बिल्डिंग, महात्मा गाँधी मार्ग, इलाहाबाद-1

लोकभारती प्रकाशन
पहली मंजिल, दरबारी बिल्डिंग, महात्मा गांधी मार्ग
इलाहाबाद-211 001
वेबसाइट : www.lokbharatiprakashan.com
ईमेल : info@lokbharatiprakashan.com
शाखाएँ : 1-बी, नेताजी सुभाष मार्ग, दरियागंज
नई दिल्ली-110 002
अशोक राजपथ, साइंस कॉलेज के सामने
पटना-800 006 (बिहार)
36-ए, शेक्सपियर सरणी
कोलकाता-700 017

प्रथम संस्करण : 2014

इण्डियन प्रेस प्राइवेट लिमिटेड
इलाहाबाद द्वारा मुद्रित

BUSINESS FINANCE
by Dr. Rajesh Kumar Pandey

ISBN : 978-81-8031-946-4

मूल्य : ₹ 700

भूमिका

समय चक्र अनवरत चलायमान रहता है, इसके साथ समग्र विश्व का इतिहास, वर्तमान, एवं भविष्य की संकल्पनायें भी गतिमान रहती हैं। मानव सभ्यता के प्रथम सोपान से अब तक वित्त, धन, सम्पदा, इत्यादि शब्द कौतूहल, एवं प्रेरणा के विषय रहे हैं।

मानव की स्मिता जिस प्रकार पंच तत्वों (क्षिति, जल, पावक, गगन, समीर) के मेल से है उसी प्रकार धन की उपादेयता भी मानव शरीर की अस्मिता हेतु परमावश्यक है। वित्त के अभाव में शायद हम जीवन की कल्पना नहीं कर सकते, तथा यह किसी न किसी रूप में सदैव विद्यमान रहा है, एवं भविष्य में भी इसकी उपादेयता विद्यमान रहेगी। मानव विकास की आरम्भिक अवस्था से वर्तमान परिप्रेक्ष्य तक अनवरत मानव समाज के भौतिक विकास हेतु प्रयोग एवं अनुसन्धान जारी है। वर्तमान वैश्विक परिवेश उद्यम प्रधान है, विश्व में सर्वाधिक आवश्यकता औद्योगीकरण की है। औद्योगीकरण हेतु वित्त का पूँजी के रूप में विनियोजन अतीव आवश्यक होता है। वैश्विक अर्थव्यवस्था के भूमण्डलीकरण, उदारीकरण एवं निजीकरण ने अनेक राष्ट्रों के समक्ष कठिन चुनौती प्रस्तुत कर दी है, परिणाम स्वरूप अनेक राष्ट्र गला काट प्रतिष्पर्धा (Cut throat Competition) से भयाक्रान्त हैं। आर्थिक सुधारों के नाम पर भारत जैसे राष्ट्र मँहगाई एवं भ्रष्टाचार में आकंठ डूब चुके हैं इनके पास कोई पारदर्शी आर्थिक नीति नहीं है, इनकी अर्थव्यवस्था भूल एवं सुधार (Trial and error) द्वारा संचालित हो रही है। ब्यावसायिक वित्त विषय की उपयोगिता समूचे अर्थतन्त्र के लिए आवश्यक है। उद्यमिता के सृजन. एवं विकास हेतु छात्र/छात्राओं को स्नातक/परास्नातक स्तर पर शिक्षित एवं प्रशिक्षित करने की आवश्यकता है। प्रस्तुत पुस्तक व्यावसायिक वित्त (Business finance) भारत वर्ष के सम्पूर्ण विश्वविद्यालयों एवं महाविद्यालयों में वाणिज्य स्नातक एवं परास्नातक स्तर पर अध्ययन रत छात्रों के लिए उपयोगी होने के साथ-साथ सी.ए., एम.बी.ए., आई.सी.डब्ल्यू.ए., डी.बी.ए., बी.बी.ए. एवं कम्पनी सचिव, तथा आई.ए.एस. एवं पी.सी.एस. परीक्षाओं की तैयारी में लगे प्रतिष्पर्धी छात्रों के लिए उपयोगी होगी। पुस्तक का लेखन विश्वविद्यालय अनुदान आयोग नई दिल्ली द्वारा भारत वर्ष के सम्पूर्ण विश्वविद्यालयों में समान पाठ्य क्रम निर्धारण की मंशा के अनुरूप किया गया है। पुस्तक की विषय सामग्री को 15 अध्यायों में विभक्त किया गया है।

आभार प्रदर्शन की शृंखला में सर्व प्रथम मैं पूज्य गुरु स्व. प्रो. एस.पी. सिंह (इलाहाबाद विश्वविद्यालय इलाहाबाद) के प्रति कृतज्ञता ज्ञापित करता हूँ जिनके मार्ग दर्शन से मुझे वित्त क्षेत्र का ज्ञार्नाजन हुआ प्रो. जे.एन. मिश्र (इ.वि.वि) एवं डॉ बद्री विशाल त्रिपाठी (ए.डी.सी.) तथा डॉ सुनील कान्त मिश्र (वाणिज्य, सी.एम.पी. इलाहाबाद) डॉ. नीरज अत्री (सी.ए.) (वाणिज्य, वी.के.डी. कॉलेज झाँसी) डॉ. वी.एल. शर्मा (वाणिज्य राजकीय स्नातकोत्तर महाविद्यालय, फर्रूखाबाद) डॉ. ज्ञान प्रकाश वर्मा (रा.स्ना.म. सैदाबाद, इलाहाबाद) के प्रति उनके प्रेरणा एवं मार्गदर्शन हेतु आभारी हूँ। जिनसे मुझे अनवरत् प्रेरणा एवं नवीन उर्जा प्राप्त होती रही।

पुस्तक लेखन में अप्रत्यक्ष सहयोग प्रदान करने हेतु मैं अपनी अर्द्धांगिनी श्रीमती शोभा पाण्डेय एवं वेटी डॉ. ऋचा शुक्ला तथा दामाद डॉ. नवीन शुक्ला का विशेष आभारी हूँ जिन्होंने मुझे अनवरत लेखन हेतु प्रेरित किया। पुस्तक के वर्तमान कलेवर हेतु मेरे पुत्र शिखर प्रतीत का योगदान रहा।

पुस्तक के प्रकाशक श्री रमेश ग्रोवर एवं श्री आमोद माहेश्वरी के प्रति मै विशेष रूप से आभार ज्ञापित करता हूँ जिनके सक्रिय सहयोग के बिना इस पुस्तक को मूर्त स्वरूप प्राप्त नहीं हो सकता था, पुस्तक प्रकाशन के प्रति इनकी निष्ठा, समर्पण, एवं सद्भावना से ही यह पुस्तक प्रकाशित हो सकी।

व्यावसायिक वित्त जैसे विषय पर हिन्दी में पुस्तक लेखन सहज कार्य नहीं है। अभी तक अंग्रेजी भाषा में लिखी अनेक पुस्तकों से हिन्दी भाषी क्षेत्र के छात्र/छात्रा अध्ययन हेतु केवल अनुवाद का सहारा लेते हैं जिससे विषय की मूल भावना समाप्त हो जाती है। मेरे सृजन की सार्थकता एवं निरर्थकता का परीक्षण छात्र/छात्राओं, वित्त विशेषज्ञों, व्यवसायियों, एवं प्रबुद्ध जनो द्वारा ही किया जा सकता है। पुस्तक के सुधी पाठकों विद्यार्थियों, विद्वान साथियों, एवं वित्त विशेषज्ञों द्वारा प्रेषित सुझावों एवं पुस्तक के परिमार्जन हेतु प्राप्त विचारों का मैं कृतज्ञता पूर्वक स्वागत करूँगा।

—राजेश कुमार पाण्डेय

विषय-सूची

अध्याय		पेज
1. वित्तीय कार्य की प्रकृति एवं कार्य क्षेत्र (Nature and Scope of Financial Functions)	...	1
2. व्यवसाय के वित्तीय उद्देश्य (Financial Objectives of Business)	...	13
3. मुद्रा के समय मूल्य की अवधारणा (Concept of Time Value of Money)	...	32
4. स्थिति विवरण सूचनाओं का प्रारूप एवं विशेषताएँ (The Term and Character of Balance Sheet Information)	...	44
5. लाभ-हानि खाता विवरण सूचनाओं के प्रारूप एवं विशेषताएँ (The form and Character of Profit and Loss Statement Information)	...	57
6. अनुपात विश्लेषण (Ratio Analysis)	...	64
7. कोष प्रवाह विवरण (Funds Flow Statement)	...	100
8. रोकड़ प्रवाह विवरण (Cash Flow Statement)	...	154
9. लागत मात्रा लाभ विश्लेषण एवं लाभ नियोजन (Cost Volume Profit Analysis and Profit Planning)	...	183
10. पूँजीकरण के सिद्धान्त (Theories of Capitalisation)	...	208
11. अति एवं अल्प पूँजीकरण : कारण, परिणाम एवं उपचार (Causes, Consequences and Remedies of over and under Capitalisation)	...	234
12. परिचालन वित्तीय एवं संयुक्त उत्तोलक (Operating, Financial and Combined Leverages)	...	264
13. पूँजी बजटिंग : परिचय, प्रकृति एवं महत्ता (Introduction, Nature and Importance of Capital Budgeting)	...	278
14. लेखांकन प्रत्याय दर एवं पुनर्भुगतान अवधि विधि (Accounting Rate of Return and Pay Back Period Method)	...	320
15. लाभांश के प्रकार एवं निर्धारक तत्व (Dividend : Kinds and Determinants)	...	341

अध्याय
1

वित्तीय कार्य की प्रकृति एवं कार्य क्षेत्र
(Nature and Scope of Financial Functions)

वित्त कार्य से अभिप्राय किसी भी संगठन में वित्त सम्बन्धी कार्यों से है। व्यावसायिक संदर्भों में 'वित्त कार्य' को हम प्रमुखतया तीन संदर्भों में परिभाषित कर सकते हैं। प्रथम संदर्भ में वित्त कार्य से अभिप्राय संगठन के उद्देश्यों की प्रतिपूर्ति हेतु आवश्यक कोषों (Funds) की उपलब्धता सुनिश्चित करने से है। शाब्दिक अर्थों में वित्त कार्य का अभिप्राय कोषों की अधि प्राप्ति (Procourement of funds) से है। इसके अन्तर्गत संगठन तथा कोषों के स्रोत (Sources of funds) के मध्य लेखांकन एवं विधिक प्रक्रियाओं का समावेश होता है। इस उपागम के अन्तर्गत यह माना जाता है कि व्यय निर्णयन का आधार पूँजी की माँग है, तथा वित्त कार्य का प्रमुख उद्देश्य कोषों में वृद्धि करने से है।

द्वितीय संदर्भ में वित्त कार्य से अभिप्राय संगठन के अन्तर्गत समस्त नकद क्रियाओं को सम्मिलित करने से है। वस्तुत: प्रत्येक प्रकार के व्यवसायों में प्रत्यक्ष अथवा परोक्ष रूप से नकदी (Cash) अनिवार्यत: सम्बद्ध होती है, अत: वित्त कार्य से अभिप्राय व्यवसाय में होने वाली समस्त आर्थिक क्रियाओं से है।[1]

वित्तीय उपागम के अनुसार ''वित्त कार्य से आशय कोषों की अधि प्राप्ति (Procurement of funds) तथा व्यवसाय में उनका प्रभावशाली उपयोग करने से है।''

वास्तविक अर्थों में वित्त कार्य धन (Money) बाजार (Market) तथा लोगों (People) से सम्बन्धित है। अत: इसके अन्तर्गत कोषों की उपलब्धता सुनिश्चित करने के साथ कोषों के प्रभावपूर्ण उपयोग को भी सम्मिलित किया जाता है। वित्त कार्य के अन्तर्गत वित्तीय नियोजन, रोकड़ पूर्वानुमान, प्राप्तियाँ एवं भुगताम, कोषों का आवंटन एवं प्रयोग तथा वित्तीय नियंत्रण आदि क्रियाओं का समावेश किया जाता है।

वित्त कार्य का संगठन (Organisation of Finance Function)—वस्तुत: व्यावसायिक/औद्योगिक संगठनों में वित्त कार्य यत्र तात्रिक क्रिया न होकर अपितु अनवरत एवं सार्वभौमिक प्रक्रिया है। संगठन का आकार-प्रकार चाहे लघु, मध्यम, अथवा वृहद् स्तर का हो, वित्तीय कार्य के कुशल समापन हेतु अनिवार्यत: एक संगठन की आवश्यकता होती है। दूसरे शब्दों में वित्तीय प्रबन्धन के अन्तर्गत वित्त कार्य का संचालन संगठन के अभाव में कदाचित् सम्भव नहीं है। वित्त कार्य के संगठन का आशय संगठन के समस्त उत्तरदायित्वों कार्यों व अधिकारों को विभिन्न विशेषज्ञों के मध्य कार्य विभाजन से है। लघु उपक्रमों में वित्त कार्य का संचालन स्वयं संगठन के स्वामी द्वारा किया जाता है। उसके द्वारा उद्यम की आवश्यकताओं के अनुरुप वित्तीय, पूर्वानुमान, नियोजन, निर्णयन एवं बजट प्रावधान किया जाता है। संगठन के लिए आवश्यक कोषों की व्यवस्था से लेकर कोषों के उपयोग तथा प्राप्तियों एवं भुगतानों पर निरीक्षण एवं नियंत्रण रखा जाता है। परन्तु कुछ समय के उपरान्त व्यवसाय का आकर बढ़ने की दशा में वित्त कार्य का संगठन विशिष्टीकरण (Specialisation) के अभाव में संचालित नहीं किया जा सकता।

वृहद् आकार के संगठनों में वित्त कार्य के संचालन हेतु संगठन की आवश्यकता सर्वविदित है। वस्तुत: संगठन के कम्पनी प्रारूप के अन्तर्गत स्वामित्व एवं प्रबन्धन के मध्य स्पष्ट पृथक्करण होता है। कम्पनी की पूँजी अंशों में विभक्त होकर छोटे-छोटे विनियोजकों के मध्य स्वामित्व प्राप्त होती है। कम्पनी के वास्तविक स्वामी अंश धारक होते हैं, किन्तु प्रबन्धन का कार्य निदेशक मण्डल (Board of Directors) के हाथों में होता है। ऐसी दशा में वित्त कार्य की भूमिका उभयपक्षीय होती है। वित्तीय प्रबन्धक जहाँ एक ओर निदेशक मण्डल की अधीनस्थता में कार्य करता है वहीं दूसरी ओर उसे कम्पनी के अंशधारकों के हितों की सुरक्षा भी करनी पड़ती है। ऐसे संगठनों में वित्त कार्य के सम्पादन हेतु वित्त

---

1. Finance function means Procurement of funds and their effective utilisation in the business.

विशेषज्ञों की आवश्यकता पड़ती है। वित्त कार्य के संगठनात्मक स्वरूप में शीर्ष पर अंशधारी होते हैं, अंशधारकों के नीचे संचालक मण्डल या प्रबन्धक निदेशक होते हैं। संचालक मण्डल को वित्तीय मामलों में सलाह देने हेतु एक वित्त समिति होती है। वस्तुतः वित्त समिति संचालक मण्डल एवं प्रबन्ध संचालक के मध्य सेतु का कार्य करती है। प्रबंध संचालक विभिन्न कार्यात्मक प्रबन्धन क्षेत्रों का प्रभारी होता है। कार्यात्मक प्रबन्धन के अन्तर्गत उत्पादन प्रबन्धक, सेविवर्गीय प्रबन्धक, वित्तीय प्रबन्धक एवं विपणन प्रबन्धक होते हैं ये सभी अपने क्षेत्रों के विशेषज्ञ होते हैं, तथा अपने कार्यों के लिए प्रबन्ध संचालक के प्रति उत्तरदायी होते हैं। उक्त कार्यात्मक प्रबन्धकों में वित्त प्रबन्धक सर्वप्रमुख होता है तथा समस्त वित्तीय कार्यों के लिये उत्तरदायी एवं जवाबदेह होता है। चूँकि वित्त प्रबन्धक अकेले समस्त वित्तीय कार्यों को सम्पादित करने में सक्षम नहीं होता, अतः उसके अधीन कोषाध्यक्ष (Treasurer) एवं वित्त नियंत्रक (Finance Controller) दो महत्त्वपूर्ण पदाधिकारी कार्य करते हैं। इनके मध्य वित्त सम्बन्धी कार्यों का स्पष्ट विभाजन होता है। इनके अधीन कई अन्य उपविभाग कार्यरत होते हैं। कोषाध्यक्ष के अधीन रोकड़, बैंक प्रबन्धन विनियोग, साख प्रबन्धन, वेतन, पेंशन, प्रबन्धन, अंकेक्षण एवं साख विश्लेषण तथा लाभांश वितरण प्रबन्धन एवं लागत प्रबन्धन इत्यादि उपविभाग होते हैं। जबकि वित्त नियंत्रण के अधीन नियोजन एवं बजटिंग, वित्तीय लेखा, वित्तीय विवरण, लाभ विश्लेषण, आन्तरिक अंकेक्षण, कर प्रशासन, लागत एवं स्कन्ध प्रबन्ध तथा सांख्यिकीय इत्यादि उपविभाग होते हैं।

Organisational Structure of Finance Function
(वित्त कार्य हेतु संगठनात्मक संरचना)

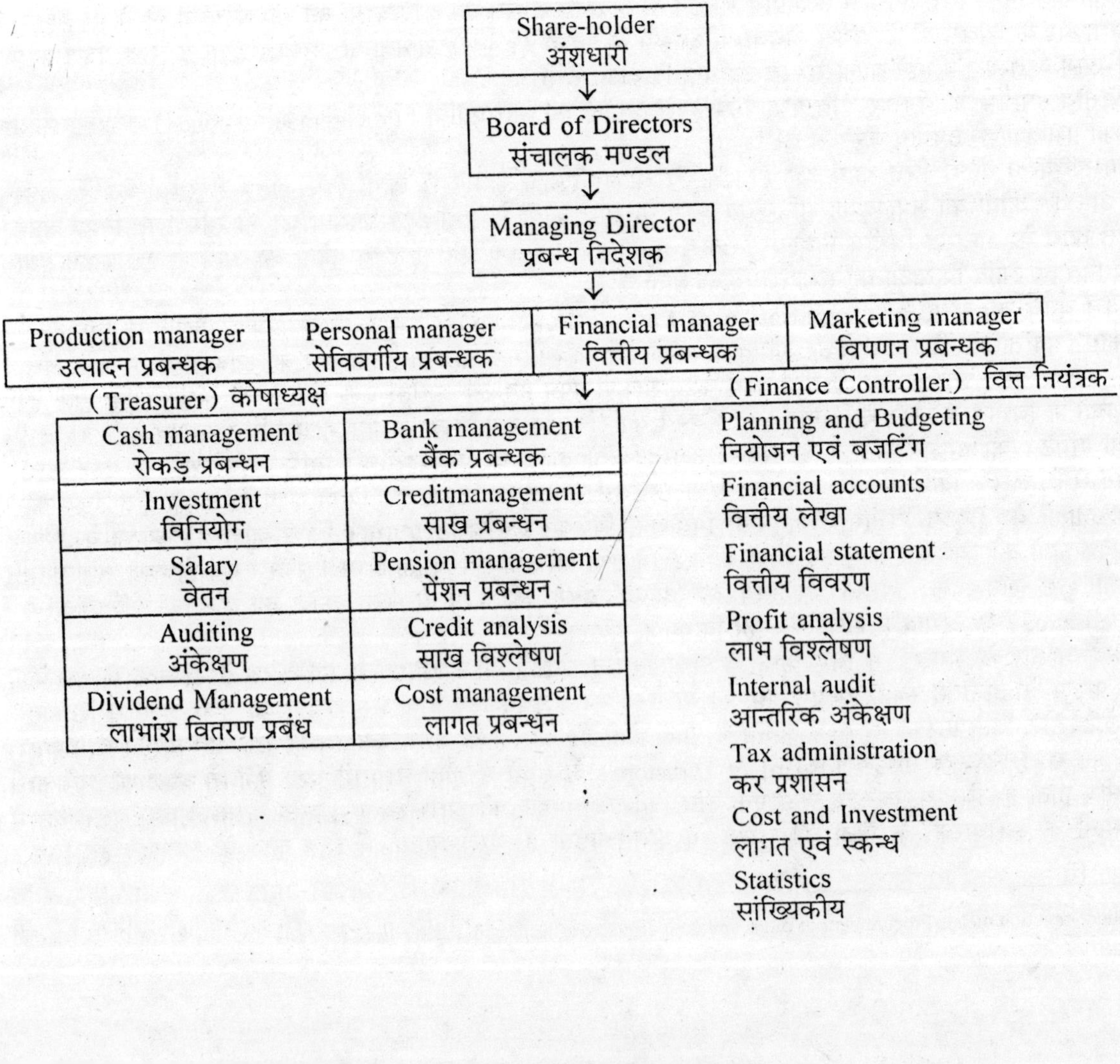

वित्त समिति (Finance Committee)

किसी भी आर्थिक संगठन में नियोजन एवं नियंत्रण का कार्य मात्र प्रबन्ध संचालक द्वारा पूर्ण नहीं किया जा सकता। अत: संचालक मण्डल एवं प्रबन्ध संचालक के मध्य एक कड़ी के रूप में वित्त समिति (Finance Committee) का गठन किया जाता है। इसके अन्तर्गत संचालक मण्डल के कतिपय सदस्य अथवा उनके प्रतिनिधि तथा विभिन्न विभागों के अध्यक्ष पदेन सदस्य होते हैं। प्रबन्ध संचालक प्राय: वित्त समिति का पदेन अध्यक्ष होता है। वित्त समिति द्वारा वित्तीय नियोजन एवं नियंत्रण हेतु संचालक मण्डल को समय-समय पर उपयुक्त परामर्श प्रदान किया जाता है। वस्तुत: यह एक परामर्शदात्री समिति है। नीतियों के क्रियान्वयन में वित्त समिति की भूमिका नगण्य होती है। उत्पादनों के विविधीकरण एवं विभागों के विकेन्द्रीकरण की दशा में सर्वोच्च प्रबन्धन को उचित परामर्श प्रदान करने में वित्त समिति आधारभूत भूमिका का निर्वहन करती है। अत्यधिक बड़े संगठनों में वित्त समिति की सहायतार्थ कतिपय अन्य समितियाँ भी होती हैं। जैसे पूँजी विनियोग समिति, बजट समिति, वेतन समिति, पेंशन एवं भविष्य निधि समिति आदि।

वस्तुत: कम्पनी के स्वभाव, लक्षण, आकार एवं विशेषता के अनुसार वित्तीय संगठन के ढाँचे में विभिन्नता होती है। अनेक कम्पनियों में उपाध्यक्ष वित्त अथवा संचालक वित्त का एक ही पद होता है। ऐसी स्थिति में कोषाध्यक्ष एवं नियंत्रक का कार्य एक ही व्यक्ति द्वारा सम्पादित किया जाता है।

कोषाध्यक्ष (Treasurer)

कोषाध्यक्ष शब्द दो शब्दों कोष + अध्यक्ष के मेल से बना है। इसका शाब्दिक अर्थ कोष के अध्यक्ष से है। वर्तमान औद्योगिक परिवेश में कोषाध्यक्ष की भूमिका अत्यन्त महत्त्वपूर्ण है। निजी क्षेत्र के संस्थानों के अतिरिक्त सार्वजनिक क्षेत्र के प्रतिष्ठानों/विभागों में आज कोषाध्यक्ष की नियुक्ति की जाती है। वस्तुत: वित्तीय प्रबन्धक के अधीनस्थ सहयोगियों में कोषाध्यक्ष का महत्त्वपूर्ण स्थान है। वृहद् औद्योगिक प्रतिष्ठानों में वित्त कार्य के सफल सम्पादन हेतु प्राय: वित्त नियंत्रक, एवं कोष्राध्यक्ष दोनों पदों का सृजन किया जाता है। वित्तीय प्रबन्धन की पारम्परिक विचारधारा के अन्तर्गत वित्तीय नियोजन एवं नियंत्रण का कार्य उतना महत्त्वपूर्ण नहीं था बल्कि क्रियान्वयन एवं कोषों के संग्रहण पर अधिक बल दिया जाता था, वित्त कार्य का विकास एवं विस्तार होने के साथ-साथ वित्त प्रबन्धन की विचारधारा में आये आमूल चूल परिवर्तन ने कोषाध्यक्ष की भूमिका को अत्यन्त महत्त्वपूर्ण बना दिया, वर्तमान समय में कोषाध्यक्ष वित्तीय नियोजन, वित्तीय पूर्वानुमान, वित्तीय समन्वय, विश्लेषण तथा नियंत्रण आदि कार्यों से घनिष्ठतापूर्वक सम्बन्धित है। वर्तमान समय में कोषाध्यक्ष रोकड़ एवं बैंक प्रबन्धन, विनियोग तथा साख प्रबन्धन, वेतन तथा पेंशन प्रबन्धन अंकेक्षण तथा साख विश्लेषण एवं लाभांश वितरण प्रबन्ध तथा लागत प्रबन्ध आदि कार्यों का सम्पादन, नियंत्रण एवं पर्यवेक्षण करता है। आज के परिवेश में कोषाध्यक्ष कम्पनी के कोषों का प्रमुख धरोहर कर्ता (custodian) होता है। आवश्यक कोषों की उपलब्धता सुनिश्चित करने के साथ-साथ प्राप्त कोषों की सुरक्षा, रोकड़ सम्बन्धी एवं बैंक विषयक लेखों का रखरखाव, कोषों के प्रवाह पर निरीक्षण एवं नियंत्रण, कोषों के लाभदायक विनियोग कोषों के निर्गम (out flow) एवं कोषों के आगम (Inflow) के मध्य साम्य की स्थापना आदि महत्त्वपूर्ण कार्य कोषाध्यक्ष द्वारा सम्पादित किये जाते हैं। कोषाध्यक्ष के पद पर आसीन व्यक्ति को वित्त सम्बन्धी कार्यों की विशेषज्ञता के साथ-साथ वित्तीय नियोजन, साख प्रबन्धन वित्तीय संस्थानों, स्कन्ध विनियमों (Stock Exchange) व्यापारिक बैंकों म्युचुअल फंडों आदि क्षेत्रों का वृहद् ज्ञान होना चाहिए। सामान्यतया: कोषाध्यक्ष के कार्य-क्षेत्र में निम्न बिन्दुओं को सम्मिलित किया जाता है।

1. वित्त की व्यवस्था (Provision of Finance)—उद्यम की आवश्यकताओं के अनुसार वित्त का प्रावधान करने हेतु नीतियों एवं कार्यक्रमों का प्रतिस्थापन एवं क्रियान्वयन करना, जिससे संगठन के लिये आवश्यक कोषों की व्यवस्था करके कोष प्रवाह की निरन्तरता कायम रखी जा सके।

2. वित्तीय नियोजन (Financial Planning)—वित्तीय नियोजन से अभिप्राय वित्तीय पूर्वानुमान लगाने से है। इसके अन्तर्गत फर्म के लिये आवश्यक रोकड़ प्राप्तियों एवं भुगतानों का पूर्वानुमान लगाया जाता है। कोषाध्यक्ष इस तथ्य का भी पूर्वानुमान लगाता है कि संगठन के लिये किस सीमा तक ऋणों की आवश्यकता है। लाभांश नीति के निर्णयन में उच्च पदस्थ अधिकारियों को सुझाव देना इत्यादि कार्य भी सम्मिलित किया जा सकता है।

3. विनियोजकों से सम्बन्ध (Investor Relation)—वृहद् संगठनों में पूँजी का प्रमुख आधार प्रतिभूतियाँ होती हैं। अत: प्रतिभूतियों के विक्रय हेतु आवश्यक बाजार की उपलब्धता सुनिश्चित करने हेतु कोषाध्यक्ष विनियोजकों से

सम्बन्ध स्थापित करता है। ताकि कम्पनी की अंशपूँजी सहजता से संग्रहीत की जा सके। इसके अतिरिक्त कोषाध्यक्ष कम्पनी की अल्पकालिक आवश्यकताओं की पूर्ति हेतु अल्पकालीन ऋणों की व्यवस्था भी करता है।

4. रोकड़ प्रबन्धन (Cash Management)—संगठन की ओर से बैंकों में खाते खोलकर प्राप्त रोकड़ सम्बन्धित खातों में जमा करवाना, तथा दिन-प्रतिदिन होने वाले नकद व्यवहारों का लेखा-जोखा करके धनराशि बैंकों में जमा करवाना, रोकड़ प्राप्ति एवं भुगतान की उचित विधि का निर्माण करके तदनुसार आगत-निर्गत की व्यवस्था करना, वेतन भत्तों, किराया, बीमा, कर आदि भुगतानों को समय पर किया जाना आदि कार्यों को कोषाध्यक्ष सम्पन्न करता है।

5. उधार एवं संग्रहण (Credit and Collection)—प्रत्येक कम्पनी कुछ न कुछ मात्रा में उधार लेन-देन अवश्य करती है। इसके लिये ग्राहकों की भुगतान क्षमता का आकलन करके उधार सौदों की व्यवस्था करना एवं निर्धारित समय के भीतर उधार धनराशि की वसूली सुनिश्चित करना कोषाध्यक्ष का महत्त्वपूर्ण कार्य है।

6. विनियोग (Investments)—कम्पनी की पूँजी का सर्वोत्तम एवं लाभदायी विनियोजन करना तथा पेंशन आदि के भुगतान हेतु विनियोग नीतियों का निर्धारण करना आदि कार्य कोषाध्यक्ष द्वारा सम्पादित किये जाते हैं।

7. बीमा (Insurance)—कोषाध्यक्ष कम्पनी की सम्पत्तियों का रखवाला (Custodian) होता है। अतः कम्पनी की चल-अचल सम्पत्तियों की सुरक्षा हेतु पर्याप्त मात्रा में बीमा की व्यवस्था करना कोषाध्यक्ष का नैतिक कर्तव्य होता है।

वित्त नियंत्रक (Finance Controller)

वित्त नियंत्रक शब्द से ही वित्त नियंत्रक के कार्य ध्वनित होते हैं, वस्तुतः वित्त नियंत्रक संगठन के कोषों का नियंत्रण कर्ता एवं सजग प्रहरी (Watch dog) होता है। इसका प्रमुख कार्य इस बात का सुनिश्चियन होता है कि कम्पनी द्वारा व्यय की जाने वाली धनराशि उचित रीति से एवं नियमानुसार व्यय की जाय, तथा व्यय की जाने वाली राशि का प्रतिकर कम्पनी को प्राप्त हो रहा है अथवा नहीं।

वर्तमान वृहद् औद्योगिक संगठनों में वित्त प्रबन्ध की सहायता हेतु वित्त नियंत्रक का पद सृजित किया गया है। कोषाध्यक्ष द्वारा संग्रहीत एवं सृजित धन की समुचित व्यवस्था एवं उपयोग पर नियंत्रण परम आवश्यक क्रिया है। कुशलता एवं मितव्ययितापूर्वक कोषों का उपयोग न होने की दशा में संगठन के उद्देश्यों की प्राप्ति सहज नहीं होगी, इन्हीं कारणों से वृहद् संगठनों में कोषाध्यक्ष एवं वित्त नियंत्रक दोनों अलग-अलग व्यक्ति होते हैं।

वर्तमान सूचना तकनीकी युग में वित्त नियंत्रक आँकड़ों के संग्रहण एवं विश्लेषण के माध्यम से निश्चयीकरण का केन्द्रबिन्दु (Central-place of Decision making) बन गया है। कोहेन एवं रॉबिन्स के अनुसार "नियंत्रकों की नवीन भूमिका के बारे में यह कहना अतिश्योक्ति न होगा, कि कतिपय कम्पनियों के प्रबन्ध दल में वह ही ऐसा व्यक्ति है जो व्यवसाय के संदर्भ में अध्यक्ष अथवा प्रबन्ध संचालक से भी अधिक ज्ञान रखता है।"[1]

वास्तविक अर्थों में शीर्ष प्रबन्धन की निर्णयन प्रक्रिया में वित्त नियंत्रक की भूमिका आधारभूत होती है। सामान्य तौर पर हम वित्त नियंत्रक के कार्यों को निम्नानुसार सूचीबद्ध कर सकते हैं—

(i) प्रचलित लेखांकन पद्धतियों में से अनुकूल लेखांकन पद्धति का निर्धारण एवं संचालन करना।
(ii) लागत नियंत्रण हेतु संगठन के प्रत्येक स्तर पर प्रयास करना।
(iii) बजट पूर्वानुमान एवं निर्माण तथा पूर्वानुमानों के आधार पर भावी नियोजन की रूपरेखा तैयार करना।
(iv) कर सम्बन्धी दायित्वों का निर्वहन करना।
(v) संगठन के नियमित अंकेक्षण की व्यवस्था करना।
(vi) आन्तरिक अंकेक्षण के माध्यम से आन्तरिक नियंत्रण की स्थापना करना।
(vii) वित्तीय विवरणों (लाभ-हानि खाता, चिट्ठा) का निर्माण व वित्तीय प्रतिवेदनों को तैयार करके उच्च प्रबन्धन के समक्ष रखना।
(viii) महत्त्वपूर्ण सांख्यिकीय तथ्यों एवं आंकड़ों का संकलन एवं विश्लेषण।
(ix) कार्य निष्पत्ति का मूल्यांकन एवं विश्लेषण।
(x) वित्तीय अनुसंधान का आयोजन एवं समुचित व्यवस्था करना।

---

1. It is no exaggeration of the controllers new status to say that in some corporation he is the one man on the management team who may know more about the business than the President, Controller makes bid for a bigger job"
—Business week Nov. 1960 quoted by Cohen & Robbins.

वित्त कार्य की प्रकृति एवं विकास

(Nature and Development of Finance Function)

बीसवीं सदी का उत्तरार्द्ध वित्त कार्य की प्रकृति एवं विकास में आमूल चूल परिवर्तन काल रहा है। पारम्परिक तौर पर जहाँ पूर्व में वित्त कार्य मात्र कोषों की व्यवस्था तक सीमित था वहीं आधुनिक परिदृश्य में वित्त कार्य कोषों की व्यवस्था के साथ-साथ कोषों के प्रभावकारी उपयोग से भी सम्बन्धित हो चुका है। आधुनिक संदर्भों में ''वित्त कार्य का अभिप्राय कोषों की व्यवस्था करने के साथ ही कोषों के समुचित उपयोग से भी है।''[1]

इजरा सोलोमन के शब्दों में, ''पारम्परिक संदर्भों में कोषों के स्रोतों पर अधिक बल दिया जाता था जिसका सम्बन्ध अधिकांशत: विशिष्ट प्रक्रियात्मक ब्योरे या वृहद् विवरण से होता था। अब नवीन व्यापक संदर्भों में कोषों के अनुकूलतम संकलन उपयोग एवं आवंटन की दिशा में विवेकपूर्ण नीति निर्धारण पर अधिक बल दिया जाता है।''[2]

वर्तमान समय में वित्त कार्य निश्चयीकरण का केन्द्र बिन्दु (Focal piont of Decision making) बन चुका है। वित्त कार्य के विकास क्रम की अत्याधुनिक कड़ी में कोषों की उपलब्धता एवं प्रयोग के साथ-साथ व्यवसाय के लिये उनके आवंटन से सम्बद्ध संचालन प्रक्रियाओं के मूल्यांकन एवं विश्लेषण पर ध्यान केन्द्रित किया जाने लगा है। ऐतिहासिक काल क्रम के अनुसार वित्त कार्य के विकास एवं प्रकृति को निम्न दो वर्गों में वर्गीकृत किया जा सकता है।

1. पारम्परिक विचारधारा 2. आधुनिक विचारधारा

पारम्परिक विचारधारा (Traditional Approach)

वित्तीय प्रबन्ध की पारम्परिक विचारधारा का अभ्युदय एवं विकास बीसवीं शताब्दी प्रथम अर्द्धशतक तक हुआ। इस विचारधारा के प्रवर्तन एवं पोषण में विद्वानों एवं उनकी कृतियों का अतुलनीय योगदान रहा है। इस काल की प्रकाशित पुस्तकों में Corporation Finance-Thomas Green, (1897) Corporation Finance-Edward Smeade (1910) Materials of Corporation Finance- Charles 2. Gerstenberg (1915) The Financial Policy of Corporation—Arthur S Dewing (1919) Corporate Promotion and Reorganisation—Arthur Stone, Dewing. Case Problems in Finance—Hunt and Williams (1945) इत्यादि प्रमुख हैं।

वित्तीय प्रबन्ध की परम्परागत विचारधारा के अभ्युदय के उपरान्त वित्त कार्य एक यत्रतत्रिक (Sporadic) कार्य न रहकर अपितु व्यवसाय संचालन की प्रक्रिया में निरन्तर प्रशासनिक कार्य बन गया। वित्तीय प्रबन्ध की पारम्परिक विचारधारा वित्तीय प्रबन्धन के क्षेत्र को प्रभावी बनाती है किन्तु प्रारम्भिक अवस्था में वित्तीय प्रबन्धक की भूमिका को सीमित करती है। इस धारणा के अनुसार वित्तीय प्रबन्ध का क्षेत्र मात्र कोषों का एकत्रीकरण (Procurement of funds) तक सीमित होता है। तथा विशेषतया कतिपय विशिष्ट घटनाओं के घटित होने पर जैसे प्रवर्तन, पुनर्संगठन, एकीकरण, विस्तार एवं संविलयन की दशा में ही महत्त्वपूर्ण होता है। संगठन के दिन-प्रतिदिन के कार्य संचालन हेतु वित्तीय प्रबन्धक का प्रमुख कार्य यह देखना होता है कि संगठन के पास अपने दायित्वों कां भुगतान करने हेतु पर्याप्त तरलता विद्यमान है अथवा नहीं।

परम्परागत विचारधारा के अन्तर्गत कोषों के एकत्रीकरण हेतु समग्र ध्यान केन्द्रित किया जाता था। अर्थात् कोषों की व्यवस्था किन स्रोतों से तथा किन-किन शर्तों पर की जाय। कोषों के प्रभावपूर्ण उपयोग अथवा आवंटन के संदर्भ में वित्तीय प्रबन्धक के पास किसी भी प्रकार के अधिकार नहीं थे। अर्थात् फर्म के कोषों के आवंटन सम्बन्धी निर्णयन में वित्तीय प्रबन्धक की भूमिका नगण्य मानी जाती है। पारम्परिक विचारधारा निवेश दृष्टिकोष (Investment's approach) का पोषण करती है। इसका सम्बन्ध प्रत्यक्षत: प्रबन्धन कार्य से न होकर अपितु विनियोजकों, बैंकों एवं वित्तीग संस्थाओं से होता है।

वित्त प्रबन्धन की परम्परागत विचारधारा के अभ्युदय के उपरान्त ही वित्तीय प्रबन्ध एक नियोजित, संगठित एवं वैज्ञानिक अध्ययन की विषयवस्तु बन सका। इसके पूर्व प्रबन्धकीय कार्य हेतु अनुभव भूल एवं सुधार (Trial and error)

---

1. Finance function means Effective use of funds with Procurement of funds.
2. The traditional approach thus focused on sources of funds and was too often largely concerned with specific Procedural details. The newer broader approach aims at formulating rational Policy for the optimum use, Procurement and allocation of funds. (the theory of financial management)

अन्तर्मन की अभिप्रेरणा का प्रयोग किया जाता था तथा इसके समुचित एवं क्रमबद्ध अध्ययन की आवश्यकता महसूस नहीं की जाती थी। अत: परम्परागत विचारधारा को वित्त प्रबन्ध के क्षेत्र में मील के पत्थर की संज्ञा दे सकते हैं।

पारम्परिक विचारधारा की सीमाएँ (Limitation of Traditional Approach)—वित्त कार्य की परम्परागत विचारधारा यद्यपि कि वित्तीय प्रबन्धन की विषय-वस्तु को समग्रता एवं वैज्ञानिकता प्रदान करती है किन्तु फिर भी इसकी कतिपय सीमाएँ निम्नलिखित हैं—

1. कोषों के संकलन तक सीमित (Limited up to Procurement of Funds)—परम्परागत विचारधारा के अन्तर्गत वित्त कार्य मात्र कोषों के संकलन एवं अभिवृद्धि तक ही सीमित था। वित्त कार्य का अभिप्राय मात्र विनियोजक दृष्टिकोण का पोषक था, वित्तीय निर्णयन की प्रक्रिया वित्त कार्य के क्षेत्र से अलग मानी जाती थी, यह एक सामान्य सामाजिक विधान है ''कि अर्जित करने वाले व्यक्ति को व्यय करने का पूर्ण अधिकार होता है'' क्योंकि कोषों की व्यवस्था करने वाले व्यक्ति द्वारा कोषों का बेहतर एवं मितव्ययी प्रयोग किया जा सकता है। इस विचारधारा के अन्तर्गत बाह्य व्यक्ति अवधारणा (Out sider-looking- in Approach) को पोषित किया जाता है।

2. नैत्यक प्रबन्ध की उपेक्षा (Ignorance of Routine Management)—परम्परागत विचारधारा के अन्तर्गत वित्त कार्य की प्रासंगिकता मात्र कोषों के एकत्रीकरण तक सीमित होने के कारण इसके अन्तर्गत अंश एवं अंश बाजार प्रवर्तन (Promotion) निगमन (Incorporation) तथा संविलयन (merger) इत्यादि पर अत्यधिक बल दिया जाता है। संगठन के अन्तर्गत कोषों के प्रयोग एवं नैत्यक प्रबन्ध की पूर्णरूपेण उपेक्षा की जाती है। अर्थात् कोषों की व्यवस्था प्राथमिक कार्य एवं कोषों का प्रयोग एवं प्रबन्धकीय कार्य गौण कार्य माने जाते हैं।

3. दीर्घकालीन दृष्टिकोण (Long term Approach)—इस विचारधारा के अन्तर्गत संगठन की दीर्घकालीन समस्याओं पर अधिक ध्यान दिया जाता है जबकि अल्पकालीन समस्याओं जैसे कार्यशील पूँजी प्रबन्ध आदि विषयों की अवहेलना की जाती है। वस्तुत: दीर्घकालीन दृष्टिकोण संगठन, विकास एवं विस्तार हेतु आवश्यक है किन्तु अल्पकालीन समस्याओं की अनदेखी कदापि नहीं की जा सकती।

4. अनिगमित संगठनों की उपेक्षा (Ignorance of non Corporate Organisations)—पारम्परिक विचारधारा के अनुसार अनिगमित संगठनों की वित्तीय समस्याओं पर कदापि ध्यान नहीं दिया जाता बल्कि निगमित संगठनों की वित्तीय समस्याओं पर ही सम्पूर्ण ध्यान केन्द्रित किया जाता है। वस्तुत: अनिगमित संगठनों जैसे एकल स्वामित्व साझेदारी व अन्य अनिगमित संगठनों में स्वामित्व एवं प्रबन्धन की एकता होने के कारण पूँजी संचयन अधिक दुष्कर होता है। विनियोजक सदैव आशंकित रहते हैं कि उनके द्वारा विनियोजित पूँजी का प्रयोग कहीं संगठनेत्तर गतिविधियों में न कर लिया जाय, इसके अतिरिक्त निगमित क्षेत्रों की तुलना में अनिगमित क्षेत्रों में पूँजी संचयन की अपनी सीमाएँ होती हैं। अत: वित्त कार्य के अन्तर्गत केवल निगमित क्षेत्र को सम्मिलित किया जाना पूर्णरूपेण अनौचित्यपूर्ण है।

5. आकस्मिक प्रक्रिया (Casual Process)—वित्तीय प्रबन्ध की परम्परागत विचारधारा के अनुसार वित्त कार्य एक आकस्मिक प्रक्रिया है, जबकि संगठन के अन्तर्गत वित्त कार्य अनवरत् प्रक्रिया है, वित्तीय प्रबन्धन की निरन्तरता के अभाव में हम संगठन के निर्धारित लक्ष्यों को प्राप्त करने में समर्थ नहीं हो सकते। अत: प्रबन्धन जैसे महत्त्वपूर्ण कार्य को आकस्मिक प्रक्रिया मानकर संगठन का संचालन सुचारू रूप से कदापि नहीं हो सकता।

वस्तुत: विकास की प्रारम्भिक अवस्था में वित्तीय प्रबन्धन के क्षेत्र में पारम्परिक विचारधारा का प्राधान्य था, तत्कालीन परिवेश में अनेक ग्रंथों की रचना पारम्परिक चिंतन को मूल में रखकर की गयी। इस विचारधारा को मूर्त स्वरूप देने का श्रेय 1897 में लिखित गिनीज की पुस्तक (Corporation finance) को जाता है। पारम्परिक विचारधारा को पुष्ट करने हेतु 1910 में मीड़ द्वारा लिखित पुस्तक (Corporation finance) मील का पत्थर साबित हुई। इसके अन्तर्गत लाभ निर्धारण, प्रवर्तन (Promotion) पुनर्समायोजन पुनर्संगठन संविलयन (Consolidation) एवं प्रतिभूति बहाव (Securities floatation) आदि अध्यायों को सम्मिलित किया गया है। 1950 के दशक तक पारम्परिक विचारधारा की प्रधानता होने का कारण तत्कालीन स्थितियों में अत्यधिक मात्रा में विलयन (Mergers) एवं संविलयन (Consolidation) का होना था। जिसके परिणामस्वरूप समस्त प्रकार की प्रतिभूतियों का अत्यधिक मात्रा में बहाव होना स्वाभाविक था। वस्तुत: इस विचारधारा के क्रियान्वयन पर कोषों के प्रयोग में होने वाली अनियमितताओं, अपव्ययों एवं छलकपटों ने वित्त विशेषज्ञों को पुनर्विचार हेतु बाध्य किया, इसी काल में फर्मों पर शासकीय नियंत्रणों एवं अधिनियमों के बढ़ते प्रभाव के कारण परम्परागत विचारधारा की उपादेयता पर प्रश्नचिह्न लगने लगे। इस विचारधारा की आलोचना दिन प्रतिदिन के प्रबन्धकीय

समस्याओं में सहभागी न होने के कारण होने लगी। प्रबन्धन के क्षेत्र में ऐसा महसूस किया जाने लगा कि मात्र कोषों की प्राप्ति हेतु विनियोजकों पर ध्यान केन्द्रित करके कोई भी संगठन अपने लक्ष्यों को पूर्ण नहीं कर सकता। इस विचारधारा के अनुयायियों में **गर्स्टेनबर्ग, लिन्कोन** आदि प्रमुख हैं। वित्तीय प्रबन्धन के क्षेत्र में विक्रय पूर्वानुमान, बजटिंग, लागत नियंत्रण एवं वित्तीय नियंत्रण नामक नये अध्याय जुड़ने लगे। परिणामस्वरूप प्रबन्धन की विधा में नवीन विचारधारा का अंकुरण होने लगा।

आधुनिक विचारधारा (Modern Concept)

परम्परागत विचारधारा की अनेक खामियों के बावजूद भी यह विचारधारा 1950 के दशक तक प्रचलन में रही, किन्तु द्वितीय विश्वयुद्ध (1939-45) के पश्चात् विश्व अर्थव्यवस्था में आये नवीन ध्रुवीकरण एवं युद्ध के पश्चात् तबाह अनेक अर्थव्यवस्थाओं के पुनर्गठन एवं विकास की सम्भावनाओं हेतु पारम्परिक विचारधारा में कतिपय संशोधन की आवश्यकता प्रतीत हुई। परिणामस्वरूप वित्त प्रबन्ध के क्षेत्र में एक नवीन विचारधारा का अभ्युदय हुआ। जहाँ पारम्परिक विचारधारा के अन्तर्गत केवल कोषों की प्राप्ति (Procurement of funds) तक वित्त प्रबन्धन का क्षेत्र सीमित था, वहीं अब, कोषों की प्राप्ति के साथ-साथ कोषों के प्रयोग (Uses of funds) तथा निर्णयन सम्बन्धी कार्यों में वित्त प्रबन्धन की सक्रिय सहभागिता सुनिश्चित की गयी। तत्कालीन परिवेश में मजबूत निगमित व्यवसाय तकनीकी विकास, विपणन का विस्तृत स्वरूप तथा स्वस्थ व्यावसायिक प्रतिस्पर्धा के तत्त्वों की प्रचुरता के कारण संगठन के संसाधनों का अनुकूलतम (Optimum) स्तर तक प्रयोग करके संगठन का अस्तित्त्व बचाये रखने हेतु वित्त कार्य के अन्तर्गत कोषों के प्रयोग एवं निर्णयन सम्बन्धी कार्य सम्मिलित किये गये हैं।

इजरा सोलोमन के शब्दों में ''परम्परागत विचारधारा कोषों के साधनों पर अधिक बल देती थी जिसका सम्बन्ध विशिष्ट प्रक्रियात्मक ब्यौरे या विस्तृत विवरण से होता था। अब नवीन व्यापक व्याख्या के अन्तर्गत कोषों के अनुकूलतम संकलन उपयोग एवं आवंटन की दशा में विवेकपूर्ण नीति निर्धारण पर अधिक बल दिया जाता है।''[1]

नवीन विचारधारा फर्म की वित्तीय समस्याओं पर विश्लेषणात्मक दृष्टिकोष प्रस्तुत करती है। इस विचारधारा के पोषकों में इजरा सोलोमन, वेस्टन एवं ब्राइगम, वॉकर, हावर्ड एवं अपटन, इत्यादि प्रमुख है। इस विचारधारा के अभ्युदय के उपरान्त वित्तीय प्रबन्धन सम्पूर्ण प्रबन्धकीय कार्यों का अन्तरंग हिस्सा बन चुका है। ''वृहद् अर्थों में वित्तीय निर्णयन का केन्द्र बिन्दु कोषों का विवेकपूर्ण प्रयोग होता है तथा इसके अन्तर्गत संगठन के निर्धारित लक्ष्यों की प्राप्ति हेतु कोषों का प्रभावी प्रयोग करके हम विस्तृत वित्तीय लक्ष्यों को प्राप्त कर सकते हैं।''

वस्तुतः आधुनिक वित्तीय प्रबन्धक कोषों के प्रभावपूर्ण आवंटन (Efficient allocation of funds)से घनिष्ठतापूर्वक सम्बन्धित होता है। कोषों का आवंटन कोई नई समस्या नहीं है, भूतकाल में भी संगठनों में यह समस्या विद्यमान रही है किन्तु तत्कालीन स्थितियों में संगठन के दीर्घकालीन उद्देश्यों की प्राप्ति हेतु इसे महत्त्वहीन समझा जाता था। वित्तीय प्रबन्धक की नवीन भूमिका के अन्तर्गत कोषों के विवेकपूर्ण प्रयोग हेतु उसे निम्न प्रश्नों के उत्तर ढूँढ़ने होते हैं।

1. संगठन का आकार क्या होना चाहिये तथा इसके विकास की तीव्रता क्या होना चाहिए?
2. संगठन की सम्पत्तियों का सृजन किस रूप में होना चाहिये?
3. संगठन के दायित्वों का अनुपात क्या होना चाहिये?

वास्तविक अर्थों में उपरोक्त तीन प्रश्न वित्तीय प्रबन्ध के तीन निर्णयन क्षेत्रों को प्रभावित करते हैं—1. विनियोग निर्णयन 2. वित्तीय निर्णयन 3. लाभांश निर्णयन. इन वित्तीय निर्णयों का प्रत्यक्ष सम्बन्ध संगठन की सम्पत्तियों को प्राप्त करने अथवा बेच देने, तथा संगठन के दायित्वों में अंशपूँजी, ऋणपत्र पूँजी के मिश्रण एवं लाभांश निर्णयन से है। कोषों में अभिवृद्धि के साथ-साथ वित्तीय प्रबन्धन उत्पादन, विपणन, तथा अन्य कार्यों से सम्बन्धित होता है। वर्तमान प्रबन्धन के अर्न्तगत वित्त प्रबन्धक को परम्परागत कार्यो के साथ-साथ नवीन बढ़ी हुई जिम्मेदारियों का निर्वहन करना पड़ता है। आधुनिक विचारधारा कोषों के विवेकपूर्ण उपयोग के साथ-साथ लाभ नियोजन कार्यो में भी वित्त प्रबन्धक की उत्तरदेयता सुनिश्चित करती है। वित्त प्रबन्धन की आधुनिक विचारधारा जहाँ एक ओर कोषों के संकलन (Procurement of funds)

---

1. The traditional Approach thus foucused on sources of funds and was to often largely concerned with specific Procedural details. The newer broader approach aims at formulating rational Policies for the optimal use Procurement and allocation of funds. Ezra Solomon, scope of finance function- the theory of finance of management.

से घनिष्ठता पूर्वक सम्बन्धित है वहीं दूसरी ओर कोषों के विवेकपूर्ण उपयोग, उच्च स्तर पर नीति निर्धारण एवं प्रबन्धकीय निश्चयीकरण से भी सह सम्बन्धित है। वस्तुत: यह सामान्य तथ्य है कि कोषों का सृजनकर्ता ही कोषों का अनुकूलतम उपयोग (Optimal use) कर सकता है। तथा उसके द्वारा ही कोषों के उपयोग सम्बन्धी विवेकपूर्ण निर्णयन लिये जा सकते हैं।

वर्तमान परिवेश में विश्व स्तर पर बढ़ते व्यावसायिक आकार एवं प्रतिस्पर्धा तथा वैश्वीकरण (Globalisation) के परिवेश में वित्तीय प्रबन्धन के क्षेत्र में विशिष्टीकरण (Specialisation) की प्रधानता के कारण प्रबन्धन की आधुनिक विचारधारा समसामयिक एवं प्रासंगिक है।

विशेषताएँ (Characteristics)

वित्त प्रबन्ध की आधुनिक विचारधारा पारम्परिक विचारधारा से सर्वथा भिन्न एवं विशेषीकृत है। संक्षेप में आधुनिक विचारधारा की कतिपय प्रमुख विशेषताएँ अंकित हैं।

1. विश्लेषणात्मक एवं व्यापक (Analytical and Wide)—परम्परागत विचारधारा वर्णनात्मक (descriptive) तथा संकुचित दृष्टिकोण की पोषक थी, इस विचारधारा में वित्त कार्य के अन्तर्गत केवल कोषों की प्राप्ति सुनिश्चित करना था, जबकि आधुनिक विचारधारा के अन्तर्गत कोषों की प्राप्ति के साथ उनके विवेकपूर्ण उपयोग को भी सम्मिलित किया जाता है।

अत: आधुनिक विचारधारा अत्यन्त विश्लेषणात्मक एवं व्यापक है। इसके अन्तर्गत वित्त सम्बन्धी कार्यों को सम्मिलित किये जाने के कारण अपेक्षाकृत अधिक व्यापक है।

2. विवेकपूर्ण (Rationality)—सामान्यतया निर्णयन प्रक्रिया में अर्न्तमन (Intuition) एवं विवेकपूर्ण (Rational) दो तकनीकों में से किसी एक अथवा दोनों को प्रयोग में लाया जाता है। अन्तर्मन से अभिप्राय आत्मा की आवाज से है। इसके अन्तर्गत भूतकाल के अनुभव, पूर्वानुमान, अन्तरात्मा की आवाज एवं दूसरों के अनुभव के आधार पर निर्णय लिये जाते हैं। जबकि विवेकपूर्णता के अन्तर्गत, सामान्य एवं विशिष्ट अध्ययन, विवेकपूर्ण एवं तकनीकी आर्थिक विश्लेषण सांख्यिकीय, गणितीय एवं वैज्ञानिक चिन्तन के आधार पर निर्णय़न की प्रक्रिया का अनुशीलन किया जाता है। आधुनिक वित्त कार्य के अन्तर्गत अन्तर्मंन के स्थान पर विवेकपूर्ण निर्णयन को ही स्थान दिया जाता है। इसके अन्तर्गत निर्णयन हेतु उपलब्ध विकल्पों में से सर्वोत्तम एवं विवेकपूर्ण विकल्प का ही चयन किया जाता है।

3. अनवरत प्रक्रिया (Regular Process)—पारम्परिक विचारधारा के अन्तर्गत वित्त कार्य अनवरत प्रक्रिया न होकर अपितु आकस्मिक (casual) प्रक्रिया थी। संगठन में वित्त की आवश्यकता प्रतीत होने पर वित्त प्राप्ति हेतु प्रयास किये जाते थे, किन्तु आधुनिक विचारधारा के अन्तर्गत वित्त कार्य एक आवश्यक एवं अनवरत प्रक्रिया है। वस्तुत: प्रत्येक आर्थिक संगठन में वित्त की प्रधानता होती है। सांगठनिक लक्ष्यों की प्राप्ति हेतु लिये जाने वाले समस्त निर्णयों में प्रत्यक्ष अथवा अप्रत्यक्ष तौर पर वित्त की भूमिका अवश्य होती है।

अत: संगठन में वित्त कार्य यत्र तात्रिक (Sporadic) कार्य न होकर बल्कि अनवरत् चलने वाली प्रक्रिया होती है। वर्तमान संदर्भो में वित्त कार्य सतत् प्रशासनिक कार्य होकर वित्तीय प्रबन्धन के क्षेत्र में निर्णायक भूमिका (key Position) का निर्वहन कर रहा है।

4. निष्पादन मूल्यांकन (Performance Evaluation)—वित्तीय प्रबन्ध की परम्परागत विचारधारा के अन्तर्गत कोषों का (Treasurer) संग्राहक मात्र कोषों के संग्रहण से सम्बन्धित होता था, उसके द्वारा संग्रहित कोषों के प्रयोग के उपरान्त संगठन की निष्पत्ति का मूल्यांकन कदापि नहीं होता था, परिणामस्वरूप संगठन में वित्त की अतिरिक्त मात्रा के विनियोजन से संगठन के वित्तीय परिणामों की स्पष्ट मूल्यांकन व्यवस्था का अभाव था, किन्तु आधुनिक विचारधारा के अनुसार संगठन के आगम एवं निर्गम दोनों पक्षों पर अनवरत् दृष्टि होने के कारण निष्पादन का मूल्यांकन अनिवार्यत: होता रहता है। निष्पादन का मूल्यांकन वित्तीय परिणामों के रूप में किया जाता है। यदि किसी उपक्रम द्वारा अपनी आगतों को न्यूनतम मूल्य प्राप्त करके उत्पादन के साधनों का अत्यन्त मितव्ययी प्रयोग करके उत्पादन की लागत को न्यूनतम करने का प्रयास किया जाता है। तभी वह संगठन अपने लाभों व सम्पत्तियों को अधिकतम कर सकने में सक्षम हो सकेगा। किन्तु यह सफलता तभी सम्भव है जब संगठन में समयानुकूल वित्तीय निर्णयन लिये जायं। इस संदर्भ में वेस्टर्न एवं ब्राइंघम के विचारों को उद्धृत करना समीचीन होगा, ''वित्तीय निर्णयन आय का आकार अथवा लाभदेयकता एवं फर्म की जोखिम

दोनों को प्रभावित करते हैं। नीतिगत निर्णयन जोखिम तथा लाभदेयकता पर प्रभाव डालते हैं तथा ये दोनों तत्त्व संयुक्त रूप से फर्म के मूल्य को निश्चित करते हैं।''[1]

5. व्यावसायिक समन्वय (Business Co-ordination)—पारम्परिक विचारधारा के अन्तर्गत कोषों की प्राप्ति एवं उपयोग के पृथक्कीकरण के कारण व्यवसाय में प्राय: समन्वय का अभाव पाया जाता था। किन्तु वित्त कार्य की आधुनिक विचारधारा के अन्तर्गत कोषों की प्राप्ति एवं उपयोग की एकसूत्रता होने के कारण बेहतर व्यावसायिक समन्वय स्थापित हो पाता है। वस्तुत: व्यावसायिक समन्वय के स्थापन में वित्त की केन्द्रीयकृत भूमिका होती है।

6. केन्द्रीयकृत स्वरूप (Centralised shape)—पारम्परिक विचारधारा के अन्तर्गत वित्त कार्य का स्वरूप विकेन्द्रीयकृत था, जिसमें कोषों की प्राप्ति एवं उपयोग के मध्य स्पष्ट विभाजक रेखा होती थी, किन्तु आधुनिक विचारधारा के अन्तर्गत कोषों के उपयोग एवं प्राप्तियों के मध्य एकात्मकता होने के कारण वित्त कार्य का स्वरूप केन्द्रीयकृत होता है। वस्तुत: उत्पादन की अन्य प्रमुख एवं सहायक क्रियाओं को हम विकेन्द्रीयकृत कर सकते हैं किन्तु वित्त कार्य का विकेन्द्रीकरण संगठन के उद्देश्यों की प्राप्ति में बाधक हो सकता है। यही कारण है कि वित्त को औद्योगिक क्रियाकलापों में जीवनदायी रक्त की संज्ञा दी जाती है।

7. अन्य क्षेत्रों का ज्ञान (Knowledge of other fields)—वित्तीय प्रबन्धन की आधुनिक विचारधारा के अन्तर्गत वित्तीय प्रबन्धक को अन्य क्षेत्रों का ज्ञान होना आवश्यक होता है। वित्तीय प्रबन्धन के क्षेत्र में विशिष्टीकरण एवं सुव्यवस्थित ज्ञान के साथ-साथ उसे इतिहास, राजनीति शास्त्र, दर्शन, मानव शास्त्र, सांख्यिकीय, लेखांकन एवं अर्थशास्त्र आदि अन्य विषयों का भी ज्ञान होना आवश्यक होता है। वित्त प्रबन्धक को सामान्यज्ञ के साथ-साथ विशेषज्ञ भी होना चाहिये ''वित्तीय प्रबन्धक बगीचे के उस माली के समान होता है जिसके द्वारा बाग के समस्त पेड़-पौधे समान संरक्षण के अधिकारी होते हैं।''

वित्त या कार्य की परम्परागत एवं आधुनिक विचारधाराओं में अंतर

Distinction between Traditional and Modern Concept of Financial Function

1. वित्तीय प्रबन्धन की परम्परागत विचारधारा वर्णनात्मक (Descriptive) तथा संकुचित (narrow) है। जबकि आधुनिक विचारधारा के अन्तर्गत विश्लेषणात्मकता (Analytical) एवं व्यापकता के लक्षण विद्यमान हैं।

2. परम्परागत विचारधारा वित्तीय प्रबन्ध को यत्र तत्रिक (Sporadic) कार्य मानती है, जबकि आधुनिक विचारधारा के अन्तर्गत वित्तीय प्रबन्धन कार्य नियमित (Regular) तथा सतत् (Continous) प्रक्रिया है।

3. परम्परागत विचारधारा के अन्तर्गत वित्त कार्य का आशय मात्र कोषों के संग्रहण (Procurement of funds) तक सीमित था, जबकि नवीन विचारधारा कोषों के संग्रहण (Procurement of funds) के साथ-साथ कोषों के समुचित प्रयोग (uses of funds) पर भी बल देती है।

4. परम्परागत विचारधारा के अन्तर्गत वित्तीय निर्णयन के आधार अन्तर्प्रेरणा (Intiution) तथा अनुभव (Experience) थे। जबकि आधुनिक विचारधारा के अन्तर्गत निर्णयन के आधार वैज्ञानिक विश्लेषण सांख्यिकीय विश्लेषण तथा अन्य आधुनिक वैज्ञानिक प्रविधियाँ हैं।

5. परम्परागत विचारधारा वित्तीय प्रबन्धक को निर्णायक की भूमिका में निष्क्रिय मानती थी जबकि आधुनिक विचारधारा वित्तीय प्रबन्धक को निर्णायक की भूमिका में सक्रिय सदस्य मानती है।

6. परम्परागत विचारधारा संगठन तथा उसके आन्तरिक प्रबन्धन के प्रति बाह्य पक्ष के दृष्टिकोण की पक्षधर है (Outsider looking in approach) जबकि आधुनिक विचारधारा संगठन तथा उसके प्रबन्धन के प्रति आन्तरिक पक्ष के दृष्टिकोण की पक्षधर है। (Insider looking out approach) अर्थात् संगठन की नीतियों का निर्धारण बाह्य दशाओं के परिप्रेक्ष्य में होता है।

7. परम्परागत विचारधारा वित्त कार्य के अन्तर्गत वित्त के दीर्घकालीन कोष प्रबन्धन (Long term fund management) पर अपेक्षाकृत अधिक बल देती थी, जबकि आधुनिक विचारधारा अल्पकालीन कोष प्रबन्धन (Short term fund management) जैसे, कार्यशील पूँजी प्रबन्ध, पूँजी लागत, प्रबन्धन, पूँजी बजटिंग प्रबन्धन आदि पर अधिक बल देती है।

---

1. Financial division affects both the size of earnings stream or Profitability and the riskness of the firm. Policy decision affect risk and Profitability and these two factors joint by determine the value of the firm. —*Western J.F and Brijham EF*

उपर्युक्त विवेचन से स्पष्ट है कि वित्तीय प्रबन्धन के क्षेत्र में परम्परागत विचारधारा का प्रादुर्भाव इस विधा को वैज्ञानिकता एवं क्रमबद्धता प्रदान करने के लिये हुआ, किन्तु विकास की अनवरत प्रक्रिया एवं आवश्यकताओं की सम्पूर्ति हेतु आधुनिक विचारधारा का विकास हुआ, उद्यमिता विकास की गति के साथ-साथ व्यावसायिक वित्त के क्षेत्र एवं विषयवस्तु में व्यापक परिवर्तन हुए।

बीसवीं शताब्दी के मध्यान्ह काल से वित्तीय प्रबन्धन की आधुनिक विचारधारा का विकास ब्रेडले (J. F. Bradley), पैश (F.W. Paish), इजरा सोलोमन (Ezra soloman), हन्ट, वान हार्न, ई०एफ० डब्ल्यू० वाकर, कार्ल०ए० डाटन इत्यादि वित्तीय विशेषज्ञों की रचनाओं के पश्चात् हुआ। वर्तमान संदर्भों में वित्तीय प्रबन्धन समग्र व्यावसायिक एवं औद्योगिक क्रियाओं में समाहित होकर इनका अभिन्न अंग बन चुका है। आज संगठन के उद्देश्यों की पूर्ति में वित्तीय प्रबन्धन की भूमिका आधारभूत है, कोषों की व्यवस्था एवं उनका मितव्ययी प्रयोग वित्तीय प्रबन्धक के महत्त्वपूर्ण दायित्व हैं। संगठन में वित्तीय प्रबन्ध कार्य अनवरत् जारी रहने वाले कार्य का रूप धारण कर चुका है। परिणामस्वरूप वित्तीय प्रबन्धन को आधुनिक संदर्भों में सतत् प्रशासनिक कार्य की संज्ञा दी जाती है।

परीक्षा प्रश्न
(Examination Questions)

I. दीर्घ उत्तरीय प्रश्न (Long Answer Type Questions)

1. वित्त कार्य से आप क्या समझते हैं? इसके बारे में विभिन्न विचारधाराओं का वर्णन कीजिए।
   What do you mean by finance function? Explain the different approach to finance function.
   B.U.M. Com. II 2000
2. "वित्त कार्य व्यवसाय द्वारा कोषों की प्राप्ति एवं उनके उपयोग से सम्बन्धित प्रक्रिया है।" समझाइये तथा वित्त कार्य के संगठन का वर्णन कीजिये।
   B.U. (B. Com. II 2001)
3. एक उद्यम में वित्त कार्य किस प्रकार संगठित किया जा सकता है? वित्त अधिकारियों द्वारा कौन से कार्य सम्पादित किये जाने चाहिये।
   How should the finance function of an enterprise be organised? What function should be performed by the financial officers?
4. वित्त कार्य के क्षेत्र की समीक्षा कीजिए तथा किसी विस्तृत औद्योगिक उपक्रम के प्रभावपूर्ण वित्तीय नियंत्रण के लिये उपयुक्त सांगठनिक ढाँचे का सुझाव दीजिए?
   Explain the scope of finance function and suggest an organisation structure which you consider fit for an effective control of any large industrial undertaking.
5. वित्त कार्य से क्या अभिप्राय है? वित्त कार्य की पारम्परिक एवं नवीन विचारधाराओं में अन्तर बताइये।
   What is the meaning of finance function? Distinguish between traditional and modern concept of finance function.

II. लघु उत्तरीय प्रश्न (Short Answer Type Questions)

1. 'वित्त कार्य' से आप क्या समझते हैं?
   What do you understand by finance function.
2. वित्त कार्य के संगठन की व्याख्या कीजिये।
   Explain the organisation of finance function.
3. वित्त समिति से आप क्या समझते हैं?
   What do you mean by finance committee?
4. वित्त कार्य में कोषाध्यक्ष भूमिका का वर्णन कीजिये।
   Describe the role of treasurer in finance function.

5. 'वित्त नियंत्रक' पर एक संक्षिप्त टिप्पणी लिखिये।
   Write a short note on "finance controller".
6. वित्त कार्य की प्रकृति एवं विकास की व्याख्या कीजिये ।
   Explain the nature and development of finance function.
7. वित्त कार्य की पारम्परिक विचारधारा पर संक्षिप्त टिप्पणी लिखिये।
   Write a short note on traditional approach of finance function.
8. वित्त कार्य की पारम्परिक एवं आधुनिक विचारधारा में अन्तर स्पष्ट कीजिये।
   Distinguish between traditional and modern concept of finance function.
9. वित्त कार्य की आधुनिक विचारधारा पर टिप्पणी लिखिये।
   Write a short note on Modern Concept of Finance function.

III. वस्तुनिष्ठ प्रश्न (Objective Type Questions)

(i) व्यवसाय में वित्त कार्य की देखरेख कौन करता है?
Who takes care of Finance Function in a Business?
(अ) वित्त अधिकारी (Financial officer)
(ब) नियंत्रक (Controller)
(स) कोषाध्यक्ष (Treasurer)
(द) उपर्युक्त सभी (All of these)
Ans- (D)

(ii) "Modern Corporation finance" के लेखक कौन हैं?
Who is the writer of Modern Corporation Finance?
(अ) हसबैंड एवं डाकरे (Husband and Dockeray)
(ब) हार्वड एवं अपटन (Howard and upton)
(स) गुथमैन एवं डूग्गाल (Guthmann & Dougall)
(द) इनमें से कोई नहीं (None of above)
Ans- (A)

(iii) शब्द कोष के अनुसार वित्त कार्य का अर्थ है—
Dictionary meaning of the word finance function is
(A) कोषों की प्राप्ति (Procurement of funds)
(B) कोषों का प्रयोग (Uses of funds)
(C) उपर्युक्त सभी (All the above)
(D) इनमें से कोई नहीं (None of these)
Ans-(C)

(iv) वित्त कार्य सम्बन्धित है।
Finance function is related with.
(A) धन (money)
(B) बाजार (market)
(C) जनता (People)
(D) इनमें से सभी (All of these)
Ans.—(D)

(v) "Corporation finance" के लेखक कौन हैं?
Who is the writer of "Corporation Finance"?

(A) थामस एल० ग्रीन (Thomas L. Green)
(B) आर्थर एस० ड्यूइंग (Aurther S Dewing)
(C) हंट और विलियम्स (Hunt & Williams)
(D) इनमें से कोई नहीं (None of these)

Ans.—(A)

(vi) वित्त कार्य की परम्परागत विचारधारा सम्बन्धित नहीं है।
The Traditional Concept of Finance Function is not Related
(A) वर्णनात्मक एवं संकुचित (Descriptive and narrow)
(B) यत्र तत्रिक (Sporadic)
(C) कोषों के संग्रहण तक सीमित (Procurement of funds)
(D) विश्लेषणात्मक एवं व्यापक (Analytical and Broad)

Ans. —(D)

अध्याय

2

व्यवसाय के वित्तीय उद्देश्य (Financial Objectives of Business)

परिचय—वित्त व्यावसायिक प्रबन्धन का आधार स्तम्भ है, वित्त के अभाव में न तो हम किसी व्यवसाय वाणिज्य व उद्योग की कल्पना कर सकते हैं और न ही अपनी अस्मिता को कायम रख सकते हैं, आधुनिक परिप्रेक्ष्य में वित्त सर्वशक्तिमान स्वरूप में अन्तर्राष्ट्रीय स्तर पर स्वीकार किया गया है। विभिन्न राष्ट्रों के मध्य विकास की अवधारणा को अंगीकृत एवं वर्गीकृत करने में इसकी भूमिका अग्रणी रही है। संसार के सम्पन्न विकसित राष्ट्रों के मापने का आधार वित्त एवं उत्पादकता ही है। वित्तीय संसाधनों का अभाव राष्ट्रों को अविकसित व विकासशील संदर्भ प्रदान करता है। औद्योगिक संदर्भों में वित्त उद्यम जगत का रक्त है। कोई भी व्यावसायिक/औद्योगिक कार्य न तो वित्त के अभाव में प्रारम्भ किया जा सकता है और न ही सफलतापूर्वक संचालित किया जा सकता है। दूसरे शब्दों में वित्त वह धुरी है जिसकी परिधि में सम्पूर्ण अर्थतंत्र चक्कर लगाता है। व्यावसायिक/औद्योगिक संगठनों की सफलता वित्त की प्रचुरता एवं नियोजित विनियोजन पर निर्भर करती है। वित्त वह प्रक्रिया है जिसके माध्यम से कोषों को संचित करके उनका उत्पादक प्रयोग किया जा सकता है।

वित्त से आशय, एक संगठन में प्रशासनिक क्षेत्र या प्रशासनिक कार्यों के समूह द्वारा पूर्व निर्धारित लक्ष्य की प्राप्ति हेतु नकद/उधार की व्यवस्था करके लक्ष्य की पूर्ति यथासम्भव सन्तोषजनक ढंग से करने से है।[1]

वित्त वस्तुत: मुद्रा बाजार एवं लोगों से सम्बन्धित होता है। जनता द्वारा की गयी बचतों से पूँजी का निर्माण होता है तथा पूँजी से हम अपनी व्यावसायिक सोच को मूर्त-रूप प्रदान करने में सक्षम होते हैं। एनसाइक्लोपीडिया ब्रिटानिका में ''भुगतान के साधनों की व्यवस्था करने की कला को वित्त के रूप में परिभाषित किया गया है।[2]

मोटे तौर पर वित्त को हम तीन वर्गों में वर्गीकृत कर सकते हैं।

1. लोकवित्त 2. निजी वित्त 3. व्यावसायिक वित्त

लोक-वित्त दो शब्दों के मेल से बना है लोक+वित्त, लोक शब्द का अभिप्राय जन, जनता से है जबकि वित्त का अभिप्राय सामान्य तौर पर प्रचलित मुद्रा से है। अर्थात् लोक-वित्त से आशय जनसमूह से प्राप्त उस धन से है जिसका प्रयोग शासन द्वारा विकास, कल्याण, प्रशासनिक व्यवस्था के संचालन, रक्षा एवं लोकहित में किया जाता है।

निजी वित्त से अभिप्राय उस धन से है जो किसी व्यक्ति विशेष द्वारा अर्जित करके, निजी प्रयोग द्वारा, जीवन स्तर को कायम रखने एवं परिवार के भरण पोषण में प्रयोग होता है।

व्यावसायिक वित्त शब्द दो शब्दों व्यावसायिक+वित्त का संयोग है। मनुष्य द्वारा सम्पन्न की जाने वाली समस्त आर्थिक क्रियाएँ जिनका सम्बन्ध धनोपार्जन से है, व्यवसाय की परिधि में आती हैं मनुष्य का यह स्वाभाविक गुण है कि उसे अपनी भौतिक आवश्यकताओं की पूर्ति हेतु कोई न कोई आर्थिक क्रिया अवश्य करनी पड़ती है। सामान्य शब्दों में मानव द्वारा की जाने वाली वे समस्त क्रियाएँ जो धन अर्जित करने हेतु सम्पादित की जाती है व्यवसाय कहलाती हैं अर्थात् वस्तुओं एवं सेवाओं के रूप में उपयोगिताओं का सृजन करने एवं उनकी आपूर्ति जो लाभार्जन हेतु की जाती है; व्यवसाय कहलाती है। व्यावसायिक वित्त के अन्तर्गत हम लाभोपार्जन के उद्देश्य से स्थापित संगठनों की वित्तीय व्यवस्था का अध्ययन करते हैं। वस्तुत: व्यवसाय के वित्तीय उद्देश्य की प्राप्ति हेतु वित्त के समुचित प्रबन्धन की आवश्यकता होती है।

व्यावसायिक प्रबन्धन के क्षेत्र में वित्त के प्रबन्धन की महती आवश्यकता को दृष्टिगत रखते हुए वित्तीय प्रबन्धन को एक विषय के रूप में अंगीकार किया गया है वित्तीय प्रबन्धन अपेक्षाकृत नवीन होते हुए भी शिक्षाविदों एवं उद्यमियों के

---

1. Howard and Upton-Introduction to business Finance P.4
2. Finance has been defined as the art of providing the means of payment. —*Encyclopaedia Britannica 1768(F).*

लिए अत्यन्त रुचि का विषय है। यह विषय अभी विकासशील अवस्था में है तथा भविष्य में इसके क्षेत्र में पर्याप्त अनुसन्धान की गुंजाइश है।

वित्तीय प्रबन्ध के संदर्भ में अध्ययन से पूर्व हम इसके शाब्दिक अर्थ की विवेचना करते हैं वस्तुत: वित्तीय प्रबन्धन दो शब्दों का मेल है। वित्तीय का अभिप्राय वित्त से है तथा प्रबन्ध का अभिप्राय व्यवस्था से है वस्तुत: प्रबन्ध का स्वरूप कार्यात्मक होता है तथा यह सर्वाधिक महत्त्वपूर्ण मानवीय क्रियाओं में गिना जाता है। इसमें सभी प्रकार की सामूहिक एवं संगठित क्रियाओं को एकीकृत करने की अद्‌भुत शक्ति छिपी होती है। उत्पादन के घटकों (6M's) श्रम, मशीन, सामग्री, पूँजी, बाजार एवं प्रबन्धन (Men, Machine, Material, Money, Market, Management) में वित्त एवं उसके प्रबन्धन की व्यवस्था, वित्तीय प्रबन्धन का क्षेत्र है।

वित्तीय प्रबन्धन की परिभाषा—

सामान्य शब्दों में वित्तीय प्रबन्ध से आशय उन आर्थिक क्रियाओं से है जिनके माध्यम से किसी फर्म, कम्पनी, निगम, अथवा निकाय द्वारा फण्ड की प्राप्ति करके उनका प्रयोग व्यवसाय हेतु किया जाता है। आज के परिप्रेक्ष्य में व्यवसाय वैयक्तिक न होकर अपितु अवैयक्तिक इकाइयों के रूप में स्थापित हो रहे हैं, जिन्हें हम निगम या कम्पनी के नाम से जानते हैं। कम्पनियों का आकार विशाल होने के कारण इनमें वृहद स्तर के विनियोजन एवं उत्पादन की सम्भावनाएँ निहित होती है। अत: वित्तीय प्रबन्धन किसी फर्म के वित्त से सम्बन्धित समस्त पहलुओं पर निर्णयन नीति निर्माण व नीति निर्धारण की वह प्रक्रिया है जिसके माध्यम से फर्म द्वारा निश्चित लक्ष्य (Goal) की प्राप्ति न्यूनतम लागत पर हो सके। इस प्रकार वित्तीय प्रबन्ध का तात्पर्य किसी व्यावसायिक/औद्योगिक उपक्रम को आवश्यकतानुसार रोकड़ तथा साख संसाधनों को उपलब्ध कराकर संगठन के अंतिम लक्ष्य 'अधिकतम लाभ' को प्राप्त करने से है।

सुप्रसिद्ध प्रबन्ध-वेत्ताओं द्वारा दी गई कतिपय परिभाषाएँ निम्नानुसार हैं—

हावर्ड एवं उपटन के अनुसार–*वित्तीय प्रबन्धन, नियोजन एवं नियंत्रण कार्यों का वित्तीय कार्य के माध्यम से क्रियान्वयन है।*[1]

व्याख्या—उपरोक्त परिभाषा वित्तीय प्रबन्धन को सर्वोच्च स्थान प्रदान करती है। प्रबन्धन से सम्बन्धित अन्य समस्त कार्यों को वित्तीय कार्यों के माध्यम से सम्पन्न किया जा सकता है, वस्तुत: यह परिभाषा वित्तीय प्रबन्धन के कार्य-क्षेत्र को आवश्यकता से अधिक बढ़ा देती है।

वेस्टर्न एवं ब्राइगम के शब्दों में—*वित्तीय प्रबन्धन वित्तीय निर्णयन की वह क्रिया है जो व्यक्तिगत मामलों एवं उपक्रम के लक्ष्यों के मध्य मेल स्थापित करती है।*[2]

व्याख्या—उपरोक्त परिभाषा वित्तीय प्रबन्धन को वित्तीय निर्णयन की क्रिया मानती है जिसके माध्यम से व्यक्ति एवं उपक्रम के उद्देश्यों में समन्वय स्थापित किया जाता है। वस्तुत: वित्तीय प्रबन्धन का मूलाधार वित्तीय निर्णयन ही है।

जे० एल० मैसी के शब्दों में—*वित्तीय प्रबन्धन व्यवसाय की वह संचालनात्मक प्रक्रिया है जो कुशल प्रचालनों के लिए आवश्यक वित्त को प्राप्त करके उसका प्रभावशाली ढंग से उपयोग करने के लिये उत्तरदायी होता है।*[3]

व्याख्या—उक्त परिभाषा वित्तीय प्रबन्ध को व्यवसाय की संचालन प्रक्रिया का अंग मानती है, इसके अन्तर्गत संस्था के लिये आवश्यक वित्त की उपलब्धता एवं उपलब्ध वित्त के प्रभावपूर्ण उपयोग पर बल दिया गया है।

जे०एफ०ब्रेडले के शब्दों में—*वित्तीय प्रबन्धन व्यावसायिक प्रबन्ध का क्षेत्र है जिसका सम्बन्ध पूँजी के न्याय पूर्ण उपयोग एवं पूँजी के संसाधनों के सावधानी पूर्ण चयन से है। जिससे व्यय करने वाली संस्था अपने उद्देश्यों की प्राप्ति की ओर अग्रसर हो सके।*[4]

व्याख्या—उक्त परिभाषा के अन्तर्गत वित्तीय प्रबन्धन का क्षेत्र व्यावसायिक प्रबन्धन में अन्तर्निहित माना गया है,

---

1. Financial Management is the application of planning and control function to the finance function. Howard and upton, Introduction to Business finance.
2. Financial management is an area of financial decision making, harmonising individual matters and enterprise goals. —*C. S. F. Westen and E.F Brigham, Essentials of managerial finance.*
3. Financial management is the operational activity of a business that is responsible for obtaining and effectively utilising the funds necessary for efficient operation. —*J.L. Massic.*
4. Financial Management is the area of business management devoted to Judicious use of capital and a careful selection of sources of capital in order to enable a spending unit to move in the direction of reaching its goals. —*J.F. Bradley.*

जबकि वित्तीय प्रबन्धन प्रत्येक प्रकार के औद्योगिक वाणिज्यिक एवं व्यावसायिक क्षेत्र में निहित है। वस्तुतः पूँजी का विवेकपूर्ण उपयोग एवं पूँजी प्राप्ति के साधनों का सतर्क चयन वित्तीय प्रबन्धन का मूलाधार है।

जी०सी० फिलीपाओस के अनुसार—*वित्तीय प्रबन्धन किसी संगठन में प्रशासनिक क्षेत्र या प्रशासनिक कार्यों का एक समूह है। जोकि नकद एवं उधार की व्यवस्था से सम्बन्धित होता है। अतः संगठन को अपने उद्देश्य की प्राप्ति हेतु यथासम्भव सन्तोषजनक ढंग से आवश्यक संसाधन रखने चाहिए।*[1]

व्याख्या—इस परिभाषा का क्षेत्र व्यापक है इसके अन्तर्गत वित्तीय प्रबन्धन के क्षेत्र को समस्त प्रशासनिक कार्यों से सम्बद्ध किया गया है। बल्कि वित्तीय प्रबन्धन को प्रशासनिक कार्यों के एक समूह के रूप में परिभाषित किया गया है।

उपरोक्त परिभाषाओं के अवलोकन से हम इस निष्कर्ष पर पहुँचते हैं कि वित्तीय प्रबन्धन, किसी संगठन के प्रारम्भ एवं विस्तार में वित्तीय कार्यों से घनिष्ठतापूर्वक सम्बन्धित है कम्पनी के समामेलन में होने वाली वित्तीय कठिनाइयों के निवारण से लेकर कम्पनी के विकास एवं प्रसार में वित्तीय प्रबन्ध की भूमिका आधारभूत होती है। इसके द्वारा नव-स्थापित एवं पूर्व-स्थापित वित्तीय इकाइयों के वित्तीय नियोजन में सहायता ली जाती है। वस्तुतः वित्तीय प्रबन्धन किसी वित्तीय संगठन में नियोजन, संगठन, निर्देशन, समन्वय एवं नियंत्रण की एकीकृत व्यवस्था है जिसका सम्बन्ध कोषों के एकत्रीकरण से प्रारम्भ होकर उनके विवेकपूर्ण उपयोग करने तक होता है, जिससे संगठन अपने द्वारा निर्धारित अंतिम लक्ष्य को प्राप्त कर सके।

वित्तीय प्रबन्ध के लक्षण (Characteristics of Financial management)—

1. वित्तीय प्रबन्धन किसी संगठन के वित्तीय पहलुओं से सह-सम्बन्धित होता है।
2. वित्तीय प्रबन्धन की प्रकृति विश्लेषणात्मक होती है, इसमें वर्णनात्मकता की मात्रा अपेक्षाकृत अल्प होती है।
3. किसी भी संगठन के प्रादुर्भाव से लेकर उनके चरमोत्कर्ष एवं पतन तक वित्तीय प्रबन्धन की प्रक्रिया अनवरत रूप से चलती रहती है। अर्थात् वित्तीय प्रबन्धन एक गत्यात्मक (Dynamic) प्रक्रिया है, यह गतिहीन या स्थैतिक (Static) प्रक्रिया नहीं है।
4. वित्तीय प्रबन्धन व्यावसायिक प्रबन्धन का प्रमुख एवं अभिन्न अंग है। इसका उपागम कार्यात्मक (Functional) है न कि संरचनात्मक (Structrual)।
5. वित्तीय प्रबन्धन के अन्तर्गत वित्तीय सिद्धान्तों एवं व्यवहार के मध्य समन्वय स्थापन का कार्य सम्मिलित होता है।
6. वित्तीय प्रबन्धन कार्य चूँकि आँकड़ों से सम्बन्धित नहीं होता है अतः यह कार्य लेखांकन कार्य से सर्वथा भिन्न होता है; लेखांकन कार्य के अन्तर्गत हम वित्तीय आँकड़ों का संग्रहण करके संस्था के लाभ-हानि एवं वित्तीय स्थिति का मूल्यांकन करते हैं। जबकि वित्तीय प्रबन्धन के अन्तर्गत लेखांकन हेतु उपलब्ध समंकों का विश्लेषणात्मक अध्ययन करके वित्तीय निर्णयन हेतु उपयोग किया जाता है।
7. वित्तीय प्रबन्ध के अन्तर्गत तथ्यों का क्रमबद्ध एवं सुनियोजित अध्ययन करने के कारण यह एक विज्ञान है; साथ ही प्रबन्ध कार्य किसी संगठन के लिए एक क्रिया है जिसके माध्यम से प्रबन्ध कार्य सम्पादित किया जाता है। अतः वित्तीय प्रबन्धन कार्य एक विज्ञान एवं कला दोनों का अद्भुत संगम है।
8. वित्तीय प्रबन्धन की सहायता से हम सर्वोच्च प्रबन्धन (Top Management) के अन्तर्गत निर्णय एवं नियोजन की प्रक्रिया को सहजता से सम्पादित कर सकते हैं।

वित्तीय प्रबन्धन के उद्देश्य
(The Objects/Goals of Financial Management)

आधुनिक वित्तीय प्रबन्धन के अन्तर्गत फर्म को कम-से-कम तीन बिन्दुओं पर निर्णयन लेने होते हैं। वित्तीय प्रबन्ध का प्राथमिक उद्देश्य राष्ट्र में उपलब्ध समस्त मानवीय एवं भौतिक संसाधनों का अधिकतम कुशलतम सर्वश्रेष्ठ एवं

---

1. Financial management may be defined as that administration area or set of administrative functions in an organisation which relate to the arrangement of cash and credit so that the organisation may have means to carry out its objectives as satisfactorily as possible.

—G.C. Philipaos

मितव्ययी उपयोग करने से है। वस्तुत: उत्पादन के तत्त्वों (5 M's) (Men, Machine, Material, Money, Market) श्रम, मशीन, सामग्री, पूँजी एवं बाजार के अभाव में अथवा किसी एक तत्त्व की कमी होने पर हम उत्पादन कार्य सुचारु रूप से सम्पादित नहीं कर सकते, उपरोक्त तत्त्वों के अवलोकन से हम इस निकर्ष पर पहुँचते हैं कि इन तत्त्वों का संग्रहण धन, वित्त, पूँजी के अभाव में पूर्णतया असम्भव है। अर्थात् उत्पादन के संसाधनों को एकत्रित करने के लिए प्रत्येक स्तर पर पूँजी की आवश्यकता है। उत्पादन के समस्त संसाधनों में पूँजी अत्यन्त दुर्लभ तत्त्व है, किसी भी संगठन के लिए पूँजी की अपर्याप्तता सदैव बनी रहती है। अत: वित्तीय प्रबन्धन के द्वारा हमें उपलब्ध सीमित साधनों का सर्वश्रेष्ठ विकल्पों के आधार पर मितव्ययतापूर्वक उपयोग करके अधिकतम लाभ की अवधारणा को पुष्ट करना चाहिए, जिसके माध्यम से हम अधिकतम सामाजिक लाभ (Maximum social profit) प्राप्त कर सकते हैं। उत्पादन इकाई द्वारा यदि समाज को न्यूनतम मूल्य पर सर्वोत्तम वस्तु उपलब्ध करायी जा सके, तभी सम्बन्धित फर्म सफलता के मापदण्ड पर खरी उतर सकती है तथा वर्तमान प्रतिस्पर्धा एवं भावी प्रतिस्पर्धाओं की चुनौती स्वीकार करने में सक्षम हो सकती है।

सामान्य तौर पर वित्तीय प्रबन्धन के अन्तर्गत निम्न तीन सांविधिक वित्तीय निर्णयन लेने पड़ते हैं।

1. कोषों का उपयोग कहाँ किया जाए और कितनी मात्रा में किया जाए?
2. अंश धारकों को लाभांश के रूप में कितनी धनराशि का भुगतान किया जाए?
3. कोषों की व्यवस्था एवं वृद्धि कहाँ से की जाए और कितनी मात्रा में की जाए?

उपरोक्त प्रश्न फर्म की वित्तीय एवं विनियोग नीति का प्रतिनिधित्व करते हैं। वित्तीय निर्णयन अवश्यम्भावी एवं सतत् होते हैं। वित्तीय निर्णयन को विवेकशील बनाने हेतु फर्म के समक्ष एक उद्देश्य अवश्य होना चाहिए। सामान्य तौर पर यह स्वीकृत तथ्य है, किसी भी फर्म का वित्तीय उद्देश्य मालिकों का अधिकतम आर्थिक कल्याण होना चाहिए "Maximisation of owner's economic welfare" मालिकों का अधिकतम आर्थिक कल्याण केवल दो प्रकार से सम्भव हो सकता है। 1. लाभ अधिकतमीकरण (Profit maximisation) 2. सम्पत्ति अधिकतमीकरण (Wealth maximisation)

1. लाभ अधिकतमीकरण (Profit Maximisation)—किसी भी व्यावसायिक/वित्तीय क्रिया कलाप का प्राथमिक उद्देश्य लाभार्जन होता है। लाभार्जन की सम्भाव्यता व्यवसायी में जोखिम सहन करने की शक्ति प्रदान करती है। वस्तुत: लाभार्जन व्यवसाय का प्रेरक पक्ष होता है जिसकी प्रेरणा मात्र से नियोक्ता संगठन में विनियोजन कार्य में सन्निहित होता है। यदि व्यवसाय में लाभार्जन शक्ति सम्मिलित न हो तो कभी नियोक्ता जोखिम हेतु तैयार नहीं होगा और न ही उसके द्वारा व्यवसाय में किसी भी प्रकार से पूँजी का विनियोजन किया जा सकेगा।

वस्तुत: मानव द्वारा सम्पन्न की जाने वाली किसी भी आर्थिक क्रिया का उद्देश्य उपयोगिता का अधिकतमीकरण (Utility maximisation) होता है। हम उपयोगिता को लाभ के रूप में माप सकते हैं। लाभ अधिकतमीकरण के माध्यम से प्राकृतिक आर्थिक चयन (Natural economic selection) सम्भव होता है तथा फर्म द्वारा अधिकतम लाभ की अवधारणा का उद्देश्य सुनिश्चित करने पर अधिकतम सामाजिक आर्थिक कल्याण (Maximisation of social economic welfare" प्राप्त किया जा सकता है। यदि फर्म का मूल उद्देश्य लाभार्जन होता है, तो अधिकतम लाभार्जन वित्तीय प्रबन्धन के माध्यम से कैसे प्राप्त किया जाय। इस विचारधारा का प्रमुख पहलू यह है कि ऐसे समस्त कार्य जिनके करने से संस्था के लाभ में अभिवृद्धि सम्भव हो, वे समस्त कार्य वित्तीय प्रबन्ध के अन्तर्गत समाहित होते हैं, तथा उन समस्त कार्यों को वित्तीय प्रबन्धक को सम्पन्न करना चाहिए। ऐसे कार्य जिनसे संस्था के लाभार्जन पर विपरीत प्रभाव पड़े, उन कार्यों को संगठन के लिए अनुकूल होने पर भी कदापि नहीं सम्पन्न करना चाहिए। वित्तीय प्रबन्धन के क्षेत्र में अधिकतम लाभ की अवधारणा के समर्थक निम्न तर्कों के आधार पर इसे न्यायसंगत बताते हैं।

1. अधिकतम सामाजिक लाभ की प्राप्ति (To maximise Social Benefit)—मनुष्य एक सामाजिक प्राणी है, अत: उसके द्वारा किया जाने वाला आर्थिक/अनार्थिक कार्य समाज को प्रभावित करता है। व्यक्ति द्वारा अर्जित की जाने वाली कोई भी धनराशि समाज एवं राष्ट्र की इकाई में अभिवृद्धि करती है। एक फर्म द्वारा यदि उत्पादकता में अभिवृद्धि करके अधिकतम लाभ प्राप्त किया जाता है। परिणामस्वरूप सामाजिक कल्याण भी अधिकतम होता है। लाभ अर्जित करने वाले उद्यम समाज को लाभान्वित करते हैं जबकि हानि पर चलने वाले उद्यम समाज को अवनति की गहरी खाईं में ढकेल देते हैं। किसी फर्म द्वारा अधिकतम लाभ अर्जित करके ही अधिकतम सामाजिक कल्याण जैसे शिक्षा, रोजगार, आवास, चिकित्सा आदि का कार्य किया जा सकता है।

2. निर्णयन प्रक्रिया का आधार-स्तम्भ (Foundation-stone of Decision Making Process)—अधिकतम लाभ उपार्जित करने की अवधारणा निर्णयन प्रक्रिया की आधार स्तम्भ है। निर्णयन का औचित्य संगठन के लाभार्जन क्षमता पर निर्भर करता है। सकारात्मक निर्णयन उसे कहा जाता है जिसके क्रियान्वयन से संगठन की लाभार्जन क्षमता अधिकतम होने की संभावना हो। जबकि निरर्थक निर्णयन से अभिप्राय उस निर्णयन से है जिसके क्रियान्वयन से संगठन की लाभार्जन क्षमता पर प्रतिकूल प्रभाव पड़े। ऐसे निर्णयन संगठन के लिए विनाशकारी सिद्ध हो सकते हैं जिनके क्रियान्वयन से संगठन की लाभार्जन क्षमता में ह्रास हो। अतः अधिकतम लाभ की अवधारणा निर्णय प्रक्रिया का केन्द्रबिन्दु व मूलाधार है।

3. साधनों का अधिकतम एवं कुशलतम उपयोग (maximum and Efficient use of Sources)—अधिकतम लाभ अर्जित करने के उद्देश्य से ही साधनों का अधिकतम एवं कुशलतम उपयोग किया जाता है। वस्तुतः व्यवसाय का निहितार्थ लाभार्जन ही है। लाभार्जन की अधिकता, उत्पादन के संसाधनों का अधिकतम उपयोग करके ही प्राप्त की जा सकती है। अर्थात् सीमित साधनों का अधिकतम कुशलतम उपयोग करके ही अधिकतम लाभ अर्जित किया जा सकता है। इसके लिये वित्तीय प्रबन्धन द्वारा संसाधनों को अल्प लाभदायक/अलाभदायक उपयोगों (uses) से निकालकर अधिक लाभदायक उपयोगों में लगाया जाता है।

4. स्वच्छ प्रतिस्पर्धा का वाहक (Bearer of Clean Competition)—लाभ की अवधारणा किसी भी समाज में स्वच्छ प्रतिस्पर्धा को जन्म देती है। अधिकतम लाभार्जन वाली संस्थाओं के लिए स्वच्छ प्रतिस्पर्धा अत्यन्त उपयोगी होती है जिसके माध्यम से संगठन अपने अवगुणों को दूर करने हेतु प्रयत्न करता है तथा लाभार्जन के स्तर को बनाये रखते हुए अधिकतम लाभ के उद्देश्य को पूँजी की लागत में कमी करके तथा वस्तुओं के लागत मूल्य में विवेकपूर्ण कटौती करके प्राप्त करता है।

आलोचना—यद्यपि अधिकतम लाभ की अवधारणा हाल के वर्षों में आलोचना का केन्द्रबिन्दु रही है। पूँजीवादी राष्ट्रों में लाभ को सर्वोच्च स्थान प्राप्त है। व्यवसाय के प्रमुख उद्देश्य के रूप में अधिकतम लाभ की अवधारणा का प्राकट्य 19वीं सदी के प्रारम्भ में हुआ जब व्यवसाय के प्रमुख तत्त्व स्ववित्त पोषण (Self financing) निजी सम्पत्ति एवं एकाकी व्यवसाय थे। एकाकी व्यवसायी का प्रमुख उद्देश्य वैयक्तिक धन एवं सम्पत्ति में अभिवृद्धि करना था, जिसकी सम्पूर्ति अधिकतम लाभ अवधारणा से सहजतापूर्वक हो सकती थी, किन्तु आधुनिक व्यावसायिक परिस्थिति में व्यापक एवं आमूल चूल परिवर्तन हो चुके हैं। आधुनिक व्यवसाय असीमित दायित्व से आगे बढ़कर सीमित दायित्व स्वीकारने लगे हैं। साथ ही आधुनिक व्यवसायों में प्रबन्धन एवं स्वामित्व के मध्य स्पष्ट विभाजन रेखा खिंच चुकी है। आधुनिक व्यावसायिक फर्म अंशधारकों द्वारा वित्त पोषित तथा प्रशिक्षित प्रबन्धकों द्वारा नियंत्रित एवं निर्देशित होती है। व्यावसायिक फर्म से जुड़े हुए अन्य पक्ष ग्राहक, श्रमिक, समाज एवं सरकार आदि हैं। आधुनिक संदर्भों में वित्तीय प्रबन्धन कार्य न केवल नियोक्ता के हितों को संरक्षित करना होता है अपितु उसे अंशधारकों, समाज एवं राष्ट्र के हितों को भी ध्यान में रखना होता है।

पूँजीवाद, लाभ को सर्वोच्च स्थान देता है जबकि समाजवाद के अन्तर्गत निजी लाभ के स्थान पर सामाजिक लाभ (Social Profit) को महत्त्वपूर्ण स्थान दिया जाता है। प्रसिद्ध विचारक **जार्ज बर्नाड शा** ने पूँजीवाद की आलोचना करते हुए कहा है कि ''पूँजीवाद आत्माहीन है पूँजीपतियों का ईश्वर ''लाभ'' है। समाजवादी चिन्तक **कार्ल मार्क्स** के नेतृत्व में अनेक मार्क्सवादी विचारकों ने अधिकतम लाभ अवधारणा की तीव्र शब्दों में निन्दा की।

अधिकतम लाभ अवधारणा के उपरोक्त आलोचनात्मक पहलू नियोक्ता के अधिकतम आर्थिक कल्याण धारणा को धूमिल करते हैं। वस्तुतः अधिकतम लाभ का केन्द्र बिन्दु किसी संगठन विशेष में स्पष्ट नहीं होता है। तथा यह अवधारणा लाभ प्राप्ति के समयान्तराल की उपेक्षा करती है। साथ ही इसके अन्तर्गत जोखिम की उपेक्षा की जाती है। वस्तुतः अधिकतम लाभ शब्द का निहितार्थ अस्पष्ट है। लाभ शब्द की परिभाषा अनिश्चित है। इसके अन्तर्गत हम लघुकाल में होने वाले लाभों को सम्मिलित करें या दीर्घकाल के लाभों को, लाभ में करों के भुगतान से पूर्व लाभ अथवा करों के भुगतान के पश्चात होने वाले लाभों को सम्मिलित किया जाय, इसके अतिरिक्त सकल लाभ अथवा प्रति अंश लाभ को लाभ की श्रेणी में रखा जाय।

लाभ के निर्धारण हेतु उपरोक्त प्रश्न अत्यन्त महत्त्वपूर्ण है। वस्तुतः अधिकतम लाभ अवधारणा के मूल में निहित भाव विभिन्न समय अन्तरालों में प्राप्त हुए आगमों (returns) एवं एक निश्चित समय अन्तराल के मध्य अंतर नहीं कर पाते। इनके अन्तर्गत धन के समय मूल्य (time value of money) तथा वर्तमान के मूल्य लाभ एवं भावी मूल्य लाभों को

दृष्टिगत नहीं रखा जाता। लाभ की परिमाणात्मक माप विभिन्न समय अंतरालों में व्यवसाय की निश्चितता एवं अनिश्चितता पर निर्भर करती है। लाभ की अत्याधुनिक विचारधारा अधिकतम लाभ के स्थान पर उचित लाभ या अनुकूलतम लाभ (Reasonable Profit) के सिद्धान्त को मान्यता प्रदान करती है। इसके अन्तर्गत फर्म अल्पकाल में उचित लाभ प्राप्त करने की नीति अपनाती है। जिससे दीर्घकाल में प्राप्त होंने वाले लाभों की सम्भावना बना रहे। सामान्य तौर पर फर्मों द्वारा अधिकतम लाभ के स्थान पर अनुकूलतम लाभ प्राप्त करने की नीति का अनुसरण अग्रेत्तर कारणों से करना श्रेयस्कर होगा।

1. उद्यम में नेतृत्व की प्राप्ति (Achievement of Leadership in Industry)—आधुनिक औद्योगिक प्रतिस्पर्धा के युग में औद्योगिक क्षेत्र में नेतृत्व की प्राप्ति ही दीर्घकाल तक किसी उद्यम विशेष की अस्मिता को कायम रख सकती है। औद्योगिक क्षेत्र में नेतृत्व की प्राप्ति फर्म द्वारा बाजार में अथवा हिस्सेदारी बढ़ाकर ही प्राप्त की जा सकती है। प्रति इकाई न्यूनतम लाभ लेकर अधिकतम विक्रय द्वारा ही फर्म बाजार में अपनी हिस्सेदारी बढ़ाकर उद्यम में नेतृत्व की प्राप्ति कर सकती है।

2. सम्भावित प्रतियोगिता से संरक्षण (Protection Against Probable Competition)—फर्म के अधिकतम लाभ प्राप्त करने की दशा में अन्य नवीन फर्में उद्यम विशेष में प्रवेश करती है जिससे अधिकतम लाभ प्राप्त करने वाली फर्मों के लिये प्रतिस्पर्धा बढ़ जाती है; परिणामस्वरूप बढ़ती हुई प्रतिस्पर्धा गलाकाट प्रतिस्पर्धा (cut throat competition) का स्वरूप धारण कर लेती है जिससे फर्म की अधिकतम लाभ अवधारणा शिथिल पड़ जाती है।

3. शासकीय हस्तक्षेपों मे वृद्धि (Increased Government Intervention)—वर्तमान संदर्भों में औद्योगिक क्षेत्र में शासन का हस्तक्षेप अधिकतम बढ़ रहा है। फर्म द्वारा अधिकतम लाभार्जन जनता के आर्थिक शोषण का वाहक बन सकता है। परिणामस्वरूप जनता में असन्तोष स्वाभाविक है। जनप्रतिनिधियों एवं उपभोक्ता संघों द्वारा सरकार के ऊपर मूल्य नियंत्रण एवं राष्ट्रीयकरण हेतु दबाव बनाये जाने से सरकार अधिकतम लाभार्जन करने वाली फर्मों पर मूल्य नियंत्रण एवं राष्ट्रीयकरण की प्रक्रिया द्वारा हस्तक्षेप करती है।

4. जोखिम की मात्रा में कमी (Prevention from Risk)—फर्मों को अधिकतम लाभ प्राप्त करने हेतु अधिक जोखिम भी उठाना पड़ता है। अनेक वृहदाकार परियोजनाएँ अपने संचालनीय भार से अधिकतम लाभ की प्रत्याशा को अधिकतम हानि में परिवर्तित कर देती है। अत: अपेक्षाकृत लघु उद्यमों द्वारा कम जोखिम पर उचित लाभार्जन अधिक तर्कसंगत एवं श्रेयस्कर होता है।

5. फर्म की साख में बढ़त (Increment in Firm's Goodwill)—प्राय: फर्मों द्वारा उपभोक्ताओं की भुगतान क्षमता के अनुसार अपने उत्पादों का न्यूनतम मूल्य निर्धारित किया जाता है। वस्तुत: लाभार्जन का आधार अधिकतम मूल्य न होकर उत्पादन लागत में कमी होना चाहिये, उत्पादन लागत में चक्रीय उच्चावचनों से होने वाले उतार-चढ़ाव के अनुसार उत्पाद के मूल्य निर्धारित नहीं किये जाने चाहिये जिससे दीर्घकाल में फर्म की साख में वृद्धि होकर फर्म की लाभार्जन क्षमता में भी अभिवृद्धि होगी।

6. मजदूरी वृद्धि की माँग (Wage Increase Demand)—फर्म द्वारा अधिकतम लाभ अर्जित करने की दशा में श्रमिकों द्वारा अधिक मजदूरी बोनस, भत्तों व अन्य सुविधाओं की माँग की जाती है। परिणामस्वरूप माँगे न मानी जाने की दशा में श्रमिक अशान्ति हड़ताल तालाबन्दी व तोड़फोड़ के रूप में परिलक्षित होती है। अत: प्राय: फर्मों द्वारा न्यूनतम लाभ पर माल बेचकर अनुकूलतम लाभ अर्जित किया जाता है।

7. सामाजिक उत्तरदायित्व की प्राप्ति (Attainment of Social Responsibility)—फर्में समाज में स्थित होती हैं तथा इनके कतिपय सामाजिक उत्तरदायित्व भी होते हैं। कम मूल्य पर समाज को बेहतर वस्तुएँ उपलब्ध कराकर फर्मों द्वारा सामाजिक उत्तरदायित्व की पूर्ति की जा सकती है। आधुनिक प्रबन्धन विद्या में समाजसेवा के साथ लाभार्जन की प्रवृत्ति बढ़ रही है। अनेक फर्मों द्वारा श्रमिकों के लिये स्कूल, कालेज, अस्पताल, आवास आदि मुहैया कराकर सामाजिक उत्तरदायित्व का बखूबी निर्वहन किया जा रहा है।

सम्पदा अधिकतमीकरण (Wealth Maximisation)

वित्तीय प्रबन्धन के अधुनातम उद्देश्य सम्पदा अधिकतमीकरण (Wealth maximisation) अनेक मायनों में लाभ अधिकतमीकरण (Profit maximisation) अवधारणा से सर्वथा भिन्न है। लाभ को अधिकतम करने की धारणा पूर्णरूप से स्पष्ट नहीं है। फर्म में इस तथ्य पर निर्णयन नहीं हो पाता कि फर्म अल्पकाल में होने वाली त्वरित लाभों की ओर ध्यान

दे, अथवा दीर्घकाल में होने वाले स्थायी प्रकृति के लाभों को प्राप्त करने हेतु नियोजित प्रयास करें। वस्तुतः इसके अन्तर्गत मुद्रा के समय मूल्य तथा जोखिम तत्त्व की उपेक्षा की जाती है। वर्तमान में प्राप्त लाभ एवं भावी वर्षों में प्राप्त होने वाले लाभ, मात्रा समान होने पर भी मूल्य की दृष्टि से समान नहीं हो सकते, इसी प्रकार किसी कार्य विशेष को करने पर लाभ की मात्रा अधिक होने पर भी अनिश्चितता के तत्त्व की प्रधानता रहती है। अर्थात् जोखिम का तत्त्व अधिक मात्रा में विद्यमान रहता है। दूसरी तरफ किसी कार्य विशेष को करने पर लाभ की मात्रा अपेक्षाकृत कम किन्तु निश्चितता का तत्त्व अधिक होता है। अर्थात् लाभ की कम मात्रा के साथ ही जोखिम की मात्रा में भारी कमी होती है। उपरोक्त कमियों के आलोक में वित्तीय प्रबन्धन की वर्तमान अवधारणा धन अधिकतमीकरण (wealth maximisation) का प्रार्दुभाव हुआ। इस अवधारणा को मूल्य अधिकतमीकरण (value maximisation) या शुद्ध वर्तमान मूल्य अधिकतमीकरण (net Present value maximisation) भी कहा जाता है। वस्तुतः इस अवधारणा के अनुसार वित्तीय प्रबन्धक को फर्म के लिये ऐसे कार्यों को सम्पादित करना चाहिये जिनसे फर्म की सम्पत्तियों की मूल्य में वृद्धि हो सके। ऐसा कोई कार्य फर्म के प्रतिकूल हो सकता है जिससे फर्म की सम्पत्तियों के मूल्य में कमी हो। वित्तीय प्रबन्धकों को फर्म में ऐसे कार्य अवश्य करने चाहिए जिनसे फर्म की सम्पत्तियों का सृजन एवं वृद्धि हो। सम्पत्ति का अधिक मात्रा में निर्माण होने के कारण फर्म के शुद्ध मूल्य (net worth of the firm)में वृद्धि होती है। वित्तीय प्रबन्धक के समक्ष फर्म के अधिकतम कल्याण हेतु एक से अधिक विकल्प होने पर उसी विकल्प का चयन किया जाना समीचीन होगा जिससे सर्वाधिक सम्पत्ति अथवा शुद्ध मूल्य का सृजन हो सके। वस्तुतः किसी कार्य का शुद्ध वर्तमान मूल्य उस कार्य से प्राप्त वर्तमान सकल आगम में से सम्बन्धित कार्य में विनियोजित आरम्भिक पूँजी को घटाने से प्राप्त हो सकता है। उक्त निष्कर्ष मूल रूप में निम्नानुसार दर्शाये जाते हैं।

NPV = GPV−C

NPV = Net Present Value (शुद्ध वर्तमान मूल्य)

GPV = Grass Present Value (सकल वर्तमान मूल्य)

C = Opening Cost of Investment (विनियोग की आरम्भिक लागत)

व्यवसाय संचालन के परिणामस्वरूप यदि शुद्ध वर्तमान मूल्य शून्य से अधिक हो जाय, तो यह माना जा सकता है कि स्वामियों की सम्पत्ति के वर्तमान मूल्य में अभिवृद्धि हुई है। शून्य शुद्ध वर्तमान मूल्य इस तथ्य को इंगित करता है कि सम्पत्ति के वर्तमान मूल्य में न तो किसी प्रकार की अभिवृद्धि हुई है और न ही किसी प्रकार कमी। शुद्ध वर्तमान मूल्य के घनात्मक होने का अभिप्राय सम्पत्ति के मूल्य में वृद्धि तथा शुद्ध वर्तमान मूल्य के ऋणात्मक होने का अभिप्राय सम्पत्ति के मूल्य में कमी से होता है। **प्रो० इजरा सोलोमन** ने व्यावसायिक प्रबन्ध का मुख्य उद्देश्य सम्बन्धित व्यवसाय की सम्पत्ति को अधिकतम करना माना है।

व्यवसाय के कम्पनी स्वरूप के अन्तर्गत पूँजी एकत्रीकरण का प्रमुख आधार अंशों का निर्गमन होता है। कम्पनी प्रारूप में मूल्य का तात्पर्य समता अंशों के बाजार मूल्य से होता है। अंशों के बाजार मूल्य में वृद्धि का आशय सम्पत्तियों के मूल्य में वृद्धि से है जबकि अंशों के बाजार मूल्य में कमी से अभिप्राय सम्पत्तियों के मूल्य में कमी से है। कम्पनी के सम अंशों का बाजार मूल्य उनके स्वामियों के पूँजी विनियोग के वर्तमान मूल्य का प्रतीक मानने पर यह कहा जा सकता है कि वित्तीय प्रबन्धन का मुख्य उद्देश्य कम्पनी के समता अंशधारियों के अंशों के बाजार मूल्य को अधिकतम करना होना चाहिए। किन्तु समता अंशधारियों के हितों को संरक्षित करने के साथ-साथ कम्पनी से जुड़े अन्य सम्बन्धित पक्षों के हितों की उपेक्षा न करके अपितु परस्पर विरोधी हितों के मध्य सामंजस्य स्थापित करके व्यवसाय संचालन का अनुकूलतम स्तर (Optimum level of Business Operation) बनाये रखना होता है।

वस्तुतः प्रत्येक संगठन के कतिपय साामजिक उत्तरदायित्व भी होते हैं चूँकि किसी भी प्रकार के संगठन समाज में ही स्थापित होते हैं समाज में ही उत्थान करते हैं एवं समाज के अन्दर ही अधोगति को प्राप्त होते हैं। अतः संगठन के सामाजिक उत्तरदायित्व की उपेक्षा नहीं की जा सकती। किसी भी व्यावसायिक संगठन का सामाजिक उत्तरदायित्व इस तथ्य की ओर इंगित करता है कि संगठन का अंतिम लक्ष्य अधिकतम लाभार्जन न होकर अपितु उचित लाभार्जन या अनुकूलतम लाभार्जन होना चाहिये। सामाजिक उत्तरदायित्व के अन्तर्गत उपभोक्ता संरक्षण, कार्मिकों का कल्याण एवं अन्य सामाजिक कार्यों की उपेक्षा नहीं की जा सकती। संस्था द्वारा अपना सामाजिक उत्तरदायित्व पूर्ण करने की दशा में वह दीर्घकाल तक उचित दर से लाभ अर्जित करने में सक्षम हो जाती है। वस्तुतः अंशधारियों के लिए अनुकूलतम स्थिति

उपार्जन की अनियमितता की अपेक्षा उर्पाजन की दीर्घकालीन नियमितता होती है। संगठन के वित्तीय प्रबन्धन का उद्देश्य आवश्यक रूप से प्रतिस्पर्धी होना चाहिये, अर्थात् संस्था विशेष द्वारा अर्जित लाभ की दर एवं मात्रा उसी प्रकार की अन्य कम्पनियों द्वारा उपार्जित लाभ की दर एवं मात्रा से कम कदापि नहीं होना चाहिए। वस्तुत: कम्पनी द्वारा निर्गमित अंशों के मूल्यों में वृद्धि उसके द्वारा अर्जित लाभों की मात्रा से प्रभावित होती है। किन्तु यह कोई अनिवार्य प्रक्रिया नहीं है। क्योंकि अंशों का बाजार मूल्य कम्पनी लाभ की मात्रा के साथ उनकी भावी अर्जन क्षमता, लाभांश नीति सम्पत्तियों की तरलता, कम्पनी की शोधन क्षमता आदि अनेक तत्त्वों पर निर्भर करती है। यही प्रमुख कारण है कि दो समान प्रकृति, पूँजी एवं प्रबन्धन वाली कम्पनियों के समान लाभार्जन करने पर भी उनके अंशों के मूल्य समान नहीं होते। कम्पनी के अंशों का बाजार मूल्य कम्पनी की सम्पन्नता एवं प्रबन्ध कुशलता का मापक होता है। अत: वित्तीय प्रबन्धन का उद्देश्य उपक्रम की सम्पत्तियों के मूल्य को अधिकतम करना होना चाहिये सम्पदा के मूल्य को अधिकतम करने सम्बन्धी **इजरा सोलोमन** के विचार उन्हीं के शब्दों में प्रस्तुत करना समीचीन होगा।

"The gross present worth of a action is equal to the capitalised value of the flow of future expected benefits. discounted (or capitalised) at the rate which reflects their certainty or uncertainty. Wealth or net Present worth is the difference between gross present worth and the amount of capital investment required to achieve the benefits. Any financial action which creates wealth or which has a net present worth above zero is desirable one and should be undertaken. Any financial action which does not meet this test should be rejected. If two or more desirable course of action are mutually exclusive (i.e. if only one can be under taken, then the decision should be to do that which creates most wealth or shows the greatest amount of net present worth. In short the operating objective for financial management is to maximise wealth or Net Present Worth"

—Ejra Soloman, the theory of Financial management.

वस्तुत: वित्तीय प्रबन्धन का उद्देश्य धन/परिसम्पत्तियों का अधिकतमीकरण होने की दशा में यदि कम्पनी के समता अंश दीर्घकाल तक अभिवृद्धि को प्राप्त होते रहें। तो यह आकलन किया जा सकता है कि वित्तीय प्रबन्धन निगम के उद्देश्यों की प्रतिपूर्ति करने में सक्षम रहा है।

धन अधिकतमीकरण सिद्धान्त की उपादेयता—संगठन की सम्पत्तियों का अधिकतमीकरण सिद्धान्त लाभ अधिकतम सिद्धान्त की तुलना में अग्रांकित कारणों से उपयुक्त है—

1. इस सिद्धान्त के अन्तर्गत विनियोगों से होने वाली आय की गणना रोकड़ प्रवाहों के आधार पर की जाती है। इसके अन्तर्गत आय मापन की लेखांकन लाभ आधारित गणना न किये जाने के कारण लेखांकन लाभों की संदिग्धता, अस्पष्टता व अनिश्चितता समाप्त हो जाती है।
2. इस सिद्धान्त के अन्तर्गत आगामी विभिन्न वर्षों में प्राप्त होने वाली सम्भावित आय को एक निश्चित दर से कटौती करके मुद्रा के समय मूल्य सिद्धान्त को भी मान्यता प्रदान की जाती है।
3. धन अधिकतमीकरण सिद्धान्त जोखिम व अनिश्चितता की सीमा का भी विश्लेषण करता है। परिणामस्वरूप हम विभिन्न विकल्पों में से सर्वोत्तम विकल्प का चयन आसानी से कर सकते हैं।
4. सम्पत्ति अधिकतमीकरण सिद्धान्त के अन्तर्गत संगठन के अन्य उद्देश्यों की उपेक्षा नहीं की जाती अपितु यह सिद्धान्त अन्य उद्देश्यों की प्राप्ति में सहायक होता है।

वस्तुत: किसी व्यावसायिक उपक्रम के संचालन का प्रमुख आधार लाभार्जन ही होता है। निर्माणी उद्योगों/ कम्पनियों के सफल संचालन हेतु लाभार्जन उत्प्रेरक का कार्य करता है। जिन उद्यमों में लाभ की मात्रा अल्प होती है। ये उद्यम दीर्घकाल तक अपनी अस्मिता को बनाये रखने में सक्षम नहीं होते। वित्तीय प्रबन्धन का उद्देश्य अधिकतम लाभार्जन के साथ-साथ धन अधिकतमीकरण होना चाहिये। वस्तुत: जिन संगठनों में लाभार्जन की मात्रा अधिक होती है, वे ही संगठन अपनी सम्पत्तियों में भी अभिवृद्धि करने में सक्षम होते हैं। जिन कम्पनियों द्वारा समता अंशों के माध्यम से पूँजी एकत्रित की जाती है। उनमें लाभ की मात्रा अधिक होने पर ही अधिक लाभांश का भुगतान अंशधारियों को किया जा सकता है। अधिक मात्रा में लाभांश भुगतान करने वाली कम्पनियों के अंशों के मूल्यों में अभिवृद्धि सम्भव है। जिन कम्पनियों में लाभ की मात्रा अत्यल्प या शून्य होती है। वे कम्पनियाँ लाभांश का भुगतान अंशधारकों को करने में सक्षम नहीं हो सकती। परिणामस्वरूप उन कम्पनियों के अंशों का मूल्य या तो स्थिर रहता है अथवा कम हो जाता है। जिससे धन

अधिकतमीकरण (wealth maximisation) का उद्देश्य कदापि पूर्ण नहीं हो सकता। अतः संगठन के कुशल वित्तीय प्रबन्धन हेतु लाभ अधिकतमीकरण व सम्पत्ति अधिकतमीकरण दोनों उद्देश्यों को ध्यान में रखना आवश्यक होता है।

वित्तीय प्रबन्धन के कार्य अथवा क्षेत्र (Function or Scope of Financial Management)

किसी औद्योगिक/व्यावसायिक संगठन में वित्तीय प्रबन्धन का अत्यन्त महत्त्वपूर्ण स्थान होता है। वस्तुतः वित्त ही व्यावसायिक जीवन का आधार स्तम्भ है। वित्तीय प्रबन्ध के अन्तर्गत सम्मिलित किये जाने वाले कार्यों के सम्बन्ध में विभिन्न विद्वानों में मतैक्य का अभाव है। वस्तुतः वित्तीय प्रबन्धन के कार्यों का वर्गीकरण संगठन की संरचना कार्य की प्रकृति एवं अन्य अनेक उत्तरदायी तत्त्वों पर निर्भर करती है। वित्तीय प्रबन्धन द्वारा किये जाने वाले कार्यों को वित्त कार्य (Finance function) के रूप में जाना जाता है। वस्तुतः किसी भी प्रकार के व्यावसायिक संगठन में वित्तीय प्रबन्धन को सामान्य तौर पर निम्न तीन प्रकार के निर्णयन लेने पड़ते हैं।

1. विनियोग निर्णयन (Investment Decision)
2. वित्तीय निर्णयन (Financing Decision)
3. लाभांश निर्णयन (Dividend Decision)

1. विनियोग निर्णयन—विनियोग निर्णयन के अन्तर्गत वित्तीय प्रबन्धन को पूँजी के आवंटन सम्बन्धी निर्णय लेने होते हैं। संगठन में विनियोजित की जाने वाली पूँजी दीर्घकालीन सम्पत्तियों के सृजन हेतु विनियोजित की जानी है अथवा अल्प कालीन चल सम्पत्तियों के सृजन हेतु विनियोजित की जानी है। दीर्घकालीन सम्पत्तियों के विनियोजन का उद्देश्य भावी लाभ (future benefit) होता है। भावी लाभों की गणना करना कठिन कार्य है तथा इनका पूर्वानुमान निश्चित तौर पर नहीं लगाया जा सकता है। वस्तुतः भविष्य की अनिश्चितता के कारण पूँजी बजटिंग निर्णयन/विनियोग निर्णयन के अन्तर्गत जोखिम की मात्रा अधिक हो जाती है। चालू अथवा अल्पकालीन सम्पत्तियों में विनियोजन सम्बन्धी निर्णयन लाभदायकता एवं तरलता को दृष्टिगत रखते हुए लिये जाते हैं। चालू सम्पत्तियों में अपेक्षाकृत कम मात्रा में विनियोजन अल्प काल में लाभ की मात्रा में अभिवृद्धि कर सकता है किन्तु आवश्यकता पड़ने पर चालू दायित्वों का भुगतान न कर पाने की दशा में संगठन की ख्याति पर प्रतिकूल प्रभाव पड़ने के साथ ही दिवालियेपन का जोखिम सदैव विद्यमान रहेगा। इसके विपरीत चालू सम्पत्तियों में आवश्यकता से अधिक मात्रा में कोषों का विनियोजन किये जाने की दशा में तरलता एवं जोखिम की मात्रा में सुधार सम्भव है किन्तु लाभदायकता की मात्रा में कमी हो सकती है। अतः विनियोग सम्बन्धी निर्णयन लेने हेतु वित्तीय प्रबन्धन को तरलता, जोखिम एवं लाभदायकता के मध्य साम्य स्थापित करना अपरिहार्य होगा।

2. वित्तीय निर्णयन—वित्तीय निर्णयन संगठन की पूंजी सम्बन्धी आवश्यकताओं से सम्बन्धित होते हैं। इसके अन्तर्गत वित्तीय प्रबन्धक को आवश्यकतानुकूल समयान्तर्गत आवश्यक कोषों की व्यवस्था करनी पड़ती है। इसकी निर्णयन प्रक्रिया में निम्न प्रश्नों के हल ढूँढ़ने होते हैं—

1. पूँजी की कितनी मात्रा संगठन के सुचारु रूप से संचालन हेतु आवश्यक है।

2. पूँजी संरचना निर्माण का प्रारूप क्या होगा? 3. वित्त किन-किन स्त्रोतों से कितनी मात्रा में संग्रहीत किया जाय? पूँजी की मात्रा का निर्धारण संगठन की स्थायी चालू सम्पत्तियों एवं अमूर्त सम्पत्तियों में विनियोजित होने वाली राशि का पूर्वानुमान करके किया जा सकता है। पूँजी संरचना (Capital structure) के निर्धारण में वित्तीय प्रबन्धन इस तथ्य का निरुपण करता है कि संगठन में विनियोजित की जाने वाली पूँजी में अंशों प्रपत्रों का अनुपात क्या होगा। अंशपूँजी के अन्तर्गत भी कितनी मात्रा में समता अंशों का निर्गमन किया जायेगा तथा कितनी मात्रा में पूर्वाधिकारी अंशों का।

पूँजी संरचना को निर्धारित करने के उपरान्त वित्तीय प्रबन्धन प्रस्तावित पूँजी संरचना के अनुसार विभिन्न स्त्रोतों से आवश्यक कोषों की प्राप्ति (Procurement of funds) की व्यवस्था करता है। पूँजी कोष के स्त्रोतों का चयन पूँजी की लागत एवं उसकी प्रकृति तथा कोष की अवधि पर निर्भर करती है। कोषों की व्यवस्था हेतु वित्तीय प्रबन्धक विभिन्न औद्योगिक विकास बैंकों, राष्ट्रीयकृत बैंकों, वित्तीय संस्थानों व जनता से सम्पर्क स्थापित करता है। वस्तुतः वित्तीय प्रबन्धक प्रारम्भिक वित्तीय आवश्यकताओं की पूर्ति हेतु उत्तरदायी होने के साथ ही भविष्य में संगठन के विस्तार, विकास एकीकरण व संविलयन योजनाओं को क्रियान्वित करने हेतु अतिरिक्त पूँजी की व्यवस्था भी करता है।

3. लाभांश निर्णयन (Dividend Decisions)—लाभांश निर्णयन संगठन में होने वाले लाभों के आवंटन (Allocation of Profits) से सम्बन्धित होते हैं। इनका प्रत्यक्ष सम्बन्ध संगठन की लाभांश नीति से होता है। लाभांश निर्णयन के अन्तर्गत मुख्य तौर पर तीन विकल्प विद्यमान होते हैं। 1. संगठन के सम्पूर्ण लाभों को अंशधारकों के मध्य

लाभांश के रूप में वितरित कर दिया जाय। 2. संगठन के विकास संवर्धन एवं पुनर्गठन हेतु लाभों का विभाजन अंशधारकों में न करके अपितु संगठन में समाहित कर लिया जाय। 3. संगठन के लाभों को आंशिक तौर पर अंशधारकों के मध्य वितरित कर दिया जाय तथा अवशेष लाभों को संगठन के विकास, विस्तार एवं पुनर्गठन हेतु खर्च किया जाय।

अब प्रश्न उठता है कि उपरोक्त विकल्पों में से किस विकल्प का चयन किया जाय। संगठन के समस्त लाभ अंशधारकों के मध्य वितरित कर दिये जाने की दशा में अंशों के बाजार मूल्य में अभिवृद्धि होगी, किन्तु संगठन के विकास, विस्तार एवं पुनर्गठन हेतु पूँजी के अभाव में संगठन की परिसम्पत्तियों में अभिवृद्धि नहीं हो सकेगी, तथा संगठन के विकास एवं विस्तार हेतु संसाधनों का अभाव होगा। परिणामस्वरूप दीर्घकाल में संगठन के लाभों में कमी होना स्वाभाविक है। यह स्थिति संगठन के स्वास्थ्य हेतु अनुकूल नहीं है।

यदि हम संगठन में होने वाले लाभों का विभाजन अंशधारकों में न करके अपितु सम्पूर्ण भाग संगठन के विकास, विस्तार एवं पुनर्गठन हेतु व्यय करते हैं, तो अंशधारियों को लाभांश न मिल पाने की दशा में उनके द्वारा धारित अंश अपेक्षाकृत कम मूल्य पर बेच दिये जायेंगे। अर्थात् अंशों के मूल्य में कमी होगी, परिणामस्वरूप जहाँ एक ओर संगठन की ख्याति पर प्रतिकूल प्रभाव पड़ेगा वहीं दूसरी ओर संगठन अपने विकास व विस्तार हेतु अंशों के माध्यम से पूँजी संचयन करने में असमर्थ होगा।

यदि हम संगठन के लाभों को आंशिक तौर पर अंशधारकों के मध्य वितरित कर दें तथा अवशेष भाग को संगठन के विकास, विस्तार एवं पुनर्गठन हेतु व्यय करें, तो सहज प्रश्न उठता है कि कितनी मात्रा में लाभों का वितरण लाभांश के रूप में किया जाय तथा कितनी मात्रा में लाभों का विनियोजन संगठन के विकास एवं विस्तार हेतु किया जाय। उक्त निर्णयन के अन्तर्गत अंशधारकों की वरीयता एवं संगठन में विनियोग के उपलब्ध अवसरों को ध्यान में रखना होता है।

वस्तुतः संगठन में होने वाले लाभों का वितरण अनुपात अत्यन्त संतुलित होना चाहिये, जिससे अंशधारकों को प्राप्त होने वाली लाभांश की राशि बाजार में उपलब्ध अन्य प्रतिस्पर्धी फर्मों से कम न हो, तथा अंशों के बाजार मूल्य में गिरावट न होने पाये। दूसरी ओर संगठन के विकास, विस्तार एवं पुनर्गठन हेतु पर्याप्त मात्रा में पूँजी उपलब्ध हो सके।

वर्तमान संदर्भों में वित्त प्रबन्धक वित्त विभाग का सर्वोच्च पदाधिकारी होता है। संगठन के उद्देश्यों की पूर्ति हेतु उसे अनेक प्रकार के प्रशासनिक एवं नैत्यिक कार्य करने होते हैं। व्यावसायिक प्रतिस्पर्धा, विदेशी विनियोजन, उदारीकरण वैश्वीकरण एवं बढ़ती गलाकाट प्रतिस्पर्धा के दौर में आज वित्तीय प्रबन्धन क कार्य अत्यन्त चुनौतीपूर्ण हो गया है। सामान्य तौर पर निर्णयन सम्बन्धी कार्यों के अतिरिक्त वित्तीय प्रबन्धक को निम्नलिखित कार्य सम्पादित करने पड़ते हैं।

1. वित्तीय नियोजन (Financial Planning)—वित्तीय नियोजन सम्बन्धी कार्य संगठन के प्रत्येक स्तर पर अत्यन्त महत्त्वपूर्ण कार्य होता है। नवसृजित अथवा पूर्व सृजित प्रत्येक प्रकार के संगठनों में वित्तीय योजना तैयार करनी होती है। **वेस्टन एवं ब्राइघम** के शब्दों में—"नियोजन का तात्पर्य व्यवसाय के उद्देश्यों के निर्धारण अथवा उपलब्ध विभिन्न विकल्पों में से सर्वोत्तम विकल्प का चयन करके उद्देश्यों की प्राप्ति हेतु नीतियों एवं कार्यक्रमों के निर्धारण से है।"[1] सामान्यतया वित्तीय नियोजन से तात्पर्य उस योजना से है जिसके माध्यम से वित्त सम्बन्धी कार्यों का अग्रिम निर्धारण करके तदनुकूल वित्त का विनियोजन किया जाता है। चूँकि किसी भी संगठन के सुचारू संचालन हेतु वित्त की भूमिका अग्रणी होती है। अतः फर्म के अन्तर्गत वित्तीय योजना का निर्धारण एवं निरूपण इस प्रकार किया जाना चाहिये कि फर्म के कोषों का उचित एवं मितव्ययी प्रयोग हो सके। वित्त की प्रत्येक इकाई का विनियोजन व्यावसायिक संवर्धन एवं लाभ अधिकतमीकरण हेतु किया जा सके। वित्तीय योजना के निर्माण हेतु यह परम आवश्यक है कि फर्म के दीर्घकालीन एवं अल्पकालीन वित्तीय उद्देश्यों का निर्धारण अवश्य किया जाय। सामान्य तौर पर वित्तीय नियोजन हेतु निम्न विषयक नीतियों का निर्माण किया जाता है—

(i) फर्म के अन्तर्गत कितनी मात्रा में पूँजी का विनियोजन किया जाय, तथा विनियोजित पूँजी दीर्घकालीन अथवा अल्पकालीन अवधि की हो।

(ii) फर्म में पूँजीकरण को निर्धारित करने सम्बधी नीतियों अर्थात् फर्म में अति पूँजीकरण, व अल्प पूँजीकरण के माध्य साम्य स्थापित करने सम्बन्धी नीतियाँ।

(iii) फर्म में स्थायी सम्पत्तियों के क्रय पर अधिक विनियोजन किया जाय, अथवा चालू सम्पत्तियों के क्रय पर सम्पत्तियों के विनियोजन सम्बन्धी नीतियों का निर्धारण

1. Planning is the formulation of enterprise goal & objectives the selection among alternative courses of action and the initiation of Policies and Programmes to achieve objectives. —*Weston and Brigham. Essentials of Managerial Finance. P.9*

(iv) फर्म के लिये कोष उपलब्ध कराने हेतु विभिन्न स्रोतों की खोज एवं चुनाव विषयक नीतियाँ।

(v) एक निश्चित अवधि के उपरान्त फर्म को होने वाले लाभों के निर्धारण एवं वितरण के सम्बन्ध में नीतियाँ।

2. वित्तीय पूर्वानुमान (Financial Forecasting)—वित्तीय पूर्वानुमान वित्तीय प्रबन्धन एवं नियोजन का आधार स्तम्भ है। वित्त सम्बन्धी पूर्वानुमान लगाकर तद्नुसार संगठन के लिये पूँजी की व्यवस्था करना वित्त प्रबन्धक का प्रमुख कार्य होता है। नवसृजित संगठनों में वित्त का पूर्वानुमान प्रवर्तकों द्वारा लगाया जाता है। जबकि पूर्व सृजित संगठनों में वित्त का पूर्वानुमान वित्त प्रबन्धकों द्वारा लगाया जाता है। वित्तीय पूर्वानुमान हेतु अनेक गणितीय, सांख्यिकीय एवं लेखांकन सम्बन्धी विधियों का प्रयोग किया जाता है।

3. कोषों का एकत्रीकरण (Procurement of funds)—किसी भी संगठन की स्थापना, संचालन एवं प्रगति हेतु कोष सार्वभौमिक आवश्यकता है। कोषों के अभाव में न तो हम किसी भी प्रकार के संगठन की स्थापना कर सकते हैं और न ही संगठन द्वारा निर्धारित लक्ष्यों को प्राप्त कर सकते हैं। संगठन में विनियोजित किये जा सकने वाले वित्त का पूर्वानुमान करके तद्नुसार पूँजी की व्यवस्था करना वित्तीय प्रबन्धक का महत्त्वपूर्ण कार्य है। वस्तुत: पूँजी संचयन की प्रकृति पूँजी लागत निर्धारित करने में महत्त्वपूर्ण होती है। इसके लिये वित्तीय प्रबन्धन को यह सुनिश्चित करना चाहिये कि पूँजी संचयन की कौन-सी विधा पूँजी की लागत को न्यूनतम करने में सक्षम है। अंश पूँजी के माध्यम से पूँजी संचित करने पर आने वाली पूँजी की लागत एवं ऋणपूँजी के माध्यम से संचित की जाने वाली पूँजी की लागत का तुलनात्मक, विश्लेषणात्मक एवं गत्यात्मक अध्ययन करके तदनुसार निर्णयन लेकर वित्त प्राप्ति की व्यवस्था सुनिश्चित करनी चाहिये।

4. संगठन की सम्पत्तियों का प्रबन्धन—वित्तीय प्रबन्धन न केवल कोषों के संग्रहण एवं उनके प्रयोग से सम्बन्धित होता है। बल्कि संगठन की सम्पत्तियों का देखरेख करने वाला (care taker) भी होता है। चूँकि वित्तीय प्रबन्धन का प्रमुख उद्देश्य लाभ अधिकतमीकरण (Profit maximisation) के साथ-साथ सम्पत्ति अधिकतमीकरण (wealth maximisation) भी होता है।

अत: वित्तीय प्रबन्धन द्वारा इस तथ्य का भी सुनिश्चयन करना पड़ता है कि स्थायी सम्पत्तियों (Fixed assets) एवं चालू सम्पत्तियों (current assets) में विनियोजित कोषों की मात्रा अथवा अनुपात क्या हो? स्थायी सम्पत्तियों में विनियोजित की जाने वाली पूँजी दीर्घकाल में लाभदायी हो सकती है किन्तु अल्पकालीन त्वरित लाभों के लिये चालू सम्पत्तियों में भी उचित विनियोजन अपरिहार्य होता है। इसके अतिरिक्त स्थायी सम्पत्तियों के पुनर्सृजन हेतु यथोचित ह्रास की व्यवस्था एवं चालू सम्पत्तियों में विनियोजन का अनुकूलतम स्तर (optimum level) निर्धारित करना भी वित्तीय प्रबन्धन का महत्त्वपूर्ण उत्तरदायित्व है।

अन्य कार्य (Other Functions)

चूँकि वित्तीय प्रबन्धक संगठन के विकास का अग्रदूत होता है। अत: उसे संस्था के हित में अन्य अनेक कार्य सम्पादित करने पड़ते हैं। इसके द्वारा विभिन्न वित्तीय विवरणों के निर्माण के साथ-साथ प्रतिदिन के व्यवहारों का अभिलेखन, वित्तीय लेखापुस्तकों की सुरक्षा, लागत नियंत्रण, प्रतिस्पर्धी मूल्य निर्धारण पूँजी की उत्पादन क्षमता में वृद्धि आदि सम्बन्धी कार्य भी सम्पादित करने पड़ते हैं।

वित्तीय प्रबन्धन का महत्त्व
(Significance of Financial Management)

एकल उद्यम से कम्पनी प्रारूप तक लगभग समस्त स्वरूपों में पूँजी की उपादेयता सर्वस्वीकार्य है। किसी भी प्रकार की आर्थिक क्रिया का संचालन वित्त के माध्यम से ही सम्भव हो सकता है। उत्पादन के समस्त साधनों का संकलन एवं संगठित प्रयोग वित्त के द्वारा ही किया जा सकता है।

अत: संगठन के सृजन से लेकर उसके विकास तक के समस्त आयामों में वित्तीय प्रबन्धन का महत्त्वपूर्ण स्थान है। वस्तुत: वित्तीय प्रबन्धन विचारधारा का सूत्रपात औद्योगिक क्रान्ति के उपरान्त हुआ। बीसवीं शताब्दी के पूर्वार्द्ध में वित्तीय प्रबन्धन की आवश्यकता एक अनुशासन के रूप में महसूस होने लगी। आरम्भिक काल में इसका उद्देश्य मात्र कोषों के एकत्रीकरण (Sources of funds) तक ही सीमित था, किन्तु पश्चातवर्ती कालों में वित्तीय प्रबन्धन का क्षेत्र कोषों के प्रयोग (Uses of funds) तक प्रसरित हो गया।

वर्तमान समय में वित्तीय प्रबन्धन, उत्पादन प्रबन्धन, सामग्री प्रबन्धन, विक्रय प्रबन्धन, सेविवर्गीय प्रबन्धन, विज्ञापन

प्रबन्धन, मानव संसाधन प्रबन्धन आदि सभी क्षेत्रों में अपनी गरिमामयी उपस्थिति दर्ज करा चुका है। **प्रो० इजरा सोलोमन** का यह कथन सर्वथा उपर्युक्त है कि "वर्तमान समय में वित्तीय प्रबन्ध केवल वित्त एकत्रीकरण (collection of funds) की विशिष्ट प्रक्रिया मात्र नहीं है, अपितु उत्पादन, विपणन, लागत नियंत्रण एवं निर्णयन क्रिया से प्रत्यक्षत: सम्बन्धित है। वित्तीय प्रबन्धन संगठन की समस्त आर्थिक क्रियाओं को सूत्रबद्धता प्रदान करता है।

हम वित्तीय प्रबन्धन की उपादेयता का अध्ययन निम्नांकित शीर्षकों के अन्तर्गत कर सकते हैं।

1. प्रबन्धकीय उपादेयता (Managerial Significance)—वर्तमान समय में वित्तीय प्रबन्धन की सर्वाधिक उपादयेता प्रबन्धकीय क्षेत्र में है। स्वामित्व एवं प्रबन्धन के पृथक्करण के उपरान्त वित्तीय प्रबन्धन की महत्ता अधिक बढ़ गयी है। कम्पनियों में अंशों के माध्यम से जनता द्वारा पूँजी विनियोजित की जाती है। कम्पनी मालिकों एवं निवेशकों के मध्य की कड़ी के रूप में वर्तमान प्रबन्धन को कार्य करना पड़ता है। अंशधारकों के प्रन्यासी (Trustee) के रूप में वित्तीय प्रबन्धकों का दायित्व अधिक बढ़ गया है। वर्तमान परिस्थितियों में वित्तीय प्रबन्धन का यह प्रमुख कर्तव्य है कि वह जनता द्वारा विनियोजित पूँजी का अधिकतम, कुशलतम प्रयोग करके विनियोजित पूँजी पर प्रचुर प्रत्याय (return) के साथ-साथ पूँजी की सुरक्षा की गारण्टी प्रदान करें। अंशधारकों की विश्वसनीयता में कमी संगठन के पूँजी संग्रहण प्रक्रिया को क्षति पहुँचाती हैं।

प्रो० सोलोमन के मतानुसार वर्तमान संदर्भों में वित्तीय प्रबन्ध मात्र वित्त संग्रहण की विशेष प्रक्रिया न रह कर, सम्पूर्ण प्रबन्ध विज्ञान का आवश्यक उपांग बन गया है, आज वित्तीय प्रबन्ध संसाधनों के एकत्रीकरण के साथ-साथ नियोजन, संगठन, कार्मिक प्रबन्धन, निर्देशन, समन्वय, उत्पादन, विपणन एवं अन्य अनेक क्षेत्रों से घनिष्ठ रूप से सम्बन्धित होता है।

2. विनियोजकों के लिए महत्त्व (Significance for Investor)—विनियोग की प्रक्रिया बचत से प्रारम्भ होती है। हम अपनी छोटी-छोटी बचतों के माध्यम से धन संग्रहित करके बचत करते हैं। बचत के रूप में एकत्रित धनराशि का विनियोजन कोई भी विनियोजक लाभ प्राप्ति हेतु करता है। प्राय: विनियोजकों को इस बात की जानकारी नहीं होती है कि उनके द्वारा विनियोजित धन से किस प्रकार अधिकतम अर्जन किया जाय। ऐसी स्थिति में वित्तीय प्रबन्धन के सिद्धान्तों का ज्ञान विनियोजकों को विनियोग सम्बन्धी निर्णयन में सहायक हो सकता है। वित्तीय प्रबन्धन के माध्यम से विनियोजक लाभदायक विनियोग एवं अलाभकारी विनियोगों के मध्य स्वयं निर्णय लेने में सक्षम होते हैं।

3. अंशधारकों के लिए महत्त्व (Significance for Shareholder)—वर्तमान निगमित जगत (Corporate World) के अभ्युदय से स्वामित्व एवं प्रबन्धन का विलगाव हो चुका है। अत: किसी भी कम्पनी में अंशों के माध्यम से पूँजी विनियोजन करके कोई भी व्यक्ति स्वामित्व प्राप्त कर सकता है। पब्लिक कम्पनियों में स्वामित्व प्राप्त करने वालों की संख्या अत्यधिक होने के कारण उनका प्रत्यक्षत: प्रबन्धन में सहभागी होना असम्भव होता है। कम्पनियों का वास्तविक प्रबन्धन संचालक मण्डल के हाथों में होता है। अत: वित्तीय प्रबन्धक किसी भी प्रकार के संगठन में अंशधारकों के हितों को सुरक्षित रखने में निर्णायक भूमिका का निर्वहन करता है। उसके द्वारा कम्पनी के हितों को पोषित करने के साथ-साथ अंशधारकों के हितों का संरक्षण लाभांश एवं पूँजी सुरक्षा के माध्यम से किया जा सकता है।

4. वित्तीय संस्थानों के लिये महत्त्व (Significance for Financial Institutions)—वित्तीय संस्थान नियोक्ताओं एवं विनियोजकों के मध्य मध्यस्थ के रूप में कार्य करते हैं। उनके द्वारा जहाँ एक ओर जनता से पूँजी संग्रहण किया जाता है वहीं दूसरी ओर उद्यमों को वित्तीय सहायता प्रदान करके औद्योगिक विकास को त्वरण प्रदान किया जाता है। वित्तीय प्रबन्धन विधा की पर्याप्त जानकारी के अभाव में वित्तीय संस्थानों द्वारा अकुशल कम्पनियों को अधिक वित्तीय सहायता देने से हानि की सम्भावना में वृद्धि हो सकती है तथा कुशल कम्पनियों को आर्थिक सहायता में कमी करके लाभ की सम्भावना में कमी हो सकती है। वित्तीय संस्थानों द्वारा पर्याप्त वित्तीय प्रबन्धन ज्ञान के अभाव में अनेक प्रकार के गलत निर्णय लिये जा सकते हैं। इन्हीं कारणों से प्राय: वित्तीय संस्थानों में वित्तीय प्रबन्धकों की नियुक्ति वित्त प्रबन्धन में विशेषज्ञता रखने वाले व्यक्तियों में से की जाती है।

5. संगठन के लिये उपादेयता (Significance for Organisation)—संगठन अनेक घटकों का समन्वित स्वरूप है। जिनके अन्तर्गत जड़ एवं चेतन दो प्रकार के उपांग समाहित होते हैं। मानव श्रम एवं मशीन तथा सामग्री के सम्मिलित प्रयास का प्रतिफल संगठन के निर्धारित उद्देश्य की प्रतिपूर्ति के रूप में परिलक्षित होता है। वस्तुत: संगठन के प्रत्येक स्तर पर धन की आवश्यकता होती है। धन के अभाव में न तो हम मानव श्रम क्रय कर सकते हैं और न ही मशीन व सामग्री प्राप्त कर सकते हैं; दूसरे शब्दों में धन वह सर्वशक्तिमान साधन है जिसके द्वारा हम संगठन के लक्ष्यों की पूर्ति

में संलग्न हो सकते हैं। अत: संगठन के प्रत्येक स्तर पर वित्तीय प्रबन्धन के माध्यम से धन का मितव्ययता पूर्ण प्रयोग करके उत्पादकता की लागत को घटाकर संगठन के लाभों में अभिवृद्धि कर सकते हैं।

6. संगठन से जुड़े व्यक्तियों के लिये उपादेयता (Significance for Organisation Concerning Persons)—कुशल वित्तीय प्रबन्धन से संगठन के सम्बद्ध सभी पक्षों को लाभान्वित किया जा सकता है। संगठन की लाभदेयकता में वृद्धि से अतिरिक्त वृद्धि को कर्मचारियों के वेतन, भत्तों, बोनस व अन्य अनुलाभों के रूप में वितरित करके कार्मिकों की कार्य क्षमता एवं कार्य कुशलता में अभिवृद्धि की जा सकती है। ह्रास का प्रावधान अधिक मात्रा में करके अत्याधुनिक तकनीक युक्त मशीनों का प्रावधान किया जा सकता है जिससे उत्पादन क्षमता में कई गुना वृद्धि की जा सकती है। निर्माण में प्रयुक्त सामग्री उत्तम कोटि की प्रयोग में लाई जा सकती है। जिससे संगठन के उत्पादन में वृद्धि के साथ-साथ वस्तु की गुणवत्ता में भी सुधार किया जा सकता है।

7. अन्य के लिये उपादेयता (Significance for Others)—वस्तुत: वित्तीय प्रबन्धन का क्षेत्र अत्यन्त व्यापक है। व्यक्ति, परिवार, समाज, राष्ट्र व सम्पूर्ण विश्व इसके प्रभाव से अवमुक्त नहीं हो सकते। राजनीतिज्ञों, अर्थशास्त्रियों, समाजशास्त्रियों, वाणिज्य शास्त्रियों एवं प्रबन्ध शास्त्रियों सभी के लिये वित्तीय प्रबन्ध के व्यवहारों एवं सिद्धान्तों का समुचित ज्ञान होना परमावश्यक होता है। प्रबन्ध विषय का अध्ययन करनेवाले छात्रों के लिये वित्तीय प्रबन्धन का ज्ञान उतना ही आवश्यक है जितना दीपक के लिए तेल, वस्तुत: वित्तीय प्रबन्धन के ज्ञान के अभाव में हम राष्ट्र की आर्थिक नीतियों व समस्याओं को प्रस्तुत करने में अक्षम होंगे। हमारे देश में मिश्रित अर्थव्यवस्था की पुष्टि हेतु स्वान्त्र्योत्तर काल में सरकार ने लोक उद्यमों पर अत्यधिक मात्रा में धन का विनियोजन किया, किन्तु वे भीमकाय लोक उद्यम अकुशल वित्तीय प्रबन्धन के कारण आज अपनी अंतिम साँसे गिन रहे हैं। ये उद्यम आज लाभदेयकता के स्थान पर शासकीय वैशाखी के सहारे अपनी अस्मिता हेतु संघर्षरत है। वस्तुत: वर्तमान वित्तीय प्रबन्धन केवल अभिलेख लेखन व संकलन तथा धन के एकत्रीकरण तक ही सीमित न रहकर अपितु संगठन का अगुआ, एवं शीर्षप्रबन्धन प्रमुख के रूप में प्रतिष्ठित है।

वित्तीय प्रबन्ध की सीमाएँ
(Limitations of Financial Management)

वर्तमान संदर्भों में वित्तीय प्रबन्ध अत्याधुनिक एवं अति महत्त्वपूर्ण अनुशासन (Discipline) होने के पश्चात् भी निम्नांकित सीमाओं से परे नहीं हैं।

1. प्रगतिशील विषय (Progressive Subject)—चूँकि वित्तीय प्रबन्ध एक विषय के रूप में क्रमबद्ध अध्ययन हेतु बीसवीं सदी के पूर्वार्द्ध में अंगीकृत किया गया, अत: वित्तीय प्रबन्ध का क्षेत्र वर्तमान समय में विकासशील अवस्था में है। इसकी अवधारणाएँ मान्यताएँ एवं सिद्धान्त अभी तक पुष्ट नहीं हो सकें हैं। इसका सैद्धान्तिक स्वरूप भी अब तक पूर्णतया स्वीकार्य नहीं हो सका, वित्तीय निर्वचन एवं विश्लेषण के मानक भी अब तक मानकीकृत नहीं हो सके। वित्त जैसे अत्यन्त संवेदनशील घटक (Factor) से सम्बन्धित होने के कारण इसके विषय क्षेत्र में शोध एवं विकास कार्य (Research and Development) अनवरत चलने की आवश्यकता एवं संभावना है।

2. वैज्ञानिकता का अभाव (Lack of Scientific Attitude)—घटनाओं का क्रमबद्ध ज्ञान ही विज्ञान है। विज्ञान के सिद्धान्तों की भाँति वित्तीय प्रबन्ध के सिद्धान्त परिणाम की गारण्टी नहीं प्रदान कर सकते। वित्तीय प्रबन्ध के अन्तर्गत लिये गये निर्णय वैज्ञानिक आधार पर मूल्यांकित नहीं किये जा सकते, निर्णयों को परिणामों की कसौटी पर नहीं कसा जा सकता, अत: वित्तीय प्रबन्ध एक विषय के रूप में वैज्ञानिक लक्षणों से युक्त होते हुए भी कारण और परिणाम के मध्य समुचित साम्य स्थापित करने में समर्थ नहीं है। उदाहरणस्वरूप विज्ञान के सिद्धान्त (H_2O) का कारण हाइड्रोजन की दो मात्रा एवं आक्सीजन की एक मात्रा का परिणाम जल ही होगा, यह शाश्वत सत्य है। वित्तीय प्रबन्ध द्वारा लिये गये निर्णय वैज्ञानिक न होकर अपितु व्यावहारिक होते हैं।

3. अत्यधिक व्ययपूर्ण (Over Expensive)—किसी भी संगठन में वित्तीय प्रबन्ध कार्य हेतु अधिक मात्रा में पूँजी का विनियोजन करने के साथ ही कुशल एवं प्रभावपूर्ण वित्तीय प्रबन्ध हेतु अधिक मात्रा में अतिरिक्त धन व्यय करना पड़ता है। लघु स्तरीय व्यावसायिक अथवा औद्योगिक प्रतिष्ठान अत्यधिक व्ययपूर्ण व्यवस्था को क्रियान्वित करने में समर्थ नहीं होते, अकुशल एवं निष्प्रभावी वित्तीय प्रबन्ध संगठन के लिये ग्रहण के समान होता है।

4. वित्तीय लेखों पर आश्रितता (Dependence Upon Financial Records)—वस्तुत: वित्तीय प्रबन्ध के अन्तर्गत विश्लेषण, निर्वचन एवं निर्णयन हेतु लाभ हानि खाता, वार्षिक चिट्ठा आदि वित्तीय लेखों पर आश्रित रहने के

कारण वित्तीय लेखों में होने वाली कमियाँ वित्तीय प्रबन्धन में भी दृष्टिगोचर होती है। वित्तीय विवरणों में होने वाली कृत्रिम साजसज्जा (Window Dressing) अमौद्रिक तत्त्वों की उपेक्षा आदि कमियाँ वित्तीय प्रबन्धन को भी प्रभावित करती है। चूँकि वित्तीय प्रबन्ध द्वारा लिये गये निर्णय बहुत हद तक वित्तीय लेखों पर आश्रित होते हैं। अत: आगत (Input) में रहने वाली कमियाँ निर्गत (output) में भी दृष्टिगोचर होती हैं।

5. पेशेवर दक्षता की आवश्यकता (Need for Professionalism)—वर्तमान युग में वित्तीय प्रबन्ध का क्षेत्र अत्यन्त विशद, व्यापक एवं दुरुह हो चुका है। अत: अन्य पेशों की भाँति वित्तीय प्रबन्धन के क्षेत्र में भी पेशेवर दक्षता की आवश्यकता है। जिसके लिये विश्व के अनेक विश्वविद्यालयों द्वारा विशेषीकृत शिक्षा एवं प्रशिक्षण के पाठ्यक्रम चालू किये गये हैं। जिनमें वित्तीय प्रबन्धन, प्रबन्धकीय लेखांकन, प्रबन्धन, सांख्यिकीय, अर्थशास्त्र आदि विषयों की शिक्षा प्रदान की जाती है। वर्तमान काल में वित्तीय प्रबन्धक द्वारा लिये गये निर्णय भूल एवं सुधार (Trial and error) पर आधारित न होकर अपितु वैज्ञानिक निष्कर्षों पर आधारित होते हैं। वस्तुत: वित्तीय प्रबन्ध के अन्तर्गत पेशेवर दक्षता के अभाव में वित्तीय निर्णयन समुचित तौर पर लिये ही नहीं जा सकते।

6. व्यक्तिवादी निर्णयन (Individualistic Decisions)—वस्तुत: वित्तीय प्रबन्धन के अन्तर्गत प्रबन्धकों द्वारा लिये गये निर्णयन व्यक्तिगत चिंतन से प्रभावित होते हैं तथा व्यक्तिगत तौर पर अलग-अलग हो सकते हैं। अत: इनमें वस्तुनिष्ठता (Objectivity) के स्थान पर विषय निष्ठता (Subjectivity) के गुण प्रचुर मात्रा में विद्यमान रहते हैं। जिनके कारण वित्तीय निर्णयों के पक्षपातपूर्ण होने की प्रबल सम्भावना रहती है। जिनके कारण संगठन को लाभ के स्थान पर हानि की सम्भावना प्रचुर मात्रा में रहती है।

7. प्रतिस्थापन का अभाव (Lack of Substitute)—वित्तीय प्रबन्ध को हम प्रबन्धन एवं प्रशासन की अन्य विधा से प्रतिस्थापित नहीं कर सकते। वित्तीय प्रबन्धन द्वारा लिये गये निर्णय की उपयोगिता प्रबन्धकीय दूरदर्शिता एवं कुशलता पर निर्भर करती है। अत: वित्तीय प्रबन्ध को संगठन के सामान्य प्रबन्धन से प्रतिस्थापित नहीं किया जा सकता।

वित्तीय प्रबन्धक
(Financial Manager)

आधुनिक उद्यमों में वित्तीय प्रबन्धक की भूमिका संगठन के अंदर आधारभूत होती है। वित्तीय प्रबन्धक उच्च प्रबन्धकीय टीम का गतिशील सदस्य होता है। वर्तमान समय में उसके कार्य मात्र अभिलेख अनुरक्षण, सूचना निर्माण कोषों की व्यवस्था तक ही सीमित न रहकर अपितु संगठन में कार्यकारी अधिकारी के रूप में सलाहकार की होती है। अब वह संगठन के भविष्य को आकार देने हेतु जिम्मेदार होता है। पूँजी आवंटन से लेकर कोषों के प्रभावपूर्व उपयोग तक में वित्तीय प्रबन्धक की अहम् भूमिका होती है। इसके अतिरिक्त संगठन के निर्णयन सम्बन्धी कार्यों में वित्तीय प्रबन्धक अत्यन्त महत्त्वपूर्ण भूमिका का निर्वहन करता है।

प्रत्येक प्रकार के आर्थिक संगठन में वित्त प्रबन्धन सम्बन्धी कार्य कतिपय महत्त्वपूर्ण एवं जिम्मेदार व्यक्तियों के हाथों में अवश्य होता है। एकल उद्यम की दशा में स्वामित्व एवं प्रबन्ध के पृथक्करण न होने की दशा में वित्तीय कार्यों का निष्पादन एकल उद्यमी द्वारा स्वयं अथवा प्रबन्धन के माध्यम से किया जाता है। साझेदारी फर्म की दशा में वित्तीय प्रबन्धन सम्बन्धी कार्य समस्त साझेदारों द्वारा अथवा उनकी ओर से किसी एक साझेदार द्वारा अथवा वित्तीय मामलों के विशेषज्ञ की सहायता से सम्पादित किया जाता है।

उद्यमिता के वृहद् स्वरूप कम्पनी संगठन के अन्तर्गत वित्तीय प्रबन्धक की भूमिका अत्यन्त महत्त्वपूर्ण होती है। क्योंकि कम्पनी स्वरूप में स्वामित्व एवं प्रबन्धन के मध्य स्पष्ट पृथक्करण होता है। कम्पनी के स्वामित्व (अंशधारक) एवं प्रबन्ध (निदेशक मण्डल) के मध्य साम्य की स्थापना एवं उभय पक्ष के हितों का संसाधन वित्तीय प्रबन्धक के लिये अत्यन्त चुनौतीपूर्ण कार्य होता है। पश्चिमी देशों में इसे विभिन्न नामों से सम्बोधित किया जाता है। अमेरिका में वित्त प्रबन्धक को उपाध्यक्ष वित्त (Vice-President Finance) ब्रिटेन में नियंत्रक (Controller) अथवा कोषाधिकारी (Treasurer) नाम से जाना जाता है। जबकि भारत में निगमों के अन्तर्गत इसे मुख्य वित्तीय नियंत्रक (Chief Financial Controller) वित्त अधिकारी, कोषाधिकारी, लेखाधिकारी आदि नामों से सम्बोधित किया जाता है। नामों की भिन्नता होने के बावजूद भी वित्त प्रबन्धक के कार्य लगभग समान प्रकृति के होते हैं। प्रमुख तौर पर मुख्य वित्तीय प्रबन्धक (Chief Finance Manager) के अधीनस्थ कोषाधिकारी (Treasurer) एवं नियंत्रक (Controller) दो महत्त्वपूर्ण सहायक होते हैं। जो कि संगठन के विभिन्न वित्तीय विभागों/उपविभागों के प्रशासनिक/वित्तीय कार्यों हेतु जवाबदेह/उत्तरदायी होते हैं।

वित्तीय प्रबन्धक की परम्परागत विचारधारा के अन्तर्गत वित्त प्रबन्धक का पद महत्त्वहीन समझा जाता था। उसे मात्र कोषों का संग्राहक मानकर उसकी भूमिका संगठन के लिये नगण्य मानी जाती थी, किन्तु आज वित्तीय प्रबन्धक कोषों के संग्रहण एवं प्रयोग, नियोजन एवं नीति निर्धारक तथा निर्णयन प्रक्रिया में शीर्षस्थ स्थान पर स्थित है।

वित्तीय प्रबन्धक के महत्वपूर्ण कार्य (Important Functions of a Finance Manager)—वस्तुत: वर्तमान औद्योगिक परिवेश में वित्तीय प्रबन्धक की भूमिका किसी भी संगठन में निर्णायक स्थान रखती है। उसके द्वारा संगठन के विकास हेतु वित्त से सम्बन्धित अनेक कार्य सम्पादित करने होते हैं। किन्तु वित्तीय प्रबन्धक के महत्त्वपूर्ण कार्यों को प्रस्तरवार निम्नवत् परिभाषित कर सकते हैं।

1. पूँजी का प्रावधान करना (Provision for Capital)—वित्तीय प्रबन्धक का अत्यन्त महत्त्वपूर्ण कार्य पूँजी का प्रावधान करना होता है। संगठन को स्थापित करने एवं कार्यक्रमों को क्रियान्वित करने हेतु व्यवसाय द्वारा वांछित पूँजी की व्यवस्था करना वित्तीय प्रबन्धन का प्रमुख कार्य है। चूंकि पूँजी के अभाव में हम न तो किसी व्यावसायिक संगठन के संचालन की परिकल्पना कर सकते हैं और न ही संगठन प्रगति पथ पर अग्रसर हो सकता है।

2. विनियोजकों से सम्बन्ध (Relation with Investors)—वित्तीय प्रबन्धक का यह अत्यन्त महत्त्वपूर्ण कार्य होता है। चूँकि वर्तमान कम्पनी प्रारूप वाले व्यवसायों में पूँजी संग्रहण के महत्त्वपूर्ण माध्यम अंशधारक होते हैं। अत: कम्पनी की प्रतिभूतियों (Securities) को प्रतिस्थापित करने एवं बनाये रखने हेतु पर्याप्त बाजार की आवश्यकता होती है। इसके अतिरिक्त वित्तीय प्रबन्धक को विनियोग बैंकों, वित्तीय विश्लेषकों तथा अंशधारकों से पर्याप्त सम्पर्क बनाये रखना होता है। कम्पनी की त्वरित आवश्यकताओं की पूर्ति हेतु वित्तीय प्रबन्धक को पर्याप्त स्रोत की व्यवस्था करने हेतु वाणिज्यिक बैंकों एवं अन्य ऋणदाता संस्थानों से अनवरत सम्पर्क में रहना होता है।

3. बैंकिंग एवं संरक्षण (Banking and Custody)—वित्तीय प्रबन्धक को समुचित बैंकिंग व्यवस्था कायम रखने हेतु कम्पनी की पूँजी एवं प्रतिभूतियों पर स्वामित्व रखना होता है। उसके पास कम्पनी की प्रतिभूतियों (Securities) को रखने अथवा वितरित करने का स्वतंत्र अधिकार होता है। वस्तुत: वित्तीय प्रबन्धक संगठन का संरक्षक (Custodian) होता है। संगठन के हित में निर्णय हेतु वह स्वतंत्र होता है वित्तीय प्रबन्धक द्वारा विभिन्न बैंकिग एवं वित्तीय संस्थानों से अनवरत् सम्पर्क करके संगठन के लिये आवश्यक धन की व्यवस्था की जाती है। इसके साथ ही प्राप्त धन को व्यय करने का अधिकार भी उसमें निहित होता है। वस्तुत: वित्तीय प्रबन्धक संगठन का कर्ता, धर्ता एवं भर्ता होता है।

4. विनियोग कार्य (Investment Functions)—वित्तीय प्रबन्धक द्वारा संगठन के विनियोग सम्बन्धी निर्णय लेने पड़ते हैं। कम्पनी द्वारा विनियोग के उपलब्ध विकल्पों में सर्वोत्तम विकल्प का चयन करके अधिकतम लाभकारी विकल्प/विकल्पों में विनियोग करना होता है। इसके अतिरिक्त संगठन के कर्मचारियों के भावी देयकों का भुगतान करने हेतु पेंशन, फण्ड, ग्रेच्युटी आदि सम्बन्धी विनियोग कार्य वित्तीय प्रबन्धक को करने पड़ते हैं।

5. उधार एवं संग्रहण कार्य (Credit and Collection Work)—संगठन में उधार विक्रय की अनुमति देना एवं रकम की वसूली सम्बन्धी कार्य वित्तीय प्रबन्धक को करने पड़ते हैं। वस्तुत: किसी भी व्यापारिक/औद्योगिक संगठन हेतु उधार बिक्री करना विवशता होती है, संगठन की पूँजी अधिक मात्रा में उधार के रूप में चली जाने की दशा में संस्था के लिये पूँजी की अल्पता हो सकती है। अत: वित्तीय प्रबन्धक उधार बिक्री के साथ-साथ उधार विक्रीत धनराशि की वसूली भी सुनिश्चित करता है।

6. बीमा सम्बन्धी कार्य (Insurance Functions)—चूँकि वित्तीय प्रबन्धक संगठन का संरक्षक होता है। संगठन में होने वाले प्रत्येक लाभ-हानि हेतु वह व्यक्तिगत रूप से उत्तरदायी होता है। अत: उनके द्वारा संगठन की सम्पत्तियों को सुरक्षित करने हेतु बीमा सम्बन्धी कार्य करने पड़ते हैं। संगठन की सम्पत्तियों को आवश्यकतानुसार बीमित कराकर नुकसान होने की दशा में भरपाई की व्यवस्था वित्तीय प्रबन्धक द्वारा की जाती है।

7. योजना एवं नियंत्रण (Planning and Control)—वित्तीय प्रबन्धक संगठन का अल्पकालीन एवं दीर्घकालीन वित्तीय योजनाओं का निर्माण करता है तथा निर्मित योजनाओं को क्रियान्वित करने हेतु पर्याप्त निरीक्षण एवं नियंत्रण सम्बन्धी कार्य वित्तीय प्रबन्धक द्वारा किये जाते हैं। जिससे संगठन की योजनाओं को अमली जामा पहनाया जा सके।

8. सूचना एवं विश्लेषण (Reporting and Interpretation)—वित्तीय प्रबन्धक संगठन की प्रगति सम्बन्धी सूचना वित्तीय विवरणों के माध्यम से संगठन के उच्च प्रबन्धक (Top management) एवं स्वामियों को देता है। सूचनाओं का तुलनात्मक विश्लेषण संचालन योजनाओं एवं मानकों (Operating Plans and Standard) के आधार पर

किया जाता है। प्रारम्भिक स्तर पर वित्तीय लेखों के निर्माण लेखापुस्तकों के रखरखाव, आर्थिक चिट्ठे में संगठन की यथार्थपरक स्थिति प्रस्तुत करने एवं तदनुसार निर्वचन तथा विश्लेषण सम्बन्धी कार्य वित्तीय प्रबन्धक के कार्यों की परिधि में सम्मिलित हैं। वित्तीय प्रबन्धक प्रबन्धन विधा के अन्य क्षेत्रों के प्रबन्धकों से अनवरत् सम्पर्क में रहता है। जिसके परिणामस्वरूप नीतियों एवं कार्यक्रमों के क्रियान्वयन द्वारा संगठन के लक्ष्यों की प्राप्ति सुनिश्चित करने में उसके द्वारा महत्त्वपूर्ण भूमिका का निर्वहन किया जाता है।

9. कर प्रशासन (Tax Administration)—संगठन पर प्रत्यक्ष/परोक्ष नियंत्रण सरकार का होता है। सरकार कर के रूप में संस्था के लाभों का कुछ भाग अवश्य लेती है। अत: वित्तीय प्रबन्धक संगठन के कर प्रशासन हेतु उत्तरदायी होता है। संगठन द्वारा अर्जित लाभों में से सरकार द्वारा निर्धारित दरों के अनुसार करों का भुगतान करने हेतु वित्तीय प्रबन्धक पूर्णरुपेण उत्तरदायी होता है।

10. शासन को सूचना देना (Report to Government)—संगठन की अद्यतन (up to date) गतिविधियों की सूचना शासन को प्रेषित करना वित्तीय प्रबन्ध का कर्तव्य है। सरकार को भेजी जाने वाली सूचनाओं का पर्यवेक्षण अथवा समन्वय सम्बन्धी कार्य वित्तीय प्रबन्धक को निष्तारित करने पड़ते हैं।

11. सम्पत्तियों को संरक्षण (Protection of Assets)—वित्तीय प्रबन्धक की भूमिका संगठन में संरक्षक की होने के कारण उसे संगठन की सम्पत्तियों की सुरक्षा का कार्य आन्तरिक नियंत्रण, आन्तरिक अंकेक्षण तथा पर्याप्त बीमा अभिशरित (Insurance coverage) करके करनी होती है।

परीक्षा प्रश्न
(Examination Questions)

I. दीर्घ उत्तरीय प्रश्न (Long Answer Type Questions)

1. वित्तीय प्रबन्ध के क्षेत्र को परिभाषित कीजिये, एक आधुनिक उद्यम में वित्तीय प्रबन्धक की भूमिका की विवेचना कीजिये।

   Define the scope of financial management and what role should a financial manager play in a modern enterprise?

2. वित्त किसी उद्यम में जीवनदायिनी रक्त के समान है, इस कथन की पुष्टि हेतु सोदाहरण व्याख्या कीजिये।

   Finance is just like life blood of Industry. Explain this statement with suitable illustration?

3. वित्तीय प्रबन्ध के उद्देश्यों की विवेचना कीजिए तथा आधुनिक युग में इसकी महत्ता पर प्रकाश डालिये।

   Discuss the objective financial management and describe its significance in modern era.

4. "वित्तीय प्रबन्ध तथा नियंत्रण का सम्बन्ध निगमित संस्थाओं के वित्तीय प्रबन्ध में अन्तर्निहित पूर्व दृष्टान्तों व्यवहारों एवं नीतियों से है" उक्त कथन के संदर्भ में भावी व्यावसायिक प्रबन्धकों के लिये विषय की महत्ता की व्याख्या कीजिये।

   Financial management and control is concerned with precedents procedures and policies inherent, in the management of finance of corporate bodies. Explain the role of this subject for Prospective business managers. In the context of the above statement.

5. "अधिकतम लाभ की अवधारणा का लक्ष्य क्रियात्मक तौर पर उपयोगी पद्धति नहीं प्रदान करता" व्याख्या कीजिए।

   The Goal of Profit maximisation does not provide us with the operationally useful criterion" Explain.

6. धन के अधिकतमीकरण का उद्देश्य, लाभ अधिकतमीकरण के उद्देश्य से किस प्रकार श्रेष्ठ है।

   In what respect is the objective of wealth maximisation is superior to the profit maximisation objective?

7. ''वित्तीय प्रबन्ध व्यावसायिक प्रबन्ध का वह क्षेत्र है जिसका सम्बन्ध पूँजी के सम्यक उपयोग एवं पूँजी के साधनों के सतर्कतापूर्ण चयन से है ताकि व्यवसाय को इसके उद्देश्यों की पूर्ति की दिशा में निर्देशित किया जा सके।'' (जे०एफ०ब्रेडले) के इस कथन की व्याख्या कीजिए।
   "Financial management is the area of business management devoted to a judicious use of capital and careful selection of sources of capital in order to enable a spending use to move in the direction of reaching its Goal." (J. F. Breadley Examine this statement)
8. आज वित्त प्रबन्धक की भूमिका उस भूमिका से बहुत भिन्न है जो कुछ दशकों पूर्व रही है स्पष्ट कीजिये।
   The role of a finance manager today is considerably different from what a few decades ago" Explain B.U. M. Com (Pre) 2001.

II. लघु उत्तरीय प्रश्न (Short Answer Type Questions)

1. वित्त से क्या आशय है?
   What is the meaning of finance?
2. वित्तीय प्रबन्ध को परिभाषित कीजिये।
   Define financial management.
3. वित्तीय प्रबन्धन के उद्देश्य क्या हैं?
   What are the objectives of financial management?
4. लाभ अधिकतमीकरण से आप क्या समझते हैं?
   What do you mean by profit maximisation?
5. सम्पत्ति अधिकतमीकरण को स्पष्ट कीजिए।
   Explain wealth maximisation.
6. वित्तीय प्रबन्धन के कार्यों की व्याख्या कीजिये।
   Explain the function of financial management.
7. लाभांश निर्णयन को स्पष्ट कीजिए।
   Clarify Dividend Decision.
8. वित्तीय नियोजन क्या है?
   What do you mean by financial planning?
9. वित्तीय प्रबन्ध के महत्त्व को स्पष्ट कीजिये।
   Explain the importance of financial mangement. (B.U. B. Com. II 2001)
10. वित्तीय प्रबन्ध की सीमाएँ क्या हैं?
    What are the limitations of financial management?
11. वित्तीय प्रबन्धक की भूमिका को स्पष्ट कीजिये।
    Explain the role of a financial manager.
12. एक आधुनिक व्यावसायिक संगठन में वित्तीय प्रबन्धक के उत्तरदायित्व क्या हैं?
    What are the responsibilities of the a finance manager in a modern business organisation.
    [B.U. M. Com. (Previous) 2001]

III. वस्तुनिष्ठ प्रश्न (Objective Type Questions)

(i) वित्त को वर्गीकृत किया जा सकता है (Finance may be Classified)—

(अ) लोक वित्त (Public finance)
(ब) निजी वित्त (Private finance)
(स) व्यावसायिक वित्त (Business finance)
(द) उपर्युक्त सभी (All of above)

उत्तर–द

(ii) "Introduction to Business Finance" लिखी गयी है (Introduction to Business Finance is written by)—

(अ) हावर्ड तथा अपटन (Howard and Upton)

(ब) जे०एफ० ब्रेडले (J.F. Bradly)

(स) जे०एल०मैसी (J.L. Maosie)

(द) इनमें से कोई नहीं (None of above)

उत्तर–अ

(iii) वित्तीय प्रबन्धन नियोजन एवं नियंत्रण कार्यों का वित्तीय कार्य के माध्यम से क्रियान्वयन है। उक्त धारणा के प्रतिपादक कौन हैं? (Financial Management is the Application of Planning and Control Function to the Finance Function" who has Propounded it)—

(क) वेस्टन एवं ब्रांइघम (Weston and Brigham)

(ख) हावर्ड एवं अपटन (Howard and Upton)

(ग) जे०एल० मैसी (J.L. Maosie)

(घ) जे०एफ० ब्रेडले (J.F. Bradly)

उत्तर–ख

(iv) वित्तीय प्रबन्धन वित्तीय निर्णयन की वह क्रिया है जो व्यक्तिगत मामलों एवं उपक्रम के लक्ष्यों के मध्य मेल स्थापित करती है। इस अन्तर्धारणा के प्रतिपादक कौन हैं। (Financial Management is an area of financial decision making harmonising individual matters and enterprise Goals. who has Propounded it)—

(अ) वेस्टन एवं ब्राइघम (Weston and Brigham)

(ब) जे०एल० मैसी (J.L. Maosie)

(स) हावर्ड एवं अपटन (Howard and Upton)

(द) उपर्युक्त में से कोई नहीं (None of these)

उत्तर–अ

(v) वित्तीय प्रबन्धन का उपागम है (The approach of Financial Management is)—

(अ) कार्यात्मक (Functional)

(ब) संरचनात्मक (Structural)

(स) उपर्युक्त सभी (All of these)

(द) इनमें से कोई नहीं (None of these)

उंत्तर–स

(vi) वित्तीय प्रबन्धन है (Financial Management is)—

(अ) विज्ञान (Science)

(ब) कला (Art)

(स) दोनों (both)

(द) कोई नहीं (None of these)

उत्तर–स

(vii) वित्तीय प्रबन्धन का अंतिम लक्ष्य है (The Ultimate Goal of Financial Management is)—

(अ) लाभ अधिकतमीकरण (Profit maximisation)

(ब) धन अधिकतमीकरण (Wealth maximisation)

(स) सामाजिक लाभ का अधिकतमीकरण (Maximisation of Social Profit)

(द) उपरोक्त सभी (All of these)

उत्तर–द

(viii) वित्तीय प्रबन्धक का प्रमुख कार्य है (The job of a finance manager is)—

(अ) कोषों की प्राप्ति (Raising of funds)

(ब) नकद प्रबन्धन (Management of cash)

(स) कोषों की प्राप्ति एवं उनका प्रभावपूर्ण उपयोग (Raising of funds and their effective utilisation)

उत्तर–स

(ix) लाभ अधिकतमीकरण न्याय संगत है क्योंकि (Profit maximisation is judicious because)—

(अ) अधिकतम सामाजिक लाभ (Maximum social benefit)

(ब) निर्णयन प्रक्रिया का आधार स्तम्भ (Foundation of decision making)

(स) साधनों का अधिकतम उपयोग (maximum Uses of Sources)

(द) उपरोक्त सभी (All of these)

उत्तर–द

(x) ''पूँजीवाद आत्माहीन है, पूँजीपतियों का ईश्वर लाभ है,'' यह कथन किसका है?

(अ) कार्ल मार्क्स (Karl Marx)

(ब) लेनिन (Lenin)

(स) जार्ज बर्नार्ड शॉ (George Bernard Shaw)

(द) इनमें से कोई नहीं (None of above)

उत्तर–स

(xi) एन०पी०वी० (N.F.V.)—

(अ) C— G.P.C

(ब) G.Pv—C

(स) N.W.—G.W

(द) None of these

उत्तर–(द)

(xii) वित्तीय प्रबन्धन के अन्तर्गत निर्णयन लेने पड़ते हैं (Financial Management is related with decisions)—

(अ) विनियोग निर्णयन (Investment decisions)

(ब) वित्त प्रबन्ध निर्णयन (Financing management decisions)

(स) लाभांश निर्णयन (Dividend decisions)

(द) उपरोक्त सभी (All of above)

उत्तर–द

अध्याय

3

मुद्रा के समय मूल्य की अवधारणा (Concept of Time Value of Money)

मुद्रा का मूल्य (Value & Money)

मुद्रा हमारे लिए कोई नवीन विषय वस्तु नहीं है। हम सब इसकी विशेषताओं, कृत्यों, गुणों अथवा अवगुणों से परिचित हैं। मानव सभ्यता के प्रादुर्भाव काल से ही हम अपनी आवश्यकताओं की पूर्ति हेतु मुद्रा के रूप में किसी न किसी संकेतांक (symbol) का प्रयोग करते रहे हैं। मानव सभ्यता के विकास एवं अर्थ (money) की आवश्यकता ने एक सुव्यवस्थित मुद्रा प्रणाली के आविष्कार की आवश्यकता को महसूस किया। प्रारम्भिक अवस्था में मानव आवश्यकताओं की सीमितता के कारण मुद्रा का कोई विशिष्ट स्वरूप उभर कर सामने नहीं आ सका, किन्तु सभ्यता के विकास के साथ ही मानवीय आवश्यकताएं भी बढ़ने लगीं। अतः उसकी आर्थिक आत्मनिर्भरता धीरे-धीरे समाप्त होने लगी, प्रारम्भ में मुद्रा का स्वरूप वस्तु विनिमय (Barter system) के रूप में प्रकट हुआ। वस्तु विनिमय की समस्याओं, असुविधाओं एवं कठिनाइयों के कारण मुद्रा के वर्तमान स्वरूप का विकास सदियों की खोज एवं कल्पना के परिणामस्वरूप हुआ। वास्तविक अर्थों में मानव सभ्यता के इतिहास के साथ ही मुद्रा का इतिहास भी संलग्न रहा है। मानव द्वारा अपनी आवश्यकता, सुविधा एवं सुरक्षा हेतु मुद्रा का निरन्तर विकास किया जाता रहा है।

वस्तुतः मुद्रा के स्वरूप एवं कार्य से परिचित होने पर भी हम अब तक इसकी कोई सर्वमान्य परिभाषा नहीं दे सके हैं। वाकर तथा कुछ अन्य विद्वानों ने यहाँ तक कहा कि "मुद्रा वह जो मुद्रा का कार्य करे।"[1] मार्शल के शब्दों में मुद्रा वह धुरी है जिस पर अर्थ विज्ञान चक्कर लगाता है।

वस्तुतः मुद्रा आंग्ल भाषा के शब्द (Money) का हिन्दी रूपान्तर है। 'मनी' (Money) शब्द लैटिन भाषा के शब्द मोनेटा (Moneta) से जना है, ऐसी धारणा है कि देवी जूनो (Goddess Juno) का ही दूसरा नाम मोनेटा है। देवी जूनो (Goddess Juno) के मंदिर में ही प्राचीन रोमन सिक्कों की ढलाई होती थी।

वस्तुतः मुद्रा वह वस्तु है जिसका एक पूर्व निर्धारित मूल्य होता है। जिसमें क्रयशक्ति विनिमय की शक्ति, मूल्य के मापन की शक्ति, ऋणभुगतान एवं मूल्य संचयन की अपार शक्ति सन्निहित होती है। तथा इसे जन सामान्य की स्वीकृति अवश्यमेव प्राप्त होती है।

मुद्रा का समय मूल्य (Time Value of Money)

वास्तविक अर्थों में मुद्रा का अपना कोई मूल्य नहीं होता, इसके मूल्य का निर्धारण इसकी क्रय शक्ति पर निर्भर करता है। जिस मुद्रा में जितनी अधिक क्रय शक्ति होगी वह मुद्रा उतनी ही मूल्यवान मानी जायेगी तथा जिस मुद्रा में जितनी कम क्रय शक्ति होगी वह मुद्रा उतनी ही कमजोर मानी जायेगी। मुद्रा की क्रय शक्ति शून्य होने पर मुद्रा रद्दी कागज के अतिरिक्त कुछ और नहीं होगी। दूसरे शब्दों में मुद्रा के मूल्य का आशय इसके विनिमय मूल्य से है वस्तुतः मुद्रा की विनिमय शक्ति के कारण इसमें अनेक वस्तुएँ तथा सेवाएँ प्राप्त करने की ताकत होती है। डी. एच. रॉबर्टसन के शब्दों में 'मुद्रा मूल्य से आशय वस्तुओं तथा सेवाओं की उस मात्रा से है जो किसी निश्चित समय पर मुद्रा की एक इकाई के बदले में प्राप्त की जा सकती है।"[2]

---

1. "Money is that money does" Francis A. Walker : Money in relation to Trade and Industry.
2. By the value of money we mean the amount of things in general. Which will be given inexchange for a unit of money.

D. H. Robertson—Money

मुद्रा के मूल्य परिवर्तन में इसके समय मूल्य कां भी प्रभाव पड़ता है, वर्तमान समय में मुद्रा की एक इकाई से क्रय की गयी वस्तु भविष्य में उस इकाई से नहीं खरीदी जा सकती, इसी प्रकार वर्तमान में प्राप्त धनराशि का मूल्य भविष्य में प्राप्त होने वाली समान धनराशि के मूल्य से अधिक होगा। इसे मुद्रा का समय मूल्य कहा जाता है। उदाहरणस्वरूप यदि वर्तमान में प्राप्त मुद्रा की कतिपय इकाइयों का प्रयोग उद्योग अथवा व्यवसाय में किया जाये तो उसकी उपार्जन क्षमता के अनुसार भविष्य में मुद्रा के मूल्य में परिवर्तन अवश्य होगा।

सामान्य तौर पर मुद्रा के समय मूल्य (Time value) के कतिपय निम्नांकित कारक हैं—

(i) वर्तमान समय में उपलब्ध मुद्रा का प्रयोग पूंजी के रूप में विनियोजित करके लाभार्जन किया जा सकता है अर्थात् यदि रु.5000 को किसी व्यवसाय में एक वर्ष के लिए विनियोजित किया जाये तथा वार्षिक आय प्राप्ति दर 10% हो तो एक वर्ष के उपरान्त रु. 5,000 का मूल्य (5,000 × 10/100) = 500 अर्थात् रु. 5,500 होगा।

(ii) मुद्रा स्फीति (Inflation) मुद्रा के समय मूल्य का सर्वप्रमुख कारक है। स्फीतिक दशाओं के कारण वस्तुओं के मूल्यों में वृद्धि का प्रभाव मुद्रा के मूल्य पर पड़ता है। इसीलिए मुद्रा की जिन इकाइयों से हम वर्तमान में कोई वस्तु खरीद सकते हैं। उसी वस्तु को खरीदने हेतु भविष्य में मुद्रा की अधिक इकाइयाँ देनी पड़ सकती हैं।

(iii) भविष्य की अनिश्चितता के कारण भी वर्तमान में प्राप्त मुद्रा भविष्य में प्राप्त होने वाली मुद्रा से अधिक उपयोगी होती है। ''नौ नगद न तेरह उधार'' कहावत उक्त कथन को पुष्ट करती है।

सामान्यतया रोकड़ प्रवाह (Cash flows) के भावी मूल्य की गणना हेतु निम्न सूत्र का प्रयोग किया जाता है।

यदि मुद्रा के वर्तमान मूल्य (P.V.) तथा वार्षिक ब्याज दर (K) एवं (N) विनियोग के समय का सूचक है तो

$$FV = PV\,(1 + K)^n$$

उदाहरणस्वरूप—यदि वर्तमान में रु. 50,000, 5 बर्षों के लिए 12% ब्याज दर पर विनियोजित किया जाये तो भावी मूल्य होगा।

$FV = 50{,}000\,(1 + 0.12)^5$

$= 50{,}000 \times 1.762$

$= 88{,}100$

इसी प्रकार मुद्रा के भावी मूल्य ज्ञात होने पर वर्तमान मूल्य की गणना भी की जा सकती है। उक्त उदाहरण में वर्तमान मूल्य की गणना निम्नवत की जा सकती है—

सूत्र—$FV = PV\,(1 + K)^n$

$$PV = \frac{FV}{(1+K)^n}$$

$PV = FV\,(1 + K)^{-n}$

$PV = 88{,}100\,(1 + 0.12)^5$

= 49952.7 लगभग

अर्थात् रु. 50,00

प्रत्यक्ष तौर पर मुद्रा का मूल्य सामान्य कीमत स्तर (General Price Level) पर निर्भर करता है। मुद्रा के मूल्य तथा कीमत स्तर में विपरीत सम्बन्ध होता है। अर्थात जब किसी वस्तु की कीमतों में वृद्धि होती है तो मुद्रा की एक इकाई से अपेक्षाकृत कम मात्रा में वस्तुएँ खरीदी जा सकती हैं। इसका तात्पर्य यह है कि मुद्रा के मूल्य में कमी होगी, किन्तु यदि किसी वस्तु के मूल्य में कमी होगी, तब हम मुद्रा की एक इकाई से अधिक मात्रा में वस्तु को खरीद सकेंगे। अर्थात कीमत घटने पर मुद्रा का मूल्य स्वयमेव बढ़ जायेगा।

सामान्य कीमत स्तर से आशय विभिन्न वस्तुओं और सेवाओं की कीमतों के औसत से हैं। सामान्य कीमत स्तर के घटने एवं बढ़ने का आशय यह कदापि नहीं है कि सभी वस्तुओं तथा सेवाओं की कीमतों में सामान्य तौर पर कमी अथवा वृद्धि हो रही है। इस प्रकार हम मुद्रा के मूल्य को निम्न सूत्र के द्वारा अभिव्यक्त कर सकते हैं।

$$Vm = \frac{1}{P}$$

Vm = Value of money (मुद्रा का मूल्य)

P = General Price level (सामान्य कीमत स्तर)

सामान्य उपभोक्ता बाजार में उपलब्ध सभी वस्तुओं एवं सेवाओं के मूल्य में वृद्धि अथवा कमी से प्रभावित नहीं होता, उसे किसी समय विशेष के अन्तर्गत उसके द्वारा उपभोग्य वस्तुओं अथवा सेवाओं के मूल्य में होने वाली वृद्धि तथा कमी अधिक प्रभावित करती है। मुद्रा मूल्य की धारणा को पुष्ट करने हेतु क्राउथर ने मुद्रा के तीन प्रामाणिक मूल्यों का उल्लेख किया है—1. थोक मूल्य (Wholesale Value) 2. फुटकर मूल्य (Retail Value) 3. श्रममूल्य (Labour Value)

1. थोक मूल्य मानक (The Wholesale Standard)—थोक मूल्य मानक के अनुसार मुद्रा का मूल्य उन सभी वस्तुओं के मूल्य के रूप में स्वीकार किया जा सकता है। जिन वस्तुओं का व्यापार थोक मूल्य बाजार में होता है सामान्य तौर पर थोक बाजार मूल्य के मानक को प्रायः इसलिए स्वीकार किया जाता है कि थोक मूल्य बाजार में दर्ज होते हैं तथा इन्हें अखबारों के माध्यम से भी जाना जा सकता है।

2. फुटकर अथवा उपभोग मानक (Retail or Consumption Standard)—इस मानक के अनुसार मुद्रा के मूल्य को सामान्य तौर पर किसी औसत परिवार द्वारा उपभोग के उद्देश्य से क्रय की गई वस्तुओं तथा सेवाओं के मूल्य के रूप में व्यक्त किया जाता है। जब किसी औसत परिवार द्वारा वस्तुओं तथा सेवाओं को फुटकर बाजार से खरीदा जाता है तो इस प्रकार अभिव्यक्त मुद्रा के मूल्य को मुद्रा का फुटकर मूल्य (Retail Value of Money) कहा जाता है। इस प्रमाप के अन्तर्गत मुद्रा का मूल्य निर्धारण करने में प्रायः दो प्रकार की समस्याएँ आती हैं। प्रथम इस तथ्य का सुनिश्चयन कठिन होता है कि एक औसत परिवार द्वारा उसकी आय सीमा के अन्तर्गत किस प्रकार की वस्तुओं अथवा सेवाएँ खरीदी जा सकती हैं। प्रत्येक परिवार में उसकी आमदनी, रुचि तथा परम्पराओं के आधार पर उपभोग स्तर भिन्न-भिन्न होता है। दूसरा, जब हम बाजार में उपलब्ध वस्तुओं तथा सेवाओं की एक सूची प्राप्त कर लेते हैं जिसका प्रयोग सामान्य परिवार द्वारा किया जा सकता है, तब भी हम उन वस्तुओं अथवा सेवाओं के वास्तविक मूल्य का पता नहीं लगा सकते क्योंकि फुटकर बाजार में वस्तुओं तथा सेवाओं के मूल्य में अत्यधिक अंतर पाया जाता है।

3. श्रमिक प्रमाप (Labour Standard)—श्रम प्रमाप के अन्तर्गत मुद्रा का मूल्य श्रम इकाई के आधार पर मूल्यांकित होता है। सामान्यतया इसके अन्तर्गत मुद्रा के मूल्य का प्रमाप किसी श्रमिक द्वारा एक दिन में किये गये कार्य के फलस्वरूप दी गई मजदूरी के आधार पर किया जाता है। इस प्रकार आगणित मुद्रा के मूल्य को मुद्रा का श्रम मूल्य (Labour Value of Money) कहा जाता है। इस प्रमाप के अन्तर्गत मुद्रा का मूल्य निर्धारित करने पर कतिपय व्यवधान होते हैं।

(i) श्रम समान प्रवृत्ति के न होकर बल्कि अनेक प्रकार के होते हैं,

(ii) श्रम की समान श्रेणी रहने पर भी उनके निपुणता, कार्यकुशलता एवं कार्य की नियमितता में अन्तर होता है।

उपरोक्त मानक, मुद्रा के मूल्य मापन हेतु पर्याप्त आधार नहीं प्रदान करते। वस्तुतः मुद्रा के मूल्य का मापन वास्तविक अर्थों में असम्भव कार्य है। क्योंकि विश्व में निर्मित समस्त वस्तुओं के मूल्य को मुद्रा के रूप में विनिमय (exchange) करना असम्भव है। मुद्रा के मूल्य को अलग-अलग वर्गों द्वारा अपने हित के अनुरूप वर्गीकृत किया जाता है जैसे उपभोक्ताओं के लिए मुद्रा का मूल्य उपभोक्ता वस्तुओं के मूल्य में होने वाले परिवर्तन, जिन्हें वे खरीदते हैं, से प्रभावित होता है। अतः उपभोक्ताओं की रुचि मुद्रा के फुटकर मूल्य में निहित होती है। व्यापारियों एवं उद्योगपतियों की अभिरुचि मुद्रा के थोक मूल्य (Wholesale Value of Money) में होती है। इसी प्रकार उद्यमियों की रुचि मुद्रा के श्रम मूल्य (Labour Value of Money) में निहित होती है। समग्र रूप में मुद्रा के मूल्य का निर्धारण एवं आगणन अत्यन्त कठिन कार्य होता है। हम मुद्रा के निरपेक्ष मूल्य (Absolute value) का आगणन नहीं कर सकते। इसका केवल सापेक्ष (Relatively) मूल्य ही निर्धारित किया जा सकता है। हम एक निश्चित समय के पश्चात मुद्रा के मूल्य में होनेवाले परिवर्तन का आगणन कर सकते हैं। मुद्रा के मूल्य में होने परिवर्तन का आगणन मुद्रा की क्रय शक्ति में कमी अथवा वृद्धि के आधार पर कर सकते हैं। मुद्रा की क्रय शक्ति कम होने का अभिप्राय मुद्रा के मूल्य का

कम होना है तथा मुद्रा की क्रय शक्ति का आशय मुद्रा के मूल्य में अभिवृद्धि होना है। सापेक्ष रूप से (Relativily) मुद्रा का मूल्यांकन करने हेतु किसी समय विशेष में कीमत स्तर तथा पूर्वकाल में कीमत स्तर का तुलनात्मक अध्ययन आवश्यक होता है।

मुद्रा के मूल्य में परिवर्तन का मापन (Measurement of Changes in the Value of Money)

एक निश्चित समय के अंदर सामान्य मूल्य स्तर में होने वाले परिवर्तन मुद्रा के मूल्य में परिवर्तन के कारक होते हैं। सामान्य मूल्य स्तर में परिवर्तन का मापन हम सूचकांक की सहायता से कर सकते हैं। अतः मुद्रा के मूल्य में परिवर्तन का मापन भी सूचकांक के प्रयोग द्वारा प्राप्त किया जा सकता है। अब प्रश्न उठता है कि सूचकांक क्या है। वस्तुतः निर्देशांक/सूचकांक (Index number) दो समयावधियों अथवा दो स्थलों में कीमत, मात्रा, उत्पादन इत्यादि में होने वाले परिवर्तनों के सापेक्ष मापन होते हैं। परिवर्तन का प्राकृतिक सिद्धान्त (Natural Principle of Change) आर्थिक क्षेत्र में पूर्णरूपेण प्रभावी होता है। आर्थिक क्षेत्र के समस्त पहलुओं जैसे, उत्पादन, लागत, मूल्य इत्यादि कारकों में अनवरत परिवर्तन, उतार-चढ़ाव के रूप में परिलक्षित होते रहते हैं। इन्हीं परिवर्तनों के मापन हेतु विकसित सांख्यिकीय तकनीक को हम सूचकांक (Index number) के नाम से सम्बोधित करते हैं। निर्देशांक तुलनात्मक अथवा सापेक्ष (Relative) मापन प्रस्तुत करते हैं। उदाहरणस्वरूप यदि यह कहा जाय कि वर्ष 2000 की तुलना में वर्ष 2010 मूल्य सूचकांक 180 हैं तो इसका अभिप्राय यह है कि वर्ष 2000 की तुलना में वर्ष 2010 में मूल्य वृद्धि 80% हो चुकी है।

सूचकांकों की सहायता से महँगाई के स्तर का मूल्यांकन करके मुद्रा के मूल्य का आकलन किया जाता है। सूचकांक अनेक प्रकार के होते हैं किन्तु मुद्रा के मूल्य का मापन मूल्य सूचकांक (Price Index number) की सहायता से किया जा सकता है।

वस्तुतः सभी वस्तुओं एवं सेवाओं का मूल्य न तो अनवरत बढ़ता ही रहता है और न ही अनवरत गिरता रहता है। कतिपय वस्तुओं तथा सेवाओं के मूल्यों में वृद्धि हो सकती है जब कि अन्य अनेक वस्तुओं तथा सेवाओं के मूल्यों में कमी भी हो सकती है। कतिपय वस्तुओं तथा सेवाओं के मूल्य अत्यधिक बढ़ सकते हैं तथा कतिपय वस्तुओं तथा सेवाओं के मूल्य अपेक्षाकृत कम बढ़ सकते हैं। यह भी सम्भव है कि कुछ वस्तुओं तथा सेवाओं के मूल्यों में अनेक वर्षों तक वृद्धि न हो। वस्तुतः सूचकांक का प्रमुख उद्देश्य सामान्य मूल्य स्तर में होने वाले परिवर्तन को संक्षिप्त रूप में प्रस्तुत करना होता है। यदि सूचकांक सामान्य मूल्य स्तर (General Price Level) में वृद्धि प्रदर्शित करते हैं। अर्थात वस्तुओं एवं सेवाओं के मूल्य में वृद्धि दिखाते हैं तो इससे यह प्रकट होगा कि मुद्रा के मूल्य में कमी हो गई है। अर्थात् मुद्रा की क्रय शक्ति घट गई है। किन्तु यदि सूचकांक वस्तुओं तथा सेवाओं के मूल्य में कमी प्रदर्शित करते हैं अर्थात् सामान्य मूल्य स्तर में कमी दृष्टिगत होती है। तो यह माना जायेगा कि मुद्रा के मूल्य में वृद्धि हुई है। अर्थात् मुद्रा की क्रय शक्ति में वृद्धि हो चुकी है। सूचकांक केवल सामान्य मूल्य स्तर का ही मापन नहीं करते बल्कि इनके द्वारा उत्पादन, आयात, निर्यात के स्तर में होने वाले परिवर्तनों की भी माप की जाती है।

मूल्य सूचकांक निर्मित करने की विधि (Method of Preparing Price Index Numbers)

मूल्य सूचकांकों के निर्माण द्वारा हम वस्तुओं एवं सेवाओं के मूल्यों में होने वाले परिवर्तनों का सहजतापूर्वक अनुमान लगा सकते हैं। किन्तु सूचकांक की रचना में बरती गई असावधानी उसके मूल उद्देश्य से इतर परिणाम प्रदान कर सकती है। अतः मूल्य सूचकांक की रचना में निम्नलिखित तथ्यों को ध्यान में रखना परमावश्यक होता है।

1. सजातीय वर्ग का चुनाव (Selector of Homogenous Group) उपभोक्ता मूल्य सूचकांक (Consumer Price Index Number) की रचना हेतु सजातीय वर्गों का चुनाव करना आवश्यक होता है। सजातीय वर्ग का चयन आय अथवा पेशे की समानता के आधार पर किया जा सकता है।

2. आधार वर्ष का चयन (Selection of Base Year)—मूल्य सूचकांक के निर्माण हेतु आधार वर्ष का चयन अत्यन्त सावधानीपूर्वक करना होता है। आधार वर्ष का अभिप्राय किसी वर्ष के औसत कीमत स्तर (Average Price Level) की अन्य वर्षों के औसत कीमत स्तर से तुलना करने से है। आधार वर्ष प्रमुख तौर पर आर्थिक स्थिरता काल ही होना चाहिए। आधार वर्ष का चयन सम्पूर्ण वर्ष हेतु करना चाहिए। वर्ष के किसी अंश (Part) को आधारवर्ष नहीं मानना चाहिए। आधार वर्ष प्रत्येक दृष्टि से सामान्य वर्ष होना चाहिए। आधार वर्ष में किसी भी प्रकार की असामान्य

घटना (Abnormal Happening) कदापि नहीं होनी चाहिए। आधार वर्ष का चयन करते समय मूल्य सूचकांक निर्मित करने के उद्देश्य को अवश्य ध्यान में रखना चाहिए। उदाहरणस्वरूप यदि आर्थिक उदारीकरण के पूर्व तथा पश्चातवर्ती अवधि के मूल्य स्तर का अध्ययन करना हो तो आर्थिक उदारीकरण लागू किये जाने वाले वर्ष को ही आधार वर्ष मानना होगा।

3. वस्तुओं और सेवाओं का चयन (Choice of Commodities and Services)—मूल्य सूचकांक की रचना हेतु वस्तुओं तथा सेवाओं का समुचित चयन भी आवश्यक होता है। प्रायः बाजार में अनेक प्रकार की वस्तुएँ निर्मित एवं उत्पादित की जाती हैं। उपभोक्ताओं द्वारा भी विभिन्न प्रकार की वस्तुओं एवं सेवाओं का प्रयोग किया जाता है। सभी प्रकार की निर्मित एवं उत्पादित तथा उपभोक्ताओं द्वारा प्रयोज्य वस्तुओं एवं सेवाओं का प्रयोग सूचकांकों के प्रयोग में कदापि नहीं किया जा सकता। तथा ऐसा करना व्यावहारिक भी नहीं होगा। सूचकांकों की रचना हेतु हम केवल प्रतिनिधि वस्तुओं का चयन करते हैं। मूल्य सूचकांक के अन्तर्गत वस्तुओं तथा सेवाओं को सम्मिलित करते समय मूल्य सूचकांक बनाने के उद्देश्य को दृष्टिगत रखना परम आवश्यक होता है। वस्तुतः चयनित वस्तुएँ तथा सेवाएँ सम्बन्धित विषय सामग्री की आदत, स्वभाव, रुचि, व्यवहार एवं आवश्यकताओं का प्रतिनिधित्व करने वाली होनी चाहिए। उदाहरणस्वरूप श्रमिक वर्ग के जीवन लागत निर्देशांक (Life Cost Index) निर्माण करने में विलासितापूर्ण वस्तुओं जैसे कार, ए.सी., फ्रिज, कूलर इत्यादि को सम्मिलित नहीं किया जा सकता। किन्तु व्यवसायियों उद्योगपतियों एवं नौकरशाहों के जीवन लागत निर्देशांक की गणना में उपरोक्त वस्तुओं को सम्मिलित करना आवश्यक होगा।

4. वस्तुओं की मात्रा का चुनाव (Selection of Quantity of Goods)—सूचकांक निर्माण में वस्तुओं की मात्रा के चुनाव की महत्त्वपूर्ण भूमिका होती है। जिस प्रकार सम्पूर्ण वस्तुओं तथा सेवाओं को सूचकांक के निर्माण में सम्मिलित नहीं किया जा सकता उसी प्रकार चयनित वस्तुओं एवं सेवाओं की सम्पूर्ण मात्रा को भी सूचकांक के अन्तर्गत समाहित नहीं किया जा सकता। अतः वस्तुओं एवं सेवाओं के चयन में सर्वप्रमुख समस्या यह होती है कि कितनी वस्तुओं तथा सेवाओं को सूचकांक के अन्तर्गत सम्मिलित किया जाय तथा किस मात्रा में सम्मिलित किया जाय। वास्तविक तौर पर सूचकांक के अन्तर्गत जितनी अधिक वस्तुओं को सम्मिलित किया जायेगा सूचकांक गणना से प्राप्त परिणाम उतना ही वास्तविकता के निकट होगा किन्तु व्यावहारिक तौर पर सम्मिलित की जाने वाली वस्तुओं तथा सेवाओं की मात्रा में अभिवृद्धि के साथ ही सूचकांक निर्माण की प्रक्रिया जटिल होती जायेगी। अतः सूचकांक निर्माण में सरलता एवं परिणाम देयकता लाने हेतु वस्तुओं एवं सेवाओं की संख्या तथा मात्रा उद्देश्य के अनुकूल होनी चाहिए।

5. वस्तुओं एवं सेवाओं के मूल्यों का चुनाव (Selection of the Prices of Commodities and Services)— सूचकांक की रचना हेतु चयनित प्रतिनिधि वस्तुओं तथा सेवाओं के मूल्यों का चुनाव किया जाना अत्यन्त आवश्यक होता है। क्राउथर के शब्दों में "मुद्रा का मूल्य बिना गुणवत्ता के अर्थहीन होता है।"[1] वस्तुओं तथा सेवाओं के परिपेक्ष्य में मुद्रा के विभिन्न मूल्य हो सकते हैं। क्राउथर द्वारा मुद्रा के मूल्य मापन हेतु तीन प्रकार के प्रभाव निर्धारित किये गये हैं—(i) थोक विक्रय प्रमाप (ii) फुटकर विक्रय प्रमाप (iii) श्रम प्रमाप

(i) थोक विक्रय प्रमाप (Wholesale Standard)—थोक विक्रय प्रमाप के अन्तर्गत मुद्रा के मूल्य का मापन करने हेतु ऐसी वस्तुओं तथा सेवाओं को सूचकांक के अन्तर्गत सम्मिलित कियां जाता है जिनका व्यापार थोक विक्रय मूल्य के अन्तर्गत किया जाता है। थोक मूल्य प्रमाप को सामान्य तौर पर इसलिए वरीयता दी जाती है कि थोक बिक्री मूल्य लगातार बाजार में उपलब्ध रहते हैं। तथा इनके बारे में जानकारी समाचार पत्रों, रेडियो, टेलीविजन इत्यादि से प्राप्त होती रहती है। मुद्रा के मूल्यों में होने वाले परिवर्तनों के मापन हेतु थोक मूल्य अपेक्षाकृत अधिक उचित होते हैं।

(ii) फुटकर विक्रय प्रमाप (Retail Sale Standard)—फुटकर मूल्य प्रमाप के अन्तर्गत मुद्रा का मूल्य अभिव्यक्त करने हेतु उन वस्तुओं तथा सेवाओं को सम्मिलित किया जाता है। जिनका प्रयोग प्रायः परिवारों द्वारा किया जाता है। अर्थात् सामान्य तौर पर जीवन निर्वाह हेतु वांक्षित वस्तुओं एवं सेवाओं को फुटकर मूल्य प्रमाप के अन्तर्गत स्थान दिया जाता है। इन वस्तुओं एवं सेवाओं का क्रय सामान्य रूप से परिवारों द्वारा फुटकर बाजार से किया जाता है। फुटकर मूल्य प्रमाप के आधार पर मुद्रा का मूल्य निर्धारित करने हेतु जीवन निर्वाह व्यय सम्बन्धी सूचकांकों का निर्माण समुचित रूप में किया जा सकता है। किन्तु इस प्रमाप का प्रयोग करके मुद्रा का मूल्य निर्धारित करने हेतु व्यावहारिक तौर पर कतिपय

---

1. The value of money without qualification is almost meaningless. —*Crowther A.*

कठिनाइयाँ समुपस्थित होती हैं। (i) इस तथ्य का निर्धारण अत्यन्त कठिन हो जाता है कि एक औसत परिवार द्वारा अपनी आय सीमा के अन्तर्गत किन वस्तुओं तथा सेवाओं को क्रय किया गया है। वस्तुओं विभिन्न परिवारों में आय, अभिरुचि, परम्परा, फैशन विलासिता, आवश्यकता इत्यादि कारकों से उपभोग की प्रकृति (Consumption Pattern) परिवर्तित होती रहती है। (ii) फुटकर बाजार में वस्तुओं एवं सेवाओं के मूल्यों में विभिन्नता होती है। विभिन्न व्यापारियों द्वारा समान प्रकृति की वस्तुओं एवं सेवाओं के अलग-अलग मूल्य उपभोक्ताओं से वसूलने की प्रकृति पाई जाती है। अतः इन वस्तुओं तथा सेवाओं का यथार्थ (Accurate) मूल्य सुनिश्चित करना कठिन होता है।

(iii) श्रम प्रमाप (Labour Standard)—श्रम प्रमाप के अन्तर्गत मुद्रा के मूल्य का निर्धारण श्रम की धारणा (Term of Labour) के आधार पर सुनिश्चित किया जाता है। सामान्यतया इसका आगणन किसी श्रमिक को उसके एक दिन के कार्य के बदले देय मजदूरी की दर के आधार पर सुनिश्चित किया जाता है। इस आधार पर व्यक्त मुद्रा के मूल्य को मुद्रा का श्रम मूल्य (Labour Value of Money) कहा जाता है। किन्तु श्रम प्रमाप के माध्यम से मुद्रा का मूल्य सुनिश्चित करने में कतिपय व्यावहारिक कठिनाइयाँ आती हैं। (i) श्रम की प्रकृति में एकरूपता (Homogeneous) नहीं होती है। इसके साथ ही श्रमिकों की कार्य क्षमता भी एक रूप नहीं होती। उनमें कार्यकुशलता (Efficiency), निपुणता (Skill) तथा नियमितता (Regularity) के आधार पर विभिन्नता होती है।

उपरोक्त प्रमाप मुद्रा का मूल्य निर्धारित करने हेतु पूर्णरूपेण शुद्ध (Accurate) परिणाम नहीं प्रदान करते किन्तु मुद्रा के मूल्य के निर्धारण में आने वाली विसंगतियों को कुछ हद तक दूर अवश्य करते हैं। वास्तविक अर्थों में मुद्रा के मूल्य का निर्धारण अत्यन्त दुष्कर कार्य होता है। किन्तु संसार में उपलब्ध समस्त वस्तुओं तथा सेवाओं को मुद्रा के माध्यम से विनिमय (Exchange) अवश्य किया जा सकता है।

प्रायः सभी वस्तुओं एवं सेवाओं की मूल्य वृद्धि से सामान्य व्यक्ति प्रभावित नहीं होता, जिन वस्तुओं एवं सेवाओं का प्रयोग जन सामान्य द्वारा किया जाता है उन वस्तुओं के मूल्यों में होने वाली वृद्धि अथवा कमी मुद्रा के मूल्य में कमी अथवा वृद्धि की द्योतक होती है। अतः उपभोक्ताओं की अभिरुचि मुद्रा के फुटकर मूल्य (Retail Value of Money) में निहित होती है। इसी प्रकार उत्पादकों, व्यापारियों तथा निर्माताओं की अभिरुचि मुद्रा के थोक बिक्री मूल्य (Wholesale Value of Money) में निहित होती है। उद्यमियों की अभिरुचि मुद्रा के श्रम मूल्य (Labour Value of Money) में होती है। वस्तुतः मुद्रा का निरपेक्ष मूल्य (Absolute Value of Money) ज्ञात करना सम्भव नहीं होता। हम केवल एक समयावधि में मुद्रा के मूल्य में होने वाले परिवर्तनों को माप सकते हैं।

6. मूल्यों को प्रतिशत के रूप में प्रस्तुत करना (To represent prices in percentages)—सूचकांक हेतु प्रयोज्य प्रत्येक वस्तुओं एवं सेवाओं के मूल्य को आधार वर्ष में प्रतिशत के रूप में व्यक्त करना आवश्यक होता है। अर्थात जिस वर्ष को आधार वर्ष माना जाता है उसका निर्देशांक 100 मान लिया जाता है। तत्पश्चात् निर्देशांक ज्ञात किये जाने वाले वर्ष में वस्तुओं तथा सेवाओं के मूल्यों में होने वाले परिवर्तनों को प्रतिशत के रूप में व्यक्त किया जाता है। उदाहरणस्वरूप यदि किसी वस्तु का मूल्य आधार वर्ष में रु. 50 प्रति कुन्तल है तो हम इसे रु. 100 मान लेते हैं। यदि सूचकांक ज्ञात किये जाने वाले वर्ष में सम्बन्धित वस्तु का मूल्य रु.100 प्रति कुन्तल हो जाता है तो हम इस परिवर्तन को 200 प्रतिशत मानेंगे। इस प्रकार सभी वस्तुओं तथा सेवाओं के मूल्यों को प्रतिशत के रूप में परिवर्तित कर लिया जाता है।

7. आधार वर्ष एवं निर्देशांक ज्ञात किये जाने वाले वर्ष के मूल्यों का औसत ज्ञात करना (To find an average of prices both in the base year and the year of enquiry)—मूल्य सूचकांक ज्ञात करने हेतु आधार वर्ष एवं निर्देशांक ज्ञात किये जाने वाले वर्ष के मूल्यों के प्रतिशतों का औसत ज्ञात करना होता है। तत्पश्चात दोनों औसतों की तुलना की जाती है। आधार वर्ष का औसत सदैव 100 के बराबर होता है। किन्तु सूचकांक ज्ञात किये जाने के वर्ष का औसत 100 से अधिक अथवा कम हो सकता है। इसी औसत को हम मूल्य सूचकांक कहते हैं। यदि निर्देशांक ज्ञात किये जाने वाले वर्ष का औसत 100 से अधिक होगा तो इसका तात्पर्य यह है कि सामान्य मूल्य स्तर में वृद्धि हुई है। इसके विपरीत निर्देशांक वर्ष का औसत 100 से कम होने पर यह माना जायेगा कि सामान्य मूल्य स्तर में कमी हुई है। इसे हम निम्न तालिका के माध्यम से भली प्रकार समझ सकते हैं—

क्रम सं.	वस्तुएँ	आधार वर्ष मूल्य 2000	आधार वर्ष सूचकांक	वर्ष 2005 के मूल्य (रुपये में)	वर्ष 2005 का सूचकांक
1.	चावल	रु. 50 प्रति कुन्तल	100	रु. 100 प्रति कुन्तल	200
2.	गेहूँ	रु. 50 प्रति कुन्तल	100	रु. 120 प्रति कुन्तल	240
3.	वनस्पति घी	रु. 5 प्रति किग्रा.	100	रु. 10 प्रति किग्रा.	200
4.	दूध	रु. 9 प्रति लीटर	100	रु. 4 प्रति लीटर	200
5.'	तेल	रु. 5 प्रति लीटर	100	रु. 18 प्रति लीटर	360
6.	कपड़ा	रु. 10 प्रति मीटर	100	रु. 30 प्रति मीटर	300
7.	कोयला	रु. 20 प्रति कुन्तल	100	रु. 40 प्रति कुन्तल	200
			100		**1700**
					1700 ÷ 7 = 242.85

उपर्युक्त तालिका में वर्ष 2005 का मूल्य सूचकांक 242.85% है। इसका तात्पर्य यह है कि वर्ष 2000 की तुलना में वर्ष 2005 में 142.85% की वृद्धि हुई है। अर्थात उक्त दोनों अवधियों में लगभग 1 $^1/_2$ गुना मूल्य वृद्धि हुई है। उपर्युक्त तालिका में सभी वस्तुओं को समान भार प्रदान किया गया है। यह औचित्य पूर्ण नहीं है। तालिका में सम्मिलित सभी वस्तुओं को समान भार नहीं दिया जा सकता। उदाहरणस्वरूप उक्त तालिका में चावल एवं तेल को समान भार दिया गया है। हम जानते हैं कि उपभोक्ता के लिए चावल जितना महत्त्वपूर्ण है उतना तेल कदापि नहीं, उपभोक्ता द्वारा तेल की खरीद पर अपनी आय का एक छोटा भाग ही व्यय किया जा सकता है।

भारित मूल्य निर्देशांक (Weighted Price Index Numbers)—भारित मूल्य निर्देशांक से अभिप्राय ऐसे निर्देशांकों से है, जिनका आगणन विभिन्न वस्तुओं के सापेक्षिक महत्त्व के आधार पर किया जाता है अर्थात जिस वस्तु के प्रयोग को उपभोक्ता द्वारा वरीयता दी जाती है उसे अधिक भार तथा कम प्रयोग वाली वस्तुओं को कम भार प्रदान किया जाता है। दूसरे शब्दों में यदि वर्ग विशेष द्वारा किसी निश्चित वस्तु पर अपनी आय का अधिकांश भाग व्यय किया जाता है तब उस वस्तु को सूचकांक निर्माण में अधिक भार दिया जायेगा। पूर्व निर्मित तालिका में भारित मूल्य सूचकांक की गणना निम्न प्रकार की जा सकती है—

क्रम सं.	वस्तुएँ	आधार वर्ष मूल्य 2000	आधार वर्ष सूचकांक	वर्ष 2005 के मूल्य (रुपये में)	वर्ष 2005 का सूचकांक
1.	चावल	रु. 50 प्रति कुन्तल	100 × 3	रु. 100 प्रति कुन्तल	200 × 3 = 600
2.	गेहूँ	रु. 50 प्रति कुन्तल	100 × 4	रु. 120 प्रति कुन्तल	240 × 4 = 960
3.	वनस्पति घी	रु. 5 प्रति किग्रा.	100 × 2	रु. 10 प्रति किग्रा.	200 × 2 = 400
4.	दूध	रु. 9 प्रति लीटर	100 × 1	रु. 4 प्रति लीटर	200 × 1 = 200
5.	तेल	रु. 5 प्रति लीटर	100 × 1	रु. 18 प्रति लीटर	360 × 1 = 360
6.	कपड़ा	रु. 10 प्रति मीटर	100 × 2	रु. 30 प्रति मीटर	300 × 2 = 600
7.	कोयला	रु. 20 प्रति कुन्तल	100 × 2	रु. 40 प्रति कुन्तल	200 × 2 = 400
			1500 ÷ 16 = 100	3520 ÷ 15 = 234.67	3520

उपर्युक्त तालिका में विभिन्न वस्तुओं को उनकी सापेक्षिक महत्ता के आधार पर प्रभार (weight) प्रदान किया गया है। चावल, गेहूँ, वनस्पति, दूध, तेल, कपड़ा एवं कोयला को उनके उपभोग की वरीयता के आधार पर क्रमशः 3, 4, 2,

1, 1, 2 एवं 2 भार प्रदान किया गया है। इन प्रभारों से वस्तुओं की सापेक्षिक महत्ता दृष्टिगत होती है। उपर्युक्त भारित औसत माध्य से यह स्पष्ट है कि वर्ष 2005 में वस्तुओं के मूल्यों में वृद्धि वर्ष 2000 की तुलना में लगभग 2 $^1/_2$ गुना हुई है। अर्थात् सूचकांक में 134÷67 की वृद्धि दर्ज की गई है।

मूल्य सूचकांक निर्माण में कठिनाइयाँ अथवा समस्याएँ (Difficulties or Problems involved in the Preparation of Price Index Numbers) :

मूल्य सूचकांक के आधार पर मुद्रा के मूल्य में होने वाले परिवर्तन का मापन अत्यन्त कठिन कार्य है। मूल्य सूचकांकों के निर्माण में ही अनेक जटिलताएँ हैं। (i) अवधारणात्मक कठिनाइयाँ (Conceptual difficulties (ii) व्यावहारिक कठिनाइयाँ (Practical difficulties (iii) प्रयोग सम्बन्धी कठिनाइयाँ (Use's difficulties)

(i) अवधारणात्मक कठिनाइयाँ, मूल्य सूचकांक के निर्माण में अनेक अवधारणात्मक कठिनाइयाँ आती हैं। जिनका विवेचन निम्न प्रकार है—

(i) मुद्रा का मूल्य अस्पष्ट एवं निरपेक्ष होता है (Value of money is vague and abstract)—मुद्रा के मूल्य की अवधारणा स्वयं में अस्पष्ट एवं निरपेक्ष होती है। सामान्यतया मुद्रा के मूल्य को सामान्य मूल्य स्तर का व्युत्क्रम (Reciprocal) माना जाता है। अतः मुद्रा के मूल्य का मापन एक निश्चित अवधि में सामान्य मूल्य स्तर में होने वाले परिवर्तन के आधार पर किया जाता है। सैद्धान्तिक रूप से सामान्य मूल्य स्तर के अन्तर्गत बाजार में उपलब्ध समस्त वस्तुओं के मूल्य को सम्मिलित किया जाता है। किन्तु व्यावहारिक तौर पर बाजार में उपलब्ध समस्त वस्तुओं के मूल्य को सामान्य मूल्य स्तर के निर्धारण में सम्मिलित किया जाना असम्भव होता है।

यही नहीं, मूल्य भी अनेक प्रकार के होते हैं जैसे थोक मूल्य, फुटकर मूल्य इत्यादि। सूचकांकों का निर्माण भी थोक बिक्री मूल्य सूचकांक, फुटकर मूल्य सूचकांक श्रमिक वर्ग हेतु जीवन स्तर मूल्य सूचकांक इत्यादि के रूप में किया जा सकता है। प्रत्येक प्रकार से निर्मित मूल्य सूचकांक मुद्रा के मूल्य को अलग-अलग स्वरूप में व्यक्त करते हैं।

(ii) वस्तुओं के मूल्य में वृद्धि अथवा कमी की उपेक्षा—सामान्य मूल्य स्तर के निर्माण में सम्मिलित की जाने वाली वस्तुओं के मूल्य में होने वाली वृद्धि अथवा कमी का उल्लेख नहीं किया जाता वस्तुतः एक अवधि में कतिपय वस्तुओं के मूल्य स्थिर रह सकते हैं। तथा अन्य वस्तुओं के मूल्यों में वृद्धि अथवा कमी हो सकती है। अतः मूल्य सूचकांक की सहायता से मुद्रा के मूल्य में होने वाले परिवर्तनों को शुद्ध रूप में नहीं मापा जा सकता।

(iii) मुद्रा के मूल्य में परिवर्तन का मापन थोकमूल्य सूचकांक के आधार पर करना अनौचित्यपूर्ण—सामान्यतया मुद्रा के मूल्य में होने वाले परिवर्तनों का मापन थोक मूल्य सूचकांक (Wholesale Price Index) के आधार पर किया जाता है जो कि अनौचित्यपूर्ण है। क्योंकि सामान्य उपभोक्ता थोक मूल्य बाजार से वस्तुओं का क्रय न करके बल्कि, स्थानीय बाजार से फुटकर मूल्य पर करते हैं। फुटकर मूल्य अनुपलब्ध होते हैं तथा इनकी उपलब्धता पर भी शुद्धता की मात्रा अत्यल्प होती है। अतः फुटकर मूल्यों को सामान्य मूल्य स्तर के निर्धारण में प्रयोग किया जाना अनौचित्यपूर्ण होगा। थोक मूल्य सूचकांक जन सामान्य का प्रतिनिधित्व नहीं करते अतः इनके आधार पर भी मुद्रा के मूल्य में होने वाले परिवर्तनों का मापन यथार्थ से परे होगा।

व्यावहारिक कठिनाइयाँ (Practical Difficulties)—मूल्य सूचकांक के निर्माण में निम्नलिखित व्यावहारिक कठिनाइयों का सामना करना पड़ता है।

1. आधार वर्ष के चयन सम्बन्धी कठिनाइयाँ (Difficulties regarding the selection of base year)—सूचकांक के निर्माण में सर्वप्रथम समस्या आधार वर्ष (base year) के चयन सम्बन्धी उत्पन्न होती है। प्रश्न उठता है कि किस वर्ष को आधार वर्ष माना जाय, वस्तुतः कोई भी वर्ष सामान्य तौर पर आर्थिक दृष्टि से सामान्य नहीं होता। कतिपय असामान्य घटनाएँ अवश्य ही घटित होती रहती है। आर्थिक उच्चावचन, अतिवृष्टि, अनावृष्टि, आन्तरिक व बाह्य अस्थिरता इत्यादि अनेक ऐसे तत्त्व हैं जिनका प्रभाव प्रत्येक वर्ष कुछ-न-कुछ अवश्य ही रहता है। अतः किसी वर्ष विशेष को सामान्य वर्ष कदापि नहीं कहा जा सकता। यदि किसी वर्ष को सामान्य वर्ष मानकर आधार वर्ष हेतु चयनित कर भी

लिया जाय तो उसे आगामी वर्षों में स्थायी रूप से आधार वर्ष नहीं माना जा सकता, क्योंकि वस्तुओं और सेवाओं के मूल्यों में उतार-चढ़ाव होते रहते हैं। मुद्रा के मूल्य में भी परिवर्तन अवश्यम्भावी होता है। अतः आधार वर्ष का चयन अत्यन्त दुष्कर कार्य होता है।

2. प्रतिनिधि वस्तुओं के चयन सम्बन्धी कठिनाई (Difficulties in the choice of Representative Commodities)—सूचकांक के निर्माण में दूसरी प्रमुख समस्या प्रतिनिधि वस्तुओं के चयन सम्बन्धी होती है। सूचकांक के निर्धारण हेतु प्रतिनिधि वस्तुओं के चयन में विशेष सावधानी की आवश्यकता होती है। चूँकि समय के साथ वस्तुओं की गुणवत्ता में परिवर्तन अवश्यम्भावी होता है। ऐसी परिस्थिति में पुरानी अपेक्षाकृत कम गुणवत्ता वाली वस्तुओं को मूल्य सूचकांक के निर्माण में सम्मिलित करना अर्थहीन हो सकता है। इसके अतिरिक्त वर्ग विशेष के उपभोग अभिरुचि में भी परिवर्तन की सम्भाव्यता होती है।

उदाहरणस्वरूप चाय का प्रयोग भारतवर्ष में 1950 के दशक में अपेक्षाकृत कम होता था किन्तु आज हमारे देश में चाय एक प्रमुख पेय पदार्थ के रूप में प्रचलित है, तथा इसका प्रयोग बहुतायत में किया जाता है।

3. मूल्य सम्बन्धी सांख्यिकीय सूचनाएँ प्राप्त करने में कठिनाई (Difficulty in Obtaining Statistical Information regarding prices)—सूचकांक के निर्माण में मूल्य सम्बन्धी सांख्यिकीय सूचनाएँ संग्रहीत करने में भी कठिनाई होती है। प्रश्न उठता है कि थोक मूल्य का प्रयोग सूचकांक निर्माण में किया जाय अथवा फुटकर मूल्य का। थोक मूल्य प्राप्त करना अपेक्षाकृत सहज होता है। फुटकर मूल्यों में समानता नहीं होती वे मूल्य एक ही स्थान पर भिन्न-भिन्न हो सकते हैं। किन्तु अधिकांश उपभोक्ता फुटकर मूल्य बाजार से माल क्रय करते हैं। अतः उपभोक्ता मूल्य सूचकांक के निर्माण में फुटकर मूल्यों की उपेक्षा नहीं की जा सकती। अतः ऐसी दशा में यह तय कर पाना कठिन होता है कि थोक मूल्य अथवा फुटकर मूल्य में से किसको उपभोक्ता मूल्य सूचकांक में स्थान दिया जाय।

4. भारित करने सम्बन्धी समस्या (Difficulties in Assigning Weights)—उपभोक्ता मूल्य सूचकांक के अन्तर्गत सम्मिलित वस्तुओं को भारित करने में भी कठिनाई होती है। परिणाम की शुद्धता हेतु वस्तुओं के मूल्यों को समुचित भार प्रदान करना आवश्यक होता है। वस्तुतः निर्देशांकों में सम्मिलित सभी वस्तुओं की समान महत्ता नहीं होती। अतः यह आवश्यक होता है कि विभिन्न मदों को उनके सापेक्षिक महत्त्व के आधार पर भार प्रदान किया जाय। भार प्रदान करने की सामान्य तौर पर दो रीतियाँ प्रचलित हैं—(1) प्रत्यक्ष (2) अप्रत्यक्ष। प्रत्यक्ष रूप से भार प्रदान करने में वस्तुओं की मात्रा अथवा कुल मूल्य को आधार माना जाता है। जब कि अप्रत्यक्ष भार वस्तुओं के तुलनात्मक महत्त्व को ध्यान में रखकर प्रदान किये जाते हैं।

5. निर्देशांक निर्माण के उद्देश्य निर्धारण सम्बन्धी समस्या (Problem of Object Determination for Preparing Index)—निर्देशांक के निर्माण हेतु सर्वप्रथम यह सुनिश्चित करना आवश्यक होता है कि निर्देशांक तैयार करने का प्रयोजन क्या है, वस्तुतः निर्देशांकों के निर्माण सम्पूर्ण प्रक्रिया निर्देशांक बनाने के उद्देश्य पर ही आधारित होती है। वस्तुतः भिन्न-भिन्न उद्देश्यों के लिए अलग-अलग प्रकार के निर्देशांक तैयार करने होते हैं। जैसे सामूहिक निर्णयन हेतु सामान्य मूल्य निर्देशांक' मुद्रा के मूल्य में होने वाले परिवर्तन के मापन हेतु थोक मूल्य सूचकांक (Wholesale Price Index Number) मजदूरी और वेतन सम्बन्धी समस्याओं के अध्ययन हेतु फुटकर मूल्य सूचकांक (Retail Price Index Number) तैयार करना अधिक समीचीन होगा।

(vi) उपयुक्त माध्यम के चुनाव सम्बन्धी समस्या (Problem of Selecting Suitable Average)—निर्देशांक के निर्माण में उपयुक्त माध्य के चयन सम्बन्धी समस्या भी उत्पन्न होती है। माध्य कई प्रकार के होते हैं जैसे समान्तर माध्य माध्यिका, बहुलक, गुणोत्तर तथा हरात्मक माध्य, प्रश्न उठता है कि अनेकों माध्यों में से किस माध्य का प्रयोग निर्देशांक निर्माण हेतु किया जाय गुगोत्तर माध्य को निर्देशांक निर्माण हेतु श्रेष्ठ माध्य माना जाता है किन्तु इसकी गणना प्रक्रिया कठिन होने के कारण इसका प्रयोग व्यावहारिक नहीं हो पाता। हरात्मक माध्य व बहुलक निर्देशांक रचना हेतु उपयुक्त माध्य नहीं होते। माध्यिका का प्रयोग भी प्रायः कम ही होता है। व्यावहारिक तौर पर समान्तर माध्य का प्रयोग निर्देशांक

रचना में अधिकांशतः किया जाता है जब कि समान्तर माध्य स्वयं में विशुद्ध माध्य नहीं होता इसके द्वारा प्रायः भ्रामक परिणाम दर्शित किये जाते हैं।

मूल्य सूचकांक के प्रयोग सम्बन्धी कठिनाइयाँ (Difficulties Regarding Uses of Price Index)

(i) उपयोगिता के मापन सम्बन्धी कठिनाई (Difficulty as to Measuring Usefulness)—निर्देशांकों के निर्माण के उपरान्त उनके उपयोगिता सम्बन्धी मापन में भी कठिनाई होती है। किसी उद्देश्य विशेष के लिए निर्मित सूचकांक किसी अल्प उद्देश्य की प्राप्ति हेतु उपयोगी नहीं हो सकता। उदाहरणस्वरूप किसी निर्माणी संगठन के श्रमिकों के जीवन स्तर सम्बन्धी सूचकांक का प्रयोग मध्य आय वर्ग के मुद्रा मूल्य परिवर्तन सम्बन्धी प्रभावों के अध्ययन हेतु नहीं किया जा सकता।

(ii) अन्तर्राष्ट्रीय तुलना सम्बन्धी कठिनाई (Difficulty as to International Comparison)—वस्तुओं एवं सेवाओं सम्बन्धी अन्तर्राष्ट्रीय स्तर पर विविधता होने के कारण हम मुद्रा के मूल्य में परिवर्तन सम्बन्धी तुलना अन्तर्राष्ट्रीय स्तर पर नहीं कर सकते। चूँकि विश्व के विभिन्न देशों में वस्तुओं के मूल्य एवं उनकी गुणवत्ता समान नहीं होती।

(iii) सामान्य परिवर्तन का वाहक (Bearer of General Changes)—सूचकांक मुद्रा के मूल्य में सामान्य परिवर्तन को इंगित करता है। किन्तु इसके द्वारा किसी व्यक्ति के धन तथा उसकी क्रय शक्ति में होने वाले परिवर्तनों को इंगित नहीं किया जा सकता। मूल्य सूचकांक द्वारा प्रदर्शित वस्तुओं के मूल्य में होने वाले उतार-चढ़ाव का प्रभाव व्यक्ति विशेष पर नहीं पड़ता, बल्कि समूह पर पड़ता है।

मूल्य सूचकांकों के प्रकार (Types of Index Numbers)— प्रायः निर्देशांकों को उन तथ्यों के आधार पर वर्गीकृत किया जाता है, जिनमें परिवर्तन का मापन होना होता है। सामान्य तौर पर मूल्य सूचकांकों का वर्गीकरण निम्न प्रकार किया जाता है—

1. थोक विक्रय मूल्य सूचकांक (Wholesale Price Index Number)—थोक विक्रय मूल्य सूचकांक का निर्माण कतिपय महत्त्वपूर्ण वस्तुओं के थोक विक्रय मूल्य के आधार पर किया जाता है। सामान्य तौर पर कच्चे माल के मूल्य को उनकी उपयोगिता के आधार पर सूचकांक निर्माण हेतु प्रयोग किया जाता है। थोक मूल्य सूचकांकों का प्रयोग प्रायः मुद्रा के मूल्य में होने वाले परिवर्तनों की माप हेतु किया जाता है। इसके अन्तर्गत केवल कच्ची सामग्री को थोक मूल्यों को सूचकांक निर्माण हेतु प्रयोग किया जाता है। निर्मित माल के मूल्यों की उपेक्षा की जाती है। जब कि निर्मित माल की उपादेयता अर्थव्यवस्था के लिए नितान्त महत्त्वपूर्ण होती है। अतः यह सूचकांक मुद्रा के मूल्य परिवर्तन को विशुद्ध रूप में नहीं व्यक्त कर पाता। इसके अतिरिक्त व्यक्तिगत सेवाओं तथा वस्तुओं की विक्रय लागतों को थोक मूल्य सूचकांक के अन्तर्गत नहीं समाहित किया जाता।

2. जीवन निर्वाह लागत सूचकांक (Cost of Living Index Numbers)—जीवन निर्वाह लागत सूचकांकों के अन्तर्गत उन महत्त्वपूर्ण वस्तुओं तथा सेवाओं को सम्मिलित किया जाता है। जिनका प्रयोग लोगों द्वारा जीवन निर्वाह हेतु बहुतायत में किया जाता है। इसके अन्तर्गत लोगों द्वारा प्रयोग की जाने वाली वस्तुओं तथा सेवाओं को उनकी महत्ता के आधार पर भारित किया जाता है। प्रायः लोगों द्वारा अनेकों प्रकार की वस्तुओं का प्रयोग किया जाता है, सभी वस्तुओं को सूचकांक निर्माण में सम्मिलित किया जाना असम्भव होता है। अतः प्रतिनिधि वस्तुओं तथा सेवाओं को ही जीवन निर्वाह लागत सूचकांक निर्माण में प्रयोग किया जा सकता है।

3. औद्योगिक सूचकांक (Industrial Index Number)—औद्योगिक सूचकांक के निर्माण का उद्देश्य औद्योगिक उत्पादन में होने वाले परिवर्तनों का मापन होता है औद्योगिक सूचकांकों के निर्माण में देश की सीमा के अन्तर्गत स्थापित विभिन्न उद्यमों द्वारा किये समग्र उत्पादनों को सम्मिलित किया जाता है किसी महत्त्वपूर्ण एवं सार्थक वर्ष का चयन आधार वर्ष के रूप में किया जाता है। अन्य वर्षों के औद्योगिक उत्पादनों की तुलना आधार वर्ष के औद्योगिक उत्पादन से की जाती है। आज विश्व के लगभग सभी देशों में इन सूचकांकों का प्रयोग करके औद्योगिक उत्पादकता में होने वाले परिवर्तनों का मापन किया जाता है।

सूचकांकों की उपयोगिता (Advantages of Index Numbers)—सांख्यिकीय अध्ययन के अन्तर्गत सूचकांकों का अध्ययन अतीव महत्त्वपूर्ण है। इनके अध्ययन से हम अर्थव्यवस्था में होने वाले उतार-चढ़ाव औद्योगिक उत्पादकता में होने वाली वृद्धि अथवा कमी, मुद्रा की क्रयशक्ति का मापन, जीवन निर्वाह पर, मूल्य वृद्धि अथवा कमी से पड़ने वाले प्रभाव इत्यादि का मापन सूचकांकों की सहायता से किया जा सकता है। संक्षेप में सूचकांकों की उपयोगिता का निरूपण हम निम्नवत कर सकते हैं—

(i) जीवन निर्वाह की लागत ज्ञात करने में सहायक—सूचकांकों के माध्यम से देश की जनता के जीवन निर्वाह की लागत ज्ञात करना सरल होता है। जीवन निर्वाह की लागत में होने वाली अभिवृद्धि अथवा कमी ज्ञात करके श्रमिकों व अन्य कर्मचारियों की मजदूरी का निर्धारण सहजतापूर्वक किया जा सकता है।

(ii) जटिल तथ्यों का सरलतम प्रस्तुतीकरण—सूचकांकों के प्रयोग द्वारा जटिल तथ्यों को सरल रूप में प्रस्तुत करके सुग्राह्य एवं निष्कर्ष युक्त बनाया जा सकता है। उदाहरणस्वरूप किसी देश की अर्थव्यवस्था में होने वाले उच्चावचनों का अध्ययन एक जटिल प्रक्रिया है, किन्तु इसे सूचकांकों की सहायता से सरल रूप में प्रस्तुत किया जा सकता है।

(iii) प्रवृत्तियों के मापन में सहायक—सूचकांकों की मदद से किसी भी देश की आर्थिक प्रवृत्तियों यथा, राष्ट्रीय आय, भुगतान सन्तुलन, विदेशी व्यापार, मूल्य इत्यादि का मापन करके भावी प्रवृत्तियों का अनुमान लगाया जा सकता है।

(iv) मुद्रा की क्रय शक्ति के मापन में सहायक—सूचकांक के माध्यम से मुद्रा की क्रय शक्ति का मापन किया जा सकता है। मुद्रा की क्रयशक्ति के मापन से अभिप्राय मुद्रा के अंकित मूल्य की तुलना में उसकी यथार्थ क्रय शक्ति के मापन से है। उदाहरणस्वरूप यदि किसी आधार वर्ष की तुलना में चालू वर्ष में निर्देशांक 500 हो जाय, तो इसका अभिप्राय यह होगा कि मुद्रा का वास्तविक क्रय मूल्य 20% रह गया है।

(v) नीति निर्माण में सहायक—सूचकांकों की सहायता से किसी भी देश की योजना का निर्माण एवं नीति निर्धारण सहजतापूर्वक किया जा सकता है।

(vi) विदेशी व्यापार की प्रकृति मापन में सहायक—सूचकांक की सहायता से किसी भी देश द्वारा किये जाने वाले विदेशी व्यापार के अन्तर्गत आयात एवं निर्यात की प्रकृतित जानने के साथ ही विदेशी व्यापार की मात्रा में कमी अथवा वृद्धि का भी आकलन किया जा सकता है।

(vii) उत्पादन प्रवृत्ति का ज्ञान—सूचकांक किसी देश में होने वाले उत्पादन की प्रवृत्ति का भी ज्ञान कराते हैं। देश में उत्पादन की वृद्धि तथा कमी का आकलन इनके माध्यम से किया जा सकता है।

(viii) नियोजित अर्थव्यवस्था में सहायक—सूचकांकों के माध्यम से नियोजित अर्थव्यवस्था वाले देशों में आर्थिक प्रवृत्तियों में होने वाले परिवर्तनों की समुचित जानकारी प्राप्त की जा सकती है। परिणामस्वरूप आवश्यकतानुसार नीतियों में परिवर्तन करके विकास की प्रक्रिया को तेज किया जा सकता है।

(ix) अन्य प्रयोग—सूचकांकों की सहायता से अन्य अनेक कार्य भी सम्पादित किये जा सकते हैं। इनके माध्यम से रेलवे, बैंक, विनियोक्ता, सट्टेबाज, बीमा कम्पनियाँ इत्यादि अपने व्यवसाय का आकलन कर सकते हैं।

परीक्षा प्रश्न
(Examination Questions)

I. दीर्घ उत्तरीय प्रश्न (Long Answer Type Question)

1. मुद्रा के मूल्य मापन से आप क्या समझते हैं। मुद्रा के मूल्य में होने वाले परिवर्तन का मापन आप कैसे करेंगे?
   What do you understand by value measurement of the money. How will you measure the changes in the value of money.
2. मुद्रा के मूल्य सूचकांक निर्मित करने की विधि की व्याख्या कीजिए।
   Explain the methods of preparing Price Index Numbers.

3. मूल्य सूचकांक से आप क्या समझते हैं? इसके निर्माण में आने वाली कठिनाइयों का विवेचन कीजिए।
   What do you mean by Price Index ? Explain the Problems involved in the Construction of Price Index Numbers.
4. मूल्य सूचकांक को परिभाषित कीजिए। तथा इनके प्रकारों की विवेचना कीजिए।
   Define Price Index and explain the types of Price Index.

II. लघु उत्तरीय प्रश्न (Short Answer Type Questions)

1. मुद्रा के मूल्य से क्या आशय है?
   What is the meaning of value of money?
2. थोक मूल्य मानक क्या है?
   What is Wholesale Standard?
3. आधार वर्ष से आप क्या समझते हैं?
   What do you mean by base year?
4. फुटकर मूल्य प्रमाप का क्या आशय है?
   What is meant by Retail Price Standard?
5. भारित मूल्य निर्देशांक की व्याख्या कीजिए।
   Explain weighted Price Index Numbers.
6. मुद्रा के समय मूल्य से आप क्या समझते हैं।
   What do you understand by time value of money.

क्रियात्मक प्रश्न (Practical Question)

(i) वर्तमान समय में विनियोजित रु. 50,000, 12% ब्याज दर से कितने वर्षों में रु. 16,00,000 हो जायेगा।
How many years will it take for Rs. 50,000 today at 12% to grow to Rs. 16,00,000.
Ans.—30 Years

(ii) वर्तमान समय में रु. 10,000 के विनियोजन पर 12% की दर से 5 वर्षों का भावी मूल्य क्या होगा?
Ans.—रु. 16,000

अध्याय

4

स्थिति विवरण सूचनाओं का प्रारूप एवं विशेषताएँ
(The Term and Character of Balance Sheet Information)

किसी भी व्यावसायिक/औद्योगिक संगठन द्वारा किये जाने वाले दिन-प्रतिदिन के व्यवहारों (transactions) को लिपिबद्ध करके एक निश्चित अवधि के उपरान्त होने वाले लाभों एवं हानियों तथा संगठन के दायित्वों एवं सम्पत्तियों के संदर्भ में जानकारी प्राप्त करना परम आवश्यक होता है। वित्तीय सूचनाओं का सम्प्रेषण अनेक प्रकार के वित्तीय विवरणों एवं वित्तीय प्रतिवेदनों के माध्यम से किया जा सकता है। किन्तु कतिपय विवरण किसी भी कम्पनी अथवा व्यावसायिक संगठन के लिए वैधानिक आवश्यकता (Legal need) होते हैं। कम्पनी के आय विवरण अथवा लाभ-हानि खाते तथा आर्थिक चिट्ठा (Balance Sheet) इसी श्रेणी में आते हैं। इन विवरणों का प्रमुख उद्देश्य संगठन में अभिरुचि अथवा हित रखने वाले अनेक पक्षों को आय-व्यय एवं वित्तीय स्थिति के बारे में आवश्यक जानकारी प्रदान करना होता है।

वस्तुतः किसी भी वस्तु के उत्पादन व सेवा की आपूर्ति को सुचारू रूप से संचालित करने हेतु व्यवसाय को अनेक प्रकार की अस्थायी एवं स्थायी (Current and fixed) सम्पत्तियों की आवश्यकता होती है। जैसे—मशीन, उपकरण, कच्चा माल, ईंधन, फर्नीचर भूमि एवं भवन इत्यादि। इन सम्पत्तियों के सृजन हेतु किसी-न-किसी रूप में धन की आवश्यकता होती है। धन की आपूर्ति स्वयं की पूँजी, अथवा दीर्घकालीन स्रोतों यथा अंशपूँजी, संचित कोष ऋण पत्र (Debentures) अथवा बन्धक पत्रों (Bonds) के रूप में हो सकती हैं। इसके अतिरिक्त अल्पकालीन साधनों, जैसे बैंक ऋण, जन निक्षेप अथवा माल की उधार खरीद इत्यादि के माध्यम से भी सम्पत्तियों का सृजन किया जा सकता है। अर्थात किसी भी संगठन के लिए सम्पत्ति एवं दायित्व एक सिक्के के दो पहलू की भाँति होते हैं। किसी भी सम्पत्ति के सृजन में दायित्व अवश्यमेव सृजित होता है तथा किसी भी दायित्व के सृजन से सम्पत्ति का सृजन किसी-न-किसी रूप में अवश्य होता है।

आर्थिक चिट्ठा (Balance Sheet)—आर्थिक चिट्ठे से आशय उस विवरण पत्र से है, जिसमें एक निश्चित अवधि के अन्तर्गत सृजित दायित्वों एवं परिसम्पत्तियों का लेखा-जोखा प्रस्तुत किया जाता है। अर्थात आर्थिक चिट्ठा वह आईना है जिसमें संगठन की तस्वीर स्पष्ट तौर पर देखी जा सकती है। वस्तुतः किसी भी संगठन में एक निश्चित अवधि के अन्तर्गत होने वाले लेन देनो को लाभ-हानि खाते में प्रदर्शित करने के उपरान्त संगठन की सम्पत्तियों एवं दायित्वों को प्रदर्शित करने वाला विवरण तैयार किया जाता है। इसे हम आर्थिक चिट्ठा, सम्पत्तियों एवं दायित्वों का विवरण, वित्तीय स्थिति विवरण, साधनों एवं दायित्वों का विवरण इत्यादि नामों से जानते हैं। वास्तविक अर्थों में आर्थिक चिट्ठा, वित्तीय विवरणों का सर्वाधिक महत्त्वपूर्ण अन्तिम उत्पाद (Final Product) हैं। किसी भी कम्पनी अथवा निगम व अन्य व्यावसायिक संगठन के स्थिति विवरण (Balance Sheet) के बायीं ओर दायित्व (Liabilities) अर्थात वित्त प्राप्ति के दीर्घकालीन एवं अल्पकालीन संसाधनों (Resources) तथा दायीं ओर सम्पत्तियों (Assets) अर्थात् स्थायी (fixed) तथा चल सम्पत्तियों (Variable assets) में इन साधनों द्वारा किये गये उपयोगों (uses) का उल्लेख होता है। संगठन में सृजित होने वाले समस्त दायित्वों यथा, बैंक ऋण, स्वामित्व पूँजी, बैंक अधिविकर्ष (Bank Overdraft) देय विपत्र व अन्य किसी-न-किसी प्रकार से संकलित वित्तीय संसाधनों का प्रयोग किसी-न-किसी रूप में सम्पत्तियों के सृजन हेतु अवश्य किया जाता है। सम्पत्तियों के सृजन के उपरान्त अवशिष्ट धनराशि रोकड़ (Cash in hand) अथवा बैंक में रोकड़ (Cash at Bank) के रूप में सम्पत्ति पक्ष में प्रदर्शित अवश्य की जाती है। स्थिति विवरण के दोनों पक्षों का मिलान इन्हीं कारणों से होता है। स्थिति विवरण में स्थित वित्त के साधनों एवं उपयोगों का अध्ययन करके तथा पिछले वर्षों के तुलनपत्रों (Balance Sheet) की तुलना करके संगठन की आर्थिक स्थिति की समीक्षा की जा सकती है।

परिभाषाएँ (Definitions)

विभिन्न लेखाविदों द्वारा स्थिति विवरण अथवा आर्थिक चिट्ठे के सन्दर्भ में अलग-अलग परिभाषाएँ दी गई हैं।

हावर्ड एवं **अपटन** के अनुसार, "स्थिति विवरण एक विवरण पत्र है जो कि उपक्रम के स्वामित्व युक्त सम्पत्ति मूल्यों एवं इन सम्मत्तियों के विरुद्ध ऋणदाताओं तथा स्वामियों के दावों को सूचित करता है।"[1]

श्री एन्थोनी के अनुसार, "स्थिति विवरण अथवा तुलनपत्र एक आधारभूत लेखा प्रतिवेदन है क्योंकि इसके माध्यम से प्रत्येक लेखा सौदे के इस पर पड़ने वाले प्रभाव को दर्शाया जा सकता है।"[2]

स्टीड के अनुसार, "स्थिति विवरण किसी निश्चित समय पर चालू व्यवसाय की वित्तीय स्थिति का एक चित्र है।"[3]

क्रापर के अनुसार, "स्थिति विवरण लाभ-हानि खाते में सभी आगम मदों को बंद करने के उपरान्त बचे खातों के शेष का वर्गीकृत सारांश है।"[4]

मोरिस एवं **लुइस** के अनुसार—"सम्पत्तियों दायित्वों एवं स्वामित्वों के विवरण को सामान्यतः स्थिति विवरण के रूप में जाना जाता है।"[5]

स्थिति विवरण के विभिन्न प्रारूप
(Various forms of Balance Sheet)

भारतीय कम्पनी अधिनियम की धारा 211 की अनुसूची (vi) भाग के अनुसार स्थिति विवरण का संक्षिप्त प्रारूप निम्नवत् है—

Balance Sheet

(For the year ended as on.....)

Previous year figures	Liabilities	Current year figures	Previous year figures	Assets	Current year figures
	Share capital Reserve and surplus Secured loan Unsecured loans Current liabilities and provisions (i) Current liabilities (ii) Provision	—	—	Fixed Assets Investment Current Assets (Loans and advances) (i) Current assets (ii) Loans and advances Miscellanieous expenses Profit & Loss a/c	—
		× × × ×	× × × ×		× × × ×

लेखा प्रारूप (Account Type)

स्थिति विवरण का लेखा प्रारूप लेखांकन के क्षेत्र में अत्यन्त प्रचलित है। इस प्रारूप के अन्तर्गत बायीं ओर (Left side) विभिन्न प्रकार की देनदारियों अथवा दायित्वों (Liabilities) को प्रदर्शित किया जाता है, तथा दायीं ओर (Right

1. The Balance Sheet is a statement which reports the values owned by the Enterprise and the claims of the creditors and as owners against these properties. —*Howard and Upton*
2. The Balance Sheet is the fundamental accounting report in the sense that every accounting transaction can be recorded in terms of its effect on the Balance Sheet. —*Robert N. Anthony*
3. Balance Sheet is a screen picture of the financial position of a going Business at a certain moment. —*R. Stead*
4. A Balance Sheet is a classified summary of the ledger balances remaining after closing all revenue items in to the profit & loss a/c. —*Croper*
5. Statement of Assets, liabilities and proprietorship is usually reforned to as a balance sheet. —*Morris and Lewis*

side) विभिन्न प्रकार की सम्पत्तियों (Asssets) का लेखा किया जाता है। सम्बन्धित मदों के सामने उनकी राशियाँ (Amounts) लिखी जाती हैं। अनेक प्रकार के दायित्व उन साधनों (sources) के द्योतक होते हैं जिनसे संगठन के लिए कोषों (Funds) को प्राप्त किया गया है। प्रत्येक दायित्व किसी-न-किसी रूप में सम्पत्ति का सृजन अवश्य करता है। यदि किसी दायित्व से भौतिक रूप में किसी सम्पत्ति का सृजन नहीं होता, तो वह दायित्व हस्तगत रोकड़ (cash in hand) अथवा बैंक में रोकड़ (Cash at bank) के रूप में सम्पत्ति पक्ष में प्रदर्शित किया जाता है। दूसरे शब्दों में विभिन्न प्रकार की सम्पत्तियाँ विभिन्न माध्यमों से प्राप्त किये गये कोषों (Funds) के उपयोगों (uses) की द्योतक होती हैं। कोषों के साधन (Sources of funds) सदैव कोषों के उपयोग (uses of funds) के बराबर होने के कारण सम्पत्ति एवं दायित्व पक्ष का योग बराबर होता है। शायद इसीलिए यह विवरण तुलन-पत्र, स्थिति विवरण व बैलेन्स शीट इत्यादि नामों से सम्बोधित किया जाता है। हमारे देश में कम्पनी अधिनियम में दी गई व्यवस्था के अनुसार बायीं ओर देनदारियों को तथा दायीं ओर सम्पत्तियों का उल्लेख होता है जब कि अमेरिका में ठीक इसके विपरीत स्थिति रहती है।

आर्थिक चिट्ठे के लेखा प्रारूप का प्रस्तुतीकरण निम्नवत् है—

Balance Sheet of ABC Limited
(as on 31st March, 2012)

Liabilities	(in Rs.) Amount	Assets	(in Rs.) Amount
Sundry creditors	—	Cash in hand	—
Bills payables	—	Cash at bank	—
Bank loan	—	Bills Receivable	—
Mortgaged loans	—	Investments	—
Debentures (12%)	—	Sundary Debtors	—
Reserves and surplus	—	Land and Building	—
P & L a/c (cr.)	—	Plant & Machinery	—
Equity share capital	—	Fixtures & fittings	—
Preference share capital	—	Closing Stock	—
Total	× × × ×	**Total**	× × × ×

आर्थिक चिट्ठे का लम्बवत् प्रारूप

(Vertical format of Balance Sheet)

आर्थिक चिट्ठे के लम्बवत् प्रारूप के अन्तर्गत सम्पत्तियों एवं दायित्वों के लिए एक ही कॉलम होता है। विवरण (Particulars) के सामने धनराशि (Amount) लिखी जाती है। सर्वप्रथम सम्पत्तियों (Assets) की विभिन्न मदें (Items) लिखकर उनका योग कर दिया जाता है। तत्पश्चात् दायित्वों (Liabilities) की प्रवृष्टि करके उनका भी योग कर दिया जाता है। सम्पत्तियों तथा दायित्वों के योग बराबर होते हैं।

लम्बवत् प्रारूप अथवा विवरण प्रारूप कम्पनी अधिनियम के प्रावधानों के अनुसार भारत वर्ष में मान्य नहीं है। लेखांकन की दृष्टि से इसे अधिक उपयोगी बनाने हेतु बायीं ओर एक कॉलम बनाकर विगत वर्ष (Previous year) की धनराशि भी अंकित की जा सकती है। जिसके फलस्वरूप एक वर्ष में दायित्वों एवं सम्पत्तियों की विभिन्न मदों में हुई कमी तथा वृद्धि को सहजता से ज्ञात किया जा सकता है। लम्बवत प्रारूप का नमूना निम्नवत् है—

Balance Sheet of xyz Limited
(as on 31st March, 2012)

Previous year amount	Particulars	Amount
	Assests	—
	Cash in hand	—
	Cash at Bank	—
	Bills Receivables	—
	Investments	—
	Sundry Debtors	—
	Land & Building	—
	Plant & Machinery	—
	Furniture & Fixtures	—
	Closing Stock	—
	Total Assets	× × ×
	Liabilities	
	Sundry creditors	—
	Bills payable	—
	Bank Loan	—
	Mortgaged loan	—
	Debentures (12%)	—
	Reserve & surplus	—
	P & L a/c	—
	Equity share capital	—
	Preference share capital	—
	Total	× × ×

उपर्युक्त तीनों प्रारूपों में कोई मूलभूत अन्तर नहीं है, केवल प्रस्तुतीकरण के प्रारूप का अन्तर है। वस्तुतः प्रारूप उतना महत्त्वपूर्ण नहीं है, जितना कि यह तथ्य महत्त्वपूर्ण है, कि विभिन्न सम्पत्तियों एवं दायित्वों के अंतिम शेषों का अंकन शुद्ध रूप में किया गया है अथवा नहीं। उदाहरणार्थ सम्पत्तियों के मूल्य में से ह्रास की राशि को घटाकर शुद्ध मूल्य (Net Wealth) दिखाया गया है अथवा नहीं, इसी प्रकार देनदारों की राशि से अशोध्य एवं संदिग्ध ऋणों (Bad and doubtful debts) की राशि को घटाकर दिखाया जाना चाहिए। अंतिम रहतिये का मूल्यांकन लागत मूल्य अथवा बाजार मूल्य (जो भी कम हो) के आधार पर किया जाना चाहिए।

दायित्वों सम्बन्धी मदें (Items of Liabilitics)—दायित्व सम्बन्धी विभिन्न मदों को सामान्यतया तीन भागों में वर्गीकृत किया जा सकता है—(i) चल दायित्व (Current Liabilities) (ii) दीर्घकालीन दायित्व (Long Term Liabilities) (iii) स्वामियों अथवा अंशधारियों की समता (Owners or Shareholders Equity)

(i) चल दायित्व (Current Liabilities)—चल दायित्वों के अन्तर्गत उन सभी देनदारियों को सम्मिलित किया जाता है। जिनका भुगतान एक वर्ष के अंदर किया जाना है। इसके अन्तर्गत व्यापारिक लेनदार (trade creditors) देय विपत्र (Bills Payable) अल्पकालीन बैंक ऋण (Short term Bank loan) अदत्त व्यय (Outstanding expenses) बैंक

अधिविकर्ष (Bank Overdraft) देय कर (Tax payable) करों के लिए प्रावधान (provision for taxes) इत्यादि को सम्मिलित किया जाता है।

(ii) दीर्घकालीन दायित्व (Long Term Liabilities)—दीर्घकालीन दायित्वों के अन्तर्गत उन मदों को सम्मिलित किया जाता है। जिनका भुगतान एक वर्ष से अधिक अवधि में किया जाना है। इसके अन्तर्गत दीर्घकालीन बॉण्ड्स (Long term bonds) ऋण पत्र (Debentures) बैंकों से प्राप्त दीघकालीम ऋण (Long term loan by Banks) वित्तीय निगमों से प्राप्त ऋण (Loan from Financial Corporations) इत्यादि मदों को सम्मिलित किया जाता है।

(iii) स्वामियों अथवा अंशधारियों की पूँजी (Owners or Shareholders Capital)—स्वामियों अथवा अंशधारियों की पूँजी के अन्तर्गत चुकता पूँजी (Paid up capital), समता पूँजी (Equity Share Capital), पूर्वाधिकार अंश पूँजी (Preference Share Capital), अधिशेष (Surplus), सामान्य संचय (General Reserve), लाभ-हानि खाते की क्रेडिट बाकी (Credit Balance of P & L a/c), पूँजीगत कोष (Capital Reserve) इनका योग ही व्यवसाय का शुद्ध मूल्य (Net worth) कहलाता है। कुल सम्पत्तियों के मूल्य में से चल एवं दीर्घकालीन दायित्वों के मूल्य को घटाकर शुद्ध मूल्य ((Net worth) की गणना की जाती है। शुद्ध मूल्य को स्वामित्व पूँजी (Owned capital) भी कहते हैं।

शुद्ध मूल्य (Net worth) = कुल सम्पत्तियाँ-चल + दीर्घकालीन दायित्व

Net worth = Total Assets Current + Longterm liabilities

सम्पत्तियों की मदें (Items of Assests)

संगठन की सम्पत्तियों से अभिप्राय उन वस्तुओं से है जो उत्पादकता के लिए आवश्यक एवं अपरिहार्य होती हैं। भारतीय लेखांकन प्रमाप बोर्ड के अनुसार ''सम्पत्तियों को किसी संगठन के स्वामित्व में सम्भावित भावी लाभों मूर्त वस्तुओं तथा अमूर्त अधिकारों के रूप में परिभाषित किया जा सकता है।''[1] वस्तुतः व्यवसाय की समस्त सम्पत्तियों को हम तीन भागों में वर्गीकृत कर सकते हैं। (i) स्थायी सम्पत्तियाँ (Fixed Assets) (ii) अमूर्त अथवा अदृश्य सम्पत्तियाँ (Intangible and Fictitious Assets) (iii) चल सम्पत्तियाँ (Current Assets)

1. स्थायी सम्पत्तियाँ (Fixed Assets)—स्थायी सम्पत्तियाँ वे होती हैं, जिनका प्रयोग उद्यम के संचालन हेतु किया जाता है। ये सम्पत्तियाँ अपेक्षाकृत दीर्घकालीन एवं स्थायी प्रकृति की होती हैं। स्थायी सम्पत्तियाँ संगठन को आधारभूत ढाँचा प्रदान करने का कार्य करती हैं। इन सम्पत्तियों का प्रयोग विक्रय उत्पाद के रूप में नहीं किया जाता। अर्थात् स्थायी सम्पत्तियों की खरीद पुनर्विक्रय करके लाभ अर्जित करने हेतु नहीं की जाती। इन सम्पत्तियों को पूँजीगत सम्पत्तियों के नाम से भी जाना जाता है। स्थायी सम्पत्तियों के अन्तर्गत भूमि (Land) भवन (Building) फर्नीचर एवं फिक्सचर्स (Furniture and fixtures) प्लाण्ट एवं मशीनरी (Plant and machinery) इत्यादि को सम्मिलित किया जाता है। आर्थिक चिट्ठे में इन सम्पत्तियों को लागत मूल्य पर ही अंकित किया जाता है। भूमि को छोड़कर शेष सम्पत्तियों पर ह्रास (Depreciation) का प्रावधान किया जाता है। स्थायी सम्पत्तियों के पुस्तक मूल्य (Book value) में से ह्रास की राशि घटाकर शुद्ध मूल्य (Net value) प्रदर्शित की जाती हैं। एक निश्चित अवधि तक ह्रास की राशि घटते रहने पर इन सम्पत्तियों का अवशेष मूल्य (Scrap value) बच जाता है। स्थायी सम्पत्तियों को मूर्त स्थायी सम्पत्तियाँ तथा अमूर्त स्थायी सम्पत्तियों के रूप में वर्गीकृत किया जा सकता है।

(A) मूर्त स्थायी सम्पत्तियाँ (Tangible Fixed Assets)—मूर्त स्थायी सम्पत्तियाँ वे होती हैं जो संगठन में भौतिक रूप में विद्यमान होती हैं तथा आँखों से दृष्टिगत होती हैं। इनकी गणना एवं मूल्यांकन किया जा सकता है। जैसे—भूमि, भवन, मशीनरी, फर्नीचर, दीर्घकालीन विनियोग इत्यादि इन सम्पत्तियों को आर्थिक चिट्ठे में अपलिखित लागत पर अर्थात ह्रास घटाकर दिखाया जाता है।

(B) अमूर्त सम्पत्तियाँ (Intangible Assets)—अमूर्त सम्पत्तियाँ वे हैं जिनका संगठन में कोई भौतिक स्वरूप नहीं होता। किन्तु अमूर्त सम्पत्तियाँ लाभ की मात्रा में अभिवृद्धि की प्रेरक होती हैं। इन सम्पत्तियों के कारण ही एक संगठन

---

1. Assets have been defined as tangible objects or intangible rights owned by an enterprise and carrying probable benefits. Indian accounting standard board.

दूसरे संगठन से अधिक लाभ अर्जित करने की स्थिति में होता है। इस प्रकार की सम्पत्तियों के अन्तर्गत ख्याति (Goodwill), व्यापार चिह्न (Trademark), स्वत्वाधिकार (Patent), कापी राइट, लाइसेंस इत्यादि आते हैं।

2. चालू सम्पत्तियाँ (Current Assets)—चालू सम्पत्तियों से आशय उन सम्पत्तियों से है। जो व्यवसाय में अल्पकालीन प्रकृति की होती हैं। व्यवसाय के परिचालन में इनका स्वरूप बदलता रहता है। इन सम्पत्तियों को परिचालन चक्र के अन्तर्गत बेचने अथवा नकद के रूप में परिवर्तित करने के उद्देश्य से क्रय किया जाता है। चालू सम्पत्तियों के अन्तर्गत रोकड़ (Cash) कच्चा माल (Raw material) अर्द्धनिर्मित एवं निर्मित माल (Semi manufactured and manufactured) देनदार (Debtors) प्राप्य बिल (Bills Receivable) इत्यादि प्रमुख हैं।" परिचालन चक्र (operating circle), रोकड़ निर्गम (cash-out flow) से आरम्भ होकर विभिन्न प्रक्रियाओं से गुजर कर (यथा, कच्चा माल, अर्द्धनिर्मित एवं निर्मित माल उधार बिक्री एवं प्राप्य बिल) पुनः रोकड़ आगम (cash-Inflows) में परिवर्तित हो जाता है।

3. विनियोग (Investments)—किसी संगठन द्वारा अन्य किसी संगठन में लाभ अथवा नियन्त्रण के उद्देश्य से पूँजी का प्रयोग विनियोग कहलाता है। विनियोग, अल्पकालीन सावधि जमा अंशों अथवा ऋण पत्रों के रूप में हो सकता है। इन विनियोगों की अवधि प्रायः 1 वर्ष या उससे अधिक अवधि के लिए होती है। सामान्य तौर पर इन्हें चिट्ठे के अन्तर्गत लागत मूल्य पर ही प्रदर्शित किया जाता है।

4. विविध सम्पत्तियाँ (Sundry Assests)—वे सम्पत्तियाँ जो उपर्युक्त वर्गों के अतिरिक्त होती हैं। विविध सम्पत्तियों की श्रेणी में रखी जाती हैं। सामान्य तौर पर वे स्थगित व्यय (Deferred expenses) जिनका एक बार व्यय होने पर संगठन को आगामी कई वर्षों तक लाभ होता है। इसके अन्तर्गत सम्मिलित किये जाते हैं जैसे प्रारम्भिक व्यय, लाभ-हानि खाते का डेबिट शेष, अंशों एवं ऋण-पत्रों के निर्गमन पर कमीशन, बट्टा, अभिगोपन इत्यादि।

स्थिति विवरण सूचनाओं का विश्लेषण एवं निर्वचन
(Analysis and Interpretation of Financial Statement Informations)

वस्तुतः स्थिति विवरण (Balance Sheet)—किसी संगठन के क्रियाकलापों से होने वाले परिणामों तथा उनकी वित्तीय दशा का विहंगम दृश्य प्रस्तुत करने के साधन मात्र होते हैं। स्थिति विवरण कतिपय मदों यथा दायित्व (Liabilities) एवं सम्पत्तियाँ (Assets) के मूल्यों का सामूहिक प्रस्तुतीकरण करते हैं। मात्र आंकड़ों से किसी भी प्रकार का निष्कर्ष नहीं निकाला जा सकता। स्थिति विवरणों में उपयोगिता का सृजन इनका विश्लेषण एवं निर्वचन करके ही किया जा सकता है। स्थिति विवरण विश्लेषण का उद्देश्य बहुआयामी होता है, जिसके माध्यम से संगठन के कोषों के साधनों तथा उपयोगों की प्रकृति एवं दशाओं का अध्ययन एक निश्चित अवधि के अन्तर्गत किया जाता है।

स्थिति विवरणों के विश्लेषण का संगठन में वही स्थान है जो मानव शरीर हेतु नियमित जाँच का, जिस प्रकार हम अपने शरीर की नियमित जाँच कराकर स्वास्थ्य की रक्षा कर सकते हैं। उसी प्रकार संगठन की वित्तीय सुदृढ़ता की जाँच करने हेतु स्थिति विवरण का विश्लेषण आवश्यक होता है।

स्थिति विवरण विश्लेषण एवं निर्वचन के उद्देश्य (Objects of Balance Sheet Analysis and Interpretation)

स्थिति विवरणों के अन्तर्गत संगठन के साथ-साथ अन्य अनेक पक्षकारों जैसे—विनियोजकों, प्रबन्धकों, ऋणदाताओं, सरकार इत्यादि के हित जुड़े होते हैं। हितों में भिन्नता होने के कारण प्रत्येक वर्ग के लिए स्थिति विवरण के विश्लेषण एवं निवर्चन के उद्देश्य प्रायः अलग-अलग होते हैं। सामान्य तौर पर स्थिति विवरणों के विश्लेषण हेतु विभिन्न पक्षों की दृष्टि से निम्नलिखित उद्देश्य हो सकते हैं—

1. प्रबन्धकों के लिए उद्देश्य—प्रबन्धकों का उद्देश्य संगठन को सुचारू रूप से संचालित करते हुए लाभदेयकता (Profitability) में अभिवृद्धि के साथ-साथ संगठन की सम्पत्तियों में अभिवृद्धि करना होता है। अतः प्रबन्धकों के लिए स्थिति विवरणों के विश्लेषण का उद्देश्य कोषों के स्रोत (sources of funds) तथा कोषों के उपयोग (uses of funds) ज्ञात करके संगठन की कार्यकुशलता का मापन निर्णयन सम्बन्धी सूचनाओं का संकलन तथा संगठन वित्तीय दशा का मापन होता है।

2. श्रमिकों के लिए उद्देश्य (Objects for Labour)—संगठन में कार्यरत श्रमिकों का उद्देश्य अधिकतम वेतन, मजदूरी, बोनस, कल्याणकारी योजनाओं से लाभ प्राप्ति एवं पदोन्नति इत्यादि प्राप्त करना होता है। अतः श्रमिकों द्वारा स्थिति विवरण सूचनाओं के विश्लेषण की आवश्यकता उपर्युक्त उद्देश्यों की पूर्ति हेतु होती है।

3. विनियोजकों के लिए उद्देश्य (Objects for Investors)–स्थिति विवरणों में स्थित सूचनाओं के आधार पर ही विनियोजक किसी संगठन में विनियोग करने व न करने सम्बन्धी निर्णय लेते हैं। संगठन के दायित्व स्थायी प्रकृति के हैं अथवा चालू प्रकृति के, इसी प्रकार संगठन की सम्पत्तियाँ स्थिर प्रकृति की हैं अथवा चालू प्रकृति की हैं। स्थिति विवरण संगठन की यथार्थ तस्वीर प्रस्तुत करता है। अथवा उसमें बाह्य साजसज्जा (Window Dressing) की गई है, इन तथ्यों का प्रभाव विनियोजकों के विनियोग सम्बन्धी निर्णयन पर अवश्य पड़ता है।

4. ऋण दाताओं के लिए उद्देश्य (Objects for debt holders)—ऋणदाताओं एवं बैंकों के लिए स्थिति विवरण के विश्लेषण का उद्देश्य संगठन की तरलता के बारे में जानकारी प्राप्त करना होता है क्योंकि इनके द्वारा अल्पकालीन (Short term loan) प्रदान किये जाते हैं। जबकि दीर्घकालीन ऋण दाताओं एवं ऋण-पत्र धारकों का उद्देश्य संगठन के नकद प्रवाह की स्थिति ज्ञात करना होता है। जिससे ऋणों पर देय ब्याज एवं समय पर मूलधन की वापसी सुनिश्चित की जा सके।

5. सरकार के लिए उद्देश्य (Objects of Governments)—संगठन के स्थिति विवरणों का विश्लेषण सरकार के लिए भी उपयोगी होता है। इसके माध्यम से सरकार करारोपण नीति का निर्धारण कर सकती है।

6. अन्य पक्षों के लिए उद्देश्य (Objects for Others)—उपर्युक्त पक्षों के अतिरिक्त वित्तीय संस्थाएँ, स्टॉफ एक्सचेंज, अंश बाजार, श्रम संघ, व्यापार संघ इत्यादि पक्षों के लिए भी स्थिति विवरणों के विश्लेषण की आवश्यकता होती है।

स्थिति विवरण विश्लेषण का क्षेत्र (Scope of Balance Sheet Analysis)

पारम्परिक तौर पर स्थिति विवरणों का क्षेत्र संगठन की वित्तीय स्थिति का आगणन प्रस्तुत करना था, किन्तु वर्तमान परिप्रेक्ष्य में इन विवरणों के माध्यम से तुलना, विश्लेषण, प्रवृत्ति अध्ययन तथा निष्कर्ष प्रस्तुतीकरण इत्यादि कार्यों का सम्पादन सम्भव हो सका है। सामान्य तौर पर स्थिति विवरण विश्लेषण के अन्तर्गत निम्न लिखित अवयवों का समावेश किया जाता है।

1. तुलना (Comparison)—स्थिति विवरणों के माध्यम से प्राप्त सूचना को वर्गीकृत करके तुलनात्मकता प्रदान की जाती है। विश्लेषण की प्रवृत्ति एवं आवश्यकता के अनुसार विभिन्न मदों की सापेक्षिक मात्रा का मापन करके अनुपातों एवं विवरणों इत्यादि के माध्यम से संगठन के क्रियाकलापों एवं परिणामों का तुलनात्मक अध्ययन किया जाता है।

2. विश्लेषण (Analysis)—स्थिति विवरणों के माध्यम से प्रस्तुत आंकड़े विभिन्न मदों के शेष होते हैं। इन समंकों की सहायता से किसी भी प्रकार का निष्कर्ष नहीं प्राप्त किया जा सकता। इन विवरणों से प्राप्त समंकों में उपयोगिता का सृजन करने हेतु विश्लेषण एवं निर्वचन की आवश्यकता होती है। स्थिति विवरणों के विश्लेषण हेतु आंकड़ों को अनेक विभागों एवं उपविभागों में विभाजित करके निर्वचन किया जाता है।

3. प्रवृत्ति विश्लेषण (Trend Analysis)—स्थिति विवरण विश्लेषण के माध्यम से विगत वर्षों के वर्गीकृत मदों में होने वाले परिवर्तनों का अध्ययन करके संगठन की प्रवृत्ति का विश्लेषण किया जाता है।

4. निष्कर्ष प्राप्त करना (Find out Conclusion)—स्थिति विवरणों के विश्लेषण एवं निर्वचन का उद्देश्य संगठन की लाभदेयकता, कार्यकुशलता एवं वित्तीय स्थिति ज्ञात करना होता है। इनके माध्यम से निर्माण प्रक्रिया, विपणन दशाएँ, बाजार दशायें, शासकीय नीति इत्यादि विषयों पर वस्तुपरक निष्कर्ष प्राप्त किये जा सकते हैं।

स्थिति विवरण विश्लेषण की कार्यविधि
(Procedure of Balance Sheet Analysis)

1. स्थिति विवरण विश्लेषण के उद्देश्य एवं सीमा का निर्धारण (Determination of Objects and Limitations of Balance Sheet Analysis)–स्थिति विवरण विश्लेषण के अन्तर्गत सर्वप्रथम विश्लेषण के उद्देश्य एवं सीमाओं का निर्धारण करना आवश्यक होता है। संगठन की वित्तीय स्थिति का मूल्यांकन करने हेतु स्थिति विवरण अथवा आर्थिक चिट्ठे का विश्लेषण करना होगा।

2. विश्लेषण विधि का निर्धारण (Determination of Analysis Method)—स्थिति विवरण विश्लेषण के उद्देश्य एवं सीमाओं को दृष्टिगत रखते हुए विश्लेषण की विधि का निर्धारण किया जाना चाहिए। विश्लेषण की विधि के निर्धारण में स्थिति विवरण द्वारा प्रदत्त सूचनाओं के तर्कपूर्ण प्रस्तुतीकरण को ध्यान में रखना होगा।

3. लेखांकन सिद्धान्तों का ज्ञान (Knowledge of Accounting Principles)—स्थिति विवरणों के निर्माण में अनेक सिद्धान्तों परम्पराओं मान्यताओं एवं अवधारणाओं को ध्यान में रखा जाता है। अतः स्थिति विवरण के यथार्थ विश्लेषण हेतु लेखांकन सिद्धान्तों एवं अवधारणाओं का ज्ञान होना परमावश्यक होता है।

4. समंकों का पुनर्व्यवस्थापन (Re-arrangement of Data)—स्थिति विवरण के अन्तर्गत प्रस्तुत आंकड़े संगठन की वित्तीय दशा का प्रस्तुतीकरण करते हैं, विश्लेषण हेतु इन समंकों को पुनर्व्यवस्थित करने की आवश्यकता होती हैं। लर्नर के शब्दों में—"जिस प्रकार असंगठित भीड़ में खड़े व्यक्तियों की गणना करना कठिन होता है, उसी प्रकार असम्बद्ध वित्तीय तथ्यों के समूह से आर्थिक निष्कर्ष निकालना कठिन है, एक बार भीड़ को पंक्तियों में विन्यासित कर देने मात्र से गणना सरल हो जाती है।"[1]

5. अन्तर्सम्बन्धों की स्थापना (Establishment of Inter-relationship)—स्थिति विवरणों के अन्तर्गत प्रस्तुत आंकड़े निरपेक्ष (absolute) रूप में होते हैं, इन्हें सापेक्ष रूप में प्रस्तुत करके ही विश्लेषण द्वारा कतिपय निष्कर्ष निकाले जा सकते हैं। इसके लिए दी गई अवधि के वित्तीय विवरणों में अंकित मदों के मध्य परस्पर सम्बन्ध स्थापित करके अथवा दो या अधिक वर्षों के स्थिति विवरणों का सापेक्षिक (Relative) अध्ययन करके निष्कर्ष प्राप्त किये जा सकते हैं।

6. निर्वचन (Interpretation)—अन्तर्सम्बन्धों की स्थापना के उपरान्त विश्लेषक द्वारा भावी प्रवृत्तियों का मापन महत्त्वपूर्ण तथ्यों को दृष्टिगत रखते हुए किया जाता है। उपलब्ध आंकड़े के आधार पर सूचनाओं का निर्वचन अत्यन्त सरल, सुस्पष्ट एवं बोधगम्य रूप में किया जाना चाहिए।

7. प्रस्तुतीकरण (Presentation)—स्थिति विवरण के विश्लेषण द्वारा प्राप्त निष्कर्षों को चित्रों, रेखाचित्रों अथवा प्रतिवेदनों के रूप में प्रबन्धन के समक्ष रखना चाहिए, विश्लेषण से प्राप्त निष्कर्षों को प्रतिवेदन के रूप में प्रस्तुत करके सम्बन्धित पक्षों को लाभान्वित करने का प्रयास किया जाता है।

स्थिति विवरण विश्लेषण के प्रकार
(Types of Balance Sheet Analysis)

स्थिति विवरण विश्लेषण का वर्गीकरण कतिपय आधारों पर किया जा सकता है। विश्लेषण में प्रयुक्त सामग्री के आधार पर इसे आन्तरिक तथा बाह्य विश्लेषण के रूप में तथा विश्लेषण की कार्य प्रणाली के अनुसार क्षैतिज या प्रावैगिक विश्लेषण तथा लम्बवत या स्थैतिक विश्लेषण के रूप में वर्गीकृत किया जा सकता है।

1. आन्तरिक विश्लेषण (Internal Analysis)—आन्तरिक विश्लेषण प्रायः प्रबन्धकीय उद्देश्यों की पूर्ति हेतु किया जाता है। यह विश्लेषण फर्म के प्रबन्धकों तथा कर्मचारियों द्वारा किया जाता है। आन्तरिक विश्लेषकों को प्रायः समस्त सूचनायें उपलब्ध होती हैं। इसके अन्तर्गत अपेक्षाकृत अधिक विश्वसनीयता पाई जाती है, किन्तु इसके व्यक्तिगत पक्षपात की सम्भावना भी अधिक होती है।

2. बाह्य विश्लेषण (External Analysis)—स्थिति विवरण का बाह्य विश्लेषण संगठन के बाह्य पक्षकारों द्वारा किया जाता है। बाह्य पक्ष संगठन के लेखों एवं सूचनाओं को आन्तरिक पक्षकारों की भाँति नहीं प्राप्त कर पाते, अतः इनके द्वारा विश्लेषण से सम्बन्धित सूचनाएँ प्रकाशित वार्षिक खाते एवं अन्य उपलब्ध आंकड़े प्रदान करते हैं। इनके अन्तर्गत ऋण प्रदान करने वाले व्यक्ति अथवा संगठन, विनियोजक देनदार शोधार्थी व अन्य लोग सम्मिलित किये जाते हैं। बाह्य पक्षकारों द्वारा किया गया विश्लेषण यथार्थ एवं पक्षपात रहित होता है। वस्तुतः बाह्य पक्षकारों के संगठन से आन्तरिक तौर पर न जुड़े होने के कारण इनके द्वारा स्वतन्त्र एवं निष्पक्ष राय व्यक्त की जा सकती है। बाह्य पक्षकारों द्वारा प्राप्त सूचनाएँ अपूर्ण रहने की दशा में विश्लेषण अपूर्ण होने की सम्भाव्यता रहती है।

3. क्षैतिज विश्लेषण (Horizontal Analysis)—क्षैतिज विश्लेषण के अन्तर्गत दो या अधिक वर्षों के स्थिति विवरणों को विश्लेषण प्रक्रिया के अन्तर्गत सम्मिलित किया जाता है। इसके अन्तर्गत विगत वर्षों के समंकों तथा समान अवधि में वर्तमान वर्ष के समंकों का विश्लेषण किया जाता है। कई वर्षों के स्थिति विवरणों को इसके अन्तर्गत सम्मिलित किये जाने के कारण इससे व्यवसाय की प्रकृति (trend) का पता चलता है। क्षैतिज विश्लेषण के अन्तर्गत तुलनात्मक

---

1. Just as it is difficult to count the number people in a dis-organised crowd, so it is difficult to make economic sense out of gambles of unrelated financial factors. Once the crowd is arranged in numbered rows, counting is simplified. —*Lerner*

विवरण के माध्यम से दिखाये गये मदों में वृद्धि या कमी की प्रकृति का अध्ययन किया जाता है। वस्तुतः क्षैतिज विश्लेषण की प्रक्रिया प्रावैगिक (Dynamic) प्रक्रिया है। क्योंकि इसके अन्तर्गत संगठन में होने वाले परिवर्तनों का गत्यात्मक अध्ययन किया जाता है। विभिन्न वर्षों में होने वाले परिवर्तनों को प्रकट करने तथा तुलनीय बनाने हेतु इन्हें प्रतिशत के रूप में व्यक्त किया जाता है।

4. लम्बवत् विश्लेषण (Vertical Analysis)—आर्थिक चिट्ठे के लम्बवत् विश्लेषण के अन्तर्गत तुलनात्मक अध्ययन (Comparative study) अत्यधिक सुविधापूर्वक की जा सकती है। इस प्रारूप के अन्तर्गत सम्पत्तियों एवं दायित्वों के लिए एक ही कॉलम का प्रयोग किया जाता है। प्रथम कॉलम में मदें लिखकर उनके समक्ष धनराशि अंकित की जाती है। प्रायः इस प्रारूप के अन्तर्गत सर्वप्रथम सम्पत्ति (Assets) सम्बन्धी विभिन्न मदें लिखी जाती है। तत्पश्चात् उनका योग कर लिया जाता है। सम्पत्तियों की मदें लिखने के उपरान्त दायित्व सम्बन्धी मदें अंकित की जाती हैं। दायित्व सम्बन्धी मदों को जोड़कर दोनों पक्षों का मिलान कर लिया जाता है। प्रायः इसे विवरण प्रारूप (Statement Format) की संज्ञा भी दी जाती है। भारत वर्ष में कम्पनी अधिनियम के अन्तर्गत आर्थिक चिट्ठे का लम्बवत् प्रारूप मान्य नहीं है। किन्तु अनेक कम्पनियों द्वारा इसे अपनाया जाता है। इसकी उपयोगिता में वृद्धि करने हेतु अनेक लेखाकार (Accountants) बायीं तरफ एक कॉलम बनाकर विगत वर्ष की धनराशियों का उल्लेख मदवार करते हैं। लम्बवत् प्रारूप का नमूना निम्नवत् होता है—

Balance Sheet of xyz Limited

(as on 31st Dec., 2012)

Previous year amount	Particulars	Amount
	Assests	
	Cash in hand	—
	Cash at Bank	—
	Bills Receivables	—
	Debtors	—
	Investments	—
	Land & Building	—
	Plant & Machinery	—
	Furniture	—
	Stock	—
	Total Assets	× × ×
	Liabilities	
	Bills payable	—
	Creditors	—
	Bank Loan	—
	Bank overdraft	—
	Reserve & surplus	—
	P & L a/c	—
	Equity share capital	—
	Preference share capital	—
	Debentures	—
	Total Libabilities	× × ×

उपर्युक्त दोनों प्रारूपों में लेखा प्रारूप सर्वमान्य है। भारतवर्ष में कम्पनी अधिनियम 1956 के अन्तर्गत इसी प्रारूप को मान्यता प्राप्त है।[1] वस्तुतः दोनों प्रारूपों का अंतिम लक्ष्य संगठन में सृजित सम्पत्तियों एवं दायित्वों को प्रदर्शित करना है। उक्त दोनों प्रारूप इस लक्ष्य की पूर्ति करते हैं। उपर्युक्त दोनों प्रारूपों में प्रस्तुतीकरण का अंतर है। प्रश्न उठता है कि सम्पत्तियों एवं दायित्वों की शुद्ध राशि (net value) आर्थिक चिट्ठे में प्रदर्शित की गई है अथवा नहीं। अनेक स्थिर सम्पत्तियों में ह्रास का प्रावधान करके शुद्ध राशि ज्ञात की जाती है। इसी प्रकार देनदार एवं प्राप्य बिलों की राशि में से अशोध्य ऋणों के लिए प्रावधान (Provision for Doubtful Debts) की राशि घटा दी जाती है। अंतिम रहतिया (Closing stock) का मूल्यांकन भी वास्तविक लागत अथवा तात्कालिक बाजार मूल्य (इनमें से जो भी कम हो) के आधार पर की जाती है। इसी प्रकार देनदारियों (Liabilities) की विभिन्न मदों को भी आवश्यक समायोजन के उपरान्त उनके शुद्ध मूल्यों (Net value) का अंकन किया जाता है। लम्बवत् विश्लेषण के अन्तर्गत किसी संगठन के वित्तीय विवरणों में प्रदत्त आंकड़ों के मध्य संख्यात्मक सम्बन्ध स्थापित करने में सरलता होती है। यह विश्लेषण किसी समूह द्वारा विस्थापित विभिन्न कम्पनियों के कार्य निष्पादन का तुलनात्मक अध्ययन करने हेतु अत्यन्त उपयोगी है। लम्बवत् विश्लेषण की प्रकृति स्थिर (Static) होती है क्योंकि इसके अन्तर्गत विभिन्न वित्तीय मदों के मध्य पारस्परिक सम्बन्ध स्थापित किये जाते हैं।

वित्तीय विश्लेषण की तकनीकें
(Techniques of Financial Analysis)

वित्तीय विश्लेषण हेतु उद्देश्य का निर्धारण अत्यन्त आवश्यक होता है। निर्धारित उद्देश्य की आवश्यकतानुसार वित्तीय विवरणों की पुनर्रचना करके विश्लेषण हेतु उपयोगी बनाया जाता है। सामान्य तौर पर वित्तीय विवरणों के विश्लेषण हेतु निम्नलिखित प्रविधियों का प्रयोग किया जाता है—

1. तुलनात्मक विवरण विश्लेषण विधि (Comparative Statement Analysis Method)—तुलनात्मक विवरण विश्लेषण विधि के अन्तर्गत विभिन्न वर्षों के वित्तीय विवरणों में वर्णित मदों में होने वाले परिवर्तनों की गणना की जाती है। दो या दो से अधिक संगठनों के वित्तीय विवरणों अथवा एक ही संगठन के विभिन्न वर्षों के आंकड़ों को लेकर तुलनात्मक विवरण का निर्माण करके उपयोगी निष्कर्ष प्राप्त किये जाते हैं। इस विधि के अन्तर्गत मूल्यांकन प्रक्रिया अपेक्षाकृत सरल होती है। जिसके माध्यम से बिक्री, उत्पादन, लागत, लाभ, वित्तीय स्थिति, कार्यकुशलता इत्यादि का विश्लेषण एवं मूल्यांकन सहजतापूर्वक किया जा सकता है।

2. समानाकार वित्तीय विवरण (Common Size Financial Statement)—इन विवरणों के अन्तर्गत समानाकार लाभ-हानि खाता तथा समानाकार आर्थिक चिट्ठे को सम्मिलित किया जाता है। वस्तुतः तुलनात्मक वित्तीय विवरणों के अन्तर्गत विभिन्न मदों में होने वाले परिवर्तनों को नहीं प्रदर्शित किया जा सकता। अतः समंकों की परस्पर तुलना सम्भव नहीं हो पाती। इन विवरणों के निर्माण हेतु वित्तीय विवरणों के योग को 100 मानकर विभिन्न मदों को प्रतिशत के रूप में व्यक्त किया जाता है। लम्बवत तथा क्षैतिज दोनों प्रकार के विश्लेषणों में इनका प्रयोग किया जाता है। अन्तर्कम्पनी तुलना हेतु लम्बवत् विश्लेषणों तथा एक ही कम्पनी के विभिन्न वर्षों के वित्तीय विवरण के विश्लेषण हेतु क्षैतिज विश्लेषण की प्रक्रिया अपनाई जाती है।

3. प्रवृत्ति विश्लेषण (Trend Analysis)—इस विधि के अन्तर्गत किसी संगठन की विभिन्न अवधियों में कार्य निष्पादन का मूल्यांकन किया जाता है। वस्तुतः तुलनात्मक विवरणों के अन्तर्गत किसी संगठन के दो वर्षों के वित्तीय विवरणों की मदों में होने वाले परिवर्तन प्रदर्शित नहीं किये जाते। अतः इनसे संगठन की प्रवृत्ति का अध्ययन नहीं हो पाता इस प्रकार के अध्ययन हेतु प्रवृत्ति विश्लेषण की सहायता ली जाती है। प्रवृत्ति विश्लेषण के अन्तर्गत एक वर्ष के किसी मद की तुलना दूसरे वर्ष के उसी मद से की जाती है तथा आधार वर्ष 100 मानकर दूसरे वर्ष का प्रतिशत ज्ञात किया जाता है। इसी प्रकार आगामी वर्षों का प्रतिशत भी ज्ञात किया जाता है। तदुपरान्त संगठन के विकास अथवा अवनति की प्रवृत्ति का आकलन एवं विश्लेषण किया जाता है।

---

1. Under schedule VI (Section 211) of Companies Act, 1956, it is obligatory for every company to prepare its Balance Sheet in the prescribed proforma.

4. अनुपात विश्लेषण विधि (Ratio Analysis Method)—अनुपात विश्लेषण विधि के अन्तर्गत पूर्व निर्धारित विशिष्ट उद्देश्यों की पूर्ति हेतु वित्तीय विवरणों में प्रदर्शित दो या अधिक मदों के मध्य परिमाणात्मक (Quantitative) सम्बन्ध स्थापित करके निष्कर्ष प्राप्त किये जा सकते हैं। अनुपात विश्लेषण के अन्तर्गत वित्तीय विवरणों की मदों के मध्य सम्बन्धों को प्रतिशत अथवा अनुपात के रूप में प्रस्तुत किया जा सकता है। संगठन की लाभदेयकता, कार्यकुशलता, शोधन, क्षमता, तरलता इत्यादि का विश्लेषण इसी विधि के माध्यम से किया जा सकता है। इस प्रकार के अनुपातों का निर्धारण वित्तीय विवरण में निहित किसी एक मद से न किये जाने के कारण इनके द्वारा निकाले गये निष्कर्ष प्रायः एकपक्षीय नहीं होते। अनुपातों के माध्यम से संगठन से आन्तरिक एवं बाह्य दोनों रूपों में सम्बद्ध व्यक्तियों को संगठन की आर्थिक स्थिति सम्बन्धी सूचना प्राप्त हो जाती है। व्यावहारिक तौर पर वित्तीय विवरणों के विश्लेषण की यह विधि सर्वाधिक प्रचलित है। विस्तृत अध्ययन हेतु 'अनुपात विश्लेषण' अध्याय देखें।

5. कोष प्रवाह विवरण विधि (Fund flow Statement Method)—वस्तुतः वित्तीय विवरणों के अन्तर्गत संगठन में होने वाले कोष अन्तर्वाहों (Inflows) तथा बहिर्वाहों (outflows) के सन्दर्भ में कोई सूचना नहीं प्राप्त हो पाती। लाभ-हानि खाता एक निश्चित समयावधि के उपरान्त परिचालन परिणामों को लाभ अथवा हानि के रूप में प्रदर्शित करता है जब कि आर्थिक चिट्ठे में संगठन की सम्पत्तियों, दायित्वों तथा पूँजी का प्रस्तुतीकरण होता है। अतः दो विभिन्न अवधियों के मध्य कोष के प्रवाहों का अध्ययन करने हेतु दो अवधियों के आर्थिक चिट्ठे एवं वित्तीय विवरण के माध्यम से कोष प्रवाह विवरण का निर्माण करके वित्तीय विश्लेषण किया जाता है। कोष प्रवाह विवरण के सन्दर्भ में विस्तृत अध्ययन हेतु "कोष प्रवाह विवरण" अध्याय देखें।

6. नकद प्रवाह विवरण (Cash flow Statement)—नकद प्रवाह विवरण नकद के विभिन्न स्रोतों (Sources) तथा उपयोगों (Users) का विश्लेषण प्रस्तुत करता है। वस्तुतः अल्पकाल में संगठन के लिए यह जानना आवश्यक होता है कि किन-किन स्रोतों से रोकड़ का आगमन हुआ तथा किन-किन मदों पर रोकड़ व्यय की गयी। इसके माध्यम से संगठन की वर्तमान तरलता एवं शोधन क्षमता तथा वित्तीय नीतियों का आकलन किया जा सकता है। इस विवरण के माध्यम से किन्हीं दो वित्तीय अवधियों के मध्य होने वाले नकद प्रवाहों का अध्ययन किया जाता है। विस्तृत विवेचन हेतु "रोकड़ प्रवाह विवरण" अध्याय देखें।

7. समविच्छेद विश्लेषण (Break-even analysis method)—समविच्छेद विश्लेषण के अन्तर्गत सर्वप्रथम सम-विच्छेद बिन्दु (Break-even Point) की गणना की जाती है। समविच्छेद बिन्दु वह बिन्दु होता है। जहाँ पर विक्रेता को न तो लाभ होता है और न ही हानि। अर्थात् बिक्री की वह धन राशि जो बिक्री लागत के समतुल्य हो समविच्छेद बिन्दु कहलाती है। समविच्छेद विश्लेषण करने हेतु समस्त लागत को स्थिर एवं परिवर्तनशील लागतों के रूप में वर्गीकृत किया जाता है। आर्थिक चिट्ठे के विश्लेषण हेतु इस विधि का प्रयोग नहीं किया जा सकता। इसका विश्लेषण केवल आय विवरणों के माध्यम से किया जा सकता है क्योंकि लागत तथा बिक्री सम्बन्धी सूचनाएँ आय विवरणों से ही प्राप्त हो सकती है। समविच्छेद बिन्दु से कम मात्रा में उत्पादन व विक्रय संगठन के लिए हानि का सृजन करता है जबकि इस बिन्दु से अधिक मात्रा में उत्पादन तथा विक्रय संगठन के लिए लाभ का सृजन करता है।

वित्तीय विश्लेषण की सीमाएँ
(Limitations of Financial Analysis)

वित्तीय विश्लेषण की संरचना वित्तीय विवरणों पर आधारित होती है। अतः इसकी कतिपय सीमाएँ होती हैं। इनके बारे में जानकारी प्राप्त करना विश्लेषक के लिए अत्यन्त आवश्यक होता है। संक्षेप में सीमाओं का उल्लेख निम्नवत है—

1. भूतकालीन घटनाओं पर आधारित (Based on Past events)—वित्तीय विश्लेषण हेतु वित्तीय विवरणों का प्रयोग किया जाता है। वित्तीय विवरण भूतकालीन घटनाओं के संकलन मात्र होते हैं। अतः भूतकालीन घटनाओं के आधार पर भावी पूर्वानुमान लगाना सहज नहीं होता।

2. सूक्ष्मता का अभाव (Lack of Precision)—वित्तीय विवरणों के अन्तर्गत निहित तथ्यों में व्याख्यात्मकता पाई जाती है। इनमें सूक्ष्मता का अभाव पाया जाता है। वित्तीय विवरणों में निहित तथ्य अनेक लेखांकन मान्यताओं एवं परम्पराओं पर आधारित होते हैं।

3. ऐतिहासिक प्रलेख (Historical Records)—वित्तीय विवरण वर्तमान काल से सम्बन्धित न होकर अपितु ऐतिहासिक प्रलेख होते हैं। अतः इसके द्वारा विश्लेषण करके व्यवसाय की वर्तमान दशा का समुचित मूल्यांकन नहीं किया जा सकता।

4. बाह्य दिखावा (Window Dressing)—वित्तीय विवरणों में बाह्य दिखावे का सहारा लेकर संगठन की स्थिति सुदृढ़ होने सम्बन्धी झूठे प्रदर्शन किये जाते हैं। अतः इन विवरणों के आधार पर किये गये विश्लेषण कदापि सही चित्र प्रस्तुत नहीं कर सकते।

5. अन्तरिम प्रतिवेदन (Interim Reports)—वस्तुतः वित्तीय विवरणों से संगठन के लाभों की सही जानकारी नहीं प्राप्त हो पाती। वास्तविक लाभ की गणना व्यवसाय समाप्त होने के उपरान्त ही की जा सकती है। वित्तीय विवरण आन्तरिक प्रतिवेदन मात्र होते हैं।

6. मूल्य परिवर्तन की उपेक्षा (Negligence of Price Changes)—वित्तीय विवरणों के अन्तर्गत मूल्य परिवर्तन की पूर्णरूपेण उपेक्षा की जाती है। अतः इनमें तुलनीयता का अभाव पाया जाता है।

7. अमौद्रिक तथ्यों का समावेश न होना—वित्तीय विवरणों में संगठन की अमौद्रिक तथ्यों को समाहित न किये जाने के कारण इनके द्वारा व्यवसाय का वास्तविक चित्र नहीं प्रस्तुत किया जाता। जबकि व्यवसाय में अनेक गैर मौद्रिक तत्त्व लाभार्जन क्षमता में वृद्धि के कारक होते हैं, जैसे साख, कार्मिकों का मनोबल, प्रबन्धकीय कुशलता इत्यादि।

8. व्यक्तिगत पक्षपात से प्रभावित (Affected by Personal Bias)—वित्तीय विवरणों का निर्माण अनेक परम्पराओं एवं मान्यताओं पर आधारित होने के कारण इनमें व्यक्तिगत पक्षपात की सम्भावना अत्यधिक रहती है।

परीक्षा प्रश्न
(Examination Questions)

I. दीर्घ उत्तरीय प्रश्न (Long Answer Type Questions)

1. वित्तीय विवरणों के विश्लेषण से क्या अभिप्राय है इसके उद्देश्यों तथा क्रिया विधि का वर्णन कीजिए।

   What is meant by Analysis of financial Statement? Explain its objectives and working Procedures?

2. वित्तीय विश्लेषण से आप क्या समझते हैं? इसके महत्त्व की विवेचना कीजिए।

   What do you understand by financial Analysis? Describe its Importance.

3. वित्तीय विवरणों के विश्लेषण एवं निर्वचन से आप क्या समझते हैं, प्रबन्ध के लिए इसकी उपयोगिता का विवेचन कीजिए।

   What do you understand by analysis and interpretation of financial statement? Describe it's utility for management.

4. वित्तीय विवरणों के विश्लेषण की विधि स्पष्ट करें तथा ऐसे विश्लेषण के दो महत्त्वपूर्ण उपकरणों का उल्लेख करें।

   Explain the Procedure of Analysis of financial Statement and refer to two Important tools of such Analysis.

5. वित्तीय विवरणों के निर्वचन की आवश्यकता किसको होती है? व्याख्या कीजिए।

   To whom is need for the interpretation of financial statement? Explain it.

6. आन्तरिक एवं बाह्य वित्तीय विश्लेषण में अन्तर स्पष्ट कीजिए तथा वित्तीय विश्लेषण के महत्त्व को विस्तार से समझाइये।

   Clearly explain the difference between internal and external financial analysis and explain its significance.

7. वित्तीय विवरणों के विश्लेषण एवं निर्वचन से क्या आशय है। इसके उद्देश्यों का वर्णन कीजिए।
   What is meant by analysis and interpretation of Financial Statement? Discuss its objectives.

II. लघु उत्तरीय प्रश्न (Short Answer Type Questions)

1. वित्तीय विवरणों के विश्लेषण का क्या आशय है।
   What is meant by Analysis of Financial Statement.
2. वित्तीय विवरणों के विश्लेषण को परिभाषित कीजिए।
   Define Analysis of Financial Statements.
3. वित्तीय विश्लेषण के उद्देश्य क्या हैं?
   What are the objectives of Financial Analysis?
4. वित्तीय विश्लेषण के क्षेत्र की विवेचना कीजिए।
   Describe the scope of Financial Analysis.
5. वित्तीय विश्लेषण की कार्यविधि का वर्णन कीजिए।
   Describe Procedure of Financial Analysis.
6. वित्तीय विश्लेषण की तकनीकें क्या हैं?
   What are the techniques of Financial Analysis?
7. वित्तीय विश्लेषण की सीमाओं का वर्णन कीजिए।
   Describe the limitations of Financial Analysis.

अध्याय

5

लाभ-हानि खाता विवरण सूचनाओं के प्रारूप एवं विशेषताएँ

(The form and Character of Profit and Loss Statement Information)

लाभ-हानि खाता वित्तीय विवरण का वह भाग है जिसके माध्यम से संगठन की अर्जन क्षमता का आगणन (Calculation) किया जाता है। अमेरिका में इसे आय विवरण (Income statement) के नाम से सम्बोधित किया जाता है, जब कि भारतवर्ष में हम इसे लाभ-हानि खाते के रूप में जानते हैं। लाभ-हानि खाता एक स्थैतिक (Static) प्रलेख न होकर बल्कि प्रावैगिक (Dynamic) प्रलेख है, क्योंकि इसके अन्तर्गत एक निश्चित अवधि की सम्पूर्ण घटनाओं का लेखांकन करके परिणाम प्रदर्शित किया जाता है।

हेरी जी. गुथमैन के शब्दों में "लाभ-हानि खाता ऐसे आय एवं व्ययों का वर्गीकृत एवं संक्षिप्त अभिलेख है जो एक निश्चित अवधि के लिए स्वामी हित में परिवर्तन के कारण होते हैं।"[1]

हावर्ड तथा **अपटन** के शब्दों में "किसी अवधि की क्रियाओं के फलस्वरूप स्वामियों के दावों या समता में परिवर्तन का समुचित विन्यासित सारांश लाभ-हानि विवरण कहलाता है।"[2]

पैटन तथा **पैटन** के अनुसार "किसी व्यावसायिक उपक्रम की किसी दी हुई अवधि के आगमों, व्ययों एवं अन्य कटौतियों की शुद्ध आय की क्रमबद्ध शृंखला को आय विवरण (लाभ-हानि खाता) कहा जा सकता है।"[3]

लुइस ओ. फोस्टर के मतानुसार "यह अभी व्यतीत हुई वित्तीय अवधि के क्रियाकलापों की कहानी बतलाता है।"[4]

उपर्युक्त परिभाषाओं के परिप्रेक्ष्य में कहा जा सकता है कि लाभ-हानि खाता एक निश्चित अवधि में होने वाले व्यावसायिक लेन-देनों (Transactions) का ऐसा संक्षिप्त स्वरूप है, जिसके अन्तर्गत सम्बन्धित अवधि के आगमों, निर्गमों एवं शुद्ध आय को लेखांकन सिद्धान्तों के अनुरूप व्यवस्थित स्वरूप में प्रदर्शित किया जाता है। लाभ-हानि खाते के नाम पक्ष में (Debit side) सभी प्रकार के व्यापारिक व्ययों तथा हानियों को एवं जमा पक्ष में (credit side) समस्त व्यावसायिक आगमों तथा लाभों को प्रदर्शित किया जाता है। डेबिट पक्ष का योग क्रेडिट पक्ष के योग से कम होने पर लाभ (Profit) तथा अधिक होने पर हानि होती है।

लाभ-हानि खाते के कार्य (Functions of P & L a/c)

लाभ-हानि खाता अथवा आय विवरण संगठन में एक निश्चित अवधि के अन्तर्गत होने वाले आगमों एवं व्ययों के प्रवाह का विवरण है। इसके अन्तर्गत एक अवधि की समाप्ति तथा दूसरी अवधि के प्रारम्भ के मध्य वार्षिक चिट्ठे

---

1. The statement of profit and loss is the condensed and clarified record of the gains and losses causing changes in the owner's interest in the business for a period of time. —*G. Guthmann*
2. The summary of changes in the owner's claim or equity resulting from operations of a period of time, properly arranged is called the P & L statement. —*Howard & Upton*
3. The income statment (sometimes) referred to as the P & L statement may be defined as any systematic array of the revenues, expenses, and other deductions and net income of a business for a stated period. —*Paton & Patton*
4. It tells the story of operations over the fiscal period just passed. —*Lewis O. Foster*

में होने वाले परिवर्तनों को भी प्रदर्शित किया जाता है। सामान्यतया लाभ-हानि खाते के महत्त्वपूर्ण कार्य निम्नवत हैं—

(i) लाभ-हानि खाते के अन्तर्गत आगमों एवं व्ययों की परस्पर तुलना करके शुद्ध आय का मापन किया जाता है।

(ii) यह विवरण एक निश्चित समयावधि के अन्दर संगठन के आयों एवं व्ययों का सारांश प्रस्तुत करता है।

(iii) इस विवरण के माध्यम से स्वामियों, प्रबन्धकों, अंशधारकों, लेनदारों एवं अन्य पक्षों को संगठन के क्रिया-कलापों का परिणाम प्रेषित किया जाता है।

(iv) इस विवरण के माध्यम से उत्पादन लागत की गणना करके उत्पादित वस्तु का उचित विक्रय मूल्य निर्धारित किया जाता है।

लाभ-हानि खाते का प्रारूप (Ferms of P & L a/c)

लाभ-हानि खाते अथवा आय विवरण के माध्यम से किन्हीं दो तिथियों के मध्य संगठन की वित्तीय स्थिति में होने वाले परिवर्तन का मापन किया जाता है। लाभ-हानि खाते के निर्माण हेतु किसी सर्वमान्य प्रारूप का निर्धारण नहीं किया गया। संगठन की आवश्यकता एवं प्रकृति के अनुसार इसके प्रारूप का निर्धारण किया जाता है। कम्पनी अधिनियम, 1956 की धारा 211 के अन्तर्गत भी लाभ-हानि खाते का कोई प्रारूप निर्धारित नहीं किया गया है। परम्परागत रूप से लाभ-हानि खाते का निर्माण खाता प्रारूप (Account form) में तैयार करने की परम्परा रही है। किन्तु वर्तमान परिप्रेक्ष्य में इसे विवरण प्रारूप (statement form) में भी बनाया जाने लगा है।

खाता प्रारूप (Account form)—खाता प्रारूप के अन्तर्गत लाभ-हानि खाते को T प्रारूप में निर्मित किया जाता है। इसके अन्तर्गत बायाँ पक्ष डेबिट (व्यय पक्ष) तथा दायाँ पक्ष क्रेडिट (जमा पक्ष) कहलाता है। सामान्यतया इस खाते को निम्नलिखित 4 भागों में विभाजित किया जाता है—

(i) उत्पादन खाता (Production Account)—उत्पादन खाते का निर्माण प्रायः उत्पादन कार्य में संलग्न उद्यमों द्वारा किया जाता है। इसके बायें पक्ष में (Debit) कच्ची सामग्री, मजदूरी, कारखाना व्यय इत्यादि को दर्ज किया जाता है। दायें पक्ष (Credit) में अंतिम रहतिया प्रदर्शित किया जाता है। इससे वस्तुओं की उत्पादन लागत ज्ञात हो जाती है। इस लागत को व्यापारिक खाते के डेबिट पक्ष में दिखलाया जाता है।

(ii) व्यापारिक खाता (Trading a/c)—व्यापारिक खाते के डेबिट पक्ष में तैयार माल की लागत, आन्तरिक गाड़ी भाड़ा (Carriage Inward) प्रत्यक्ष व्यय इत्यादि तथ्य क्रेडिट पक्ष में विक्रय की रकम तथा निर्मित माल का अन्तिम रहतिया प्रदर्शित करके सकल लाभ-हानि (Gross profit or loss) की गणना की जाती है।

(iii) लाभ-हानि खाता (Profit & Loss a/c)—लाभ-हानि खाते के क्रेडिट पक्ष में, सकल लाभ, नकद छूट की प्राप्ति, अर्जित ब्याज अन्य आय इत्यादि तथा डेबिट पक्ष में वेतन, मजदूरी, ह्रास,. अशोध्य ऋण, प्रबन्धकीय व्यय, व्यापारिक व्यय, आयकर कटौती इत्यादि को प्रदर्शित किया जाता है। अन्तर की राशि शुद्ध लाभ व हानि प्रदर्शित करती है।

(iv) लाभ-हानि नियोजन खाता (P & L Appropriation a/c)—इस खाते का निर्माण प्रायः साझेदारी संगठनों तथा कम्पनियों द्वारा किया जाता है। इसके अन्तर्गत शुद्ध लाभ के वितरण सम्बन्धी सूचना प्रदान की जाती है। शुद्ध लाभ का कितना लाभ लाभांश के रूप में तथा कितना भाग विभिन्न संचयों एवं कोषों हेतु प्राविधानित है, के उपरान्त अवशिष्ट लाभों को चिट्ठे में हस्तान्तरित किया जाता है। प्रायः संगठनों द्वारा निर्माण खाते के स्वरूप को व्यापारिक खाते के अन्तर्गत ही प्रस्तुत कर दिया जाता है। इसके साथ ही व्यापारिक एवं लाभ-हानि खाते को एक साथ बना दिया जाता है। पारम्परिक स्वरूप में उक्त समस्त खातों को निम्नानुसार एक साथ प्रदर्शित किया गया है।

Trading and Profit & Loss A/C
(For the year ended on 31 st.......)

Particulars	amount	Particulars	Amount
To opening stock	—	By sales........	
To purchase.....		Less : Returns	—
Less : Returns	—	By closing stock	—
To carriage	—		
To wages	—		
To gross profit c/d	—		
	×××××		×××××
To salaries.....	—	By gross profit b/d	....
To outstanding	—	By Accrued...........	....
To trade expenses	....	By commission	....
To Bad debts	....	By discount received	....
To depreciation	....	By interest Received	....
To intersest on capital	....		
To insurance	....		
(All expenses excluding prepaid)	....		
To net profit	....		
	×××××		×××××

Profit and Loss Appropriations a/c

To General reserve	....	By opening balance of P & L a/c	....
To proposed dividend	....	By net profit transferred from P & L a/c	....
	×××××		×××××

2. विवरण प्रारूप (Statement form)—लाभ-हानि खाते के विवरण प्रारूप का प्रयोग अमेरिका में प्रचलित है। इसे आय विवरण के नाम से भी जाना जाता है। इसके अन्तर्गत सर्वप्रथम आगम मदों को लिखकर योग कर दिया जाता है तत्पश्चात् व्यय मदों को लिखकर आगम से व्ययों के योग को घटाकर लाभ की गणना की जाती है, विवरण प्रारूप का नमूना निम्नवत् है—

Income statement (As on....)

Particulars	Amount	Amount
Revenues		
Sales		....
Less : Sales returns		
Other income		
Total Income (A)		×××××
Costs and expenses		
Cost of sales	....	
General expenses	....	
Selling expenses	....	
Interest	....	
Depreciation	....	
Non operating expenses	....	
Provision for taxes	....	
Total expenses (B)		×××××
Net Income (A - B)		
Dividend proposed		
Reserves		
Income Retained		×××××

Cost of Sales = Opening stock + Purchase - Closing Stock

व्यापारिक एवं लाभ-हानि खाते में दर्शायी जाने वाली मदें (Items shown in the trading and P & L a/c)

(i) प्रारम्भिक रहतिया (Opening stock)—नव स्थापित व्यवसाय को छोड़कर अन्य वर्षों में व्यापारिक वर्ष के आरम्भ में गत वर्ष के बिना बिके (unsold) माल की लागत को प्रारम्भिक रहतिया कहा जाता है। प्रारम्भिक रहतिये की राशि तलपट (Trial Balance) के अन्दर दिये होने पर इसे व्यापारिक खाते के डेबिट पक्ष (Debit side) में लिखा जाता है। वस्तुतः प्रारम्भिक रहतिया वर्ष के आरम्भ में अविक्रीत माल का स्टाक होता है।

(ii) अंतिम रहतिया (Closing stock)–वर्ष के अन्त में बिना बिके हुए माल को अंतिम रहतिया कहा जाता है। व्यापारिक खाते में अंतिम रहतिया का उचित मूल्यांकन न हो पाने की दशा में सकल लाभ प्रभावित होता है। अंतिम रहतिया की राशि तलपट में दिये जाने की दशा में इसका लेखा केवल चिट्ठे के सम्पत्ति पक्ष की ओर किया जाता है। अंतिम रहतिये का मूल्यांकन लागत मूल्य (Cost value) अथवा बाजार मूल्य (Market value) में से जो भी कम हो पर किया जाना चाहिए।

(iii) स्टोर्स (Stores)–कारखाने में प्रयोज्य मशीनों के संचालन हेतु तेल, ग्रीस, ईंधन, तेल, गैस इत्यादि की आवश्यकता होती है। इसे स्टोर्स मद के अन्तर्गत व्यापारिक खाते के डेबिट पक्ष में लिखा जाता है।

(iv) क्रय (Purchase)—व्यापार के अन्तर्गत विक्रय करने के उद्देश्य से जो माल क्रय किया जाता है, उसके क्रय मूल्य को व्यापारिक खाते के डेबिट पक्ष में लिखा जाता है। क्रय की धनराशि से आहरण (Drawing) की राशि घटाने के

पश्चात अवशेष राशि क्रय मद के अन्तर्गत लिखी जाती है। क्रय से क्रय वापसी (Purchase Return) की धनराशि घटा कर लेखा किया जाता है।

(v) क्रय से सम्बन्धित व्यय (Expenses Related to Purchase)—माल को खरीदने के उपरान्त विक्रय स्थल तक लाने हेतु किये जाने वाले व्ययों जैसे चुंगी व आयात कर, माल का बीमा, भाड़ा, आगम गाड़ी भाड़ा (Carriage Inward) इत्यादि का लेखा व्यापारिक खाते के डेबिट पक्ष से किया जाता है।

(vi) मजदूरी (Wages)—क्रय किये गये माल पर दी जाने वाली प्रत्यक्ष मजदूरी (Direct wages) व्यापारिक खाते के डेबिट पक्ष में लिखी जाती है।

(vii) बिक्री (Sales)—नकद एवं उधार दोनों प्रकार की बिक्री को व्यापारिक खाते के क्रेडिट पक्ष में दर्शाया जाता है। बिक्री से बिक्री वापसी की धनराशि घटाकर शुद्ध बिक्री लिखी जाती है। किसी भी व्यापार के अन्तर्गत आयगत व्ययों (Revenue expenses) अर्थात् लाभ सम्बन्धी व्ययों में से प्रत्यक्ष व्ययों (व्यापारिक खाते से सम्बन्धित व्ययों) को छोड़कर शेष सभी व्ययों को लाभ-हानि खाते में प्रदर्शित किया जाता है।

(viii) वेतन (Salary)—कर्मचारियों को दिये जाने वाले वेतन का लेखा लाभ-हानि खाते के डेबिट पक्ष में किया जाता है।

(ix) किराया (Rent)—व्यवसाय के संदर्भ में दिये गये किराये का लेखा डेबिट पक्ष से किया जाता है।

(xi) विज्ञापन (Advertisement)—व्यवसाय के प्रचार-प्रसार हेतु विज्ञापन पर किया जाने वाला व्यय लाभ-हानि खाते के डेबिट पक्ष में किया जाता है।

लाभ-हानि खाते के क्रेडिट पक्ष में दर्शित मदें (Items shown on the credit side of P & L a/c)—लाभ-हानि खाते के क्रेडिट पक्ष में सर्वप्रथम कुल लाभ (Gross Profit) की राशि का लेखा किया जाता है। इसके अतिरिक्त विनियोगों पर ब्याज, प्राप्त कमीशन, प्राप्त कटौतियाँ, बैंक जमा पर ब्याज, प्राप्त किराया, आहरण पर ब्याज इत्यादि का लेखा किया जाता है।

लाभ-हानि खाते की महत्ता (Significance of P & L a/c)—वस्तुतः व्यापारिक एवं लाभ-हानि खाता वित्तीय विवरण का अत्यन्त महत्त्वपूर्ण प्रलेख होता है। इसके माध्यम से संगठन में एक निश्चित अवधि के अन्तर्गत किये गये व्यवहारों से होने वाले लाभ अथवा हानि का पता लगाया जाता है। चूँकि संगठन का प्रमुख उद्देश्य लाभार्जन होता है। अतः लाभ-हानि खाते के माध्यम से शुद्ध लाभ की गणना सम्भव हो पाती है। इसे आर्थिक चिट्ठे (Balance sheet) के सहायक प्रलेख के रूप में भी जाना जाता है। संक्षेप में इसकी महत्ता निम्नवत है—

(i) व्यापारिक एवं लाभ-हानि खाते के अन्तर्गत समस्त आयों (Incomes) एवं व्ययों (expenses) की प्रवृष्टि करने से संगठन की लाभदेयकता का मूल्यांकन किया जाता है। बिक्री एवं अन्य प्राप्यों की राशि क्रय तथा व्ययों की राशि से अधिक होने पर लाभ तथा बिक्री एवं अन्य प्राप्यों की राशि क्रय तथा व्ययों की राशि से कम होने पर हानि होती है।

(ii) लाभ-हानि खाता एक गतिशील प्रलेख होता है। इसके अन्तर्गत एक वित्तीय वर्ष के अन्दर होने वाले व्यवहारों से सम्बन्धित मदों का लेखा किया जाता है। लाभ-हानि खाते के निर्माण का प्रमुख आधार तलपट (Trial Balance) होता है।

(iii) लाभ-हानि खाते के माध्यम से प्रबन्ध सम्बन्धी नीतियों के निर्माण एवं क्रियान्वयन में सहायता मिलती है।

(iv) लाभ-हानि खाते में प्रदर्शित लाभों अथवा हानियों के आधार पर आयकर एवं बिक्री कर की गणना की जाती है।

(v) लाभ-हानि खाते के माध्यम से विनियोजक अपने द्वारा किये गये विनियोगों पर प्राप्त प्रत्याय (Return) एवं विनियोग की सुरक्षा का मापन करते हैं।

(vi) निर्माणी इकाइयों में उत्पादन की लागत व मूल्य के निर्धारण में लाभ-हानि खाते की महत्त्वपूर्ण भूमिका होती है।

लाभ-हानि खाते के दोष (Demerits of P & L a/c)—लाभ-हानि खाते को आंकिक शुद्धता की दृष्टि से अत्यन्त महत्त्वपूर्ण प्रलेख माना जाता है किन्तु इसके अन्तर्गत कतिपय दोष अवश्य विद्यमान होते हैं।

(i) लाभ-हानि खाते के अनेक मद अनुमान के आधार पर निर्धारित किये जाते हैं जैसे सम्पत्तियों पर ह्रास, रहतिया का मूल्यांकन, अशोध्य ऋणों हेतु प्रावधान इत्यादि।

(ii) इसके अन्तर्गत मौद्रिक तथ्यों को स्थान दिया जाता है किन्तु अनेक अमौद्रिक तथ्यों की अवहेलना की जाती है। उदाहरणस्वरूप कार्यकुशल एवं अकुशल कर्मचारियों के मध्य होने वाले अंतर का लेखा, ख्याति का लेखांकन इत्यादि।

(iii) लाभ-हानि खाते के अन्तर्गत मुद्रा के समय मूल्य (Time value of money) का लेखा नहीं किया जाता। जब कि मुद्रा के समय मूल्य में परिवर्तन होते हैं। जैसे—1 जनवरी, 2013 को की गई बिक्री एवं 30 जून, 2013 को की गई बिक्री का समान मानकर लाभ-हानि खाते में दिखाया जाता है।

(iv) संगठन के अन्तर्गत होने वाले लाभों एवं हानियों का आकलन वर्ष के अंत में एक निश्चित तिथि को ही किया जा सकता है। जब कि पूर्व में लाभ-हानि का पता लग जाने पर संगठन में संरचनात्मक सुधार करके लाभ की मात्रा में अभिवृद्धि अथवा हानि की मात्रा में कमी की जा सकती है।

लाभ-हानि खाते एवं चिट्ठे में अन्तर (Difference between P & L a/c and Balance Sheet)

(i) लाभ-हानि खाते का निर्माण खाता-प्रारूप (Account form) में किया जाता है जब कि आर्थिक चिट्ठे का निर्माण विवरण-प्रारूप (Statement form) में होता है।

(ii) लाभ-हानि खाते के अन्तर्गत व्यय की मदों को नामे पक्ष (Debit side) तथा आय की मदों को जमा पक्ष (Credit side) में लिखा जाता है। जिसमें क्रमशः To एवं By का प्रयोग किया जाता है जबकि आर्थिक चिट्ठे के अन्तर्गत बायीं तरफ दायित्वों की प्रवृष्टि तथा दायीं तरफ सम्पत्तियों का उल्लेख किया जाता है, इसके अन्तर्गत To तथा By का प्रयोग नहीं किया जाता।

(iii) लाभ-हानि खाते का निर्माण एक निश्चित अवधि सामान्यतया एक वित्तीय वर्ष के लिए किया जाता है जबकि आर्थिक चिट्ठे का निर्माण एक निश्चित तिथि को वित्तीय वर्ष के अंत में 31 मार्च अथवा 31 दिसम्बर को किया जाता है।

(iv) लाभ-हानि खाते के निर्माण का उद्देश्य एक निश्चित समयावधि के अन्दर व्यवसाय में किये जाने वाले व्यवहारों का परिणाम लाभ अथवा हानि के रूप में ज्ञात करना है। जबकि आर्थिक चिट्ठे का उद्देश्य संगठन के दायित्वों एवं सम्पत्तियों का आकलन करके वित्तीय स्थिति की जानकारी करना होता है।

(v) लाभ-हानि खाते में डेबिट एवं क्रेडिट पक्ष के शेष के आधार पर लाभ-हानि की गणना की जाती है जबकि आर्थिक चिट्ठे में सम्पत्ति तथा दायित्व पक्ष का योग सदैव बराबर होता है, इसके माध्यम से जहाँ संगठन के दायित्वों की रूपरेखा एवं सम्पत्तियों का स्वरूप दृष्टिगत होता है, वहीं दूसरी ओर आर्थिक चिट्ठे का मिलान लेखांकन की आंकिक शुद्धता का भी मापक होता है।

(vi) लाभ-हानि खाते के निर्माण में चिट्ठे की आवश्यकता नहीं पड़ती जबकि चिट्ठे के निर्माण में लाभ-हानि खाते के शेष की आवश्यकता पड़ती है।

(vii) लाभ-हानि खाता एक गतिशील प्रलेख (Dynamic) होता है जबकि चिट्ठा स्थिर (Static) प्रलेख होता है।

(viii) लाभ-हानि खाते का निर्माण तलपट (Trial Balance) की बाकियों के माध्यम से किया जाता है। तलपट की डेबिट बाकी लाभ-हानि खाते के डेबिट पक्ष में तथा क्रेडिट बाकी क्रेडिट पक्ष में लिखी जाती है। जबकि चिट्ठे में तलपट के डेबिट मदों को सम्पत्ति पक्ष में तथा क्रेडिट मदों को दायित्व पक्ष (बायीं ओर) लिखा जाता है।

परीक्षा प्रश्न
(Examination Questions)

I. दीर्घ उत्तरीय प्रश्न (Long Answer Type Questions)

1. लाभ-हानि खाते से आप क्या समझते हैं? वित्तीय विवरण सूचनाओं के अन्तर्गत इसकी क्या भूमिका है।

   What do you understand by P & L a/c? What is it's role in financial statement Informations.

2. लाभ-हानि खाते के कार्य एवं प्रारूप की विवेचना कीजिए।
   Describe the functions and forms of P & L a/c.
3. लाभ-हानि खाते की महत्ता एवं दोष की विवेचना कीजिए।
   Describe significance and demerits of P & L a/c.
4. लाभ-हानि खाते एवं चिट्ठे में क्या अंतर है, तलपट के अभाव में क्या वित्तीय विवरण का निर्माण किया जा सकता है।
   What is difference between P & L a/c and Balance Sheet. Can the financial statement may be made without Trial Balance.

II. लघु उत्तरीय प्रश्न (Short Answer Type Questions)

1. लाभ-हानि खाते का प्रारूप बनाइये।
   Make form of P & L a/c.
2. लाभ-हानि खाते के डेबिट एवं क्रेडिट पक्ष की मदों का उल्लेख कीजिये।
   Describe the debit and credit Items of P & L a/c.
3. लाभ-हानि खाते के निर्माण का प्रयोजन क्या होता है।
   What is the objective of making P & L a/c.

अध्याय

6

अनुपात विश्लेषण
(Ratio Analysis)

परिचय–आर्थिक संगठन के समस्त कार्यकलापों का संक्षिप्त सार वित्तीय विवरणों के माध्यम से प्रस्तुत किया जाता है। किन्तु वित्तीय विवरणों में दर्शित तथ्य निरपेक्ष (absolute) तथा स्वतंत्र होते हैं। उनके द्वारा व्यक्तिगत तौर पर कोई निष्कर्ष नहीं निकाला जा सकता। इन समंकों को आपस में एक दूसरे से सम्बन्धित करके अनेक तथ्यपूर्ण निष्कर्ष निकाले जा सकते हैं। अनुपात विश्लेषण के अन्तर्गत दो या दो से अधिक तथ्यों के मध्य आनुपातिक सम्बन्ध स्थापित करके संगठन से सम्बन्धित अनेक निष्कर्ष निकाले जा सकते हैं। अनुपात विश्लेषण विधि का प्रयोग सर्वप्रथम 1909 में **अलेक्जेण्डर वाल** द्वारा किया गया। इस विश्लेषण के माध्यम से वित्तीय विवरणों में दिये गये समंकों के मध्य सम्बन्ध स्थापित करके उनके विश्लेषण एवं निर्वचन द्वारा अनेक निष्कर्ष निकाले जा सकते हैं। वस्तुतः अनुपात विश्लेषण उपलब्ध तथ्यों के मध्य संख्यात्मक सम्बन्ध स्थापित करता है।

अनुपात विश्लेषण का अर्थ
(Meaning of Ratio Analysis)

सामान्य तौर पर अनुपात दो संख्याओं के मध्य गणितीय सम्बन्धों को अभिव्यक्त करते हैं। इसकी गणना प्रक्रिया में एक संख्या को दूसरी संख्या से विभाजित किया जाता है। यह विभाजन प्रतिशत के रूप में, अनुपात के रूप में अथवा दर के रूप में हो सकता है। वस्तुतः अनुपात वित्तीय विवरणों में स्थित समंकों के मध्य संख्यात्मक सम्बन्ध प्रदर्शित करते हैं।

1. कैनेडी व मैकमुलन के शब्दों में "साधारण गणितीय स्वरूप में मदों के मध्य सम्बन्ध को अनुपात कहते हैं।"[1]

2. आर०एन० एन्थोनी के शब्दों में "अनुपात एक संख्या का दूसरी के संदर्भ में अभिव्यक्त सम्बन्ध है। एक संख्या आधार को दूसरी से विभाजित करके इसे प्राप्त किया जा सकता है। प्रतिशत एक प्रकार का अनुपात है। जिसके आधार को 100 मानकर भागफल को आधार के प्रतिशत के रूप में व्यक्त किया जाता है।"[2]

3. हण्ट विलियम एवं डोनाल्डसन के अनुसार "अनुपात वित्तीय विवरणों से प्राप्त समंकों को अंकगणितीय रूप में प्रस्तुत करने का साधन है।"[3]

उपर्युक्त परिभाषाओं के अवलोकन से यह स्पष्ट है कि अनुपात दो संख्याओं के मध्य गणितीय सम्बन्ध मात्र की अभिव्यक्ति है। वित्तीय विश्लेषण की प्रक्रिया में हम वित्तीय विवरण (लाभ-हानि खाता व आर्थिक चिट्ठा) में स्थित समंकों के आधार पर संगठन की प्रगति, आर्थिक स्थिति एवं भावी रुझान का पता लगा सकते हैं। वित्तीय विश्लेषण में

1. The relationship of one item to another expressed in simple mathematical form is known as Ratio. —*Kennedy & Macmullen*
2. A Ratio is simply one number expressed in terms of another. It is formed by dividing one number, the base in to another. A Percentage is one kind of Ratio in which the base is taken as equalling Hundred and the Quotient is expressed as per hundred of the base. —*R.N. Anthony*
3. Ratios are simply a mean of high lighting in arithmetical terms, the relationship between figures drawn from financial Statement. —*Hunt, William & Donaldson*

लाभ-हानि खाते के किन्हीं दो अवयवों के मध्य सम्बन्ध स्थापित किया जाता है। जैसे चालू सम्पत्तियों का चालू दायित्वों से अनुपात, स्थायी सम्पत्तियों एवं चालू दायित्वों के मध्य अनुपात, शुद्ध लाभ एवं विनियोजित पूँजी अनुपात, विभिन्न व्ययों का कुल लागत से अनुपात इत्यादि। वित्तीय विवरण में प्रस्तुत आँकड़े व्यक्तिगत रूप से निरपेक्ष होते हैं किन्तु इन्हें अन्य आँकड़ों से सम्बधित करके सापेक्ष बनाने का कार्य अनुपात विश्लेषण के माध्यम से किया जाता है।

वस्तुत: अनुपात विश्लेषण मात्र वित्तीय विवरणों के विश्लेषण एवं निर्वचन तक ही सीमित न रहकर अपितु उत्पादन, विपणन, कार्मिक प्रबन्धन एवं निर्णयन सम्बन्धी अनेक पहलुओं के लिए अत्यन्त उपयोगी होता है। प्रोफेसर ओम प्रकाश जी ने अनुपात विश्लेषण को वृहद अर्थों में परिभाषित करने का प्रयास किया है। उनके शब्दों में "अनुपात विश्लेषण कतिपय प्रकार की अनुबन्ध रखने वाली निश्चित घटनाओं के मापन के मध्य एक स्थिर या परिवर्तनशील प्रकृति के तार्किक सम्बन्ध (Reasoned relationship) की स्थापना के परिप्रेक्ष्य में परिभाषित किया जा सकता है। यह मात्र वित्तीय प्रबन्ध की चहारदीवारी तक सीमित न रहकर बल्कि उत्पादन, विपणन, कार्मिक प्रबन्धन, सामान्य प्रबन्धन के क्षेत्र में इसके प्रयोग हेतु व्यापक एवं लाभदायक अवसर उपलब्ध हैं।

अनुपात विश्लेषण के उद्देश्य या सार्थकता
(Objects or Significance of Ratio analysis)

वित्तीय विवरणों में दिये गये समंक निरपेक्ष (absolute) होने के कारण विश्लेषण हेतु निरर्थक होते हैं। अनुपात के रूप में प्रस्तुत करने पर उनमें सार्थक अभिव्यक्ति का संचार होता है। अनुपात के माध्यम से समंकों के आपसी सम्बन्धों का प्रकटीकरण करके संगठन की प्रगति अथवा अवनति के संदर्भ में जानकारी प्राप्त कर सकते हैं। अनुपात विश्लेषण के माध्यम से प्रबन्धक व्यवसाय की गतिविधियों की समग्र जानकारी प्राप्त कर सकते हैं। इसी कारण अनुपात विश्लेषण को वित्तीय विश्लेषण का आधार स्तम्भ कहा जाता है। अनुपातों के माध्यम से संगठन से जुड़े हुए विभिन्न पक्षकारों विनियोक्ता ऋणदाता, अंशधारक आदि व्यवसाय की विभिन्न गतिविधियों की अद्यतन जानकारी प्राप्त करके संगठन के साथ अपने सम्बन्धों का पुनर्परीक्षण करते हैं। जे०बैटी के अनुसार "लेखांकन अनुपात शब्द का प्रयोग चिट्ठे लाभ-हानि खाते बजटरी नियंत्रण पद्धति में या लेखांकन संगठन के किसी भाग में दर्शायी गयी संख्याओं (Figures) के मध्य सार्थक (Significant) सम्बन्ध प्रदर्शित करने में किया जाता है।"[1] वित्तीय विवरण से अनुपात विश्लेषण (Ratio analysis) के घनिष्ठतापूर्वक सम्बन्धित होने के कारण इसे संरचना अनुपात (Structural Ratio) लेखा विधि अनुपात (Accounting Ratio) के नाम से भी जाना जाता है। सामान्यतया अनुपात विश्लेषण के प्रमुख उद्देश्य निम्नलिखित हैं—

1. सापेक्षिक अध्ययन (Relative Study)—वित्तीय विवरणों में प्रदर्शित आँकड़े व्यक्तिगत तौर पर महत्वपूर्ण नहीं होते हैं। उन आँकड़ों को किसी अन्य आँकड़े के साथ सम्बन्धित किये जाने पर ही उद्देश्य की पूर्ति सम्भव हो सकती है।

2. वस्तुस्थिति के बारे में ज्ञान (Knowledge about real Position)—अनुपात विश्लेषण के माध्यम से वित्तीय विवरणों की मूल्यांकन प्रक्रिया को आसानी से समझा जा सकता है। संगठन की आर्थिक स्थिति, लाभदेयकता परिचालनीय कार्य कुशलता का परीक्षण अनुपात विश्लेषण के माध्यम से किया जा सकता है।

3. संक्षिप्तीकरण (Conciseness)—अनुपात विश्लेषण की सहायता से बड़े एवं जटिल आँकड़ों को संक्षिप्त रूप में प्रस्तुत करके उनमें निहित अर्थों को आसानी से समझा जा सकता है।

4. पूर्वानुमान में सहायक (Helpful in forecasting)—पूर्वकालीन अनुपातों के माध्यम से परिचालन लागत, बिक्री लाभ आदि प्रवृत्तियों का अध्ययन करके भावी घटनाओं तथा समस्याओं का समाधान प्राप्त किया जा सकता है। इसके अतिरिक्त वर्तमान में भी होने वाली व्यावसायिक क्रियाओं का विश्लेषण सहजतापूर्वक किया जा सकता है।

---

1. The term "accounting ratios is used to Describe significant relationship which exist between figures shown on a Balance Sheet in a Profit and loss account, in a budgetary Control system or in any other Part to the counting organisation." —*J. Batty*

5. प्रबन्ध को सहायता (Assisting Management)—अनुपात विश्लेषण के माध्यम से प्रबन्धकों को संगठन के क्रियाकलापों को समझने एवं कार्य कुशलता में अभिवृद्धि करने हेतु सहायता मिलती है। इनके प्रयोग द्वारा प्रबन्धकों को नियोजन, संगठन, नियंत्रण, समन्वय, संवहन, नीति निर्धारण निर्णयन आदि को प्रभावकारी बनाया जा सकता है।

6. अन्य संस्थाओं से तुलना (Comparison from other Institutions)—अनुपात विश्लेषण की सहायता से समान स्वभाव वाली कम्पनियों से तुलना करके संगठन की कार्यकुशलता एवं वित्तीय स्थिति का विश्लेषण किया जा सकता है। संगठन की निष्पादन क्षमता के मापन के साथ-साथ सुधारात्मक कदम भी उठाये जा सकते हैं।

7. तरलता की दशा (Condition of Liquidity)—अनुपात विश्लेषण के माध्यम से संगठन की तरलता की स्थिति का आकलन किया जा सकता है संगठन द्वारा यदि अपने चालू दायित्वों का भुगतान देय तिथि पर कर दिया जाता है तो तरलता की स्थिति अनुकूल कही जा सकती है। इस संदर्भ में जानकारी तरलता अनुपातों के माध्यम से की जा सकती है। तरलता अनुपात का ऋण दाताओं, बैंकों एवं ऋणदायी संगठनों के लिए अत्यन्त महत्व होता है।

8. सांगठनिक प्रवृत्ति का ज्ञान (Knowledge of Organisational Trend)—अनुपात विश्लेषण के माध्यम से सांगठनिक प्रवृत्ति का ज्ञान प्राप्त किया जाता है। अनुपात विश्लेषण की सहायता से संगठन की भूतकालीन प्रवृत्ति के आधार पर भावी प्रवृत्ति का अनुमान लगाया जा सकता है।

9. विनियोग सम्बन्धी निर्णयन में सहायक (Helpful in Investment Decision)—अनुपात विश्लेषण के माध्यम से संगठन की लाभोपार्जन क्षमता, ऋणों की शोधन समता तथा आर्थिक सुदृढ़ता के सन्दर्भ में सूचनाएँ प्राप्त करके वर्तमान तथा भावी विनियोजक विनियोजन सम्बन्धी निर्णय ले सकते हैं।

10. शोधन क्षमता का ज्ञान (Knowledge of Solvency Capacity)—अनुपात विश्लेषण के माध्यम सें संगठन की दीर्घकालीन ऋण शोधन क्षमता का ज्ञान प्राप्त किया जा सकता है। जिसके आधार पर दीर्घकालीन, लेनदार, विनियोजक, वित्तीय संस्थाएँ एवं वित्तीय विश्लेषक संगठन की शोधन क्षमता के प्रति आश्वस्त हो सकते हैं।

11. मानकों का निर्धारण (Setting Standard)—वित्तीय अनुपातों के विश्लेषण द्वारा अन्य संगठनों की कार्यप्रणाली व अनुभव के आधार पर संगठन के लिए मानकों का निर्धारण किया जा सकता है।

12. लाभदेयकता का मापन (Measurement of Profitability)—अनुपात विश्लेषण के माध्यम से संगठन की लाभदेयकता एवं कार्यकुशलता का मापन किया जा सकता है, लाभदेयकता के मापन से संगठन से जुड़े बाह्य पक्ष लाभान्वित होते हैं।

अनुपात विश्लेषण की सीमाएँ
(Limitations of Ratio Analysis)

अनुपात विश्लेषण वित्तीय संस्थाओं के वित्तीय विश्लेषण की एक महत्वपूर्ण तकनीक है। किन्तु इसकी उपादेयता का मापन इसके प्रयोग पर निर्भर करता है। त्रुटिपूर्ण उपयोग से भ्रामक एवं यथार्थ से परे निष्कर्ष निकल सकते हैं। अत: वित्तीय विश्लेषक को इन अनुपातों का प्रयोग करने से पूर्व इसकी सीमाओं का ज्ञान अवश्य होना चाहिए। अनुपात की सीमाओं के संदर्भ में हेराल्ड बायरमैन का कथन युक्तिसंगत है "कोई एक अनुपात सम्पूर्ण चित्र का प्रदर्शन नहीं करता किन्तु ये केवल संकेत मात्र देते हैं। जो वित्तीय स्थिति एवं संस्था की प्रक्रियाओं की निष्पत्ति के अत्यधिक समुच्चय बोधक होते हैं।[1]

इसी प्रकार कैनेडी व मैकमुलन के शब्दों में "A Single ratio in itself is meaning less. It does not furnish a complete picture." एक अकेला अनुपात अपने में अर्थहीन होता है-यह सम्पूर्ण चित्र प्रस्तुत नहीं करता है।

अत: अनुपात विश्लेषण का प्रयोग करते समय निम्नलिखित सीमाओं के संदर्भ में जानकारी अवश्य होनी चाहिए—

---

1. No one ratio will give the entire Picture, but they do tend to give indications, which cumulatively assists considerably in appraisal of the financial position and operations of the Organisation. —*Bierman*

1. वित्तीय विवरणों की सूचनाएँ यथार्थ रहित—अनुपात विश्लेषण हेतु प्रयोज्य आँकड़े वित्तीय विवरणों से प्राप्त किए जाते हैं। प्राय: वित्तीय विवरणों में दर्शाये गये आँकड़े बढ़ा चढ़ाकर प्रस्तुत किये जाते हैं। वित्तीय विवरणों में प्रदर्शित आँकड़े बाह्य सज्जा (Window Dressing) युक्त होने के कारण अनुपात विश्लेषण द्वारा आगणित अनुपात युक्तियुक्त नहीं होते।

2. निरपेक्ष अनुपात का सीमित महत्व—अनुपात विश्लेषण के अन्तर्गत आगणित अनुपात स्वयं में अर्थहीन होते हैं। इन अनुपातों का सापेक्षिक अध्ययन करके ही निष्कर्ष निकाले जा सकते हैं। अर्थात अकेला अनुपात निष्कर्ष हीन होता है। कैनेडी तथा मैकमूलर के शब्दों में ''एक अकेला अनुपात अपने आप में अर्थहीन होता है। यह सम्पूर्ण चित्र प्रस्तुत नहीं करता है।''[1]

3. निर्वचन के लिए साधन मात्र—अनुपात विश्लेषण निर्वचन के लिए केवल साधन मात्र है। साध्य नहीं, इन अनुपातों के प्रयोग द्वारा हम वित्तीय विश्लेषण के अंतिम परिणाम नहीं प्राप्त कर सकते बल्कि इन्हें अंतिम परिणाम प्राप्त करने के एक साधन के रूप में प्रयोग कर सकते हैं।

4. गुणात्मक विश्लेषण का अभाव—अनुपात विश्लेषण के अन्तर्गत केवल परिमाणात्मक विश्लेषण पर ध्यान दिया जाता है। समस्या के गुणात्मक विश्लेषण की पूर्णतया उपेक्षा की जाती है।

5. लेखांकन की त्रुटियों का प्रभाव—वित्तीय विवरणों में प्राय: लेखांकन सम्बन्धी त्रुटियाँ रह जाती हैं। अनुपात विश्लेषण हेतु प्रयुक्त आँकड़े वित्तीय विवरणों से लिए जाने के कारण पूर्णतया शुद्ध नहीं होते, इनका प्रभाव अनुपातों में भी दृष्टिगत होता है।

6. उचित प्रमापों का अभाव—अनुपात विश्लेषण के माध्यम से संगठनों के तुलनात्मक अध्ययन हेतु उचित प्रमापों का अभाव पाया जाता है। प्राय: तुलनात्मक अध्ययन हेतु उसी प्रकृति के अन्य संगठनों को प्रमाप मानना तर्कसंगत नहीं है।

7. भावी अनुमान का आधार भूतकाल—अनुपातों की गणना करने हेतु भूतकालीन तथ्यों को आधार माना जाता है। भूतकालीन आधार को वर्तमान या भविष्य की गणना हेतु प्रयोग करना तर्कसंगत नहीं प्रतीत होता। प्राय: भविष्यकालीन प्रवृत्तियाँ भूतकालीन प्रवृत्तियों से भिन्न होती हैं।

8. अयोग्यता एवं पक्षपात का प्रभाव—अनुपातों का प्रयोग करके वित्तीय विश्लेषण करने वाले विश्लेषक की अयोग्यता एवं पक्षपातपूर्ण व्यवहार का प्रभाव अनुपातों के निर्वचन पर पड़ता है।

9. अल्पसूचनाओं पर आधारित—अनुपात विश्लेषण प्राय: वित्तीय विवरणों में निहित अत्यल्प सूचनाओं पर आधारित होते हैं। उचित विश्लेषण हेतु संगठन की समस्त सूचनाओं को आधार बनाया जाना चाहिए।

10. मूल्य स्तर परिवर्तन की उपेक्षा—वित्तीय विवरण भूतकालीन स्थिति का प्रस्तुतीकरण करते हैं। अत: इनके अन्तर्गत मूल्य स्तर में होने वाले परिवर्तनों का समावेश नहीं हो पाता। मूल्य स्तर में होने वाले परिवर्तनों को अंगीकृत न किये जाने के कारण इन पर आधारित परिणाम यथार्थ से परे एवं भ्रामक हो सकते हैं।

अनुपातों के प्रयोग में सावधानियाँ
(Precautions in using Ratios)

सामान्य तौर पर अनुपात निरपेक्ष होते हैं। विश्लेषण हेतु उन्हें सापेक्ष रूप में प्रस्तुत करना होता है। अनुपातों का प्रस्तुतीकरण ठीक ढंग से न होने की दशा में असत्य एवं भ्रामक निष्कर्ष प्राप्त हो सकते हैं। अत: अनुपातों का प्रयोग करने की दशा में निम्नलिखित सावधानियों का पालन अनिवार्यत: किया जाना चाहिए।

1. आवश्यकतानुरूप अनुपात (Ratio according to need)—वित्तीय विश्लेषक को संगठन के उद्देश्यों को दृष्टिगत रखते हुए आवश्यकतानुरूप उपयुक्त अनुपात का चयन एवं प्रयोग करना चाहिए। आँकड़ों की प्रकृति में समरूपता पर विशेष ध्यान देना चाहिए।

---

1. A Single ratio in itself is meaning less. It does not furnish a complete picture. —*Kennedy and Macmullen*

2. समंकों का ज्ञान (Knowledg of Data)—अनुपातों का प्रयोग करने हेतु वित्तीय विश्लेषक को लेखांकन सम्बन्धी आँकड़ों का पूर्ण ज्ञान होना चाहिए। वित्तीय विवरण में निहित समंकों की उपादेयता एवं आवश्यकता के संदर्भ में ज्ञान होना नितांत आवश्यक होता है।

3. तुरन्त संवहन (Quick Communication)—अनुपात विश्लेषण के माध्यम से वित्तीय विश्लेषण तभी सम्भव हो सकता है। जब विश्लेषक को तत्सम्बन्धी आँकड़े तुरन्त प्राप्त हो जायें। अनुपातों की गणना एवं आँकड़ों के संवहन के मध्य अधिक विलम्ब होने की दशा में अनुपात विश्लेषण का औचित्य समाप्त हो जाता है।

4. प्रस्तुतीकरण (Representation)—अनुपातों की गणना विचाराधीन समस्या के परिप्रेक्ष्य में ही किया जाना चाहिए। इसके साथ ही अनुपातों का प्रस्तुतीकरण केवल समस्या विशेष से जुड़े हुए लोगों के समक्ष करना चाहिए।

5. प्रमापों का निर्धारण—अनुपातों के माध्यम से वस्तुपरक निष्कर्ष निकालने हेतु प्रमापों का निर्धारण किया जाना आवश्यक होता है। प्रमापों के निर्धारण हेतु पूर्व वर्षों के अनुपातों एवं उद्योग विशेष में कार्य करने वाली समान प्रकृति की अन्य संस्थाओं के अनुपात का प्रयोग किया जाना चाहिए। वित्तीय विश्लेषण हेतु वास्तविक अनुपातों एवं प्रमाणित अनुपातों का तुलनात्मक अध्ययन करके संगठन के हित में बेहतर निष्कर्ष निकाले जा सकते हैं।

6. अनुपातों का अभिलेख (Recording of Ratios)—अनुपात विश्लेषण के अन्तर्गत निकाले गये अनुपातों को प्रतिवर्ष अभिलिखित करना चाहिए। इनकी सहायता से भविष्य में प्रमाप का निर्धारण किया जााना सहज होगा।

7. परिवर्तन के अनुरूप समायोजन (Adjustment according to changes)—विगत वर्षों के अनुभवों एवं परिवर्तित आवश्यकताओं, स्थितियों एवं परिस्थितियों के अनुकूल इन अनुपातों में समय-समय पर परिवर्तन एवं संशोधन करना चाहिए।

8. मूल्य स्तर परिवर्तन (Price level changes)—वित्तीय विश्लेषक को विगत वर्षों की तुलना में चालू वर्ष में होने वाले मूल्य स्तर पर परिवर्तनों को समायोजित करते हुए अनुपातों की गणना करना चाहिए। मूल्य स्तर परिवर्तनों की उपेक्षा होने पर निष्कर्षों में भ्रमकता एवं अशुद्धता होने की सम्भाव्यता होती है।

9. अन्य कारकों की जानकारी (Knowledge of Other Factors)— अनुपात विश्लेषण के माध्यम से संगठन के संदर्भ में निकाले गये निष्कर्षों के अतिरिक्त विश्लेषक को समस्या से सम्बन्धित अन्य कारकों के सन्दर्भों में भी जानकारी होनी चाहिए।

10. अन्य विधियों का प्रयोग (Use of Other Methods)–वस्तुत: वित्तीय विश्लेषण हेतु अनुपात विश्लेषण के अतिरिक्त अन्य विधियाँ भी विद्यमान होती हैं। अत: अनुपात विश्लेषण विधि से निकाले गये परिणामों का विश्लेषण एवं सत्यापन प्रवृत्ति विश्लेषण, समविच्छेद विश्लेषण आदि माध्यमों से भी करना चाहिए।

वस्तुत: अनुपात विश्लेषण वित्तीय विवरणों पर आधारित वे विश्लेषण हैं जो संगठन की आर्थिक दशा एवं भविष्य की प्रगति हेतु प्रवृत्ति (Trend सुनिश्चित करते हैं। इनके आधार पर हम संगठन की लाभदेयता एवं भावी प्रगति की दशा एवं दिशा का आकलन कर सकते हैं। उपरोक्त सावधनियों का अनुपालन करने पर अनुपात विश्लेषण वित्तीय विश्लेषण हेतु अत्यन्त कारगर हो सकता है।

अनुपातों का वर्गीकरण
(Classification of Ratios)

संगठन की प्रकृति एवं आवश्यकता के अनुसार अनुपातों का निर्धारण किया जा सकता है। वित्तीय प्रबन्धक स्पेन्सर ए० ट्रकर (Spencor A Trucker) की पुस्तक "Successful managerial Control by Ratio Analysis" में 429 अनुपातों का विवेचन किया है। अनुपात विश्लेषण का वर्गीकरण विभिन्न आधारों पर किया जा सकता है।

1. वित्तीय विवरण के आधार पर वर्गीकरण—वित्तीय विवरणों के आधार पर किये जाने वाले वर्गीकरण के अन्तर्गत आर्थिक चिट्ठे, लाभ-हानि खाते एवं इन दोनों के संयुक्त अनुपातों को सम्मिलित किया जाता है। स्थिति विवरण के अनुसार निर्मित किये जाने वाले अनुपातों में चालू अनुपात, तरलता अनुपात, स्वामित्व पूँजी व ऋण पूँजी अनुपात इत्यादि अनुपातों को सम्मिलित किया जाता है।

लाभ-हानि खाते अथवा आय विवरण के अनुसार निर्मित किये जाने वाले विवरणों में विक्रय लागत एवं शुद्ध विक्रय अनुपात, लाभ व शुद्ध विक्रय अनुपात, सकल लाभ अनुपात, शुद्ध विक्रय अनुपात, व्यय अनुपात, परिचालन अनुपात, इत्यादि अनुपातों को सम्मिलित करते हैं, निश्चित अनुपात के अन्तर्गत लाभ-हानि खाते एवं आर्थिक चिट्ठे दोनों में से मद अथवा मदों के समूह को अनुपात विश्लेषण हेतु प्रयोग किया जाता है। इन अनुपातों में विक्रय व स्कन्ध का अनुपात, विक्रय तथा प्राप्यों का अनुपात, शुद्धलाभ व कार्यशील पूँजी अनुपात विक्रय व कार्यशील व पूँजी अनुपात आदि को सम्मिलित किया जाता है।

2. प्रकृति के अनुसार वर्गीकरण—विभिन्न प्रकार के अनुपातों में अलग-अलग उद्देश्य निहित होने के कारण प्रकृति के अनुसार इनका वर्गीकरण किया जाता है। इसके अन्तर्गत तरलता अनुपात, स्कन्ध अनुपात विक्रय अनुपात, देनदारों व लेनदारों का अनुपात, लागत अनुपात, लाभ व लागत अनुपात इत्यादि आते हैं।

3. उद्देश्य आधारित वर्गीकरण—अनुपातों में अनेक ऐसे अनुपात होते हैं जो किसी उद्देश्य विशेष हेतु ही निर्मित होते हैं। वस्तुतः संगठन से जुड़े हुए अन्य पक्ष वित्तीय विश्लेषण करते समय केवल अपने हितों को दृष्टिगत रखते हैं। उद्देश्य आधारित अनुपातों के अन्तर्गत तरलता अनुपात, पूँजी अनुपात, सक्रियता अनुपात, लाभदेयकता अनुपात को सम्मिलित किया जाता है।

उद्देश्य आधारित वर्गीकरण ही वित्तीय, विश्लेषण हेतु बहुधा प्रयोग में लाये जाते हैं। अतः इनकी विस्तृत विवेचना निम्नवत की जा रही है।

(अ) तरलता अनुपात
(Liquidity Ratio)

तरलता अनुपात संगठन की अल्पकालीन ऋण शोधन क्षमता का परीक्षण करते हैं। व्यावसायिक संगठनों से जुड़े हुए पक्ष प्रायः यह आशा करते हैं कि संगठन द्वारा अपने दायित्वों का भुगतान समयान्तर्गत कर दिया जायेगा। इन अनुपातों के माध्यम से चालू सम्पत्तियों एवं चालू दायित्वों के मध्य सम्बन्ध स्थापित करने का प्रयास किया जाता है। इस अनुपात के माध्यम से हम तरलता का तुरन्त मापन कर सकते हैं। अपर्याप्त तरलता की दशा में यदि संगठन अपने अल्पकालीन दायित्वों का भुगतान करने में अक्षम होता है तो संगठन के प्रति लेनदारों का विश्वास उत्तरोत्तर घटता जायेगा। इसी प्रकार तरलता की मात्रा अधिक होने पर भी चालू सम्पत्तियों में बाधित कोष का समुचित उपयोग न करने की दशा में संगठन को हानि होगी। मेयो के शब्दों में ''तरलता से आशय सम्पत्तियों को नकद में परिवर्तित करने की सुविधा से है।''[1]

स्काल तथा **हैले** के अनुसार ''तरलता अनुपात संगठन की तरल सम्पत्तियों से अल्पकालीन दायित्वों के भुगतान की योग्यता का मापन करते हैं।''[2]

सोलोमन जे० फिंलक एवं **डोनाल्ड ग्रूनवाल्ड** के शब्दों में ''तरलता से आशय संगठन के चालू दायित्वों के देय होने पर उनके भुगतान की योग्यता से है।''[3]

संगठन की तरलता के सुनिश्चियन हेतु सन्तुलन की नीति अपनाना श्रेयस्कर होता है। संगठन की तरलता के निर्धारण हेतु सामान्य तौर पर निम्नलिखित अनुपातों का आगणन किया जाता है।

1. चालू अनुपात (Current Ratio)—चालू अनुपात वह अनुपात है जो चालू सम्पत्तियों एवं चालू दायित्वों के मध्य सम्बन्ध को प्रकट करता है। इस अनुपात का प्रयोग संगठन की तरलता के मापन हेतु किया जाता है। इसकी गणना हेतु चालू सम्पत्तियों को चालू दायित्वों से विभाजित किया जाता है।

$$\text{चालू अनुपात (Current Ratio)} = \frac{\text{चालू सम्पत्तियाँ}}{\text{चालू दायित्व}} \quad \frac{\text{(Current Assets)}}{\text{(Current Iiabilities)}}$$

---

1. "Liquidity is the ease with which assets may be can vested in to cash without loss" —*Herbert B. Mayo*
2. Liquidity Ratios measures the firms ability of fulfill short term Commitment out office liquidity assets. —*Scall and Haley*
3. Liquidity is the ability of the firm to meets its current obligation as they fall due. —*Soloman J Flick and Donald Groonwald*

चालू सम्पत्तियों के अन्तर्गत सामान्यतया उन सम्पत्तियों को सम्मिलित किया जाता है। जिन्हें एक वित्तीय वर्ष के अन्दर नकदी के रूप में परिवर्तित किया जा सके। उदाहरण के तौर पर नकद रोकड़ (Cash in hand), बैंक में रोकड़ (Cash at Bank), देनदार (Debtors), अल्पकालीन प्रतिभूतियाँ (Short term securities), अल्पकालीन विनियोग (Short term Investment), प्राप्य विपत्र (Bills Receivable), रहतिया (Stock), निर्मित स्टाक (Finished Stock), चालू कार्य (Work in Progress) इत्यादि।

चालू दायित्वों के अन्तर्गत उन व्ययों को सम्मिलित किया जाता है। जिनका भुगतान एक वित्तीय वर्ष के अन्दर करना होता है। इन व्ययों के अन्तर्गत देय विपत्र (Bills Payable), लेनदार (Creditors), अल्पकालीन ऋण (Short term loan), करों के लिए प्रावधान (Provision and tax), देय आयकर (Income tax Payable), दीर्घकालीन ऋणों के भुगतान की किश्त (Installment of long term loans), बैंक अधिविकर्ष (Bank overdraft) व्यावहारिक तौर पर स्थायी प्रकृति वाले बैंक अधिविकर्षों को चालू दायित्वों में सम्मिलित नहीं किया जाता।

चालू सम्पत्तियों का चालू दायित्व पर आधिक्य कार्यशील पूँजी कहलाता है। इसी कारण इसे **कार्यशील पूँजी अनुपात** भी कहा जाता है।

चालू अनुपात का निर्वचन (Interpretation of Current Ratio)—चालू अनुपात प्राय: यह सुनिश्चित करते हैं कि चालू दायित्वों के भुगतान हेतु कितनी चालू सम्पत्तियों की व्यवस्था है। अर्थात दायित्व की एक इकाई के भुगतान हेतु सम्पत्ति की कितनी इकाई उपलब्ध है। संगठन की तरलता के मापन हेतु चालू अनुपात (Current Ratio) का प्रयोग किया जाता है। चालू अनुपात के अन्तर्गत प्राय: 2:1 का अनुपात श्रेष्ठ होता है। इस अनुपात का अभिप्राय यह है कि 1 रु० के चालू दायित्व का भुगतान करने हेतु 2 रु० की चालू सम्पत्ति विद्यमान है। किन्तु व्यवसाय की प्रकृति, दीर्घकालीन दायित्वों का आकार, विक्रय में उच्चावचन एवं विभिन्न चालू सम्पत्तियों के मूल्यांकन को भी इस अनुपात के अध्ययन हेतु प्रयोग किया जाना चाहिए। किसी संगठन की चालू सम्पत्तियाँ रु० 50000 एवं चालू दायित्वों का मूल्य 25000 होने की दशा में चालू अनुपात 2:1 होगा। चालू अनुपात अल्पकालीन ऋण दाताओं के लिए विशेष उपयोगी होता है। क्योंकि इस अनुपात के द्वारा ऋणों की शोधन क्षमता एवं सुरक्षा सीमा (Margin of Safety) का निर्धारण होता है। यह अनुपात एक से अधिक होना चाहिए अर्थात चालू दायित्व $<$ चालू सम्पत्ति, यह अनुपात जितना अधिक होगा संगठन की शोधन क्षमता उतनी ही सुदृढ़ होगी। वस्तुत: चालू सम्पत्तियों के रूप में अधिक मात्रा में विनियोजन वित्तीय प्रबन्धन की दृष्टि से महत्वपूर्ण नहीं होता। निम्न चालू अनुपात संगठन में कार्यशील पूँजी की कमी का द्योतक भी होता है। कार्यशील पूँजी की कमी व्यवसाय के संचालन में बहुत बड़ी बाधा होती है। अधिकांश वित्तीय विश्लेषकों के मतानुसार चालू अनुपात 2:1 को आदर्श माना गया है, क्योंकि मूल्यों में 50% तक की गिरावट होने पर भी चालू दायित्वों का भुगतान आसानी से किया जा सकता है।

कमियाँ (Limitations) —

(i) इसके अन्तर्गत समस्त चालू सम्पत्तियों एवं चालू दायित्वों को समान महत्व दिया जाता है। किन्तु वस्तुत: चालू सम्पत्तियों की तरलता में काफी अन्तर होता है। नकद राशि सर्वाधिक तरल होती है। देनदार अपेक्षाकृत कम तरल होते हैं। सम्पत्तियों की तरलता की मात्रा में पर्याप्त अन्तर होता है।

(ii) चालू अनुपात प्राय: बाह्य साज सज्जा (out ward appearance) से प्रभावित होता है। इन सम्पत्तियों में कतिपय सम्पत्तियों के एक वित्तीय वर्ष के उपरान्त तरलता होने की दशा में भी इन्हें चालू सम्पत्तियों की गणना हेतु प्रयोग कर लिया जाता है। जैसे कच्चे माल, निर्माणाधीन माल, देनदारों की राशि में सम्मिलित अशोध्य एवं संदिग्ध ऋण (Bad and doubtful debts) की राशि इत्यादि।

(iii) चालू अनुपात में चालू शब्द उन परिसम्पत्तियों एवं दायित्वों का द्योतक है। जिनका सृजन सामान्य तौर पर 12 माह के लिए होता है। किन्तु इस अनुपात से प्राय: वित्तीय सुदृढ़ता एवं तरलता का उचित मापन नहीं हो पाता, उदाहरणार्थ लेनदारों को 6 माह में भुगतान करने एवं देनदारों से एक वर्ष में धन प्राप्त होने की दशा में चालू अनुपात अनुकूल होने पर तकनीकी तौर पर संगठन की शोधन क्षमता अनुकूल नहीं कही जा सकती।

2. तरल अनुपात (Liquid Ratio)—तरल अनुपात वे अनुपात होते हैं। जो तरल सम्पत्तियों एवं चालू दायित्वों के मध्य सम्बन्ध व्यक्त करते हैं। वस्तुतः इस अनुपात के माध्यम से यह जानने का प्रयास किया जाता है कि संगठन अपने चालू दायित्वों का भुगतान तुरन्त या अल्पकाल में करने की स्थिति में है अथवा नहीं। चालू दायित्वों का तुरन्त भुगतान अत्यधिक तरलता वाली सम्पत्तियों द्वारा ही किया जा सकता है। इसी कारण तरल अनुपात को त्वरित अनुपात (Quick Ratio) अथवा अम्लपरख अनुपात (Acid test Ratio) के नाम से भी जाना जाता है। चालू सम्पत्तियों में वे सम्पत्तियाँ तरल सम्पत्तियाँ कहलाती हैं जो अपेक्षाकृत सर्वाधिक तरल होती है। जैसे नकद रोकड़, बैंक में रोकड़, प्राप्य विपत्र, देनदार, विक्रय योग्य विनियोज्य प्रतिभूतियाँ आदि रहतिया एवं पूर्वदत्त व्ययों में तरलता की मात्रा अपेक्षाकृत कम होने के कारण इन्हें तरल सम्पत्ति के रूप में सम्मिलित नहीं किया जाता। चालू अनुपात एवं तरल अनुपात के मध्य अंतर यह है कि चालू अनुपात की गणना इस आधार पर की जाती है कि संगठन अपने चालू दायित्वों का शोधन आगामी एक वर्ष में कर सकेगी या नहीं, जबकि त्वरित अनुपात की गणना का आधार यह होता है कि संगठन अपने चालू दायित्वों का भुगतान अतिशीघ्र करने में सक्षम है अथवा नहीं। चालू अनुपात की गणना में चालू सम्पत्तियों के अन्तर्गत स्टाक एवं पूर्वदत्त व्ययों को सम्मिलित किया जाता है किन्तु त्वरित सम्पत्तियों के अन्तर्गत इन्हें सम्मिलित नहीं किया जाता।

$$\text{तरल अनुपात} = \frac{\text{चालू सम्पत्तियाँ} - (\text{स्टॉक} + \text{पूर्वदत्त व्यय})}{\text{चालू दायित्व}}$$

$$\text{Liquid Ratio} = \frac{\text{Liquid Assets or Current Assets - (Stock + Prepaid expenses)}}{\text{Current Liabilities}}$$

कतिपय प्रबन्धविदों के मतानुसार तरलता अनुपात की गणना में चालू दायित्वों के स्थान पर तरल दायित्वों की गणना की जानी चाहिए। तरल दायित्व की गणना हेतु चालू दायित्वों में से बैंक अधिविकर्ष की धनराशि घटा देना चाहिए। चूँकि बैंक अधिविकर्ष (Bank overdraft) शीघ्र देय प्रवृत्ति के न होकर अपितु एक वर्ष से अधिक अवधि में देय होते हैं।

तरल अनुपात का निर्वचन (Interpretation of Liquid Ratio)—संगठन की अल्पकालीन शोधन क्षमता के मूल्यांकन में तरल अनुपात चालू अनुपात की अपेक्षा अधिक सुदृढ़ आधार प्रदान करता है। यह अनुपात जितना अधिक होगा, संगठन की वित्तीय स्थिति शोधन क्षमता के परिप्रेक्ष्य में उतनी ही सुदृढ़ मानी जायेगी। लेकिन एक सीमा के पश्चात तरल सम्पत्तियों का संग्रहण प्रबन्धकीय अकुशलता, अदूरदर्शिता एवं पूँजी के अनुत्पादक प्रयोग का द्योतक होता है। प्रायः 1 : 1 का तरल अनुपात आदर्श माना जाता है। इसका आशय यह है कि संगठन में तरल सम्पत्तियाँ एवं चालू दायित्व समान मात्रा में होना चाहिए। संगठनों में कार्य की प्रकृति, उत्पादन एवं विक्रय के मध्य अन्तराल, वित्तीय संस्थाओं में साख, प्रबन्धकीय कौशल इत्यादि तत्वों को दृष्टिगत रखते हुए तरल अनुपात का मूल्यांकन किया जाना तर्क संगत होगा।

3. निरपेक्ष तरल अनुपात (Absolute Liquid Ratio)—संगठन की तरलता के अति सूक्ष्म परीक्षण हेतु निरपेक्ष तरल अनुपात का आगणन किया जाता है। इस अनुपात की तीव्र तरलता अनुपात (Super Quick Ratio) पूर्ण तरल अनुपात (Full Liquidity Ratio) के नाम से भी जाना जाता है। इस अनुपात की गणना नकदी एवं विपणन योग्य प्रतिभूतियों के योग को चालू दायित्व से भाग देकर की जाती है।

$$\text{Absolute Liquid Ratio} = \frac{\text{Absolute Liquid Assets}}{\text{Current liabilities}}$$

इस अनुपात का प्रयोग परम्परावादी विचारकों द्वारा किया जाता है। वर्तमान में यह अनुपात चलन में नहीं है। इस अनुपात की आदर्श स्थिति 1: 2 मानी गई है।

Illustration I.

From the following Balance Sheet Compute (i) Current Ratio (ii) Liquid Ratio (iii) Absolute liquid Ratio.

Balance Sheet as on 31 March, 2014

Liabilities	Amount	Assets	Amount
Share capital	50,000=00	Cash in hand	20,000=00
Creditors	10,000=00	Cash at Bank	10,000=00
		Plant & Machinery	25,000=00
Bills payable	5,000=00	Furniture	15,000=00
		Building	15,000=00
Debentures	30,000=00	Stock	5,000=00
Outstanding expenses	5,000=00	Debtors	5,000=00
		Bills Receivable	5,000=00
	1,00,000=00		1,00,000=00

Solution :-

(i) Current Ratio $= \dfrac{\text{Current Assets}}{\text{Current Liabilities}}$

Calculation of Current assets

Cash in hand		20,000=00
Cash at Bank		10,000=00
Stock		5,000=00
Debtors		5,000=00
Bills Receivable		6,000=00
Current Assets	=	**46,000=00**

Calculation of Current Liabilities

Creditors	=	10,000=00
Bills payable	=	5000=00
Outstanding expenses	=	5000=00
Current liabilities	=	**20,000=00**

Current Ratio $= \dfrac{46,000}{20,000} = 2.3:1$

(ii) Liquid Ratio $= \dfrac{\text{Liquid Assets}}{\text{Current Liabilities}}$

(Cash in hand + Cash at Bank + Stock + Debtors)

$= 20,000 + 10,000 + 5,000 + 5,000$

$= 40,000$

$= \dfrac{40,000}{20,000} = 2:1$

(iii) Absolute Liquid Ratio $= \dfrac{\text{Absolute liquid Assets}}{\text{Current Liabilities}}$ (Cash in hand + Cash at Bank)

$= \dfrac{20,000 + 10,000}{20,000} = \dfrac{30,000}{20,000} = 1.5:1$

(ब) पूँजी ढाँचा अनुपात अथवा लीवरेज अनुपात
(Capital Structure Ratios or Leverage Ratio)

प्रायः संगठन की वित्तीय आवश्यकताओं की सम्पूर्ति अंशों ऋण पत्रों एवं वित्तीय संस्थानों के माध्यम से की जाती है। इस प्रकार की पूँजी को प्रदान करने वाले संगठनों की अल्पकालीन वित्तीय दशा के साथ-साथ दीर्घकालीन वित्तीय दशा का भी अध्ययन करना चाहिए। इन अनुपातों का सम्बन्ध पूँजी ढाँचे से सम्बन्धित होने के कारण इनका आगणन आर्थिक चिट्ठे के आधार पर ही किया जाता है। इन अनुपातों के माध्यम से कम्पनी द्वारा लिए गये ऋणों की सीमा का निर्धारण होता है।

''लीवरेज अथवा उत्तोलक से अभिप्राय ऐसी सम्पत्ति या कोष के उपयोग से है जिनके लिए संस्था एक स्थायी लागत अथवा प्रत्याय (Return) चुकाती है। स्थायी लागत या प्रत्याय को उत्तोलक का आधार कहा जा सकता है।''[1]

—जेम्स सी० वेन हार्न

पूँजी ढाँचा अनुपातों के माध्यम से ऋणदाताओं को समता पूँजी के द्वारा प्रदत्त सुरक्षात्मक कवच (Safety cover) का मूल्यांकन किया जाता है। सामान्यतया पूँजी ढाँचा अनुपात अथवा लीवरेज अनुपात से सम्बन्धित प्रमुख अनुपात निम्नलिखित हैं।

(1) ऋण समता अनुपात (Debt Equity Ratio)

किसी भी संगठन की समस्त सम्पत्तियों का वित्तीय प्रबन्धन स्वामियों द्वारा विनियोजित सामान्य पूँजी, समता अंश, पूर्वाधिकार अंश ऋण पत्र अथवा वित्तीय संस्थाओं से प्राप्त ऋण के माध्यम से किया जाता है। वस्तुतः इस अनुपात के माध्यम से संगठन की शोधन क्षमता का आकलन किया जा सकता है। यह अनुपात स्वामित्व पूँजी तथा ऋण पूँजी के मध्य सम्बन्ध स्थापित करता है। इसके अतिरिक्त यह अनुपात संगठन की जोखिम वहनीय क्षमता को प्रदर्शित करता है। कम्पनी द्वारा स्वामित्व पूँजी के रूप में प्राप्त पूँजी एवं ऋणों के रूप में प्राप्त पूँजी के मध्य साम्य की आवश्यकता होती है। संगठन द्वारा ऋण पूँजी की तुलना में स्वामित्व पूँजी के रूप में संग्रहीत पूँजी की अधिकता होने पर लेनदारों का हित संरक्षित रहता है। संगठन समस्त सम्पत्तियों में ऋण पूँजी का भाग स्वामित्व पूँजी से अधिक होने की दशा में लेनदारों का हित सुरक्षित नहीं रह सकता है। ऋणों के पुनर्भुगतान में संगठन के समक्ष कठिनाई आ सकती है। ऋण समता अनुपात की गणना हेतु हम निम्नलिखित सूत्र का प्रयोग कर सकते हैं—

$$\text{Debt equity Ratio (ऋण समता अनुपात)} = \frac{\text{External equities or Debts}}{\text{Internal equities or equity}}$$

or

$$\text{Debt equity Ratio} = \frac{\text{Out sider's funds}}{\text{Share holders funds}}$$

or

$$\text{Debt equity Ratio} = \frac{\text{Total Debt (Long term + Short term)}}{\text{equity (Preference + equity + Reserves)}}$$

or

$$\text{Debt equity Ratio} = \frac{\text{Long term debt}}{\text{Share holders equity}}$$

प्रायः ऋणों अथवा बाह्य समताओं के रूप में प्राप्त पूँजी के अन्तर्गत दीर्घकालीन एवं अल्पकालीन दोनों प्रकार के ऋण सम्मिलित होते हैं। जबकि आन्तरिक समताओं अथवा स्वामित्व पूँजी के अन्तर्गत समता अंश एवं पूर्वाधिकार अंशपूँजी प्रतिधारित अगय (Retained earnings) पूँजी संचय (Capitl Reserve) को सम्मिलित किया जाता है। इस

---

1. Leverage may be defined as the employment of an assets or funds for which the firm pays a fixed cost or fixed Return. The fixed Cost of return may be thought of as the fulcrum of a lever.
—*James C. Ven Horn*

अनुपात के माध्यम से संगठन की दीर्घकालीन वित्तीय स्थिति का विश्लेषण किया जाता है। ऋण समता अनुपात के निर्धारण के सम्बन्ध में दो मत प्रचलित हैं।

प्रथम मत के अनुसार इस अनुपात की गणना हेतु दीर्घकालीन दायित्व एवं स्वामित्व पूँजी की आवश्यकता होती है। इसके अन्तर्गत चालू दायित्वों की उपेक्षा की जाती है तथा स्वामित्व के अन्तर्गत पूर्वाधिकार अंश पूँजी, समता अंश पूँजी, आयगत एवं पूँजीगत संचय, प्रतिधारित आय (Retained earnings) इत्यादि को सम्मिलित किया जाता है।

द्वितीय मत के अनुसार ऋण समता अनुपात की गणना हेतु चालू दायित्वों को भी दीर्घकालीन दायित्वों के साथ जोड़ना चाहिए। चूँकि चालू दायित्व भी दीर्घकालीन दायित्वों की भाँति संगठन की देयताओं में सम्मिलित होते हैं, तथा इन ऋणों में भी दीर्घकालीन ऋणों की भाँति लागत समाहित होती है। सामान्य तौर पर ऋण समता अनुपात की गणना हेतु दीर्घकालीन एवं चालू दोनों प्रकार के दायित्वों को जोड़ना चाहिए।

ऋण समता अनुपात का निर्वचन
(Interpretation of D.E.R.)

किसी भी संगठन की दीर्घकालीन शोधन क्षमता का परीक्षण करने हेतु यह अनुपात अत्यन्त महत्वपूर्ण है। इस अनुपात के माध्यम से यह पता लगाया जाता है कि लेनदार स्वामित्व पूँजी के कोषों से कितने सुरक्षित हैं। यह अनुपात जितना अधिक होगा लेनदार उतने ही सुरक्षित होंगे। सामान्य तौर पर 1:1 का ऋण समता अनुपात अनुकूल माना जाता है। उच्च ऋण समता अनुपात से यह स्पष्ट होता है कि संगठन की सम्पत्तियों में स्वामियों की तुलना में लेनदारों के दावे अधिक है। यह स्थिति व्यावहारिक तौर पर संगठन के लिए अधिक उपर्युक्त नहीं है। निम्न ऋण समता अनुपात से यह स्पष्ट होता है कि संगठन में स्वामियों के दावे लेनदारों के दावों से अधिक है। इस प्रकार की पूँजी ढाँचा लेनदारों के लिए उपर्युक्त माना जाता है, क्योंकि समता पूँजी की अधिकता लेनदारों को सुरक्षा का उपान्त (Margin of Safety) प्रदान करती है।

Illustration 2.

Find the Debt equity Ratio from the given informations.

Balance Sheet (as on 31 March, 2005)

Liabilities	Amount	Assets	Amount
Equity shares	2,00,000	Land & Building	2,50,000
Preference shares	1,00,000	Furniture	1,50,000
Debentures	1,00,000	Machines	1,00,000
General Reserve	50,000	Cash in hand	50,000
Current liabilities	1,00,000		
	5,50,000		5,50,000

Solution:-

(i) $$\frac{\text{Debt equity ratio}}{\text{(Excluding current liabilities)}} = \frac{\text{Long term debt}}{\text{Share holders equity}}$$

$$\frac{\text{Debentures}}{\text{equity + preference + General Reserve}} = \frac{1,00,000}{3,00,000 + 50,000} = 1 : 3.5$$

(ii) $$\frac{\text{Debt equity ratio}}{\text{(Including current liabilities}} = \frac{\text{Total Debt}}{\text{Share holders funds}}$$

$$\frac{\text{(Debentures + Current liabilities)}}{\text{(equity + preference + General Reserve)}} = \frac{1,00,000 + 1,00,000}{2,00,000 + 1,00,000 + 50,000} = \frac{2,00,000}{3,50,000} = (1 : 1.8)$$

2. पूँजी दन्तिकरण अनुपात (Capital Gearing Ratio)—यह अनुपात स्थिर आय वाली पूँजी (दीर्घकालीन ऋण, ऋण पत्र एवं पूर्वाधिकार अंशपूँजी) एवं अस्थिर आय वाली पूँजी (समता अंश के मध्य सम्बन्ध स्थापित करता है। स्थिर आय पूँजी से अभिप्राय उस पूँजी से है जिस पर विनियोजक को निश्चित दर से प्रत्याय की प्राप्ति होती है। इसके विपरीत अस्थिर आय पूँजी का आशय उस पूँजी से है जिस पर विनियोजक को अनिश्चित दर से प्रत्याय की प्राप्ति होती है। इस प्रकार की पूँजी पर लाभांश की दरों में अनवरत परिवर्तन होता रहता है। पूँजी दन्तिकरण अनुपात को पूँजी मिलान अनुपात के नाम से भी जाना जाता है। इसकी गणना हेतु निम्नलिखित सूत्र का प्रयोग किया जाता है–

$$\text{Capital Gearing Ratio} = \frac{\text{Capital of variable cost}}{\text{Capital of fixed cost}}$$

$$= \frac{\text{Preference Share Capital + Long term borrowing}}{\text{Equity Share Capital + Reserves + Retained earnings}}$$

निर्वचन (Interpretation)—संगठन द्वारा अस्थिर लागत वाली पूँजी (समता अंश) की अपेक्षा स्थिर लागत वाली पूँजी (ऋण पत्र, दीर्घकालीन ऋण एवं पूर्वाधिकार अंश) का अधिक मात्रा में संग्रहण करने पर उच्च दन्तिकरण (Highly Geared) की स्थिति होगी, किन्तु जब स्थिर लागत वाली पूँजी अस्थिर लागत वाली पूँजी से कम होती है तो निम्न दन्तिकरण (Low Geared) की स्थिति होती है। वस्तुत: उच्च एवं निम्न दोनों दन्तिकरण संगठन के लिए अनुकूल नहीं होते हैं। अत: संगठन की पूँजी संरचना सन्तुलित दन्तिकरण व्यवस्था पर आधारित होनी चाहिए। उच्च दन्तिकरण की दशा नव स्थापित संगठनों के लिए उपयुक्त नहीं होती इसके अतिरिक्त अनिश्चित लाभार्जन क्षमता वाली इकाइयों के लिए भी उच्च दन्तिकरण उपर्युक्त नहीं होता।

उदाहरण 3.

निम्न सूचनाओं के आधार पर पूँजी दन्तिकरण अनुपात की गणना कीजिए।

समता अंश पूँजी	50,000
10% पूर्वाधिकार अंशपूँजी	30,000
12% शोध्यपूर्वाधिकार अंशपूँजी	20,000
8% ऋण पत्र	50,000
सामान्य संचय	25,000

हल—

$$\text{पूँजी दन्तिकरण अनुपात} = \frac{\text{स्थायी लागत वाली पूंजी}}{\text{अस्थायी लागत वाली पूंजी}}$$

$$= \frac{\text{पूर्वाधिकार अंश पूंजी + शोध्य पूर्वाधिकार अंश पूंजी + ऋण पत्र}}{\text{समता अंश पूंजी + सामान्य संचय}}$$

$$= \frac{(30{,}000 + 20{,}000 + 50{,}000)}{50{,}000 + 25{,}000} = \frac{1{,}00{,}000}{75{,}000}$$

= 1 : 1.33 (उच्च दन्तिकरण)

यहां स्थिर लागत वाली पूंजी की मात्रा अधिक है। अत: उच्च दन्तिकरण होगा।

3. स्वामित्व अनुपात (Proprietory Ratio)—यह अनुपात समता अनुपात (Equity Ratio) स्थायी पूँजी कुल सम्पत्ति अनुपात (net worth to total assets Ratio) के नाम से भी जाना जाता है। इस अनुपात के माध्यम से स्वामियों के कोषों (Net worth) एवं कुल मूर्त सम्पत्तियों (Tangible assets) के मध्य सम्बन्ध स्थापित किया जाता है। स्वामित्व अनुपात से यह विदित होता है कि व्यवसाय की सम्पूर्ण मूर्त सम्पत्तियों के कितने भाग हेतु अंशधारकों द्वारा पूँजी प्रदान की गई है। वस्तुत: स्वामित्व अनुपात संगठन की दीर्घकालीन शोधन क्षमता के निर्धारण हेतु स्वामित्व पूँजी का सकल

पूँजी से तुलनात्मक आधार प्रस्तुत करता है। स्वामित्व कोष के अन्तर्गत समता अंश पूँजी पूर्वाधिकार अंश पूंजी एवं संचय तथा कोषों को सम्मिलित किया जाता है। कुल सम्पत्तियों में से काल्पनिक अथवा अमूर्त सम्पत्तियों को घटाकर मूर्त सम्पत्तियों की गणना की जाती है। व्यवसाय की सकल सम्पत्तियाँ समस्त स्रोतों, एकत्रित संसाधनों के समतुल्य होती है। इस अनुपात की गणना हेतु निम्नलिखित सूत्र प्रयोग में लाया जाता है।

$$\text{Proprietary Ratio} = \frac{\text{Share holders funds}}{\text{Total tangible assets}}$$

or

$$\text{Proprietary Ratio} = \frac{\text{Owned capital}}{\text{total capital}}$$

स्वामित्व पूँजी के अन्तर्गत पूर्वाधिकार अंश, समता अंश, पूँजी संचय एवं कोषों को सम्मिलित किया जाता है।

निर्वचन (Interpretation)—इस अनुपात के माध्यम से लेनदारों को उपलब्ध सुरक्षा उपान्त (Margin of Safety) का मापन किया जाता है। इस अनुपात का अधिक होना संगठन की दीर्घकालीन शोधन क्षमता का मापक होता है। यह अनुपात जितना अधिक होगा कार्यशील पूँजी के प्रबन्धन हेतु संगठन को बाह्य स्रोतों पर उतना ही कम आश्रित होना पड़ेगा तथा ऋणदाता उतने ही सुरक्षित होंगे। संगठन को अतिरिक्त संसाधनों के सृजन में उतनी ही आसानी होगी, संगठन की स्थिति सुदृढ़ मानी जायगी।

कतिपय लेखकों द्वारा स्वामित्व अनुपात को निम्न दो वर्गों में वर्गीकृत किया जाता है—

(क) स्थायी सम्पत्तियों का स्वामित्व कोषों से अनुपात (Ratio of Fixed assets to Proprietors Funds)—संगठन की स्थायी सम्पत्तियों का वित्त प्रबन्धन जितनी अधिक मात्रा में अंशधारकों के कोषों से होगा, संगठन आर्थिक दृष्टि से उतना सुदृढ़ माना जायेगा। व्यवसाय की स्थायी सम्पत्तियों के अंशधारकों के कोषों से अधिक होने का तात्पर्य है कि स्थायी सम्पत्तियों का अर्थ प्रबन्धन ऋण पूँजी से भी किया गया है। इस अनुपात के माध्यम से यह ज्ञात होता है कि अंशधारकों के कोषों से व्यवसाय की स्थायी सम्पत्तियों का प्रबन्धन किस सीमा तक हो रहा है।

$$\text{Ratio of Fixed assets to Proprietors Funds} = \frac{\text{Total fixed assets}}{\text{Proprietors funds}}$$

यह अनुपात जितना कम होगा, व्यवसाय की दीर्घकालीन ऋण शोधन क्षमता उतनी ही मजबूत मानी जायेगी। इस अनुपात का कोई सर्व ग्राह्य प्रमाप निर्धारित नहीं किया जा सकता है। किन्तु सामान्यतया औद्योगिक संगठनों में 67:1 का अनुपात उचित माना जाता है।

(ख) चालू सम्पत्तियों का स्वामित्व कोषों से अनुपात (Ratio of Current Assets to Proprietors Funds)—इस अनुपात के माध्यम से यह ज्ञात होता है कि व्यवसाय की चालू सम्पत्तियाँ एवं स्वामियों के कोषों में क्या अनुपात है। इस अनुपात के माध्यम से चालू सम्पत्तियों एवं स्वामित्व कोषों के मध्य सम्बन्ध का प्रकटीकरण होता है। सूत्र रूप में हम इसे निम्न रूपों में प्रस्तुत कर सकते हैं।

$$\text{Ratio of current Assets to Proprietors Funds} = \frac{\text{Total current Assets}}{\text{Proprietors funds}}$$

4. शोधन क्षमता अनुपात (Solvency Ratio)—यह अनुपात सकल दायित्वों का सकल सम्पत्तियों से सम्बन्ध स्थापित करता है। इसके माध्यम से संगठन की दीर्घकालीन ऋण शोधन समता का मूल्यांकन किया जाता है। इस अनुपात के माध्यम से यह ज्ञात किया जाता है कि संस्था के दिवालिया होने पर सम्पत्तियों से बाह्य दायित्वों के भुगतान हेतु कितनी धनराशि प्राप्त होगी। सूत्र रूप में—

(Solving Ratio)

$$\text{शोधन क्षमता अनुपात} = \frac{\text{Total Net tangible assets}}{\text{Total liabilities - Owners funds}}$$

Or

$$= \frac{\text{Total outsiders liabilities}}{\text{Total assets}}$$

यह अनुपात जितना कम होगा, संगठन की दीर्घकालीन शोधन क्षमता उतनी ही सुदृढ़ होगी।

Illustration 4.

The following is the Balance Sheet of Shyam & Company as on 31 Dec. 2014.

Liabilities	Amount	Assets	Amount
Preference share capital	50,000	Plant & Machine	1,50,000
Equity share capital	1,50,000	Building	1,00,000
8% Debentures	1,25,000	Furniture's	75,000
Creditors	1,00,000	Cash in hand	1,00,000
General Reserve	50,000	Debtors	50,000
	4,75,000		4,75,000

From the above information calculate the (i) Proprietary ratio (ii) solvency ratio.

(i) Proprietary Ratio = $\frac{\text{Share holders funds}}{\text{total tangible assets}}$

$$\frac{50{,}000+1{,}50{,}000+50{,}000}{4{,}75{,}000} = \frac{2{,}50{,}000}{4{,}75{,}000} = 0.53:1$$

(ii) Solvency Ratio = $\frac{\text{Total Net tangible Assets}}{\text{Total liabilities - Owners funds}}$

$$\frac{1{,}25{,}000+1{,}00{,}000}{4{,}75{,}000} = \frac{2{,}25{,}000}{4{,}75{,}000} = 0.47:1$$

5. ऋण सेवा अनुपात (Debt Service Ratio)—यह अनुपात ब्याज आवरण (Interest Coverage Ratio) अथवा नकद तथा ऋण सेवा अनुपात (Cost to Debt Service Ratio) के नाम से भी जाना जाता है। ऋण सेवा प्रभावों का भुगतान नकद रूप में किये जाने के कारण संगठन की दीर्घकालीन तरलता का अध्ययन सकल रोकड़ अन्तर्वाहों (Gross Cash Inflows) के प्रयोग से करना अधिक तर्कसंगत होता है। वार्षिक रोकड़ अन्तर्वाहों की गणना सम्भव न होने की दशा में शुद्ध आय (ब्याज एवं करों से पूर्व) में ह्रास व अन्य गैर रोकड़ व्ययों को सम्मिलित करते हुए प्राप्त राशि को वार्षिक रोकड़ अन्तर्वाहों के स्थान पर प्रयोग में लाया जाता है। इस अनुपात के माध्यम से ऋणदाता द्वारा प्रदत्त धन पर प्राप्य ब्याज की सुरक्षा का अनुमान लगाया जाता है। अस्थिर आय वाले संगठनों में यह अनुपात उच्च (High) तथा स्थिर आय वाले संगठनों में यह अनुपात अपेक्षाकृत न्यून (Low) होना चाहिए। ब्याज आवरण अनुपात प्राय: 6-7 गुना होना संगठन के अनुकूल माना जाता है। सूत्र रूप में—

(Debt Service Ratio)

ऋण सेवा अनुपात $= \frac{\text{Net Profit before interest and tax}}{\text{fixed interest charges}}$

Illustration 5.

Net profit after interest and tax	10,000.00
Depreciation	1000.00
Income tax @	50%
10% Mortgage debentures	10,000.00
Fixed interest charges	1000.00
Sinking fund	10% of outstanding debentures

Calculate interest coverage ratio from the above informations—

$$\text{Interest coverage ratio} = \frac{\text{Net Profit before interest and tax}}{\text{Fixed interest charges}}$$

$$= \frac{10{,}000 + 10{,}000 + 1000}{1000} = \frac{21{,}000}{1000} = 21 \text{ Times}$$

6. पूर्वाधिकार लाभांश आवरण अनुपात (Preference Dividend Coverage Ratio)—यह अनुपात ब्याज एवं कर पश्चात शुद्ध आय तथा पूर्वाधिकार अंश लाभांश के मध्य सम्बन्ध को प्रकट करता है। इस अनुपात की गणना शुद्ध आय (ब्याज एवं कर के पश्चात) को पूर्वाधिकार अंश लाभांश से विभाजित करके की जाती है। इस अनुपात के माध्यम से यह विदित होता है कि संगठन द्वारा ब्याज एवं करों के भुगतान के उपरान्त पूर्वाधिकार अंशों पर लाभांश का भुगतान कितने गुणा किया जा सकता है। सूत्र रूप में हम इसे निम्न प्रकार व्यक्त कर सकते हैं—

$$\text{Preference Dividend Coverage Ratio} = \frac{\text{Net Income after Interest and tax}}{\text{Preference Dividend}}$$

7. दीर्घकालीन ऋण पूँजीकरण अनुपात (Long term Debt Capitalisation Ratio)—यह अनुपात संगठन के सकल पूंजीकरण में दीर्घकालीन ऋणों (Long term Debts) को प्रकट करता है। इस अनुपात के माध्यम से यह पता लगाया जाता है कि पूँजीकरण का कौन-सा भाग ऋणपूँजी से आच्छादित है। इस अनुपात की गणना हेतु निम्नलिखित सूत्र का प्रयोग किया जाता है—

$$\text{Long term Debt Capitalisation Ratio} = \frac{\text{Long term Debt}}{\text{Capitalisation}}$$

इस अनुपात के कम होने का अभिप्राय संगठन में ऋण पूँजी की मात्रा का कम होना तथा अनुपात के अधिक होने का आशय ऋण पूँजी की मात्रा का अधिक होना होता है। इस अनुपात के कम होने पर ऋणदाता अपेक्षाकृत अधिक सुरक्षित होंगे। इस अनुपात के अधिक होने पर अतिरिक्त ऋण प्राप्ति की सम्भावनाएँ क्षीण हो जाती है।

8. ऋण मूर्त-सम्पत्ति अनुपात-(Debt to tangible Assets Ratio)—इस अनुपात के माध्यम से यह ज्ञात होता है कि मूर्त सम्पत्तियों के कितने भाग हेतु ऋणों की व्यवस्था की गई है। ऋणों के अन्तर्गत अल्पकालीन एवं दीर्घकालीन दोनों प्रकार के ऋणों को सम्मिलित किया जाता है। मूर्त सम्पत्तियों की गणना हेतु सकल सम्पत्तियों में से अमूर्त व अदृश्य सम्पत्तियों को घटाया जाता है। यह अनुपात कम होने पर ऋण दाताओं द्वारा प्रदत्त ऋण सुरक्षित होंगे—

$$\text{Debt to Tangible Assets Ratio} = \frac{\text{Total Debts} \times 100}{\text{Total Assets - Intangible Assets}}$$

(स) क्रियाशीलता अनुपात

(Activity Ratio)

प्राय: आर्थिक संगठनों द्वारा स्वामियों एवं ऋणदाताओं से प्राप्त पूँजी का विनियोजन विभिन्न प्रकार की सम्पत्तियों में किया जाता है। सम्पत्तियों के अधिकतम व कुशलतम प्रयोग द्वारा संगठन की लाभार्जन क्षमता में अभिवृद्धि होती है। इन

अनुपातों के माध्यम से संगठन की क्रियाशीलता का मापन किया जाता है। क्रियाशीलता अनुपातों के मापन का आधार विक्रय होता है। अत: इन्हें विक्रय अनुपात अथवा आवर्त अनुपात (Sales Ratio or turn Over Ratio) के नाम से भी जाना जाता है। यह अनुपात विक्रय एवं विभिन्न सम्पत्तियों के मध्य सन्तुलन को प्रकट करता है। इन अनुपातों की गणना विक्रय व विक्रय की लागत एवं देनदार, प्राप्य बिल, स्कन्ध, भूमि, भवन, फर्नीचर, विनियोग इत्यादि के माध्यम से की जाती है। क्रियाशीलता अनुपातों के अन्तर्गत प्राय: निम्नलिखित अनुपातों को सम्मिलित किया जाता है।

1. स्कन्ध आवर्त अनुपात (Inventory Turnover Ratio)—इस अनुपात के माध्यम से संगठन के रहतिया प्रबन्धन सम्बन्धी कार्यों का मापन किया जाता है। यह अनुपात बिक्रीत माल की लागत एवं औसत रहतिया के मध्य सम्बन्ध स्थापित करके रहतिये को विक्रय में परिवर्तित करने की गति का अध्ययन करता है। इस अनुपात की गणना निम्नलिखित सूत्र के माध्यम से की जाती है—

$$\text{Inventory turnover Ratio} = \frac{\text{Cost of Goods sold}}{\text{Average stock}}$$

बेचे गये माल की लागत का आगणन निम्न प्रकार किया जाता है—

(अ) व्यापारिक संगठन की दशा में।

बेचे गये माल की लागत = प्रारम्भिक रहतिया + क्रय + प्रत्यक्ष व्यय – अंतिम रहतिया

(ब) निर्माणी संगठन की दशा में

बेचे गये माल की लागत = उत्पादन की लागत + निर्मित माल का आरम्भिक स्टाक – निर्मित माल का अंतिम स्टाक

उत्पादन की लागत = उपयोग्य कच्चा माल + प्रत्यक्ष मजदूरी + ओवर हेड व्यय (विक्रय एवं विपणन व्ययों को छोड़कर)

औसत स्कन्ध + निर्मित वस्तुओं का आरम्भिक स्टाक + निर्मित वस्तुओं का अंतिम स्टाक/2

स्कन्ध अनुपात जितना अधिक होगा संगठन में रहतिया को विक्रय में परिणत करने की प्रवृत्ति उतनी ही तीव्र होगी। अर्थात् संगठन की विक्रय क्षमता सबल होगी एवं लाभार्जन की मात्रा भी अधिक होगी। इस अनुपात में कमी संगठन की निर्बल विक्रय क्षमता की द्योतक होती है। विक्रय क्षमता में कमी से स्टाक में विनियोजन अधिक होगा।

Illustration 6.

Compute the Inventory turn over Ratio from the given Informations and interpret the Results.

Year	Cost of goods sold	Average inventory
2001	2,50,000	1,25,000
2002	3,20,000	
2003	5,00,000	
2004	6,50,000	

$$\text{Inventory turnover} = \frac{\text{Cost of goods sold}}{\text{Average inventory}}$$

$$\text{Year 2001} = \frac{2{,}50{,}000}{1{,}25{,}000} = 1 : 2$$

$$\text{Year 2002} = \frac{3,20,000}{1,20,000} = 1 : 2.67$$

$$\text{Year 2003} = \frac{5,00,000}{1,50,000} = 1 : 3.33$$

$$\text{Year 2004} = \frac{6,50,000}{1,50,000} = 1 : 4.33$$

कम्पनी की रहतिया आवर्त में होने वाली निरन्तर वृद्धि इस तथ्य का द्योतक है कि कम्पनी में कुशल रहतिया प्रबन्धन विद्यमान है तथा विक्रय माल की लागत की तुलना में स्टाक में अनवरत कमी आयी है।

2. लेनदार आवर्त अनुपात (Creditors turnover Ratio)—व्यवसाय संचालन की प्रक्रिया में उधार क्रय एवं उधार विक्रय की क्रिया को क्रियान्वित करना पड़ता है। जिससे अल्पकालीन दायित्वों एवं सम्पत्तियों का सृजन होता है। अत: लेनदार के लिये यह ज्ञात करना आवश्यक होता है कि संगठन अपने लेनदारों को भुगतान करने में कितना सक्षम है तथा इन भुगतानों में संगठन को कितना समय लग सकता है। इस अनुपात की गणना उधार क्रय एवं लेनदारों के मध्य सम्बन्ध स्थापित करके की जाती है। इस प्रकार के मूल्यांकन हेतु लेनदार आवर्त अनुपात निकालने के साथ ही औसत भुगतान अवधि की गणना भी की जाती है। उधार क्रय की गणना करने हेतु शुद्ध क्रय से नकद क्रय को घटा दिया जाता है। इसी प्रकार लेनदारों की गणना हेतु इनमें व्यापारिक लेनदार एवं देय विपत्रों को जोड़ दिया जाता है। इस अनुपात की गणना हेतु प्राय: औसत लेनदारों की राशि का ही प्रयोग किया जाता है। औसत लेनदारों की धनराशि प्रारम्भिक एवं अंतिम लेनदारों की राशि के योग को दो से विभाजित करने पर प्राप्त होती है। लेनदार आवर्त अनुपात की गणना प्राय: निम्न सूत्र के माध्यम से की जाती है।

$$\text{Creditors turnover Ratio} = \frac{\text{Net Credit Purchase}}{\text{Average creditors}}$$

उधार क्रय एवं आरम्भिक तथा अंतिम लेनदारों के संदर्भ में सूचना न होने की दशा में उधार क्रय के स्थान पर सकल क्रय एवं केवल अंतिम लेनदार (व्यापारिक लेनदार एवं देय विपत्र) को ही सूत्र रूप में प्रयोग किया जाता है—

$$\text{Creditors Payable turnover ratio} = \frac{\text{Gross purchase}}{\text{Trade creditors + Bills Payable}}$$

(ii) औसत भुगतान अवधि (Average Payment Period)—इस अनुपात के माध्यम से उन औसत दिनों की गणना की जाती है जो कि एक संगठन द्वारा अपने लेनदारों का भुगतान करने हेतु लिया जाता है। इसकी गणना निम्न सूत्र के माध्यम से की जाती है—

$$\text{Average Payment Period} = \frac{\text{Average creditors}}{\text{Net Credit Purchase}} \times 365$$

Or

$$\text{औसत भुगतान अवधि} = \frac{\text{लेनदार + देय विपत्र}}{\text{शुद्ध उधार क्रय}} \times 365$$

Illustration 7.

Calculate creditors turnover Ratio and average payment period from the following particulars :

Opening trade creditors	=	50,000
Closing trade creditors	=	75,000
Credit purchases	=	2,00,000

Opening Bills payable = 25,000

Closing Bills Payable = 50,000

Solution–

$$\text{Creditors turnover Ratio} = \frac{\text{Net credit purchase}}{\text{Average creditors}}$$

$$= \frac{2,00,000}{2,00,000/2} = 2 \text{ Times}$$

$$\text{Average Payment Period} = \frac{\text{Average creditors}}{\text{Net credit sales}} \times 365$$

$$= \frac{1,00,000}{2,00,000} \times 365 = 182.5 \text{ Days}$$

3. देनदार आवर्त अनुपात (Debtors Turn over Ratio)—व्यावसायिक संगठनों द्वारा प्राय: नकद एवं उधार दोनों प्रकार से विक्रय किया जाता है। संगठन द्वारा की जाने वाली उधार बिक्री से देनदारों (Debtors) का सृजन होता है। सामान्यतया देनदारों से यह अपेक्षा की जाती है कि वे वित्तीय वर्ष के समापन तक (अल्पकाल) देयताओं का भुगतान कर देंगे। इसीलिए उन्हें चालू सम्पत्ति के रूप में अंगीकार किया जाता है। वस्तुत: किसी भी संगठन की तरलता के निर्धारण हेतु देनदारों से प्राप्य राशि का महत्वपूर्ण स्थान होता है। इस अनुपात की गणना देनदारों से वसूली का गुणात्मक परीक्षण करने हेतु की जाती है। इसकेअन्तर्गत संगठन के समस्त देनदारों एवं शुद्ध उधार विक्रय के मध्य सम्बन्ध स्थापित करके यह ज्ञात करने का प्रयास किया जाता है कि उधार विक्रय का कितना भाग अशोध्य ऋण (Bad debts) के रूप में रह गया है अर्थात देनदारों का कितना भाग वसूली योग्य नहीं है। देनदार आवर्त अनुपात की गणना हेतु निम्नलिखित सूत्र का प्रयोग किया जाता है।

$$\text{Debtors turnover Ratio} = \frac{\text{Net Credit sales}}{\text{Average Debtors}}$$

शुद्ध उधार बिक्री ज्ञात करने हेतु देनदारों के अन्तर्गत प्राप्य विपत्र एवं व्यापारिक देनदारों को सम्मिलित किया जाता है। इनमें से अशोध्य एवं संदिग्ध ऋणों को घटाया नहीं जाता। औसत देनदारों के आगणन हेतु प्रारम्भिक देनदार एवं अन्तिम देनदार का औसत ज्ञात किया जाता है। (Opening Debtors + closing Debtors/2) उधार बिक्री एवं देनदार के प्रारम्भिक तथा अंतिम अवशेष ज्ञात न होने की दशा में देनदार आवर्त अनुपात की गणना निम्न सूत्र द्वारा की जाती है—

$$\text{देनदार आवर्त अनुपात (Debtors turnover Ratio)} = \frac{\text{Total Sales (कुल विक्रय)}}{\text{Debtors (देनदार)}}$$

देनदार आवर्त अनुपात के ऊँचा होने पर यह ज्ञात होता है कि देनदारों द्वारा देयताओं का भुगतान वित्तीय वर्ष तक अवश्य कर दिया जाता है। यह अनुपात जितना ऊंचा होगा, संगठन में सम्पत्ति प्रबन्धन उतना ही प्रभावी माना जायेगा। इस अनुपात के कम होने की दशा में यह माना जाता है कि देनदारों से प्राप्य राशि की आवर्त कम है अर्थात् वित्तीय वर्ष के अंदर राशियों की वसूली नहीं हो पा रही है।

(ii) औसत संग्रह अवधि (Average Collection Period)—इस अनुपात के माध्यम से देनदारों से वसूल की जाने वाली धनराशि में लगने वाले समय की गणना की जाती है। इस अनुपात से वसूली वाले अधिकतम समय का आकलन किया जाता है। सूत्र रूप में हम इसे निम्नवत प्रस्तुत कर सकते हैं—

$$\text{Average Collection Period} = \frac{\text{Trade Receivables (Debtors + Bills receivable)}}{\text{Net Credit Sales}} \times 365$$

कतिपय विद्वान वर्ष में कार्य दिवसों की संख्या 365 के स्थान पर 360 मानकर गणना करते हैं। सामान्य तौर पर शुद्ध वसूली अवधि अधिकतम 40 दिन होनी चाहिए।

Illustration 8.

From the following informations find out Debtors turnover Ratio and Average Collection Period.

Bills Receivable	80,000
Debtors	3,60,000
Sales	9,40,000
Sales returns	60,000

Solution–

$$\text{Debtors Turnover Ratio} = \frac{\text{Net Sales}}{\text{Debtors}} = \frac{8,80,000}{4,40,000} = 2 \text{ times}$$

$$\text{Average collection Period} = \frac{\text{Debtors}}{\text{Sales}} \times 365$$

$$\frac{4,40,000}{8,80,000} \times 365 = 182.5 \text{ days}$$

4. सम्पत्ति आवर्त अनुपात (Assets turnover Ratio)—इस अनुपात के माध्यम से संगठन में प्रयुक्त सम्पत्तियों के कुशल क्रियाशील एवं लाभप्रद प्रयोग का मूल्यांकन किया जाता है। इस अनुपात को सकल विनियोजन आवर्ती अनुपात (Gross Investment turnover Ratio) भी कहा जाता है। इस अनुपात की गणना सकल शुद्ध विक्रय की राशि में विनियोजित सकल पूँजी अथवा कुल सम्पत्तियों का भाग देकर प्राप्त की जाती है। इसे हम निम्न सूत्र के माध्यम से ज्ञात कर सकते हैं।

$$\text{Asset turnover Ratio} = \frac{\text{Net sales}}{\text{Total assets}}$$

इस अनुपात की गणना बेचे गये माल की लागत (Cost of goods sold) में सम्पत्तियों का भाग देकर भी की जा सकती है।

$$\text{Assets turnover Ratio} = \frac{\text{Cost of goods sold}}{\text{Total assets}}$$

निर्माणी कार्यों में लगे संगठनों के लिये यह अनुपात अत्यन्त महत्वपूर्ण होता है। यह अनुपात जितना ऊँचा होगा सम्पत्ति प्रबन्धन उतने ही उच्चकोटि का माना जायेगा, इसके विपरीत यह अनुपात जितना निम्न होगा संगठन में सम्पत्ति प्रबन्धन उतना ही निम्न कोटि का माना जायेगा, निम्न अनुपात से व्यवसाय की सम्पत्तियों में अति विनियोग (Over investment) दृष्टिगत होगा अर्थात संगठन अपनी पूर्ण क्षमता का उपयोग नहीं कर पायेगा। सम्पत्ति आवर्त अनुपातों के अन्तर्गत निम्न अनुपातों को सम्मिलित किया जाता है।

(i) स्थिर सम्पत्ति आवर्त अनुपात (Fixed Assets turnover Ratio)—स्थिर सम्पत्ति आवर्त अनुपात स्थिर सम्पत्तियों की परिचालन सम्बन्धी कार्य कुशलता का मापन करता है। स्थिर सम्पत्तियों में विनियोग एकत्रित कोषों के माध्यम से ही किया जाता है। यह अनुपात स्थिर सम्पत्तियों में किये गये विनियोजन के अनुक्रम में बिक्री की मात्रा विषयक अध्ययन प्रस्तुत करता है। इस अनुपात की गणना कुल शुद्ध विक्रय में स्थिर सम्पत्तियों के शुद्ध हासिल मूल्य से भाग देकर की जाती है। सूत्र रूप में हम इसे निम्नवत् प्रस्तुत करते हैं–

$$\text{Fixed Assets turnover Ratio} = \frac{\text{Net sales Or Cost of goods sold}}{\text{Fixed assets - Depreciation}}$$

स्थिर सम्पत्ति आवर्त अनुपात संगठन में सम्पत्तियों के प्रभावी उपयोग का आकलन करता है। इस अनुपात के ऊँचा होने पर यह निष्कर्ष निकाला जाता है कि संगठन में स्थिर सम्पत्तियों का समुचित उपयोग हो रहा है। इस अनुपात के

निम्न होने से अभिप्राय संगठन में सम्पत्तियों की पूर्ण क्षमता का उपयोग न हो पाने का प्रतीक माना जाता है। स्थिर सम्पत्तियों की गणना हेतु सम्पत्तियों के मूल्य में से ह्रास की राशि को घटा दिया जाता है।

(ii) चालू सम्पत्ति आवर्त अनुपात (Current assets turnover Ratio)—यह अनुपात संगठन में चालू सम्पत्तियों के प्रयोग सम्बन्धी अध्ययन प्रस्तुत करता है। व्यावसायिक संगठनों में जहाँ स्थायी सम्पत्तियों का सृजन अपेक्षाकृत कम मात्रा में होता है। उन संगठनों के लिए यह अनुपात अत्यन्त महत्वपूर्ण होता है। इस अनुपात के माध्यम से चालू सम्पत्तियों के कुशल एवं अकुशल प्रबन्धन तथा चालू सम्पत्तियों में होने वाले अल्प विनियोग अथवा अति विनियोग के संदर्भ में विवेचना की जाती है। चालू सम्पत्ति आवर्ती अनुपात की गणना हेतु निम्न सूत्र का प्रयोग किया जाता है—

$$\text{Current assets turnover Ratio} = \frac{\text{Net sales or Cost of goods sold}}{\text{Current asset}}$$

(iii) कार्यशील पूँजी आवर्त अनुपात (Working capital turnover Ratio)—वस्तुत: किसी भी संगठन के सुनियोजित संचालन हेतु कार्यशील पूँजी की आवश्यकता होती है। कार्यशील पूँजी की मात्रा कम होने पर व्यवसाय की लाभार्जन क्षमता प्रभावित होती है इसके अतिरिक्त कार्यशील पूँजी की मात्रा आवश्यकता से अधिक होने पर संगठन की लाभदेयकता प्रभावित होती है। इस अनुपात के माध्यम से यह विदित होता है कि संगठन के अन्तर्गत कार्यशील पूँजी का प्रबन्धन सुचारु रूप से हो रहा है अथवा नहीं।

इस अनुपात के अपेक्षाकृत ऊँचा होने पर संगठन की कार्यशील पूँजी प्रबन्धन क्षमता अनुकूल तथा निम्न होने पर प्रतिकूल मानी जाती है। इस अनुपात के अत्यधिक होने पर अति व्यापार (Over trading) तथा कम होने पर अल्प व्यापार (Under trading) की स्थिति उत्पन्न हो सकती है। सूत्र रूप में इसे हम निम्नवत प्रस्तुत करते हैं।

$$\text{Working capital turnover Ratio} = \frac{\text{Cost of goods sold}}{\text{working capital}}$$

कार्यशील पूँजी की गणना चालू सम्पत्तियों में से चालू दायित्वों को घटाकर की जाती है।

(5) नकद आवर्त अनुपात (Cash turnover Ratio)–इस अनुपात के माध्यम से संगठन में नकदी के प्रबन्धन सम्बन्धी विश्लेषण किये जाते हैं। यह अनुपात वास्तविक भुगतानों के अनुरूप नकद अथवा बैंक की पर्याप्तता अथवा अपर्याप्तता विषयक आगणन प्रस्तुत करता है। इसके माध्यम से औसत नकदी (हस्तस्थ रोकड़ एवं बैंक शेष) का कुल तरल भुगतानों (नकदी एवं बैंक द्वारा किया गया भुगतान) के मध्य सम्बन्ध स्थापित किया जाता है। इसकी गणना हेतु निम्नलिखित सूत्र का प्रयोग किया जाता है—

$$\text{Cash turnover Ratio} = \frac{\text{Total cash and Bank payment}}{\text{Average cash and Bank Balance}}$$

नकद आवर्त अनुपात उच्च होने पर यह इंगित होता है कि नकद तथा बैंक शेष संगठन में पर्याप्त नहीं है जबकि इस अनुपात के निम्न होने पर अनावश्यक रूप से नकदी तथा बैंक शेष अतिरेक की स्थिति प्रकट होती है। इस प्रकार दोनों ही स्थितियाँ संगठन में अकुशल प्रबन्धकीय क्षमता की ओर इंगित करती है। वस्तुत: संगठन की भावी आवश्यकताओं को दृष्टिगत रखते हुए नकदी एवं बैंक शेष तथा नकद एवं बैंक के माध्यम से भुगतान के मध्य संतुलन स्थापित किया जाना चाहिए जिससे तरलता अतिरेक अथवा अभाव न हो।

6. शुद्ध मूल्य आवर्त अनुपात (Net worth turnover Ratio)—इस अनुपात के द्वारा शुद्ध विक्रय एवं पूँजी अथवा शुद्ध मूल्य के मध्य सम्बन्ध को प्रकट किया जाता है। पूँजी से आशय पूर्वाधिकार एवं समता अंश पूँजी से है। अंश पूँजी में संचय एवं आधिक्य को सम्मिलित करने पर शुद्ध मूल्य ज्ञात हो जाता है। इस अनुपात की गणना निम्न सूत्र के माध्यम से की जाती है।

$$\text{Net worth turnover Ratio} = \frac{\text{Net sales or cost of goods sold}}{\text{Net worth}}$$

यह अनुपात जितना उच्च होगा संगठन की निष्पादन क्षमता उतनी ही अनुकूल मानी जायेगी।

7. विनियोजित पूँजी आवर्त अनुपात (Capital Employed Turnover Ratio)—इस अनुपात के माध्यम से दीर्घकालीन कोषों के उपयोग की गति का मापन किया जाता है। इस अनुपात की गणना हेतु बिक्री की लागत को विनियोजित पूँजी से विभाजित किया जाता है। विनियोजित पूँजी की राशि का आगणन स्वामित्व पूँजी (Owners Capital) तथा दीर्घकालीन दायित्वों के समतुल्य होती है। प्रायः यह धनराशि ऋण दाताओं तथा स्वामियों द्वारा दीर्घकालीन कोष के रूप में संगठन को प्राप्त होती है। इस अनुपात की गणना निम्न सूत्र के माध्यम से की जाती है—

$$\text{Capital employed turn over Ratio} = \frac{\text{Cost of goods sold}}{\text{Capital employed}}$$

यह अनुपात जितना उच्च होगा संगठन का समग्र निष्पादन उतना ही अनुकूल माना जायेगा। यह अनुपात ऊँचा होने पर स्वामियों तथा ऋणदाताओं के माध्यम से सृजित दीर्घकालीन कोषों के अनुकूलतम उपयोग को इंगित करता है।

(द) लाभदेयकता अनुपात
(Profitability Ratio)

प्रत्येक आर्थिक संगठन का उद्देश्य अधिकतम लाभार्जन होता है। लाभ अधिकतम होने का आशय संगठन में अर्जित लाभ के निरपेक्ष रूप से अधिक न होकर अपितु सापेक्ष रूप से अधिक होने से है। अर्थात् संगठन में विनियोजित पूँजी से जोखिम एवं साहस की तुलना में लाभ की मात्रा पर्याप्त हो। लाभार्जन क्षमता का संगठन में अत्यन्त महत्व है। लाभदेयकता (Profitability) दो शब्दों लाभ (Profit) + देयकता (ability) के योग से बना है। उद्देश्यों की भिन्नता के क्रम में "लाभ" शब्द का भाव परिवर्तित होता रहता है। वस्तुत लाभ एवं लाभदेयकता अनुपात संगठन की प्रगति, क्रियाशीलता एवं कार्यकुशलता के मापक होते हैं। **हावर्ड** तथा **अपटन** के अनुसार "दिये गये विनियोग के प्रयोग से प्रत्याय अर्जित करने की योग्यता को लाभदेयकता के रूप में परिभाषित किया जा सकता है।"

लार्ड कीन्स के शब्दों में "लाभ उस इंजन की भाँति है जो व्यावसायिक उद्यम को संचालित करता है।"[1]

लाभदेयकता अनुपात संगठन की कार्यकुशलता के मापक होते हैं। जिनके माध्यम से यह पता लगाने का प्रयास किया जाता है कि संगठन अपने निर्धारित वित्तीय लक्ष्यों को पूर्ण करने में सक्षम है अथवा नहीं किसी भी संगठन में लाभदेयकता मुख्य तौर पर विक्रय एवं विनियोजन पर आधारित होती है। अतः लाभदेयकता अनुपातों की गणना निम्नलिखित आधारों पर की जाती है—

(i) बिक्री आधारित लाभदेयकता अनुपात

(ii) विनियोग आधारित लाभदेयकता अनुपात

(1) बिक्री आधारित लाभदेयकता (Profitability Ratio Based on Sales)—प्रत्येक आर्थिक संगठन का प्रारम्भिक एवं अंतिम लक्ष्य लाभार्जन होता है। अतः संगठन के लिए यह परम आवश्यक होता है कि वह विक्रय की प्रत्येक इकाई से अधिकाधिक लाभ अर्जित करे। संगठन के लिए यह आवश्यक होता है कि वह अनिवार्यतः परिचालन व्ययों लाभांश एवं ब्याज का भुगतान बिक्री की धनराशि से करें। इन तथ्यों का परीक्षण करने हेतु निम्नलिखित अनुपातों की गणना की जाती है—

(i) सकल लाभ अनुपात (Gross Profit RAtio)—इस अनुपात के माध्यम से सकल लाभ (Gross Profit) एवं शुद्ध विक्रय (Net sales) के मध्य सम्बन्ध को प्रस्तुत किया जाता है। इस अनुपात का प्रस्तुतीकरण प्रतिशत के रूप में होता है। सकल लाभ से आशय ऐसे लाभों से है जिनकी गणना शुद्ध विक्रय में से बेचे गये माल से सम्बन्धित प्रत्यक्ष व्ययों को घटाकर की जाती है। इस अनुपात के माध्यम से संगठन की कार्यकुशलता एवं लाभदेयकता का मापन किया जाता है। सामान्य तौर पर यह अनुपात प्रत्येक वर्ष एक-सा रहता है।

---

1. Profit is the engine that drives the business Enterprise. —*Lord Kence*

इस अनुपात में परिवर्तन तभी सम्भव है जब प्रत्यक्ष व्ययों में परिवर्तन होने पर भी विक्रय मूल्य अपरिवर्तित रहें। अथवा बिक्रीत मूल्य में परिवर्तन होने पर उसकी अनुपात में प्रत्यक्ष व्ययों में परिवर्तन न हो। इस अनुपात का प्रयोग प्रायः विभिन्न फर्मों की लाभदेयकता का तुलनात्मक अध्ययन करने हेतु किया जाता है। सूत्र रूप में इस अनुपात का प्रस्तुतीकरण निम्नवत् किया जाता है—

$$\text{Gross Profit Ratio} = \frac{\text{Gross Profit}}{\text{Net Sales}} \times 100$$

सामान्य तौर पर यह अनुपात जितना उच्च होता है। संगठन उतना ही कार्य कुशल एवं लाभदायक माना जाता है। इसके विपरीत यह अनुपात जितना ही निम्न होता है। संगठन उतना ही अकुशल माना जाता है इस अनुपात के सन्दर्भ में कोई सर्वमान्य प्रमाप का निर्धारण नहीं हो सका है किन्तु इतना अवश्य है कि यह अनुपात इतना अवश्य होना चाहिए, कि संचालक व्ययों, स्थायी व्ययों, लाभांश ब्याज एवं आवश्यक कोषों की व्यवस्था विक्रय राशि से की जा सके।

(ii) शुद्ध लाभ अनुपात (Net Profit Ratio)—यह अनुपात शुद्ध विक्रय एवं शुद्ध लाभ के मध्य सम्बन्ध स्थापित करता है। यह अनुपात विक्रय पर शुद्ध लाभ का मार्जिन (Net Profit Margin on sales) के नाम से भी जाना जाता है। शुद्ध लाभ की गणना प्रत्यक्ष लागतों के साथ-साथ अन्य समस्त व्ययों को घटाने के उपरान्त की जाती है। अन्य व्ययों के अन्तर्गत उत्पादन सम्बन्धी अप्रत्यक्ष व्यय, कार्यालय सम्बन्धी व्यय, विक्रय सम्बन्धी व्यय ब्याज एवं कर इत्यादि को सम्मिलित किया जाता है। सामान्य तौर पर शुद्ध लाभ अनुपात की गणना विक्रय पर प्रतिशत के रूप में की जाती है। यह अनुपात सकल लाभ अनुपात की तुलना में लाभदेयकता की सही स्थिति प्रकट करता है। इस अनुपात की गणना निम्नलिखित सूत्र की सहायता से की जाती है—

$$\text{Net Profit Ratio} = \frac{\text{Net Profit after tax}}{\text{Net sales}} \times 100$$

कर के उपरान्त शुद्ध लाभ की गणना हेतु परिचालन तथा गैर परिचालन लागतों को शुद्ध बिक्री में से हटाया जाता है। तत्पश्चात गैर परिचालन आयों को जोड़कर कर दायित्वों को घटा दिया जाता है। अर्थात् शुद्ध लाभ = शुद्ध विक्रय- परिचालनीय तथा अपरिचालीनय लागतें + अपरिचालनीय आयकर।

गैर परिचालन लागतों के अन्तर्गत प्रारम्भिक व्यय, अंशों एवं ऋण पत्रों के निर्गमन पर दिया गया कमीशन, ऋण की लागत, छूट एवं दलाली, इत्यादि व्ययों को सम्मिलित किया जाता है। गैर परिचालन आयों के अन्तर्गत बैंक जमा एवं प्रतिभूतियों पर प्राप्त ब्याज, सम्पत्ति से आय, मकान किराया, विनियोग से आय लाभांश की आय इत्यादि को सम्मिलित किया जाता है।

यह अनुपात संगठन की निष्पादन क्षमता एवं लाभदेयकता की सही तस्वीर प्रस्तुत करता है। यह अनुपात जितना ऊँचा होता है संगठन, आर्थिक एवं लाभदेयकता की दृष्टि से उतना ही सशक्त माना जाता है। इस अनुपात के माध्यम से माँग में कमी, प्रतियोगी मूल्य, जैसे आर्थिक समस्याओं से निपटने की क्षमता का ज्ञान होता है।

(ii) संचालन अनुपात (Operating Ratio)—इस अनुपात के माध्यम से विक्रीत माल की लागत एवं अन्य परिचालन व्ययों के मध्य सम्बन्ध स्थापित करने के साथ ही बिक्री से भी सम्बन्ध स्थापित किया जाता है। इस अनुपात की गणना करने हेतु बेचे गये माल की प्रत्यक्ष लागत में संचालन सम्बन्धी अप्रत्यक्ष व्ययों जैसे प्रशासन, विक्रय वितरण आदि व्ययों को जोड़कर प्राप्त योगफल में शुद्ध विक्रय का भाग देकर ज्ञात किया जाता है। परिचालन व्ययों के अन्तर्गत कार्यालय व्यय, विक्रय एवं वितरण सम्बन्धी व्यय, प्रशासनिक व्यय इत्यादि को सम्मिलित किया जाता है। संचालन अनुपात की गणना हेतु निम्नलिखित सूत्र का प्रयोग किया जाता है—

$$\text{Operating Ratio} = \frac{\text{Operating cost}}{\text{Net sales}} \times 100$$

Or

$$\frac{\text{Cost of goods sold} + \text{Operating expenses}}{\text{Net sales}} \times 100$$

इस अनुपात के द्वारा परिचालन दक्षता को प्रदर्शित किया जाता है। इसका प्रस्तुतीकरण प्रतिशत के रूप में होता है। परिचालन अनुपात जितना ही न्यून होगा, परिचालन लागत उतनी ही कम होगी तथा परिचालन लाभ भी अधिक होगा, इस अनुपात के अधिक ऊँचा होने की दशा में संगठन द्वारा ब्याज लाभांश, आयकर एवं संचय हेतु पर्याप्त व्यवस्था नहीं की जा सकेगी। वस्तुतः संचालन अनुपात के लिए कोई उपयुक्त मानक उपलब्ध नहीं है। उद्योगों की प्रकृति पूँजी ढाँचे का आकार एवं संगठन की क्रियाशीलता इत्यादि तत्वों का इस अनुपात पर प्रभाव पड़ता है। निर्माणी संगठनों के संदर्भ में यह अनुपात 75% से 85% के मध्य अनुकूल माना जाता है। इस अनुपात को 100 में से घटाकर शुद्ध विक्रय पर संचालन लाभ (operating Profit) का अनुपात ज्ञात किया जा सकता है।

(iv) परिचालन लाभ अनुपात (Operating Profit Ratio)—इस अनुपात की सहायता से परिचालन लाभ एवं शुद्ध विक्रय के मध्य सम्बन्ध स्थापित किया जाता है। परिचालन लाभ की धनराशि का आगणन शुद्ध विक्रय राशि में से सभी प्रत्यक्ष व अप्रत्यक्ष व्ययों को घटाकर किया जाता है। इस अनुपात की गणना निम्न सूत्र की सहायता से की जाती है—

$$\text{Operating Profit Ratio (परिचालन लाभ अनुपात)} = \frac{\text{Operating Profit}}{\text{Net sales}} \times 100$$

यह अनुपात जितना ऊँचा होगा संगठन की लाभार्जन क्षमता उतना ही उपयुक्त मानी जायेगी। अनुपात की न्यूनता संगठन की अर्जन क्षमता में कमी की द्योतक होगी।

(1) व्यय अनुपात (Expense Ratio)—व्यय अनुपातों की सहायता से संगठन में होने वाले विभिन्न व्ययों एवं शुद्ध विक्रय के मध्य सम्बन्ध स्थापित किया जाता है। परिचालन अनुपात के माध्यम से संगठन में होने वाले व्ययों के उतार चढ़ाव का औसत रूप में अध्ययन किया जाता है। प्रायः वित्तीय वर्ष में कतिपय व्ययों की वृद्धि होती है तथा कतिपय व्ययों में कमी होती है। अतः व्यय अनुपातों की वास्तविक गणना प्रत्येक व्यय मद अथवा मदों के समूह को शुद्ध विक्रय की धनराशि से विभाजित करके की जाती है। इस अनुपात की गणना निम्नलिखित सूत्र की सहायता से की जाती है—

$$\text{Particular Expense Ratio} = \frac{\text{Particular Expenses}}{\text{Net Sales}} \times 100$$

कतिपय महत्वपूर्ण व्ययों सम्बन्धी अनुपातों की गणना निम्नलिखित सूत्रों के माध्यम से की जाती है—

(i) Cost of goods sold Ratio $= \frac{\text{Cost of Goods sold}}{\text{Net sales}} \times 100$

(ii) Raw material Consumed Ratio $= \frac{\text{Raw material Consumed}}{\text{Net Sales}} \times 100$

(iii) Administrative Expenses Ratio $= \frac{\text{Administrative Exp.}}{\text{Net sales}} \times 100$

(iv) Direct wages Ratio $= \frac{\text{Direct wages}}{\text{Net sales}} \times 100$

(v) Selling and Distribution Expenses Ratio $= \frac{\text{Selling and distribution Expenses}}{\text{Net sales}} \times 100$

(vii) Non operating Expenses Ratio $= \frac{\text{Non Operating Expenses}}{\text{Sales}} \times 100$

व्यय अनुपात जितना ही कम होगा, संगठन की लाभदेयकता उतनी ही अधिक होगी अनुपात के ऊँचा होने पर लाभ देयकता की मात्रा कम होगी। इन अनुपातों के द्वारा यह ज्ञात होता है कि विक्रय के अन्तर्गत व्ययों का कितना भाग सम्मिलित है। वस्तुतः स्थिर व्यय मदों के अनुपातों में विक्रय की मात्रा में वृद्धि होने पर कमी होनी चाहिए तथा परिवर्तनशील व्ययों हेतु बिक्री से सम्बन्धित व्यय का प्रतिशत लगभग स्थिर होना चाहिए।

Illustration 9.

The Profit and loss a/c of m/s Nirma Traders for the year ended 31 March, 2014 is given below.

Particular	Amount	Particular	Amount
to opening stock	50,000	By sales	6,90,000
to purchase	4,00,000	By closing stock	1,00,000
to carriage	15,000		
to wages	25,000		
to gross profit	3,00,000		
	7,90,000		7,90,000
to factory expenses	15,000	By gross profit	3,00,000
to administrative expenses	25,000	By non operating income :	
to interest & Discount	15,000	Int. on Bank Deposit	10,000
to selling & distribution expenses	20,000	Profit on sale of shares	5000
to non-operating expenses	25,000		
to Net profit	2,15,000		
	3,15,000		3,15,000

From the above information you are required to calculate the Gross Profit Ratio, Net Profit Ratio, Operating Ratio, Selling and distribution expenses Ratio, Administrative expenses ratio non operating expenses.

Solution−

(i) Gross Profit Ratio $= \frac{\text{Gross Profit}}{\text{Net sales}} \times 100$

$= \frac{3,00,000}{6,90,000} \times 100 = 43\%$

(ii) Net Profit Ratio $= \frac{2,15,000 \times 100}{6,90,000} = 31\%$

(iii) Operating Ratio $= \frac{\text{Cost of goods sold + Other operating expenses}}{\text{Net Sales}} \times 100$

Cost of goods sold = (Opening stock + Purchase + Carriage + Wages − Closing stock)

Cost of goods sold = (50,000 + 4,00,000 + 15,000 + 25,000 − 1,00,000)=3,90,000

Operating expenses (Factory expenses + Administrative + Int. and Discount + Selling and Distribution)

Operating expenses — (15,000 + 25,000 + 15,000 + 20,000) = 75,000

$= \frac{3,90,000 + 75,000}{6,90,000} \times 100 = 67\%$

(iv) Selling and Distribution expenses Ratio $= \frac{\text{Selling and Distribution expenses}}{\text{Net sales}} \times 100$

$= \frac{20,000}{6,90,000} \times 100 = 2.9\%$

(v) Administrative exp. Ratio $= \frac{\text{Administrative expenses}}{\text{Net Sales}} \times 100$

$$= \frac{25,000}{6,90,000} \times 100 = 3.6\%$$

(vi) Non-operating expenses $= \frac{\text{Non - operating expenses}}{\text{Net sales}} \times 100$

$$= \frac{25,000}{6,90,000} \times 100 = 3.6\%$$

(i) विनियोग पर आधारित लाभदेयकता अनुपात (Profitability Ratios based on Investment)—संगठन में पूँजी की व्यवस्था विभिन्न माध्यमों से की जाती है। पूँजी के प्रत्येक उपलब्ध साधनों को प्रतिफलस्वरूप भुगतान संगठन में होने वाले लाभों से करना होता है। अत: विभिन्न मदों से प्राप्त पूँजी के सापेक्ष होने वाले लाभों का अध्ययन आवश्यक होता है। संगठन में विनियोजित पूँजी के विभिन्न स्वरूपों (सकल विनियोजित पूँजी स्वामित्व पूँजी, शुद्ध विनियोजित पूँजी, चुकता अंश पूँजी इत्यादि) की भाँति संगठन में होने वाले लाभों के भी विभिन्न स्वरूप (सकल लाभ, शुद्ध ब्याज एवं कर घटाने से पूर्व लाभ, ब्याज एवं कर घटाने के पश्चात लाभ इत्यादि) हो सकते हैं। प्राय: विनियोजन के आधार पर लाभदेयकता की गणना हेतु यह समस्या उत्पन्न होती है कि किस प्रकार की पूँजी एवं लाभ के मध्य सम्बन्ध स्थापित किया जाय। इसलिए विनियोजित पूँजी के विभिन्न स्वरूपों एवं लाभों के विभिन्न प्रकारों के आधार पर निम्नलिखित अनुपात ज्ञात किये जाते हैं—

(i) विनियोजित पूँजी पर प्रत्याय (Return on capital employed)—इस अनुपात के माध्यम से विनियोजित पूँजी एवं लाभ के मध्य सम्बन्ध स्थापित किये जाते हैं। किसी भी संगठन का उद्देश्य विनियोजित पूँजी पर अधिकतम प्रत्याय प्राप्त करना होता है। अत: इस अनुपात के प्रयोग द्वारा संगठन की कार्यकुशता एवं लाभदेयकता का मापन किया जाता है। इस अनुपात की गणना हेतु लाभ की तुलना शुद्ध विनियोजित पूँजी से की जाती है। विनियोजित पूँजी पर प्रत्याय की गणना हेतु निम्न सूत्र का प्रयोग किया जाता है—

$$\text{(Return on Share holders Investment)} = \frac{\text{Net Profit (after interest and tax)}}{\text{Capital employed}} \times 100$$

संगठन में स्वामित्व कोषों से आशय (समता अंश पूँजी + पूर्वाधिकार अंश पूँजी + कोष − विविध व्यय) से है। कतिपय लेखकों द्वारा स्वामित्व कोषों के स्थान पर औसत स्वामित्व कोष का प्रयोग किया जाता है। औसत स्वामित्व कोष वर्ष के प्रारम्भिक एवं अंतिम स्वामित्व कोषों का औसत होता है। यह अनुपात जितना उच्च होगा, संगठन में प्रबन्धकीय कुशलता उतनी ही उच्चकोटि की मानी जायेगी।

शुद्ध विनियोजित पूँजी की गणना, सम्पत्ति अथवा दायित्व पक्ष के आधार पर की जाती है। सम्पत्ति पक्ष के आधार पर गणना हेतु स्थिर सम्पत्तियों में व्यवसाय द्वारा किया गया विनियोग एवं कार्यशील पूँजी (चालू सम्पत्तियाँ–चालू दायित्व) को सम्मिलित किया जाता है। दायित्व पक्ष के आधार पर शुद्ध विनियोजित पूँजी की गणना हेतु चुकता अंश पूँजी (समता एवं पूर्वाधिकार अंश पूँजी) में संचय एवं आधिक्य दीर्घकालीन दायित्व को जोड़कर एकत्रित हानियों को घटाया जाता है।

(ii) सम्पत्तियों पर प्रत्याय (Return on Assets)—इस अनुपात की सहायता से वास्तविक सम्पत्तियों एवं कर पश्चात होने वाले शुद्ध लाभ के मध्य सम्बन्ध स्थापित किया जाता है। इस अनुपात की गणना हेतु संगठन की सकल सम्पत्तियों में से अमूर्त सम्पत्तियों को घटा दिया जाता है। शुद्ध लाभ की गणना हेतु शुद्ध लाभ (ब्याज एवं कर के पश्चात) की धनराशि में ऋण पूँजी की लागत व ब्याज की राशि को जोड़ दिया जाता है। इस अनुपात की गणना का प्रमुख उद्देश्य सम्पत्तियों की उत्पादकता ज्ञात करना है। इसकी गणना हेतु निम्नलिखित सूत्र का प्रयोग किया जाता है—

$$\text{Return on Assets} = \frac{\text{Net Profit after tax + Interest}}{\text{Total assets - Intangible assets}} \times 100$$

इस अनुपात का प्रयोग संगठन की सम्पत्तियों में विनियोजित समस्त स्रोतों से प्राप्त पूँजी की लाभ देयकता के मूल्यांकन हेतु किया जाता है। यह अनुपात जितना ही उच्च होगा। संगठन की लाभार्जन शक्ति उतनी ही अनुकूल मानी

जायेगी, इसके विपरीत यह अनुपात जितना ही निम्न होगा संगठन की लाभार्जन शक्ति एवं प्रबन्धकीय दक्षता उतनी ही अकुशल मानी जायेगी। विशेष तौर पर इस अनुपात की उपादेयता उन संस्थानों के लिए अधिक होती है। जिनमें अनेक विभाग होते हैं। इस अनुपात के माध्यम से अन्तर्विभागीय कार्यकुशलता एवं लाभदेयकता का मूल्यांकन आसानी से किया जा सकता है।

(iii) अंशधारी कोष पर प्रत्याय (Return on Share holders fund)—इस अनुपात की गणना शुद्ध लाभ (ब्याज व कर घटाने के पश्चात) एवं अंशधारी कोष के मध्य सम्बन्ध स्थापित करके की जाती है। स्वामित्व कोष अथवा अंशधारी कोष की गणना (पूर्वाधिकार अंश पूँजी, समता अंश पूँजी, संचय एवं कोष) की धनराशियों को जोड़कर की जाती है। इसकी गणना निम्न सूत्र के माध्यम से की जाती है—

$$\text{Return on Share holders funds} = \frac{\text{Net Profit after tax and Interest}}{\text{Share holders funds}} \times 100$$

कतिपय विद्वान लेखकों द्वारा स्वामित्व कोषों के स्थान पर औसत स्वामित्व कोष का प्रयोग किया जाता है। इसकी गणना स्वामित्व कोषों के प्रारम्भिक एवं अंतिम अवशेष के औसत द्वारा की जाती है।

वस्तुतः इस अनुपात के प्रयोग हेतु आगणित शुद्ध आय वह आय होती है। जिसकी गणना ब्याज एवं करों के भुगतान के उपरान्त की जाती है। इसके साथ ही उक्त आय में गैर परिचालनीय आयों को भी जोड़ा हुआ माना जाता है। अंशधारियों को प्रदत्त लाभांश का भुगतान इसी आय में से किया जाता है। वस्तुतः यह आय संगठन की वास्तविक उपार्जन क्षमता की द्योतक होती है।

इस अनुपात के माध्यम से यह ज्ञात करने का प्रयास किया जाता है कि संगठन द्वारा स्वामित्व कोष का किस सीमा तक प्रयोग किया गया है। किसी भी उद्यम का प्रमुख उद्देश्य विनियोग पर अनुकूलतम प्रत्याय अर्जित करना होता है। वस्तुतः इस अनुपात के माध्यम से इसी क्षेत्र में कार्यरत अन्य उद्यमों की लाभदेयकता का मूल्यांकन करके तुलनात्मक अध्ययन किया जा सकता है।

(iv) समता पूँजी पर प्रत्याय (Return on equity capital)—इस अनुपात की गणना शुद्ध लाभ (ब्याज कर एवं पूर्वाधिकार अंशों पर लाभांश के पश्चात) एवं समता अंशों में विनियोजित पूँजी के मध्य सम्बन्ध स्थापित करके की जाती है। इस अनुपात की गणना हेतु निम्नलिखित सूत्र का प्रयोग किया जाता है—

$$\text{Return on equity capital} = \frac{\text{Net Profit after interest and tax - Preference Division}}{\text{Equity Share capital}} \times 100$$

समता अंश धारकों को उपलब्ध लाभांश की गणना हेतु कर ब्याज के पश्चात् प्राप्त शुद्ध लाभ में से पूर्वाधिकार अंशों को देय लाभांश की राशि को घटा दिया जाता है। समता अंश पूँजी की गणना हेतु समता अंशों के याचित मूल्य (called up value) का प्रयोग किया जाता है।

इस अनुपात की उपादेयता समता अंश धारकों के लिए अत्यधिक होती है, क्योंकि वे संगठन में होने वाले लाभों एवं उन्हें प्राप्य लाभांश की प्रतिशतता के संदर्भ में जानना चाहते हैं। यह अनुपात जितना ही ऊँचा होगा संगठन के लिए उतना ही अनुकूल होगा। वस्तुतः समता अंश धारकों के पास ही कम्पनी का वास्तविक स्वामित्व होता है। प्रति अंश अर्जन क्षमता के ही माध्यम से अंशों का बाजार मूल्य सुनिश्चित होता है प्रति समता अंश अर्जन क्षमता का निर्धारण निम्न प्रकार किया जाता है।

$$\text{Earning per equity Share} = \frac{\text{Net profit after tax - Preference Share Dividend}}{\text{Number of equity Share}}$$

(v) लाभांश प्राप्ति अनुपात (Dividend Yield Ratio)—वस्तुतः समता अंश धारक ही संगठन के वास्तविक स्वामी होते हैं। उनका हित वितरित आय अथवा लाभांश में ही निहित होता है। अतः प्रति अंश लाभांश एवं प्रतिअंश बाजार मूल्य के मध्य सम्बन्ध स्थापित किया जाता है।

$$\text{Dividend Pay out Ratio} = \frac{\text{Dividend Per Share}}{\text{Market value per Share}}$$

ब्याज एवं करों के उपरान्त होने वाले लाभों पर अंश धारकों का अधिकार होता है। किन्तु उन्हें वास्तविक रूप से नकद रूप से वितरित आय ही प्राप्त होती है। अत: वर्तमान एवं भावी अंश धारकों की अभिरुचि प्रतिअंश घोषित लाभांश में होती है। अत: प्रतिअंश लाभांश का स्तर जितना उच्च होगा अंशधारकों के लिए वह उतना ही अनुकूल होगा।

(vi) लाभांश भुगतान अनुपात (Dividend Pay out Ratio)—इस अनुपात की गणना का प्रमुख उद्देश्य यह ज्ञात करना होता है कि संगठन द्वारा उपार्जित शुद्ध आय का कितना भाग अंश धारकों के मध्य वितरित कर दिया जाय तथा कितना भाग संगठन में प्रतिधारित आय (Retained earnings) के रूप में रहने दिया जाय। अर्जित आय का प्रयोग संगठन द्वारा प्राय: दो रूपों में किया जाता है। (i) लाभांश के भुगतान के रूप में (ii) संगठन के विकास हेतु प्रतिधारित आय के रूप में, आय के प्रतिधारित करने पर संगठन का विकास होता है तथा भविष्य में लाभार्जन क्षमता में अभिवृद्धि की सम्भावना होती है। जिससे भविष्य में और अधिक मात्रा में लाभांश का भुगतान अंशधारकों को किया जा सकता है। इस अनुपात की गणना हेतु निम्नलिखित सूत्र का प्रयोग किया जाता है—

$$\text{Dividend Payment Ratio} = \frac{\text{Dividend Per equity Share}}{\text{Earning per equity Share}}$$

इस अनुपात का प्रयोग समान प्रकृति वाली उसी क्षेत्र में कार्यरत अन्य इकाइयों से तुलना हेतु किया जाता है। वस्तुत: अन्य इकाइयों से कम लाभांश भुगतान अनुपात संगठन के लिए प्रतिकूल माना जाता है।

(vii) मूल्य अर्जन अनुपात (Price Earning Ratio)—इस अनुपात की गणना प्रति समता अंश बाजार मूल्य एवं प्रति अंश अर्जन मूल्य के मध्य सम्बन्ध स्थापित करने हेतु की जाती है। इस अनुपात के माध्यम से संगठन के अंशों में होने वाली वृद्धि का अनुमान लगाया जाता है। इस अनुपात की सहायता से भावी अंशधारक यह निर्णय करते हैं कि संगठन विशेष के अंशों को खरीदना श्रेयस्कर होगा अथवा नहीं इस अनुपात की गणना निम्न सूत्र के माध्यम से की जाती है—

$$\text{Price earning Ratio} = \frac{\text{Market Price per equity Share}}{\text{Earning Per Share}}$$

यह अनुपात संगठन में विनियोजकों की प्रत्याशा को प्रदर्शित करता है। इसके माध्यम से विश्लेषकों द्वारा संगठन के निष्पादन का भी मूल्यांकन किया जाता है। प्राय: उद्योगों की प्रकृति शासकीय नीतियों एवं अन्य अनेक बातों के समान रहने पर प्रत्याशा समान हो सकती है। यह अनुपात भी तुलनात्मक अध्ययन हेतु उपयुक्त माना जाता है।

Illustration 10.

A, B, C Limited Provides you the following informations

50,000 equity shares of Rs. 10 each Rs.	5,00,000
2000, 10% Preference shares of Rs. 100 each	2,00,000
Equity dividend paid	10%
Profit after tax	2,00,000
Market price of equity shares	Rs. 25

Calculate the following Ratios from the above information :

(i) Dividend yield on equity shares
(ii) Return on equity capital
(iii) Price earning ratio
(iv) Earning per share
(v) Return on share holder funds

Solution :-

(i) Dividend Yield on equity shares $= \dfrac{\text{Dividend per share}}{\text{market price per share}}$

$= \dfrac{10}{25} \times 100 = 40\%$

(ii) Return on equity capital $= \frac{\text{Profit after tax - Preference dividend}}{\text{Equity share capital}} \times 100$

$= \frac{2,00,000 - 20,000}{5,00,000} = \frac{1,80,000}{5,00,000} \times 100$

$= 36\%$

(iii) Price earning Ratio $= \frac{\text{Market Price Per share}}{\text{Earning per share}}$

$= \frac{25}{3.6} = 6.9 : 1$

(iv) Earning per share $= \frac{\text{Profit after tax - Preference dividend}}{\text{Number of equity shares}}$

$= \frac{2,00,000 - 20,000}{50,000} = \frac{1,80,000}{50,000} = \text{Rs. } 3.60$

(v) Return on share holder's funds $= \frac{\text{Net Profit after tax and interest}}{\text{share holders funds}} \times 100$

$= \frac{2,00,000}{7,00,000} \times 100 = 28.6\%$

(vi) Dividend pay out ratio $= \frac{\text{Dividend per equity share}}{\text{Earning per equity share}}$

$= \frac{1}{3.6} = 0.28 : 1$

परीक्षा प्रश्न
(Examination Questions)

I. दीर्घ उत्तरीय प्रश्न (Long Answer Type Question)

1. अनुपात विश्लेषण से आप क्या समझते हैं? इसकी महत्ता एवं सीमाओं का विवेचन कीजिए।

   What do you mean by Ratio Analysis? Discuss its importance and limitations.

2. अनुपात विश्लेषण से आप क्या समझते हैं? इसके उद्देश्य तथा सीमाएं क्या हैं।

   What you understand by Ratio analysis ? What are its objective and limitations.

   B.H.U. B. Com (Hons) 1882 (Kanpur Universtiy 1992)

3. एक कम्पनी के प्रकाशित खातों की व्याख्या के लिए आवश्यक प्रमुख अनुपातों का वर्णन कीजिए। प्रत्येक का महत्व भी बतलाइये।

   Describe the main Ratios which will you find out for the interpretation of Published account of a company Discuss the significance of each of them.

4. ऋण समता अनुपात से आप क्या समझते हैं। एक संस्था में ऋण तथा समता में सन्तुलन रखना क्यों आवश्यक है।

   What do you mean by Debt equity Ratio? Why is it necessary to maintain a balance between the Debt and equity in an enterprise?

5. ''अनुपात किसी व्यक्ति के रक्त चाप, नाड़ी अथवा तापक्रम के समान लक्षण हैं'' समझाइए एवं आधारभूत अनुपातों एवं उनके उपयोगें का वर्णन कीजिए।
"Ratios are the symptoms like blood Pressure the Pulse or the temperature of an individual' Explain this statement and give the fundamental Ratios and their user.
Rajasthan University M.Com. (A.B.S.T) 1986
6. ''माध्यों की भाँति अनुपात भी खतरनाक हैं, इनकी उपयोगिता अत्यन्त सीमित'' इस कथन पर टिप्पणी कीजिए।
"Ratios like average are dangerous, their utility is highly limited' Comment on this statement.
(Alld University M. Com. 1984)
7. एक आधुनिक व्यापारिक फर्म में लाभदेयकता के उन्नयन हेतु प्रयुक्त प्रमुख उपकरणों का आलोचनात्मक विवेचन कीजिए।
Discuss critically the main tools in the planning to further Profitability in a modern business firm.
(Alld University B. Com. 1988)
8. किसी द्रव की तरलता मापन हेतु आकलिक किये जाने वाले मुख्य अनुपातों का विश्लेषण कीजिए।
Analyse the Principle Ratios Computed to evaluate the liquidity of enterprise.
(A.U. B. Com. 1990)

II. लघु उत्तरीय प्रश्न (Short Answer type Questions)

(i) अनुपात विश्लेषण क्या है?
What is Ratio analysis?
(ii) अनुपात विश्लेषण की सार्थकता क्या है?
What is significance of Ratio Analysis?
(iii) अनुपात विश्लेषण की सीमाएँ क्या हैं?
What are limitations of Ratio Analysis?
(iv) चालु अनुपात की गणना कीजिए।
Calculate current Ratio.
(v) तरलता अनुपात से आ क्या समझते हैं?
What do you understand by liquidity Ratio?
(vi) चालू अनुपात की विवेचना कीजिए।
Describe the current Ratio.
(vii) पूँजी ढाँचा अनुपात पर टिप्पणी लिखिए।
Writ notes on Capital Structure Ratio.
(viii) पूँजी दन्तिकरण अनुपात क्या है?
What is capital gearing Ratio?
(ix) क्रियाशीलता अनुपात की विवेचना कीजिए।
Describe Activity Ratio.
(x) लाभदेयकता अनुपात से आप क्या समझते हैं?
What do you mean by Profitability Ratio?

III. वस्तुनिष्ठ प्रश्न (Objective Type Questions)

(i) अनुपात विश्लेषण विधि का प्रयोग सर्वप्रथम हुआ।
Ratio Analysis method was used Priority.

A. 1900 B. 1905
C. 1909 D. 1940
Ans. C

(ii) अनुपात विश्लेषण विधि के जनक हैं।
The father of Ratio Analysis method is.
A. कैनेडी B. मैकमुलन
C. आर०एन० एन्थोनी D. अलेक्जेण्डर वाल
Ans. D

(iii) ''साधारण गणितीय स्वरूप में मदों के मध्य सम्बन्ध को अनुपात कहते हैं'' यह कथन है—
The relationship of one item to another expressed in simple mathematical form is known as Ratio.'
A. कैनेडी व मैकमुलन B. आर०एन० एन्थोनी
C. अलेक्जेडर D. इनमें से कोई नहीं
Ans. A

(iv) ''अनुपात वित्तीय विवरणों से प्राप्त समंकों को अंकगणितीय रूप में प्रस्तुत करने का साधन है'' यह कथन है
Ratio are simply mean of high lighting in arithmetical form the relationship between figures Drawn from financial Statement.
A. आर० एन० एन्थोनी B. कैनेडी व मैकमुलन
C. हंट विलियम एवं डोनाल्डसन D. इनमें से कोई कोई
Ans. C

(v) वित्तीय विवरणों में प्रस्तुत आँकड़े व्यक्तिगत रूप से होते हैं।
The Data Presented in financial statement are Individually.
A. सापेक्ष (Relative) B. निरपेक्ष (absolute)
C. दोनों D. इनमें से कोई नहीं
Ans. B

(vi) अनुपात विश्लेषण के माध्यम से आँकड़ों को बनाया जाता है।
The Data are made by means of Ratio Analysis.
A. सापेक्ष B. निरपेक्ष
C. स्वतंत्र D. इनमें से कोई नहीं
Ans. A

(vii) अनुपात विश्लेषण के प्रमुख उद्देश्य हैं।
The main objects Ratio Analysis are.
A. सापेक्षिक अध्ययन B. संक्षिप्तीकरण
C. तरलता की दशा का अनुमान D. उपरोक्त सभी
Ans. D

(viii) यह कथन किसका ''एक अकेला अनुपात अपने में अर्थहीन होता है। यह सम्पूर्ण चित्र प्रस्तुत नहीं करता''
The only Ratio is meaning less in it self it does not Present whole figure.
A. वायर मैन B. कैनेडी व मैकमुलन
C. आर० एन० एन्थोनी D. इनमें से कोई नहीं
Ans. B

(ix) उद्देश्य आधारित वर्गीकरण के अन्तर्गत सम्मिलित होते हैं।
Object based classifications are included.

A. तरलता अनुपात B. सक्रियता अनुपात
C. पूँजी अनुपात D. लाभदेयकता अनुपात
E. उपरोक्त सभी

Ans. E

(x) तरलता अनुपात संगठन की शोधन क्षमता का परीक्षण करते हैं।
Liquidity Ratio examine the solvency capacity of organisations.
A. दीर्घकालीन B. अल्पकालीन
C. ऋण शोधन D. इनमें से कोई नहीं

Ans. B

(xi) चालू अनुपात है।
Current Ratio is.
A. चालू दायित्व/चालू सम्पत्ति B. चालू सम्पत्ति/चालू दायित्व
C. चालू सम्पत्ति/ स्थायी दायित्व D. इनमें से कोई नहीं

Ans. B

(xii) चालू अनुपात श्रेष्ठ होता है
The excellent current Ratios.
A. 3 : 2 B. 2 : 1
C. 1 : 1 D. इनमें से कोई नहीं

Ans. B

(xiii) तरल अनुपात कहलाता है।
Liquid Ratio is said.
A. त्वरित अनुपात B. अम्ल परख अनुपात
C. जलीय अनुपात D. A एवं B

Ans. D

(xiv) तरल अनुपात का आगणन करते हैं।
The computation of liquid Ratio is being made by.
A. तरल सम्पत्तियाँ/ चालू दायित्व B. चालू सम्पत्तियाँ/चालू दायित्व
C. स्थायी सम्पत्तियाँ/चालू दायित्व D. इनमें से कोई नहीं

Ans. A.

(xv) देनदार आवर्त अनुपात का निर्धारण होता है।
The Determination of Debtor turn over Ratio is.
A. शुद्ध उधार विक्रय/औसत देनदार B. सकल विक्रय/देनदार
C. देनदार/सकल विक्रय D. इनमें से कोई नहीं

Ans. A

(xvi) कार्यशील पूँजी
Working capital is equal to.
A. चालू सम्पत्ति–चालू दायित्व B. स्थायी सम्पत्ति–चालू दायित्व
C. स्थायी सम्पत्ति– स्थायी दायित्व D. इनमें से कोई नहीं।

Ans. A

क्रियात्मक प्रश्न
(Practical Problems)

1. जे०के० मिल्स का 31 मार्च, 2014 को समाप्त होने वाले वित्तीय वर्ष हेतु लाभ हानि खाता एवं आर्थिक चिट्ठा निम्नवत् है।

व्यापार एवं लाभ-हानि खाता
(31.3.2014 को समाप्त होने वाले वर्ष हेतु)

आरम्भिक रहतिया	1,00,000	विक्रय	6,00,000
क्रय	6,55,000	अंतिम रहतिया	3,05,000
सकल लाभ	1,50,000		
	9,05,000		9,05,000
वेतन	10,000	सकल लाभ	1,50,000
मजदूरी	15,000		
कार्यालय व्यय	12,000		
ब्याज	9,000		
विक्रय सम्बन्धी	11,000		
प्रतिभूतियों के विक्रय से हानि	3,000		
शुद्ध लाभ	90,000		
	1,50,000		1,50,000

आर्थिक चिट्ठा (31.3.2014)

अंश पूँजी		8,00,000	रोकड़ हाथ में	2,00,000
बैंक अधिविकर्ष		50,000	रोकड़ बैंक में	1,50,000
लेनदार		2,00,000	देनदार	1,70,000
रिजर्व	70,000		स्टॉक	1,50,000
शुद्ध लाभ	90,000	1,60,000	भूमि एवं भवन	3,50,000
			फर्नीचर	1,00,000
			प्लाण्ट एवं मशीनरी	90,000
		12,10,000		12,10,000

(i) चालू अनुपात (Current Ratio)

(ii) तरल अनुपात (Liquid Ratio)

(iii) स्टॉक टर्नओवर अनुपात (Liquid Ratio)

(iv) सकल लाभ अनुपात (Gross Profit Ratio)

(v) देनदार आवर्त अनुपात (Debtors turnover Ratio)

(i) Ans. चालू अनुपात 2.68 : 1 (ii) तरल अनुपात 2.08 : 1 (iii) स्टॉक टर्नओवर अनुपात 2.2 : 1 (iv) सकल लाभ अनुपात 25 %, (v) 3.5 : 1।

2. The following informations are available from the financial Record of the company for the year ended 31 Dec. 2014.

Particular	Amount
Sales	1,32,500
Bills payable	75,000
Creditors	3,00,000
Purchase	8,50,000
Debtors	3,00,000
Stock	2,00,000
Cash in hand	1,25,000
Cash at Bank	5,00,000

Calculate the following Rations :
(i) Current Ratio (चल अनुपात)
(ii) Quick Ratio (त्वरित अनुपात)
(iii) Inventory turnover Ratio (स्कन्ध आवर्त अनुपात)
(iv) Average Payment Period (भुगतान की औसत अवधि)

Ans. (i) Current Ratio–3 : 1 (ii) Quick Ratio– 2.5 : 1 (iii) Inventory turnover ratio–6.63 times (iv) Average payment period–161 Days.

Notes—Inventory turnover ratio has been calculated on the basis of closing stock and total sales.

3. The balance sheet of Rama & Company Limited as on 31 Dec. 2014 is being given as follows :

Balance Sheet of Rama & Company Limited
(As on year ended 31 Dec. 2014)

Liabilities	Amount	Assets	Amount
Share capital	5,00,000	Fixed Assets	5,50,000
Reserve	2,00,000	Debtors	2,70,000
Creditors	3,05,000	Stock	2,35,000
Debentures	2,00,000	Cash in hand	1,50,000
	12,05,000		12,05,000

Total sales of the company during the year was 25,00,000 calculate the following turnover ratios :
(i) चल सम्पत्ति आवर्त (Current Assets Turnover)
(ii) कार्यशील पूँजी आवर्त (Working Capital Turnover)
(iii) स्थिर सम्पत्ति आवर्त (Fixed Assets Turnover)
(iv) स्वामित्व पूँजी आवर्त (Owner's Capital Turnover)
(v) शुद्ध पूँजी आवर्त (Net Capital Turnover)
(vi) सकल पूँजी आवर्त (Gross Capital Turnover)

Ans.—(i) Current Assets turnovers 3.8 times (ii) Working capital turnover 7.14 times (iii) Fixed assets turnover–4.55 times (iv) Owners Capital Turnover–3.6 times (v) Net capital turnover 2.8 times (vi) Gross Capital turnover over—2 times.

4. निम्नांकित विवरणों के आधार पर फर्म की औसत भुगतान अवधि (Average Payment Period) की गणना कीजिए।

Total purchase	2,00,000
Cash purchase	35,000
Purchase Returns	50,000
Creditors	90,000
Bills Payable	35,000
Reserve for discount to Creditors	10,000

Ans. 365 Days.

Notes—Net payable Sundry creditors + Bills payable – Reserve for discount to creditors
Net credit purchase –Total Purchase – (Cash purchase – Purchase Returns)

5. The following is the Balance sheet of X, Y, Z Limited for the year ended 31 March, 2014.

Liabilities	Amount	Assets	Amount
Equity share capital	5,00,000	Fixed Assets	3,50,000
Preference share capital	3,50,000	Debtors	55,000
Reserve & surplus	75,000	Stock	1,00,000
Creditors	50,000	Cash in hand	2,90,000
Bills Payable	25,000	Cash at bank	2,05,000
	10,00,000		10,00,000

Calculate the following ratios

(i) तरल अनुपात (Liquid Ratio)

(ii) चालू अनुपात (Current Ratio)

(iii) स्वामित्व अनुपात (Proprietory Ratio)

(iv) ऋण समता अनुपात (Debt equity Ratio)

(v) पूँजी मिलान अनुपात (Capital Gearing Ratio)

(vi) शोधन क्षमता अनुपात (Solvency Ratio)

Ans. (i) Liquid Ratio—6.0 : 1 (ii) Current Ratio—8.6 : 1 (iii) Proprietary Ratio—.0925 : 1 (iv) Debt equity ratio .08 : 1 (v) Capital Gearing Ratio—1.64 : 1 (vi) Solvency Ratio—.075 : 1

6. Compute the following Ratios from the Particulars given bellows.

Equity shares (50,000)	5,00,000
10% 25,000 Preference shares	2,50,000
Market price of equity share	25
Depreciation	50,000
Profit after tax @ 25%	3,20,000
Dividend paid on equity shares	15%

E.P.S. Dividend Yield Ratio, Dividend pay out ratio.

Ans. (i) Earning per share Rs. 5.90 (ii) Dividend yield ratio 6% (iii) 25.4%

7. Balance Sheet of B. K. Limited is given below :

Balance Sheet

Liabilities	Amount	Assets	Amount
5% Preference share Capital	30,000	Fixed Assets	1,40,000
Equity share capital	50,000	Stock	20,000
5% Debentures	70,000	Debtors	16,000
Capital Reserve	5,000	Bank	14,000
P & L a/c	10,000		
Creditors	12,000		
Bank over Draft	8,000		
Proposed dividend on equity shares	5,000		
Total	**1,90,000**		**1,90,000**

Find out capital gearing ratio and liquidity ratio. Bhopal University, 1975

8. Compute the three major types of return on investment used to measure the profitability of a firm in relation to investment the information given to be used for this purpose is :

	Rs.
Net worth (Share holder's equity)	7,50,000
Preference share capital	2,00,000
Preference shared dividend	16,000
Capital employed	11,00,000
Intangible Assets	1,40,000
Total Assets	1,26,500
Net Profit after taxes	1,50,000
Interests	23,500

(University of Alld. M. Com. 1978)

Ans.— Return on total Assets 37.5% (ii) Return on capital employed 13.3% (iii) Return on equity share holders funds 14.7%

9. Auto mobile limited provides following information.

1,00,000 equity shares @ Rs. 10 each	10,00,000
10,000 15% preference shares of Rs. 10 each	1,00,000
Profit after tax	4,50,000
Dividend paid on equity shares	12%
Market price of equity share	Rs. 40

You are required to calculate the following ratios from the above information—

(i) Preference dividend coverage ratio

(ii) Dividend yield on equity shares

(iii) Return on equity capital

(iv) Earning per share

(v) Price earning Ratio

Ans.— Preference Dividend Coverage Ratio : 30 times (ii) 3% (iii) 3.63 times (iv) Earning per share Rs. 4.35 (v) Price earning Ratio 9.2 : 1

10. निरमा केमिकल लिमिटेड का 31 मार्च, 2004 को समाप्त होने वाले वर्ष के लिए लाभ-हानि खाता निम्न है।

Tradings Profit & Loss a/c

To opening stock	1,50,000	By sales	6,50,000
To purchase	4,00,000	By Closing stock	1,80,000
To wages	50,000		
To gross profit	2,30,000		
	8,30,000		8,30,000
To selling expenses	50,000	By Gross Profit	2,30,000
To Administrative expenses	25,000	By non-operating Income	20,000
To non-operating expenses	40,000		
To provision for tax	15,000		
To net profit	1,20,000		
	2,50,000		2,50,000

Find the following ratios from above information:—

Gross profit Ratio (ii) Operating ratio (iii) Operating profit ratio (iv) Expenses ratio (v) Net Profit ratio

Ans. (i) Gross profit Ratio 35% (ii) 76% (iii) 23.8% (iv) (a) Cost of goods sold ratio 64.6% (b) Administrative expenses ratio—3.8% (c) Selling expenses ratio 7.7% (d) Non operating expenses 61.6% (e) Net Profit ratio—18%.

Net operating cost = opening stock + purchase + wages − closing stock + Administrative expenses + Selling expenses.

Operating Profit = Net Sales — Operating Cost [cost of goods sold] and operating expenses

Cost of goods sold = Opening stock + Purchases + wages − Closing stock

अध्याय

7

कोष प्रवाह विवरण

(Funds Flow Statement)

परिचय—आर्थिक क्रिया-कलाप एक गतिशील (Dynamic) क्रिया है। प्रक्रिया की निरन्तरता ही उद्यम की गतिशीलता एवं विकास की द्योतक होती है। लेन-देन (Transaction) की प्रक्रिया के माध्यम से कोषों का प्रवाह बना रहता है। प्रवाहित कोषों की सहायता व्यवसाय की नैत्यिक आवश्यकताओं की पूर्ति के साथ-साथ संगठन के देयकों (अल्पकालिक मध्यकालिक तथा दीर्घकालिक) का भुगतान भी किया जाता है। व्यावसायिक लेन-देनों का लेखा-जोखा करने हेतु लाभ-हानि खाता तथा व्यवसाय की स्थिति प्रदर्शित करने हेतु आर्थिक चिट्ठा तैयार किया जाता है। लाभ हानि खाते के माध्यम से एक निश्चित अवधि के अन्तर्गत संगठन में हुए व्ययों पर आय के आधिक्य (लाभ) एवं आय पर व्ययों के आधिक्य (हानि) की गणना की जाती है जबकि चिट्ठे के माध्यम से एक निश्चित तिथि पर संगठन के दायित्वों, पूँजी एवं सम्पत्तियों का स्पष्ट निरूपण किया जाता है किन्तु संगठन के अंतिम खाते, कोषों के प्रयोग (uses of funds) तथा कोषों के साधनों (Sources of funds) के सन्दर्भ में मौन रहते हैं। कोष प्रवाह विवरण वह मापक प्रक्रिया है जिसके माध्यम से संगठन में कोषों के प्रयोग तथा कोषों की प्राप्ति के माध्यम का विवेचन दो स्थिति विवरणों के माध्यम से किया जाता है। वस्तुतः कोष प्रवाह विवरण दो स्थिति विवरणों के मध्य संगठन के कोषों में होने वाले परिवर्तनों के अध्ययन हेतु निर्मित किया जाता है। अर्थात् कोष प्रवाह विवरण के माध्यम से दो वित्तीय वर्ष में निर्मित स्थिति विवरण के मध्य विभिन्न मदों में हुए परिवर्तनों को प्रदर्शित किया जाता है। आर्थिक चिट्ठे में विभिन्न दायित्वों तथा सम्पत्तियों की राशि में होने वाले परिवर्तनों की सूचना नहीं होती। चूँकि चिट्ठा एक निश्चित तिथि को संगठन की स्थिति प्रदर्शित करता है। यह एक स्थिर प्रकृति का विवरण होता है। इसके अन्तर्गत सम्पत्तियों एवं दायित्वों की मदों में होने वाले परिवर्तनों का उल्लेख नहीं करता। जैसे यदि कोई भूमि रु० 1,00,000 में खरीदी गई हो तथा दूसरी भूमि रु० 1,00,000 में बेच दी गई हो तो चिट्ठे में इस प्रकार के लेन-देनों का कोई उल्लेख नहीं होता।

अतः संगठन में यह ज्ञात करने हेतु कि किसी लेखांकन अवधि में कोषों की उपलब्धता कितनी मात्रा में रही तथा इनका प्रयोग किन उद्देश्यों की पूर्ति हेतु किया गया, कोष प्रवाह विवरण का निर्माण किया जाता है। वस्तुतः संगठन के भावी नियोजन एवं विकास तथा विस्तार कार्यक्रमों के संचालन हेतु कोषों की उपलब्धता तथा उनके उपयोग के सन्दर्भ में जानकारी प्राप्त होना अतीव आवश्यक होता है। कोष प्रवाह विवरण को कोषों के साधनों तथा उपयोगों का विवरण (Statement of sources and uses of funds) वित्तीय विवरण में परिवर्तन का विवरण (Statement of Changes in Financial Position) कहाँ से आया कहाँ गया विवरण (Where got where gone statement) नामों से भी जाना जाता है

कोष प्रवाह विवरण का अर्थ एवं परिभाषाएँ

(Meaning and Definitions of Funds Flow Statement)

कोष प्रवाह विवरण का अर्थ ज्ञात करने हेतु कोष प्रवाह के शाब्दिक अर्थ को जानना आवश्यक है। कोष प्रवाह शब्द कोष+प्रवाह दो शब्दों के योग से बना है। कोष का आशय विस्तृत अर्थों में सम्पूर्ण संसाधनों से है किन्तु प्रचलित अर्थों में कोष का अभिप्राय शुद्ध कार्यशील पूँजी (Net working capital) से लगाया जाता है। इस अर्थ में कोष का आशय चल दायित्वों पर चल सम्पत्तियों के आधिक्य से है। कोष प्रवाह विवरण की यह विचारधारा इस तथ्य पर बल देती है कि इस विवरण में केवल चालू सम्पत्तियों तथा चालू दायित्वों की राशि में होने वाले परिवर्तनों को ही अंगीकार किया जाय। कोष प्रवाह विवरण के सन्दर्भ में विभिन्न विद्वानों तथा वित्त विशेषज्ञों एवं प्रबन्धकों के मध्य मतैक्य का अभाव है। किन्तु फिर भी इसके अर्थ की सहज व्याख्या हेतु कतिपय उपलब्ध परिभाषाएँ निम्नवत् हैं—

आर०ए० फाउल्के—"कोषों के स्रोतों एवं प्रयोग का विवरण एक तकनीकी युक्ति है जोकि दो तिथियों के मध्य किसी व्यावसायिक उपक्रम की वित्तीय स्थिति में हुए परिवर्तन का विश्लेषण करने हेतु तैयार की जाती है।"[1]

स्मिथ एवं ब्राउन—"कोष प्रवाह विवरण संक्षिप्त रूप से तैयार किया गया एक विवरण है जो दो अलग-अलग तिथियों पर बनाये गये स्थिति विवरणों के समयान्तर में वित्तीय दशाओं में हुए परिवर्तनों एवं प्रवृत्तियों को दर्शाता है।"[2]

आर०एन०एन्थोनी—"कोष प्रवाह विवरण उन स्रोतों का जिनसे अतिरिक्त कोष प्राप्त किये गये हैं तथा उन प्रयोगों का जिनमें इन कोषों को काम में लिया गया है, का वर्णन करता है।"[3]

एल्मंड कोलमैन—"कोष प्रवाह विवरण सार्थक वित्तीय परिवर्तनों का संक्षिप्त विवरण है जोकि कम्पनी के प्रारम्भिक तथा अंतिम लेखांकन अवधि के मध्य सृजित हुए हैं।"[4]

उपर्युक्त परिभाषाओं के अध्ययन से स्पष्ट है कि कोष प्रवाह विवरण स्थायित्व का सूचक न होकर बल्कि गतिशीलता का सूचक है। दूसरे शब्दों में यह वित्तीय संचालन, वित्तीय परिवर्तन तथा वित्त प्रवाह के अन्तर्गमन (Inflow) तथा बहिर्गमन (outflow) का सूचक है। वस्तुत: कोष प्रवाह विवरण एक ऐसी तकनीक है जिसके माध्यम से किन्हीं दो तिथियों के मध्य किसी उद्यम की आर्थिक दशा में हुए परिवर्तनों का अध्ययन किया जाता है। संगठन की आर्थिक स्थिति में परिवर्तन के दो कारण हो सकते हैं—(1) कोषों के अन्तर्वाह (Inflow of funds (2) कोषों के बहिर्वाह (Outflow of funds) इस विवरण की सहायता से संगठन की आर्थिक स्थिति क्यों और कैसे (Why and How) परिवर्तित हुई, का विश्लेषण किया जाता है।

कोष का आशय (Meaning of Funds)

विभिन्न विद्वानों द्वारा कोष (Funds) शब्द की व्याख्या विभिन्न अर्थों में की गई है। कोष शब्द वस्तुत: सामान्य तौर पर एकत्रित धन जमा अथवा खजाना हेतु प्रयोग होता है किन्तु व्यावसायिक शब्दावली में कोष से अभिप्राय रोकड़ कोष पूँजी कोष एवं कार्यशील पूँजी कोष से लगाया जाता है।

(i) रोकड़ कोष (Cash Funds)—अत्यन्त संकुचित अर्थों में कोष शब्द का प्रयोग रोकड़ कोष के रूप में किया जाता है। किन्तु व्यावसयिक संदर्भों में यह प्रयोग मान्य नहीं है। उद्यम में रोकड़ के अतिरिक्त कई अन्य रूपों में भी कोष का प्रयोग किया जाता है। व्यवसाय में प्राय: अनेक ऐसे लेन-देन होते हैं, जो रोकड़ पर प्रत्यक्ष प्रभाव नहीं डालते किन्तु रोकड़ का प्रवाह उन लेन-देनों के कारण अवश्य होते हैं। उदाहरणार्थ किसी उपकरण की उधार खरीदारी पर तत्काल रोकड़ प्रभावित नहीं होती किन्तु कोषों का उपयोग उपकरण क्रय हेतु अवश्य होता है। इस प्रकार कोषों के साधन लेनदार अथवा देय विपत्र में वृद्धि के कारक होते हैं।

(ii) पूँजी कोष (Capital fund)—कोष शब्द की यह व्याख्या आर्थिक मूल्यों के हस्तान्तरण (Transfer of Economic values) पर आधारित है। इसके अन्तर्गत रोकड़ के साथ-साथ व्यवसाय के अन्य सम्पूर्ण साधनों अथवा प्रावधानों को सम्मिलित किया जाता है। इसके अन्तर्गत संगठन की सम्पूर्ण सम्पत्तियों में विनियोजित संसाधनों तथा सम्पूर्ण दायित्वों से उपलब्ध स्रोतों (Sources) को एकीकृत (Integrated) रूप में प्रस्तुत किया जाता है।

(iii) कार्यशील पूँजी कोष (Working Capital Fund)—कोष शब्द की कार्यशील पूँजी कोष अवधारणा अत्यन्त प्रचलित है। कार्यशील पूँजी की गणना हेतु चल सम्पत्तियों एवं चल दायित्वों का आगणन किया जाता है। चल दायित्वों से चल सम्पत्तियों का आधिक्य ही कार्यशील पूँजी होती है। चालू सम्पत्तियाँ संगठन के नैत्यिक कार्य संचालन में विभिन्न स्तरों पर परिवर्तित होकर पुन: रोकड़ के रूप में परिवर्तित होती रहती है। यथा रोकड़ →कच्चा माल →अर्द्धनिर्मित माल निर्मित माल →नकद विक्रय/ उधार विक्रय →वसूली पर रोकड़।

---

1. "A statement of sources and application of funds, is a technical device designed to highlight the changes in the financial condition of a Business enterprise between two Dates." —*R.A. Foulke*.
2. "A funds flow statement is Prepared in summary from to indicate changes and trends occuring in terms of financial condition between two different Balance sheet Dates." —*Smith and Brown.*
3. "The funds flow Statement Describes the sources from which Additional funds were Derived and the uses to which these funds were Put." —*R. N. Anthony*
4. The funds flow statement is a statement summarising the significant financial changes which were occured between the beginning and the end of the company's Accounting Period. —*Almond Coleman*

चालू सम्पत्तियों के अन्तर्गत रोकड़ तथा बैंक शेष, देनदार, रहतिया, प्राप्य विपत्र, बाजार में निर्गत प्रतिभूतियाँ, पूर्वदत्त व्यय, उपार्जित किन्तु अप्राप्य आयों को सम्मिलित किया जाता है। चालू दायित्वों के अन्तर्गत उन देनदारियों को सम्मिलित किया जाता है, जिनका भुगतान संगठन द्वारा उस वित्तीय वर्ष के अन्दर किया जाना है। चालू दायित्व के अन्तर्गत लेनदार, देय विपत्र, बैंक अधिविकर्ष एवं अन्य प्रकार के (वित्तीय वर्ष के अन्दर) देय मदों को सम्मिलित किया जाता है। संगठन में मात्र चालू सम्पत्तियों एवं चालू दायित्वों का ही प्रयोग नहीं किया जाता बल्कि गैर चालू सम्पत्तियों (स्थायी सम्पत्तियों) तथा गैर चालू दायित्वों का भी प्रयोग होता है। अत: चालू एवं गैर चालू (सम्पत्ति तथा दायित्व) मदों का ज्ञान होना परमावश्यक होता है। कतिपय आवश्यक एवं प्रचलित मदों का विवेचन निम्नवत् है—

आर्थिक चिट्ठा (Balance Sheet)

चालू दायित्व (Current Liabilities)	चालू सम्पत्तियाँ (Current Assets)
(i) लेनदार (Creditors)	(i) नकद (Cash)
(ii) देय विपत्र (Bills Payable)	(ii) देनदार (Debtors)
(iii) बैंक अधिविकर्ष (Bank Overdraft)	(iii) प्राप्य विपत्र (Bills Receivables)
(iv) अदत्त व्यय (Outstanding expenses)	(iv) स्कन्ध (Stock)
(v) देय आयकर (Income tax due)	(v) विक्रय योग्य प्रतिभूतियाँ (Marketable securities)
(vi) अयाचित लाभांश (Unclaimed dividend)	(vi) पूर्वदत्त व्यय (Prepaid expenses)
	(vii) अग्रिम कर (Advance tax)

कतिपय लेखा विदों द्वारा बैंक अधिविकर्ष को चालू दायित्वों में सम्मिलित न करके बल्कि स्थायी साधन के रूप में प्रयोग किया जाता है।

आयकर एवं प्रस्तावित लाभांश को चालू दायित्व भी माना जाता है।

गैर चालू लेखे (Non-current Accounts) (Liabilities) (दायित्व)	गैर चालू लेखे (Non-current Account) (Assets) (सम्पत्तियाँ)
(i) समता अंशपूँजी (Equity share capital)	(i) भूमि (Land)
(ii) अधिमान अंशपूँजी (Preference share capital)	(ii) भवन (Building)
(iii) सामान्य संचय एवं कोष (General reserve and funds)	(iii) फर्नीचर (Furniture)
(iv) अंश प्रीमियम (Share Premium)	(iv) मशीनरी (Machinery)
(v) पूँजीगत संचय (Capital Reserve)	(v) वाहन (Vehicles)
(vi) ऋण पत्र (Debentures)	(vi) ख्याति (Goodwill)
(vii) दीर्घकालीन (Long term loan)	(vii) दीर्घकालीन विनियोग (Long term Investments)
(viii) प्रस्तावित लाभांश (Proposed Dividend)	(viii) प्रारम्भिक व्यय (Preliminary expenses)
(ix) ह्रास के लिए प्रावधान (Provision for depreciation)	(ix) लाभ-हानि खाते में हानि (Loss in profit and Loss a/c)
(x) आयकर के लिए आयोजन (Provision for income tax)	(x) अंशों के निर्गमन पर बट्टा (Discount on issue of shares)
(xi) लाभ-हानि खाता (Profit and Loss account)	(xi) ऋण-पत्रों के निर्गमन पर बट्टा (Discount on Issue of Debentures)
	(xii) व्यापार चिह्न (Trade mark)
	(xiii) एकस्व (Patents)
	(xiv) अभिगोपक कमीशन (Under writers commission)

कोष प्रवाह का आशय (Meaning of funds flow)—वस्तुत: किसी भी संगठन में होने वाले लेन-देनों के परिणामस्वरूप होने वाले प्रवाहों (Flows) को कोष प्रवाह (Funds flow) कहा जाता है। व्यवसाय में किसी भी प्रकार का सौदा (Transaction) होने पर कोष में कमी अथवा वृद्धि अवश्य होती है। चूँकि हमारे द्वारा कोष शब्द का प्रयोग कार्यशील पूँजी के सन्दर्भ में किया गया है। अत: व्यवहारों के परिणामस्वरूप कार्यशील पूँजी की मात्रा में होने वाली कमी अथवा वृद्धि को कोष प्रवाह की संज्ञा दी जाती है। व्यापारिक लेन-देन से कार्यशील पूँजी की मात्रा में होने वाली वृद्धि को कोष का स्रोत (Sources of funds) तथा कार्यशील पूँजी की मात्रा में होने वाली कमी को कोष का प्रयोग (uses of funds) की संज्ञा दी जाती है। किसी लेन-देन से कार्यशील पूँजी अप्रभावित रहने पर कोष प्रवाह प्रभावित रहता है। वस्तुत: शुद्ध कार्यशील पूँजी की मात्रा में कमी अथवा वृद्धि तभी सम्भव हो सकती है, जब किसी लेन-देन से प्रभावित होने वाले दो खातों में से एक खाता चालू लेखे (current Accounts) या चालू दायित्व (current liabilities) तथा दूसरा खाता गैर चालू (Non current) खाते से सम्बन्धित हो।

कोष प्रवाह ज्ञात करने की प्रक्रिया (Process for knowing funds flow)—वस्तुत: संगठन में प्रत्येक प्रकार के लेन-देन से कोष प्रवाह प्रभावित होना अनावश्यक नहीं होता। किन्तु इस बात का सुनिश्चयन करने के लिए कि कोई भी व्यवहार कोष प्रवाह को प्रभावित करता है, अथवा नहीं, सामान्य तौर पर निम्न प्रक्रियाओं का अनुश्रवण किया जाता है।

1. जर्नल प्रविष्टि (Journal Entry)—जैसा कि हम जानते हैं कि प्रत्येक सौदे के दो पक्ष होते हैं। जिसमें एक पक्ष ऋणी (Debt) तथा दूसरा पक्ष धनी (Credit) होता है। इन दोनों पक्षों के स्पष्ट निरूपण हेतु प्रत्येक प्रकार के व्यवहार की जर्नल प्रवृष्टि किया जाना अतीव आवश्यक होता है।

2. खातों पर प्रभाव (Effect on Accounts)—जर्नल प्रवृष्टि के उपरान्त सृजित दोनों खातों के परिणाम जानने हेतु सम्बन्धित प्रवृष्टियों को खाते के रूप में परिवर्तित करके यह देखा जाता है कि व्यवहार से प्रभावित होने वाले दो खाते कौन से हैं। उदाहरणस्वरूप नकद भूमि क्रय किया। प्रविष्टि होगी भूमि खाता ऋणी रोकड़ खाते का। यहाँ नकद चालू खाते का मद है तथा भूमि गैर चालू सम्पत्ति का मद है।

3. चालू खाते पर प्रभाव (Effect on Current Accounts)—यदि किसी लेन-देन के परिणामस्वरूप केवल चालू खाते अर्थात चालू सम्पत्तियाँ अथवा चालू दायित्व ही प्रभावित हों। तो सम्बन्धित व्यवहार से कोष प्रवाह नहीं होगा क्योंकि सम्बन्धित व्यवहार शुद्ध कार्यशील पूँजी की मात्रा को परिवर्तित नहीं कर सकेंगे।

4. गैर चालू खातों पर प्रभाव (Effect on non current Accounts)—यदि संगठन में किसी लेन-देन से केवल गैर चालू खाते पर ही प्रभाव पड़ता है तो कोष प्रवाह नहीं हो सकेगा। क्योंकि गैर चालू खातों सम्बन्धी व्यवहार कार्यशील पूँजी पर कोई प्रभाव नहीं डाल सकेंगे।

5. चालू एवं गैर चालू खातों पर प्रभाव (Effect on current and non current Accounts)—वस्तुत: यदि किसी लेन-देन से एक चालू खाता तथा दूसरा गैर चालू खाता प्रभावित होता है तो ऐसे व्यवहारों के परिणामस्वरूप कार्यशील पूँजी प्रभावित होने के कारण उद्यम में कोष प्रवाह अवश्य होगा। उदाहरणार्थ नकद मशीन क्रय किया।

Machine	a/c	Dr (non current Assets)
To cash		(Current Assets)

उपर्युक्त सौदे के परिणामस्वरूप कोष का प्रवाह प्रभावित होगा क्योंकि मशीन खाता गैर चालू सम्पत्ति खाते तथा नकद खाता चालू सम्पत्ति खाते से सम्बन्धित है।

कोष प्रवाह की दशाएँ (Conditions of funds flow)—प्राय: संगठन में कोष प्रवाह की अनिवार्यता नहीं होती। प्रत्येक प्रकार के लेन-देन कोष प्रवाह को प्रभावित नहीं करते। सामान्यतया निम्नलिखित दशाओं में कोष प्रवाह प्रभावित होते हैं—

1. चालू एवं स्थायी सम्पत्ति लेन-देन (Transactions between Current and Fixed Assets)—संगठन में होने वाले ऐसे लेन-देन जिनसे चालू एवं स्थायी दोनों प्रकार की सम्पत्तियाँ प्रभावित होती है। उनसे कोष प्रवाह होगा। चालू सम्पत्ति में कमी तथा स्थायी सम्पत्ति में वृद्धि अथवा चालू सम्पत्ति में वृद्धि तथा स्थायी सम्पत्ति में कमी से कोष प्रवाह होंगे। क्योंकि चालू सम्पत्ति में कमी होने पर चालू दायित्व की मात्रा अपरिवर्तित रहने के कारण कार्यशील पूँजी की मात्रा में कमी होगी। उदाहरणस्वरूप नकद फर्नीचर क्रय करने पर नकद के रूप में चालू सम्पत्ति में कमी तथा फर्नीचर के

रूप में स्थायी सम्पत्ति में वृद्धि होगी। इसके विपरीत चालू सम्पत्ति में वृद्धि से रोकड़ का प्रवाह होगा। जैसे नकद मशीन विक्रय से नकदी के रूप से चालू सम्पत्ति में वृद्धि तथा मशीन के रूप में स्थायी सम्पत्ति में कमी होगी।

2. चालू सम्पत्तियों एवं स्थायी दायित्वों के मध्य लेन-देन (Transaction between Current Assets and Fixed Liabilities)—चालू सम्पत्तियों एवं पूँजी तथा स्थायी दायित्वों के मध्य होने वाले लेन-देन कोष प्रवाह को प्रभावित करते हैं। यदि पूँजी के निर्गमन अथवा स्थायी दायित्व के सृजन से चालू सम्पत्ति की मात्रा में वृद्धि होगी तो यह कोष का साधन माना जायेगा। किन्तु चालू सम्पत्ति के प्रयोग द्वारा स्थायी दायित्व का भुगतान कर दिये जाने पर कार्यशील पूँजी की मात्रा में कमी होगी तथा यह कोष का उपयोग होगा।

3. चालू दायित्वों एवं दीर्घकालीन दायित्वों के मध्य लेन-देन (Transactions between Current Liabilities and Long Term Liabilities)—चालू एवं दीर्घकालीन दायित्वों के मध्य होने वाले लेन-देन भी कोष प्रवाह को प्रभावित करते हैं। यदि संगठन के लेनदारों का भुगतान उन्हें अंश अथवा ऋणपत्रों का निर्गमन करके किया जाता है तो चालू दायित्व में कमी तथा दीर्घकालीन दायित्व की मात्रा में अभिवृद्धि होगी। चालू दायित्व की मात्रा में कमी आने से कार्यशील पूँजी की मात्रा में अभिवृद्धि होगी।

4. चालू दायित्वों एवं स्थायी सम्पत्तियों के मध्य लेन-देन (Transaction between Current Liabilities and Fixed Assets)—चालू दायित्वों एवं स्थायी सम्पत्तियों के मध्य होने वाले लेन-देन कोष प्रवाह को प्रभावित करते हैं। यदि चालू दायित्वों (लेनदार, देय विपत्र) का सृजन करके स्थायी सम्पत्तियों का निर्माण किया जाता है तो चालू दायित्वों की मात्रा में वृद्धि तथा स्थायी सम्पत्तियों में मात्रा में भी वृद्धि होगी। इसी प्रकार यदि स्थायी सम्पत्तियों को बेचकर अथवा हस्तान्तरण करके चालू दायित्वों का शोधन कर दिया जाता है तो चालू दायित्वों की मात्रा में कमी एवं स्थायी सम्पत्तियों की मात्रा में भी कमी होगी।

कोष प्रवाह की विपरीत दशाएँ
(Adverse Conditions of Funds Flow)

संगठन में होने वाले प्रत्येक लेन-देन से कोष प्रवाह का प्रभावित होना आवश्यक नहीं होता। सामान्य तौर पर चल सम्पत्ति अथवा दायित्व एवं अचल सम्पत्ति व दायित्व खातों के प्रभावित होने पर कोष प्रवाह प्रभावित होता है किन्तु कतिपय स्थितियाँ ऐसी भी आती हैं जिनसे केवल एक ही प्रकार के खाते प्रभावित होते हैं। प्राय: निम्नांकित स्थितियों में होने वाले व्यवहार कोष प्रवाह को प्रभावित नहीं करते—

1. चालू सम्पत्ति विषयक सौदे (Transactions Related with Current Assets)—संगठन में स्थित केवल चालू सम्पत्तियों के मध्य होने वाले लेन-देन कोष प्रवाह को प्रभावित नहीं करते। दूसरे शब्दों में यदि किसी सौदे के दोनों पक्ष चालू सम्पत्ति खाते से सम्बन्धित होते हैं तो वे किसी भी प्रकार से कार्यशील पूँजी की मात्रा को प्रभावित नहीं करते। कार्यशील पूँजी की मात्रा अप्रभावित रहने के कारण कोष प्रवाह प्रभावित नहीं होता क्योंकि कोष प्रवाह प्रत्यक्ष तौर पर कार्यशील पूँजी से प्रभावित होते हैं। उदाहरणार्थ—यदि लेनदारों अथवा देय विपत्रों का भुगतान नकद किया जाता है तो लेनदारों की मात्रा में कमी होने के साथ-साथ रोकड़ की मात्रा में भी कमी होगी परिणामस्वरूप कार्यशील पूँजी अप्रभावित होगी। माना किसी संगठन की चल सम्पत्तियाँ रु० 50,000 तथा चल दायित्व रु० 40,000 के हैं। लेनदारों को रु० 5000 का नकद भुगतान करने पर चालू सम्पत्तियाँ घटकर (50,000-5,000)= 45,000 हो जायेंगी तथा चालू दायित्व घटकर (40,000-5,000) = 35,000 हो जायेंगे। इस दशा में कार्यशील पूँजी मात्रा रु० 10,000 ही दोनों दशाओं में रहेगी। अत: कार्यशील पूँजी अप्रभावित रहने के कारण संगठन के कोष प्रवाहों पर कोई प्रभाव नहीं पड़ेगा।

2. चालू दायित्व विषयक सौदे (Transaction related with Current Liabilities)—संगठन में होने वाले ऐसे लेन-देन जिनका प्रभाव केवल चालू दायित्वों पर पड़ता है, इस प्रकार के लेन-देन कोष प्रवाह को प्रभावित नहीं करते हैं। ऐसी दशा में एक चालू दायित्व दूसरे चालू दायित्व को समायोजित कर देते हैं। कार्यशील पूँजी की मात्रा अपरिवर्तित रहने के कारण कोष प्रवाह प्रभावित नहीं होता। उदाहरणस्वरूप देय विपत्रों का भुगतान बैंक अधिविकर्ष के माध्यम से करना। ऐसी दशा में जहाँ एक ओर देय विपत्रों की मात्रा में कमी होगी वहीं दूसरी ओर उतनी ही राशि से बैंक अधिविकर्ष की मात्रा में अभिवृद्धि होगी। जैसे यदि संगठन की चालू सम्पत्ति रु० 75000 तथा चालू दायित्व रु० 50000 है। संगठन के अन्तर्गत रु० 10000 के लेनदारों का भुगतान बैंक अधिविकर्ष के माध्यम से करने का निर्णय लिया गया।

ऐसी दशा में लेनदारों की मात्रा में कमी होने पर चालू दायित्व (50000-10000) के होंगे किन्तु बैंक अधिविकर्ष के रूप में रु० 10000 की वृद्धि चालू दायित्वों में हो जाने के कारण चालू दायित्व की राशि पुनः (40000 + 10000) =रु० 50000 हो जायेगी। कार्यशील पूँजी की मात्रा दोनों स्थितियों में रु० 25000 रहने के कारण कोष प्रवाह प्रभावित नहीं होगा।

3. स्थायी सम्पत्ति विषयक लेन-देन (Transactions related with Fixed Assets)—संगठन के अन्तर्गत होने वाले स्थायी सम्पत्ति विषयक लेन-देन भी कार्यशील पूँजी की मात्रा को प्रभावित नहीं करते। क्योंकि चालू सम्पत्ति एवं चालू दायित्व खातों के प्रभावित होने पर फन्ड प्रवाह होता है। वस्तुतः इस प्रकार के लेन-देनों से एक सम्पत्ति विक्रीत होकर दूसरी सम्पत्ति सृजित होती है। उदाहरणार्थ रु० 5,00,000 की भूमि का विक्रय करके रु० 5,00,000 मूल्य का संयंत्र खरीदने की दशा में स्थायी सम्पत्ति का मूल्य अप्रभावित रहेगा। परिणामस्वरूप कोष प्रवाह का अभाव पाया जायेगा।

4. स्थायी दायित्व विषयक लेन-देन (Transactions related with Fixed Liabilities)—किसी प्रकार का लेन-देन केवल स्थिर दायित्वों के मध्य होने पर योग अपरिवर्तित रहने के कारण कोष प्रवाह नहीं होता। उदाहरणार्थ यदि पूर्वाधिकार अंशों का शोधन ऋण पत्रों का निर्गमन करके किया जाय तो स्थायी सम्पत्ति खातों का योग अपरिवर्तित रहने के कारण कोष प्रवाह नहीं होगा।

5. चालू सम्पत्तियों एवं चालू दायित्वों सम्बन्धी लेन-देन (Transactions related with Current Assets and Current Liabilities)—संगठन में होने वाले ऐसे लेन-देन जिनका एक पक्ष चालू सम्पत्ति तथा दूसरा पक्ष चालू दायित्व सम्बन्धी लेन-देन से सम्बन्धित होता है। इनके कारण चालू सम्पत्ति एवं चालू दायित्व समान मात्रा में परिवर्तित हो जाते हैं, किन्तु कार्यशील पूँजी की मात्रा में किसी भी प्रकार वृद्धि अथवा कमी नहीं होती। जिससे कोष प्रवाह अप्रभावित रहता है। जैसे लेनदारों का नकद भुगतान करना, ऐसी दशा में रोकड़ की मात्रा में, लेनदारों को भुगतान के समतुल्य राशि कम होगी, लेनदारों की राशि भी कम होगी। परिणामस्वरूप कार्यशील पूँजी प्रभावित रहने के कारण कोष का प्रवाह अवरूद्ध रहेगा।

6. स्थायी सम्पत्ति एवं स्थायी दायित्व विषयक लेन-देन (Transactions related with Fixed Assets and Fixed Liabilities)—यदि उपक्रम में होने वाले किसी भी प्रकार के लेन-देन केवल स्थायी सम्पत्तियों एवं स्थायी दायित्वों को प्रभावित करते हैं, तो केवल उनका योग ही परिवर्तित होता है। कार्यशील पूँजी की मात्रा अप्रभावित रहने के कारण कोष का प्रवाह नहीं हो पाता। उदाहरणार्थ ऋण पत्रों का शोधन मशीनरी का विक्रय करके कर दिया जाय। इस प्रकार के लेन-देन कोष प्रवाह पर प्रभाव नहीं डालते।

सामान्यतया कोष प्रवाह होने अथवा न होने की दशाओं का विवेचन निम्नलिखित जर्नल प्रविष्टियों के माध्यम से किया जा सकता है।

जर्नेल प्रवृष्टि	सौदे (Transactions)	कोष प्रवाह (Flow of Funds)
(1)	(2)	(3)
(i) Cash a/c Dr. To Debtors a/c Being cash received from debtors	Current A/c Current A/c	No flow of funds because Working capital is uneffected
(ii) Furniture Dr. To machine a/c with exchange of machine	Fixed A/c Fixed A/c	No flow of funds
(iii) Creditors a/c Dr. To debentures a/c Payment to creditors by issuring debentures	Current Liability Non current liabilities	outflow of funds Increase in working capital

(1)	(2)	(3)
(iv) Cash a/c Dr.	Current Assets	Inflow of funds
To share capital		Sources of funds
Issure of shares in cash	Non current liability	in fund flow statement
(v) Machine a/c Dr.	Non current Assets	Out flow of funds
To creditors a/c	Current liability	Uses of funds in statement
Credit purchase of machine		
(vi) Cash a/c Dr.	Current Assets	Inflow of funds
To investment	Non current Assets	Sources of funds in statement
Selling of investment in cash		

उदाहरण (Illustration) I.

निम्नलिखित व्यवहारों से कोष प्रवाह होता है अथवा नहीं कारण सहित बताइये।

The following tansaction Involve flow of funds or not? Explain with Reasons.

(i) मशीन का क्रय (Purchase machine)-Rs. 50,000

(ii) भवन का विक्रय (Sales of Building) Rs. 45,000 इस भवन की लागत 55,000 थी, तथा उस पर रु० 18,000 मूल्य का ह्रास प्रावधान किया गया था।

The cost of this Building was Rs. 55,000. On that Provision for Depreciation was Rs. 18,000.

(iii) ख्याति को रु० 12,000 से लाभ-हानि खाते में अपलिखित कर दिया गया।

Goodwill written from P & L a/c to the extent of Rs. 12,000.

(iv) 5,000 अंशों का निर्गमन जिनका अंकित मूल्य रु० 10 प्रति अंश था, 2 रु० प्रीमियम पर निर्गत किये गये। 5000 Shares of Rs. 10 each issued at Rs. 2 Premium.

(v) समता अंश पूँजी पर रु० 20,000 तथा पूर्वाधिकार अंशपूँजी पर रु०15,000 लाभांश की घोषणा की गई।

The Dividend Rs. 20,000 on equity Shares and Rs. 15,000 on Preference Share was being Declared.

हल (Solution)—

Journal entry		**Debit Current or non-current**	**Credit current or non-current**	**Flow funds Yes/No**
(1)		(2)	(3)	(4)
(i) Machine a/c Dr.	50,000	Non current		Yes
To cash	50,000		Current	
Purchase of machine by cash				
(ii) Cash a/c Dr.	45,000	Current		
Depreciation a/c Dr.	18,000	Non current		
To Building a/c	63,000		Non current	Yes

(1)		(2)	(3)	(4)
Sale of Building for cash and Depriciation adjusted				
Building a/c Dr.	9,000			
To P & L a/c	9,000	Non current		
Profit as sale of Building transferred			Non current	No
(iii) Profit & Loss a/c	Dr. 12,000	Non current		
To Goodwill a/c	12,000		Non current	No
Goodwill written off				
(iv) Bank a/c	Dr. 60,000	Current		Yes
To share capital	50,000		Non current	
To share premium	10,000		Non current	
Issue of 5,000 shares on premium				
Proposed Dividend A/c	Dr. 35,000	Non current		
To Bank A/c	53,000		Current	Yes
Dividend Declared and Paid				

कोषों के साधन एवं उपयोग
(Sources and uses of funds)

कोष प्रवाह विवरण के निर्माण हेतु प्रयुक्त शब्द 'कोष' का अभिप्राय कार्यशील पूँजी की मात्रा से है। संगठन में होने वाले लेन-देन जिनसे कार्यशील पूँजी की मात्रा में अभिवृद्धि होती है। उन्हें कोष के साधन के रूप में माना जाता है, तथा जिन लेन-देनों से कार्यशील पूँजी की मात्रा में कमी होती है, उन्हें कोष के प्रयोग के रूप में माना जाता है। वस्तुतः कार्यशील पूँजी की मात्रा में वृद्धि अथवा कमी चालू तथा गैर चालू मदों में एक साथ परिवर्तन होने से होती है। सामान्य तौर पर किसी निश्चित तिथि पर निर्मित आर्थिक चिट्ठा प्रारम्भ से कोषों के शुद्ध प्रभाव को प्रदर्शित करता है। जिन माध्यमों से कोष की प्राप्ति होती है। उनका लेखांकन दायित्व पक्ष की ओर तथा प्राप्त कोषों का प्रयोग जिन सम्पत्तियों के सृजन में किया गया है उन्हें सम्पत्ति पक्ष की ओर दर्ज किया जाता है।

आर०एन० एन्थोनी के शब्दों में "समता में वृद्धि तथा सम्पत्तियों में कमी को कोषों का स्रोत एवं सम्पत्तियों में वृद्धि तथा समता अंशों में कमी को कोषों का उपयोग माना जाता है।"

वस्तुतः

सकल साधन=सकल प्रयोग

Total Resource = Total use

समता के अन्तर्गत सभी दीर्घकालीन ऋण, अधिमान एवं समता अंश पूँजी तथा प्रतिधारित अर्जनों (Retained earnings) को सम्मिलित किया जाता है जबकि सम्पत्तियों के अन्तर्गत सभी दीर्घकालीन विनियोग (Long term Investments) एवं स्थायी सम्पत्तियों (Fixed Assets) को सम्मिलित किया जाता है। समता में वृद्धि (Increase in equity) तथा सम्पत्तियों में कमी क्रेडिट तथा सम्पत्तियों का क्रय एवं ऋणों का भुगतान डेबिट माने जाते हैं। अर्थात् सम्पत्तियों में वृद्धि अथवा पूँजी एवं दायित्वों में कमी को कोषों का प्रयोग (uses of funds) तथा पूँजी एवं दायित्वों में वृद्धि अथवा सम्पत्तियों में कमी को कोषों के साधन (Sources of funds) के रूप में रखा जाता है। ध्यातव्य तथ्य यह है

कि जिन लेन-देनों का प्रत्यक्ष प्रभाव कार्यशील पूँजी पर पड़ता है वही लेन-देन कोष प्रवाह (Flow of funds) को प्रभावित करते हैं।

कोषों के साधन (Sources of Funds)

1. परिचालनीय लाभ (Operational Profits)—संगठन के परिचालन से होने वाला लाभ कोष प्राप्ति का अत्यन्त महत्त्वपूर्ण साधन है। शुद्ध लाभ में से कुछ भाग प्रतिधारित कर लेने पर प्रतिधारित आय खाते में वृद्धि होती है। जिसके प्रतिफलस्वरूप सम्पत्तियों के मूल्य में वृद्धि अथवा दायित्वों के मूल्य में कमी होगी। शुद्ध लाभ की गणना में गैर नकद व्ययों (Non cash Expenses) तथा गैर संचालन मदों को समायोजित करके ही संचालन लाभ को कोष का स्त्रोत माना जाता है।

2. स्थायी सम्पत्तियों का विक्रय (Sales of Fixed Assets)—संगठन में अतिरेक (Surplus) निष्प्रयोज्य (useless) अथवा अप्रचलित स्थायी सम्पत्तियों जैसे भूमि, भवन, मशीन, फर्नीचर, दीर्घकालीन विनियोग इत्यादि का विक्रय करने पर स्थायी सम्पत्तियों की मात्रा में कमी आती है, किन्तु चालू सम्पत्तियों तथा नकद (cash) अथवा देनदार (Debter) की मात्रा में वृद्धि होती है। इसके परिणामस्वरूप कार्यशील पूँजी की मात्रा में वृद्धि हो जाती है। जिसे कोष का साधन माना जाता है। वस्तुत: स्थायी सम्पत्तियों की बिक्री से प्राप्त राशि कोष का साधन मानी जाती है।

3. अंश पूँजी की मात्रा में वृद्धि (Increase in the Quantity of Share Capital)—वित्तीय वर्ष के दौरान नकद अथवा किसी अन्य चालू सम्पत्ति के बदले पूर्वाधिकार अथवा समता अंशों के निर्गमन से प्राप्त शुद्ध धनराशि (बट्टा घटाकर तथा प्रीमियम जोड़कर) कोष का साधन मानी जाती है क्योंकि अंशों के निर्गमन से चालू दायित्वों में परिवर्तन हुए बिना चालू सम्पत्तियों के मूल्य में वृद्धि होती है। जिसके परिणामस्वरूप कार्यशील पूँजी की मात्रा में अभिवृद्धि हो जाती है। चालू सम्पत्तियों के अतिरिक्त किसी अन्य प्रतिफल हेतु निर्गमित अंशों से अंश पूँजी में तो वृद्धि हो जाती है, किन्तु कार्यशील पूँजी अप्रभावित रहती है।

4. ऋण पत्रों का निर्गमन (Issue of Debentures)—चालू सम्पत्ति में विनियोग हेतु निर्गमित ऋण पत्रों से कोष का अन्तर्प्रवाह (Inflow) होता है। वास्तविक रूप में प्राप्त राशि (कटौती को घटाकर एवं प्रीमियम जोड़कर) कोष के साधन (Sources of funds) मानी जाती है। चालू सम्पत्ति के अतिरिक्त अन्य किसी प्रतिफल हेतु निर्गमित ऋण पत्र कोष के स्त्रोत नहीं हो सकते।

5. दीर्घकालीन ऋण (Long Term Loan)—दीर्घकालीन ऋण कोष प्राप्ति के साधन हैं। समस्त प्रकार के दीर्घकालीन ऋण बैंक, वित्तीय संस्थाओं, मित्रों आदि से लिऐ गये ऋणों से स्थायी दायित्वों में वृद्धि होती है। इसके साथ ही चालू सम्पत्ति खाते भी प्रभावित होते हैं। परिणामस्वरूप शुद्ध कार्यशील पूँजी की मात्रा बढ़ जाती है। चालू दायित्वों में वृद्धि कोषों का साधन नहीं है क्योंकि चालू दायित्व जैसे लेनदार, देय विपत्र, बैंक अधिविकर्ष इत्यादि से जहाँ चालू दायित्व बढ़ते हैं, वहीं दूसरी ओर नकद अथवा अन्य रूपों में चालू सम्पत्तियाँ भी बढ़ती हैं। जिससे शुद्ध कार्यशील पूँजी अप्रभावित रहती है।

6. कार्यशील पूँजी में कमी (Decrease in the Working Capital)—वर्तमान वित्तीय वर्ष के दौरान गत वर्ष की तुलना में कार्यशील पूँजी की मात्रा में कमी होने पर यह माना जाता है कि कार्यशील पूँजी में से कोष को अवमुक्त किया गया है, तथा यह राशि कोष का स्त्रोत मानी जाती है।

गैर-व्यापारिक प्राप्तियाँ (Non Trading Receipts)–प्राय: संगठन में संचालनीय लाभों के अतिरिक्त, विनियोगों से आय, प्राप्त लाभांश, उपहार, दान, मुकदमें के उपरान्त प्राप्त मुआवजा अथवा हर्जाना इत्यादि राशियाँ कोष की स्त्रोत होती हैं। गैर व्यापारिक प्राप्तियों से कार्यशील पूँजी की मात्रा अप्रभावित रहने पर कोष की स्त्रोत नहीं मानी जाती।

कोष के उपयोग (Uses of funds)

1. परिचालनीय हानि (Operational Losses)—जिस भाँति परिचालनीय लाभ कोष के स्त्रोत माने जाते हैं, उसी प्रकार परिचालनीय हानि को कोष का उपयोग माना जाता है। वस्तुत: शुद्ध हानि से सम्पत्तियों की मात्रा में कमी अथवा दायित्वों की मात्रा में वृद्धि होती है। अर्थात परिचालन हानि का अभिप्राय कोष का व्यवसाय से बहिर्गमन होता है।

2. दीर्घकालिक दायित्वों का भुगतान-(Payment of Long Term Liabilities)—दीर्घकालीन दायित्वों के भुगतान पर चालू सम्पत्तियों की मात्रा में कमी आती है, जबकि चालू दायित्व अप्रभावित रहते हैं। अत: दीर्घकालीन ऋणों का भुगतान कोष का उपयोग माना जाता है। ध्यातव्य है कि किसी ऋण के भुगतान हेतु बनाये गये कोषों से भुगतान करने पर कोष प्रवाह प्रभावित नहीं होता।

3. पूँजी कोष में कमी (Decrease in the Capital Funds)—पूँजी कोषों में कमी का प्रत्यक्ष प्रभाव कोष प्रवाह पर पड़ता है। पूँजी कोष में कमी शोध्य अधिमान अंशों के शोधन अथवा रोके गये अर्जनों से लाभांश का भुगतान करने से हो सकती है। रोके गये अर्जनों को गैर चालू दायित्व मानने पर ही अथवा अंशों के शोधन पर रोकड़ की मात्रा में कमी आती है। परिणामस्वरूप कार्यशील पूँजी की मात्रा घट जाती है। शोध्य पूर्वाधिकार अंशों का शोधन प्रीमियम पर किये जाने की दशा में प्रीमियम सहित भुगतान की गई राशि कोष का उपयोग मानी जाती है।

4. स्थायी सम्पत्तियों का क्रय (Purchase of Fixed Assets)—स्थायी सम्पत्तियों जैसे भूमि, भवन, फर्नीचर, मशीनरी तथा दीर्घकालिक विनियोग का क्रय करने पर कार्यशील पूँजी की मात्रा में कमी आती है तथा उन्हें कोष का उपयोग माना जाता है।

5. गैर-व्यापारिक भुगतान (Non-Trading Payments)—गैर व्यापारिक भुगतानों को कोषों का उपयोग माना जाता है। इसके अन्तर्गत दान, मुकदमें का हर्जाना, गबन से हानि इत्यादि को सम्मिलित किया जाता है।

6. कार्यशील पूँजी में वृद्धि (Increase in Working Capital)—यदि वर्तमान वर्ष में गत वर्ष की तुलना में कार्यशील पूँजी की मात्रा बढ़ जाती है तो उसे कोष का प्रयोग माना जाता है। वस्तुत: यह राशि कोष के स्रोत एवं प्रयोग पर आधिक्य की राशि होती है।

कोष प्रवाह विवरण के उद्देश्य (Objects of Funds Flow Statement)

कोष प्रवाह विवरण तैयार करने का उद्देश्य किसी संगठन में एक निश्चित अवधि के अन्तर्गत कार्यशील पूँजी की मात्रा एवं दिशा में हुए परिवर्तनों का ज्ञान प्राप्त करना है। इस विवरण के माध्यम से यह ज्ञात करने का प्रयास किया जाता है कि एक निश्चित अवधि में कोषों का निर्माण कहाँ से हुआ और वे कोष कहाँ उपयोग में लाये गये। उपर्युक्त सन्दर्भित विषय के अतिरिक्त कोष प्रवाह विवरण का उद्देश्य निम्नलिखित के सन्दर्भ में व्यापक सूचनाएँ प्रदान करता है—

(i) निश्चित अवधि के अन्तर्गत लाभों के सन्दर्भ में जानकारी
(ii) प्रति अंश लाभांश की कम मात्रा का विश्लेषण
(iii) पर्याप्त लाभ होने पर भी शुद्ध कार्यशील पूँजी की कमी का पता लगाना
(iv) निश्चित अवधि में लाभ की अपर्याप्तता अथवा शुद्ध हानि पर भी वितरित लाभांश के कोषों का पता लगाना।
(v) व्यवसाय में अनवरत हानि पर भी कार्यशील पूँजी की पर्याप्तता का विश्लेषण करना।
(vi) निश्चित अवधि में स्थायी सम्पत्तियों में विस्तार का वित्तीय प्रबन्धन किस प्रकार किया गया?
(vii) स्थायी सम्पत्तियों की बिक्री से प्राप्त राशि का प्रयोग किन प्रयोजनों में किया गया।
(viii) ऋणों के पुनर्भुगतान सम्बन्धी व्यवस्था का अध्ययन।
(ix) दीर्घकालीन ऋणों से सृजित कोष के परिणामों का विश्लेषण।
(x) अंश पूँजी में वृद्धि से क्रीत स्थायी सम्पत्तियों का संगठन पर प्रभाव। उपर्युक्त उद्देश्यों की पूर्ति के अतिरिक्त निम्नलिखित उद्देश्यों की पूर्ति हेतु भी कोष प्रवाह विवरण तैयार किया जाता है।

1. कार्यशील पूँजी की गतिशीलता (Mobilisation of Working Capital)—कोष प्रवाह विवरण के निर्माण का प्रमुख उद्देश्य कार्यशील पूँजी की गतिशीलता का अध्ययन करना है। कार्यशील पूँजी की मात्रा में होने वाली वृद्धि अथवा कमी हेतु उत्तरदायी तत्त्वों की खोज करना एवं उनके वित्तीयकरण प्रारूप की जानकारी प्राप्त करना, कोष प्रवाह विवरण के माध्यम से सहजतापूर्वक किया जा सकता है।

2. अर्जित लाभ के उपयोग (Uses of Earned Profit)—संगठन द्वारा एक निश्चित अवधि के अन्तर्गत उपार्जित परिचालनीय लाभों का ज्ञान लाभ-हानि खाते से प्राप्त होता है। अर्जित लाभों का प्रयोग संगठन द्वारा एक साधन के रूप में किया जाता है। इस विवरण की सहायता से यह ज्ञात किया जा सकता है कि उपार्जित लाभों का प्रयोग संगठन

में कहाँ किया गया। शुद्ध लाभ अधिक होने पर भी चालू सम्पत्तियों की कम मात्रा होने के सन्दर्भ में विश्लेषणात्मक अध्ययन हेतु उक्त विवरण तैयार किया जाता है।

3. स्थिर सम्पत्तियों के विस्तार सम्बन्धी सूचना (Information Regarding Explansion of Fixed Assets)—कोष प्रवाह विवरण के माध्यम से स्थिर सम्पत्तियों के विस्तार सम्बन्धी जानकारी प्राप्त की जा सकती है। सम्पत्तियों के विस्तार एवं प्रतिस्थापन हेतु वांछित साधनों के एकत्रीकरण तथा स्थिर सम्पत्तियों की बिक्री से प्राप्त राशि का उपयोग इत्यादि विषयों में जानकारी कोष प्रवाह विवरण की सहायता से की जा सकती है।

4. प्रबन्धकीय कुशलता का मापन (Measurement of Managerial Skill)—प्रबन्धन द्वारा संगठन के उत्कर्ष हेतु लिए गये विवेकपूर्ण वित्तीय निर्णयन एवं उसकी कार्यकुशलता का मूल्यांकन कोष प्रवाह विवरण के माध्यम से किया जा सकता है।

5. दीर्घकालीन दायित्व के सृजन एवं शोधन (Creation and Redemption of Long term Liabilities)—कोष प्रवाह विवरण के माध्यम से दीर्घकालीन दायित्वों के सृजन एवं शोधन के संदर्भ में व्यापक जानकारी प्राप्त की जा सकती है। अंशों एवं ऋण पत्रों के निर्गमन से प्राप्त राशि का उपयोग तथा उनके शोधन हेतु प्रयोग किये गये नकद राशि के सन्दर्भ में ज्ञान प्राप्त किया जा सकता है।

कोष प्रवाह विवरण का महत्त्व
(Importance of Funds Flow Statement)

कोष प्रवाह विवरण के निर्माण का उद्देश्य किसी निश्चित अवधि में कार्यशील पूँजी में हुए परिवर्तनों की दशा एवं दिशा ज्ञात करना होता है। इस विवरण के माध्यम से दो स्थिति विवरणों के मध्य की अवधि में पूँजी संरचना एवं सम्पत्तियों के विकास तथा विस्तार के सम्बन्ध में जानकारी प्राप्त की जाती है। इसके अन्तर्गत उन सूचनाओं को सम्मिलित किया जाता है जो प्राय: लाभ-हानि खाते एवं आर्थिक चिट्ठे के माध्यम से प्राप्त नहीं की जा सकती। कोष प्रवाह विवरण से अंशधारक, ऋणदाता प्रबन्धक, सरकार इत्यादि पक्ष प्रत्यक्ष तौर पर प्रभावित होते हैं। सामान्य तौर पर कोष प्रवाह विवरण का महत्त्व निम्नलिखित प्रकार है।

1. वित्तीय विश्लेषण में सहायक (Assistence in Financial Analysis)—कोष प्रवाह विवरण के माध्यम से एक निश्चित अवधि में होने वाले वित्तीय परिवर्तनों के सन्दर्भ में जानकारी प्राप्त की जा सकती है। इस विवरण के माध्यम से चल सम्पत्तियों एवं चल दायित्वों में होने वाले सूक्ष्म परिवर्तनों को भी ज्ञात किया जा सकता है। अत: यह विवरण वित्तीय विश्लेषण में सहायक होता है। भूतकाल में होने वाले पूँजी के उपयोगों एवं स्रोतों तथा सम्पत्तियों की मात्रा में कमी अथवा अभिवृद्धि के सन्दर्भ में विस्तृत जानकारी कोष प्रवाह विवरण के माध्यम से प्राप्त की जा सकती है।

2. प्रबन्धकीय नीतियों का निर्धारण (Determination of Managerial Policies)—कोष प्रवाह विवरण के माध्यम से संगठन की प्रबन्धकीय नीतियों का निर्धारण सहजतापूर्वक किया जा सकता है। कार्यशील पूँजी की आवश्यकता एवं प्रवाह के सन्दर्भ में जानकारी प्राप्त करके प्रबन्धक वर्ग द्वारा तदनुरूप नीतियों का निर्धारण किया जा सकता है। संगठन की लाभोपार्जन क्षमता लाभांश भुगतान एवं कार्यशील पूँजी के प्रभावी उपयोग हेतु अपनायी जाने वाली नीतियों का निर्धारण प्रबन्ध तंत्र आसानी से कर सकता है।

3. वित्तीय नियोजन में सहायक (Assist in Financial Planning)—कोष प्रवाह विवरण वित्तीय नियोजन में अत्यन्त उपयोगी होता है। संगठन के लिए वांछित अतिरिक्त राशि, उसके स्रोत एवं समय को निर्धारित करने में यह विवरण अत्यन्त महत्त्वपूर्ण होता है। इसके माध्यम से संगठन की भावी योजनाओं के क्रियान्वयन हेतु वांछित राशि, स्थायी सम्पत्तियों का क्रय, लाभांश भुगतान, कार्यशील पूँजी, ऋण अथवा ऋण पत्रों के शोधन हेतु अनुमानित राशि का आकलन किया जा सकता है। इसके अतिरिक्त भावी अवधि में होने वाले रोकड़ उन अन्तर्वाहों का भी पूर्वानुमान लगाया जा सकता है। रोकड़ अन्तर्वाह एवं रोकड़ बहिर्वाहों के माध्यम से संगठन में निष्प्रयोजन कोषों की मात्रा का भी अनुमान सहजतापूर्वक लगाया जा सकता है। अत: कोष प्रवाह विवरण के माध्यम से प्रबन्धक द्वारा संगठन की भावी नीतियों का निर्धारण करके कोषों के समुचित उपयोग की योजना बनाई जा सकती है।

4. ऋण प्राप्त करने में सहायक (Helpful in Securing Loans)—बैंकों द्वारा अल्पकालीन ऋण प्रदान करने हेतु संगठन की पुनर्भुगतान क्षमता (Repayment ability) का विश्लेषण किया जाता है। कोष प्रवाह विवरण के माध्यम

से उक्त विषयक विश्लेषण आसानी से किया जा सकता है। इस विवरण के माध्यम से संगठन की तरलता, शोधन क्षमता, ऋण लेने के उद्देश्य, भुगतान की अवधि एवं स्रोत आदि के बारे में व्यापक जानकारी बैंकों द्वारा प्राप्त की जा सकती है कोष प्रवाह विवरण के माध्यम से बैंकों द्वारा आसानी से ऋण उपलब्ध कराया जाता है। अनेक बैंक अथवा वित्तीय संगठन, तरलता एवं वित्तीय स्थिति के प्रमाणस्वरूप विगत कुछ वर्षों के कोष प्रवाह विवरण की माँग करते हैं।

5. तुलनात्मक अध्ययन में सहायक (Helpful in Comperative Study)—कोष प्रवाह विवरण के माध्यम से लाभ-हानि खाते एवं चिट्ठे का तुलनात्मक अध्ययन किया जा सकता है, चिट्ठे में प्रदर्शित न की जाने वाली कतिपय संचालन सम्बन्धी सूचनाएँ कोष प्रवाह विवरण में उल्लिखित होती हैं। इसी प्रकार लाभ-हानि खाते की तुलना में कोष प्रवाह विवरण अपेक्षाकृत अधिक स्पष्ट चित्र प्रस्तुत करता है। लाभ-हानि खाते द्वारा प्रदर्शित लाभ की धनराशि में प्रबन्धकों द्वारा आसानी से फेरबदल किया जा सकता है। व्यवसाय संचालन से कोष प्रवाह की राशियाँ कोष प्रवाह विवरण में दी होने के कारण समस्त सूचनाएँ यथार्थपरक होती हैं।

6. संसाधनों का बेहतर उपयोग (Better Utilisation of Resources)—वस्तुत: संगठन में संसाधनों की सीमितता होती है। सीमित संसाधनों का समुचित वितरण करके संगठन के लाभों एवं परिसम्पत्तियों को अधिकतम करना चुनौतीपूर्ण कार्य होता है। भावी अवधि के लिए अनुमानित कोष प्रवाह विवरण (Estimated Funds Flow Statement) तैयार करके संसाधनों को वितरित करने सम्बन्धी निर्णय आसानी से लिए जा सकते हैं।

7. व्यावसायिक समस्याओं का ज्ञान (Knowledge about Business Problems)—कोष प्रवाह विवरण के माध्यम से व्यावसायिक समस्याओं का ज्ञान आसानी से प्राप्त किया जा सकता है। व्यावसायिक समस्याओं का संगठन के रोकड़ प्रवाह पर पड़ने वाले प्रभावों का विश्लेषण करके उन्हें सरलतापूर्वक हल किया जा सकता है।

8. अर्थशास्त्रीय विश्लेषण—वर्तमान समय में अर्थशास्त्रियों द्वारा कोष प्रवाह विवरण का उपयोग अर्थशास्त्रीय विश्लेषण हेतु भी किया जाने लगा है। अब यह विवरण वित्तीय विश्लेषण के प्रमुख औजार के साथ अर्थशास्त्रीय विश्लेषण के प्रमुख औजार के रूप में जाना जाने लगा है।

9. शोधार्थियों के लिए (For Researchers)—कोष प्रवाह विवरण का महत्त्व वर्तमान समय में शोधकर्ताओं के लिए भी अत्यधिक है। शोधकर्ताओं द्वारा समान प्रवृत्ति की फर्मों का तुलनात्मक अध्ययन कोष प्रवाह विवरण के माध्यम से किया जाता है।

कोष प्रवाह विवरण की सीमाएँ
(Limitations of Funds Flow Statement)

वस्तुत: वित्तीय प्रबन्धन के क्षेत्र में कोष प्रवाह विवरण का अत्यन्त महत्त्व पूर्ण स्थान है। किन्तु फिर भी यह विवरण कतिपय सीमाओं के अन्तर्गत कार्य करता है। सामान्यतया वे सीमाएँ निम्नवत् हैं—

1. गैर-चालू मदों की उपेक्षा (Ignoring the non-Current Items)—कोष प्रवाह विवरण के अन्तर्गत केवल चालू मदों (चालू सम्पत्तियों एवं चालू दायित्वों) को सम्मिलित किया जाता है गैर-चालू मदों (स्थायी सम्पत्तियों एवं स्थायी दायित्वों की कोष प्रवाह विवरण के अन्तर्गत पूर्णरूपेण उपेक्षा की जाती है जबकि चालू मदों के साथ-साथ गैर चालू मदों का भी संगठन के लक्ष्यों की प्राप्ति में अत्यन्त महत्त्वपूर्ण स्थान होता है। इसी कारण से वित्तीय विवरणों (लाभ हानि खाता एवं चिट्ठा) की तुलना में कोष प्रवाह विवरण कम परिमार्जित माना जाता है।

2. भ्रामक निष्कर्ष—कोष प्रवाह विवरण द्वारा प्रदान किये गये निष्कर्ष प्राय: भ्रामक होते हैं। चूँकि इस विवरण से समय विशेष के अन्तर्गत होने वाली रोकड़ कोष परिवर्तन सम्बन्धी सूचना नहीं प्राप्त हो पाती। अत: यह विवरण रोकड़ प्रवाहों के संदर्भ में भ्रामक निष्कर्ष का वाहक बन जाता है।

3. भूतकालीन विश्लेषण (Historical Analysis)—इस विवरण के अन्तर्गत संगठन के भूतकालीन तथ्यों को सम्मिलित किये जाने के कारण इसके द्वारा भूतकालीन विश्लेषण प्रस्तुत किया जाता है । संगठन के अन्तर्गत "विगत अवधि में क्या हो चुका है?" उसके आधार पर भावी कोष स्थितियों का पता नहीं लगाया जा सकता। विगत आँकड़ों के आधार पर भावी आवश्यकताओं का केवल अनुमान लगाया जा सकता है।

4. मौलिकता का अभाव (Lack of Originality)—यह विवरण चूँकि दो स्थिति विवरणों के आधार पर बनाया जाता है। अत: इसके द्वारा प्रस्तुत निष्कर्षों एवं आँकड़ों में मौलिकता का अभाव पाया जाता है। इस विवरण के अन्तर्गत लाभ हानि खाते एवं चिट्ठे द्वारा प्रस्तुत सूचनाओं को ही नये कलेवर में रख दिया जाता है।

5. निरन्तरता का अभाव (Lack of continuity)—इस विवरण के अन्तर्गत दो लेखा अवधियों के मध्य होने वाले वित्तीय परिवर्तनों को प्रस्तुत किया जाता है। अत: इसके अन्तर्गत निरन्तरता का अभाव पाया जाता है।

कोष प्रवाह विवरण एवं स्थिति विवरण में अन्तर
(Difference between Funds Flow Statement and Balance Sheet)

वस्तुत: स्थिति विवरण किसी निर्धारित तिथि को संगठन की वित्तीय दशा का चित्रण प्रस्तुत करता है। व्यावसायिक क्रियाओं के प्रतिफल स्वरूप संगठन की वित्तीय स्थिति परिवर्तनशील रहने के कारण स्थिति विवरण का स्वरूप भी परिवर्तित होता है। वर्षपर्यन्त कोषों के अन्तर्वाह एवं बहिर्वाह के नियमित प्रवाह से संगठन की सम्पत्तियाँ एवं दायित्व बढ़ते-घटते रहते हैं। सामान्यतया स्थिति विवरण किसी निश्चित तिथि पर संगठन के कोष स्रोतों एवं कोष उपयोगों के विवरण का प्रस्तुतीकरण करता है। स्थिति विवरण के दायित्व पक्ष से कोषों के स्रोत एवं सम्पत्ति पक्ष से कोषों के उपयोग का ज्ञान होता है। किन्तु प्रबन्धकीय उपयोगिता हेतु व्यवसाय की स्थिर दशा उपयोगी न होकर बल्कि परिवर्तनशील दशा उपयोगी होती है। अत: प्रबन्धकों द्वारा व्यवसाय के दो स्थिति विवरणों का अध्ययन करके होने वाले परिवर्तनों के आधार पर संगठन की प्रबन्धकीय दिशा सुनिश्चित की जाती है। दो स्थिति विवरणों में होने वाले परिवर्तनों की स्पष्ट विवेचना हेतु कोष प्रवाह विवरण का निर्माण किया जाता है। वस्तुत: स्थिति विवरण एवं कोष प्रवाह विवरण एक दूसरे के विपरीत न होकर अपितु पूरक होते हैं। सामान्यतया स्थिति विवरण एवं कोष प्रवाह विवरण के मध्य निम्नलिखित अंतर होते हैं—

1. कोष प्रवाह विवरण गतिशील (Dynamic) प्रकृति का विवरण है जबकि आर्थिक चिट्ठा (Static) प्रकृति का विवरण है। स्थिति विवरण के अन्तर्गत एक निश्चित तिथि को व्यवसाय की वित्तीय दशा का प्रस्तुतीकरण किया जाता है जबकि कोष प्रवाह विवरण के अन्तर्गत दो तिथियों के मध्य व्यवसाय की शुद्ध कार्यशील पूँजी में हुए परिवर्तनों के कारणों का उल्लेख किया जाता है।
2. कोष प्रवाह विवरण अल्प काल के लिए निर्मित किया जाता है जबकि स्थिति विवरण में कोषों के विभिन्न स्रोत तथा उपयोग संगठन के सम्पूर्ण जीवन काल से सम्बन्धित होते हैं।
3. कोष प्रवाह विवरण का कोई निर्धारित प्रारूप नहीं होता, जबकि स्थिति विवरण का प्रारूप एवं सम्बन्धित मदों का प्रारूप पूर्व निर्धारित है।
4. कोष प्रवाह विवरण में क्रियाशील लाभों को कोषों का स्रोत तथा लाभांश के भुगतान को कोषों का उपयोग माना जाता है जबकि आर्थिक चिट्ठे में प्रतिधारित अर्जनों (Retained earnings) को देयता पक्ष में कोषों के स्रोत के रूप में प्रदर्शित किया जाता है।
5. कोष प्रवाह विवरण में कार्यशील पूँजी में होने वाले परिवर्तनों को दर्शाया जाता है जबकि आर्थिक चिठ्ठे में खाता बही के समस्त शेषों का उल्लेख किया जाता है।
6. कोष प्रवाह विवरण एक प्रबन्धकीय युक्ति है जिनके माध्यम से अंल्पकालीन एवं दीर्घकालीन शोधन क्षमता की जाँच करके संगठन की वित्तीय क्रियाओं, प्रवाहों, परिवर्तनों तथा अन्य समस्त गतिविधियों की जाँच की जाती है। जबकि स्थिति विवरण एक लेखांकन आवश्यकता है जो कि किसी निश्चित अवधि पर संगठन की वित्तीय दशा का प्रस्तुतीकरण करता है।
7. कोष प्रवाह व्रिवरण आवश्यक रूप से आर्थिक चिट्ठा तैयार करने के उपरान्त निर्मित किया जाता है, जबकि आर्थिक चिट्ठा किसी समयावधि की समस्त लेखांकन क्रियाओं का संक्षिप्त एवं एकीकृत स्वरूप होता है।
8. कोष प्रवाह विवरण तैयार करने की कोई विधिक बाध्यता नहीं होती किन्तु कम्पनी अधिनियम के प्रावधानों के अनुसार आर्थिक चिट्ठे का निर्माण वैधानिक बाध्यता एवं आवश्यकता होती है।

कोष प्रवाह विवरण एवं आय विवरण में अन्तर
(Difference between Funds Flow Statement and Income Statement)

1. आय विवरण में आयगत आयों एवं व्ययों की प्रवृष्टि करके लाभ अथवा हानि का निर्धारण किया जाता है। किन्तु कोष प्रवाह विवरण में आयगत एवं पूँजीगत दोनों प्रकार के कोषों (जोकि कार्यशील पूँजी को प्रभावित करते हैं) की प्रवृष्टि की जाती है।

2. सामान्यतया आय विवरण एक वर्ष के लिए बनाया जाता है, किन्तु कोष प्रवाह विवरण की अवधि प्राय: दो वर्ष की होती है।
3. लाभ-हानि खाता तैयार करने हेतु निर्धारित प्रारूप है किन्तु कोष प्रवाह विवरण का कोई पूर्व निर्धारित प्रारूप नहीं होता।
4. आय विवरण में गैर-नकद व्यवहारों को सम्मिलित करने के कारण पूर्णरूपेण शुद्ध जानकारी नहीं प्राप्त हो पाती। जबकि कोष प्रवाह विवरण द्वारा संचालन से प्राप्त कोष की पूर्ण एवं शुद्ध जानकारी होती है।

कोष प्रवाह विवरण एवं प्राप्ति व भुगतान विवरण में अन्तर

(Difference Between Funds flow Statement and Receipts and Payment Statement)

1. प्राप्ति व भुगतान विवरण में कुल प्राप्तियाँ व कुल भुगतान दिखाये जाते हैं, किन्तु कोष प्रवाह विवरण के अन्तर्गत प्रत्येक मद की शुद्ध परिवर्तित राशि दिखायी जाती है।
2. प्राप्ति व भुगतान विवरण में मात्र नकद लेन-देनों को ही प्रदर्शित किया जाता है जबकि कोष प्रवाह विवरण में कोष प्रवाह प्रभावित होने वाले समस्त लेन-देनों का अंकन किया जाता है।
3. प्राप्ति व भुगतान विवरण संगठन के आन्तरिक प्रबन्धन एवं प्राप्तियों तथा भुगतानों के मध्य अन्तर ज्ञात करने हेतु बनाया जाता है। यह विवरण बाह्य पक्षों को नहीं प्रदर्शित किया जाता, जबकि कोष प्रवाह विवरण आन्तरिक एवं बाह्य दोनों पक्षों के लिए महत्त्वपूर्ण होता है।

कोष प्रवाह विवरण निर्माण की तकनीक (Technique of Preparation of Funds Flow Statement)—वित्तीय विवरणों के अन्तर्गत संगठन की वित्तीय दशा का प्रस्तुतीकरण किया जाता है किन्तु कोष प्रवाह विवरण दो समयावधि के वित्तीय विवरणों में होने वाले कोषों के अन्तर्गमन (Inflows) एवं बहिर्गमन (Outflows) की जाँच करता है। अत: स्वाभाविक तौर पर कोष प्रवाह विवरण का निर्माण करने हेतु वित्तीय विवरणों में वर्जित सूचनाएँ ही आधार प्रदान करती हैं। दो तिथियों के मध्य निर्मित आर्थिक चिट्ठे से कोष प्रवाह विवरण निर्माण हेतु मुख्य सूचनाएँ तथा लाभ हानि खाते से सहायक सूचनाएँ प्राप्त होती हैं। दूसरे शब्दों में कोष प्रवाह विवरण के निर्माण हेतु अन्तिम खातों में दी गई सूचनाएँ ही परिवर्तन की दिशा एवं मात्रा का सुनिश्चयन करती हैं। कोष प्रवाह विवरण का निर्माण कोष की विभिन्न अवधारणाओं के आधार पर विभिन्न पद्धतियों से किया जा सकता है। सामान्य तौर पर प्रचलित अवधारणाओं, सम्पूर्ण साधन अवधारणा (Total Resources Concept) तथा पूँजी कोष अवधारणा (Capital Fund Concept) के आधार पर दोनों चिट्ठों की तुलना करते हुए प्रत्येक मद में कमी अथवा वृद्धि को अलग-अलग खानों में लिख लिया जाता है। सम्पत्तियों में कमी तथा दीर्घकालीन दायित्व एवं पूँजी कोष में होने वाली अभिवृद्धि को कोष के साधन तथा सम्पत्तियों में वृद्धि एवं समता में कमी को कोषों के उपयोग (Uses of Funds) के तौर पर प्रदर्शित किया जाता है। पूँजी कोष अवधारणा के आधार पर निर्मित कोष प्रवाह विवरण संगठन की तरलता को स्पष्ट करने में असमर्थ होता है तथा इसमें वैज्ञानिकता का अभाव पाया जाता है। अत: वर्तमान सन्दर्भों में कोष की कार्यशील पूँजी अवधारणा के आधार पर कोष प्रवाह विवरण का निर्माण अधिक प्रासंगिक तर्कसंगत एवं वैज्ञानिक है। प्राय: कोष प्रवाह विवरण तैयार करने की प्रचलित विधियाँ निम्नलिखित हैं—

1. शेषफल विधि (Remainder Method)—यह विधि कोष की कार्यशील पूँजी अवधारणा पर आधारित है। इस अवधारणा के अन्तर्गत निर्मित कोष प्रवाह विवरण का उद्देश्य दो तिथियों में निर्मित आर्थिक चिट्ठे में होने वाली कार्यशील पूँजी की मात्रा में परिवर्तन तथा परिवर्तन के कारणों पर प्रकाश डालना है। इस विधि के अन्तर्गत कोष प्रवाह विवरण को दो भागों में विभाजित किया जाता है। प्रथम भाग में कोषों के स्रोत तथा उपयोग प्रदर्शित किये जाते हैं। कोषों के स्रोत एवं उपयोग के मध्य का अन्तर शुद्ध कार्यशील पूँजी में अन्तर की धनराशि को प्रकट करता है। अन्तर की राशि को कोषों के स्रोत एवं उपयोग दर्शाने के पश्चात दर्शाया जाता है। कोष प्रवाह विवरण का द्वितीय भाग उन कारणों को प्रदर्शित करता है जिनके घटित होने से कार्यशील पूँजी की मात्रा में परिवर्तन हुआ है। इस विवरण को कार्यशील पूँजी की मात्रा में परिवर्तन की अनुसूची (Schedule of Changes in Working Capital) के नाम से जाना जाता है। अत: इस तकनीक से कोष प्रवाह विवरण तैयार करने हेतु निम्नलिखित दो विवरण तैयार किये जाते हैं—

(i) कार्यशील पूँजी में परिवर्तन का विवरण (Statement of Change in Working Capital)

(ii) कोष के साधन एवं उपयोग का विवरण (Statement of Sources and Uses of Funds)

कार्यशील पूँजी में परिवर्तन का विवरण दो अवधियों के मध्य चालू सम्पत्तियों एवं चालू दायित्वों में होने वाले परिवर्तनों को प्रदर्शित करने हेतु निर्मित किया जाता है। इस विवरण के माध्यम से सन्दर्भित अवधि में कार्यशील पूँजी की मात्रा में वृद्धि अथवा कमी को प्रदर्शित किया जाता है।

कार्यशील पूँजी में परिवर्तन का विवरण बनाते समय निम्नलिखित तथ्यों को दृष्टिगत रखना परमावश्यक होता है।

(i) चालू सम्पत्तियों में वृद्धि से कार्यशील पूँजी में वृद्धि होती है।

(ii) चालू दायित्वों में कमी से कार्यशील पूँजी में वृद्धि होती है।

(iii) चालू सम्पत्तियों में कमी से कार्यशील पूँजी में कमी होती है।

(iv) चालू दायित्वों में वृद्धि से कार्यशील पूँजी की मात्रा में कमी होती है।

एक निश्चित अवधि के अन्त में शुद्ध कार्यशील पूँजी की मात्रा में हुई कमी को कोषों का साधन तथा वृद्धि को कोषों का उपयोग माना जाता है। कार्यशील पूँजी की मात्रा में हुई कमी अथवा वृद्धि को निम्नलिखित स्वरूप में प्रस्तुत किया जा सकता है—

Statement of Changes in Working Capital

Items	Previous Year Rs.	Current Year Rs.	Changes in Working Capital	
			Increase Rs.	Decrease Rs.
Current Assets :	—	—		
(i) Cash in hand	—	—		
(ii) Cash at Bank	—	—		
(iii) Debtors	—	—		
(iv) Bills Receivable	—	—		
(v) Stock in trade	—	—		
(vi) Short term investment	—	—		
(vii) Advance Payment	—	—		
(viii) Accrued Income	—	—		
(ix) Prepaid expenses	—	—		
Total (X)	—	—		
Current Liabilities :	—	—		
(i) Creditors	—	—		
(ii) Bills Payable	—	—		
(iii) Short term loans	—	—		
(iv) Bank overdraft	—	—		
(v) Outstanding expenses	—	—		
(vi) Unclaimed dividend	—	—		
Total (Y)	—	—		
Net working capital (X-Y)				
Increase/Decrease in working capital				

Illustration 2.

From the following balance sheets as on 31 Dec. 2013 and 31 Dec. 2014. You are required to make a schedule of changes in working capital for the year 2014.

Liabilities	As on 31 Dec., 2013	As on 31 Dec. 2014	Assets	As on 31 Dec., 2013	As on 31 Dec. 2014
Share Capital	1,75,000	1,75,000	Cash at Bank	5,000	10,000
Surplus P & L a/c	35,000	40,000	Bills Receivables	9,250	17,000
General Reserve	55,000	87,000	Debtors	78,000	83,000
Mortgage loans	—	8,000	Stock in trade	76,250	1,10,000
Bills Payable	23,000	30,000	Advance Paid to Contractors	1,000	5,000
Creditors	93,640	95,000	Plant and Machine	14,840	25,000
			Land and Building	1,97,300	1,85,000
Total	3,81,640	4,35,000	Total	3,81,640	4,35,000

Statement of Changes in working capital
For the year ended on 31 Dec., 2014

Items	31 Dec., 2013	31 Dec., 2014	Changes in working capital	
			Increase	Decrease
Current Assets :				
Cash at Bank	5,000	10,000	5,000	
Bills Receivables	9250	17,000	7,750	
Debtors	78,000	83,000	5,000	
Stock in trade	76,250	1,10,000	33,750	
Advance Paid to Contractors	1,000	5,000	4,000	
Total (A)	1,69,500	2,25,000	55,500	
Current Liabilities:				
Bills Payable	23,000	30,000		7,000
Creditors	93,640	95,000		1,360
Total (B)	1,16,640	1,25,000		8,360
Working Capital (A — B)	—	—	47,140	
Net increase in w.c.				

Illustration 3.

Following is the comparative balance sheet of XYZ Limited Delhi prepare a statement of changes in working capital.

Liabilities	31 Dec. 2013	31 Dec. 2014	Assets	31 Dec. 2013	31 Dec. 2014
Share Capital	1,50,000	1,90,000	Cash in hand	1,00,000	2,10,000
Reserves	50,000	80,000	Debtors	2,20,000	2,00,000
Loans (Payable next year)	—	50,000	Long term investments	50,000	30,000
Creditors	80,000	60,000	Good will	20,000	12,000
Bills Payable	75,000	40,000	Land and Building	50,000	60,000
Dividends Payable	15,000	12,000	Plant and Maching	35,000	50,000
P & L a/c	1,30,000	1,70,000	Closing stock	25,000	40,000
	5,00,000	6,02,000		5,00,000	6,02,000

Solution :

Statement of Changes in Working Capital

Items	31 Dec. 2013	31 Dec. 2014	Changes in Working Capital	
			Increase	Decrease
	Rs.	Rs.	Rs.	Rs.
Current Assests :				
Cash in hand	1,00,000	2,10,000	1,10,000	—
Debtors	2,20,000	2,00,000	—	20,000
Closing stock	25,000	40,000	15,000	—
Total (A)	3,45,000	4,50,000		
Current Liabilities :				
Creditors	80,000	60,000	20,000	—
Bills Payable	75,000	40,000	35,000	
Loans Payable during the next year	—	50,000	—	50,000
Dividend Payable	15,000	12,000	3,000	
Total (B)	1,70,000	1,62,000	1,83,000	70,000
Working Capital (A — B)	1,75,000	2,88,000		1,13,000
Net increase in working capital	1,13,000			
	2,88,000	2,88,000	1,83,000	1,83,000

2. स्वकीय सन्तुलन विधि (Self Balancing Method)–इस विधि के अन्तर्गत कोषों के स्रोत एवं उपयोगों को अलग-अलग शीर्षकों के अन्तर्गत प्रदर्शित किया जाता है। किन्तु कार्यशील पूँजी में परिवर्तन को दोनों पक्षों (स्रोत तथा उपयोग) में से कमी वाले पक्ष में दिखाकर दोनों पक्षों का योग समान कर दिया जाता है।

3. समाधेय विधि (Reconciling Method)–इस विधि के अन्तर्गत कोष प्रवाह विवरण का निर्माण शुद्ध कार्यशील पूँजी से प्रारम्भ होता है। प्रारम्भिक शुद्ध कार्यशील पूँजी की गणना वर्ष के आरम्भ में (चालू सम्पत्तियों) में से वर्ष के आरम्भ में चालू दायित्वों को घटाकर की जाती है। कार्यशील पूँजी की आरम्भिक राशि में कोषों के समस्त स्रोतों को जोड़कर तथा योग में से कोषों के समस्त उपयोगों को घटा दिया जाता है। अन्तर की राशि शुद्ध कार्यशील पूँजी होती है। इसका मिलना वर्ष के अन्त की चालू सम्पत्तियों एवं चालू दायित्वों के अन्तर से किया जा सकता है।

Illustration 4.

From following information's make A statement of Sources and uses of funds :

Liabilities	31 Dec., 2013	31 Dec. 2014	Assets	31 Dec. 2013	31 Dec. 2014
Share capital	2,00,000	2,50,000	Cash in hand	2,50,000	2,80,000
Reserves and surplus	1,50,000	2,00,000	Debtors	1,50,000	1,70,000
Borrowings	5,00,000	5,10,000	Stock	3,00,000	3,20,000
Creditors	50,000	75,000	Building	1,00,000	1,40,000
Bills Payable	40,000	30,000	Furniture	40,000	45,000
			Machinery	1,00,000	1,10,000
	9,40,000	10,65,000		9,40,000	10,65,000

सुविधा की दृष्टि से उपर्युक्त प्रश्न का हल सभी प्रमुख विधियों से किया जा रहा है।

Solution. (Remainder Method)

Statement of Sources and Uses of Funds

For the year ending 31 Dec., 2014

Sources of Funds :	
(i) Operating Profits	50,000
(ii) Share capital	50,000
(iii) Borrowings	10,000
Total of funds Received (A)	1,10,000
Uses of Funds :	
Purchase of fixed assets:	
(i) Building	40,000
(ii) Machinery	10,000
(iii) Furniture	5,000
Total (B)	55,000

Increase in working capital (A — B) =55,000

(1,10,000 — 55,000) = 55,000

Self Balancing Method–

Statement of Sources and Uses of Funds

(For the year ending 31 Dec., 2014)

Sources of Funds :		
(i) Operating Profits		50,000
(ii) Share capital		50,000
(iii) Borrowings		10,000
Total of funds Received (A)		1,10,000
Uses of Funds :		
Purchase of fixed assets:		
(i) Building	40,000	
(ii) Machinery	10,000	
(iii) Furniture	5,000	
Uses of funds (B)		55,000
Increase in working capital		55,000
Total (B)		1,10,000

Reconciling Method–

Statement of Sources and Uses of Funds

(For the year ended 31 Dec., 2014)

Current Assets : (Opening)		
Cash	2,50,000	
Stock	3,00,000	
Debtors	1,50,000	
		7,00,000
Less : Current Liabilities (Opening)		
Bills Payable	40,000	
Creditors	50,000	
		90,000
Net working capital as on 31 Dec., 2013		6,10,000
Add : Sources of funds :		
Operating Profits	50,000	
Share capital	50,000	
Borrowings	10,000	
		1,10,000
Total Funds generated		7,20,000
Less Uses of Funds :		
Purchase of Fixed Assets :		
Building	40,000	
Machinery	10,000	
Furniture	5,000	
		55,000
Working Capital as on 31 Dec. 2014		6,65,000

Increase in w.c. 7,20,000—6,65,000=55,000

Account form–

Statement of Sources and Uses of Funds

For the year ended 31 Dec., 2014

Sources of Funds	Amount	Uses of Funds	Amount
Operating Profit	50,000	Purchase of fixed assets	
Share Capital	50,000	Building	40,000
Borrowings	10,000	Machinery	10,000
		Furniture	5,000
		Increase in working capital	55,000
Total	1,10,000	Total	1,10,000

Statement of Changes in Working Capital

Items	31 Dec., 2013	31 Dec., 2014	Changes in working capital	
			Increase	Decrease
Current Assets :				
Cash in hand	2,50,000	2,80,000	30,000	—
Debtors	1,50,000	1,70,000	20,000	—
Stock	3,00,000	3,20,000	20,000	—
Total (A)	7,00,000	7,70,000		
Current Liabilities:				
Bills Payable	40,000	30,000	10,000	
Creditors	50,000	75,000		25,000
Total (B)	90,000	1,05,000		
Working Capital (A — B)	6,10,000	6,65,000		
Increase in working Capital	55,000			55,000
	6,65,000	6,65,000	80,000	80,000

कोषों के साधन एवं उपयोग का विवरण (Statement of Sources and Uses of Funds)–कोषों के साधन एवं उपयोग के विवरण को कोष प्रवाह विवरण के नाम से भी जाना जाता है। वस्तुत: इसका उद्देश्य कार्यशील पूँजी में परिवर्तन के विवरण (Statement of Changes in Working Capital) में हुए परिवर्तनों का आकलन एवं विश्लेषण करना होता है। विश्लेषण की विषय सामग्री के रूप में स्थायी सम्पत्तियों, स्थायी दायित्वों एवं पूँजी कोष का प्रयोग किया जाता है क्योंकि चल सम्पत्तियों एवं चल दायित्वों में होने वाले परिवर्तनों का अंकन एवं विश्लेषण कार्यशील पूँजी में परिवर्तन के विवरण में ही किया जा चुका होता है। कोषप्रवाह विवरण की संरचना में कोषों के स्रोत (Sources of Funds) तथा कोषों के उपयोग (Uses of Funds) दो तत्त्व होते हैं। कोषों के स्रोत एवं उपयोग में अन्तर शुद्ध कार्यशील पूँजी में परिवर्तन को इंगित करता है। कोषों के साधन की राशि, कोषों के उपयोग की राशि से अधिक होने पर कार्यशील पूँजी में वृद्धि तथा विपरीत अवस्था में शुद्ध कार्यशील पूँजी में कमी मानी जाती है।

कोष प्रवाह के विवरण के प्रारूप (Forms of Funds Flow Statement)–लेखांकन प्रमाप के अन्तर्गत कोष प्रवाह विवरण के निर्माण हेतु कोई सर्वमान्य प्रारूप निर्धारित नहीं किया गया है। किन्तु व्यावहारिक तौर पर इस विवरण के निर्माण हेतु निम्नलिखित तीन प्रारूपों में से किसी एक का प्रयोग किया जाता है—

1. प्रतिवेदन प्रारूप (Report form)–प्रतिवेदन प्रारूप के अन्तर्गत सर्वप्रथम कोषों के साधन (Sources of funds) को प्रदर्शित किया जाता है। तदुपरान्त उसके नीचे कोषों के उपयोगों को दर्शाया जाता है। अर्थात् कोषों के साधनों एवं उपयोगों को पृथक-पृथक समूह में प्रदर्शित करके अन्तर की राशि ज्ञात की जाती है। साधनों की राशि उपयोगों की राशि से अधिक होने पर कार्यशील पूँजी में वृद्धि तथा साधनों की राशि उपयोगों की राशि से कम होने पर कार्यशील पूँजी की मात्रा में कमी होती है। प्रतिवेदन प्रारूप के अन्तर्गत कोष प्रवाह विवरण का नमूना अग्रांकित है।

Form of Funds Flow Statement (Report Form)

Sources of Funds :	**Amount (Rs.)**
(i) Trading Profits from operations	—
(ii) Issue of shares capital	—
(iii) Issue of Debentures capital	—
(iv) Capital Receipts from long term loans	—
(v) Sale of Fixed Assets	—
(vi) Non trading Receipts i.e. dividend Receipts, Donations, Gifts etc.	—
(vii) Decrease in working capital	—
Total	
Uses of Fudns :	
(i) Operation losses	—
(ii) Redemption of Preference share capital	—
(iii) Payment of long term borrowings	—
(such as debentures/bonds Redemption)	—
(iv) Purchase of fixed Assets	—
(v) Non-trading payments (compensation)	—
(vi) Payment of tax dividends	—
Net increase in working capital	—
Total	

Increase or decrease in working capital—

As per schedule of changes in working capital—

2. समाधान प्रारूप (Reconciliation form)–समाधान प्रारूप का निर्माण बैंक समाधान विवरण (Bank Reconciliation Statement) की भाँति किया जाता है। इस विवरण में प्रारम्भिक शुद्ध कार्यशील पूँजी की राशि में कोष के स्रोत (Sources of funds) की राशि जोड़कर कोष के उपयोग (Uses of funds) की राशि को घटा दिया जाता है। अवशिष्ट धनराशि वर्षान्त (End of year) में कार्यशील पूँजी के समतुल्य होती है। इसका प्रारूप संक्षिप्त रूप में निम्नवत् होता है—

Net working capital (Begining of the year ....

Add : Sources of funds..

....

Less : Uses of funds ....

Net working capital at the end of the year ....

3. खाता प्रारूप–खाता प्रारूप के अन्तर्गत कोष प्रवाह विवरण का निर्माण खाता बही (Ledger) के खातों की भाँति किया जाता है। इस प्रारूप को स्वकीय सन्तुलित प्रारूप (Self balancing form) अथवा (T-Form) के नाम से भी जाना जाता है। इस प्रारूप के अन्तर्गत कोषों के साधन बायीं ओर तथा कोषों के उपयोग दायीं ओर दिखाये जाते हैं। दोनों पक्षों का योग करके बाकी निकालकर कार्यशील पूँजी में परिवर्तन की राशि का पता लगाया जाता है। सामान्यतया खाते प्रारूप का प्रयोग अपेक्षाकृत कम किया जाता है। इस प्रारूप का नमूना निम्न प्रकार होता है—

Funds Flow Statement
(For the year ended................)

Sources of Funds		Amount (Rs.)	Uses of Funds		Amount (Rs.)
(i)	P rofit from operations	—	(i)	Losses from operation	—
(ii)	Issue of share capital	—	(ii)	Redemption of shares	—
(iii)	Issue of Debentures/Bonds	—	(iii)	Redemption of Debentures bonds	—
(iv)	Receipts from long term loans	—	(iv)	Payment of long term loans	—
(v)	Sale of fixed/Non-current Assets	—	(v)	Purchase of fixed assets	—
(vi)	Non-trading Receipts	—	(vi)	Non trading payment	—
	(Interest Dividends etc.)			(Dividends taxes) etc.........	—
(vii)	Net Decrease in working capital	—	(vii)	Net increase in working capital	—

Illustration 5.

The comparative balance sheet of Messors Radhika & Sons are given as follows :

Liabilities	As on 31 March, 2005	As on 31 March, 2004	Assets	As on 31 March, 2005	As on 31 March, 2004
Capital	28,000	26,000	Cash in hand	9,000	8,000
Bills payable	12,000	20,000	Cash at Bank	6,000	5,000
Retained earnings	3,000	2000	Bills receivables	15,000	26,000
			Stock	8,000	6,000
			Machinery	5,000	3,000
Total	43,000	48,000	Total	43,000	48,000

You are required to make a statement of changes in working capital and statement of sources and uses of funds for the year ended 31 march, 2005.

Solution.

Statement of Sources and uses of funds

For the year ended 31 March, 2005.

Sources of Funds		
Profit from operations		1,000
Issue of share capital		2,000
		3,000
Uses of funds :		
	Stock	2,000
	Machinery	2,000
		4,000
Decrease in working capital		1,000

Statement of changes in working capital

Items	As on 31 March, 2004	As on 31 March, 2005	Changes in working capital	
			Increase	Decrease
Current Assets :				
Cash in hand	8,000	9,000	1,000	—
Cash at Bank	5,000	6,000	1,000	—
Bills Recievables	26,000	15,000	—	11,000
Stock	6,000	8,000	2,000	—
Total (A)	45,000	38,000		—
Current Liabilities :				
Bills Payable	20,000	12,000	8,000	—
Total (B)	20,000	12,000		—
Net working Capital(A — B)	25,000	26,000		—
Decrease in working capital	1,000			1,000
	26,000	26,000	12,000	12,000

परिचालन से कोष की गणना
(Computation of funds from operation)

व्यवसाय के संचालन से लाभ, कोष के स्रोत अथवा प्रयोग का सर्वाधिक महत्वपूर्ण साधन माना जाता है। व्यवसाय संचालन से होने वाला शुद्ध लाभ कोष का स्रोत (Sources of funds) तथा हानि कोष का उपयोग (Uses of funds) मानी जाती है। किन्तु लाभ-हानि खाते द्वारा प्रदर्शित लाभ अथवा हानि को ही व्यवसाय के संचालन कोष के रूप में नहीं माना जा सकता। चूँकि लाभ-हानि खाते में ऐसी अनेक मदों को सम्मिलित किया जाता है। जिनका प्रभाव कार्यशील पूँजी पर नहीं पड़ता। वस्तुतः शुद्ध लाभ की गणना करने हेतु कतिपय मदों को डेबिट किया जाता है जिनका प्रत्यक्ष प्रभाव कार्यशील पूँजी पर नहीं पड़ता। क्योंकि इन व्ययों के लिए कोष का प्रयोग नहीं किया जाता। इसी प्रकार ऐसे अनेक लाभों एवं हानियों को भी लाभ-हानि खाते में समायोजित कर लिया जाता है। जिनका संगठन के संचालन से कोई सम्बन्ध नहीं होता। सामान्यतया परिचालन लाभों के अन्तर्गत विक्रीत माल की लागत (Cost of goods sold) एवं परिचालन व्ययों को सम्मिलित किया जाता है। वस्तुतः बिक्री नकद तथा उधार दोनों रूपों में हो सकती है। उधार बिक्री की धनराशि देनदारों एवं प्राप्य विपत्रों के रूप में वसूली जा सकती है। परिचालन से कोष की गणना करने हेतु शुद्ध लाभ में ह्रास, अमूर्त सम्पत्तियों जैसे प्रारम्भिक व्यय, अंशों व ऋणपत्रों के निर्गमन पर बट्टा स्थगित आयगत व्यय, ख्याति, ट्रेडमार्क इत्यादि की अपलिखित राशि, स्थायी सम्पत्तियों की बिक्री से हानि नियोजन सम्बन्धी मदें जैसे अंशों पर लाभांश विभिन्न संचयों में हस्तान्तरित राशि को जोड़ा जाता है। इसके अतिरिक्त स्थायी सम्पत्तियों की बिक्री से लाभ, प्राप्य लाभांश (व्यवसाय से इतर) कर की वापसी, स्थायी सम्पत्तियों के मूल्यों से होने वाली वृद्धि, आधिक्यों व संचयों का पुनः लाभ-हानि खाते में हस्तान्तरण इत्यादि मदों को घटाया जाता है। कोष प्रवाह विवरण हेतु संचालन से आय अथवा क्रियाशील लाभ की गणना करने हेतु लाभ-हानि खाते द्वारा प्रदर्शित लाभ में समायोजन करने हेतु निम्नलिखित विधियों में से किसी एक विधि का प्रयोग किया जा सकता है—

(A) चालू वर्ष के लाभों को समायोजित करके (By Adjusting the Profits of Current Years)–इस विधि के अन्तर्गत लाभ-हानि खाते के शेष में कतिपय आवश्यक समायोजन करके परिचालन से कोषों की गणना की जाती है। लाभ-हानि खाते के शेष में पूर्व में डेबिट गैर कोष परिचालन व्ययों को जोड़ा जाता है। तदुपरान्त लाभ-हानि

खाते में क्रेडिट गैर कोष परिचालन मदों को घटाया जाता है। सामान्यतया परिचालन कोषों की गणना हेतु निम्नलिखित प्रारूप की सहायता ली जा सकती है–

Calculation of Funds from Operations

Items (1)	Rs. (2)	Rs. (3)
Balance of Profit & Loss a/c	—	—
Add : Non operating items	—	
(i) Depreciation (ह्रास)	—	
(ii) Depletion (रिक्तीकरण)	—	
Add: Amortization of Intangible Assets :		
(i) Goodwill (ख्याति)	—	
(ii) Patents (पेटेन्ट्स)	—	
(iii) Trade Mark (व्यापार चिह्न)	—	
(iv) Preliminary expenses (प्रारम्भिक व्यय)	—	
(v) Deferred revenue expenditure	—	
(vi) Discount on issue of shares	—	
Debentures and Bonds etc.	—	
Add : Appropriation of Profits :		
(i) Transfer to General Reserve	—	
(ii) Transfer to sinking fund	—	
(iii) Transfer to contingency fund	—	
(iv) Transfer to dividend equilization fund	—	
Add : Loss on sale of fixed Assets and		
Long term investment	—	
Add : Provisions for Income tax		
Provision for sales tax etc.	—	
(If not treated as current liability)	—	
Add : Proposed Dividend		
Interim Dividend	—	
(If not treated as current liability)	—	
Less : Non operating Incomes :		
(i) Profit on sale of fixed assets	—	
(ii) Increase in the value of fixed assets	—	
(iii) Dividend Received	—	
Interest Received	—	
Funds from operation		

Illustration 6.

Calculate the Funds from operations from the P & L A/c given as follows :

Profit & Loss A/c (for the year ended 31 Dec. 2014)

To operating expenses (excluding depreciation)	2,10,000	By Gross Profit	6,50,000
To depreciation	75,000	By Profit on sale of building	40,000
To loss on sale of furniture	40,000	By Profit on sale of machinery	10,000
To Goodwill written off	75,000		
To miscellaneous expenses written off	20,000		
To Net profit	2,80,000		
	7,00,000		7,00,000

Solution :

	Rs.	Rs.
Net Profit Shown by P & L a/c	—	2,80,000
Add : Depreciation	75,000	
Loss on sale of furniture	40,000	
Goodwill written off	75,000	
Miscellaneous expenses written off	20,000	2,10,000
		4,90,000
Less : Profit on sale of building	40,000	
Profit on sale of machinery	10,000	50,000
Funds from operations		4,40,000

(ii) समायोजित लाभ-हानि खाता तैयार करके (By preparing Adjusted Profit and Loss A/c)–इस विधि के अनुसार परिचालन से कोष की गणना करने हेतु वर्ष के आरम्भ के लाभों को समायोजित लाभ-हानि खाते के क्रेडिट पक्ष में लिखकर गैर परिचालन आयों को इसमें जोड़ा जाता है। इस खाते के डेबिट पक्ष में गैर परिचालन व्ययों, हानियों एवं गैर कोष मदों को लिखा जाता है। दोनों पक्षों का मिलान करने पर यदि क्रेडिट पक्ष का योग डेबिट पक्ष के योग से कम है तो परिचालन द्वारा सृजित कोष की उपलब्धता होगी। यदि क्रेडिट पक्ष का योग डेबिट पक्ष के योग से अधिक है तो परिचालन से कोष की हानि (Loss from operation) होगी। समायोजित लाभ-हानि खाते का प्रारूप निम्नवत् है—

Formet of Adjusted P & L a/c

To Depreciation and deflation on fixed Assets	—	By opening Balance of P & L a/c	—
To amortization of intangible assets	—	By Increase in non-current assets	—
To loss on sale of fixed assets	—	By profit on sale of non current assets	—
To revision for liabilities	—	By other non operating items	—
To appropriation of profits and dividends	—	By funds from operations (Balancing fingure)	—
To other non operating items			
To closing balance of P & L a/c			
To funds lost in operation (Balance)			

Illustration 7.

The opening and closing balance of P & L A/c of Pioneer Limited are Rs. 35,000 and Rs. 50,000 respectively. Loss on sale of machinery Rs. 6,000 has been debited and Profit on sale of computer Rs. 15,000 has been credited to P & L A/c. Rs. 8,000 and 9,000 have been transferred to General Reserve and sinking fund respectively. In addition to interim dividend of Rs. 8,000 and 15,000 has further been proposed. The depreciation of Rs. 25,000 has been provided during the current year the provision for taxes of Rs. 20,000 has been made. Preliminary expenses written off Rs. 3,000.

Net profit for the year is Rs. 55,000 after writing off preliminary expenses and provision for taxes. Calculate the operating profit.

Solution :

Condensed Profit and Loss A/c

Items	Amount	Items	Amount
1	**2**	**3**	**4**
to non trading losses :		By opening Balance b/d	35,000
Depreciation	25,000	By non trading incomes:	
Loss on sale of machinery	6,000	Profit on sale of computer	15,000
to Appropriations :		By Operating Profit	
Interim Dividends	8,000	(Balancing figure)	94,000
Proposed Dividends	15,000		
General reserve	8,000		
Sinking funds	9,000		
to provision for taxes	20,000		
to preliminary expenses	3,000		
to closing balance of P & L A/c	50,000		
	1,44,000		1,44,000

Alternate Method :	**Rs.**	**Rs.**
Net Profit	—	55,000
Less : Profit assets of computer	15,000	15,000
		40,000
Add : Depreciation	25,000	
Loss on sale of machinery	6,000	
Preliminary expenses	3,000	
Provision for taxes	20,000	54,000
		94,000

कोषों के स्रोतों एवं उपयोगों से सम्बन्धित समायोजन (Adjustments Relating to Sources and Uses of Funds)–चालू वर्ष के दौरान संगठन की स्थायी सम्पत्तियों का पुनर्मूल्यांकन करने की दशा में उनके मूल्यों में होने वाली वृद्धि अथवा कमी की राशि को पूँजी संचय खाते में हस्तान्तरित कर दिये जाने पर इसे कोषों का स्रोत एवं उपयोग नहीं माना जा सकता। अत: किसी भी लेखा अवधि में कोषों के स्रोत एवं उपयोग की राशि का आगणन करने हेतु इस प्रकार के समायोजनों को सम्पत्तियों के मूल्य तथा संचयों में से अलग किया जाना चाहिए। निम्नलिखित उदाहरण की सहायता से इसे आसानी से समझा जा सकता है।

Illustration 8.

The opening balance of plant and machinery a/c was Rs. 3,50,000. Its one part has been sold and rest part has been revalued the depreciation during the year Rs. 40,000 has been charged and written off. On the revaluation, the profit on sale has also been credited to capital reserve the opening and closing balance of capital reserve is Rs. 15,000 and 28,600 Respectively. There is no any other transaction in capital reserve a/c except the profit on sale and revaluation of plant machinery during the year. Closing balance of plant and machinery a/c is Rs. 2,95,000. Compute the amount of contribution to sources of funds from the sale of plant and machinery.

Solution :

Capital Reserve a/c

Particular	Amount	Particular	Amount
To Balance c/d	28,600	By Balance B/D	15,000
		By Plant and Machinery a/c "Profit on sale and Revaluation"	13,600
Total	**28,600**		**28600**

Plant and Machinery A/c

Particular	Amount	Particular	Amount
To Balance b/d	3,50,000	By Depreciation	40,000
To capital reserve (transferred)	13,600	By Bank/Cash	28,600
		"Balancing figure" By Balance c/d	2,95,000
	3,63,600		**3,63,600**

अत: प्लाण्ट एवं मशीनरी के विक्रय से प्राप्त राशि 28600 कोषों का स्रोत है।

2. स्थायी सम्पत्तियों में वृद्धि या कमी (Increase or Decrease in Fixed Assets)–स्थायी सम्पत्तियों की मात्रा में अभिवृद्धि का आशय स्थायी सम्पत्तियों के क्रय एवं स्थायी सम्पत्तियों की मात्रा में कमी का आशय उनके विक्रय से है। स्थायी सम्पत्तियों के क्रय एवं विक्रय की राशि को स्थायी सम्पत्ति खाता बनाकर ज्ञात किया जा सकता है। क्रय की गई सम्पत्ति की राशि की गणना हेतु स्थायी सम्पत्तियों के चालू वर्ष की लागत में से गत वर्ष की लागत (विक्रीत सम्पत्ति की लागत को घटाकर) को घटा दिया जाता है। लागत की सूचना अप्राप्त होने पर अपलिखित मूल्य में ह्रासित राशि को जोड़कर सम्पत्ति की लागत ज्ञात हो जाती है।

स्थायी सम्पत्तियों के क्रय की गणना निम्न प्रकार की जा सकती है—

Cost of fixed assets (Current year)	—
Add : Written down value of fixed Assets	—
Sold during the year	—
Less : Cost of fixed Assets (Previous year)	—
Purchase of fixed Assets	—

इसी प्रकार स्थायी सम्पत्तियों के विक्रय राशि की गणना हम निम्न प्रकार कर सकते हैं—

Cost of fixed assets (Previous year)	—
Less : Cost of fixed Assets (Current year)	—
Cost of Assets sold	—
Add : Profit on sale of fixed Assets	—
or	
Less : Loss on Sale of fixed Assets	—
the amount of Assets sold	—

Illustration 9.

The opening balance of land and building a/c was Rs. 8,00,000, Rs. 90,000 depreciation has been charged during the year. An old Building, written down value Rs. 1,40,000 has been sold out for Rs. 1,75,000. The closing balance of land and Building was Rs. 10,50,000. How much fund was being used during the year for purchase of land and Building.

Solution—

Land and Building a/c

Particular	Amount	Particular	Amount
to balance b/d	8,00, 000	By Depreciation	90,000
to P & L a/c (1,75,000-1,40,000)	35,000	By cash	1,75,000
to Cash Balancing Figure	4,80,000	By Balance c/d	10,50,000
	13,15,000		13,15,000

अतः भवन की बिक्री से रु० 1,75,000 प्राप्त हुआ जबकि रु० 4,80,000 का प्रयोग भूमि एवं भवन क्रय हेतु किया गया।

इसकी गणना निम्न प्रकार भी की जा सकती है—

Closing Balance of Land and Building	10,50,000
Add (+) Depreciation	90,000
Cost of Land and Building (Current Year)	11,40,000
Add (+) Cost of Land and Building sold	1,40,000
	12,80,000
Less : Cost of land and Building (Previous year)	8,00,000
	4,80,000

3. मिश्रित व्यवहार (Mixed Transactions)—कभी-कभी कतिपय व्यवहारों से कोष के स्रोत एवं उपयोग दोनों का आभास होता है। ऐसे व्यवहारों का विश्लेषण करना नितान्त आवश्यक होता है। उदाहरणस्वरूप किसी सम्पत्ति को रु० 50,000 में बेचकर पूर्व में लिए गये ऋण रु० 30,000 का समायोजन किया जाये। ऐसी दशा में रु० 50,000 में सम्पत्ति को बेचना कोष का स्रोत एवं रु० 30,000 के ऋणों का समायोजन कोष का उपयोग माना जायेगा।

4. अस्पष्ट सौदों को समझना (Understanding Unclear Transactions)—सामान्यतया स्थायी सम्पत्तियों के क्रय एवं विक्रय से सम्बन्धित कतिपय तथ्य अस्पष्ट होते हैं। उदाहरणस्वरूप, यदि पुराने फर्नीचर का विक्रय रु० 75,000 में रु० 12,000 लाभ लेकर किया गया हो, जिस पर मूल्य ह्रास रु० 7,500 का आयोजन किया गया हो तो फर्नीचर की लागत हम निम्नवत् ज्ञात करेंगे—

Selling Price of Furniture	75,000
Add : Depreciation	7,500
	82,500
Minus—Profit	12,000
Cost of Furniture	70,500

5. ह्रास प्रावधान (Provision of Depreciation)–ह्रास, अप्रचलन एवं घिसावट से सम्पत्तियों के मूल्य में कमी होती है। अत: परिचालन से कोषों की गणना करते समय इसे परिचालन व्यय माना जाता है। ह्रास की राशि से लाभ-हानि खाता डेबिट तथा स्थायी सम्पत्ति खाता क्रेडिट किया जाता है। चूँकि लाभ-हानि खाता एवं स्थायी सम्पत्ति खाता दोनों गैर चालू खाते हैं। अत: ह्रास की गणना गैर कोष मद के रूप में की जाती है। अर्थात् ह्रास को न तो कोषों का स्रोत और न ही कोषों का उपयोग माना जाता है। अत: परिचालन से कोषों की गणना हेतु ह्रास की राशि को लाभ से जोड़ा जाता है जिसे पूर्व में घटाया जा चुका होता है। अत: इसके कारण परिचालन से कोषों की राशि में कमी न होने के कारण इसे कोष का स्रोत नहीं मानना चाहिए।

6. करों के लिए आयोजन (Provision for Taxes)–कोष प्रवाह विवरण हेतु 'करों के लिए आयोजन' को दो प्रकार से प्रस्तुत किया जा सकता है।

(i) करों के लिए आयोजन को चालू दायित्व की भाँति माना जा सकता है। ऐसी दशा में कर आयोजन खाते को कार्यशील पूँजी में परिवर्तन की अनुसूची में चालू दायित्वों के साथ प्रदर्शित किया जायेगा। वर्ष के दौरान कर के रूप में चुकाई गई राशि की प्रवृष्टि कहीं भी नहीं की जायेगी। कर के पश्चात् के लाभों को ही कोष का साधन मान लिया जायेगा।

(ii) करों के लिए आयोजन को कार्यशील पूँजी की तालिका में प्रदर्शित न करके वर्ष के दौरान चुकाई गई धनराशि को कोषों के उपयोग के रूप में प्रदर्शित किया जाता है। संचालन से कोषों की गणना हेतु लाभ-हानि खाते में डेबिट की गई राशि को कर के पश्चात् के लाभों में जोड़ दिया जाता है। चार्ज की गई राशि की गणना हेतु प्रारम्भिक बाकी को क्रेडिट पक्ष में अंतिम बाकी को डेबिट पक्ष में लिखकर चुकता किये गये कर की राशि को डेबिट में लिखने पर शेष राशि वर्ष की चार्ज राशि होगी। कोष प्रवाह विवरण का निर्माण करने हेतु उपर्युक्त विधियों में से किसी भी विधि को अपनाया जा सकता है। किन्तु द्वितीय विधि अधिक व्यावहारिक होने के कारण सामान्य तौर पर प्रयोग में लाई जाती है।

Illustration 10.

The Opening Balance of the provision for taxation a/c was Rs. 2,50,000 and closing balance is Rs. 3,20,000 the taxes paid during the year amounted Rs. 95,000. How will you find out this problem in funds flow statement.

चालू दायित्व के रूप में (In the form of current liability) चालू दायित्व के रूप में कर प्रावधान को कार्यशील पूँजी में परिवर्तन के विवरण में दिखाया जाता है। कोष प्रवाह विवरण में इसकी प्रवृष्टि नहीं की जाती है।

Statement of Changes in working capital

Particulars	Opening Balance	Closing Balance	Changes in Working Capital	
Current Liabilities	Rs.	Rs.	Increase	Decrease
Provision for taxations	2,50,000	3,20,000	—	70,000

कोषों के उपयोग के रूप में (In the form of uses of funds) कोषों के उपयोग के रूप में कर प्रावधान को प्रदर्शित करने पर यह गैर चालू दायित्व माना जायेगा। इसे कार्यशील पूँजी में परिवर्तन के विवरण में नहीं दिखाया जायेगा।

Provision for tax a/c

To cash (Payment of tax)	95,000	By Balance b/d	2,50,000
To Balance c/d	3,20,000	By P & L a/c (Provision made during the year)	1,65,000
	4,15,000		4,15,000

अतः वर्ष के दौरान कर हेतु लाभ-हानि खाते से किया गया प्रावधान रु०1,65,000 होगा जोकि परिचालन से लाभ की गणना करते समय लाभ में जोड़ दिया जायेगा।

8. प्रस्तावित लाभांश (Proposed Dividend)–प्रस्तावित लाभांश की प्रवृष्टि भी चालू दायित्व के रूप में अथवा लाभों के नियोजन के रूप में की जा सकती है। प्रस्तावित लाभांश के चालू दायित्व माने जाने की दशा में प्रस्तावित लाभांश की राशि कार्यशील पूँजी में परिवर्तन अनुसूची में प्रदर्शित की जायेगी तथा प्रस्तावित लाभांश को कोषों का नियोजन माने जाने पर वर्ष के दौरान चुकता लाभांश को कोष प्रवाह विवरण में कोषों के उपयोग के रूप में दिखाया जायेगा तथा संचालन से लाभों की गणना हेतु प्रस्तावित लाभांश की राशि को वर्ष के लाभों में पुनः जोड़ दिया जायेगा।

9. अन्तरिम लाभांश (Interim Dividend)–अन्तरिम लाभांश, लाभांश की वह धनराशि होती है जिसका भुगतान संगठन द्वारा वार्षिक खाते तैयार करने से पूर्व वित्तीय वर्ष के मध्य अथवा किसी भी समय अंशधारकों को किया जाता है। इस प्रकार भुगतान की गई लाभांश राशि लाभ-हानि नियोजन खाते के शेष में जोड़ दी जाती है। लाभ-हानि खाते का शेष अथवा शुद्ध लाभ दिये होने पर इसे जोड़ने की आवश्यकता नहीं होती। अन्तरिम लाभांश को कोषों का उपयोग माना जाता है तथा कोष प्रवाह विवरण में प्रदर्शित किया जाता है।

10. दीर्घकालीन दायित्वों एवं अंश पूँजी में वृद्धि अथवा कमी (Increase or Decrease in Long Term Liabilities and Share Capital)–वस्तुतः किन्हीं दो तिथियों के मध्य दीर्घकालीन दायित्वों एवं अंश पूँजी की मात्रा में अभिवृद्धि ऋणपत्रों के निर्गमन एवं नवीन अंशों के निर्गमन द्वारा ही हो सकती है। इस प्रकार होने वाली वृद्धि को कोषों का साधन माना जाता है। इसके विपरीत दीर्घकालीन दायित्वों एव अंश पूँजी की मात्रा में कमी, ऋणपत्रों अथवा शोध्य अधिमान अंशों के शोधन से होती है। इस कमी को कोषों का उपयोग (Uses of Funds) कहा जाता है। इसकी गणना हेतु अंश पूँजी खाता एवं ऋण पत्र खाता तैयार किया जाता है।

Illustration 11.

The opening and closing balances of share capital a/c is Rs. 4,20,000 and 5,80,000 respectively. Bonus shares of Rs. 50,000 were issued during the year. A plant was purchased from Rs. 80,000, by issuing shares on the premium @ 10% the opening and closing balances of share premium is Rs. 8,000 and 24,000 respectivly. The calculation of the amount of sources and uses of funds will be made as follows.

Share Capital a/c

Particular	Amount	Particular	Amount
to Balance c/d (Closing balance)	5,80,000	By opening balance b/d	4,20,000
		By plant a/c	80,000
		By Bonus to share holder a/c	50,000
		By cash a/c "Balancing figure Further issues of shares"	30,000
	5,80,000		5,80,000

Share Premium a/c

Particular	Amount	Particular	Amount
to (Closing balance) c/d	24,000	By opening balance b/d	8,000
		By plant a/c	8,000
		By cash a/c	
		"Balancing figure sources of funds"	8,000
	24,000		24,000

अत: रु० 80,000 अंश पूँजी के निर्गमन तथा रु० 8,000 के अंश प्रीमियम कुल, 88,000 रु० कोष के स्रोत के रूप में प्रदर्शित किया जायेगा। प्लाण्ट की खरीद हेतु निर्गमित अंश प्रीमियम तथा बोनस अंशों के निर्गमन को कहीं भी प्रदर्शित नहीं किया जायेगा, क्योंकि इनसे प्रभावित होने वाले खाते गैर चालू खाते हैं।

Illustration 12.

The Opening and closing balance of debenture a/c is Rs. 1,00,000 and Rs. 1,60,000. During the year 1,000 Debentures of Rs. 100 were issued at per. From which 400 debentures were alloted to furniture sellors compute the increase or decrease in funds by debentures.

Debentures a/c

to closing balance c/d	1,60,000	By opening balance b/d	1,00,000
to Bank a/c		By Furniture a/c	40,000
Balancing figure Redemption of debentures in cash	40,000	By cash a/c	60,000
	2,00,000		2,00,000

अत: रु० 60,000 के ऋणपत्रों के निर्गमन को कोषों का स्रोत एवं रु० 40,000 से ऋणपत्रों के शोधन को कोषों का प्रयोग माना जायेगा। फर्नीचर क्रय के बदले निर्गत ऋणपत्रों की प्रकृति गैर चालू मद होने के कारण कहीं नहीं की जायेगी।

Illustration 13.

The balance sheet of Proctor and Gamble Limited as on 31 Dec. 2013 and 31 Dec. 2014 are given as follows.

Liabilities	31 Dec. 2013	31 Dec. 2014	Assets	31 Dec. 2013	31 Dec. 2014
Share Capital	2,50,000	4,00,000	Cash in hand	1,00,000	1,50,000
Bills payable	40,000	25,000	Debtors	1,20,000	1,40,000
Creditors	80,000	65,000	Furniture	50,000	35,000
P & L a/c	20,000	45,000	Land, Building	80,000	95,000
			Plant and machinery	40,000	1,15, 000
	3,90,000	5,35,000		3,50,000	5,35,000

Solution–

Schedule of charges in Working Capital

Items	31 Dec. 2013	31 Dec. 2014	Charge in working capital	
			Increase	Decrease
Current Assets :				
Cash in hand	1,00,000	1,50,000	50,000	—
Debtors	1,20,000	1,40,000	20,000	—
Total (A)	2,20,000	2,90,000		
Liabilities				
Creditors	80,000	65,000	15,000	—
Bills Payable	40,000	25,000	15,000	
Total (B)	1,20,000	90,000		
Working Capital (A — B)	1,00,000	2,00,000		
Increase in working capital	1,00,000			1,00,000
	2,00,000	2,00,000	1,00,000	1,00,000

Statement of Sources and application of funds
(For the year ending on 31 Dec. 2014)

Sources of funds	Amount	Uses of funds	Amount
Issue of share capital	1,50,000	Purchase of plant and machinery	75,000
Sale of furniture	15,000	Purchase of land and Building	15,000
Funds from operation	25,000	Increase in working capital	1,00,000
	1,90,000		1,90,000

Illustration 14.

From the following balance sheets of Zig-Zag Limited Delhi, Prepare a schedule of changes in working capital and a funds flow statement.

जिग-जैग लिमिटेड दिल्ली की निम्नलिखित चिट्ठे के आधार पर कार्यशील पूँजी के परिवर्तन की अनुसूची एवं कोष प्रवाह विवरण तैयार कीजिए।

Liabilities	31 Dec. 2012	31 Dec. 2013	Assets	31 Dec. 2012	31 Dec. 2013
Share capital	1,50,000	2,00,000	Cash in hand	58,500	71,300
Bills Payable	25,000	35,000	Bills Receivables	35,000	38,000
Creditors	20,000	17,000	Debtors	20,000	40,000
Long term loans	35,000	35,000	Stock	42,000	32,800
Sinking fund	10,000	13,000	Furniture	18,000	22,000
Retained earnings	15,825	12,950	Plant & machinery	45,000	45,000
Provision for bad debts	1550	1280	Land & Building	49,075	79,430
Accumulated Depreciation :					
Plant and machinery	5000	7000			
Land and Building	4000	5500			
Furniture	1,200	1,800			
	2,67,575	3,28,530		2,67,575	3,28,530

Some Additional informations are given as follows the net profit for the year 2013 is Rs. 7125, Dividend of Rs. 7000 paid during the year.

Solution–

Schedule of changes in working capital

Items	31 Dec. 2012	31 Dec. 2013	Changes in working Capital	
			Increase	**Decrease**
Current Assets :				
Cash in hand	58,500	71,300	12,800	—
Bills Receivables	35,000	38,000	3,000	—
Debtors	20,000	40,000	20,000	—
Stock	42,000	32,800	—	9,200
Total (A)	1,55,500	1,82,100		
Current Liabilities :				
Bills Payable	25,000	35,000	—	10,000
Creditors	20,000	17,000	3,000	—
Provision for Bad Debts	1,550	1,280	270	—
Total (B)	46,550	53,280		
Working Capital	1,08,950	1,28,820		
Increase in working capital	19,870	—		19,870
	1,28,820	1,28,820	39,070	39,070

Funds flow Statement

(For the year ended 31 Dec. 2013)

Sources of Funds	Amount	Uses of Funds	Amount
Issue of Share Capital	50,000	Purchase of Furniture	4000
Funds from Operation	11,225	Payment of Dividend	7000
		Purchase of land and Building	30,355
		Increase in working Capital	19,870
Total	61,225	Total	61,225

Working notes :

Computation of funds from operations

Decrease in Retained earnings		– 2,875
Add : Sinking fund	3,000	
Dividends	7,000	10,000
Profit for the year		7,125
Add : Non fund items :		
Accumulated depreciation on :		
Plant and Machinery	2,000	
Land and Building	1,500	
Furniture	600	4,100
Funds from operation		11,225

Illustration 15.

You are given two comparative balance sheets, prepared as on 31 March, 2000 and 31 March, 2001.

Liabilities	31 March, 2000 Amount	31 March, 2001 Amount	Assets	31 March, 2000	31 March 2001
Share capital	2,75,000	3,90,000	Fixed Assets (at cost)	3,75,000	4,40,000
10% Debentures	90,000	80,000	Less Depreciation	72,000	85,000
				3,03,000	3,55,000
Current liabilities	3,80,000	4,20,000	Cash in hand	75,000	90,000
Reserves & surplus	1,30,000	1,80,000	Preliminary expenses	1,50,000	90,000
			Book debts	4,70,000	4,35,000
Mortgage loan	75,000	45,000	Inventories	20,000	70,000
Profit & Loss a/c	1,40,000	2,10,000	Marketable securities	35,000	30,000
			Investments	37,000	2,55,000
	10,90,000	13,25,000		10,90,000	13,25,000

Some additional informations are given as follows :

1. Rs. 50,000 shares were issued to a sellor of fixed assets.
2. Rs. 10,000 of Debentures were converted into shares at per.
3. A Plant costing Rs. 30,000, Book value 25,000 as on 31 March was disposed off for Rs. 20,000.
4. Rs. 5,000 of marketable securities (Cost) were disposed off for Rs. 7,000.

You are required to make a schedule of changes in working capital and the funds flow statement for the year 31 March, 2001.

Solution. (हल)–

Statement of changes in working capital

Items	31 March, 2013	31 March, 2014	Changes in working Capital	
			Increase	Decrease
Current Assets				
Cash in hand	75,000	90,000	15,000	—
Book debts	4,70,000	4,35,000	—	35,000
Inventaries	20,000	70,000	50,000	—
Marketable securities	35,000	30,000	—	5,000
Total (A)	6,00,000	6,25,000		
Current Liabilities	3,80,000	4,20,000	—	40,000
Total (B)	3,80,000	4,20,000	—	
Working capital	2,20,000	2,05,000		
Decrease in working capital		15,000	15,000	
	2,20,000	2,20,000	80,000	80,000

Funds flow statement

(As on 31 March 2014)

Sources of funds	Amount	Uses of funds	Amount
Profit from operation (xx)	2,03,000	Investments	2,18,000
Issue of share capital (xxx)	55,000	Mortgaged loan paid	30,000
Sale of fixed assets	20,000	Purchased of fixed Assets (x)	45,000
Decrease in working capital	15,000		
Total	2,93,000	Total	2,93,000

Working notes :

Fixed Assets a/c

Particular	Amount	Particular	Amount
to balance b/d	3,75,000	By Balance c/d	4,40,000
to share capital	50,000	By loss on sale of plant	5,000
to Bank a/c (x)	45,000	By depreciation	5,000
(Balancing figure)		By Bank (Sale of Plant)	20,000
	4,70,000		4,70,000

Profit from operation a/c

Particular	Amount	Particular	Amount
to reserve & surplus	50,000	By Balance b/d	1,40,000
		(Opening balance of P&L a/c)	
to loss on sale of plant	5,000		
to priliminary expenses	60,000	By profit from operation (xx)	
to depreciation (xxxx)	18,000	Balancing figure	2,03,000
to balance c/d	2,10,000		
(closing balance of P & L a/c)			
	3,43,000		3,43,000

Depreciation a/c

Particular	Amount	Particular	Amount
to balance c/d	85,000	By Balance b/d	72,000
to fixed Assets	5,000	By P&L a/c (xxxx)	18,000
	90,000		90,000

Share Capital a/c

to balance c/d	3,90,000	By balance b/d	2,75,000
		By debentures	10,000
		By fixed Assets	50,000
		By Bank (xxx)	
		(Balancing figure)	55,000
	3,90,000		3,90,000

Illustration 16.

The comperative balance sheet of A Company is given as follows :

Liabilities	31 March, 2013	31 March, 2014	Assets	31 March, 2013	31 March, 2014
Share capital	1,00,000	1,50,000	Cash in hand	12,500	3750
Creditors	30,000	33,750	Debtors	25,000	38,750
Bank loan	40,000	20,000	Stock	45,000	50,000
Proposed dividend	10,000	15,000	Land and Building	75,000	1,00,000
Provision for taxes	10,000	13,750			
Depreciation fund	20,000	30,000	Plant & Machinery	1,15,000	1,57,500
P&L a/c	62,500	87,500			
	2,72,500	3,50,000		2,72,500	3,50,000

Additional information–

(i) Company issued new shares of Rs. 50,000 for cash

(ii) Tax paid during the year Rs. 10,750.

(iii) A machine was sold for Rs. 1,000, Bank value 1,500 was purchased for Rs. 15,000.

You are required to made statement of changes in working capital. Funds flow statement.

Solution–

Statement of changes in working capital

Items	31 March, 2013	31 March, 2014	Changes in Working Capital	
			Increase	Decrease
Current Assets				
Cash in hand	12,500	3,750	—	8,750
Debtors	25,000	38,750	13,750	—
Stock	45,000	50,000	5,000	—
Total (A)	82,500	92,500		
Current liabilities				
Creditors	30,000	33,750	—	3,750
Working capital	52,500	58,750		
Increase in working capital	6,250			6,250
	58,750	58,750	18,750	18,750

Funds Flow Statement

(as on year ended 31 March, 2014)

Sources of funds	Amount	Uses of Funds	Amount
Issue of shares	50,000	Purchase of Land	25,000
Sale of machinery	1,000	Purchse of Plant and machinery (2)	57,500
Funds from operation	78,500	Bank loan Repayment	20,000
		Dividend paid	10,000
		tax paid	10,750
		Increase in working capital	6,250
	1,29,500		1,29,500

Funds from Operation a/c

to depreciation (1)	23,500	By opening balance of P&L a/c	62,500
to proposed dividend (3)	15,000		
to Provision for taxes (4)	14,500	By funds from operation	78,500
to loss on sale of machinery	500		
to balance c/d	87,500		
	1,41,000		1,41,000

Plant and machinery a/c

to balance b/d	1,15,000	By depreciation fund a/c	13,500
to Bank (Balancing figure Purchase of new plant) (2)	57,500	By cash	1000
		By loss on sale of machine	500
		By balance c/d	1,57,500
	1,72,500		1,72,500

Depreciation fund a/c

to machinery	13,500	By balance b/d	20,000
to balance c/d	30,000	By depreciation for (1)	23,500
	43,500		43,500

Provision for taxation a/c

to bank a/c	10,750	By balance b/d	10,000
to balance c/d	13,750	By P&L a/c (4)	14,500
	24,500		24,500

Proposed Dividend A/c

to bank	10,000	By balance b/d	10,000
to balance c/d	15,000	By P& L a/c (3) (Balancing figure)	15,000
	25,000		25,000

नोट—उपर्युक्त प्रश्न में कर आयोजन एवं प्रस्तावित लाभांश को गैर चालू दायित्व माना गया है।

Illustration 17.

निम्नलिखित विवरणों के आधार पर कार्यशील पूँजी में परिवर्तन की अनुसूची एवं कोषों के उपयोग एवं स्रोत का विवरण तैयार कीजिए।

On the Basis of following statements, prepare a schedule of changes in working capital and statement of sources and uses of funds.

Liabilities	31 Dec. 2000	31 Dec. 2001	Assets	31 Dec. 2000	31 Dec. 2001
Share capital	55,000	63,000	Cash in hand	35,000	40,000
Creditors	20,000	16,000	Debtors	15,000	17,000
Bills Payable	36,000	34,000	Stock	30,000	25,000
Reserves	40,000	50,000	Bills Receivables	10,000	14,000
Provision for taxes	30,000	40,000	Investments	12,000	16,000
Provision for DD.	12,500	13,000	Land and Building	75,000	60,000
Profit & Loss a/c	33,500	18,000	Plant & Machinery	40,000	55,000
			Goodwill	10,000	7000
	2,27,000	2,34,000		2,27,000	2,34,000

Depreciation to machinery was charged Rs. 4,000 during the year. Dividend was paid during the year 2001 @ 8%. Provision for taxes of Rs. 5,500 was made.

Solution–

Schedule of changes in working capital

Items	31 Dec. 2000	31 Dec. 2001	Changes in working capital	
			Increase	Decrease
Current Assets				
Cash in hand	35,000	40,000	5,000	—
Debtors	15,000	17,000	2,000	—
Stock	30,000	25,000	—	5,000
Bills Receivables	10,000	14,000	4,000	—
Investments (Short term)	12,000	16,000	4,000	—
Total (A)	1,02,000	1,12,000		
Current Liabilities :				
Creditors	20,000	16,000	4,000	—
Bills Payable	36,000	34,000	2,000	—
Provision for taxes	30,000	40,000	—	10,000
Provision for DD	12,500	13,000	—	500
	98,500	10,300		
Working capital	3,500	9,000		
Increase in w.c.	5,500			5,500
	9,000	9,000	21,000	21,000

Funds flow Statement

(For the year ended 31 Dec. 2001)

Sources of Funds	
Issue of shares	8,000
Funds from operations (1)	21,540
	29,540
Uses of funds	
Purchase of machinery (2)	19,000
Payment of dividends	5,040
Increase in working capital	5,500
	29,540

Working Notes :

$$\text{Dividend} = \frac{63{,}000 \times 8}{100} = 5{,}040$$

1. Funds from operations :	
Difference of P & L a/c	–15,500
Add : Dividend Paid	5,040
General Reserve	10,000
Profit from operations	– 460
Add : Non fund Items :	
Depreciation on Building (3)	15,000
Depreciation on Machinery	4,000
Goodwill written off	3,000
Funds from Operations	21,540
2. Purchase of machinery	
Closing Balance	55,000
Add : Depreciation for the year	4,000
	59,000
Less Opening Balance	40,000
Purchase of machinery	19,000

3. Decrease in the value of building has been treated as depreciation.
4. Provision for taxes has been treated as current liability.

Illustration 18.

निम्नलिखित तुलनात्मक स्थिति विवरणों के आधार पर मनोहर एण्ड कम्पनी लिमिटेड इलाहाबाद का कोष प्रवाह विवरण एवं कार्यशील पूँजी में परिवर्तन की अनुसूची तैयार कीजिए।

Prepare fund flow statement and schedule of changes in working capital of Manohar and Company Limited Allahabad on the basis of below mentioned comparative balance sheets.

Liabilities	2013	2014	Assets	2013	2014
Share capital	5,00,000	5,80,000	Cash in hand	75,000	90,000
Preference shares	50,000	90,000	Cash at Bank	50,000	80,000
Creditors	1,20,000	78,000	Debtors	95,000	82,000
Bank loan (short term)	40,000	—	Stock	1,20,000	95,000
General Reserve	30,000	50,000	Land & Building	2,00,000	1,80,000
Provision for taxes	25,000	35,000	Plant & machinery	2,10,000	2,40,000
Profit & loss a/c	26,000	31,500	Furniture	41,000	97,500
	7,91,000	8,64,500		7,91,000	8,64,500

कतिपय अतिरिक्त सूचनाएँ निम्न प्रकार हैं—

Some Additional Informations are as follows.

(A) वर्ष 2004 में रु० 35,000 के लाभांश का भुगतान किया गया।

Dividend of Rs. 35,000 was paid in the year 2014.

(B) प्लाण्ट एण्ड मशीनरी पर वर्ष 2003 में रु० 10,000 का ह्रास अपलिखित किया गया।

Depreciation on plant and machinery written off Rs. 10,000 in the year 2013.

(C) वर्ष 2003 में आयकर हेतु रु० 15,000 का प्रावधान किया गया।

Provision for Income tax was made Rs. 15,000 during the year 2013.

Statement of Changes in working Capital

Items	2013	2014	Changes in W.C.	
			Increase	Decrease
Current assets				
Cash in hand	75,000	90,000	15,000	—
Cash at Bank	50,000	80,000	30,000	—
Debtors	95,000	82,000	—	13,000
Stock	1,20,000	95,000	—	25,000
Total (A)	3,40,000	3,47,000		
Current Liabilities				
Creditors	1,20,000	78,000	42,000	—
Bank loan	40,000	—	40,000	—
Total (B)	1,60,000	78,000		
Working Capital (A – B)	1,80,000	2,69,000		
Increase in W.C.	89,000			89,000
	2,69,000	2,69,000	1,27,000	1,27,000

Funds flow statement
(For the year ended 2014)

Sources of Funds	Amount	Uses of funds	Amount
Issue of Capital	80,000	Purchase of Plant (3)	40,000
Issue of preference shares	40,000	Purchase of furniture	56,500
Sale of land and building	20,000	Dividend paid	35,000
Funds from operation (1)	85,500	Income tax Paid (2)	5000
		Net Increase in W.C.	89,000
	2,25,500		2,25,500

Working notes :

1. Computation of Funds from Operations

Increase in profit & loss a/c balance	5,500
Add : Transfer to General Reserve	20,000
Depreciation on plant	10,000
Dividend paid	35,000
Provision for tax	15,000
Fund from operations	85,500

2. Provision for taxes :

Opening balance of Provision for taxes	25,000
Add : Provision during the year	15,000
	40,000
Less : Closing balance of provision for taxes	35,000
Income tax paid during the year	5,000

3. Purchase of Plant

Opening Balance of Plant & Machinery	2,10,000
Less : Depreciation	10,000
	2,00,000
Closing balance	2,40,000
Purchase of plant during the year	40,000

Illustration 19.

The comparative balance sheets of the tax Mann Publishers are given as follows—

Liabilities	31.3.2001 Amount	31.3.2002 Amount	Assets	31.3.2001 Amount	31.3.2002 Amount
Share Capital	5,00,000	6,50,000	Cash in hand	1,50,000	1,80,000
General Reserve	1,40,000	1,50,000	Cash at bank	—	58,000
Bank loan	75,000	—	Debtors	83,000	72,000
Creditors	2,00,000	1,40,000	Stock	2,40,000	2,00,000
Provision for taxes	40,000	50,000	Plant and machinery	3,40,000	3,16,000
Profit & Loss a/c	58,000	62,500	Land and Building	2,00,000	1,85,000
			Goodwill	—	41,500
	10,13,000	10,52,500		10,13,000	10,52,500

Additional Informations :

(A) Dividend of Rs. 55,000 Paid during the year.

(B) Machine was purchased for Rs. 12,000.

(C) Assets of another company were purchased for a consideration of Rs. 1,50,000 Payable in shares. Assets purchased were as follows :

Machinery 75,000 Stock 75,000

(D) Net profit for the year is Rs. 85,000.

(E) Depreciation written off, machinery 24,000, Building 15,000

(F) Income tax paid during the year 2002 Rs. 35,000 provision for income tax Rs. 38,000 was changed to profit & loss a/c.

Solution–

Statement of changes in working capital

Items	**31.3.2001**	**31.3.2002**	**Changes in Working Capital**	
	(Amount)	**(Amount)**	**Increase (Amt.)**	**Decrease (Amt.)**
Current Assets :				
Cash in hand	1,50,000	1,80,000	30,000	—
Cash at Bank	—	58,000	58,000	—
Debtors	83,000	72,000	—	11,000
Stock	2,40,000	2,00,000	—	40,000
Total (A)	4,73,000	5,10,000		
Current Liabilities :				
Creditors	2,00,000	1,40,000	60,000	—
Bank & Loan	75,000	—	75,000	
	2,75,000	1,4 0,000		
Working capital	1,98,000	3,70,000		
Increase in W.C.	1,72,000			1,72,000
	3,70,000	3,70,000	2,23,000	2,23,000

` **Statement of sources and uses of funds**

(As on 31.3.2002)

Funds from operation (i)	1,24,000	Purchase of machinery	12,000
Increase in share Capital	1,50,000	Dividend Paid	55,000
		Taxes paid	35,000
		Increase in working capital	1,72,000
	2,74,000		2,74,000

Working notes

(i) Computation of funds from operation :

Net Profit for the year	85,000
Add : Depreciation for the year	39,000
transfer to general Reserve	10,000
Provision for taxes	45,000
	1,79,000
Less : Dividend paid	55,000
Funds from operations	1,24,000

Provision for taxation A/c

to taxes paid	35,000	By Balance b/d	40,000
to balance c/d	50,000	By P/L a/c	45,000
	85,000		85,000

Illustration 20.

The following balance sheets are related with a public company.

Liabilities	31.3.2013 Amount	31.3.2014 Amount	Assets	31.3.2013 Amount	31.3.2014 Amount
Share capital	2,80,000	2,96,000	Cash	36,000	31,200
			Stock	1,96,800	1,70,800
Debentures	48,000	24,000	Debtors	59,600	70,800
Creditors	40,000	47,360	Land	80,000	1,20,000
Provision for D.D.	2,800	3,200	Goodwill	40,000	20,000
P & L a/c	41,600	42,240			
Total	4,12,400	4,12,800	Total	4,12,400	4,12,800

अतिरिक्त सूचनाएँ (Additional Informations)

(A) वर्ष के दौरान रु० 14,000 के लाभांश का भुगतान किया गया।

(B) साख की मद में रु० 20,000 अपलिखित किये गये।

(C) रु० 40,000 मूल्य की भूमि का क्रय किया गया।

(D) ऋणपत्रों में रु० 24,000 का भुगतान किया गया।

उपर्युक्त सूचनाओं के आधार पर कोष प्रवाह विवरण एवं कार्यशील पूँजी में परिवर्तन की अनुसूची तैयार कीजिए।

Solution–

Schedule of changes in working capital

Items	31.3.2013 (Amount)	31.3.2014 (Amount)	Changes in Working Capital	
			Increase	Decrease
Current Assets :				
Cash in hand	36,000	31,200	—	4,800
Stock	1,96,800	1,70,800	—	26,000
Debtors	59,600	70,800	11,200	—
Total (A)	2,92,400	2,72,800		
Current Liabilities :				
Creditors	40,000	47,360	—	7,360
Provision for D.D.	2,800	3,200	—	400
	42,800	50,560		
Working capital	2,49,600	2,22,240		
Decrease in w.c.		27,360	27,360	
	2,49,600	2,49,600	38,560	38,560

Funds flow Statement

(For the year ended 31.3.2014)

Sources of funds	Amount	Uses of Funds	Amount
Profit from operations	34,640	Dividend paid	14,000
		Purchase of land	40,000
Increase in share capital	16,000	Payment of debentures	24,000
Decrease in working capital	27,360		
	78,000		78,000

Work notes :

1. Profit from operation :

Closing balance of P & L a/c	42,240
Less opening balance of P & L a/c	41,600
	640
Add : Dividend paid	14,000
Goodwill written off	20,000
	34,640

परीक्षा प्रश्न
(Examination Questions)

I. दीर्घ उत्तरीय प्रश्न (Long Answer Type Questions)

1. कोष प्रवाह विवरण से आप क्या समझते हैं? इसका मूल उद्देश्य क्या है?

   What do you mean by fund flow Statement? What are its main objects?

2. कोष प्रवाह विवरण क्या है? इसे क्यों बनाया जाता है?

   What is fund flow Statement? Why is it Prepared?

3. आर्थिक चिट्ठा एवं कोष प्रवाह विवरण में क्या अंतर है? वित्तीय विश्लेषण में इसकी क्या उपयोगिता है?

   What is difference between a Balance sheet and a funds flow Statement? What is its utility in financial Analysis.

4. कोष प्रवाह विवरण के उद्देश्य क्या हैं? इस विवरण को तैयार करने की किसी एक रीति को समझाइये।

   What are the objects of fund flow Statement? Explain any one method of Preparing this statement.

5. "कोषों के स्रोत एवं उपयोग का विवरण इस प्रश्न का स्पष्ट उत्तर देता है कि उपार्जित लाभ एवं अन्य स्रोतों से प्राप्त कोष का क्या हुआ" इस कथन की समीक्षा कीजिए।

   The Statement of Sources and uses of funds gives a clear Answer to the Question as to what has become the Profit earned and funds obtained from other Sources" Critically examine this Statement.

6. कार्यशील पूँजी में परिवर्तन की अनुसूची से आप क्या समझते हैं? कोष प्रवाह विवरण तैयार करने में इससे कितनी सहायता मिलती है?

   What do you understand by Schedule of change in working capital? How much this Schedule help in Preparing the fund flow Statement?

7. परिचालन से लाभ एवं शुद्ध लाभ में क्या अन्तर है? समुचित उदाहरणों द्वारा स्पष्ट कीजिए।

   What is difference between Profits from operation and net Profit? Clarify with suitable examples.

8. कोष प्रवाह विवरण क्या है? कोष प्रवाह विवरण तैयार करने में कौन-सी तकनीक प्रयोग होती है?

   What is fund flow Statement and what are the mechanics involved in Preparation of fund flow Statement? I.C.W.A. (Fund) June, 1996.

9. कोष प्रवाह विवरण के क्या प्रयोग हैं? इसकी हानियाँ क्या हैं?

   What are the uses of funds flow Statement? What are its disadvantages?

   I.C.W.A. (Fund) Dec., 2000

II. लघु उत्तरीय प्रश्न (Short Answer Type Questions)

(i) कोष प्रवाह विवरण से आप क्या समझते हैं?

What do you mean by funds flow Statement?

(ii) कोष प्रवाह विवरण को परिभाषित कीजिए।

Define funds flow Statement.

(iii) कार्यशील पूँजी कोष क्या है?

What is working capital funds?

(iv) कोष प्रवाह की महत्वपूर्ण दशाएँ क्या हैं?

What are Important condition of fund flows?

(v) कोष प्रवाह की विपरीत दशाएँ क्या हैं?

What are adverse conditions of funds flow?

(vi) कोष के मुख्य स्रोत क्या हैं?

What are main sources of funds?

(vii) कोषों के मुख्य उपयोग क्या हैं?

What are main uses of funds?

(viii) कोष प्रवाहं विवरण के उद्देश्यों की विवेचना कीजिए।

Describe the objects of funds flow Statement.

(ix) कोष प्रवाह विवरण की सीमाएँ क्या हैं?

What are limitations of funds flow Statement?

(x) कोष प्रवाह विवरण एवं स्थिति विवरण में क्या अंतर है?

What is difference between funds flow Statement and Balance Sheet?

(xi) कोष प्रवाह विवरण एवं आय विवरण में क्या अंतर है?

What is difference between funds flow Statement and Income Statement?

(xii) कोष प्रवाह विवरण के विभिन्न प्रारूपों की विवेचना कीजिए।

Describe various forms of funds flow Statement.

III. वस्तुनिष्ठ प्रश्न (Objective Type Questions)

(i) कोष प्रवाह विवरण सम्बन्धित होता है।

Funds flow Statement is related with.

A. कोषों के उपयोग से B. कोषों के स्रोत से

C. A तथा B दोनों D. कोई नहीं

Ans. C

(ii) कोष प्रवाह विवरण के निर्माण में प्रयोग किया जाता है।

The Statement used in making funds flow Statement.

A. तलपट (Trial Balance) B. आर्थिक विवरण (Balance Sheet)

C. आय विवरण (Income Statement) D. इनमें से कोई नहीं

Ans.B

(iii) विभिन्न दायित्वों एवं सम्पत्तियों की राशि में परिवर्तन की सूचना प्राप्त होती है।

The Information regarding changes in various liabilities and Assets is being received.

A. आय व्यय विवरण से B. आर्थिक चिट्ठे से

C. कोष प्रवाह विवरण से D. उपर्युक्त सभी

Ans. C

(iv) आर्थिक चिट्ठा विवरण है।

Balance sheet is a Statement.

A. गतिशील प्रकृति का
B. स्थिर प्रकृति का
C. प्रगतिशील प्रकृति का
D. इनमें से कोई नहीं

Ans. B

(v) "कोष प्रवाह विवरण सार्थक वित्तीय परिवर्तनों का संक्षिप्त विवरण है जो कि कम्पनी के प्रारम्भिक तथा अन्तिम लेखांकन अवधि के मध्य सृजित हुए हैं।

The funds flow Statement is a Statement summarising the significant financial changes which were occured between the beginning and the end of the companies accounting Period.

A. आर० ए० फाउल्के
B. आर० एन० एन्थोनी
C. स्मिथ ब्राउन
D. एल्मंड कोलमैन

Ans. D

(vi) व्यावसायिक शब्दावली में कोष से अभिप्राय है।

The meaning of fund in Business terminology.

A. पूँजी कोष
B. रोकड़ कोष
C. कार्यशील पूँजी कोष
D. उपर्युक्त सभी

Ans. D

(vii) चालू दायित्व के अन्तर्गत सम्मिलित किया जाता है।

Which is involved with current liabilities.

A. बैंक अधिविकर्ष
B. सामान्य संचय कोष
C. अंश प्रीमियम
D. ऋण पत्र

Ans. A

(viii) चालू सम्पत्तियों के अन्तर्गत सम्मिलित किया जाता है।

Which is involved with current Assets.

A. ख्याति
B. प्रारम्भिक व्यय
C. पूर्वदत्त व्यय
D. एकस्व (Patents)

Ans. C

(ix) गैर-चालू दायित्व के अन्तर्गत सम्मिलित किया जाता है।

Which is invaled with non current liabilities.

A. अंश प्रीमियम
B. देय आयकर
C. अयाचित लाभांश
D. उपर्युक्त सभी

Ans. A

(x) गैर चालू सम्पत्तियों के अन्तर्गत सम्मिलित किया जाता है।

Which is involved with non-current Assets.

A. ख्याति
B. देनदार
C. अग्रिम कर
D. विक्रय योग्य प्रतिभूतियों

Ans.A

(xi) किसी सौदे से कोष प्रवाह नहीं होगा।

The funds flow will not be made from any Transaction.

A. जब दोनों खाते चालू खाते हों

B. जब दोनों खाते गैर चालू खाते हों

C. उपर्युक्त दोनों

D. इनमें से कोई नहीं

Ans. C

(xii) किसी सौदे से कोष प्रवाह विवरण प्रभावित होगा जब—

The funds flow will be effected from any transaction when

A. एक चालू खाता दूसरा गैर चालू खाता

B. दोनों चालू खाते

C. दोनों स्थिर खाते हों

D. इनमें से कोई नहीं

Ans. A

(xiii) ''समता में वृद्धि तथा सम्पत्तियों में कमी को कोषों का स्रोत एवं सम्पत्तियों में वृद्धि तथा समता अंशों में कमी को कोषों का उपयोग माना जाता है'' कथन है—

"Increase in equity and Decrease in Assets Assumed Source of funds and Increase Assets and Decrease in equity Assumed user of funds." Is the statement of—

A. आर०एन० एन्थोनी

B. राबर्ट्सन

C. फाउल्के

D. ब्राउन

Ans. A

(xiv) कोषों के साधन के अन्तर्गत सम्मिलित किया जाता है।

Which is included the sources of funds.

A. परिचालनीय लाभ

B. अंश पूँजी की वृद्धि

C. दीर्घकालीन ऋण

D. उपर्युक्त सभी

Ans. A

(xv) कोषों के उपयोगों के अन्तर्गत सम्मिलित किया जाता है।

Which is included in the user of funds.

A. परिचालनीय हानि

B. पूँजी कोष में कमी

C. कार्यशील पूँजी में वृद्धि

D. उपर्युक्त सभी

Ans. A

(xvi) कोष प्रवाह विवरण के अन्तर्गत सम्मिलित किया जाता है।

Which is included in the funds flow Statement.

A. आयगत व्यय

B. पूँजीगत व्यय

C. दोनों प्रकार के व्यय

D. इनमें से कोई नहीं

Ans. C

क्रियात्मक प्रश्न (Practical Questions)

1. शरद प्रकाशन लिमिटेड इलाहाबाद के 31 दिसम्बर, 2001 एवं 31 दिसम्बर, 2002 के चिट्ठे निम्नलिखित हैं।
The balance sheets of Sharad Prakashan Limited Allahabad on 31 Dec. 2001 and 31 Dec. 2002 are given as follows.

Liabilities	Amount 31 Dec. 2001	Amount 31 Dec. 2002	Assets	Amount 31 Dec. 2001	Amount 31 Dec. 2002
Equity capital	4,00,000	4,00,000	Cash in hand	40,000	25,000
10% Debentures	2,40,000	2,80,000	Debtors	75,000	1,25,000
Sundry creditors	75,000	1,20,000	Stock	2,50,000	2,80,000
Interest payable	30,000	42,000	Work in progress	50,000	70,000
Dividend Payable	40,000	32,000	Investments	1,50,000	1,30,000
Tax payable	25,000	20,000	Fixed assets	2,45,000	2,64,000
	8,10,000	8,94,000		8,10,000	8,94,000

कार्यशील पूँजी में परिवर्तन की अनुसूची तैयार कीजिए।

Prepare a schedule of changes in working capital.

Answer : Increase in working capital 41,000.

2. स्नेहा प्रोडक्ट्स लिमिटेड कानपुर की लेखा पुस्तकों में बनाये गये लाभ-हानि खाते से संचालन से कोषों की गणना कीजिए।

Compute the funds from operation from the profit and loss a/c prepared from the books of Sneha Products Limited Kanpur.

Profit & Loss a/c

(for the year ended 31 March, 2001)

to debenture Int.	9,000	By gross profit b/d	2,79,000
to priliminary expense	2,250	By profit on sale of furniture	9,000
to depreciation furniture 13,500			
Machinery 90,000	1,03,500		
to provision for tax	67,500		
to profit c/d	1,05,750		
	2,88,000		2,88,000
to general reserve a/c	13,500	By balance b/f from	
to dividend reserve a/c	18,000	Previous year	54,000
to proposed dividend	67,500	By profit b/d for the year	1,05,750
to balance c/d.	63,000	By tax refunds	2,250
	16,200		16,200

Answer : Funds from operations Rs. 2,70,000.

3. ए० बी० सी० लिमिटेड के 31 मार्च, 2002 एवं 31 मार्च, 2003 के आर्थिक चिट्ठे से कोष प्रवाह विवरण एवं कार्यशील पूँजी में परिवर्तन की अनुसूची तैयार कीजिए।

Prepare a shedule of changes in working capital and funds flow statement from the balance sheets of A, B, C Limited as on 31 March, 2002 and 31March, 2013.

A, B, C Limited as on 31 March, 2002 and 31 March, 2013.

Liabilities	31 March, 2002	31 March, 2013	Assets	31 March, 2002	31 March, 2013
Share Capital	3,20,000	3,40,000	Cash in hand	8,000	18,000
Creditors	36,000	20,000	Cash at Bank	8,000	18,000
Mortgage Loan	—	20,000	Stock	36,000	28,000
			Debtors	66,000	78,000
Profit & Loss a/c	58,000	98,000	Machinery	96,000	1,36,000
			Land & Building	2,00,000	2,00,000
	4,14,000	4,78,000		4,14,000	4,78,000

Ans. Increase in W.C. Rs. 40,000, total of funds flow statement Rs. 80,000.

4. A statement of the retained earnings of Harish Limited is given below :

Balance of retained earnings (1.7.1985)	41,72,800
Add : Net Income after income taxes	83,26,600
tax refund	2,84,300
	1,27,83,700
Less Dividends	58,52,100
Write off the cost of investment in foreign subsidiary	12,23,000
Less on sale of plant & equipment	1,33,400
	72,08,500
Balance of retained earnings (30.6.1986)	55,75,200

Depreciation of Rs. 7,95,200 was deducted in arriving at net income for the fiscal year. Plant and equipment having a net book value of Rs. 4,32,100 was sold in Aug. 1985. Plant properties were increased during the fiscal year at a cost of Rs. 23,19,000 and the increases were financed by notes due in 1993. Preference shares were retired for Rs. 7,64,000. You are required to prepare a statement of the sources and uses of the net working capital for the year ended 30.6.1986. (Delhi University M.Com.)

Answer : 30,88,700

5. The summaries of the balance sheets are given as follows :

Liabilities	31 Dec., 2000 Amount	31 Dec., 2001 Amount	Assets	31 Dec. 2000 Amount	31 Dec. 2001 Amount
Share capital	1,50,000	2,60,000	Cash in hand	20,000	24,000
Trade creditors	40,000	42,000	Cash at Bank	2000	17,000
Accounts payable	25,000	12,000	Debtors	1,00,000	90,000
Reserves	15,000	15,000	Advance to suppliers	25,000	18,000
Bank over draft	45,000	—	Stock	90,000	82,000
Provision for Income tax	20,000	25,000	Machinery	80,000	1,25,000
Profit & Loss a/c	32,000	37,500	Goodwill	—	35,500
	3,27,000	3,91,500		3,27,000	3,91,500

Additional Informations :

(i) During the year 31 Dec. 2001 an interim Dividend of Rs. 15,000 was paid.

(ii) Income tax paid during the year 2000.

(iii) Some assets of another company were purchased for Rs. 50,000 payable in fully paid shares of the company. These assets are, machinery 15,000, Stock 20,000 and Goodwill Rs. 15,000. Sundry purchases of plant were made of Rs. 4,000.

(iv) Net profit for the year before tax was 74,000.

You are required to prepare a schedule of changes in working capital and a fund flow statement.

6. From the following balance sheets of X Company Ltd. You are required to show any increase or decrease in working capital in sources and application thereof.

Liabilities	As on 31.12.85	As on 31.12.86	Assets	As on 31.12.85	As on 31.12. 86
Ordinary share	3,40,000	4,60,000	Bank	15,000	13,000
Share Premium	35,000	38,000	Debtors	1,20,000	1,25,000
General Reserve	20,000	25,000	Stock	65,000	80,200
8% Debentures	—	80,000	Furniture	8,200	5,500
Provision for tax	30,000	35,000	Machinery	1,04,000	1,55,000
Creditors	1,50,000	1,75,000	Land and Building	3,12,800	4,94,300
P & L a/c	50,000	60,000			
	6,25,000	8,73,000		6,25,000	8,73,000

Depreciation written off during the year :

Machinery 35,000, Furniture 12,000 [C.A. Final]

Answer–Decrease in W.C. 6,800, Funds from operation 56,200

7. निम्नलिखित सूचनाओं के आधार पर कार्यशील पूँजी अवधारणा के अन्तर्गत फण्ड विवरण पत्र बनाइए।

From the following informations, prepare fund flow statement under working capital concept.

Comparative balance sheets

Liabilities	31 Dec., 1992	31 Dec., 1993	Assets	31 Dec., 1992	31 Dec., 1993
Equity capital	5,00,000	5,30,000	Fixed Assets	5,00,000	5,80,000
P& L a/c	2,80,000	3,70,000	Less depriciation	2,10,000	2,50,000
				2,90,000	3,30,000
Long term debt	1,40,000	1,30,000	Investors	3,10,000	3,20,000
Accounts payable	2,00,000	2,10,000	Accounts Receivables	2,40,000	2,70,000
			Marketable securties	80,000	70,000
			Cash	2,00,000	2, 50,000
	11,20,000	12,40,000		11,20,000	12,40,000

Additional Informations :

(i) Deprecation for the year 1993 was Rs. 55,000.

(ii) Fixed Assets Rs. 1,20,000 were purchased during the year.

(iii) Fixed assets costing Rs. 40,000, (Accumulated depreciation Rs. 15,000) were sold at their book value.

(iv) Marketable securities of Rs. 10,000 were sold for Rs. 10,000.

(v) Dividend paid amounted Rs. 20,000 in 1993. In addition interim dividend of Rs. 10,000 was also paid during the year.

(vi) Net profit for the year 1993 amounted Rs. 1,20,000. (B.H.U. M.Com. 1990)

Ans. Increase in w.c. 70,000 Funds from operation 1,60,000

8. निम्नलिखित आँकड़ों से कोष प्रवाह विवरण तैयार कीजिए।

Prepare a funds flow statement from the following data.

Particulars	31.12.1992	31.12.1993
Cash	2,000	2,500
Account receivables	2,400	2,700
Inventories	3,100	3,200
Fixed Assets	5,000	5,800
Other assets	800	700
Accumulated Dep.	2,100	1,500
Account payable	2,000	2,100
Long term debt	1,400	1,300
Equity capital	5,000	5,300
Retained earnings	2,800	3,700

Additional informations :

(i) Fixed assets costing Rs. 1200 were purchased for cash.

(ii) Fixed assets (Cost Rs. 400) accumulated Dep. Rs. 150 were sold at per.

(iii) Dep. for 1993 amounted Rs. 550 and debated to P & L a/c.

(iv) Dividend paid Rs. 300 in the year 1993.

(v) Reported income for 1993 was Rs. 1200. (Kanpur University M. Com. 92)

Ans. Funds from operation 1750, Increase in W.C. 700.

9. The following details are taken from the books of B. Ltd. as at two dates.

Particulars	31.3.2000	31.3.2001
Cash	5,04,090	4,05,350
Debtors	7,71,800	7,31,500
Short term investments	11,05,000	8,40,000
Prepaid expenses	12,100	11,550
Stock	9,21,540	10,55,380
Cash surrender value of insurance policies on employees	46,070	53,530
Land	2,50,000	2,50,000
Building and machinery	14,77,780	18,27,820
Debenture discount	43,050	28,670
	51,31,430	52,03,800

Creditors	10,30,870	9,56,560
Outstanding expenses	1,27,070	2,16,630
4% mortgage debentures	8,20,000	6,85,000
Accumulated Dep.	9,66,180	8,16,330
Allowance for stock loss	20,000	85,000
Reserve for contingincies	10,67,310	13,41,780
Surplus in P & L a/c	1,00,000	1,02,500
Share capital	10,00,000	10,00,000
	51,31,430	52,03,800

The following further informations are available :

(i) Premium on life insurance policies was Rs. 27,730 of which Rs. 16,270 was charged to profit & Loss a.c of the year.

(ii) Net Profit for 2000-01 as per P & L a/c was 4,90,970.

(iii) 10% Dividend was paid during the year.

(iv) A debit to reserve for contingencies of Rs. 1,14,000 was made during the year. This was in respect of settlement of a part tax liability.

(v) The allowance for inventory loss was credited by a charge to expenses in each year to provide for absolute items.

(vi) New machinery was purchased for Rs. 3,13,650 and machinery costing Rs. 3,26,250 was sold during the year. Depreciation on machinery sold had accumulated to Rs. 2,91,050 on the date of sale. It was sold as scrap for Rs. 15,000 the remaining increase in fixed assets resulted from construction of a building.

(vii) The mortgage debentures matured @ Rs. 50,000 per year. In addition to the above the company purchased and retained Rs. 85,000 of the debenture at Rs. 103.

Both the premium on retainment and the applicable discount were charged to P & L a/c.

You are required to prepare a statement showing the sources and application of funds for the year 2000-01. [C.A. (Final) Nov., 2002]

Ans. Working capital 3,51,000, Funds from operations 6,85,570

total of funds flow statement 10,55,570

10. Following are the B/5 of a limited company as on 31 Dec. 85 and 86.

Liabilities	1985	1986	Assets	31 Dec., 1985	31 Dec., 1986
Share Capital	74,000	61,000	Goodwill	2,430	—
Reserves	15,500	13,000	Cash in hand	180	150
P & L a/c	8,800	8,600	Bank	2,100	—
Creditors	24,000	28,000	Debtors	16,200	22,000
Bank loan	—	18,000	Stock	18,890	25,500
Provision for taxation	8,500	8,000	Building	48,000	50,950
			Plant	43,000	38,000
	1,30,800	1,36,600		1,30,,800	1,36,600

Addition informations :

(A) Dividend paid Rs. 6,000 (B) Provision for I.T. of Rs. 9,000 was made during the year. (C) Rs. 36,000 was written off as depreciation on plant at Rs. 2,950 on building.

(Rajasthan University M.Com. 1979)

Ans. Increase in w.c. 11,720, total of funds flow statement 37,250.

11. X लिमिटेड का 31 दिसम्बर, 1980 तथा 1981 का आर्थिक चिट्ठा निम्न प्रकार है—

Balance sheet of X Limited as on 31 Dec. 1980 and 1981 are given as follows—

Liabilities	1980 Amount	1981 Amount	Assets	1980 Amount	1981 Amount
Share capital	5,00,000	6,50,000	Goodwill	20,000	15,000
Share Premium	50,000	—	Investments	1,50,000	2,00,000
P & L a/c	—	25,000	Fixed Assets	5,50,000	5,50,000
Debentures	2,00,000	—	Debtors	60,000	40,000
Bank over draft	80,000	1,00,000	Stock	1,20,000	80,000
Creditors	60,000	75,000	Cash	12,000	5,000
Proposed Dividends	10,000	15,000	Prepaid expenses	8,000	—
Provision for taxes	20,000	25,000			
	9,20,000	8,90,000		9,20,000	8,90,000

Addition informations :—

(i) Net profit for 1981 before tax and dividend was Rs. 63,000.

(ii) Provision for tax made during 1981 was Rs. 23,000 and actual tax paid was Rs. 18,000.

(iii) Proposed dividend for 1981 was Rs. 15,000 and the Payment of the proposed dividend for 1980 was made in the year 1981.

(iv) Depreciation charged for the year 1981 was Rs. 80,000.

(v) Bonus shares issued out of share premium Rs. 50,000. Prepare fund flow statement.

(Rajasthan University, 1982)

अध्याय

8

रोकड़ प्रवाह विवरण

(Cash Flow Statement)

परिचय—औद्योगिक पद्धति के लिए रोकड़ जीवनदायी रक्त के समान है। रोकड़ के अभाव में हम किसी भी प्रकार का आर्थिक कार्य न तो प्रारम्भ कर सकते हैं और न ही उसका विकास कर सकते हैं। व्यावसायिक जीवन के साथ-साथ व्यक्तिगत एवं सामाजिक जीवन में भी प्रतिक्षण रोकड़ (Cash) की आवश्यकता होती है। वस्तुत: रोकड़ वह तरलतम साधन है जिसके माध्यम से हम अपनी समस्त भौतिक आवश्यकताओं की पूर्ति करने में सक्षम होते हैं। व्यावसायिक सन्दर्भों में रोकड़ जैसे आवश्यक एवं संवदेनशील तत्व के सुव्यवस्थित प्रबन्धन की परम आवश्यकता होती है। व्यवसाय में रोकड़ का अभाव मानव शरीर में रक्त के अभाव के समान है। अत: व्यवसाय में रोकड़ की पर्याप्त उपलब्धता सुनिश्चित करना वित्तीय प्रबन्धन के लिए अत्यन्त चुनौतीपूर्ण कार्य होता है।

वस्तुत: किसी भी संगठन में रोकड़ प्रबन्धन हेतु रोकड़ की गति (Movement of cash) का अध्ययन अतीव आवश्यक होता है। व्यावसायिक प्रक्रिया के सुचारु संचालन हेतु संगठन को अनेक प्रकार के व्यय करने होते हैं, जिन्हें विभिन्न तत्वों के मध्य समन्वयन हेतु करना आवश्यक होता है। संगठन को विभिन्न तत्वों के समन्वयन से रोकड़ की प्राप्ति भी होती है। अत: संगठन के लिए यह ज्ञात करना अत्यन्त आवश्यक होता है कि किन-किन स्रोतों से कितनी मात्रा में रोकड़ की प्राप्ति हुई तथा किन-किन मदों में कितनी मात्रा में रोकड़ का प्रयोग किया गया। इसी उद्देश्य की पूर्ति हेतु वित्त प्रबन्धन द्वारा एक विवरण तैयार किया जाता है जिसे रोकड़ प्रवाह विवरण (Cash flow Statement) के नाम से जाना जाता है। रोकड़ प्रवाह विवरण का विश्लेषण करके रोकड़ के साधनों एवं उपयोगों (Sources and uses) के सन्दर्भ में समुचित जानकारी प्राप्त की जा सकती है। रोकड़ विश्लेषण की आवश्यकता संगठन के प्रबन्धक, विश्लेषक, बैंकर्स एवं साख संस्थाओं इत्यादि को होती है। जिसके माध्यम से संगठन की रोकड़ सृजन क्षमता के बारे में ज्ञान प्राप्त किया जा सकता है।

रोकड़ प्रवाह विवरण का अर्थ

(Meaning of Cash Flow Statement)

वस्तुत: किसी भी आर्थिक संगठन में रोकड़ की भूमिका स्थैतिक (Static) न होकर बल्कि गत्यात्मक (Dynamic) होती है। सामान्यतया रोकड़ प्रवाह का अभिप्राय संगठन में रोकड़ की मात्रा के उच्चावचन से है। इन उच्चावचनों के परिणामस्वरूप एक निश्चित अवधि में रोकड़ अन्तर्वाह (Cash inflows) तथा रोकड़ बहिर्वाह (Cash out flows) की स्थिति का आकलन रोकड़ प्रवाह के अन्तर्गत निहित होता है। रोकड़ प्रवाह विश्लेषण के अन्तर्गत केवल रोकड़ के साधनों (Sources) तथा उपयोगों (uses) का ही अध्ययन किया जाता है। जब कि कोष प्रवाह विवरण के माध्यम से कार्यशील पूँजी में होने वाले परिवर्तनों का अध्ययन किया जाता है। इसके अन्तर्गत रोकड़ से अप्रभावित अनेक तत्वों को भी अध्ययन हेतु सम्मिलित किया जाता है। रोकड़ प्रवाह के अध्ययन हेतु केवल रोकड़ का सृजन करने वाले तथा रोकड़ भुगतान से सम्बन्धित व्यवहारों को ही सम्मिलित किया जाता है। रोकड़ प्रवाह विवरण से अभिप्राय उस विवरण पत्र से है जो किन्हीं दो अवधियों के मध्य होने वाले रोकड़ शेष परिवर्तनों की व्याख्या करता है। "रोकड़ प्रवाह विवरण वह विवरण है जिसके माध्यम से संगठन के अन्तर्गत एक निश्चित अवधि में होने वाले नकद व्यवहारों का अंकन करके निर्वचन (Interpretation) तथा विश्लेषण द्वारा रोकड़ की अनुकूलता एवं प्रतिकूलता का आकलन किया जाता है।"

इंडियन इन्स्टीट्यूट आफ कास्ट एवं वर्क्स एकाउन्टेन्ट्स के अनुसार "रोकड़ प्रवाह विवरण किसी दी हुई अवधि में स्रोतों तथा उपयोगों के विभिन्न मदों में रोकड़ आवश्यकताओं के निर्धारण तथा उनकी प्रचुर व्यवस्था के उद्देश्य से विभिन्न शीर्षक के अन्तर्गत निर्मित विवरण पत्र है।"[1]

उपर्युक्त परिभाषा से यह स्पष्ट है कि रोकड़ प्रवाह विवरण संगठन की नकद स्थिति (Cash Position) में होने वाले परिवर्तनों की माप करता है। इस विवरण का निर्माण किन्हीं दो तिथियों के मध्य निर्मित आर्थिक चिट्ठे में रोकड़ की मात्रा में होने वाले परिवर्तनों तथा उसके उत्तरदायी तत्त्वों को निरूपित करने हेतु किया जाता है।

रोकड़ प्रवाह एवं कोष प्रवाह विवरण में अन्तर
(Distinction between Cash Flow and Funds Flow Statement)

रोकड़ प्रवाह विवरण (Cash flow statement) एवं कोष प्रवाह विवरण (Funds flow Statement) दोनों ही प्रकार के विवरणों का प्रयोग संगठन के वित्तीय विश्लेषण हेतु किया जाता है। दोनों विवरणों को तैयार करने की तकनीक में समानता होने के कारण कतिपय विद्वानों द्वारा इन्हें समानार्थी के रूप में प्रयोग किया जाता है। इन दोनों विवरणों में उद्देश्य की एकरूपता, निर्माण तकनीक की समानता एवं विवरण प्रारूप की समानता के बावजूद भी कतिपय आधारभूत अन्तर निम्नलिखित है–

क्रम संख्या	अन्तर का आधार	रोकड़ प्रवाह विवरण	कोष प्रवाह विवरण
1	2	3	4
1.	आशय (Meaning)	रोकड़ प्रवाह विवरण के निर्माण का आशय लेखांकन अवधि में रोकड़ अन्तर्वाह एवं रोकड़ बहिर्वाह का विश्लेषण करना होता है।	कोष प्रवाह विवरण के निर्माण का आशय संगठन की कार्यशील पूँजी में होने वाले परिवर्तनों को विश्लेषित करना होता है।
2.	विषय सामग्री (Concept)	रोकड़ प्रवाह विवरण की विषय सामग्री रोकड़ होती है।	कोष प्रवाह विवरण की विषय सामग्री कार्यशील पूँजी होती है।
3.	क्षेत्र (Scope)	रोकड़ प्रवाह विवरण का क्षेत्र संकुचित होता है। यह कोष प्रवाह विवरण का एक भाग होता है।	कोष प्रवाह विवरण का क्षेत्र व्यापक होता है। इसके अन्तर्गत समग्र कोषों के अन्तर्वाह तथा बहिर्वाह को सम्मिलित किया जाता है।
4.	स्पष्टीकरण (Clarification)	रोकड़ प्रवाह विवरण रोकड़ शेषों में होने वाले परिवर्तनों के कारणों का स्पष्टीकरण प्रस्तुत करता है।	कोष प्रवाह विवरण संगठन की कार्यशील पूँजी में होने वाले परिवर्तनों के कारणों को स्पष्ट करता है।
5.	उपयोगिता (Utility)	रोकड़ प्रवाह विवरण संगठन के रोकड़ नियोजन हेतु अल्पकालीन आधार प्रदान करता है।	कोष प्रवाह विवरण संगठन के रोकड़ नियोजन हेतु दीर्घकालीन आधार प्रदान करता है।

1. Cash flow Statement is a Statement setting out the flow of cash under different heads of sources and their utilisation to determine the requirements of cash during the given period and to Prepare for its adequate Provision. *—I.C.W.A.I*

1	2	3	4
6.	प्रभाव (Impact)	रोकड़ प्रवाह विवरण के अन्तर्गत लेन-देन का प्रभाव संगठन की नकदी पर पड़ता है।	कोष प्रवाह विवरण के अन्तर्गत लेन-देन का प्रभाव संगठन की कार्यशील पूँजी पर पड़ता है।
7.	आधार (Basis)	इसका लेखांकन रोकड़ सौदों के आधार पर किया जाता है।	इसका लेखांकन कोषों में होने वाले परिवर्तनों के आधार पर किया जाता है।
8.	प्रकाशन (Publication)	रोकड़ प्रवाह विवरण संगठन के वार्षिक प्रतिवेदन के साथ प्रकाशित नहीं कराया जाता।	कोष प्रवाह विवरण संगठन के वार्षिक प्रतिवेदन के साथ प्राय: प्रकाशित कराया जाता है।
9.	रोकड़ शेष (Cash Balance)	रोकड़ प्रवाह विवरण के अन्तर्गत रोकड़ के प्रारम्भिक तथा अन्तिम शेष को दर्शाया जाता है।	कोष प्रवाह विवरण तैयार करने से पूर्व कार्यशील पूँजी में परिवर्तन की अनुसूची बनाकर रोकड़ शेष ज्ञात किया जाता है।
10.	लाभ (Profit)	रोकड़ प्रवाह विवरण में लाभ प्रदर्शित नहीं किया जाता।	कोष प्रवाह विवरण में लाभ को स्रोत के रूप में माना जाता है।

रोकड़ प्रवाह विवरण एवं आय विवरण में अन्तर
(Difference between Cash Flow Statement and Income Statement)

क्रम संख्या	अंतर का आधार	रोकड़ प्रवाह विवरण (Cash Flow Statement)	कोष आय विवरण (Income Statement)
1	2	3	4
1.	उद्देश्य (Object)	रोकड़ प्रवाह विवरण का उद्देश्य संगठन में लेखांकन अवधि के दौरान रोकड़ आगम एवं निर्गम के सन्दर्भ में जानकारी प्रदान करना होता।	आय विवरण का उद्देश्य संगठन की उपार्जन क्षमता के बारे में जानकारी प्रदान करना होता है।
2.	आधार (basis)	रोकड़ प्रवाह विवरण के लेखांकन का आधार नकदी होता है।	आय विवरण के लेखांकन का आधार संगठन की उपार्जन क्षमता को माना जाता है।
3.	मूल्यांकन (Evaluation)	रोकड़ प्रवाह विवरण के माध्यम से संगठन की लाभदेयकता का मापन नहीं किया जा सकता।	आय विवरण के माध्यम से कोषों की प्राप्तियों एवं भुगतानों के मध्य अन्तर ज्ञात करके संगठन की लाभदेयकता का मूल्यांकन किया जा सकता है।
4.	प्रकाशन (Publication)	रोकड़ प्रवाह विवरण के प्रकाशन की कोई अनिवार्यता नहीं होती और न ही इसका प्रकाशन कराया जाता है।	आय विवरण के प्रकाशन की अनिवार्यता होती है।

रोकड़ प्रवाह विवरण एवं रोकड़ बजट में अन्तर

(Difference between Cash Flow Statement and Cash Budget)

1.	प्रकृति (Nature)	रोकड़ प्रवाह विवरण ऐतिहासिक प्रकृति का होता है।	रोकड़ बजट भावी अवधि के लिए बनाया जाता है।
2.	काल (Time)	रोकड़ प्रवाह विवरण में भूतकालीन घटनाओं की विवेचना की जाती है।	रोकड़ बजट के अन्तर्गत भावी परिवर्तनों का अनुमान लगाया जाता है।
3.	आधार (Basis)	रोकड़ प्रवाह विवरण लेखा वर्ष के प्रारम्भिक तथा अंतिम चिट्ठों के आधार पर निर्मित किया जाता है।	आँकड़ों का प्रयोग भावी पूर्वानुभाव हेतु किया जाता है।
4.	घटक (Factor)	रोकड़ प्रवाह विवरण के निर्माण में मौसमी घटकों को ध्यान में नहीं रखा जाता है।	रोकड़ बजट के निर्माण में मौसमी घटकों का पूरा ध्यान रखा जाता है।
5.	उद्देश्य (Object)	रोकड़ प्रवाह विवरण का उद्देश्य दो अवधियों के मध्य रोकड़ प्राप्तियों एवं उनके साधनों, तथा रोकड़ उपयोगों एवं उनके प्रयोग हेतु मदों के सम्बन्ध में जानकारी प्राप्त करना है।	रोकड़ बजट का उद्देश्य व्यापार की भावी संचालन आवश्यकताओं के लिए वांछित रोकड़ का अनुमान लगाना तथा इन्हें प्राप्त करने के साधनों की सम्भाव्यता तलाशना है।

रोकड़ प्रवाह विवरण की सार्थकता

(Significance of Cash Flow Statement)

सामान्यतया रोकड़ प्रवाह विवरण का प्रयोग किसी भी संगठन की रोकड़ संचालन तकनीक के रूप में किया जाता है। संगठन में होने वाले अल्पकालीन परिवर्तनों की जाँच हेतु यह विधि अत्यन्त उपयोगी है। संगठन में रोकड़ की आवश्यक मात्रा एवं इसके मितव्ययी उपयोग के सन्दर्भ में जानकारी प्राप्त करने हेतु रोकड़ प्रवाह विवरण की सार्थक भूमिका होती है। रोकड़ प्रवाह विवरण के विभिन्न सार्थक उपयोगों का विवेचन निम्नांकित रूप में किया जा सकता है—

1. रोकड़ स्थिति का ज्ञान (Knowledge about cash Position)—रोकड़ प्रवाह विवरण का निर्माण नकद लेन देनों के आधार पर किये जाने के कारण इस विवरण के माध्यम से संगठन की रोकड़ स्थिति का ज्ञान सहजतापूर्वक प्राप्त किया जा सकता है। रोकड़ प्रवाह विवरण के माध्यम से संगठन के रोकड़ अन्तर्वाहों एवं बहिर्वाहों के अन्तर से संगठन में रोकड़ की आवश्यकता एवं अतिरेक (Surplus) के सम्बन्ध में जानकारी प्राप्त की जा सकती है।

2. वित्तीय प्रबन्धन में सहायक (Helpful in Financial Management)—रोकड़ प्रवाह विवरण के माध्यम से रोकड़ के उपयोगों एवं स्रोतों के सन्दर्भ में जानकारी प्राप्त की जा सकती है। जिसके माध्यम से वित्तीय प्रबन्धन में पर्याप्त सहायता करके संगठन के कोषों को उपयोगी बनाया जा सकता है।

3. प्रभावी नियंत्रण (Effective Control)—रोकड़ प्रवाह विवरण संगठन के प्रभावी नियंत्रण हेतु एक उपकरण के समान होता है। इसके माध्यम से भूतकालीन रोकड़ चक्रों का अध्ययन करके भावी रोकड़ उपयोगों को नियंत्रित किया जा सकता है

4. शोधन क्षमता की जानकारी (Knowledge about Redemption)—प्रत्येक संगठन में कुछ-न-कुछ मात्रा में दायित्व अवश्य होते हैं। रोकड़ प्रवाह विवरण की सहायता से संगठन के दायित्वों की शोधन क्षमता का आकलन किया जा सकता है। वस्तुतः संगठन की अल्पकालीन रोकड़ आवश्यकता एवं शोधन क्षमता का मूल्यांकन करने हेतु रोकड़ प्रवाह विवरण अत्यन्त महत्वपूर्ण युक्ति है।

5. तुलनात्मक मूल्यांकन (Comparative evaluation)—भूतकालीन तथ्यों एवं प्रक्षेपित तथ्यों के आधार पर रोकड़ प्रवाह विवरण का निर्माण करके वास्तविक एवं अनुमानित परिणामों का तुलनात्मक मूल्यांकन किया जा सकता है। जिससे संगठन के निष्पादन को सार्थक दिशा दी जा सकती है।

6. वित्तीय नीति के निर्धारण में सहायक (helpful in the Determination of Financial Policies)—रोकड़ प्रवाह विवरण के माध्यम से रोकड़ प्राप्तियों एवं भुगतानों का विश्लेषण करके साख, शोधन क्षमता, रोकड़ चक्र एवं भावी आवश्यकताओं के सन्दर्भ में वित्तीय नीति का निर्धारण किया जा सकता है।

7. बाह्य पक्षों के लिए उपयोग (Uses for outsiders)—रोकड़ प्रवाह विवरण संगठन से जुड़े अन्य अनेक बाह्य पक्षों के लिए भी अत्यन्त उपयोगी होता है। विनियोजकों द्वारा विनियोजन से पूर्व संगठन की शोधन क्षमता की जाँच की जाती है। बैंक तथा वित्तीय संस्थाओं द्वारा रोकड़ प्रवाह विवरण का अध्ययन करके ऋण प्रदान करने अथवा न करने के सम्बन्ध में निर्णय लिए जाते हैं।

8. वित्तीय नीतियों का समन्वयक (Co-ordinator of Financial Policies)—रोकड़ प्रवाह विवरण के माध्यम से संगठन की वित्तीय नीतियों में समन्वय स्थापित करने का प्रयास किया जाता है। अल्पकालीन एवं दीर्घकालीन तथा आन्तरिक एवं बाह्य स्रोतों से प्राप्य रोकड़ का पूर्वानुमान लगाकर वित्तीय नीतियों में समन्वय स्थापित किया जा सकता है।

रोकड़ प्रवाह विवरण की सीमाएँ
(Limitations of Cash Flow Statement)

(i) रोकड़ प्रवाह विवरण के निर्माण में केवल नकद प्रवाहों का अध्ययन एवं विश्लेषण किया जाता है, किन्तु संगठन में रोकड़ के अतिरिक्त अन्य रूपों में भी व्यवहार होते हैं।

(ii) इसके अन्तर्गत रोकड़ की अभिव्यक्ति अत्यन्त संकीर्ण अर्थों में की जाती है। इससे रोकड़ के स्वरूप निर्धारण में विवादास्पद स्थिति उत्पन्न होती है।

(iii) रोकड़ प्रवाह विवरण के माध्यम से संगठन में रोकड़ स्रोतों एवं प्रयोगों के सम्बन्ध में जानकारी प्राप्त की जा सकती है। किन्तु इस विवरण में संगठन की लाभदेयकता एवं उपार्जन क्षमता के बारे में कोई जानकारी नहीं प्राप्त की जा सकती है।

(iv) रोकड़ प्रवाह विवरण आय विवरण का स्थानापन्न नहीं है। इसके द्वारा प्रस्तुत रोकड़ प्रवाह की मात्रा एवं शुद्ध लाभ में कोई साम्य नहीं होता।

(v) रोकड़ प्रवाह विवरण के अन्तर्गत रोकड़ के अन्तर्वाह (Inflow of cash) रोकड़ के बहिर्वाह (Out flow of Cash) का प्रस्तुतीकरण किया जाता है। इसके अन्तर्गत रोकड़ सदृश अन्य तरल तत्वों को स्पष्ट नहीं किया जाता जिससे संगठन की सही तरलता का प्रस्तुतीकरण सम्भव नहीं हो पाता।

रोकड़ प्रवाह का वर्गीकरण
(Classification of Cash Flow)

व्यवसाय में रोकड़ प्रवाह की गति संगठन की अनिवार्य आवश्यकता होती है। रोकड़ प्रवाह की गति का अवरुद्ध होना मानव हृदय के अवरुद्ध (Heart Attack) की भाँति होता है। सामान्यतया व्यवसाय में रोकड़ प्रवाह व्यावसायिक क्रियाओं अथवा अन्य क्रियाओं के फलस्वरूप हो सकता है। रोकड़ प्रवाह मात्र अग्रगामी (Forward) ही न होकर बल्कि पश्चगामी (Backward) भी होता है। अर्थात रोकड़ प्रवाह के अन्तर्गत न केवल रोकड़ अन्तर्वाहों को ही सम्मिलित किया जाता है बल्कि रोकड़ बहिर्वाहों को भी समुचित स्थान दिया जाता है। संशोधित लेखांकन प्रमाप (Accounting Standard) A S-3 के अनुसार रोकड़ प्रवाहों को निम्नलिखित तीन वर्गों में विभाजित किया गया है—

1. संचालन क्रियाओं से रोकड़ प्रवाह—किस भी संगठन में संचालन क्रियायें वे क्रियायें है जिनके परिणाम स्वरूप संगठन में आगम का सृजन होता है। परिचालन सम्बन्धी क्रियाओं के परिणामस्वरूप संगठन में लाभ-हानि का सृजन होता है। संगठन द्वारा निर्धारित व्यावसायिक क्रियाओं में माल के नकद विक्रय एवं सेवा प्रदान करने से रोकड़ आगम, फीस, कमीशन, अधिकार शुल्क इत्यादि आयगत नकद प्राप्तियों से आगम, माल एवं सेवा दाताओं को नकद

भुगतान, आयकर का भुगतान एवं वापसी इत्यादि अनेक मदों से रोकड़ प्रवाह हो सकता है। संचालन क्रियाओं से होने वाले रोकड़ अन्तर्वाह (Cash Inflow) एवं रोकड़ बहिर्वाह (Cash out flow) को अग्रांकित प्रकार से निरुपित किया जा सकता है।

रोकड़ अन्तर्वाह (Cash Inflows)	रोकड़ बहिर्वाह (Cash outflows)
(i) Net Sales (Cash) नकद विक्रय	(Cash Purchase) नकद क्रय
(ii) (Received from Debtors) देनदारों से प्राप्ति	(Payment to Creditors) लेनदारों का भुगतान, नकद परिचालन व्यय (Cash Operating expenses)
(iii) (Commission and charges Received) कमीशन एवं फीस की प्राप्ति	Payment of wages, Salaries Rent (मजदूरी, वेतन तथा किराये का भुगतान)
(iv) (Receipt of Royalty) अधिकार शुल्क की प्राप्ति	(Payment of Income Tax) आयकर भुगतान

2. विनियोग क्रियाओं से रोकड़ प्रवाह (Cash Flow form Investment Activities)—विनियोग क्रियाओं के अन्तर्गत उन क्रियाओं को सम्मिलित किया जाता है जो संगठन की भावी आय एवं रोकड़ प्रवाहों को उत्पन्न करने हेतु सम्पत्तियों के क्रय विक्रय से सम्बन्धित होती है। विनियोग क्रियाओं के अन्तर्गत होने वाले रोकड़ प्रवाहों में रोकड़ सदृश अस्वीकार्य दीर्घकालीन सम्पत्तियों व विनियोगों के निस्तारण सम्बन्धी लेखे रखे जाते हैं। जैसे स्थायी सम्पत्तियों (अदृश्य सम्पत्तियों सहित) की प्राप्ति पर नकद भुगतान, स्थायी एवं अमूर्त सम्पत्तियों की बिक्री से प्राप्त राशि इत्यादि। विनियोग क्रियाओं से रोकड़ अन्तर्वाह एवं बहिर्वाह के अन्तर्गत निम्नलिखित मदों को सम्मिलित किया जाता है—

रोकड़ अन्तर्वाह (Cash Inflow)	रोकड़ बहिर्वाह (Cash out flow)
विनियोगों का विक्रय (Sale of Investments)	विनियोगों का क्रय (Purchase of Investment)
स्थायी सम्पत्तियों का नकद विक्रय (Sale of Fixed Assets)	स्थायी सम्पत्तियों का नकद क्रय (Purchase of Fixed Assets)
लाभांश की प्राप्ति (Dividend Received)	
ब्याज की प्राप्ति (Interest Received)	

3. वित्तीय क्रियाओं से रोकड़ प्रवाह (Cash flow from Financial Activities)—वित्तीय क्रियाओं से अभिप्राय उन क्रियाओं से है जिनके माध्यम से संगठन को पूँजी एवं ऋणों के रूप में रोकड़ अन्तर्वाहों की प्राप्ति होती है। वित्तीय क्रियाओं के परिणामस्वरूप होने वाले रोकड़ प्रवाहों के अन्तर्गत स्वामित्व पूँजी एवं ऋण पूँजी की संरचना एवं आकार में परिवर्तन होता है। वित्तीय क्रियाओं के परिणामस्वरूप होने वाले रोकड़ प्रवाह की गणना सम्बन्धी विवरण निम्नलिखित तालिका से स्पष्ट किया जा सकता है—

रोकड़ अन्तर्वाह (Cash Inflow)	रोकड़ बहिर्वाह (Cash outflow)
(i) Cash Receipt form the issue of Share अंश निर्गमन से रोकड़	(i) Redemption of Preference Share अधिमान अंशों का शोधन
(ii) Cash Receipt from issue of Debenture ऋण पत्रों के निर्गमन से रोकड़ की प्राप्ति	(ii) Payment of loans ऋणों का भुगतान
(iii) Cash Receipt from Long term borrowings दीर्घकालीन ऋणों से रोकड़ प्राप्ति	(iii) Payment of Interest ब्याज का भुगतान
	(iv) Payment of Dividend लाभांश का भुगतान
	(v) Re Payment of Finance/lease liabilities वित्त/दायित्वों का भुगतान

कतिपय विशिष्ट मदें
(Some Special Items)

सामान्य तौर पर रोकड़ प्रवाह के अन्तर्गत कतिपय विशिष्ट मदों को सम्मिलित किया जाता है। जिनसे प्रत्यक्ष तौर पर रोकड़ प्रवाह प्रभावित नहीं होता। वे लेन-देन निम्नलिखित रूप में हो सकते हैं—

1. विदेशी मुद्रा के रूप में रोकड़ प्रवाह (Cash flow in the form of Foreign Currency)—व्यवसाय में कतिपय रोकड़ अन्तर्वाह अथवा रोकड़ बहिर्वाह विदेशी मुद्रा के रूप में भी हो सकते हैं। विदेशी मुद्रा के रूप में होने वाले रोकड़ प्रवाहों को लेन-देन के समय की प्रचलित विनिमय दरों के आधार पर देश की आन्तरिक मुद्रा के रूप में प्रदर्शित किया जाना चाहिए। विदेशी मुद्रा से सम्बन्धित लाभ-हानि को रोकड़ प्रवाह के अन्तर्गत सम्मिलित नहीं किया जा सकता किन्तु रोकड़ शेषों की प्रारम्भिक तथा अन्तिम रोकड़ बाकी में समायोजित करने हेतु इसे रोकड़ प्रवाह विवरण में प्रदर्शित किया जाना चाहिए।

2. ब्याज एवं लाभांश (Interest and Dividend)—जब किसी संगठन द्वारा व्यावसायिक उद्देश्य से प्रतिभूतियों एवं ऋण पत्रों को रखा जाता है तो ऐसी दशा में ये प्रतिभूतियाँ पुनर्विक्रय हेतु क्रीत स्टाक की भाँति होती है। इस प्रकार के व्यवहारों से होने वाला रोकड़ प्रवाह परिचालन सम्बन्धी रोकड़ प्रवाह की श्रेणी में आता है।

3. आयकर (Income Tax)—संगठन द्वारा उपार्जित आय पर किये गये आयकर सम्बन्धी भुगतान को परिचालन क्रिया के उपरान्त होने वाले रोकड़ प्रवाह के अन्तर्गत सम्मिलित किया जाता है।

4. असाधारण मदें (Extra ordinary Item)—संगठन में कभी ऐसे अन्तर्वाह एवं बहिर्वाह होते हैं जो व्यवसाय की परिचालन क्रियाओं से सम्बन्धित नहीं होते। जैसे क्षति के उपरान्त बीमा कम्पनियों से प्राप्त दावे की राशि, मुकदमा जीतने पर प्रतिफलस्वरूप प्राप्त हर्जाने की राशि, अशोध्य ऋणों की वापसी, इत्यादि इस प्रकार की प्राप्तियों को रोकड़ प्रवाह विवरण में अलग से प्रदर्शित किया जाना चाहिए।

5. गैर रोकड़ लेन-देन—सामान्यतया रोकड़ प्रवाह विवरण के अन्तर्गत गैर रोकड़ लेन-देन को सम्मिलित नहीं किया जाता है। इस प्रकार के गैर रोकड़ लेन-देन जैसे ऋण पत्रों का अंशों में परिवर्तन अंशों व ऋण पत्रों का निर्गमन करके स्थायी सम्पत्तियों का क्रय, सम्पत्तियों की उधार खरीद इत्यादि। इस प्रकार के लेनदेनों को अलग से नोट रूप में प्रदर्शित किया जाना चाहिए।

रोकड़ प्रवाह विवरण तैयार करने के स्रोत
(Sources of Preparing Cash Flow Statement)

रोकड़ प्रवाह विवरण एक ऐतिहासिक विवरण है। इसके निर्माण हेतु प्रयुक्त सामग्री के अन्तर्गत तुलनात्मक आर्थिक चिट्ठा, वर्तमान आय विवरण एवं कतिपय अतिरिक्त सूचनाओं की आवश्यकता होती है। संशोधित लेखांकन प्रमाप As-3 के अनुसार रोकड़ प्रवाह विवरण तैयार करने हेतु वांछित सूचनाओं को निम्नलिखित स्रोतों से प्राप्त किया जा सकता है।

1. तुलनात्मक आर्थिक चिट्ठा (Comparative Balance Sheet)—वर्ष के प्रारम्भ तथा अन्त के वार्षिक चिट्ठों में निहित दायित्वों एवं सम्पत्तियों के तुलनात्मक स्वरूप की आवश्यकता रोकड़ प्रवाह विवरण के निर्माण में होती है। उदाहरणस्वरूप 31 दिसम्बर, 2004 को समाप्त होने वाले वर्ष के लिए रोकड़ प्रवाह विवरण बनाने हेतु 31 दिसम्बर, 2004 एवं 31 दिसम्बर, 2003 के आर्थिक चिट्ठे की आवश्यकता होगी इन आर्थिक चिट्ठों के माध्यम से संगठन की सम्पत्तियों एवं दायित्वों तथा अंश धारकों के कोषों में होने वाले परिवर्तनों के सन्दर्भ में जानकारी प्राप्त होती है।

2. चालू वर्ष का आय विवरण—रोकड़ प्रवाह विवरण के निर्माण हेतु सम्बन्धित वर्ष के आय विवरण की आवश्यकता होती है। आय विवरण के माध्यम से वित्तीय, संचालन एवं विनियोग क्रियाओं के प्रतिफलस्वरूप होने वाले रोकड़ प्रवाहों के सन्दर्भ में जानकारी प्राप्त होती है। उदाहरणार्थ नकद क्रय, विक्रय, ब्याज एवं लाभांश की प्राप्ति तथा भुगतान, संचालन सम्बन्धी व्ययों का भुगतान आदि।

3. अतिरिक्त सूचनाएँ (Additional Informations)—रोकड़ प्रवाह विवरण के निर्माण हेतु तुलनात्मक आर्थिक चिट्ठे एवं आय विवरण के अतिरिक्त कतिपय अन्य सूचनाओं की भी आवश्यकता होती है। उदाहरणार्थ कर का भुगतान, सम्पत्तियों का क्रय विक्रय, ऋण पत्रों का अधिमूल्य पर भुगतान इत्यादि।

रोकड़ प्रवाह विवरण निर्माण विधि
(Method of Preparing Cash Flow Statement)

रोकड़ प्रवाह विवरण चूँकि प्रत्यक्ष तौर पर संगठन में रोकड़ के अन्तर्वाह एवं बहिर्वाह से सम्बन्धित है। अत: इसके अन्तर्गत रोकड़ एवं रोकड़ सदृश (Cash equivalent) तत्वों के प्रारम्भिक तथा अन्तिम शेष की गणना करनी होती है। रोकड़ के अन्तर्गत हस्तस्थ रोकड़ (cash in hand) तथा बैंक में रोकड़ (Cash at Bank) जमा राशि को सम्मिलित किया जाता है। कतिपय अन्य अल्पकालीन तरल विनियोगों जो कि शीघ्र ही रोकड़ में परिवर्तनीय है, उन्हें रोकड़ सदृश की श्रेणी में रखा जाता है। उदाहरणार्थ, तीन माह के अन्दर शोध्य पूर्वाधिकार अंश, सरकारी प्रतिभूतियाँ इत्यादि।

रोकड़ के स्रोत
(Sources of Cash)

संगठन के अन्तर्गत प्राप्त होने वाले रोकड़ को रोकड़ के स्रोत अथवा रोकड़ अन्तर्वाह (Cash inflow) के नाम से जाना जाता है। व्यवसाय के रोकड़ शेष में अभिवृद्धि करने वाले साधनों का संक्षिप्त विवेचन निम्न प्रकार है।

1. संचालन से रोकड़ (Cash From Operations)—संचालन से रोकड़, रोकड़ प्राप्ति का प्रमुख स्रोत होता है। व्यावहारिक तौर पर संगठन में प्रत्येक लेन-देन नकद न होकर बल्कि उधार भी होते हैं। अत: लाभ-हानि खाते में प्रदर्शित उधार लेन-देन लाभ-हानि की सही स्थिति प्रस्तुत करते हैं किन्तु संचालन से रोकड़ की मात्रा में कमी के वाहक होते हैं। अत: संचालन से रोकड़ की गणना रोकड़ प्रवाह विवरण के निर्माण हेतु परमावश्यक होती है। इसकी गणना विधि विस्तार पूर्वक अलग से प्रस्तुत की गयी है।

2. विनियोगों का विक्रय (Sales of Investment)—संगठन द्वारा किये गये विनियोगों के विक्रय में प्राप्त नकद राशि को रोकड़ का स्रोत माना जाता है।

3. स्थायी सम्पत्तियों की बिक्री (Sales of Fixed Assets)—स्थायी सम्पत्तियों की बिक्री से प्राप्त रोकड़ को रोकड़ का स्रोत माना जाता है। किन्तु यहाँ यह ध्यातव्य है कि ह्रास प्रावधान के कारण सम्पत्तियों के मूल्य में हुई कमी अथवा स्थायी सम्पत्ति के उधार विक्रय से रोकड़ का अन्तर्वाह (Inflow of cash) नहीं होगा।

4. अंशों का नकद निर्गमन (Cash Issue of Shares)—संगठन की अंश पूँजी में अभिवृद्धि हेतु नकद रूप में निर्गमित अंश रोकड़ के स्रोत माने जाते हैं। किन्तु किसी स्थायी सम्पत्ति के क्रय एवं दायित्व के भुगतान हेतु निर्गमित अंशों को रोकड़ स्रोत नहीं माना जा सकता।

5. ऋण पत्रों का निर्गमन—संगठन की पूँजी आवश्यकता को पूर्ण करने हेतु नकदी रूप में निर्गमित ऋण पत्रों को रोकड़ का स्रोत माना जाता है। किन्तु किसी स्थायी सम्पत्ति के क्रय हेतु अथवा दायित्व के भुगतान हेतु निर्गमित ऋण पत्र रोकड़ के स्रोत नहीं होते।

6. अन्य प्राप्तियाँ (Other Receipts)—रोकड़ के साधनों के अन्तर्गत कतिपय असंचालनीय आगतों को भी सम्मिलित किया जाता है। अन्य प्राप्तियों से रोकड़ अन्तर्वाह तभी माना जायेगा जब इनकी प्राप्तियाँ नकद हों, इन मदों के अन्तर्गत आयकर की वापसी शासकीय सहायता अथवा अनुदान लाटरी से प्राप्त आय/इनाम विनियोग पर नकद ब्याज अथवा लाभांश को सम्मिलित किया जाता है।

रोकड़ के उपयोग
(Uses of Cash)

संगठन के रोकड़ शेष में होने वाली कमी अथवा रोकड़ बहिर्गमन के प्रमुख कारक निम्नलिखित हैं—

1. संचालन से हानि (Loss from Operation)—संगठन में जिस प्रकार संचालन से रोकड़ (Cash from Operation) की गणना की जाती है। उसी प्रकार संचालन से हानि की मात्रा भी ज्ञात की जाती है। संचालन से हानि की

राशि व्यवसाय में रोकड़ की मात्रा में कमी की द्योतक होती है। इसीलिए संचालन से हानि को रोकड़ का उपयोग माना जाता है।

2. विनियोगों का क्रय (Purchase of Investment)—संगठन द्वारा किये गये विनियोगों की मात्रा में अभिवृद्धि को रोकड़ का प्रयोग माना जाता है। विनियोगों के नकद क्रय से रोकड़ बहिर्वाह होता है।

3. स्थायी सम्पत्तियों का क्रय (Purchase of Fixed Assets)—स्थायी सम्पत्तियों के नकद क्रय से रोकड़ का प्रयोग अथवा रोकड़ बहिर्वाह होता है। किन्तु उधारक्रीत. सम्पत्तियों अथवा सम्पत्ति क्रय के बदले भुगतान स्वरूप अंश अथवा ऋण पत्र का निर्गमन रोकड़ बहिर्वाह का कारक नहीं होता।

4. अंशों का शोधन (Redemption of Shares)—शोध्य पूर्वाधिकार अंशों के शोधनस्वरूप चुकता की गयी धनराशि को रोकड़ का प्रयोग माना जाता है। किन्तु अंशों के शोधन हेतु अंशों अथवा ऋण पत्रों का निर्गमन कोषो का प्रयोग नहीं माना जाता।

5. ऋण पत्रों का शोधन (Redemption of Debentures)—संगठन द्वारा नीति ऋण पत्रों के शोधन हेतु चुकाई गई नकद राशि को रोकड़ का प्रयोग माना जाता है। किन्तु ऋण पत्रों के शोधन हेतु अंशों का निर्गमन अथवा पुन: ऋण पत्रों का निर्गमन रोकड़ बहिर्वाह का कारक नहीं होता।

6. अन्य भुगतान (Other Payments)—संगठन द्वारा नकद रूप में किये गये अन्य भुगतान यथा लाभांश, आयकर, प्रारम्भिक व्यय, आकस्मिक व्यय इत्यादि को कोषों के प्रयोग की श्रेणी में रखा जाता है।

रोकड़ प्रवाह विवरण के प्रारूप

(Forms of Cash Flow Statement)

रोकड़ प्रवाह विवरण को तैयार करने का कोई प्रमापित मानदण्ड नहीं निर्धारित किया गया है। सामान्य तौर पर इस विवरण का निर्माण खाता प्रारूप अथवा विवरण प्रारूप दो में से किसी एक स्वरूप द्वारा किया जा सकता है।

1. खाता प्रारूप (Account form)—खाता प्रारूप के अन्तर्गत रोकड़ प्रवाह विवरण का निर्माण खाता बही (Ledger) के खातों की भाँति किया जाता है। खाते की बायीं ओर रोकड़ अन्तर्वाह (Cash Inflow) तथा दायीं ओर रोकड़ बहिर्वाह (Cash out flows) की मदें प्रदर्शित की जाती हैं। प्रारम्भिक रोकड़ शेष को बायीं तरफ तथा अन्तिम रोकड़ शेष को दायीं तरफ लिखकर खाते के दोनों पक्षों का योग समान कर दिया जाता है। रोकड़ प्रवाह विवरण के खाता प्रारूप का नमूना निम्नांकित है—

रोकड़ अन्तर्वाह Cash inflow	धनराशि Amount	रोकड़ बहिर्वाह Cash outflow	धनराशि Amount
To Cash from operations	—	By loss from operations	—
To Sale of Fixed Assets	—	By Purchase of Fixed Assets	—
To Sale of Investments	—	By Purchase of Investment	—
To Issue of Shares and debentures	—	By Redemptions of Shares and Debenture	—
To Increase in Current liabilities	—	Increase in current Assets	—
To Decrease in current Assets	—	Decrease in current liabilities	—
To Dividends/ Interest Received	—	Dividends/ Interest paid	—
Total Inflow of cash	—	Total out flow of cash	—

विवरण प्रारूप (Statement form)—इस विधि के अन्तर्गत रोकड़ प्रवाह विवरण का निर्माण विवरण पत्र के रूप में किया जाता है। विवरण के प्रारम्भ में रोकड़ की आरम्भिक बाकी (Opening Balance) लिखकर समस्त रोकड़

अन्तर्वाहों को जोड़ा जाता है। अन्तर्वाहों के कुल योग में से रोकड़ प्रवाहों अथवा रोकड़ उपयोगों को घटाया जाता है। इस आगणन से प्राप्त रोकड़ शेष अंतिम शेष को प्रदर्शित करता है जिसका सत्यापन वर्तमान चिट्ठे में अंकित रोकड़ शेष से किया जा सकता है। व्यवहार में सामान्यतया रोकड़ प्रवाह के निर्माण हेतु वितरण प्रारूप का ही प्रयोग किया जाता है। इस प्रारूप को अग्रांकित प्रकार से प्रस्तुत किया जा सकता है–

Items (मदें)	Amount (धनराशि)	Amount (धनराशि)
Cash Balance in the opening :	—	—
Sources of cash		
Add : Cash From operation	—	—
Sale of fixed Assets	—	—
Sale of Investment	—	—
Issue of Share and Debentures	—	—
Increase in current liabilities	—	—
Decrease in current Assets	—	—
Interest/Dividend Received	—	—
Bank over Draft	—	—
Any other Receipt	—	—
Total Cash Inflow	—	—
Less : Uses of cash		
Loss from Operations	—	—
Purchase of fixed Assets	—	—
Purchase of Investment	—	—
Redemption of Shares and Debentures	—	—
Increase in current Assets	—	—
Decrease in Current liabilities	—	—
Dividends/Interest paid	—	—
Other payment	—	—
Total out flow of cash	—	—
Closing Balance of Cash	—	—

संचालन से रोकड़ की गणना
(Computation of Cash from Operation)

संचालन से रोकड़ की गणना हेतु लाभ-हानि खाते द्वारा प्रदर्शित शुद्ध लाभ में से गैर क्रियाशील आय जैसे लाभांश किराया इत्यादि को घटाया जाता है। इसके अतिरिक्त गैर क्रियाशील व्ययों को लाभ की राशि में जोड़ा जाता है। रोकड़ प्रवाह विवरण में असंचालनीय आयों एवं व्ययों को अलग से रोकड़ के स्रोत एवं उपयोग के रूप में दिखाया जाता है। संचालन से रोकड़ की गणना निम्नलिखित विधियों में से किसी भी विधि का प्रयोग करके की जा सकती है।

1. शुद्ध लाभ विधि (Net Profit Method)—संचालन से रोकड़ की गणना हेतु इस विधि का प्रयोग उस समय किया जाता है। जब विक्रय सम्बन्धी सूचनायें ज्ञात न हों। इसके अन्तर्गत शुद्ध लाभों में गैर नकद व्ययों जैसे ह्रास, संचयों

का निर्माण, स्थायी सम्पत्तियों के विक्रय से हानि, अमूर्त सम्पत्तियों का अपलेखन स्थगित व्ययों का परिशोधन इत्यादि तथा चालू सम्पत्तियों में कमी एवं चालू दायित्वों में वृद्धि को जोड़ दिया जाता है। इसके विपरीत गैर नकद आयों जैसे स्थायी सम्पत्तियों के विक्रय से लाभ, लाभांश एवं अन्य प्राप्तियाँ, सम्पत्तियों के पुनर्मूल्यांकन पर लाभ इत्यादि तथा चालू सम्पत्तियों में वृद्धि व चालू दायित्वों में कमी को घटाया जाता है। इस समायोजनों को निम्नलिखित रूप में दर्शाया जा सकता है—

Balance of P & L a/c (Net Profit)		
Add : Non cash items		
Depreciations		
Loss on sale of fixed Assets		
written off Intangible Assets		
Formation of Reserves		
Written off Deferred Revenue expenditure		
Decrease in current Assets (excluding cash)		
Increase in current liabilities (excluding Bank overdraft)		
Less : Non cash items of Income		
Profit on sale of fixed Assets		
Profit on Revaluation of Assets		
Increase in current Assets (Excluding cash)		
Decrease in current liabilities (Excluding Bank overdraft)		
Cash from operations		

2. विक्रय विधि (Sale Method)—विक्रय विधि के द्वारा संचालन से रोकड़ की गणना हेतु विक्रय राशि (नकद) में से नकद क्रय एवं नकद संचालन व्यय की राशि घटा दी जाती है।

Cash from operations = Cash sales −(cash purchase + cash operating expenses)

लाभ-हानि खाते से प्राप्त सूचनाओं के आधार पर नकद विक्रय, नकद क्रय एवं नकद संचालन सम्बन्धी व्ययों की गणना निम्न प्रकार की जाती है।

(i) नकद विक्रय राशि की गणना (Computation of cash sales)

	Gross sales		—
Less :	Increase In Debtors	—	
	Increase in Bill Receivables	—	—
		—	
Add :	Decrease in Debtors	—	
	Decrease in Bill Receivables		—
			—
	Cash sales		

(ii) Cash Purchase नकद क्रय

	Gross Purchase	—	—
Less :	Increase in creditors	—	
	Increase in Bill Payable	—	—
Add :	Decrease in creditors	—	
	Decrease in Bill Payable	—	—
	cash Purchases...		

(iii) Cash operating expenses नकद संचालन व्यय

	Total operating expenses		—
Add :	Decrease in out standing expenses	—	—
	Increase in Prepaid expenses		
	Increase in tax Provisions	—	—
Less :	non cash expenses:		
	Depreciation written off	—	
	Decrease in Prepaid expenses	—	
	Increase in out standing expenses	—	
	Decrease in tax Provision	—	—
	Cash operating expenses		

Illustration I.

Calculate the cash from operations from the figure given as follows :

Items	31 Dec. 2013	31 Dec. 2014
General Reserve	35,000	40,000
Outstanding salary	1,200	600
Prepaid Rent	1,500	1,800
Goodwill	15,000	12,000
Reserves (Development)	30,000	45,000
Balance of Debtors	12,000	7,500
Balance of bills receivables	4,000	3,500
Balance of P& L a/c	12,000	10,000

Solution (हल)–

Calculation of profit made during the year :

Profit & Loss a/c (For the year ended 31 Dec. 2014)

To General Reserve	5,000	By opening Balance	12,000
To Development Reserve	15,000	By Profit made during the year (Balancing figure)	
To Goodwill	3,000		
To closing balance	10,000		21,000
	33,000		33,000

Computation of cash from operations :

Profit made during the year		21,000
Add : Decrease in current assets :		
Debtors	4,500	
Bills Receivables	500	5,000
		26,000
Less : Increase in current Liabilities		
Prepaid salaries	300	
Less: Decrease in current liabilities	600	900
Cash from operations		25,100

Illustration 2.

From the following Balance sheets Prepare cash flow statement and compute cash from operation.

निम्नलिखित आर्थिक चिट्ठों की सहायता से रोकड़ प्रवाह विवरण बनाइये तथा संचालन से रोकड़ की गणना कीजिए।

Liabilities	Amount 31 March, 2000	Amount 31 March, 2001	Assets	Amount 31 March, 2000	Amount 31 March, 2001
Share capital	1,80,000	2,40,000	Cash in hand	35,000	55,800
General Reserve	25,000	28,000	Stock	25,000	20,000
Debtors	28,000	34,000	Debtors	28,000	30,000
Bills payable	12,000	15,000	Plant and machining	1,10,000	1,50,000
Outstanding expenses	1,000	800	Land and Building	76,000	96,800
Profit & Loss a/c	28,000	34,800			
	2,74,000	3,52,600		2,74,000	3,52,600

Additional Information :

(i) A part of Plant was sold for Rs. 12,000 (Cost Rs. 20,000) in the year 2001. Depreciation of Rs. 15,000 was charged on it.

(ii) The depreciation charged on plant and machinery during the year 2000 is Rs. 25,000.

Solution (हल)–

Cash flow statement (for the year ended 31 March, 2001)

Sources	Amount	Uses	Amount
Opening balance of cash	35,000	Purchase of Land and Building	20,800
Cash from operations (1)	34,600	Purchase of plant & Machine	65,000
Sale of Plant	12,000	Closing Cash balance	55,800
Issue of shares	60,000		
	1,41,600		1,41,600

1. Computation of cash from operations :

Profit during the year		6,800
Add : Depreciation	15,000	
Transfer to General Reserve	3,000	
Increase in creditors	6,000	
Increase in bills payable	3,000	
Decrease in stock	5,000	32,000
		38,800
Less : Increase in Debtors	2,000	
Profit on sale of Plant	2,000	
Decrease in outstanding expenses	200	4,200
Cash from operations		34,600

2. Purchase of plant and machine

Opening Balance	1,10,000
Less : Depreciation	25,000
	85,000
Closing balance	1,50,000
Purchase of Plant & machining	65,000

Illustration 3.

The balance sheets as on 31 Dec. 2002 and 31 Dec. 2013 are given as follows.

Liabilities	31 Dec. 2012	31 Dec. 2013	Assets	31 Dec. 2012	31 Dec. 2013
Share capital	36,000	40,500	Cash in hand	4,500	5,400
Creditors	9,000	13,500	Debtors	27,000	40,500
Outstanding expenses	2,700	4,500	Stock	9,000	6,300
			Prepaid expenses	2,700	1,800
Unearned Income (Advanced Receipt)	1,800	900	Deferred expenses	1,800	900
			Land & Building	18,000	25,200
P & L a/c	13,500	20,700			
	63,000	80,100		63,000	80,100

Profit and Loss a/c
(For the year ended 31 Dec. 2013)

Particular	Amount	Particular	Amount
To Purchases	72,900	By sales	90,000
To trade expenses	9,000	By profit on sale of land and building	900
To depreciation Land & Building	1,800	By other income	4,500
To dividend paid	3,600		
To deferred expenses written of	900		
To net profit c/d	7,200		
	95,400		95,400

A piece of Land has been sold for Rs. 3600. Prepare cash flow statement from the above information :

Solution :

Cash flow statement
(for the year ended 31 Dec. 2013)

Items	Amount	Amount
Opening Balance of cash	—	4,500
Add : Cash inflows :		
Cash from operations (2)	8,100	
Sale of Land	3,600	
Issue of share capital	4,500	
Total cash inflow	16,200	20,700
Less : Cash outflows :		
Purchase of land and building	11,700	
Dividend paid	3,600	
Total cash outflows	15,300	15,300
Closing balance of cash		5,400

Working notes :

1. Computation of net operation profit.

Net Profit		7,200
Add : Depreciation	1,800	
Dividend paid	3,600	
Deferred expenses written off	900	6,300
		13,500
Less : Profit on sale of land and building		900
Net operating profit		12,600

2. Calculation of Cash from operations :

Net Operating profit		12,600
Add : Decrease in current Assets :		
Stock	2,700	
Prepaid expense	900	
Increase in current Liabilities :		
Outstanding expenses	1,800	
Creditors	4,500	9,900
		22,500
Less : Increase in current Assets :		
Debtors	13,500	
Decrease in current liabilities :—		
Unearned Income	900	14,400
Cash from operation		8,100

3. Calculation of purchase of Land and building

Opening balance		18,000
Less : Depreciation	1,800	
Sale of Land and Building	2,700	4,500
(3600 — 900)		13,500
Add : Purchase of machinery (Balancing figure)		11,700
Closing Balance		25,200

Illustration 4.

From the following statements, you are required to prepare a cash flow statement of a limited company.

Balance sheets (for the year ended 31 March, 2014)

Liabilities	2013 Amount	2014 Amount	Assets	2013 Amount	2014 Amount
Share Capital	3,50,000	3,50,000	Cash in hand	1,00,000	35,000
Creditors	70,000	1,95,000	Debtors	25,000	1,00,000
Long-term loans	—	2,00,000	Stock	75,000	2,00,000
			Prepaid expenses	10,000	20,000
Tax Payable	5,000	15,000	Land and Building	2,50,000	4,55,000
P & L a/c	35,000	50,000			
	4,60,000	8,10,000		4,60,000	8,10,000

Profit & Loss a/c (as on 31 March, 2014)

Particular	Amount	Particular	Amount
To Opening balance	7,5000	By sales	5,00,000
To purchase	4,90,000	By closing balance	2,00,000
To gross profit c/d	1,35,000		
	7,00,000		7,00,000
To deprecation	40,000	By Gross profit	1,35,000
To Income tax	20,000		
To General expenses	55,000		
To net profit	20,000		
	1,35,000		1,35,000
to dividend	5000	By Balance b/d	35,000
to balance c/d	50,000	By net profit b/d	20,000
	55,000		55,000

Cash flow statement

(as on 31 March, 2014)

Sources of Cash	Amount	Uses of Cash	Amount
Opening cash balance	1,00,000	Purchase of land and (1) Building	2,45,000
Long term loan increased	2,00,000	Tax paid	10,000
		Dividend paid	5,000
		Loss on cash operations	5,000
		Closing balance of cash	35,000
	3,00,000		3,00,000

1. Purchase of Land and Building

Opening balance	2,50,000
Less Depreciation	40,000
	2,10,000
Closing balance	4,55,000
Purchase of land and Building (Balancing figure)	2,45,000

2. Calculation of cash from operations

By Net Profit method

Profit for the year		20,000
Add : Increase in creditors	1,00,000	
Provision of taxes	20,000	
Depreciation	40,000	1,60,000
		1,80,000
Less : Increase in stock	1,00,000	
Increase in Debtors	75,000	
Increase in prepaid General expenses	10,000	1,85,000
Loss from cash operation		—5000

(ii) By sales method

A. Total sales	5,00,000
Less : increase in debtors	75,000
Cash sales	4,25,000
B. Total purchase	4,90,000
Less : Increase in creditors	1,25,000
Cash purchase	3,65,000
General expenses	55,000
Add Increase in prepaid expenses	10,000
Cash operation expenses	65,000

Loss from operation—4,25,000 - (3,65,000 + 65,000) = – 5,000

Illustration 5.

शिखर प्रतीक एण्ड कम्पनी इलाहाबाद का दिनांक 1.1.2003 एवं 31.12.03 का आर्थिक चिट्ठा निम्नवत् है—

Balance sheets of Shikhar Prateek & Company Allahabad as on 1.1.2003 and 31.12.2003 were as follows.

Liabilities	1.1.03 Amount	31.12.03 Amount	Assets	1.1.03 Amount	31.12.03 Amount
Capital	2,50,000	3,06,000	Land	80,000	1,00,000
Creditors	80,000	88,000	Machinery	1,60,000	1,10,000
Land from x	50,000	—	Building	70,000	1,20,000
Loan from Bank	80,000	1,00,000	Debtors	60,000	1,00,000
			Stock in trade	70,000	50,000
			Cash in hand	20,000	14,000
	4,60,000	4,94,000		4,60,000	4,94,000

During the year a machine costing Rs. 20,000 (Accumulated depreciation Rs. 6,000) was sold for Rs. 10000. The provisions for depreciation against machinery as on 1.1.2003 and 31.12.2003 were of Rs. 50,000 and Rs. 80,000 Respectively. Net profit for the year amounted to Rs. 90,000.

वर्ष के दौरान एक मशीन जिसकी लागत रु० 20,000 (संचित ह्रास रु० 6,000) रु० 10,000 में बेच दी गई। 1.1.2003 तथा 31.12.2003 को मशीन ह्रास के लिए प्रावधान क्रमशः रु० 50,000 एवं रु० 80,000 के थे। वर्ष का शुद्ध लाभ रु० 90,000 था।

Solution (हल)–

Cash flow statement (for the year ended 31.12.2003)

Cash inflows	Amount	Cash out flows	Amount
Opening cash balance	20,000	Purchase of land	20,000
Sale of machinery	10,000	Purchase of building	50,000
Cash from operation (1)	1,18,000	Payment x's Loan	50,000
Loan from Bank	20,000	Drawings (2)	34,000
		Cash balance (31.12.03)	14,000
	1,68,000		1,68,000

(1) Cash from operations:—

Net Profit		90,000
Add Provision for depreciation	36,000	
Loss on sale of machinery	4,000	40,000
(20,000 - 6,000) = 14,000		
(14,000 - 10,000)		
Profit from operation		1,30,000
Add : Decrease in stock	20,000	
Increase in creditors	8,000	28,000
		1,58,000
Less : Increase in Debtors	40,000	40,000
Cash from operations		1,18,000

(2) Calculation of Drawing :

Opening Balance of Capital (1.1.03)	2,50,000
Add net profit of the year	90,000
	3,40,000
Less : Closing Balance of Capital (31.12.03)	3,06,000
Drawing of the year	34,000

Provision for Depreciation A/c

To machinery	6,000	By opening balance b/d	50,000
To closing balance c/d	80,000	By profit & Loss a/c (Balancing figure of depreciation)	36,000
	86,000		86,000

Illustration 6.

From the following particulars Prepare a cash flow statement of Richa and Company, Lucknow.

Liabilities	1.1.94 Amount	31.12.94 Amount	Assets	1.1.94 Amount	31.12.94 Amount
Capital	75,000	77,000	Machinery	35,000	40,000
Bank loan	20,000	15,000	Land	15,000	20,000
Loan from (Shikha)	—	12,500	Building	25,000	27,500
Current Liabilities	17,500	20,000	Stock	15,000	12,500
			Debtors	20,000	22,500
			Cash in hand	2500	2,000
	1,12,500	1,24,500		1,12,500	1,24,500

Additional Information :

(i) During the year the company brought on additional capital of Rs. 5,000 Drawing during the year was Rs. 15,500.

(ii) Provision for Depreciation on matching O.B. Rs. 15,000 and CB Rs. 20,000 : No Depreciation was charged on other Assets.

Solution :-

Cash flow statement
(For the year ended 31.12.94)

Sources of Cash :

Opening balance of cash (1.1.94)	2,500
Cash from operations (1)	20,000
Loan from (Shikha)	12,500
Additional Capital	5,000
	40,000

Uses of Cash :

Purchase of machinery	10,000
Purchase of land	5,000
Purchase of Building	2,500
Repayment of loan	5,000
Drawings	15,500
Closing Balance of Cash (31.12.94)	2,000
	40,000

(1) Calculation of profit operating and cash from operations :

Opening Balance of Capital (1.1.94)		75,000
Add : Addition of Capital		5,000
		80,000
Less : Drawing		15,500
		64,500
Closing Balance of Capital (31.12.94)		77,000
Profit during the year		12,500
Add : Depreciation (non cash item)	5,000	
Add : Decrease in current Assets :		
Stock	2,500	
Increase in current liabilities	2,500	10,000
		22,500
Less : Increase in current Assets :		
Debtors		2,500
Cash from operations		20,000

Illustration 7.

The two balance sheets of B. N. Rama & Company, Lucknow for the year ended 31 March, 2004 and 31 March, 2005 are given as follows :

Liabilities	31 March, 2004	31 March, 2005	Assets	31 March, 2004	31 March, 2004
Share Capital	8,00,000	1,00,000	Cash in hand	62,500	45,000
10% Redeemable			Debtors	3,50,000	4,25,000
Preference shares	3,25,000	2,50,000	Stock	1,92,500	2,72,500
Creditors	62,500	1,17,500	Bills Receivables	50,000	75,000
Bills payable	50,000	40,000	Investment	50,000	75,000
General Reserve	1,00,000	1,25,000	Land and Building	5,00,000	4,25,000
Capital Reserve	—	50,000	Plant & Machinery	2,00,000	5,00,000
Proposed dividend	1,05,000	1,25,000	Goodwill	2,50,000	2,00,000
Liability for expenses	75,000	90,000	Preliminary expenses	37,500	25,000
Provision for taxes	1,00,000	1,25,000			
P & L a/c	75,000	1,20,000			
	16,92,500	20,42,500		16,92,500	20,42,500

Additional informations :-

(i) A Plant was sold for Rs. 25,000 (written down value 30,000) Depreciation charge in 2005 Rs. 25,000.

(ii) A piece of land was sold during the year and the profit on sale had been credited to capital reserve.

(iii) An interim dividend of Rs. 50,000 had been paid during the year.

(iv) The investment in trade investment. Rs. 7,500 was received including Rs. 2,500 from pre acquisition profit, by way of dividend, which had been credited to investment a/c.

(v) The liability for expenses for Rs. 75,000 was paid at the end of 2004.

(vi) The proposed dividend of Rs. 10,000 was paid during the year.

(vii) Provision for tax made Rs. 25,000 during the year from above information's prepare cash flow statement.

Solution (हल)-

Cash Flow Statement

(For the year ended 31 March, 2005)

Sources of Funds	Amount	Uses of funds	Amount
Opening Balanced of cash	62,500	Dividend paid	1,05,000
Issue of Shares	2,00,000	Redemption of Preference Share Capital	75,000
Sale of Land (4)	1,25,000		
Sale of Plant	25,000	Payment of Interim dividend	50,000
Dividend Received	7,500	Purchase Plant (2)	3,55,000
Cash from operations (1)	3,22,500	Payment of investment (3)	27,500
		Payment of Liability for expenses	75,000
		Bills payable paid	10,000
		Closing cash balance	45,000
	7,42,500		7,42,500

Working Notes :

Calculation of Operating Profit :

Closing Balance of P & L a/c		1,20,000
Add : Non trading Items :		
Provision for taxes	25,000	
Goodwill written off	50,000	
Loss on sale of machine	5,000	
Depreciation of machine	25,000	
Preliminary expenses written off	12,500	

Outstanding liability for expenses)	90,000	
General reserve	25,000	
Interim Dividend	50,000	
Proposed dividend	1,25,000	4,07,500
		5,27,500
Less : Opening balance of P & L a/c	75,000	
Non-Trading Receipts :		
Dividend Credited to Investment a/c Rs. (7,500 – 2,500)	5,000	
		80,000
Operating profit		4,47,500
Computation of cash from operations :		
Operating profit		4,47,500
Add : Increase in current liabilities :		
Creditors		55,000
		5,02,500
Less : Increase in current Assets :		
Bills Receivables	25,000	
Debtors	70,000	
Stock	80,000	1,80,000
Cash from operations (1)		3,22,500
Purchase of Plant :		
Opening Balance		2,00,000
Less : Depreciation for 2005	25,000	
Cost of machine sold	30,000	55,000
		1,45,000
Closing balance of machine		5,00,000
(2) Purchase of Plant		3,55,000
Purchase of Investment :		
Opening Balance	50,000	
Less : Credit for dividend Received	2,500	47,500
Closing Balance		75,000
Purchase of Investment (3)		27,500
Sale of Land and Building :		
Opening Balance		5,00,000
Less : Closing Balance		4,25,000
		75,000
Add : Profit on sale of land transferred to Capital Reserve		50,000
Sale of land and building (4)		1,25,000

परीक्षा प्रश्न
(Examination Questions)

I. दीर्घ उत्तरीय प्रश्न (Long Answer Type Questions)

1. रोकड़ प्रवाह विवरण क्या है। यह किस प्रकार तैयार किया जाता है। इसके प्रमुख उपयोग बताइये।
   What is cash flow statement? How it is prepared? Discuss its main uses.
   (M.Com. 1991 A.P.S. University Rewa)
2. रोकड़ प्रवाह से आप क्या समझते हैं? कोष प्रवाह तथा रोकड़ प्रवाह में अन्तर क्या है?
   What do you mean by cash flow? What is difference between fund flow and cash flow?
3. रोकड़ प्रवाह विश्लेषण से क्या आशय है? इसकी महत्ता तथा सीमाओं का परीक्षण कीजिए।
   What is the meaning of cash flow statement? Examine its importance and limitations.
4. उपयुक्त उदाहरण की सहायता से नकद प्रवाह विवरण के निर्माण के क्रमिक चरणों को वर्णित कीजिए।
   Describe the consecutive Stage in the construction of a cash flow statement with the aid of a suitable example.
   (Allahabad University B. Com. 1991)
5. ''रोकड़ प्रवाह विवरण प्रबन्धकीय औजार है'' सिद्ध कीजिए।
   ''Cash flow Statement is a managerial tool.' Prove it".
6. रोकड़ प्रवाह के प्रमुख स्रोतों तथा उपयोगों की विवेचना कीजिए। रोकड़ प्रवाह विवरण किस प्रकार कोष प्रवाह विवरण से अलग है।
   Describe the main sources and uses of cash flow. How is cash flow statement's different from funds flow Statement.
7. एक आधुनिक व्यापारिक फर्म में रोकड़ प्रवाह विवरण निर्माण के लक्ष्यों एवं विधि का विवेचन कीजिए।
   (Allahabad University B.Com. 1988)
   Discuss the objective and the mode of construction of a cash flow statement in a modern business firm.

II. लघु उत्तरीय प्रश्न (Short Answer Type Questions)

(i) रोकड़ प्रवाह विवरण क्या है?
What is cash flow Statement?

(ii) रोकड़ प्रवाह से आप क्या समझते हैं?
What do you mean by cash flow?

(iii) रोकड़ प्रवाह तथा कोष प्रवाह विवरण में क्या अन्तर है?
What is the difference between cash flow and fund flow statement?

(iv) रोकड़ प्रवाह विवरण तथा रोकड़ बजट में क्या अन्तर है?
What is the difference between cash flow statement and cash Budget?

(v) रोकड़ प्रवाह की सार्थकता बताइये।
Explain Significance of cash flow Statement.

(vi) रोकड़ प्रवाह की सीमाएँ क्या हैं?
What are limitation of cash flow?

(vii) रोकड़ प्रवाह के स्रोत क्या हैं?
What are sources of cash flow?

(viii) रोकड़ प्रवाह के प्रयोग क्या हैं?
What are user of cash flow?

III. वस्तुनिष्ठ प्रश्न (Objective Type Questions)

(i) रोकड़ प्रवाह विश्लेषण के अन्तर्गत सम्मिलित किया जाता है।
Which in included in the cash flow statement.
A. रोकड़ के साधनों एवं प्रयोग को B. कोष के साधन एवं प्रयोग
C. रोकड़ बजट D. इनमें से कोई नहीं
Ans. A

(ii) रोकड़ प्रवाह विवरण में सम्बन्धित होता है।
Cash flow Statement is related with.
A. रोकड़ अन्तर्वाह B. केवल रोकड़ बहिर्वाह
C. कार्यशील पूँजी में परिवर्तन D. रोकड़ अन्तर्वाह एवं रोकड़ बहिर्वाह
Ans. D

(iii) रोकड़ प्रवाह विवरण का क्षेत्र होता है।
The scope of cash flow Statement is.
A. विस्तृत (Broad) B. संकुचित (Narrow)
C. स्थैतिक (Static) D. इनमें से कोई नहीं
Ans. B

(iv) संगठन में रोकड़ अन्तर्वाह परिलक्षित नहीं होता है।
Cash inflow does not seem in the organisation.
A. नकद विक्रय से B. देनदारों से प्राप्ति
C. नकद क्रय D. अधिकार शुल्क की प्राप्ति
Ans. C

(v) संगठन में रोकड़ बहिर्वाही नहीं प्रभावित होता है।
Cash out flow does not effect in the organisation.
A. विनियोगों के विक्रय से B. विनियोगों के क्रय से
C. स्थायी सम्पत्तियों के क्रय से D. उपर्युक्त सभी
Ans. A

(vi) रोकड़ प्रवाह विवरण के निर्माण हेतु रोकड़ के स्रोत हैं।
The sources of cash for making cash flow Statement are.
A. संचालन से रोकड़ B. स्थायी सम्पत्तियों का क्रय
C. अंशों का शोधन D. ऋण पत्रों का शोधन
Ans. A

(vii) रोकड़ प्रवाह विवरण के निर्माण हेतु रोकड़ के उपयोग हैं।
The uses of cash for making cash flow statement are.
A. विनियोगों का क्रय B. अंशों का निर्गमन
C. स्थायी सम्पत्तियों की बिक्री D. इनमें से कोई नहीं
Ans.A

क्रियात्मक प्रश्न
(Practical Questions)

1. Calculate cash from operations from the figures given as follows :

	Year 1999	Year 2000
Debtors	90,000	84,000
Bills Receivable	20,000	30,000
P & L a/c	30,000	40,000
Reserves	1,40,000	1,50,000
Dividend fund	70,000	74,000

Ans. Operating profit–24, 000, Cash from operations–20,000

2. From the figure given below. Compute cash from operations :

	Year 2001	Year 2002
Profit made during the year	—	4,80,000
Income Received in advance	3,200	4,000
Bills Receivables	40,000	24,000
Stock	1,20,000	1,40,000
Debtors	1,60,000	1,20,000
Accrued Income	24,000	30,000
Prepaid expenses	32,000	28,000
Creditors	80,000	88,000
Outstanding expenses	4,000	4,800
Bills payable	28,000	24,000

Ans. Cash from operations 5,11,600.

3. Balance sheet of M 15 of Black and white as on 1.1.78 and 31.12.78 were as follows :

Balance sheet

Liabilities	1.1.78	31.12.78	Assets	1.1.78	31.12. 78
Creditors	40,000	44,000	Cash	10,000	7,000
Loan from A	25,000	—	Debtors	30,000	50,000
Loan from Bank	40,000	50,000	Stock	35,000	25,000
Capital	1,25,000	1,53,000	Land	40,000	50,000
			Machinery	80,000	55,000
			Building	35,000	60,000
	2,30,000	2,47,000		2,30,000	2,47,000

4. During the year a machine costing Rs. 10,000 (accumulated Depreciation Rs. 3,000) was sold for Rs. 5,000, the Provision for Depreciation against machinery as on 1st January 1978 and 31 Dec. 1978 were of Rs. 25,000 and Rs. 40,000 Respectively. Net profit for the year amounted to Rs. 4,500.

Ans. Cash from operations 44,000. [Rajasthan University, (M.Com. 1981)]

5. नीचे दी गई सूचनाओं के आधार पर परिचालन से रोकड़ प्रवाह की गणना कीजिए।

From the following figures, Calculate the flow of cash from operations.

	31st March	
	1992	**1993**
Balance of P & L a/c	28,000	94,000
Debtors	36,000	28,800
Bills Receivables	36,000	28,000
General Reserve	60,000	64,000
Out standing expenses	8,000	3,200
Prepaid expenses	2,400	2,800
Goodwill	40,000	36,000
Reserves	2,00,000	2,08,000

Ans.—Cash from operations 22,000.

6. The following are the balance sheets of A Limited.

Balance sheet

(As on 31 Dec............)

Liabilities	1983	1984	Assets	1983	1984
Share Capital	60,000	60,000	Building Less Depreciation	50,000	48,000
General Reserve	2,650	1,200	Plant Less Depreciation	9,000	8,500
Creditors	850	400	Stock	500	100
			Debtors	1,500	1,000
			Cash	2,500	4,000
	63,500	61,600		63,500	61,600

Sales in 1984 were Rs. 2,18,500. No dividend has been paid by the company. The changes in building and plant values are on account of depreciation charges for 1984 there were operating losses of Rs. 1,450 for 1984. Prepare a statement showing cash flow.

(Rajasthan University, 1984)

7. A, B,C Limited made a Profit of Rs. 16,00,000. After entertaining the following informations :

(i) Depreciation on fixed assets— 28,000
(ii) Profit on sale of machinery— 12,000
(iii) Loss on sale of furniture— 2,000
(iv) Transfer to general reserve— 28,000
(v) Amortization of development expenses— 24,000
(vi) Provision for doubtful debts— 4,400
(vii) Provision for taxes— 2,40,000

Some additional information are also as follows :

	31 December	
	1999	2000
Debtors	48,000	60,000
Bills Receivable	40,000	34,000
Creditors	40,000	60,000
Outstanding expenses	20,000	16,000
Prepaid expenses	800	1,200

You are required to find out the amounted of cash from operations.

Ans. Cash from operations 19,16,000.

8. A company finds on 1st January 1993 that it is short of funds with which to implement its programme of expansion on 1st January 1992. It had a credit balance of Rs. 1,80,000. From the following information prepare a statement for the board of directors to show how the overdraft of Rs. 68,750 as at 31 December has arisen.

Balance sheet (As per 31 Dec.......)

Particulars	1991	1992
Fixed Assets	7,50,000	11,20,000
Stock and stores	1,90,000	3,30,000
Debtors	3,38,000	3,35,000
Bank Balance	(Cr.)1,80,000	(Dr.) 68,750
Trade creditors	2,70,000	3,50,000
Share capital (Rs. 10 per share)	2,50,000	3,00,000
Bills receivables	87,500	95,000

The profit for the year ended 31 Dec. 1992 before charging depreciation and taxation amounted to Rs. 2,40,000.

The 5,000 shares were issued on 1st January, 1992 at a premium of Rs. 5 per share Rs. 1,37,500 was paid in March, 1992 by way of income tax. Dividend was paid as follows.

1991 (final) on capital at 31.12.91

@ 10% Less tax 25%, 1992 (Interim) 5% free of tax

Ans. Cash from operations 80,000 [Alld. University M. Com. 1978

9. The balance sheets of Raheem & Sons Delhi as at 31 Dec., 2004 and 2005 are given as follows :

Liabilities	31 Dec. 2004	31 Dec. 2005	Assets	31 Dec. 2004	31 Dec. 2005
Share Capital	2,25,000	2,25,000	Cash in hand	74,500	98,500
General Reserve	1,50,000	1,55,000	Debtors	1,05,000	2,27,500
Creditors	84,000	67,000	Stock	1,20,000	1,05,000
Mortgage loan	—	1,35,000	Investments	25,000	30,000
Provision for taxes	37,500	5,000	Plant	80,000	60,000
P & L account	28,000	34,000	Building	1,20,000	1,00,000
	5,24,500	6,21,000		5,24,500	6,21,000

Additional Information—

A. Provision for tax made during the year was Rs. 4,500.

B. Investments costing Rs. 4,000 were sold during the year 1986 for Rs. 4,250.

C. During the year part of the fixed assets costing Rs. 5,000 was sold for Rs. 6,000 and the profit was included in P & L a/c.

D. Dividend paid during the year Rs. 2,000.

You are required to prepare a statement of sources and uses of cash.

Ans.-Loss from operations—55,250.

अध्याय
9

लागत मात्रा लाभ विश्लेषण एवं लाभ नियोजन (Cost Volume Profit Analysis and Profit Planning)

सामान्य तौर पर किसी भी व्यावसायिक संगठन का प्रमुख उद्देश्य अधिकतम लाभार्जन होता है। लाभार्जन की क्षमता संयोग जनित न होकर अपितु अनेक तत्वों पर आधारित होती है। लाभ ही वह मापक तत्व है जिसके माध्यम से संगठन की सफलता एवं प्रगतिशीलता का मापन किया जा सकता है। लाभ के प्रमुख निर्धारक तत्वों में उत्पादन अथवा बिक्री की लागत, विक्रय की मात्रा, उत्पादन की मात्रा एवं उत्पादन की लागत इत्यादि हैं। वस्तुतः लाभ की मात्रा, लागतों, मूल्यों तथा मात्रा की परस्पर प्रभावकारिता पर आधारित तत्व है। लाभ की मात्रा में अभिवृद्धि दो प्रकार से हो सकती है— 1. वस्तु के विक्रय मूल्य में अभिवृद्धि करके, 2. वस्तु की उत्पादन लागत घटाकर। प्रायः उद्यमियों द्वारा वस्तु की उत्पादन लागत घटाकर ही लाभ की मात्रा में अभिवृद्धि करने का प्रयास किया जाता है। वस्तु की उत्पादन लागत कम करने हेतु वस्तु के उत्पादन का एक अनुकूलतम (optimum) स्तर कायम रखना परमावश्यक होता है। अनुकूलतम स्तर से कम मात्रा में उत्पादन होने पर उत्पादन की प्रति इकाई लागत में कमी नहीं की जा सकती। अतः उत्पादन लागत, विक्रय मात्रा इत्यादि के परस्पर सम्बन्धों की अभिव्यक्ति हेतु लागत मात्रा लाभ विश्लेषण (Cost volume profit Analysis) की संज्ञा दी जाती है। इसके माध्यम से वित्तीय प्रबन्धन को लागत, मात्रा, लाभ तथा मूल्यों के सन्दर्भ में सूचनाएँ प्राप्त होती हैं। वस्तुतः वस्तुओं का उत्पादन अन्य तत्वों के साथ-साथ वस्तु के विक्रय मूल्य तथा उनकी माँग से भी प्रभावित होता है किन्तु लाभ की मात्रा का निर्धारण वस्तु के विक्रय मूल्य एवं लागत पर आधारित होता है। जब उत्पादन के किसी स्तर पर इन तत्वों का विश्लेषण करके इनमें परस्पर सम्बन्ध स्थापित किया जाता है तो इसे लागत लाभ विश्लेषण या समविच्छेद विश्लेषण (Break even Analysis) कहा जाता है। उत्पादन का एक स्तर भी होता है जहाँ कुल लागत, कुल आगम (विक्रय मूल्य) के समतुल्य हो जाती है फर्म को इस बिन्दु पर न लाभ होता है और न हानि। यही बिन्दु सम विच्छेद बिन्दु के नाम से जाना जाता है।

क्राउनिंग शील्ड के शब्दों में ''सम विच्छेद बिन्दु वह बिन्दु होता है जिस पर विक्रय आगम वस्तु को उत्पादित करने तथा विक्रय लागत समान हो तथा कोई लाभ अथवा हानि न हो।''[1]

चार्ल्स टी० हार्नग्रेन के शब्दों में ''सम विच्छेद बिन्दु क्रियाशीलता (विक्रय मात्रा) का वह बिन्दु है जहाँ कुल आगम तथा कुल व्यय बराबर हों, यह शून्य लाभ एवं शून्य हानि का बिन्दु है।''[2]

मॉट्ज, कुरी एवं **फ्रैंक** के शब्दों में ''सम विच्छेद विश्लेषण से यह इंगित होता है कि किस स्तर पर लागत एवं आगम में सन्तुलन स्थापित हो सकता है।''[3]

उपर्युक्त परिभाषाओं के परिप्रेक्ष्य में लागत मात्रा लाभ विश्लेषण को निम्नलिखित रूप में परिभाषित किया जा सकता है।

''लागत मात्रा लाभ विश्लेषण वह तकनीक है जिसका प्रयोग करके किसी संगठन द्वारा उत्पादित इकाई की लागतों एवं आगतों के मध्य सम्बन्धों का ध्यान एवं विश्लेषण उनकी विक्रय मात्रा के आधार पर किया जाता है तथा विक्रय के

---

1. "Break even Point is the Point at which sale revenue equals the cost to make and sell the Product and no Profit or loss is reported".
—Krowning Shield.
2. "The Break even Point is that Point of activity (Sales volume) where total revenues and total expenses are equal. It is the Point of Zero Profit and Zero loss."
—Horngren
3. "Break even Analysis Indicates that at what level Cost and Revenue are in equilibrium. *—Matz, curry & Frank*

विभिन्न स्तरों पर संगठन की लाभ देयकता का मूल्यांकन किया जाता है। सम विच्छेद विश्लेषण तकनीक का प्रयोग वृहद एवं संकुचित दोनों रूपों में किया जा सकता है। संकुचित अर्थों में यह तकनीक उस बिन्दु (कार्य स्तर) को निर्धारित करती है जहाँ वस्तु की कुल आगम तथा कुल लागत समान होती है। ऐसी दशा में फर्म को न लाभ होता है और न ही हानि। विस्तृत अर्थों में सम विच्छेद बिन्दु तकनीक के माध्यम से विभिन्न कार्य स्तरों पर स्थायी परिवर्तनशील लागतों का विश्लेषण करके उसके आगम एवं परिप्रेक्ष्य में सम्भाव्य लाभों का निर्धारिण किया जाता है।

केलर तथा फरेरा के अनुसार ''किसी फर्म या किसी इकाई का समविच्छेद बिन्दु विक्रय आय का वह स्तर है जो इसकी स्थिर तथा परिवर्तनशील लागतों के योग के बराबर हो।[1]''

उद्देश्य (Object)—लागत मात्रा लाभ विश्लेषण व सम विच्छेद विश्लेषण तकनीक का वित्तीय प्रबन्धन के क्षेत्र में अत्यन्त महत्वपूर्ण स्थान है, क्योंकि इसके माध्यम से वित्तीय प्रबन्धकों को निर्णयन में सहजता होती है। सामान्य तौर पर निम्नलिखित उद्देश्यों की पूर्ति हेतु सम विच्छेद बिदु तकनीक का प्रयोग किया जाता है—

(i) उत्पादन के एक निश्चित स्तर पर कुल लागत एवं कुल आगम की समानता निर्धारित करने हेतु यही बिन्दु सम विच्छेद बिन्दु कहलाता है।

(ii) विभिन्न उत्पादन स्तरों पर उत्पादन लागत एवं लाभ की मात्रा का निर्धारण करना।

(iii) लाभ पूर्वानुमान तैयार करना, उत्पादन लागत एवं आगम के सन्दर्भ में जानकारी प्राप्त करना।

(iv) पूर्वनिर्धारित लाभ के स्तर को प्राप्त करने हेतु विक्रय की मात्रा का निर्धारण करना।

(v) उत्पादन के मूल्यों लागतों तथा विक्रय की मात्रा में परिवर्तन करने पर लाभ में होने वाले परिवर्तन ज्ञात करना।

(vi) वस्तु की माँग कम होने पर भी लाभ की मात्रा यथावत बनाये रखने हेतु उत्पादन लागत में कमी का आकलन करना।

(vii) किसी वस्तु विशेष या संयंत्र विशेष का परिचालन बन्द करने अथवा फर्म को स्थायी रूप से बन्द करने हेतु, विषयक निर्णय लेना।

(viii) लागत मात्रा तथा लाभ के विश्लेषण के आधार पर मूल्य नीति का निर्धारण करना।

मान्यताएँ (Assumptions)—सम विच्छेद विश्लेषण कतिपय मान्यताओं पर आधारित हैं। सम विच्छेद विश्लेषण हेतु निर्धारित मान्यताओं को दृष्टिगत रखना अत्यन्त आवश्यक होता है। मान्यताओं में होने वाले किसी भी प्रकार के परिवर्तन सम विच्छेद विश्लेषण के परिणामों में परिवर्तन के कारक बनते हैं। सामान्यतया इन मान्यताओं को निम्न स्वरूप में प्रस्तुत किया जा सकता है—

(i) सकल लागतों (Total Costs) को स्थिर एवं परिवर्तनशील लागतों के रूप में स्पष्ट तौर पर विभाजित किया जा सकता है।

(ii) लागतों की प्रकृति रेखीय होती है अर्थात उत्पादन के किसी भी स्तर पर लागतें आनुपातिक रूप में बढ़ती हैं।

(iii) उत्पादन के किसी भी स्तर पर स्थिर लागतें समान रहती हैं तथा परिवर्तनशील लागतों की प्रति इकाई मात्रा भी अपरिवर्तित रहती है।

(iv) संगठन में उत्पादन के प्रत्येक स्तर पर विक्रय मूल्य की धनराशि समान रहती है। उत्पादन के घटने तथा बढ़ने पर विक्रय मूल्य अप्रभावित रहता है।

(v) प्रारम्भिक एवं अन्तिम रहतिया की मात्रा समान रहती है अर्थात् संगठन के अन्तर्गत उत्पादित समस्त वस्तुएँ बिक जाती हैं।

(vi) कई वस्तुओं का विक्रय अथवा उत्पादन होने पर भी विक्रय मिश्रण में समानता रहती है अर्थात् उत्पादित समस्त वस्तुओं को एक इकाई माना जाता है।

(vii) संगठन में लागत नियंत्रण व्यवस्था समान रहती है।

---

1. The Break even Point of a Company or a unit of a company is that level of sales income which will equal the sum of list fixed costs and its variable costs. —*I.W.Keller, W.L. Ferrara*

(viii) संगठन में उत्पादन क्षमता अपरिवर्तित रहती है।

(ix) उत्पादन की प्रक्रिया में भी किसी प्रकार का परिवर्तन नहीं होता।

(x) उत्पादन के साधनों तथा मजदूरी, किराया, विज्ञापन इत्यादि कारकों के मूल्य अपरिवर्तित रहते हैं।

(xi) उत्पादन हेतु प्रयुक्त तकनीक अपरिवर्तित रहती है। श्रम तथा मशीनों की कार्य कुशलता में परिवर्तन नहीं होता।

सम विच्छेद विश्लेषण की तकनीकें
(Techniques of Break even Analysis)

A. सम विच्छेद बिन्दु (Break Even Point)

B. लाभ मात्रा अनुपात (Profit Volume Ratio)

C. सुरक्षा उपान्त (Margin of Safety)

D. अंशदान (Contribution)

उपर्युक्त सभी तकनीकों का विस्तृत विवेचन अग्रिम चरणों में निम्न प्रकार हैं—

A. सम विच्छेद बिन्दु (Break even Point)

सम विच्छेद विश्लेषण अथवा लागत मात्रा लाभ विश्लेषण हेतु सम विच्छेद बिन्दु की अवधारणा अत्यधिक प्रचलित हैं। वस्तुतः इस बिन्दु के माध्यम से विक्रय की वह मात्रा निर्धारित की जाती है जिस पर कुल लागत एवं कुल आगम समान होता है।

चार्ल्स टी० हार्नग्रेन के शब्दों में ''सम विच्छेद बिन्दु क्रियाशीलता (विक्रय मात्रा) का वह बिन्दु होता है, जहाँ कुल आगम एवं कुल व्यय समान होते हैं। इस बिन्दु पर न लाभ होता है और न हानि।''[1]

लाभ अथवा हानि की मात्रा शून्य रहने के कारण सम विच्छेद बिन्दु को लाभ-हानि शून्य (Zero profit and Loss) बिन्दु भी कहते हैं। वस्तुतः यह बिन्दु व्यवसाय के सुरक्षा उपान्त (Margin of safety) को प्रदर्शित करता है जिससे कम उत्पादन होने पर संगठन को हानि तथा अधिक उत्पादन होने पर संगठन में लाभ की स्थिति होती है। अतः प्रत्येक नियोक्ता सम विच्छेद बिन्दु से अधिक मात्रा में उत्पादन का लक्ष्य निर्धारित करता है। सम विच्छेद बिन्दु की गणना हेतु सामान्यतया निम्नलिखित दो विधियों का प्रयोग किया जाता है।

1. बीज गणितीय विंधि (Algebraic Method)
2. तालिका विधि (Tabulation Method)

1. बीजगणितीय विधि (Algebraically Method)—बीजगणितीय विधि के अन्तर्गत आगमों एवं निर्गमों को समीकरण के रूप में प्रस्तुत करके सम विच्छेद बिन्दु की गणना की जाती है। इसकी गणना वस्तु की इकाइयों अथवा विक्रय मात्रा मौद्रिक मूल्य अथवा अनुमानित क्षमता के प्रतिशत के रूप में की जा सकती है।

A. इकाइयों में सम विच्छेद बिन्दु की गणना (Break Even Point in Units)—इकाइयों में सम विच्छेद बिन्दु की गणना हेतु विक्रय, स्थायी लागतें चल लागतें एवं लाभ के मध्य सम्बन्धों का प्रस्तुतीकरण किया जाता है। सामान्य तौर पर एक ही वस्तु का उत्पादन करने वाले संगठनों में सम विच्छेद बिन्दु की गणना इकाइयों के रूप में करना अत्यधिक समीचीन होता है।

विक्रय = स्थायी लागतें + परिवर्तनशील लागतें + लाभ

Sales = Fixed Costs + Variable Cost + Profit

or

$$S = FC + VC + P$$

---

1. The Break even Paint is that Paint of activity (Sales volume) where total revenues and total expenses are equal. It is the pain of Zero Profit and Zero Loss. —*Charles T.Horngren*

सम विच्छेद बिन्दु पर संगठन को किसी भी प्रकार का लाभ अथवा हानि न होने के कारण विक्रय की राशि स्थायी लागतें एवं परिवर्तनशील लागतों के समतुल्य होगी। अर्थात्

Sales = Fixed costs + variable costs

SPQ = FC+VQ SPQ = Sale Price per Quantity

S = FC + V.Q S = Sales

FC = Fixed Cost

VQ = Variable Cost per Quantity

Illustration 1.

निम्नलिखित आँकड़ों से सम-विच्छेद बिन्दु की गणना कीजिए।

Calculate the Break even point from the following data.

	Rs.
Sales (5,000 units @ Rs. 20 Per Unit) =	1,00,000
Less : Variable costs (Rs. 15 Per Units)	75,000
Contribution	25,000
Less : Fixed cost	15,000
Net Profit	10,000

Solution–

Break-even point (in units) = SPQ = F + VQ

= 20 Q = 15,000 + 15Q

= 20Q - 15Q = 15,000

= 5Q = 15,000

Q = 3,000 Units

वैकल्पिक विधि (Alternate Method)–

$$\text{Break-even point (in units)} = \frac{FC}{S.P.P.U. - V.C.P.U}$$

$$\text{B.E.P.} = \frac{15{,}000}{20-15} = \frac{15{,}000}{5} = 3{,}000 \text{ Units}$$

Here, FC = Fixed Cost

SPPU = Selling Price Per Unit

V.C.P.U. = Variable Cost Per Unit

मूल्यों में सम-विच्छेद बिन्दु की गणना (Computation of B.E.P. in Values)—एक से अधिक वस्तुओं का उत्पादन करने वाले संगठनों के लिए समविच्छेद बिन्दु की गणना मूल्यों के रूप में किया जाना तर्कसंगत होता है। सम विच्छेद बिन्दु की इकाइयों को प्रति इकाई विक्रय मूल्य से गुणा करके मूल्यों के रूप में परिणाम प्राप्त किये जा सकते हैं। प्रति इकाई विक्रय मूल्य तथा प्रति इकाई परिवर्तनशील लागतें ज्ञात होने पर निम्न प्रकार समविच्छेद बिन्दु की गणना की जाती है।

$$\text{B.E.P.} = \frac{\text{Fixed Costs}}{1 - \dfrac{\text{Variable cost per unit}}{\text{Selling price per unit}}}$$

Or

$$= \frac{\text{FC}}{1 - \dfrac{\text{V.C.P.U.}}{\text{S.P.P.U}}}$$

$$\text{Or} = \frac{\text{FC} \times \text{SPPU}}{\text{S.P.P.U - V.C.P.U.}}$$

उदाहरण एक के आँकड़ों के अनुसार

$$\text{B.E.P.} = \frac{15{,}000 \times 20}{20 - 15} = \frac{15{,}000 \times 20}{5} = 60{,}000$$

पूर्ण क्षमता के प्रतिशत के रूप में सम विच्छेद बिन्दु को निम्न प्रकार प्रस्तुत किया जा सकता है—

उदाहरण एक की पूर्ण क्षमता 20,000 इकाई होने पर

$$\text{B.E.P. (\% of full capacity)} = \frac{\text{Break even sales volume}}{\text{Full capacity}} \times 100$$

$$= \frac{3{,}000}{20{,}000} \times 100 = 15\%$$

एक से अधिक उत्पाद वाले संगठनों के लिए सम-विच्छेद बिन्दु—

Illustration 2.

Details of a Company production 3 items are given as follows :

Fixed cost — Rs. 2,00,000

Sales for Cost

Product (X) 10,000 Units @ Rs. 10

Product (Y) 25,000 Units @ Rs. 8

Product (Z) 15,000 Units @ Rs. 9

Contribution per unit

Product (X) = Rs. 6

Product (Y) = 4.50

Product (Z) = 3.00

Calculate the combine P/V Ratio and combined BEP.

Solution (हल)–

Product	Sales (Units)	S.P.P.U. Rs.	Total Sales	Contribution per unit	Total contribution
X	10,000	10	1,00,000	6	60,000
Y	25,000	8	2,00,000	4.50	1,12,500
Z	15,000	9	1,35,000	3.00	45,000
			4,35,000		2,17,500

$$\text{Combined P/V Ratio} = \frac{\text{Total Contribution}}{\text{total sales}} \times 100$$

$$= \frac{2,17,500}{4,35,000} \times 100 = 50\%$$

$$\text{Combined B.E.P. (in Rs.)} = \frac{F}{\text{P/V Ratio}} = \frac{2,00,000}{50\%} = \frac{2,00,000 \times 100}{50}$$

$$= \text{Rs. } 4,00,000$$

2. तालिका चार्ट विधि (The Tabluation Chart Method)

सम विच्छेद बिन्दु की गणना तालिका अथवा ग्राफ के माध्यम से भी की जा सकती है। इस विधि के अन्तर्गत लागत, मात्रा एवं लाभ के मध्य अन्तर्सम्बन्धों की गणना की जाती है। इन सम्बन्धों का चित्रमय प्रदर्शन ग्राफ के माध्यम से भी किया जा सकता है। कुल लागत रेखा एवं कुल आगम रेखा का कटान विन्दु सम विच्छेद बिन्दु को प्रकट करता है। मैट्ज करी तथा फ्रैंक के शब्दों में "सम विच्छेद चार्ट ग्राफ के रूप में उत्पादन, विक्रय एवं लाभ के सम्बन्ध का विश्लेषण है।"[1]

सम विच्छेद चार्ट को तैयार करने हेतु क्षैतिज पर उत्पादन एवं विक्रय की विभिन्न मात्राएँ तथा लम्बवत् अक्ष पर लागत एवं विक्रय मूल्य को प्रदर्शित किया जाता है।

Illustration 3.

The following particulars are given as—

Fixed costs Rs. 75,000

Sales 25,000 Units @ Rs. 10 Per Unit

VC = Rs. 5 Per Unit

Find out the Break even point.

Solution (हल)—

$$\text{B.E.P} = \frac{FC}{1 - \frac{VCPU}{SPPU}}$$

Or

$$\frac{FC}{SPPU - VCPU} \times \text{S.P.P.U}$$

$$\text{B.E.P.} = \frac{75,000}{10-5} \times 10 = \text{Rs. } 1,50,000$$

Profit (At 25,000 units sales) = SU = (SPPU − VCPU) − F

= 25,000 (10 − 5) − 75,000

1,25,000 − 75,000 = 50,000

Margin of safety = Actual sales − B.E.P. Sales

= 2,50,000 − 1,50,000 = 10,000 Rs.

1. "A break even chart can be defined as an analysis in graphic from of the relationship of Production and sales to Profit.
—*Matz, Curry and Frank.*

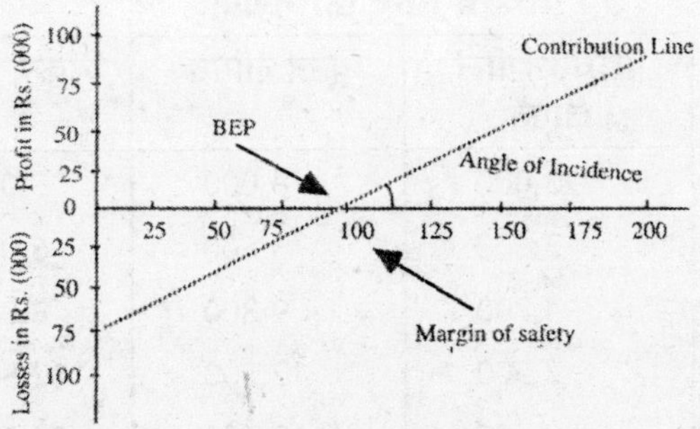

Illustration 4.

B.N. Rama & Company produces only one product the cost structure is given as follows.

Selling price per unit = Rs. 20
Variable cost per unit = Rs. 14
FC (Fixed cost) = 1,50,000

Compute the B.E.P in Units and Rupees.

Solution–

Margin of safety per unit = SPPU – V.C.P.U.
= 20 – 14 = 06

$$\text{B.E.P. (in Units)} = \frac{FC}{MSPU}$$

$$= \frac{1,50,000}{6} = 25,000 \text{ Units}$$

$$\text{B.E.P. (in Rs.)} = \frac{F.C.}{S.P.P.U - VCPU} \times S.P.P.U$$

$$= \frac{1,50,000}{20-14} \times 20$$

$$= \frac{1,50,000 \times 20}{6} = 5,00,000$$

Illustration 5.

Compute the B.E.P. on the Basis of following informations

Variable Costs	= Rs.	1,00,000
Fixed costs	=	25,000
Sales	=	2,00,000

Solution (हल)–

$$\text{B.E.P.} = \frac{F.C.}{1-\frac{VC}{Sales}} \text{ Or } \frac{FC}{S-VC} \times S$$

$$= \frac{25,000}{2,00,000 - 1,00,000} \times 2,00,000$$

$$= \frac{25,000}{1,00,000} \times 2,00,000 = 50,000$$

तालिका के माध्यम से सम विच्छेद बिन्दु की गणना निम्न प्रकार की जा सकती है। यदि किसी उत्पादन इकाई में विक्रय मूल्य रु० 10 प्रति इकाई परिवर्तनशील लागत रु० 6 प्रति इकाई तथा स्थिर लागतें रु० 5,000 हों।

सम विच्छेद बिन्दु की गणना

उत्पादित इकाइयाँ	स्थिर व्यय	परिवर्तनशील लागत	कुल लागत	विक्रय मूल्य	लाभ-हानि
500	5,000	3,000	8,000	5,000	−3000
600	5,000	3,600	8,600	6,000	−2600
800	5,000	4,800	9,800	8,000	−1800
1250	5,000	7,500	12,500	12,500	0 B.E.P
1400	5,000	8,400	13,400	14,000	+600
2000	5,000	12,000	17,000	20,000	+3000
2500	5,000	15,000	20,000	25,000	+5000
5000	5,000	30,000	35,000	50,000	+15,000

उपर्युक्त तालिका के अवलोकन से स्पष्ट है कि प्रारम्भिक दशा में परिवर्तनशील लागत तथा स्थिर लागतों के सममूल्य को न प्राप्त कर पाने के कारण हानि की दशा है किन्तु उत्पादन इकाई 1250 के लक्ष्य को प्राप्त करने पर कुल परिवर्तनशील लागत तथा स्थिर लागत विक्रय मूल्य के समकक्ष हो गयी। यही बिन्दु सम विच्छेद बिन्दु अथवा सुरक्षा का उपान्त कहलायेगा। इस बिन्दु से अधिक उत्पादन संगठन के लिए लाभकारी तथा कम उत्पादन हानिकर होगा। अतः संगठन के लिए उत्पादन के इस स्तर को बनाये रखना आवश्यक होता है।

B. लाभ मात्रा अनुपात (Profit volume Ratio)—लाभ मात्रा अनुपात के अन्तर्गत बिक्री की मात्रा में होने वाले परिवर्तनों के परिणामस्वरूप लाभ की मात्रा में होने वाले परिवर्तनों का अध्ययन किया जाता है। इस अनुपात को अंशदान उपान्त अनुपात के नाम से भी जाना जाता है। वस्तुतः लाभ मात्रा अनुपात अंशदान का विक्रय मूल्य से अनुपात है जिसका प्रस्तुतीकरण प्रतिशत के रूप में किया जाता है। यह अनुपात चूँकि अंशदान एवं विक्रय के मध्य आनुपातिक सम्बन्ध (प्रतिशत के रूप में) प्रस्तुत करता है। अतः इसे अंशदान/ विक्रय अनुपात कहना अधिक तर्कसंगत प्रतीत होता है। इस अनुपात की गणना निम्न प्रकार से जा सकती है—

$$\text{P/V Ratio} = \frac{\text{Total Sales} - \text{Total Variable costs}}{\text{Total Sales}}$$

$$\text{P/V Ratio} = \frac{\text{Contribution}}{\text{Sales}} \times 100$$

Or

$$= \frac{\text{Sales} - \text{Variable Costs}}{\text{Sales}} \times 100$$

$$\text{P/V Ratio} = \frac{\text{FC} + \text{Profit}}{\text{Sales}} \times 100$$

$$\text{P/V Ratio} = \left(1 - \frac{\text{VC}}{\text{S}}\right) \times 100$$

Illustration 6.

Sales = Rs. 1,20,000

Variable Costs = Rs. 60,000

Fixed Costs = Rs. 30,000

Solution (हल)–

P/V Ratio $= \frac{S - VC}{S} \times 100$

$= \frac{1,20,000 - 60,000}{1,20,000} \times 100 = 50\%$

P/V Ratio $= \frac{\text{Contribution}}{\text{Sales}} \times 100$

$= \frac{60,000}{1,20,000} \times 100 = 50\%$

P/V Ratio $= \frac{FC + \text{Profit}}{\text{Sales}} \times 100$

$\frac{30,000 + 30,000}{1,20,000} \times 100 = 50\%$

P/V Ratio $= 1 - \frac{VC}{S}$

$1 - \frac{60,000}{1,20,000} \times 100 = 50\%$

किन्हीं दो अवधियों की बिक्री एवं लाभ की राशि ज्ञात होने पर P/V अनुपात की गणना निम्न सूत्र के माध्यम से की जा सकती है–

P/V Ratio $= \frac{\text{Change in Profit}}{\text{Change in Sales}} \times 100$

Illustration 7.

एक कम्पनी जनवरी माह के रु० 90,000 विक्रय तथा फरवरी माह के रु० 1,00,000 के विक्रय पर क्रमशः लाभ 5,000 रु० एवं 6,000 रु० प्राप्त करती है। तो उसका लाभ मात्रा अनुपात ज्ञात कीजिए।

P/V Ratio $= \frac{\text{Changes in Profit}}{\text{Change in sales}} \times 100$

$= \frac{6,000 - 5,000}{1,00,000 - 90,000} \times 100$

$= \frac{1,000}{10,000} \times 100 = 10\%$

लाभ मात्रा अनुपात (P/V Ratio) की सहायता से सम विच्छेद बिन्दु की गणना सहजतापूर्वक की जा सकती है।

B.E.P. (in Rupees) $= \frac{FC}{P/V \text{ Ratio}}$

सीमितता कारक अथवा मुख्य कारक (Limiting factors or key factor)

किसी भी संगठन में लाभदेयकता के अनेक निर्धारक तत्व होते हैं। किन्तु मुख्य कारक वह कारक होता है जो लाभदेयकता सम्बन्धी निर्णयन को सर्वाधिक प्रभावित करता है। संगठन में अधिकतम लाभार्जन के लक्ष्य को प्राप्त करने हेतु इस तत्व के अभाव की सीमा ज्ञात करना आवश्यक होता है।

इसकी गणना निम्न सूत्रों के माध्यम से की जा सकती है—

$$\text{Profitability} = \frac{\text{Contribution}}{\text{Key factor}}$$

लाभ-मात्रा अनुपात की सहायता से विभिन्न तत्वों की गणना

(Calculation of various factors with the help of P/V/ Ratio)

लाभ मात्रा अनुपात की मदद से अंशदान, लागतें (स्थिर एवं परिवर्तनशील लाभ), इत्यादि कारकों की गणना अत्यधिक सहजतापूर्वक की जा सकती है।

Contribution = Sales × P/V Ratio

Profit = (Sales × P/V Ratio) – FC

Variable Costs = Sales × (1 – P/V Ratio)

Fixed cost = (Sales × P/V Ratio) – Profit

Illustration 8.

The operating result of Zaved & Sons for two months are given as follows :

	Sales	Profit
February 2005	75,000	15,000
March 2005	1,12,500	30,000

Compute—(1) P/V Ratio (ii) Fixed Costs (iii) Profit and Variable Cost amount on Rs.80,000 Sales.

Solution (हल)–

$$\text{(i) P/V Ratio} = \frac{\text{Change in Profit}}{\text{Change in sales}} \times 100$$

$$\frac{15,000}{37,500} \times 100 = 40\%$$

(ii) Fixed Costs = (S × P/V Ratio) – P

February 2005 = 75,000 × 40% – 15,000 = 15,000

March 2005 = 1,12,500 × 40% – 30,000

45,000 – 30,000 = 15,000

(iii) Profit when sales is Rs. 80,000

P = S × P/V Ratio – F

Rs. 80,000 × 40% – 15,000

32,000 – 15,000 = 17,000

Variable Cost for the sale of Rs.80,000

VC = S (1 – P/V Ratio)

= 80,000 (1 – 40%)

$$= \frac{80,000 \times 60}{100} = 48,000$$

C. सुरक्षा उपान्त (Margin of Safety)

वर्तमान कुल विक्रय एवं सम विच्छेद बिन्दु पर विक्रय का अन्तर सुरक्षा उपान्त अथवा सुरक्षा सीमा कहलाता है। चार्ल्स टी० हार्नग्रेन के शब्दों में "बजटीय या वास्तविक विक्रय का सम विच्छेद विक्रय मात्रा पर आधिक्य सीमा उपान्त कहलाता है।"[1] कुल विक्रय की राशि सम विच्छेद बिन्दु से जितनी अधिक होगी। सुरक्षा उपान्त उतना ही अधिक होगा तभा लाभ की राशि भी उतनी ही अधिक होगी। विक्रय में सम विच्छेद बिन्दु से कमी होने पर हानि की मात्रा क्रमशः बढ़ती जायेगी। चूँकि सम विच्छेद बिन्दु तक समस्त स्थायी व्ययों का आच्छादन हो चुका होता है। अतः इस बिन्दु के आगे होने वाली प्रत्येक बिक्री स्तर सुरक्षा सीमा होगी। सुरक्षा उपान्त की गणना निम्न प्रकार की जा सकती है—

Margin of safety (in units) = Actual sales (in units - Break even sales (in units)

Margin of safety (in Rs.) = Actual sales - Break even sales

इसे विक्रय के प्रतिशत के रूप में भी अभिव्यक्त किया जा सकता है—

$$\text{Margin of safety} = \frac{\text{Sales} - \text{B.E.P Sales}}{\text{Sales}} \times 100$$

लाभ की राशि ज्ञात होने पर सुरक्षा सीमा की गणना निम्नलिखित सूत्र की सहायता से की जा सकती है—

$$\text{Margin of safety} = \frac{\text{Profit}}{\text{P/V Ratio}}$$

Illustration 9.

Suchita Publication Limited Provides the following informations in the financial year 2005—

Variable costs-	2,50,000
Fixed Costs-	1,25,000
Sales-	4,00,000

Find the P/V Ratio. B.E.P. and margin of Safety.

Solution–

(i) P/V Ratio $= \frac{S - V}{S} \times 100$

$= \frac{4,00,000 - 2,50,000}{4,00,000} \times 100 = 37.5\%$

(ii) B.E.P. $= \frac{F}{\text{P/V Ratio}} = \frac{1,25,000}{37.5} \times 100 = 3,33,333$

(iii) Margin of safely = Sales – B.E.P. Sales

= 4,00,000 – 2,50,000

= 1,50,000

(iii) Margin of safely ratio $= \frac{S - \text{B.E.P}}{S} \times 100$

$= \frac{4,00,000 - 2,50,000}{4,00,000} \times 100$

$= \frac{1,50,000}{4,00,000} \times 100 = 37.5\%$

---

1. "The margin of safety is the excess of budgeted or actual sales over the Break even sales volume."

—*Charles T. Horngren*

Illustration 10.

X, Y, Z लिमिटेड की वार्षिक बिक्री रु० 5,00,000 है। स्थायी व्ययों की धनराशि रु० 1,50,000 तथा लाभ की राशि रु० 75,000 है। सुरक्षा सीमा की गणना कीजिए।

Solution–

$$\text{Margine of Safely} = \frac{\text{Profit}}{\text{P/V Ratio}}$$

$$\text{P/V Ratio} = \frac{F+P}{S} \times 100$$

$$= \frac{1{,}50{,}000 + 75{,}000}{5{,}00{,}000} \times 100 = 45\%$$

$$\text{Margine of safely} = \frac{75{,}000}{45\%}$$

$$= \frac{75{,}000}{45} \times 100 = \text{Rs. } 1{,}66{,}667{=}00$$

D. अंशदान (Contribution)

अंशदान एक प्रकार का कोष है। जिसका प्रयोग सर्वप्रथम स्थिर व्ययों की पूर्ति हेतु तथा अवशेष भाग को लाभ माना जाता है। वस्तुत: यह विक्रय मूल्य एवं विक्रय की सीमान्त लागत अथवा परिवर्तनशील लागत का अन्तर होता है। सूत्र के रूप में इसका प्रस्तुतीकरण निम्न प्रकार किया जा सकता है।

अंशदान (Contribution) = Sales – Marginal or variable cost

or

Contribution = Fixed Cost + Profit

अंशदान के स्थायी लागत + लाभ अवधारणा के आधार पर यह कहा जा सकता है कि संगठन द्वारा उत्पादन न करने पर हानि की राशि स्थिर लागतों के समतुल्य होगी। अंशदान की मात्रा स्थिर लागत से अधिक होने पर लाभ तथा कम होने पर हानि होगी। अंशदान की मात्रा एवं स्थिर लागतें बराबर होने पर संगठन में न लाभ होगा और न हानि।

अंशदान की सहायता से सम विच्छेद बिन्दु, लाभ मात्रा अनुपात तथा उत्पादों की लाभदेयकता का निर्धारण सहजतापूर्वक किया जा सकता है। किसी वस्तु विशेष के उत्पादन को चालू रखने अथवा बंद करने सम्बन्धी निर्णय आसानी से लिए जा सकते है। अंशदान की सहायता से उत्पादन मिश्रण अथवा विक्रय मिश्रण का चयन भी सम्भव होता है। सर्वाधिक अंशदान प्राप्त होने वाले उत्पादन या विक्रय मिश्रण को प्राथमिकता प्रदान की जायेगी। इसके अतिरिक्त अंशदान के आधार पर उत्पादन प्रक्रिया का भी चुनाव किया जा सकता है। अधिकतम अंशदान प्रदान करने वाली प्रक्रिया को ही संगठन हेतु चुनना श्रेयष्कर होता है।

सम विच्छेद बिन्दु विश्लेषण के उपयोग
(Uses of Break Even Point Analysis)

सम विच्छेद बिन्दु विश्लेषण विधि का प्रयोग संगठन के स्वामियों, प्रबन्धकों तथा विनियोजकों के लिए लाभ नियोजन निर्धारण एवं आकलन हेतु महत्वपूर्ण तकनीक के रूप में किया जाता है। इसके आधार पर अधिकतम लाभार्जन के लक्ष्य को प्राप्त करने हेतु परिवर्तनशील लागतों में कमी की योजना बनायी जा सकती है। वस्तुओं की उत्पादन लागत में कमी करके अथवा विक्रय मूल्य में वृद्धि करके लाभ की मात्रा में अभिवृद्धि सम्बन्धी निर्णय सम विच्छेद विश्लेषण तकनीक का प्रयोग करके लिए जा सकते हैं। उत्पादन की लागत, विक्रय आगम एवं लाभ आपस में घनिष्ठतापूर्वक सम्बन्धित होते हैं। अत: इनके मध्य समुचित सन्तुलन बनाये रखने हेतु सम विच्छेद विश्लेषण की महती आवश्यकता होती है। इसके कतिपय प्रबन्धकीय प्रयोग निम्नवत हैं—

1. विभिन्न बिक्री मात्राओं पर लाभ का आगणन (Computation of Profit on Various Sales Volumes)—सम विच्छेद बिन्दु विश्लेषण की सहायता से विभिन्न विक्रय मात्राओं पर लाभ की मात्रा का आगणन किया जा सकता है। प्रायः प्रबन्धकों को विभिन्न विक्रय मात्राओं पर होने वाले सम्भावित लाभों की गणना, सर्वाधिक लाभ वाली विक्रय मात्रा के निर्धारण हेतु आवश्यक होती है। विभिन्न विक्रय मात्राओं पर लाभ की मात्रा की गणना हेतु निम्नलिखित सूत्र प्रयोग में लाये जाते हैं—

P = Sale — Variable Cost – Fixed Costs

P = S – VC – FC or P = MC – FC

P = (S × P/V Ratio) – FC

Illustration. 11.

Variable costs (Per unit)	Rs.	15
Selling price per unit	Rs.	25
Fixed cost	Rs.	1,50,000
Calculate profit when sales volume is	Rs.	5,00,000

Solution-

Sales = 5,00,000

Per Unit sales price Rs.25

$$\text{Units sold} = \frac{5,00,000}{25} = 20,000 \text{ Units}$$

Variable costs = 20,000 ×15 = Rs.3,00,000

P = S – VC – FC

= 5,00,000 – 3,00,000 – 1,50,000 = 50,000

Or

P = (S×P/V Ratio) – FC

$$= \frac{5,00,000 \times 40}{100} - 1,50,000$$

= 2,00,000 — 1,50,000 = Rs. 50,000

2. इच्छित लाभ प्राप्त करने हेतु आवश्यक विक्रय मात्रा की गणना (Calculation of Sales Valume to earn desired Profit)—संगठन स्वामियों अथवा प्रबन्धकों द्वारा वित्तीय वर्ष के दौरान लाभ की सम्भाव्य मात्रा का अनुमान कर लिया जाता है। अनुमानित लाभ के लक्ष्य को प्राप्त करने हेतु वांछित बिक्री की मात्रा का अनुमान सम विच्छेद विश्लेषण के माध्यम से सहजतापूर्वक लगाया जा सकता है।

$$\text{Desired sales (Units)} = \frac{\text{Total fixed cost + Desired Profit}}{\text{S.P.P.U} - \text{V.C.P.U.}}$$

$$\text{Desired sales (Rupees)} = \frac{\text{T.F.C. + D.P.}}{1 - \dfrac{\text{V.C.P.U}}{\text{S.P.P.U.}}}$$

Or

$$\frac{FC + P}{P/V\ Ratio}$$

Illustration 12.

Variable Cost per Unit	= Rs.	15
Selling price per unit	= Rs.	25
Fixed costs	= Rs.	1,50,000

Calculate the sales volume if estimated Profit is = Rs. 50,000.

Solution (हल)–

$$\text{Desired sales (in Units)} = \frac{\text{Total fixed cost} + \text{Desired Profit}}{\text{Selling Price per unit} - \text{variable cost per unit}}$$

$$= \frac{1,50,000 + 50,000}{25 - 15}$$

$$= \frac{2,00,000}{10} = 20,000 \text{ Units}$$

$$\text{Desired sales (in Rupees)} = \frac{T.F.C. + DP}{1 - \frac{VCPU}{SPPU}}$$

$$= \frac{1,50,000 + 50,000}{1 - \frac{15}{25}}$$

$$= \frac{2,00,000}{10} \times 25 = \text{Rs. } 5,00,000$$

Or

$$\frac{FC + DP}{P/V\ Ratio} \quad \text{(Here DP = Desired Profit)}$$

$$P/V\ Ratio = \frac{S - VC}{S} \times 100$$

$$= \frac{5,00,000 - 3,00,000}{5,00,000} \times 100 = 40\%$$

$$\text{Desired sales} = \frac{1,50,000 + 50,000}{40\%}$$

$$= \frac{2,00,000}{40} \times 100 = 5,00,000$$

3. विक्रय मूल्य की कमी को पूर्ण करने हेतु आवश्यक विक्रय मात्रा की गणना (Calculation of Sales volume to offset Price Reduction)—प्राय: संगठन के स्वामियों अथवा प्रबन्धकों द्वारा प्रतिस्पर्धा का मुकाबला करने हेतु मूल्यों में कमी करना होता है। विक्रय मूल्यों में कमी करने से लाभ की मात्रा में कमी होना स्वाभाविक है। लाभ की मात्रा पूर्ववत् बनाये रखने हेतु विक्रय की मात्रा में अभिवृद्धि का विकल्प अपनाना पड़ता है। अत: प्रबन्धकों के लिए

यह अनुमान लगाना आवश्यक हो जाता है कि विक्रय मूल्य में एक निश्चित प्रतिशत की कमी करने पर विक्रय की मात्रा में कितनी वृद्धि की जाय जिससे कुल लाभ पर कोई प्रभाव न पड़े। इस गणना हेतु निम्नलिखित सूत्र का प्रयोग किया जाता है—

$$\text{New Volume of sales (Units)} = \frac{\text{Total fixed costs + Profit}}{\text{New selling Price per unit – Variable cost per unit}}$$

Or

$$\text{N.V.S.} = \frac{\text{T.F.C.} + \text{P}}{\text{N.S.P.P.U} - \text{V.C.P.U}}$$

Illustration 13.

The price structure of a Computer making company is as follows :

	Per Computer
Material	1,500
Labour	800
Variable Costs	1,000
	3,300
Fixed over head	700
Profit	1,000
Selling Price	5,000

This price is based on the manufacturing of 1,000 computers per annum.

the company wants to reduce its selling price due to market competition with out disturbing their total profit volume. How many computers will have to be manufactured to get the same amount of profit.

(i) If selling price is reduced by 15%

(ii) If selling price is reduced by 25%

Solution (हल)–

Profit Per Computer Rs.1,000

Profit on 1,000 computer = 1,000 × 1,000 =10,00,000

Present selling price per computer = Rs. 5,000

The selling price per computer after 15% reduction is

$$\text{Selling Price} = \frac{5{,}000 \times 15}{100} = 750$$

$$= 5{,}000 - 750 = 4{,}250$$

the selling price per computer after 25% reduction

$$= \frac{5{,}000 \times 25}{100} = 1{,}250$$

$$= 5{,}000 - 1{,}250 = 3{,}750$$

$$\text{Required sales} = \frac{\text{T.F.C.} + \text{P}}{\text{N.S.P.P.U} - \text{V.C.P.U}}$$

(i) Required Volume of sales after 15% reduction

$$= \frac{7,00,000 + 10,00,000}{4250 - 3300}$$

$$= \frac{17,00,000}{950} = 1,790 \text{ Computers}$$

(ii) Required Volume of Sales after 25% reduction.

$$= \frac{7,00,000 + 10,00,000}{3,750 - 3,300} = 3,778 \text{ Computers}$$

4. निश्चित सम विच्छेद बिन्दु हेतु प्रति इकाई विक्रय मूल्य की गणना (Calculation of selling Price Per unit for a Particular Break even Point)—किसी निश्चित सम विच्छेद बिन्दु हेतु प्रति इकाई विक्रय मूल्य की गणना करने के लिए भी सम विच्छेद विश्लेषण तकनीक का प्रयोग किया जा सकता है। प्रति इकाई विक्रय मूल्य की गणना हेतु निम्नलिखित सूत्र का प्रयोग करना होगा—

$$\text{Contribution (Per unit)} = \frac{\text{Fixed Cost}}{\text{B.E.P. in Units}}$$

Selling Price Per Unit = Contribution per unit + Variable Cost per unit.

$$\text{S.P.P.U} = \frac{\text{FC}}{\text{B.E.P.}} + \text{V.C.P.U.}$$

Illustration 14.

Fixed Cost = 75,000

Variable Cost (Per Unit) Rs.25

Sales Per Unit = Rs. 75

What will be the selling price per unit if B.E.P. point brought down to 1000 Units

$$\text{Present B.E.P. (in Units)} = \frac{\text{FC}}{\text{S.P.PU} - \text{V.C.P.U}}$$

$$= \frac{75,000}{75 - 25} = \frac{75,000}{50} = 1,500 \text{ Units}$$

$$\text{New selling price per unit} = \frac{\text{FC}}{\text{D.B.E.P.}} + \text{V.C.P.U.} \quad \text{(D.B.E.P. = Desired Break-even Point)}$$

$$\text{S.P. P.U.} = \frac{75,000}{1,000} + 25 = \text{Rs. } 100$$

5. स्थिर एवं परिवर्तनशील लागतों में परिवर्तन का प्रभाव बिक्री पर अनुमानित करना (To estimate the impact of variations of fixed and variable Costs)—संगठन के प्रबन्धकों अथवा विनियोजकों द्वारा पारम्परिक तकनीक के स्थान पर नवीन तकनीक के प्रयोग का प्रस्ताव रखा जाता है। जिससे स्थिर एवं परिवर्तनशील लागतों में कमी अथवा वृद्धि अथवा दोनों हो सकती है। अत: विनियोजकों के एवं प्रबन्धकों के लिए स्थिर एवं परिवर्तनशील लागतों में होने वाले परिवर्तनों से लाभ पर होने वाले प्रभावों का मूल्यांकन करना अत्यन्त आवश्यक होता है। सम विच्छेद बिन्दु विश्लेषण की सहायता से यह जाँच अत्यन्त सहजतापूर्वक की जा सकती है।

Illustration 15.

A factory provides following information, regarding cost and selling price :

Selling price per unit = Rs. 40

Variable cost per unit = 20

Fixed cost = 50,000

Estimate the impact on B.E.P.on following fluctuations in the costs:—

(i) 15% Increase in variable Costs

(ii) 20% Decrease in fixed costs

(iii) 10% Increase fixed cost and 20% Decrease in V.C.

Solution (हल)–

$$\text{Present B.E.P.} = \frac{FC}{SPPU - VCPU} = \frac{50,000}{40-20} = 2,500 \text{ Units}$$

(i) 15% Increase in variable Costs

$$VC = \frac{20 \times 15}{100} = \text{Rs. } 3$$

VC = Rs. 3

N.V.C. = 20 + 3 =23 NVC = New Variable Cost

$$\text{B.E.P. (in Units)} = \frac{FC}{S.P.P.U - N.V.C.P.U.}$$

$$= \frac{50,000}{40-23}$$

$$= \frac{50,000}{17} = 2,941 \text{ Units}$$

(ii) 20% Decrease it fixed costs

$$\frac{50,000 \times 20}{100} = 10,000$$

FC = 50,000 – 10,000

N.F.C. = 40,000 N.F.C. = New Fixed Cost

$$\frac{NFC}{SPPU - V.C.P.U.}$$

$$\text{B.E.P. (in Units)} = \frac{40,000}{40-20} = 2,000 \text{ Units}$$

(iii) 10% Increase in fixed cost and 20% Decrease variable costs :

$$= \frac{50,000 \times 10}{100} = 5,000$$

$$\text{N.F.C.} = 50,000 + 5,000 = 55,000$$

$$VC = \frac{20 \times 20}{100} = 4$$

$$NVC = 20 - 4 = 16$$

$$\frac{NFC}{SPPU - N.V.C.P.U.}$$

$$\text{B.E.P. (in Units)} = \frac{55{,}000}{40-16}$$

$$= \frac{55{,}000}{24} = 2{,}292 \text{ Units}$$

सम विच्छेद विश्लेषण/लागत मात्रा लाभ की सीमाएँ
(Limitations of Break even analysis/Cost volume Profit)

सम विच्छेद विश्लेषण अथवा लागत मात्रा लाभ विश्लेषण कतिपय मान्यताओं पर आधारित है। मान्यताओं की वास्तविकता एवं व्यावहारिकता के कारण इस तकनीक की अनेक सीमाएँ हैं। अनेक वित्त विश्लेषणों द्वारा इसकी आलोचना की गयी है। संक्षेप में सम विच्छेद विश्लेषण तकनीक की सीमाएँ निम्नवत हैं—

(i) सभी प्रकार की लागतों को स्थिर एवं परिवर्तनशील लागतों के रूप में विभाजित करना अत्यन्त कठिन होता है।

(ii) उत्पादन मात्रा एवं विक्रय लागतों में प्रत्यक्ष सम्बन्ध न होने के कारण सम विच्छेद विश्लेषण वास्तविकता से परे हो जाता है।

(iii) सम विच्छेद विश्लेषण के अन्तर्गत लागत सम्बन्धी व्यवहार को रेखीय माना जाता है। जबकि लागतें प्राय: रेखीय नहीं होती स्थिर लागतों को स्थिर एवं परिवर्तनशील लागतों को उत्पादन के अनुपात में परिवर्तनशील माना जाता है जबकि व्यवहार के अनुपात में परिवर्तनशील माना जाता है। जबकि व्यवहार में स्थिर लागतें भी स्थिर नहीं रहती तथा परिवर्तनशील में परिवर्तन उत्पादन के अनुपात में कदापि नहीं होता।

(iv) इस विश्लेषण के अन्तर्गत अधिकतम उत्पादन स्तर पर अधिकतम लाभ की परिकल्पना की गयी है जो कि सर्वथा भ्रामक है। अधिकतम लाभ के लक्ष्य को प्राप्त करने हेतु अनुकूलतम उत्पादन स्तर (Optimum Production Level) को ढूँढ़ना होता है।

(v) इसके अन्तर्गत यह माना जाता है कि उत्पादन अवधि में निर्मित वस्तुओं का विक्रय भी उसी अवधि में हो जाता है। यह मान्यता गलत है किप्राय: उत्पादन एवं विक्रय अवधियों में असमानता होती है।

(vi) इस विश्लेषण के अन्तर्गत संगठन में पूँजी के विनियोग बिन्दु की पूर्णतया उपेक्षा की जाती है।

(vii) प्राय: किसी भी बाजार में असीमित विक्रय मात्रा तथा विक्रय मूल्य स्थिर नहीं रहता। यही स्थिति केवल पूर्ण प्रतियोगिता वाले बाजार में सम्भव हो सकती है। व्यावहारिक तौर पर अधिक विक्रय लक्ष्य को प्राप्त करने हेतु विक्रय मूल्य में कमी करना होता है।

(viii) इस विश्लेषण के अन्तर्गत केवल अल्पकालीन तथ्यों के आधार पर निष्कर्ष निकाले जाते हैं। दीर्घकालीन परिप्रेक्ष्य में इसका प्रयोग नहीं किया जा सकता है।

(ix) इस विश्लेषण की प्रकृति स्थैतिक (Static) है चूँकि यह स्थिर मान्यताओं पर आधारित है। अत: वर्तमान गत्यात्मक (Dynamic) परिप्रेक्ष्य में इसकी उपादेयकता क्षीण हो जाती है।

परीक्षा प्रश्न
(Examination Questions)

I. दीर्घ उत्तरीय प्रश्न (Long Answer Type Questions)

1. लागत लाभ मात्रा सम्बन्ध से क्या अभिप्राय है। व्यावहारिक प्रबन्धन में इसकी सार्थकता का विवेचन कीजिए।

   What is meant by the term 'cost-profit volume' relationship? Describe its significance in Business Management.

2. सम विच्छेद बिन्दु विश्लेषण क्या है। इसकी मान्यताओं एवं सीमाओं की विवेचना कीजिए।
   What is Break even Point Analysis? Describe its Assumptions and limitation.
3. सम विच्छेद विश्लेषण को समझाइए तथा इसकी गणना विधियों का वर्णन कीजिए।
   Explain Break even Analysis and Describe the techniques for its calculation.
   (A.P.U. University Rewa M. Com. 1991)
4. सम विच्छेद बिन्दु की गणना प्रविधियों का विवेचन कीजिए।
   Describe the Calculation techniques of Break even Analysis.
5. सम विच्छेद बिन्दु क्या है। इसकी गणना कैसे की जाती है। समुचित उदाहरण सहित समझाइये।
   What is Break even Point? How is it computed explain with Proper examples.
6. लागत मात्रा लाभ विश्लेषण कतिपय मान्यताओं पर आधारित है। ये मान्यताएँ किस सीमा तक वास्तविक हैं।
   Cost volume Profit Analysis is based on certain Assumptions. How far are there Assumptions are real.
7. सम विच्छेद बिन्दु को समझाइये। इसकी उपयोगिता बताइये तथा सीमाओं का विवेचन कीजिए।
   Explain Break even Point. Discuss its Utility and Describe its Limitations.
   (Vikram University M. Com. 1991)
8. निम्न शब्दों की व्याख्या कीजिए।
   Explain the following terms
   (i) Break even Point (सम विच्छेद बिन्दु)
   (ii) Margin of safely (सुरक्षा उपरान्त)
   (iii) Contribution (दत्तांश)

II. लघु उत्तरीय प्रश्न (Short Answer Type Questions)

(i) सम विच्छेद विश्लेषण क्या है?
What is Break even Analysis?

(ii) सम विच्छेद बिन्दु की गणना प्रक्रिया समझाइये।
Describe the computation Process of B.E.P.

(iii) लागत मात्रा लाभ विश्लेषण के उद्देश्य क्या हैं?
What are the objects of cost volume Profit Analysis?

(iv) सम विच्छेद बिन्दु विश्लेषण की मान्यताएँ क्या हैं?
What are Assumptions of Break even Point Analysis?

(v) सुरक्षा उपान्त की विवेचना कीजिए।
Describe Margin of safety.

(vi) 'अंशदान' से आप क्या समझते हैं?
What do you mean by contribution?

(vii) "सम विच्छेद बिन्दु लाभ हानि रहित बिन्दु होता है" स्पष्ट कीजिए।
B.E.P. is Profit and loss less Point, clarify it.

(viii) कल्पित आँकड़े के आधार पर तालिका विधि से सम विच्छेद बिन्दु की गणना कीजिए।
Compute B.E.P. by table method on the basis of Assumed Data.

(ix) सम विच्छेद बिन्दु की सीमाएँ क्या हैं?
What are the limitations ones of Break even Point?

III. वस्तुनिष्ठ प्रश्न (Objective Type Question)

(i) लाभ के प्रमुख निर्धारक तत्व हैं।
The main Determinative Elements of Profit are.

A. उत्पादन व बिक्री की लागत B. उत्पादन की मात्रा
C. विक्रय की मात्रा D. उपर्युक्त सभी

Ans. D

(ii) सम विच्छेद बिन्दु के स्तर पर संगठन में होता है।
The level of BEP in the organisation is.

A. लाभ B. हानि
C. न लाभ न हानि D. इनमें से कोई नहीं

Ans. C

(iii) सम विच्छेद बिन्दु वह स्तर होता है।
BEP is that level where.

A. कुल लागत कुल आगम के समतुल्य हो जाती है।
B. कुल लागत कुल आगम से अधिक हो जाती है।
C. कुल लागत कुल आगम से कम हो जाती है।
D. कुल आगम कुल लागत से कम हो जाती है।

Ans. A

(iv) ''सम विच्छेद बिन्दु क्रियाशीलता (विक्रय मात्रा) का वह बिन्दु है जहाँ कुल आगम तथा कुल व्यय बराबर हों, यह शून्य लाभ एवं शून्य हानि का बिन्दु है।''
The B.E.P. is that Point of activity (Sales volume) where total revenues and total expenses are equal. It is the Point of Zero Profit and Zero loss.

A. चार्ल्स टी० हार्नग्रेन B. क्राउनिंग शील्ड
C. माट्ज D. कुरी एवं फ्रैंक

Ans. A

(v) ''किसी फर्म या किसी इकाई का सम विच्छेद बिन्दु विक्रय आय का वह स्तर है जो कि इसकी स्थिर तथा परिवर्तनशील लागतों के योग के बराबर हो''
The B.E.P. of company or a unit of a company is that level of Sale income which will equal the sum of its fixed costs and its variable Costs.

A. एडम स्मिथ B. केलर, फरेरा
C. चार्ल्स टी० हार्नग्रेन D. इनमें से कोई नहीं

Ans. B

(vi) लागत मात्रा लाभ विश्लेषण निम्नलिखित मान्यताओं पर आधारित है।

Cost volume Profit Analysis is based on following Assumptions.

A. सकल लागतों को स्थिर तथा परिवर्तनशील लागतों के रूप में वर्गीकृत किया जा सकता है।

B. लागतों की प्रकृति चक्रीय होती है।

C. उत्पादन के प्रत्येक स्तर पर स्थिर लागतें समान रहती हैं।

D. संगठन द्वारा उत्पादित समस्त वस्तुएँ उसी अवधि में बिक जाती हैं।

Ans. B

(vii) सम विच्छेद बिन्दु पर लाभ-हानि की मात्रा—

The Quantum of P & L in B.E.P. is—

A. शून्य रहती है। B. लाभ अधिक

C. हानि कम D. उपर्युक्त में से कोई नहीं

Ans. A

(viii) विक्रय के अन्तर्गत सम्मिलित नहीं किया जाता है।

Sales does not include.

A. स्थायी लागतों को B. परिवर्तनशील लागतों को

C. लाभ D. अमूर्त लागतों को

Ans. D

(ix) लाभ मात्रा अनुपात की गणना की जा सकती है।

Profit volume ratio may be calculated.

A. $\frac{\text{Contribution}}{\text{Sales}} \times 100$ B. $\frac{\text{Variable cost}}{\text{Sales}} \times 100$

C. $\frac{\text{Sales}}{\text{Contribution}} \times 100$ D. इनमें से कोई नहीं

Ans. A

(x) दत्तांश (Contribution) की गणना का सूत्र है–

The Calculation formula of Contribution is.

A. $\frac{\text{P/V Ratio}}{\text{Sales}}$ B. Sales × P/V Ratio

C. $\frac{\text{FC}}{\text{P/V Ratio}}$ D. Profit × P/V Ratio

Ans. B

(xi) ''बजटीय या वास्तविक विक्रय का सम विच्छेद विक्रय मात्रा पर आधिक्य सीमा उपान्त कहलाता है।

The margin of safety is the excess of budgeted or actual sales even the Break even sales volume.

A. माट्ज़ B. हार्नग्रेन

C. क्राउनिंग शील्ड D. इनमें से कोई नहीं

Ans. B

(xii) सुरक्षा सीमा की गणना की जा सकती है।

Margin of safety may be Calculated by.

A. $\frac{\text{Sales - BEP Sales}}{\text{Sales}} \times 100$ B. $\frac{\text{Sales - VC}}{\text{Sales}} \times 100$

C. $\frac{\text{FC - VC}}{\text{Sales}} \times 100$ D. इनमें से कोई नहीं

Ans. A

क्रियात्मक प्रश्न
(Practical Questions)

1. किसी औद्योगिक इकाई का वार्षिक विक्रय रु० 2,75,000, परिवर्तनशील लागतें रु०1,25,000 एवं स्थिर लागतें रु० 50,000 है। लाभ मात्रा अनुपात की गणना कीजिए।

   Ans. 55%

2. यदि एक कम्पनी फरवरी 2005 में रु० 50,000 की बिक्री पर रु० 15,000 का लाभ तथा मार्च 2000 में रु० 75,000 की बिक्री पर रु० 2,000 का लाभ अर्जित करती है तो लाभ मात्रा अनुपात की गणना कीजिए।

   Ans. 2%

3. The Business Results of A.B.C. Limited for the last two Quarters are as follows.
   एo बीo सीo लिमिटेड के अंतिम दो तिमाही के व्यावसायिक परिणाम निम्न प्रकार है–

	Sales (Rs.)	Profit (Rs.)
February 2005	1,50,000	40,000
May 2005	1,80,000	60,000

   Compute :—(i) P./V Ratio (ii) Fixed costs (iii) Profit amount and variable costs on the sale of Rs. 1,00,000.

   Ans. (i) 66.67% P/V Ratio (ii) Fixed costs for 2005 Rs.6,000 May 2005 Rs.6,000 (iii) Profit February 6,665 (iv) VC 36,330.

4. Pioneer computer Produces computer chips and sells 5,000 Units at Rs. 50 Per unit the variable costs of production is Rs. 30 per unit and fixed costs are Rs.50,000 per annum. Calculate the break-even point.

   Ans. 2500 units.

5. निम्नलिखित विवरणों के आधार पर समविच्छेद बिन्दु की गणना कीजिए।
   Calculate the Break even point from the following particular.

	Rs.
Sales 20,000 units @ Rs. 20 Per Unit	= 4,00,000
Less : Variable costs @ Rs. 12 Per Unit	= 2,40,000
Contribution	= 1,60,000
Less fixed costs	= 1,20,000
Net profit	= 40,000

Ans. 15000 units

6. The Icon Limited is producing and selling one product the cost structure and revenue of the product is given as follows :—

आईकान लिमिटेड एक ही उत्पाद का उत्पादन एवं विक्रय करती है। उत्पाद का लागत एवं आगम ढाँचा निम्न प्रकार है—

Fixed cost per annum	= 75,000
Selling price per unit	= Rs. 20
Variable Cost per unit	= Rs. 12

Compute the B.E.P. in Units and Rupees.

Ans.–9,376 Units Rs. 1,87,500

7. Calculate Break-even-point on the basis of following informations :

Estimated sales	= Rs. 5,00,000
Variable costs	= Rs. 2,00,000
Fixed costs	= Rs. 3,00,000

Ans. Rs. 5,00,000

8. किसी कम्पनी के विभिन्न उत्पादों प्रदत्त विवरण निम्नलिखित है।

Below given statement of various products of any company are as follows :

Fixed costs = Rs. 5,00,000

Sales estimated =

Product X—25,000 units @ Rs. 20 per unit

Product Y—75,000 units @ Rs. 15 per unit

Product Z—50,000 units @ Rs. 10 per unit

Contribution per unit

Product X = Rs.	12 per unit
Product Y = Rs.	9 per unit
Product Z = Rs.	5 per unit

Calculate the combined P/V Ratio and combined B.E.P.

Ans. Combined P/V Ratio 58%, Combined B.E.P = Rs. 8,62,069

9. From the following figures calculate the B.E.P. by drawing a B.E.P. Chart.

Production (units)	Fixed Costs	V.C.P.U.	S.P.P.U.
5000	50,000	15	25
7000	50,000	15	25
9000	50,000	15	25
11,000	50,000	15	25
13,000	50,000	15	25
15,000	50,000	15	25

Ans. 5,000 Units Rs. 1,25,000.

10. Ram and sons is providing following informations in the year 2004-2005.

Sales	Rs.
	2,00,000
Variable costs	1,00,000
Fixed costs	50,000

Find the P/V Ratio B.E.P and margin of safely.

Ans. P/V Ratio 50%, B.E.P.–1,00,000 Margin of safety 1,00,000

11. जे० के० लिमिटेड दिल्ली की वार्षिक विक्रय राशि रु० 10,00,000 एवं लाभ रु० 2,00,000 है। कम्पनी का स्थिर व्यय रु० 4,00,000 होने की दशा में सुरक्षा सीमा की गणना कीजिए।

Ans. P/V Ratio 60%, Margin of Safety-3,33,333

12. परिवर्तनशील लागतें विक्रय की 50% हैं। सम विच्छेद बिन्दु विक्रय के 70% पर निर्धारित किया गया है।
(क) स्थायी लागतें रु० 50,000 होने पर विक्रय राशि ज्ञात कीजिए।
(ख) बिक्री के 80% तथा 100% पर लाभ का निर्धारण कीजिए।

Ans. Total sales 100%–1,42,857, Profit at 100% Capacity, sales 21,429, Profit at 80% of capacity sales 7,143.

13. The following information are given below :

Fixed costs	Rs. 4,00,000
V.C.	Rs. 15 per unit
Selling price	Rs. 25 per unit

Compute (i) B.E.P. (ii) P/V Ratio (iii) Sales to earn profit Rs. 75,000 (iv) Margin of safety at profit of Rs. 1,00,000.

Ans. (i) 10,00,000 (ii) 40% (iii) 11,87,500 (iv) 2,50,000.

14. The price structure of a watch is given follows :

	Per watch (Rs.)
Materials	150
Labour	50
Variable Costs	50
	200
fixed costs	100
Product	100
Selling Price	400

Above costs are based on the production of 10,000 watches per annum. The company wants to reduce the selling price without loosing total profit. How may watches will have to be manufactured to get the same amount of profits if :—

A. The selling price is reduced by 15%

B. The selling price is reduced by 25%

Ans. A.–14,286 watches B.–20,000 watches

15. A productions company provides the following information :

Fixed costs Rs. 75,000

Selling price per unit Rs. 25

Variable ccsts per Units 15

The following changes are made find out the impact on B.E.P.

(i) Fixed cost increase by 10%

(ii) Variable costs increases by 20%

(iii) Fixed cost increase by 10% and variable cost decrease by 20%

Ans. (i) 8,250 Units (ii) 10,714 Units (iii) 11,786 Units.

अध्याय

10

पूँजीकरण के सिद्धान्त

(Theories of Capitalisation)

किसी भी आर्थिक संगठन के सृजन एवं संचालन हेतु कोष की महती आवश्यकता होती है। संगठन की स्थापना से लेकर समापन तक समस्त आर्थिक क्रियाकलाप वित्त पर ही निर्भर होते हैं। संगठन के पास कोषों की अपर्याप्तता होने अथवा कोषों के उपयोग में कुप्रबन्ध होने की दशा में व्यावसायिक क्रियाकलापों की गतिशीलता प्रभावित हुए बिना नहीं रह सकती। अत: पूँजी की मात्रा का पूर्वानुमान लगाकर अनुकूलतम पूँजी संरचना का निर्माण किसी भी संगठन के लिए परम आवश्यक होता है।

पूँजी ढाँचे अथवा पूँजी संरचना का आशय, संगठन द्वारा विभिन्न प्रतिभूतियों एवं ऋणों के द्वारा पूँजीकरण की राशि के निश्चयन से है। इसके अन्तर्गत विभिन्न प्रकार की प्रतिभूतियों एवं ऋणों के मध्य अनुपात का निर्धारण किया जाता है। वस्तुत: संगठन में पूँजीकरण की राशि सुनिश्चित करने के उपरान्त पूँजी ढाँचे के अन्तर्गत यह तय किया जाता है कि निर्धारित पूँजीकरण की राशि को किन माध्यमों से और किस अनुपात में प्राप्त किया जाय। पूँजी ढाँचे की संरचना के अन्तर्गत पूँजी के विभिन्न साधनों का एक ऐसा मिश्रण तैयार किया जाता है जिससे संगठन की पूँजी लागत न्यूनतम तथा लाभोपार्जन अधिकतम हो। इसके साथ ही संगठन की समस्त आवश्यकताओं की सम्पूर्ति विभिन्न माध्यमों द्वारा उपलब्ध पूँजी से हो सके। पूँजी संरचना के अन्तर्गत जिन प्रतिभूतियों का प्रयोग किया जाता है—उनकी अपनी विशिष्टताएँ होती हैं। पूँजी का संकलन प्राय: दो रूपों में किया जाता है। 1. स्थायी लागत वाली पूँजी 2. परिवर्तनशील लागत वाली पूँजी स्थिर लागत वाली पूँजी के अन्तर्गत पूर्वाधिकार अंश, ऋण पत्र, दीर्घकालीन ऋण सम्मिलित किये जाते हैं। संगठन में लाभ की मात्रा में उत्तरोत्तर वृद्धि पर स्थिर लागत वाली पूँजी लाभप्रद होती है। क्योंकि इस पूँजी पर एक निश्चित दर से प्रत्याय का भुगतान कम्पनी को अनिवार्यत: करना होता है। किन्तु संगठन में लाभ की मात्रा कम होने पर स्थिर लागत वाली पूँजी भारस्वरूप हो जाती है।

परिवर्तनशील लागत वाली पूँजी का अधिक मात्रा में प्रयोग करने पर संगठन में स्वामियों की संख्या में वृद्धि होती है। इस प्रकार की पूँजी के अन्तर्गत समता अंश, प्रतिधारित आय (Retained earnings) को सम्मिलित किया जाता है। संगठन में लाभ की मात्रा में उत्तरोत्तर अभिवृद्धि पर लाभांश के रूप में अधिक मात्रा का भुगतान अंशधारकों को करना होता है। फलस्वरूप संगठन की लाभदेयकता में कमी होती है। किन्तु संगठन में लाभ की मात्रा में कमी होने अथवा हानि होने की दशा में अस्थिर पूँजी लागत का भुगतान करने की वैधानिक बाध्यता नहीं होती। अत: इस बात का निश्चयन परमावश्यक होता है कि पूँजी संरचना में विशिष्ट प्रकार की प्रतिभूति का भाग अधिक हो अथवा ऋण भाग अधिक हो। उदाहरणार्थ, यदि कोई कम्पनी अपनी पूँजी संरचना में केवल समता अंशों को ही स्थान देती है तथा ऋण पूँजी का प्रयोग नहीं करती, तो ऐसी कम्पनी अपने अंशधारकों अथवा स्वामियों के हितों को दीर्घकाल तक संरक्षित नहीं कर सकती। चूँकि इसके द्वारा अधिकतम लाभ अर्जित करने के उद्देश्य को नहीं प्राप्त किया जा सकता। इसके विपरीत यदि कोई कम्पनी अपनी पूँजी संरचना में ऋण पूँजी को अधिक तथा समता पूँजी को कम महत्त्व देती है। तो कम्पनी की अर्जन क्षमता में उतार-चढ़ाव होने पर यह माना जायेगा कि कम्पनी जान-बूझकर अधिक जोखिम प्रभार ग्रहण कर रही है।

इस प्रकार की पूँजी संरचना उच्च दन्तिकरण (High Gearing) कहलाती है। इस पूँजी संरचना के माध्यम से कम्पनी के उत्कर्ष काल में समता अंशधारकों का लाभ अत्यधिक बढ़ जाता है। किन्तु कम्पनी के पतन काल में यह समता अंशों की आय को कम करने के साथ ही कम्पनी के लिए जोखिम की मात्रा में अभिवृद्धि कर देती है। इन वर्षों में कम्पनी द्वारा ऋणपत्रों एवं पूर्वाधिकार अंशों पर देय स्थायी प्रभार भारस्वरूप हो जाता है। अत: किसी भी संगठन के लिए पूँजी

संरचना का निर्धारण अत्यन्त दुष्कर कार्य होता है। किसी आदर्श पूँजी संरचना का निर्माण मात्र काल्पनिक हो सकता है। अत: संगठन की आवश्यकताओं, परिस्थितियों एवं भावी सम्भावनाओं को दृष्टिगत रखकर पूँजी ढाँचे का निर्माण किया जाना समीचीन होगा।

वेस्टन एवं ब्राइघम के अनुसार ''पूँजी संरचना से अभिप्राय संगठन की स्वामित्व पूँजी तथा ऋण पूँजी से है जो कि दीर्घकालीन ऋणों के रूप में प्रस्तुत होता है। पूँजी ढाँचे के अन्तर्गत उन प्रतिभूतियों को सम्मिलित किया जाता है जो पूँजीकरण का सृजन करती है।''[1]

आई०एम० पाण्डेय के शब्दों में—''पूँजी संरचना का अभिप्राय दीर्घकालिक वित्तीय संसाधनों जैसे-ऋण पत्र, दीर्घकालीन ऋण पूर्वाधिकारी अंश पूँजी समता अंश पूँजी तथा आधिक्य एवं संचय से है।''[2]

गर्स्टेनबर्ग के अनुसार—''किसी कम्पनी के पूँजी ढाँचे से अभिप्राय उसके पूँजीकरण के गठन अथवा संरचना से होता है, इसके अन्तर्गत समस्त दीर्घकालीन पूँजी संसाधनों जैसे—ऋण बाण्ड, अंश एवं संचय को सम्मिलित किया जाता है।''

पूँजीकरण एवं पूँजी संरचना में अन्तर
(Difference between Capitalisation and Capital Structures)

कतिपय विद्वान अर्थ प्रबन्धकों द्वारा पूँजीकरण एवं पूँजी संरचना को समानार्थी के रूप में प्रयोग किया जाता है, जो सही नहीं है। पूँजीकरण का आशय संगठन के लिए आवश्यक पूँजी की मात्रा के निर्धारण से है। इनके विपरीत पूँजी संरचना के अन्तर्गत पूँजी के विभिन्न स्वरूपों की मात्रा के निर्धारण से है। पूँजीकरण के अन्तर्गत संगठन के लिए कुल पूँजी का निर्धारण किया जाता है किन्तु पूँजी संरचना में इस तथ्य का निश्चयन किया जाता है कि पूँजी की राशि का संकलन किन प्रतिभूतियों के रूप में किस अनुपात में किया जाय। दूसरे शब्दों में, पूँजी संरचना के अन्तर्गत विभिन्न प्रकार की प्रतिभूतियों एवं ऋणों (पूर्वाधिकार अंश, समता अंश, दीर्घकालीन ऋण एवं ऋण पत्रों) के पारस्परिक अनुपात को सुनिश्चित किया जाता है।

गर्स्टेनबर्ग के शब्दों में ''पूँजीकरण निगम की स्वामित्व पूँजी एवं ऋण पूँजी (जो कि इनके दीर्घकालीन ऋण भार द्वारा व्यक्त होती) के समान होती है। पूँजी संरचना उन प्रतिभूतियों की किस्म को व्यक्त करता है जिनके माध्यम से पूँजीकरण का निर्माण होता है।''

वस्तुत: पूँजीकरण संगठन की सम्पूर्ण आवश्यकता का एकमुश्त मापन है जबकि पूँजी ढाँचा समग्र पूँजी को विभिन्न भागों में (समता अंश पूँजी, पूर्वाधिकार अंश पूँजी, दीर्घकालीन ऋण एवं ऋण पत्र) में विभाजित करने से सम्बन्धित है।

सामान्यतया पूँजीकरण एवं पूँजी संरचना के निर्धारण की आवश्यकता संगठन के सृजन काल, विकास काल, सम्मिलन, संविलयन, पुनर्पूंजीकरण, पुनर्समायोजन अथवा पुनर्गठन के समय पड़ती है। इन सभी स्थितियों में पूँजीकरण के निर्धारण एवं पूँजी संरचना के निर्धारण की आवश्यकता होती है। पूँजीकरण के निर्धारण का आशय कितनी मात्रा में प्रतिभूतियों के निर्गमन से है जबकि पूँजी संरचना का अभिप्राय किस प्रकार की प्रतिभूतियों के निर्गमन से है। पूँजी संरचना के अन्तर्गत विभिन्न प्रकार की प्रतिभूतियों का पारस्परिक अनुपात निर्धारित किया जाता है प्रतिभूतियों का कितना भाग अंशपूंजी एवं कितना भाग ऋणपूँजी के रूप में रखा जाय अंश पूँजी के अन्तर्गत भी पूँजी का कितना भाग समता अंश पूँजी एवं कितना भाग पूर्वाधिकार अंश पूँजी के माध्यम से संग्रहीत किया जाय। ऋण पूँजी तथा पूर्वाधिकार अंश पूँजी कम्पनी की अर्जन क्षमता पर एक स्थायी प्रभार होते हैं जबकि समता अंशों पर लाभांश की घोषणा कम्पनी के लिए बाध्यकारी न होकर अपितु स्वैच्छिक होता है। लाभांश की मात्रा का निर्धारण संगठन के लाभों एवं लाभांश नीति पर निर्भर करता है। अत: इन प्रतिभूतियों को परिवर्तनशील लागत वाली प्रतिभूतियों के नाम से जाना जाता है। संगठन का यह परम कर्तव्य है कि वह इन दोनों प्रकार की प्रतिभूतियों के मध्य सन्तुलन स्थापित करने का प्रयास करे जिसमें संगठन को दीर्घकाल तक वित्तीय रूप से सुदृढ़ रखा जा सके। असन्तुलित वित्तीय ढाँचा संगठन के लिए विनाशकारी हो सकता है।

---

1. Capitalisation comprises a corporation's ownership capital and its borrowed capital, as represented by its long term indebtedness. Capital structure refers to the kind of securities that make up the capitalisation.
2. Capital structure refers to the composition of long term sources funds such as debentures long-term, debt Preference Share capital and equity Share capital including reserve and surplus.

पूँजी ढाँचा एवं वित्तीय ढाँचा में अंतर

(Difference between Capital Structure and Financial Structure)

पूँजी ढाँचा एवं वित्तीय ढाँचा प्राय: समानार्थी प्रतीत होते हैं किन्तु वास्तव में ऐसा नहीं है। पूँजी ढाँचा की तुलना में वित्तीय ढाँचा अधिक व्यापक है। पूँजी ढाँचा के अन्तर्गत केवल पूँजी के दीर्घकालीन स्रोतों को सम्मिलित किया जाता है जबकि वित्तीय ढाँचा से अभिप्राय संगठन की समस्त पूँजी (दीर्घकालीन तथा अल्पकालीन) से है।

''वित्तीय ढाँचा यह अभिव्यक्त करता है कि संगठन ने अपनी सम्पत्तियों की वित्तीय व्यवस्था किस प्रकार की है यह आर्थिक चिट्ठे के सम्पूर्ण सम्पत्ति भाग का योग होता है।''[1]

पूँजी संरचना के अन्तर्गत संगठन की दीर्घकालीन स्थायी वित्त व्यवस्था सम्मिलित होती है। जिसका अभिव्यक्तिकरण दीर्घकालीन ऋण, ऋण पत्र, समता अंश एवं पूर्वाधिकार अंश के रूप में होता है। इसके अन्तर्गत अल्पकालीन साख को सम्मिलित नहीं किया जाता जबकि वित्तीय ढाँचे के अन्तर्गत संगठन के समस्त साख (दीर्घकालीन एवं अल्पकालीन) को सम्मिलित किया जाता है। पूँजी संरचना का आशय संगठन की स्थायी पूँजी से तथा वित्तीय संरचना का आशय संगठन की स्थायी एवं चल दोनों प्रकार की पूँजी से है।

पूँजी संरचना = पूर्वाधिकार अंश पूँजी + समता अंश पूँजी + दीर्घकालीन ऋण + संचय एवं कोष

वित्तीय संरचना = पूँजी संरचना + चालू दायित्व अथवा अल्पकालीन दायित्व

अनुकूलतम पूँजी ढाँचा

(Optimum Capital Structure)

वित्तीय नियोजन (Financial Planning) के अन्तर्गत सर्वप्रमुख समस्या पूँजी ढाँचे के निर्धारण की होती है। पूँजी के विभिन्न साधनों के मध्य पारस्परिक अनुपात का निर्धारण विभिन्न मान्यताओं एवं परिस्थितियों पर निर्भर करता है। संगठन के समक्ष एक अत्यन्त महत्त्वपूर्ण प्रश्न होता है कि पूँजी ढाँचे अथवा पूँजी मिश्रण का स्वरूप क्या हो? पूँजी ढाँचे के मिश्रण का अनुपात प्राय: संगठन के उद्देश्यों पर निर्भर करता है। व्यवसाय का संचालन प्राय: स्वामियों के हितों में अभिवृद्धि के लिए किया जाता है। अत: पूँजी ढाँचे का निर्माण इस प्रकार होना चाहिए कि कम्पनी के अंशधारकों/स्वामियों को अधिकतम आय प्राप्त हो सके तथा पूँजी के विभिन्न साधनों की औसत लागत न्यूनतम हो। संगठन की आय उपार्जन क्षमता के अतिरिक्त अन्य अनेक ऐसे प्रश्न होते हैं कि जिनका समुचित उत्तर प्राप्त करना आवश्यक होता है जैसे संगठन के नियंत्रण सम्बन्धी वर्तमान स्वरूप में परिवर्तन किया जाय अथवा नहीं। संगठन में जोखिम मात्रा में अभिवृद्धि की जाय अथवा नहीं। उक्त प्रश्न भी पूँजी ढाँचे की संरचना को प्रभावित करते हैं। अत: पूँजी संरचना के निर्धारण हेतु उन सारे पहलुओं के विवेचन की आवश्यकता होती है जो इससे सम्बन्धित होते हैं। तभी संगठन के लिए अनुकूलतम पूँजी ढाँचे की संकल्पना को साकार किया जा सकता है। **अनुकूलतम पूँजी ढाँचे से अभिप्राय ऋण तथा समता के उस संयोजन (Combination) से है जो संगठन के मूल्य को अधिकतम करने के साथ ही संगठन की संरचना में आधारभूत परिवर्तन की वाहक न हो।** अनुकूलतम पूँजी ढाँचा कम्पनी के स्वामियों का हित संवर्द्धित एवं सुरक्षित रखते हुए अनुकूलतम आय का सुनिश्चियन करता है। अत: प्रत्येक संगठन हेतु यह आवश्यक होता है कि वह अनुकूलतम पूँजी ढाँचा के सृजन का प्रयास कर स्वामियों के हितों को संवर्द्धित करने का प्रयास करे। वस्तुत: अनुकूलतम पूँजी ढाँचे की संरचना के संदर्भ में कोई विधिमान्य सूत्र नहीं है। कतिपय विशेषताओं एवं गुणों के आधार पर ही अनुकूलतम पूँजी ढाँचे की संरचना का सुनिश्चयन किया जा सकता है। संक्षेप में अनुकूल पूँजी की संरचना हेतु निम्नलिखित तत्त्व अथवा विशेषताएँ आवश्यक होती हैं—

1. सरलता (Simplicity)—वित्तीय प्रबन्धन को दृष्टिगत रखते हुए पूँजी ढाँचे की संरचना, सरल, स्पष्ट एवं सुग्राह्य होनी चाहिये। पूँजी संरचना जटिल होने की दशा में संगठन की भावी आवश्यकताओं की पूर्ति आसान नहीं होगी अत: संगठन के सृजन काल में पूँजी ढाँचा अत्यन्त सरल होना चाहिए। यहाँ तक कि प्रारम्भ में केवल समता अंशों एवं पूर्वाधिकारी अंशों का निर्गमन ही संगठन के अनुकूल होगा, आवश्यकतानुरूप भावी आवश्यकताओं को दृष्टिगत रखकर

---

1. Financial structure refers to the way the firms assets are financed. It is the entire right hand side of the Balance Sheet.

—Weston and Brigham

ऋणपूँजी के रूप में पूँजी का संकलन किया जा सकता है। प्राय: ऋणों के लिए ऋणदाता संगठनों द्वारा विशिष्ट प्रकार के अनुबन्ध किये जाते हैं। पूँजी ढाँचे की सरलता से विनियोजकों में संगठन के प्रति विश्वास जागृत होता है।

2. लोचशीलता (Flexibility)—पूँजी ढाँचे की संरचना इस प्रकार होनी चाहिए जिससे संगठन की भावी आवश्यकताओं के अनुरूप परिवर्तन किया जा सके। अर्थात् व्यवसाय का पूँजी ढाँचा इतना लोचशील होना चाहिए कि संगठन के विकास विस्तार अथवा संकुचन के समय पूँजी की मात्रा एवं ढाँचे में आवश्यक समायोजन किया जा सके। यही कारण है कि कम्पनी विधान के अन्तर्गत अधिकृत पूँजी (Authorised Capital) उच्च बिन्दु पर निर्धारित की जाती है जबकि निर्गमित पूँजी (Issued Capital) उसका एक अंश होती है। संगठन की भावी आवश्यकताओं की पूर्ति पूँजी की व्यवस्था कम्पनी निगमों में बिना परिवर्तन किए हो जाती है।

3. पूर्ण उपयोगिता (Full Utilisation)—संगठन की वित्तीय आवश्यकताओं एवं पूँजी की मात्रा के मध्य साम्य की स्थिति होनी चाहिए। तभी पूँजी का अधिकतम एवं कुशलतम प्रयोग सम्भव हो सकता है। संगठन के लिए न्यून पूँजीकरण (Under Capitalisation) तथा अधिक पूँजीकरण (Over Capitalisation) दोनों स्थितियाँ प्रतिकूल होती हैं। पूँजी का कुछ भाग आवश्यकता से अधिक हो जाने पर पूँजी की अतिरिक्त लागत का भुगतान संगठन को करना पड़ता है। अत: पूँजी को संगठन में पूर्ण उपयोगी बनाने हेतु उचित पूँजीकरण (Fair Capitalisation) की आवश्यकता होती है।

4. न्यूनतम लागत (Minimum Cost)—यह सार्वभौमिक तथ्य है कि प्रत्येक प्रकार की पूँजी की संगठन के लिए एक लागत होती है। यद्यपि पूँजी प्राप्ति के विभिन्न साधनों की लागत समान नहीं होती है, कुछ पूँजी साधनों की लागत कम तथा कुछ पूँजी साधनों की लागत अधिक होती है।

अत: संगठन के अन्तर्गत विनियोजित पूँजी के मध्य संतुलनपूर्ण स्थिति होनी चाहिए। संगठन की आवश्यकता के अनुरूप पूँजी का ऐसा मिश्रण तैयार किया जाना चाहिए, जिससे संगठन में पूँजी की लागत न्यूनतम हो। पूँजी की लागत का निर्धारण पूँजी की भारयुक्त औसत लागत (Weighted Average Cost of Capital) के आधार पर किया जा सकता है।

5. तरलता (Liquidity)—पूँजी ढाँचे के निर्धारण हेतु तरलता का विशेष ध्यान दिया जाना चाहिए। संगठन की प्रकृति आकार एवं आवश्यकताओं के अनुरूप कम्पनी में चल एवं अचल सम्पत्तियों में विनियोग सम्बन्धी निर्णय लिए जाते हैं। तरल सम्पत्तियों से आशय नकद, बैंक जमा, चालू विनियोग तथा प्राप्तियों से है। तरलता की मात्रा आवश्यकता से अधिक होने पर जोखिम की मात्रा में कमी तथा शोधन क्षमता में अभिवृद्धि होती है। किन्तु संगठन की लाभदेयकता पर प्रतिकूल प्रभाव पड़ता है। दूसरी ओर आवश्यकता से कम तरलता जोखिम की मात्रा में अभिवृद्धि तथा शोधन क्षमता में कमी की वाहक होती है। किन्तु संगठन की लाभदेयकता में अभिवृद्धि की द्योतक होती है। अत: पूँजी संरचना हेतु तरलता के उपान्त का विशेष ध्यान रखना चाहिए।

6. अधिकतम लाभदेयकता (Maximum Profitability)—किसी भी संगठन में लाभदेयकता की मात्रा का निर्धारण पूँजी ढाँचे से भी प्रभावित होता है। सर्वोत्तम या अनुकूल पूँजी ढाँचा वह है जिससे संगठन की लाभदेयकता अधिकतम हो। सामान्य तौर पर लाभदेयकता पूँजी ढाँचे के अतिरिक्त प्रबन्धकीय कुशलता तथा अन्य अनेक तत्त्वों पर आधारित होती है। किन्तु पूँजी संरचना की अनुकूलतम स्थिति मे न्यूनतम लागत पर प्राप्त पूँजी संगठन के लाभों में अभिवृद्धि कर देती है। वस्तुत: संगठन में ऋण पूँजी का अनुपात इतना अवश्य होना चाहिए कि स्वामियों को अधिकतम प्रति अंश आय का भुगतान हो सके।

7. न्यूनतम जोखिम (Minimum Risk)—संगठन की पूँजी संरचना में जोखिम की मात्रा न्यूनतम होनी चाहिए, संगठन में कुछ ऐसे आन्तरिक एवं बाह्य तत्त्व अवश्य होते हैं, जो संगठन में जोखिम की मात्रा में अभिवृद्धि के वाहक होते हैं। जैसे—लागत में वृद्धि, मूल्य में कमी, करों में वृद्धि तथा ब्याज दरों में वृद्धि आदि। इन जोखिम पूर्ण स्थितियों का संगठन की लाभदेयकता पर अत्यधिक प्रभाव पड़ता है। इसके लिए यह आवश्यक होता है कि संगठन का पूँजी ढाँचा इस प्रकार हो कि उपर्युक्त जोखिमों को आसानी से सहन कर सके।

8. अधिकतम नियंत्रण (Maximum Control)—कम्पनी का स्वामित्व एवं नियंत्रण समता अंशधारकों के पास होता है क्योंकि समता अंशधारक ही कम्पनी की सभाओं में मतदान के अधिकारी होते हैं जबकि पूर्वाधिकार अंशधारकों एवं ऋण पत्रधारकों के पास संगठन में स्वामित्व एवं मतदान का अधिकार नहीं होता। अत: पूँजी ढाँचे के निर्धारण में इस

बात का विशेष ध्यान दिया जाना चाहिए कि समता अंशधारकों के अधिकार किसी भी प्रकार से बाधित न हो, तथा संगठन के लिए वांछित पूँजी का सृजन भी सहजता से हो जाय। समता अंशों के भी अत्यधिक निर्गमन से संगठन की लाभदेयकता पर प्रभार में वृद्धि होती है। ऐसा प्रतीत होने पर कि कम्पनी का प्रबन्ध वर्तमान अंशधारकों के स्वामित्व में अधिक सुरक्षित है। आवश्यकता पड़ने पर समता अंशों का पुनर्निर्गमन केवल वर्तमान अंशधारकों को ही किया जा सकता है।

पूँजी ढाँचे के निर्धारक तत्त्व
(Determines of Capital Structure)

संगठन के प्रादुर्भाव काल में ही प्रवर्तकों के अन्तर्मन में पूँजी ढाँचे की संरचना सम्बन्धी विचार अन्तर्निहित होते हैं। संगठन की आवश्यकता एवं भावी योजनाओं के परिप्रेक्ष्य पर पूँजी ढाँचे के निर्माण की परिकल्पना की जाती है। संगठन से होने वाली अपेक्षाओं के आधार पर वित्तीय आयोजकों द्वारा पूँजी ढाँचे को निश्चित आकार प्रदान किया जाता है। पूँजी ढाँचे को प्रभावित करने वाले तत्त्वों में आन्तरिक एवं बाह्य दोनों प्रकार के तत्त्व होते हैं। आन्तरिक तत्त्व प्राय: संगठन की नीतियों एवं कार्यक्रमों से सम्बन्धित होते हैं। जबकि बाह्य तत्त्व, सामाजिक, राजनैतिक आर्थिक नीतिगत एवं अन्य अनेक बाह्य तत्त्वों से प्रभावित होते हैं। पूँजी ढाँचे को प्रभावित करने वाले तत्त्वों की विस्तृत विवेचना निम्नानुसार प्रस्तुत की जा रही है।

आन्तरिक तत्त्व (Internal Factors)

1. आय (Income)—यह सार्वभौमिक सत्य है कि समान प्रकृति वाले संगठनों में भी आय की सम्भावना असमान रहती है। कतिपय संगठनों में आय की सम्भाव्यता सुस्पष्ट होती है जबकि कतिपय संगठनों में आय की सम्भाव्यता अनिश्चित एवं अनियमित होती है। अत: पूँजी संरचना के निर्धारण में सम्भाव्य आय का अत्यन्त महत्त्वपूर्ण योगदान होता है। संगठनों में आय की अनिश्चितता एवं अनियमितता को दृष्टिगत रखते हुए **श्री ए०एस० डेविंग महोदय** ने तीन मार्गदर्शक सिद्धान्तों का प्रतिपादन किया है, जो निम्न प्रकार है—

A. यदि संगठन में होने वाली आय अनिश्चित तथा असमान है तथा भविष्य में भी अनिश्चित एवं पूर्वानुमान से परे होगी, तो ऐसी दशा में केवल समता अंशों का निर्गमन किया जाना चाहिए।

B. पूर्वाधिकार अंशों का निर्गमन तभी किया जाना चाहिए जब कम्पनी की आय नियमित न हो किन्तु भविष्य में इतनी आय अवश्य होने की सम्भावना हो, जिससे पूर्वाधिकार अंशों पर लाभांश का भुगतान करने के उपरान्त भी कम्पनी के पास प्रचुर मात्रा में धनराशि अवशेष रहे।

C. ऋण पत्र अथवा बाण्डों का निर्गमन केवल उसी दशा में किया जाना चाहिए जब कम्पनी की आय भविष्य में नियमित एवं पर्याप्त बनी रहे।

अत: पूँजी ढाँचे के निर्माण में नियमितता (Regularity), निश्चितता (Certainty) एवं पर्याप्तता (Adequacy) रूपी तत्त्वों का विशेष ध्यान रखना चाहिए।

2. व्यवसाय की प्रकृति (Nature of Business)—पूँजी संरचना के निर्धारण में व्यवसाय की प्रकृति का महत्त्वपूर्ण स्थान होता है। निर्माणी कार्यों में लगे संगठनों में स्थायी पूँजी की अधिक आवश्यकता होती है। कार्यशील पूँजी की आवश्यकता अपेक्षाकृत कम होती है। इसके विपरीत व्यावसायिक क्रियाओं में सन्निहित संगठनों में कार्यशील पूँजी की आवश्यकता अधिक एवं स्थायी पूँजी की आवश्यकता कम होती है। इसके द्वारा अपनी वित्तीय आवश्यकताओं की पूर्ति प्राय: ऋण पूँजी के माध्यम से की जाती है।

3. व्यवसाय का आकार (Size of Business)— पूँजी ढाँचे का निर्धारण व्यवसाय के आकार पर भी निर्भर करता है। लघु आकार के संगठनों की ख्याति एवं आर्थिक क्षमता सीमित होने के कारण ऋण पूँजी प्राप्त करना कठिन होता है। दीर्घाकार संगठनों के लिए अपेक्षाकृत अधिक मात्रा में पूँजी की आवश्यकता होती है। अत: इसके अन्तर्गत पूँजी संरचना के विभिन्न स्रोतों को सम्मिलित किया जाता है।

4. नियंत्रण (Control)—सामान्य तौर पर कम्पनियों का पूँजी ढाँचा इस प्रकार निर्मित किया जाता है कि कम्पनी के प्रवर्तकों, संस्थापकों एवं संचालकों का नियंत्रण कम्पनी पर बना रहे। अत: प्रवर्तकों द्वारा समता अंश पूँजी का निर्गमन अत्यल्प मात्रा में करके अधिकांश भाग स्वयं खरीद लिया जाता है। इसके अतिरिक्त पूँजी संरचना में पूर्वाधिकार अंशों एवं दीर्घकालीन ऋण पत्रों को वरीयता दी जाती है।

5. जोखिम (Risk)—संगठन में जोखिम की मात्रा अधिक होने पर समता अंश पूँजी की मात्रा अधिक तथा जोखिम की मात्रा कम होने पर समता अंश पूँजी की कम मात्रा का निर्गमन किया जाना चाहिए। इसके विपरीत उद्यम में जोखिम की मात्रा अधिक होने पर पूर्वाधिकार अंश एवं ऋण पत्र की मात्रा कम तथा जोखिम की मात्रा कम होने पर पूर्वाधिकार एवं ऋण पूँजी की मात्रा अधिक रखना चाहिए।

6. पूँजी की लागत (Cost of Capital)—पूँजी ढाँचे की संरचना में पूँजी की लागत का भी प्रभाव पड़ता है । पूँजी के कतिपय साधनों की लागत अधिक तथा कतिपय साधनों की लागत अपेक्षाकृत कम होती है। दीर्घकालीन ऋणों के माध्यम से एकत्रित पूँजी की एक सुनिश्चित लागत होती है। कम्पनी को प्रतिवर्ष ऋण पूँजी पर पूर्व निश्चित दर से ब्याज का भुगतान करना होता है। संगठन के लाभों में कमी के वर्षों में इन देयकों का भुगतान कम्पनी के लिए भारस्वरूप होता है। इसके विपरीत समता अंश पूँजी के माध्यम से संग्रहीत पूँजी पर लाभांश का भुगतान करना होता है। कम्पनी को अधिक मात्रा में लाभ होने वाले वर्षों में समता अंशधारकों को अधिक मात्रा में लाभांश का भुगतान करना होता है। अत: लाभांश की अधिक मात्रा का भुगतान संगठन के लाभों में कमी कर देता है। इसके अतिरिक्त पूँजी की लागत में भी अभिवृद्धि हो जाती है। अत: पूँजी की लागत का एक ऐसा मिश्रण प्रयोग में लाया जाना चाहिए, जिससे संगठन में पूँजी की लागत का स्तर न्यूनतम हो।

7. सम्पत्तियों का ढाँचा (Structure of Assets)—सम्पत्तियों का ढाँचा प्राय: सभी प्रकार की कम्पनियों में समान नहीं होता। कतिपय संगठनों में चल पूँजी का अनुपात अधिक तथा स्थिर पूँजी का अनुपात कम तथा कुछ कम्पनियों में स्थिर पूँजी का अनुपात अधिक तथा चल पूँजी का अनुपात कम होता है। भारी निर्माणी उद्यमों में चल पूँजी की तुलना में स्थिर पूँजी की मात्रा अधिक होती है। इन संगठनों का स्थिर चल सम्पत्ति अनुपात 80 : 20 तक हो सकता है। ऐसी कम्पनियाँ दीर्घकालीन ऋण पूँजी के लिए रक्षात्मक कवच प्रदान करती है। ऐसे संगठनों की पूँजी संरचना में दीर्घकालीन ऋणों, ऋण पत्रों एवं पूर्वाधिकार अंश पूँजी की मात्रा अधिक होती है।

इसके विपरीत व्यावसायिक क्रियाओं में लगी हुई कम्पनियों में चल पूँजी का अनुपात अधिक एवं स्थिर पूँजी का अनुपात कम होता है। इन कम्पनियों में स्थिर एवं चल पूँजी के मध्य अनुपात प्राय: 20 : 80 ही होता है। बैंकिंग व्यवसायों में लगी हुई कम्पनियों में स्थिर एवं चल पूँजी अनुपात में तो प्राय: 10 : 90 का होता है।

8. लोचशीलता (Flexibility)—पूँजी ढाँचे का स्वरूप लोचशील होना संगठन के लिए आवश्यक होता है। संगठन के विकास एवं विस्तार सम्बन्धी योजनाओं के क्रियान्वयन हेतु वांछित अतिरिक्त पूँजी का सृजन करने की पर्याप्त सम्भावना पूँजी ढाँचे में विद्यमान होनी चाहिए। अत: संगठन की पूँजी संरचना में लोचशीलता के लक्षण इस प्रकार होने चाहिए कि संगठन की आवश्यकताओं के अनुक्रम में पूँजी संरचना में बदलाव किये जा सके।

9. समता पर व्यापार (Trading on equity)—संगठन के प्रवर्तकों, स्वामियों एवं संचालकों का यह प्रयास होता है कि संगठन में न्यूनतम बाह्य विनियोग द्वारा अधिकतम सम्पत्तियों पर नियंत्रण रखा जाय। इस उद्देश्य की पूर्ति समता पर व्यापार नीति का अनुसरण करके की जा सकती है। इस नीति के अन्तर्गत कम्पनी स्वामित्व पूँजी (Owners Capital) के माध्यम से पूँजी की व्यवस्था अत्यल्प मात्रा में करके अधिकांश पूँजी भाग दीर्घकालीन ऋणों के माध्यम से प्राप्त करती है। चूँकि दीर्घकालीन ऋणों पर उन्हें एक निश्चित दर से ब्याज का भुगतान करना होता है। उनके द्वारा देय ब्याज की तुलना में संगठन को होने वाले लाभों की मात्रा काफी अधिक होती है। अत: समता अंशधारकों को दिये जाने वाले लाभांश की मात्रा अधिक होती है। यदि संगठन के प्रवर्तकों का उद्देश्य समता पर व्यापार की नीति अपनाकर समता अंशधारकों के लाभों में वृद्धि करना है तो पूँजी ढाँचे में ऋण पूँजी एवं पूर्वाधिकार अंशपूँजी की अधिक मात्रा का समावेश संगठन में करना होता है। इससे पूँजी ढाँचे में उच्च पूँजी गीयरिंग (High capital gearing) की स्थिति का समावेश होता है।

B. बाह्य तत्त्व (External Factors)

1. पूँजी बाजार की दशा (Capital Market Condition)—पूँजी संरचना के सन्दर्भ में निर्णयन करने हेतु पूँजी बाजार की दशाओं का भी प्रभाव पड़ता है। पूँजी बाजार में मंदी की दशा होने पर लाभांश की दरें प्राय: कम होती हैं एवं लाभ की सम्भावनाएं भी अनिश्चित होती हैं। उन परिस्थितियों में समता अंश की तुलना में ऋण पत्रों का निर्गमन अधिक श्रेयस्कर होता है। इन स्थितियों में पूर्व निर्गमित अपेक्षाकृत ऊँची ब्याज दरों वाले ऋण पत्रों को नीची ब्याज दर वाले नवीन ऋण पत्रों का निर्गमन करके प्रतिस्थापित किया जा सकता है। इसके विपरीत पूँजी बाजार में तेजी का दौर होने पर ब्याज

की दरों में अभिवृद्धि एवं लाभ की सम्भावनाओं में भी वृद्धि हो जाती है। इन परिस्थितियों में ऋण पत्रों की अपेक्षा समता अंशों की माँग प्राय: अधिक हो जाती है। अत: पूँजी ढाँचे के सुनिश्चयन में पूँजी बाजार की दशाओं की महत्त्वपूर्ण भूमिका होती है।

2. विनियोजकों का दृष्टिकोण (Investor's Approach)—प्राय: सभी प्रकार के विनियोजकों में समानता नहीं होती है। कतिपय लोगों के पास विनियोग के लिए अधिक पूँजी होती है एवं अधिक मात्रा में जोखिम सहन करने की सामर्थ्य होती है तथा कतिपय विनियोजकों में विनियोजन हेतु प्राय: पूँजी की कमी होती है तथा जोखिम वहनीयता की मात्रा भी कम होती है। कतिपय विनियोजक अधिकतम लाभ चाहते हैं। पूँजी की सुरक्षा उनके लिए गौण होती है। कतिपय विनियोजक पूँजी की पर्याप्त सुरक्षा चाहते हैं लाभ की मात्रा चाहे कम ही हो। इन कारकों के परिप्रेक्ष्य में निवेशकों की विनियोजन विकल्पों की माँग में भी भिन्नता होती है। इसी परिप्रेक्ष्य में कम्पनियों द्वारा विभिन्न प्रकार की प्रतिभूतियों का निर्गमन किया जाता है, जिससे विनियोजक अपनी सुविधानुसार उपलब्ध विभिन्न विकल्पों में से किसी एक में अथवा अनेक में विनियोग कर सकें।

3. पूँजी निर्गमन सम्बन्धी व्यय (Expenditures on Capital issue)—पूँजी ढाँचे की संरचना में पूँजी निर्गमन सम्बन्धी लागतों का भी प्रभाव पड़ता है। पूँजी का निर्गमन प्राय: प्रतिभूतियों के रूप में किया जाता है। प्रतिभूतियों के निर्गमन पर दलालों मध्यस्थों एवं अभिगोपकों को कमीशन, दलाली, बट्टा एवं विज्ञापन आदि पर व्यय करने होते हैं। इसके अतिरिक्त ऋण पत्रों एवं बाण्डों का निर्गमन भी अंकित मूल्य से कम मूल्य पर करना पड़ता है। पूँजी निर्गमन सम्बन्धी व्यय पूँजी के विभिन्न माध्यमों के लिए अलग-अलग हो सकते हैं। अत: निर्गमन सम्बन्धी व्ययों का पूँजी ढाँचे की संरचना पर प्रभाव पड़ता है।

4. शासकीय नियम एवं सन्नियम (Government laws and Regulations)—शासकीय नियमों एवं सन्नियमों का प्रभाव भी पूँजी ढाँचे के निश्चयन में पड़ता है। आयकर अधिनियमों के अनुसार कुल लाभ (Gross Profit) में से व्यावसायिक व्ययों को घटाने के उपरान्त अवशेष राशि कर योग्य होती है। अंशों पर देय लाभांश की राशि को व्यावसायिक व्यय न मानकर बल्कि ऋणों पर देय ब्याज को व्यावसायिक व्यय माना जाता है। अत: स्पष्ट तौर पर कम्पनी अतिरिक्त पूँजी की व्यवस्था अंशों की तुलना में ऋण पत्रों के निर्गमन को वरीयता देगी।

पूँजी ढाँचा सम्बन्धी अवधारणाएँ
(Theories of Capital Structure)

सामान्यतया वित्तीय संगठन में दो प्रकार की पूँजी का प्रयोग किया जाता है। 1. स्थायी लागत वाली पूँजी 2. परिवर्तशील लागत वाली पूँजी। दूसरे शब्दों में अंश पूँजी एवं ऋण पूँजी का प्रयोग संगठन के पूँजी मिश्रण (Capital mix) में किया जाता है। अब प्रश्न उठता है कि पूँजी के मिश्रण में परिवर्तन होने की दशा में क्या संगठन की सम्पूर्ण लागत एवं इसकी पूँजी लागत परिवर्तित होती है? ऋण समता अनुपात में परिवर्तन होने पर अथवा वित्तीय उत्तोलक के स्तर में परिवर्तन की दशा में फर्म का सकल मूल्यांकन अथवा फर्म की लागत पर प्रभाव की विवेचना हम विभिन्न अवधारणाओं के माध्यम से करने का प्रयास करेंगे। अनुकूलतम पूँजी संरचना (Optimum Capital Structure) का परीक्षण करने हेतु मात्र दो बिन्दुओं पर ध्यान केन्द्रित किया जाता है। 1. क्या ऋण समता अनुपात के संयोजन (Combination) से प्राप्त अनुकूलतम पूँजी ढाँचे से फर्म के समग्र मूल्य में अभिवृद्धि होती है? अथवा अनुकूलतम पूँजी ढाँचे के प्रयोग से औसत भारित पूँजी लागत न्यूनतम होती है। अनुकूलतम पूँजी संरचना का मापन मात्र उपर्युक्त दो प्रश्नों के सकारात्मक उत्तर में निहित होता है।

वित्तीय प्रबन्धन के क्षेत्र में अनुकूलतम पूँजी ढाँचा सम्बन्धी दृष्टिकोण सर्वमान्य नहीं है। कतिपय विद्वानों के अनुसार पूँजी ढाँचे का अनुकूलतम स्तर केवल आदर्श की संकल्पना मात्र है। अत: पूँजी ढाँचे की विभिन्न अवधारणाएँ प्रतिपादित है। डेविड डूरेण्ड (David Dwrand) द्वारा प्रतिपादित अवधारणाएँ निम्न हैं—

(i) शुद्ध आय अवधारणा (Net income Approach)

(ii) शुद्ध परिचालन आय अवधारणा (Net operating income Approach)

1. शुद्ध आय अवधारणा (Net income Approach)—कम्पनी की अर्जन क्षमता के मूल्यांकन हेतु डेविड डूरेण्ड द्वारा प्रतिपादित शुद्ध आय अवधारणा अंतिम अवधारणा है। यह अवधारणा फर्म के मूल्यांकन में अतिवादी

(Exterme)। है। इस अवधारणा के अन्तर्गत यह माना जाता है कि पूँजी संरचना में ऋण पूँजी की लागत एवं समता पूँजी की लागत स्वतंत्र होती है। उच्च उत्तोलन (High Leverage) के प्रयोग द्वारा संगठन की भारित औसत लागत में कमी एवं फर्म के कुल मूल्य में अभिवृद्धि होती है।

उदाहरण (Illustration) 1,

एक फर्म की अनुमानित वार्षिक शुद्ध आय रु० 75,000 है। फर्म की समता पूँजीकरण की दर 10% एवं ऋण पूँजी रु० 3,00,000 8% की दर से है। शुद्ध आय अवधारणा के अनुसार फर्म का कुल मूल्य निम्नवत् होगा—

Calculation of Value of Firm

Net operating income (NOI) =	75,000
Less Interest on Debts	24,000
Net Income available to shareholders	51,000
Market value of equity $\left(\frac{51{,}000 \times 100}{10}\right)$	5,10,000
Market value of Debt $= \frac{24{,}000 \times 100}{8}$	3,00,000
	8,10,000

the costs of equity capital and debts capital are assumed to be constant under net income approach. The overall cost of capital is.

$$\text{Cost of capital} = \frac{\text{Net operating Income (NOI)}}{\text{Market value of the firm (MV)}}$$

$$= \text{Rs. } \frac{75{,}000}{8{,}10{,}000} = 9.26\%$$

अथवा

$$\text{C of c} = \text{Cd}\left(\frac{\text{DC}}{\text{MV}}\right) + \text{Ce}\left(\frac{\text{EC}}{\text{MV}}\right)$$

Here,

Cd = Cost of debt

DC = Debt Capital

Ce = Cost of equity

EC = Equity Capital

MV = Market value of the firm

$$\text{C of C} = .10\left(\frac{5{,}10{,}000}{8{,}10{,}000}\right) + .08\left(\frac{3{,}00{,}000}{8{,}10{,}000}\right)$$

.06296 + .0297= .0926 or 9.26%

अब यदि फर्म अपनी ऋण पूँजी में अभिवृद्धि करके ऋण पूँजी की मात्रा रु० 3,00,000 से रु० 5,00,000 कर देती है। शुद्ध आय अवधारणा के अनुसार फर्म का मूल्य निम्नवत् होगा।

Value of Firm

Net Operating Income (N.O.I)		Rs. 75,000
Less Interest on Debts	$= \frac{5,00,000 \times 8}{100}$	= 40,000
Net Income available to share holders		35,000
Market value of equity	$= \frac{35,000 \times 100}{10}$	= 3,50,000
Market value of Debt	$= \frac{40,000 \times 100}{8}$	= 5,00,000
		= 8,50,000
Cost of Capital = $\frac{NOI}{MV}$	$= \frac{75,000}{8,50,000}$	= 8.82%

अतः स्पष्ट है कि पूँजी ढाँचे में ऋण के अनुपात में वृद्धि करने पर फर्म के कुल मूल्य में वृद्धि होती है किन्तु पूँजी की औसत लागत में कमी होती है। उपर्युक्त उदाहरण में फर्म की ऋण पूँजी प्रारम्भ में रु० 3,00,000 होने पर फर्म का बाजार मूल्य रु० 8,10,000 है एवं कुल पूँजी की लागत 9.26% है। फर्म की ऋण पूँजी में रु० 2,00,000 की वृद्धि होने पर फर्म के बाजार मूल्य में रु० 40,000 की वृद्धि होकर कुल रु० 8,50,000 हो गई किन्तु पूँजी की लागत घटकर 9.26% से 8.82% हो गई।

शुद्ध लाभ अवधारणा के अन्तर्गत पूँजी की लागत पर उत्तोलक का प्रभाव निम्न चित्र के माध्यम से प्रदर्शित किया जा रहा है।

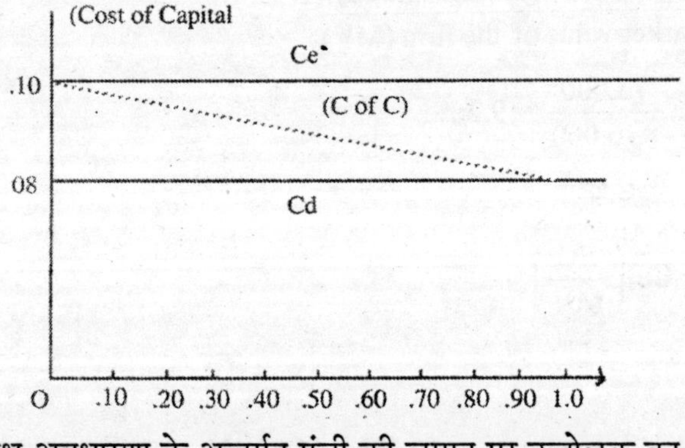

(शुद्ध लाभ अवधारणा के अन्तर्गत पूंजी की लागत पर उत्तोलक का प्रभाव)

मान्यताएँ (Assumptions)— शुद्ध आय दृष्टिकोण निम्नलिखित मान्यताओं पर आधारित है—

(i) फर्म के मूल्य का पूँजीकरण बाजार में समग्र रूप से किया जाता है।

(ii) फर्म के अन्तर्गत केवल दो प्रकार की पूँजी ऋण पूँजी एवं समता पूँजी का प्रयोग होता है।

(iii) फर्म की सम्पूर्ण सम्पत्तियाँ दी हुई होती हैं। ऋणों की बिक्री से अंशों के पुनर्खरीद तथा अंशों के विक्रय से ऋणों में कमी से उत्तोलक की मात्रा में परिवर्तन होता है।[1]

(iv) फर्म में ऋण पूँजी के प्रयोग से विनियोजकों को जोखिम सम्बन्धी कोई ज्ञान नहीं होता परिणामस्वरूप समता पूँजीकरण दर (Equity Capitalisation Rate) तथा ऋण पूँजीकरण दरें उत्तोलक में परिवर्तन होने पर भी स्थिर रहती हैं।

---

1. भारत वर्ष में कम्पनी अधिनियम प्रावधानों के अनुसार कोई भी कम्पनी अपने अंशों की पुनर्खरीद नहीं कर सकती।

(v) फर्म में निगम कर की दर विद्यमान नहीं होती।

(vi) ऋण पूँजीकरण की दर समता पूँजीकरण की दर से कम होती है।

2. शुद्ध परिचालन आय दृष्टिकोण (Net Operation Income Approach)

शुद्ध संचालन आय अवधारणा के अनुसार, पूँजी ढाँचे में परिवर्तन होने पर फर्म का बाजार मूल्य अप्रभावित रहता है। इस अवधारणा के अनुसार यह माना जाता है कि स्वामित्व पूँजी की लागत उत्तोलक के साथ रेखीय रूप (Linear) में बढ़ती है।

इसके प्रभाव से औसत लागत तथा फर्म का सकल मूल्य भी पूँजी की भाँति उत्तोलन की मात्रा में परिवर्तन होने पर अपरिवर्तित रहते हैं। **प्रो० आई०एम० पाण्डेय** के अनुसार "पूँजी ढाँचे में परिवर्तन होने पर फर्म का बाजार मूल्य अप्रभावित रहता है।"[1] शुद्ध संचालन आय की गणना शुद्ध संचालन आय को समग्र पूँजी अथवा भारित औसत लागत पूँजी (जोकि स्थिर है) से पूँजीकृत करके की जाती है। इस अवधारणा के अन्तर्गत हम फर्म के बाजार मूल्य की गणना निम्न प्रकार कर सकते हैं—

$$MV = (DC + EC) = \frac{NOI}{C\ of\ C} = \frac{NOI}{Co}$$

Where

Co = Over all rate of Capitalisation

सूत्र में Co समग्र पूँजी की दर को अभिव्यक्त करती है तथा फर्म की व्यावसायिक जोखिम पर निर्भर होती है।

मान्यताएँ (Assumptions)

(i) बाजार समग्र रूप से फर्म के मूल्य का पूँजीकरण करता है। अतः ऋण पूँजी एवं समता पूँजी के मध्य विभाजन महत्त्वपूर्ण नहीं है।

(ii) अंशधारियों की जोखिम में वृद्धि अपेक्षाकृत कम ऋण लागत वाली पूँजी से होती है। चूँकि इसके कारण समता पूँजीकरण की दर में वृद्धि सम्भव होती है। अतः ऋण पूँजी के विनियोजन से उपलब्ध लाभ समता पूँजीकरण दर में होने वाली वृद्धि से समायोजित हो जाता है।

(iii) ऋण पूँजीकरण की दर अपरिवर्तनशील रहती है।

(iv) शुद्ध परिचालन आय को पूँजीकृत करने हेतु बाजार द्वारा प्रयोग की जाने वाली समग्र पूँजीकरण दर व्यावसायिक जोखिम पर आश्रित होती है। व्यावसायिक जोखिम के स्थिर रहने पर समग्र पूँजीकरण की दर भी समान रहती है।

(v) निगम की आय पर आयकर व्यवस्था का प्रचलन नहीं होता।

उदाहरण (Illustration) 2.

Rama & Sales has annual net operating income of Rs. 2,00,000, Average cost of capital is 10% and an initial Debt of Rs. 8,00,000 at 8% Rate of Interest. Calculate the total value of the Firm and Net operating Income Approach.

हल (Solution)–

Value of firm (NOI Approach)

Net operating Income (NOI)	=	2,00,000
Market value the firm, $\frac{2,00,000 \times 100}{10}$	=	20,00,000
Market value of Debt.	=	8,00,000
Market value of equity	=	Rs. 12,00,000

(20,00000 - 8,00,000) = 12,00,000

1. Market value of the firm is not affected by the capital structure change' — *I.M. Pandey Financial Management*

$$\text{Cost of equity (Ce)} = \frac{NOI - I.D.}{MV - DC}$$

Here,

NOI = Net operating Income

ID = Interest on Debt

MV = Market value

DC = Debt Capital

$$= \frac{2,00,000 - 64,000}{20,00,000 - 8,00,000} = \frac{1,36,000}{12,00,000} = 11.33\%$$

वैकल्पिक सूत्र द्वारा

$$Ce = Co + (Co - Cd)\ \frac{DC}{EC}$$

$$= .10 + (.10 - .08)\ \frac{8,00,000}{12,00,000}$$

$= .1133$ or 11.33%

हम भारित औसत पूँजी लागत का सत्यापन निम्न प्रकार कर सकते हैं—

$$Co = Cd\left(\frac{DC}{MV}\right) + Ce\left(\frac{ec}{MV}\right)$$

Here,

Cd = Cost of Debt

DC = Debt Capital

MV = Market value of the firm

Ce = Cost of Equity shares

ec = Equity capital

$$Co = .08\left(\frac{8,00,000}{20,00,000}\right) + .1133\left(\frac{12,00,000}{20,00,000}\right)$$

$$Co = .08 \times \frac{8}{20} + .11.33 \times \frac{12}{20}$$

$.032 + .06798 = .09998$ or $.010$

$= 10\%$

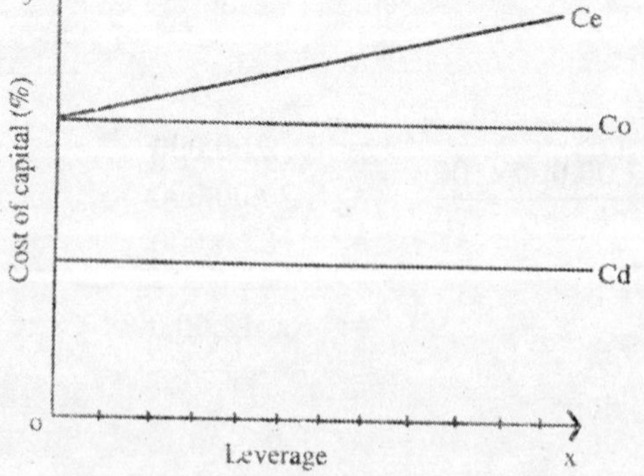

The effect of leverage under NOI approach on the cost of capital

If debt is increased from 8,00,000 to 10,00,000. The value of firm would still remain at Rs. 20,00,000 the value of equity will drop to Rs. 10,00,000 the equity capitalisation.

$$Ce = \frac{NOI - ID}{VM}$$

$$\text{Equity Capitalisation Rate (Ce)} = \frac{2,00,000 - 80,000}{10,00,000}$$

$$= \frac{1,20,000}{10,00,000} = 12\%$$

Or

$$Ce = AC + (AC - ID)\ \frac{DC}{EC}$$

$$Ce = .10 + (.10 - .08)\ \frac{10,00,000}{10,00,000} = .12 \text{ or } 12\%$$

Here,
AC = Average cost of capital
ID = Interest on Debts
DC = Debentures cost
EC = Equity cost

$$Co = Cd\left(\frac{DC}{MV}\right) + Ce\left(\frac{Ec}{MV}\right)$$

$$Co = .08\left(\frac{10,00,000}{20,00,000}\right) + .12\left(\frac{10,00,000}{20,00,000}\right)$$

$$.08 \times \frac{1}{2} + .12 \times \frac{1}{2}$$

$$.04 + .06 = .10 = 10\%$$

उपरोक्त उदाहरण से स्पष्ट है कि भारित औसत पूँजी लागत स्थिर है, तथा जैसे-जैसे ऋण पूँजी समता अंश पूँजी की प्रतिस्थानी होती जाती है, वैसे-वैसे समता पूँजी की लागत बढ़ती जाती है।

3. पारम्परिक अवधारणा (Traditional Approach)—पारम्परिक अवधारणा के अन्तर्गत शुद्ध आय अवधारणा एवं शुद्ध संचालन अवधारणा के मध्य समन्वय स्थापित कर कार्य किया जाता है। इस अवधारणा को मध्यवर्गीय अवधारणा (Intermediate Approach) के नाम से भी जाना जाता है। इस अवधारणा के अनुसार ऋण पूँजी तथा समता पूँजी के न्यायपूर्ण एवं अनुकूल मिश्रण द्वारा फर्म के मूल्य में अभिवृद्धि अथवा पूँजी की लागत में कमी की जा सकती है। यह अवधारणा इस तथ्य पर आधारित है कि पूँजी की लागत ऋण की एक उचित सीमा तक ही घटायी जा सकती है। एक सीमा के पश्चात् पूँजी की लागत उत्तोलन के साथ बढ़ने लगती है। वस्तुत: एक अनुकूलतम पूँजी ढाँचा तब तक अस्तित्व में रहता है ज़ब तक कि पूँजी की लागत न्यूनतम अथवा फर्म का मूल्य अधिकतम होता है। पूँजी की लागत उत्तोलक के साथ घटने लगती है क्योंकि एक स्वीकार्य सीमा तक ऋण पूँजी की लागत समता पूँजी की लागत की तुलना में कम होती है। अत: स्पष्ट है कि ऋण पूँजी के उपयोग से पूँजी की भारित औसत लागत में कमी आती है।

आलोचनाएँ (Criticism)

(i) पारम्परिक अवधारणा की आलोचना इस आधार पर की जाती है कि फर्म का बाजार मूल्य इसकी शुद्ध संचालन आय तथा इसमें सन्निहित जोखिम की मात्रा पर निर्भर करती है। वित्तीयकरण का प्रारूप न तो शुद्ध परिचालन आय अथवा न ही इसमें सन्निहित जोखिम की मात्रा को कम कर सकता है। अत: वे फर्में जो शुद्ध परिचालन आय एवं जोखिम के संदर्भ में समान प्रकृति की हैं, किन्तु उनके वित्तीयकरण के स्वरूप भिन्न हैं। इन फर्मों का सकल मूल्य समान होना चाहिए। प्राय: पारम्परिक अवधारणा की आलोचना निम्नानुसार होती है—

(i) फर्म के सम्पूर्ण प्रतिभूति धारकों द्वारा ली गयी समग्र जोखिम विभिन्न प्रकार की प्रतिभूतियों के जोखिम की समग्रता की वितरण व्यवस्था परिवर्तित करके आवश्यक परिवर्तन लाये जा सकते हैं।

(ii) किसी भी फर्म का बाजार मूल्य उसकी शुद्ध परिचालन आय तथा उसमें सन्निहित जोखिम की मात्रा पर निर्भर होता है। वित्तीय प्रारूप से न तो शुद्ध परिचालित आय परिवर्तित होती है और न ही उससे सम्बन्धित जोखिम की मात्रा प्रभावित होती है।

(iii) **मोदिग्लियानी एवं मिलर** के विचार से ''समता पूँजी की लागत उत्तोलन से एक उचित सीमा तक प्रभावित नहीं होती'' यह मान्यता मिथ्या एवं त्रुटिपूर्ण है।

(iv) एक सुदृढ़ फर्म में ऋण की अल्प वृद्धि से अंशों की जोखिम में कोई बड़ी वृद्धि नहीं होती, यह मान्यता भी मोदिग्लियानी तथा मिलर द्वारा अस्वीकार की जा चुकी है।

उदाहरण (Illustration) 3

Firm's expected Net operating income is Rs. 2,00,000 on a total investment of Rs. 12,00,000. The equity Capitalisation Rate is 8% if the firm has non type of debt but it would increase to 10% when the firm substitutes equity capital by issuing Debentures of Rs. 4,00,000 and To 14%. When Debentures of 8,00,000 are issued to substitute equity capital. Assume that Rs. 4,00,000 Debentures may be raised at 6% interest Rate. Whereas Rs. 8,00,000 are raised at a Rate of interest of 9%. Find out the market value of the firm, value of shares and average cost of capital.

Solution–

	No Debt	**6% Rs. 4,00,000**	**9% Rs. 8,00,000**
Net operating Income	2,00,000	2,00,000	2,00,000
total cost of Debt (-)	—	24,000	72,000
Net Income	2,00,000	1,76,000	1,28,000
Cost of equity (NOI ÷ N.I.)	.10	.11	.106
Market value of Shares	20,00,000	16,00,000	12,07,547
Market value of Debts	0	4,00,000	8,00,000
total Value of firm(MV = EC + DC)	20,00,000	12,00,000	4,07,547
Average Cost of Capital	.10	.17	.490

मोदिग्लियानी मिलर अवधारणा
(The Modigliani Miller Hypothesis)

मोदिग्लियानी मिलर अवधारणा शुद्ध परिचालित आय दृष्टिकोण की सममितीय है। यह अवधारणा इस तथ्य पर बल देती है कि संगठन में करों का प्रावधान न होने की दशा में किसी फर्म का बाजार मूल्य एवं पूँजी की औसत लागत पूँजी ढाँचे से पूर्णरूपेण स्वतंत्र होती है तथा शुद्ध समता प्रवाह की पूँजी करण दर के समान होती है। मोदिग्लियानी मिलर के कथनानुसार उत्तोलन तथा पूँजी की लागत के मध्य सम्बन्धों की व्याख्या शुद्ध संचालन आय अवधारणा के माध्यम से की जा सकती है। यह अवधारणा इस बात पर बल देती है कि उत्तोलक की किसी भी मात्रा का प्रभाव पूँजी की लागत पर नहीं पड़ता। अर्थात् ऋण पूँजी की किसी भी मात्रा का प्रयोग पूँजी की लागत को स्थिर रखता है। वस्तुत: यह दृष्टिकोण स्थिर (Static) प्रकृति का पोषण करती है। इसके अन्तर्गत इस मान्यता को अस्वीकार कर दिया जाता है कि उत्तोलक (Leverage) समता अंश पूँजी के मूल्य अथवा लागत को किसी भी प्रकार से प्रभावित कर सकते हैं।

मान्यताएँ (Assumptions)—

(i) पूँजी बाजार अपने में पूर्ण है तथा पूँजी बाजार सम्बन्धी सूचनाएँ समस्त विनियोजकों को नि:शुल्क प्राप्त होती है। इनकी कोई सौदा लागत नहीं होती, तथा सभी प्रतिभूतियाँ अनन्त रूप में विभाज्य हैं।

(ii) प्रतिभूतियों का पूर्ण पूँजी बाजार विक्रय की स्थिति में होता है। विनियोजक स्वतंत्रतापूर्वक प्रतिभूतियों का क्रय-विक्रय कर सकते हैं।

(iii) फर्म अपनी समस्त शुद्ध आयों को अंशधारियों में वितरित कर देती है।

(iv) निगम की आय पर आयकर अस्तित्व में नहीं होता।

इस प्रकार यह अवधारणा स्पष्ट रूप से स्वयं सृजित उत्तोलन के निगमीय उत्तोलन को प्रतिस्थापित करने पर बल देती है। इसके अन्तर्गत यह माना जाता है कि व्यक्तिगत विनियोजक अपने व्यक्तिगत विनियोजन खाते के उत्तोलन को सन्तुलित करके संगठन के खाते में होने वाले उत्तोलन परिवर्तनों को प्रभावहीन बना देती है।

वस्तुत: विनियोजक द्वारा अपने स्वामित्व पूँजी की प्रतिशतता को प्रतिभूतियों अथवा ऋणों की ओर सरलता से एवं कम लागत पर मोड़ा जा सकता है। इस व्यवस्था के अन्तर्गत यदि किसी कम्पनी द्वारा अपने ऋण समता अनुपात को बढ़ाकर अंशधारकों की जोखिम में अभिवृद्धि की जाती है तो ऐसे अंशधारक अपने अंशों का विक्रय करके अपेक्षाकृत कम जोखिम वाली अथवा जोखिमरहित कम्पनियों के अंशों का क्रय करके जोखिम तथा सुरक्षा के मध्य समन्वय स्थापित कर लेते हैं। इस प्रकार ऋण पूँजी की अनुमानित निम्न लागत स्वत: प्रयोज्य हो जायेगी। अंशों के बिक्री से प्रत्येक अंश के मूल्य में कमी आने के साथ ही अंशों का अर्जन मूल्य भी कम होगा तथा यह गिरकर ऋण पूँजी की अपेक्षाकृत कम लागत के समान हो जायेगा।

आलोचना (Criticism)

(i) पूँजी बाजार की पूर्णता (Perfectness) सम्बन्धी मान्यता मिथ्या भ्रामक एवं तर्कहीन है। व्यवहारिक तौर पर पूँजी बाजार कभी पूर्ण नहीं हो सकता।

(ii) यह मान्यता है कि फर्मों तथा एकाकी निवेशकों की ऋणों पर लेन-देन की ब्याज दर समान होती है। व्यवहारिक तौर पर ऐसा नहीं होता।

(iii) व्यक्तिगत स्वयं सृजित उत्तोलन निगमीय उत्तोलन को प्रतिस्थापित नहीं कर सकता।

(iv) पूँजी बाजार सम्बन्धी कार्यों में संस्थागत नियंत्रणों का प्रभाव द्रष्टव्य होता है।

(v) व्यक्तिगत निवेशक वित्त विशेषज्ञ न होकर अपितु सामान्यज्ञ होता है प्राय: विनियोजन पूर्णरूप से नियोजित न होकर अपितु बचतों पर आधारित होते हैं।

पूँजी ढाँचे में परिवर्तन
(Changes in Capital Structure)

प्राय: संगठनों की पूँजी संरचना दीर्घकालिक एवं स्थायी स्वभाव की होती है। किन्तु इसका अभिप्राय यह नहीं है कि पूँजी संरचना में परिवर्तन की आवश्यकता नहीं होती है। अर्थ व्यवस्था में होने वाले उतार-चढ़ाव एवं आर्थिक जगत के कम्पन मात्र से संगठन का पूँजी ढाँचा बिखर सकता है। अत: उसे पुन: एकीकृत करके संगठित स्वरूप के आधार पर मितव्ययी प्रयोग के माध्यम से आर्थिक लक्ष्यों की पूर्ति की जा सकती है। संगठन के विकास एवं विस्तार हेतु प्राय: अतिरिक्त पूँजी की आवश्यकता होती है। अतिरिक्त पूँजी की व्यवस्था अंशों का निर्गमन करके अथवा ऋणों के माध्यम से की जा सकती है। संगठन को आपात काल से बचाने हेतु पूँजी ढाँचे में बदलाव अवश्यम्भावी हो जाता है।

पूँजी ढाँचे में परिवर्तन की आवश्यकता (Need for Changes in Capital Structure)—पूँजी ढाँचे में परिवर्तन की आवश्यकता प्राय: निम्न बिन्दुओं के आधार पर पड़ती है—

1. विनियोजकों का मनोविज्ञान (Psychology of Investors)—पूँजी संग्रहण के विभिन्न साधनों की भाँति विनियोजक भी विभिन्न स्वभाव के होते हैं। कतिपय विनियोजकों के पास विनियोजन हेतु पर्याप्त मात्रा में धन होता है। उनके द्वारा विनियोजित पूँजी की सुरक्षा द्वितीयक होती है। अधिक लाभोपार्जन इनकी प्राथमिकता होती है। इसके विपरीत अनेक विनियोजकों के पास अत्यधिक मात्रा में धन विनियोजन हेतु उपलब्ध नहीं होता। अत: ऐसे विनियोजक लाभ की तुलना में पूँजी की सुरक्षा को प्राथमिकता देते हैं। अनेक विनियोजक विनियोग से स्थायी आय प्राप्त करना चाहते हैं। अत:

उनके द्वारा पूँजी का विनियोजन ऋण पत्रों के रूप में किये जाने की वरीयता होती है। इस प्रकार पूँजी ढाँचे में परिवर्तन हेतु विनियोजकों का मनोविज्ञान प्रमुख कारक हो सकता है।

2. वैधानिक कारक (Legal factors)—कभी-कभी संगठनों की पूँजी संरचना में परिवर्तन हेतु कतिपय वैधानिक कारक उत्तरदायी होते हैं। कम्पनी अधिनियम के प्रावधानों के अनुसार किसी निजी कम्पनी के सार्वजनिक कम्पनी बनने की दशा में पूँजी ढाँचे में परिवर्तन अवश्यम्भावी होगा। इसके अतिरिक्त कम्पनियों को केवल समता अंशों एवं पूर्वाधिकार अंशों के निर्गमन की अनुमति प्राप्त है। इन कम्पनियों द्वारा पूर्व से निर्गत स्थगित अंशों (Deferred Shares) को अनिवार्य रूप से समता अथवा पूर्वाधिकार अंशों के रूप में परिवर्तित करना होगा।

3. जलयुक्त सम्पत्तियों का अपलेखन (Watered Assets Write Off)—कभी-कभी आर्थिक चिट्ठे में बाह्य साज-सज्जा (Out ward Dressing) हेतु कतिपय अमूर्त सम्पत्तियों को प्रदर्शित किया जाता है। वे सम्पत्तियाँ मूल्यहीन होती हैं अथवा उनका वास्तविक मूल्य पुस्तकीय मूल्य से कम होता है। ऐसी सम्पत्तियों को चिट्ठे से निकाल कर पूँजी संरचना में परिवर्तन करना पड़ता है।

4. सरलीकरण (Simplification)—संगठन की पूँजी संरचना में विभिन्न प्रकार की प्रतिभूतियों को स्थान देने पर जटिलता एवं अनावश्यक भ्रम की स्थिति उत्पन्न होती है। अत: उन्हें सरलीकृत करने हेतु पूँजी संरचना में परिवर्तन करना होता है।

5. अल्प पूँजीकरण (Under Capitalisation)—संगठन के विकास एवं कार्यक्षमता में अभिवृद्धि होने पर लाभार्जन क्षमता में भी वृद्धि होती है। अत: कम्पनी में अल्प पूँजीकरण की समस्या उत्पन्न होती है। अल्प पूँजीकरण के निवारण हेतु अतिरिक्त पूँजी की व्यवस्था ऋणों द्वारा अथव अंशों के निर्गमन द्वारा की जा सकती है। जिसके परिणाम स्वरूप पूँजी ढाँचा प्रभावित होता है।

6. एकीकरण एवं संविलय (Amalgamation and Absorption)—कभी-कभी कम्पनियों द्वारा प्रतिस्पर्धा का सामना करने हेतु अथवा संघ (Pool) भावना से आपस में मिलकर एक नई कम्पनी का स्वरूप प्रदान कर दिया जाता है। इसे कम्पनियों का एकीकरण कहते हैं। किन्तु यदि एक कम्पनी द्वारा दूसरी कम्पनी के व्यापार को क्रय कर लिया जाता है तो उस दशा को कम्पनियों का संविलयन कहा जाता है। उक्त दोनों दशाओं में एकीकृत एवं संविलयित कम्पनियों के अंशों में एकरूपता लाने हेतु पूँजी ढाँचे में परिवर्तन आवश्यक होता है।

पूँजी ढाँचे में परिवर्तन पूँजी की मात्रा में वृद्धि अथवा कमी करके किया जाता है। इसे पुन: पूँजीकरण की संज्ञा दी जाती है। इसके अतिरिक्त पूर्व निर्धारित पूँजी मिश्रण के स्वरूप में परिवर्तन करके जैसे अल्पकालिक ऋणों को दीर्घकालिक ऋणों के रूप में परिवर्तन ऋण पत्रों की ब्याज दरों में परिवर्तन पर अधिक ब्याज वाले ऋणों का समायोजन कम ब्याज वाले ऋणों से करना इत्यादि पूँजी का पुनर्वित्तीयकरण कहलाता है। कम्पनी की आन्तरिक एवं बाह्य संरचना में परिवर्तन पूर्व अंशधारकों के हितों को सुरक्षित रखकर किया जाता है। प्राय: कार्यशील पूँजी की मात्रा में अभिवृद्धि एवं लाभदेयकता में वृद्धि हेतु पूँजी ढाँचे में परिवर्तन किया जाता है। इस माध्यम को पुनर्निर्माण की संज्ञा दी जाती है।

समता पर व्यापार
(Trading on Equity)

सामान्यतया कम्पनियों द्वारा अपनी वित्त सम्बन्धी आवश्यकताओं की पूर्ति हेतु समता अंश पूँजी, पूर्वाधिकार अंश पूँजी एवं ऋण पूँजी का प्रयोग किया जाता है। समता अंशों पर लाभांश का भुगतान विधि द्वारा बाध्यकारी न होकर अपितु स्वैच्छिक होता है। कम्पनी में होने वाले लाभों में से ब्याज एवं पूर्वाधिकारी अंशधारकों को लाभांश का भुगतान करने के उपरान्त अवशिष्ट राशि समता अंशधारकों के मध्य वितरित कर दी जाती है। समता अंशों पर लाभांश की दर प्राय: अनिश्चित रहती है। लाभांश नीति के माध्यम से निर्मित प्रावधानों से आच्छादित समता अंशों की लागत का भुगतान संगठन द्वारा पूर्णरूपेण नियंत्रित होता है। इसके विपरीत दीर्घकालीन ऋणों एवं ऋण पत्रों के रूप में प्राप्त पूँजी पर देय ब्याज का भुगतान कम्पनी का विधिक उत्तरदायित्व होता है। संगठन में हानि होने पर भी ब्याज के रूप में देय राशि का भुगतान ऋणदाताओं को करना पड़ता है। पूर्वाधिकार अंशों के निर्गमन की दशा में संगठन को पर्याप्त लाभ होने पर ही पूर्वाधिकारी अंशधारकों को लाभांश का भुगतान अनिवार्यत: करना होता है। अत: कम्पनी के प्रवर्तकों द्वारा नियंत्रण,

जोखिम की मात्रा, लाभदेयकता, पूँजी की लागत इत्यादि तथ्यों के आधार पर पूँजी मिश्रण (Capital mixture) तैयार करना चाहिए।

व्यावहारिक तौर पर संगठन की स्थापना स्वामित्व पूँजी (Owner's capital) अथवा समता अंश पूँजी के द्वारा ही की जाती है। ऋण पूँजी प्राय: संगठन की स्थापना के उपरान्त प्राप्त करने का प्रयास किया जाता है। वस्तुत: स्वामित्व पूँजी (समता अंश पूँजी एवं संचय तथा आधिक्य) का आधार ही ऋणदाताओं को रक्षात्मक कवच प्रदान करता है। संगठन की साख समता में अभिवृद्धि करता है। अत: समता पूँजी के आधार पर ही ऋण पूँजी प्राप्त करना समता पर व्यापार कहलाता है। जब व्यावसायिक संगठनों द्वारा व्यवसाय का संचालन स्वामित्व पूँजी की अपेक्षा अधिक मात्रा में ऋण पूँजी के माध्यम से किया जाता है तो यह क्रिया समता पर व्यापार (Trading on equity) कहलाती है। कभी-कभी व्यवसाय के प्रवर्तक, अधिकतम लाभार्जन की इच्छा से न्यूनतम विनियोग के माध्यम से व्यवसाय पर अधिकतम नियंत्रण स्थापित करने का प्रयास करते हैं जिससे समता अंश पूँजी पर अधिकतम लाभांश घोषित करके अधिकाधिक लाभ संग्रहीत करते हैं। इस सिद्धान्त के अनुसार, संगठन के स्वामियों, प्रबन्धकों अथवा प्रवर्तकों द्वारा अत्यल्प मात्रा में समता अंशों का निर्गमन करके अधिकांश पूँजी व्यवस्था दीर्घकालीन ऋणों एवं ऋणों पत्रों के माध्यम से की जाती है। ऐसी दशा में संगठन के स्वामी न्यूनतम विनियोग करके अधिकतम सम्पत्तियों का स्वामित्व प्राप्त कर लेते हैं।

गर्स्टेनबर्ग के शब्दों में "जब कोई व्यक्ति अथवा निगम स्वामित्व पूँजी के साथ-साथ ऋण पूँजी का भी प्रयोग करके नियमित रूप से अपने व्यवसाय का संचालन करता है। तो इसे समता पर व्यापार कहा जाता है।"[1]

गुथमैन एवं डुग्गल के अनुसार[2]—किसी फर्म के वित्त प्रबन्धन हेतु स्थिर लागत पर ऋण कोषों का प्रयोग समता पर व्यापार कहलाता है।

संगठन द्वारा समता पर व्यापार करने की दशा में ऋण पूँजी का अनुपात समता पूँजी की तुलना में काफी अधिक होता है। इस नीति का अनुसरण प्रबन्धकों द्वारा तभी किया जाता है जब उन्हें यह विश्वास होता है कि संगठन ऋण पूँजी पर चुकाये जाने वाले ब्याज की तुलना में अधिक आय अनवरत प्राप्त कर सकेगा। समता पर व्यापार नीति तभी लाभदायक हो सकती है जब संगठन की प्रत्याय दर ऋण पूँजी की लागत अथवा ब्याज दर से अधिक रहे।

उद्देश्य (Object)—संगठन द्वारा समता पर व्यापार (Trading on equity) करने के निम्नलिखित उद्देश्य होते हैं—

(i) संगठन के स्वामियों, प्रवर्तकों एवं प्रबन्धकों द्वारा अपेक्षाकृत न्यूनतम स्वामित्व पूँजी के आधार पर अधिक ऋण पूँजी प्राप्त करके संगठन पर नियंत्रण स्थापित करना एवं बनाये रखना।

(ii) संगठन के समता अंशधारकों को अधिकतम लाभांश घोषित करना।

(iii) समता अंश पूँजी की मात्रा सीमित रखकर स्वामित्व सम्बन्धी अधिकार न्यूनतम लोगों के पास रखना।

(iv) स्वयं द्वारा न्यूनतम विनियोग करके अवशिष्ट पूँजी दीर्घकालीन ऋणों एवं ऋणपत्रों के माध्यम से एकत्रित करके व्यवसाय की अधिकतम सम्पत्तियों पर स्वामित्व प्राप्त करना।

प्रकार (Types)—संगठन के अन्तर्गत समता पर व्यापार नीति का परिपालन प्राय: तीन प्रकार से किया जाता है—

1. अल्प समता पर व्यापार (Trading on Minimum Equity)—जब कम्पनी की समता अंश पूँजी उसकी ऋण पूँजी की तुलना में अत्यधिक कम होती है तो यह स्थिति अल्प समता पर व्यापार कहलाती है। उदाहरणस्वरूप यदि संगठन की कुल पूँजी रु० 5,00,000 में समता पूँजी का भाग मात्र 1,00,000 तथा ऋण पूँजी का भाग रु० 4,00,000 हो तो ऐसी कम्पनी अल्प समता व्यापार वाली कम्पनी कहलाती है।

2. उच्च समता पर व्यापार (Trading on Maximum Equity)—जब किसी संगठन में समता अंश पूँजी की तुलना में ऋण पूँजी की मात्रा अपेक्षाकृत अधिक होती है तो वह संगठन उच्च समता पर व्यापार वाला संगठन कहलाता है। जैसे यदि किसी संगठन की समस्त पूँजी रु० 10,00,000 में रु० 7,00,000 समता अंश पूंजी के माध्यम से तथा रु० 3,00,000 ऋण पूँजी के माध्यम से एकत्रित किये जायें।

---

1. "When is a Person or a corporation use borrowed capital as well as owned capital in the regular conduct of its business. He or it is said to be trading on equity." — *Gerstenberg.*
2. The use of borrowed funds, at the fixed cost for financing a firm is known as trading on equity. — *Guthmann and Dougall*

3. शून्य समता पर व्यापार (Trading on Zero Equity)—यदि कम्पनी की अंश पूँजी की मात्रा एवं ऋण पूँजी की मात्रा समान होती है तो इसे शून्य समता पर व्यापार की संज्ञा दी जाती है।

लाभ (Benefit)—संगठन में समता पर व्यापार नीति का अनुसरण करने के लाभ निम्नवत् हैं—

1. लाभांश दरों में वृद्धि (Increase in Dividend Rates)—कम्पनी द्वारा समता पर व्यापार करने की दशा में चूँकि पूँजी का अधिकांश भाग ऋण पूँजी के रूप में प्राप्त किया जाता है, अत: संगठन की लाभदेयकता ऋण पूँजी पर देय ब्याज से अधिक होने के कारण संगठन के लाभों में अभिवृद्धि हो जाती है। जिसके परिणामस्वरूप समता अंशधारकों को मिलने वाले लाभांश की दरों में वृद्धि होती है।

2. ख्याति में वृद्धि (Increase in Goodwill)—संगठन की लाभांश दरों में वृद्धि होने पर बाजार में कम्पनी की ख्याति भी बढ़ती है जिसके परिणामस्वरूप समता अंशों के बाजार मूल्य में भी वृद्धि होती है।

3. ऋण प्राप्त करना सहज—बाजार में कम्पनी की ख्याति अच्छी रहने पर विभिन्न वित्तीय संस्थाओं बैंकों एवं ऋण दाताओं से अपेक्षाकृत कम ब्याज दर पर ऋण प्राप्त करने में सुगमता होती है।

सीमाएँ (Limitations)—समता पर व्यापार नीति की सीमाएँ निम्नवंत् हैं—

1. आय की अनिश्चितता एवं अस्थिरता (Uncertainty and Instability of Earnings)—समता पर व्यापार नीति संगठन के लिए उन स्थितियों में लाभकारी हो सकती है जब संगठन की आय में निरन्तरता, निश्चितता एवं स्थायित्व हो। आय की अनिश्चितता होने पर यह नीति संगठन के लिए हानिकारक हो सकती है। सामान्य तौर पर संगठन के लाभों में स्थायित्व की कमी होती है। हानि अथवा कम लाभ वाले वर्षों में ऋणों पर ब्याज का भुगतान कठिन होता है।

2. ऊँची ब्याज दर (Higher Interest Rates)—सामान्य तौर पर समता पर व्यापार नीति के अन्तर्गत समता पूँजी की तुलना में ऋण पूँजी का अधिक मात्रा में प्रयोग होने के कारण ऋणों पर देय ब्याज दर प्रत्येक अनुवर्ती ऋणों के साथ बढ़ती जाती है, क्योंकि संगठन द्वारा लिया जाने वाला प्रत्येक नया ऋण, अदायगी की जोखिम में अभिवृद्धि करता है।

3. प्रबन्धकों का दृष्टिकोण (Attitude of Management)—संगठन की आर्थिक स्थिति अनुकूल होने पर ऋण पत्रों के माध्यम से पूँजी एकत्रित करना सहज होता है। किन्तु अंश पूँजी की अपेक्षा ऋण पूँजी मितव्ययी होने पर भी प्रबन्धकों द्वारा समता पर व्यापार नीति का परित्याग कर दिया जाता है, क्योंकि कभी-कभी ऋणदाता संगठन अपनी शर्तों पर ऋण देना स्वीकार करते हैं।

4. वैधानिक कठिनाइयाँ (Legal Difficulties)—समता पर व्यापार संगठन के लिए लाभदायक होने पर भी कम्पनी सीमा नियमों (Memorandum of Association) एवं कम्पनी अन्तर्नियमों (Articles of association) द्वारा निर्धारित ऋण सीमा से अधिक मात्रा में ऋण पूँजी नहीं प्राप्त कर सकते हैं।

5. अति पूँजीकरण (Over Capitalisation)—संगठन के परिचालन में एक सीमा के उपरान्त मात्र ऋण पूँजी का प्रयोग करने पर हानि के लक्षण दृष्टिगत होने लगते हैं। ब्याज की दरों में वृद्धि के कारण संगठन द्वारा अत्यधिक मात्रा में अपने अर्जन ब्याज एवं ऋणों के भुगतान में व्यय करने पड़ते हैं। परिणामस्वरूप संगठन की प्रत्याय दर में कमी हो जाती है। विनियोजित पूँजी के अनुपात में लाभार्जन क्षमता में अभिवृद्धि न हो पाने के कारण अति पूँजीकरण की स्थिति उत्पन्न हो जाती है।

6. ऋणदाताओं का हस्तक्षेप (Dominance of Lenders)—अनवरत् रूप से एवं अत्यधिक मात्रा में ऋण पूँजी के द्वारा व्यापार करने की दशा में वित्तीय संस्थाएँ एवं ऋण दाता संगठन की गतिविधियों में हस्तक्षेप करने लगती हैं। ऋण शर्तों के अनुसार भुगतान न करने पर उनके द्वारा नोटिस आदि देकर समापन की प्रक्रिया आरम्भ कर दी जाती है।

समता पर व्यापार नीति उपरोक्त सीमाओं से आबद्ध होने पर भी हमारे देश में सफल रही है। संगठन की लाभार्जन क्षमता ऋण पूँजी की लागत से अधिक होने पर यह नीति अत्यन्त कारगर होती है।

उदाहरण (Illustration) 4.

Two firms X and Y having capital of Rs 5,00,000 each. These firms earn Profit of Rs. 1,00,000, before interest and tax. The firm X managed its whole capital by ordinary shares. But firm Y has obtained Rs.2,00,000 by equity share Rs. 1,00,000 by 10% Debentures and Rs. 2,00,000 by 12% Preference shares the income tax Rate is 50%.

Comments on the Policy of Trading on equity followed by the firm. X

हल (Solution)–

	Firm X	Firm Y
Earning Before interest tax	1,00,000	1,00,000
Minus Interest on Debentures	-	10,000
Profit before tax	-	-
Less Income tax @ 50%	1,00,000	90,000
	50,000	45,000
Profit after tax	50,000	45,000
Less Dividend on Preference shares	-	24,000
Earning for the Distribution of equity share holders	50,000	21,000
Equity share Capital	5,00,000	2,00,000
Earning on equity share capital (in %)	10%	10.5%

उपर्युक्त आगणन से यह स्पष्ट है कि फर्म Y की लाभार्जन क्षमता Firm X की अपेक्षा अधिक है। फर्म Y द्वारा समता पर व्यापार (Trading on equity) नीति का अनुसरण करके समता अंशधारकों की आय को बढ़ाया जा सकता है।

उदाहरण (Illustration) 2.

राम एण्ड सन्स तथा श्याम एण्ड सन्स नामक दो कम्पनियाँ निर्माणी व्यवसाय में संलग्न हैं। दोनों कम्पनियों द्वारा विनियोजित पूँजी की मात्रा 1,50,000 है। राम एण्ड सन्स ने अपनी पूँजी में वृद्धि रु० 10 मूल्य वाले 5,000 समता अंशों का निर्गमन करके तथा 1,00,000 के 10 रु० मूल्य वाले 8% ऋण पत्रों के निर्गमन से पूँजी संग्रहीत किया। श्याम एण्ड सन्स ने अपनी समग्र पूँजी की व्यवस्था केवल समता अंशों जिनका मूल्य रु० 10 प्रति अंश है, के माध्यम से किया। इन कम्पनियों का ब्याज एवं कर पूर्व लाभ रु० 50,000 एवं कर की दर 30% है। राम एण्ड सन्स के समता पर व्यापार नीति का विश्लेषण कीजिए।

Solution–

	Ram & Sons	Shyam & Sons
Equity shares @ Rs. 10 each	50,000	1,50,000
8% Debentures	1,00,000	-
Net Profit before Interest and Tax	50,000	50,000
Minus Int. on Debenturs	8,000	-
Profit before tax	42,000	50,000
Minus Income tax @ 30%	12,600	15,000
Profit for the Distribution of Equity share holders	29,400	35,000
Rate of Return on equity shares	58.8%	23.3%

उपर्युक्त गणना से स्पष्ट है कि राम एण्ड सन्स द्वारा समता पर व्यापार नीति का अनुकरण करके समता अंशधारकों के लाभों में अत्यधिक वृद्धि करने का प्रयास किया गया है।

पूँजी दन्तिकरण
(Capital Gearning)

किसी भी संगठन की पूँजी संरचना प्राय: दो प्रकार की लागतों वाली पूँजी से निर्मित होता है—1. स्थिर लागत वाली पूँजी 2. परिवर्तनशील लागत वाली पूँजी। स्थिर लागत वाली पूँजी के अन्तर्गत ऋण पत्र, दीर्घकालीन ऋण एवं पूर्वाधिकार अंश आते हैं, जबकि परिवर्तनशील लागत वाली पूँजी में समता अंशों से प्राप्त पूँजी को सम्मिलित किया जाता है। पूँजी दन्तिकरण अथवा पूँजी मिलान अनुपात स्थिर एवं परिवर्तनशील लागत वाली पूँजी के मध्य सम्बन्धों को प्रस्तुत करता है। किसी भी कम्पनी में पूँजी संरचना को व्यवस्थित रखने हेतु पूँजी दन्तिकरण का विशेष महत्त्व है। इसकी गणना अनुपात के रूप में प्रस्तुत की जाती है।

जे०बैटी के शब्दों में "समता अंशों एवं पूर्वाधिकार अंश पूँजी तथा ऋण पूँजी के मध्य सम्बन्ध को पूँजी दन्तिकरण कहा जाता है।"[1]

ब्राउन एवं हावर्ड के शब्दों में, "पूँजी दन्तिकरण शब्द का प्रयोग किसी कम्पनी की समता अंश पूँजी एवं स्थिर ब्याज वाली प्रतिभूतियों के मध्य अनुपात को प्रदर्शित करने हेतु किया जाता है।"[2]

पूँजी दन्तिकरण के प्रकार (Types of Capital Gearing)—व्यवसायिक संगठन में स्थायी एवं परिवर्तनशील लागत वाली पूँजी की मात्रा के आधार पर पूँजी मिलान अनुपात को तीन वर्गों में किया जा सकता है—1. उच्च दन्तिकरण (High Gearing) 2. निम्न दन्तिकरण (Low Gearing) 3. शून्य दन्तिकरण (Zero Gearing)

1. उच्च दन्तिकरण (High Gearing)—जब परिवर्तनशील लागत वाली पूँजी की मात्रा स्थिर लागत वाली पूँजी की मात्रा से कम होती है तो उसे उच्च मिलान अनुपात तथा उस कम्पनी को उच्च मिलान अनुपात वाली कम्पनी कहा जाता है। अर्थात् जब समता अंश पूँजी की मात्रा ऋण पूँजी एवं पूर्वाधिकार अंश पूँजी की मात्रा से कम होती है तो वह दशा उच्च दन्तिकरण की दशा कहलाती है। जैसे यदि किसी कम्पनी की कुल पूँजी 5,00,000 में से समता अंश पूँजी रु० 1,00,000 एवं ऋण तथा पूर्वाधिकार अंश पूँजी 4,00,000 है। इसका मिलान अनुपात 1 : 4 उच्च दन्तिकरण का प्रतीक है।

2. निम्न दन्तिकरण (Low Gearing)—निम्न दन्तिकरण की अभिव्यक्ति उच्च दन्तिकरण की विपरीत अवस्था से होती है। जब परिवर्तनशील लागत वाली पूँजी (समता पूँजी) स्थिर लागत वाली पूँजी (पूर्वाधिकार अंश एवं ऋण पूँजी) की तुलना में अधिक होती है, तो यह दशा निम्न दन्तिकरण की दशा कहलाती है, तथा वैसी कम्पनियाँ निम्न दन्तिकरण वाली कम्पनियाँ कहलाती हैं। निम्न दन्तिकरण की दशा में दन्तिकरण अनुपात सदैव उच्च होता है। उदाहरणार्थ यदि किसी कम्पनी की कुल पूँजी रु० 2,00,000 में से समता अंश पूँजी 1,50,000 एवं ऋण पूँजी मात्र 50,000 की होने पर पूँजी मिलान अनुपात 3:1 निम्न दन्तिकरण का प्रतीक है।

3. शून्य दन्तिकरण (Zero Gearing)—शून्य दन्तिकरण अथवा दन्तिकरणरहित अनुपात उस स्थिति को कहते हैं जब स्थिर लागत वाली पूँजी एवं परिवर्तनशील लागत वाली पूँजी की मात्रा समान रखी जाय। प्राय: अनेक संगठनों द्वारा समता अंश पूँजी एवं ऋण पूँजी की मात्रा समान रखकर उच्च जोखिम एवं निम्न जोखिम का मिश्रित स्वरूप सन्तुलित जोखिम के रूप में रखा जाता है। जैसे—यदि किसी कम्पनी की कुल पूँजी रु० 10,00,000 में से रु० 5,00,000 समता अंशों के माध्यम से तथा रु० 5,00,000 पूर्वाधिकार अंशों एवं ऋण पत्रों के माध्यम से प्राप्त किये जाते हैं तो वह स्थिति शून्य दन्तिकरण को अभिव्यक्त करती है।

पूँजी दन्तिकरण की कार्यविधि (Procedure of Capital Gearing)—संगठन में पूँजी दन्तिकरण की तुलना किसी स्वचालित वाहन के गियर से की जा सकती है। जिस प्रकार वाहन में गियर संख्या बढ़ाने से गति की तीव्रता आ जाती है, उसी प्रकार संगठन के अन्तर्गत भी पूँजी दन्तिकरण का कार्य संगठन में त्वरण लाना होता है। जिस प्रकार गाड़ी की गति को नियंत्रित करने हेतु गियर का प्रयोग किया जाता है। उसी प्रकार संगठन को नियंत्रित करने हेतु भी दन्तिकरण

---

1. The relation of ordinary shares (equity shares) to Preference share capital and loan capital is described as the capital grearing.
— J. Batty

2. The term capital gearing is used to describe the Ratio between the equity shares (ordinary shares) and fixed interest bearing securities of the company.
— Brown and Howard.

का प्रयोग किया जाता है। पूँजी का उचित दन्तिकरण संगठन की आर्थिक सुदृढ़ता हेतु परमावश्यक होता है। संगठन में प्रयुक्त होने वाली पूँजी को दन्तिकरण के प्रयोगार्थ निम्न तीन भागों में विभाजित किया जाता है—

(i) स्थायी लागत पूँजी (Fixed Cost Capital)—स्थायी लागत वाली पूँजी संगठन की वह पूँजी है, जिस पर एक निश्चित दर से प्रत्याय का भुगतान संगठन को करना पड़ता है। इस पूँजी के अन्तर्गत ऋण पूँजी, दीर्घकालीन ऋण पूँजी, ऋणपत्र एवं पूर्वाधिकार अंश पूँजी को सम्मिलित किया जाता है। इस पूँजी पर प्रतिवर्ष एक निश्चित दर के ब्याज का भुगतान संगठन को करना होता है। संगठन के लाभों में अनवरत् वृद्धि होने पर यह पूँजी अपेक्षाकृत सस्ती एवं अनुकूल होती है। किन्तु संगठन में लाभदायी स्थितियों के प्रतिकूल होने पर यह पूँजी संगठन के लिए भारस्वरूप बन जाती है। चूँकि इस पूँजी पर देय राशि का भुगतान संगठन की विधिक बाध्यता होती है।

(ii) परिवर्तनशील लागत पूँजी (Variable Cost Capital)—परिवर्तनशील लागत पूँजी पर देय प्रत्याय स्थायी लागत वाली पूँजी की भाँति स्थिर न रहकर अपितु परिवर्तनशील रहता है। इस प्रकार की पूँजी के अन्तर्गत स्वामित्व पूँजी अर्थात् समता अंश पूँजी आती है। इस पूँजी की लागत अनिश्चित एवं परिवर्तनशील रहती है। समता अंश धारक संगठन के स्वामी होते हैं। उन्हें कम्पनी की सभाओं में मतदान का अधिकार होता है। अतः संगठन में होने वाले समस्त लाभों में से स्थायी पूँजी लागत घटा देने के उपरान्त अवशिष्ट राशि में समस्त अथवा प्रतिधारक आय (Retained earning) की मात्रा को छोड़कर शेष राशि समता अंशधारकों के मध्य वितरित कर दी जाती है। समता अंशधारकों को देय लाभांश की मात्रा संचालकों द्वारा निर्धारित लाभांश नीति पर निर्भर करती है। समता अंशों पर लाभांश की घोषणा संगठन की विधिक बाध्यता नहीं होती, लाभों की मात्रा पर्याप्त होने पर ही लाभांश की घोषणा की जाती है। संगठन में लाभ की मात्रा कम होने की दशा में समता पूँजी पर देय लाभांश संगठन के लिए प्रभारस्वरूप नहीं होते, किन्तु संगठन के लाभों में अनवरत वृद्धि की दशा में समता अंशधारकों को अधिक मात्रा में लाभांश का भुगतान करना होता है। अतः संगठन के लाभों में कमी हो जाती है।

(iii) शून्य लागत पूँजी (Zero Cost Capital)—संगठन में विनियोजित होने वाली मौद्रिक स्वरूप वाली पूँजी की कुछ-न-कुछ लागत अवश्य होती है, किन्तु व्यवसाय में अमूर्त सम्पत्तियों की भाँति कुछ अमूर्त पूँजी भी होती है। जिसका संगठन को कोई मूल्य नहीं चुकाना पड़ता उदाहरणस्वरूप साख संचित कोष, अदत्त व्यय इत्यादि।

जिस प्रकार आटोमोबाइल वाहनों को स्टार्ट करते समय न्यूट्रल गियर में रखा जाता है तथा इंजन के स्टार्ट होने पर गाड़ी को निम्न गियर से उठाया जाता है। वाहन के गतिशील होने के साथ-साथ उसके गियर भी उच्चीकृत होते चले जाते हैं। उसी प्रकार उपक्रम की स्थापना काल में शून्य गियरिंग (Zero Gearing) में रखते हुए धीरे-धीरे संगठन को निम्न गियरिंग से उच्च गियरिंग की ओर ले जाना चाहिए। अर्थात् प्रारम्भिक चरण में ऋण एवं समता पूँजी की मात्रा समान रखना चाहिए। धीरे-धीरे परिवर्तनशील लागतवाली पूँजी की मात्रा में अभिवृद्धि करते हुए संगठन के यौवनावस्था में ऋण पूँजी की मात्रा में सापेक्ष रूप से वृद्धि करना संगठन के लिए श्रेयस्कर होता है। ऋण पूँजी की मात्रा में अभिवृद्धि तभी की जानी चाहिए जब व्यवसाय की आय नियमित एवं उच्च होने लगे, किन्तु व्यवसाय से होने वाली आय की अनिश्चितता होने पर ऋण पूँजी की मात्रा कम रखते हुए केवल समता अंश पूँजी की सहायता से उद्यम का संचालन करना चाहिए। वित्तीय प्रबन्धन के क्षेत्र में इस विचारधारा को ही पूँजी दन्तिकरण के नाम से सम्बोधित किया जाता है।

व्यापार चक्रों में दन्तिकरण का प्रभाव

अर्थव्यवस्था में आने वाला उतार-चढ़ाव व्यापार चक्र के नाम से जाना जाता है। व्यापार चक्र काल में पूँजी दन्तिकरण वित्तीय प्रबन्धकों के हाथ में एक महत्त्वपूर्ण औजार होता है। जिसके माध्यम से व्यापार चक्र का संगठन पर पड़ने वाला प्रभाव कम किया जा सकता है। पूँजी दन्तिकरण का प्रभाव मुद्रा स्फीति अथवा तेजीकाल तथा मुद्रा अवस्थिति अथवा मंदी काल दोनों स्थितियों में दृष्टिगत होता है।

(क) मुद्रा स्फीति काल (Inflation Period)—मुद्रा स्फीति अथवा तेजी काल में वस्तुओं एवं सेवाओं के मूल्य में वृद्धि हो जाती है। परिणामस्वरूप लाभ अधिक होते हैं। अतः इस काल में उच्च दन्तिकरण का प्रयोग संगठन के लिए अधिक उपयुक्त होता है। स्थायी लागत वाली पूँजी की लागत पूर्ववत् ही रहती है। अतः इस पूँजी का अधिक मात्रा में प्रयोग किया जा सकता है। इस काल में ऋण पत्रों पर ब्याज एवं पूर्वाधिकार अंशों पर लाभांश देने के पश्चात् भी इतनी आय बच जाती है क्योंकि इन प्रतिभूतियों पर ब्याज की दर पूर्वनिश्चित होती है। अतः अवशिष्ट अतिरेक को समता अंशधारकों के मध्य वितरित कर दिया जाता है।

(ख) मुद्रा अवस्फीति काल (Deflation Period)—मुद्रा अवस्फीति काल में वस्तुओं एवं सेवाओं के मूल्यों में गिरावट आ जाती है। अतः संगठन के लाभ अनिश्चित एवं अपेक्षाकृत कम हो जाते हैं। कभी-कभी तो संगठन में हानि की स्थिति उत्पन्न हो जाती है। अतः इस काल में निम्न दन्तिकरण नीति का अनुपालन करना चाहिए। स्थायी लागत वाली पूँजी की तुलना में परिवर्तनशील लागत वाली पूँजी का अधिक मात्रा में प्रयोग करना संगठन के लिए हितकर होता है। अर्थात् इस काल में ऋण पूँजी एवं पूर्वाधिकार अंश पूँजी की अपेक्षा समता अंश पूँजी के माध्यम से एकत्रित पूँजी का प्रयोग अधिक मात्रा में करना चाहिए। मंदी काल में वस्तुओं की मांग में असन्तुलन होने के कारण व्यवसाय की आय में गिरावट होती है। अतः उच्च दन्तिकरण का प्रयोग संगठन के लिए हानिकर होता है।

EBIT-EPS के मध्य सम्बन्ध
(Relationship between EBIT and EPS)

किसी भी संगठन के लिए अनुकूलतम पूँजी संरचना के निर्धारण हेतु ब्याज एवं कर पूर्व आय (earning before interest and tax) (EBIT) एवं प्रति अंश आय (earning Per Share (EPS) के मध्य सम्बन्ध का ज्ञान होना आवश्यक होता है। इस विश्लेषण के माध्यम से विभिन्न वैकल्पिक वित्तीय योजनाओं के माध्यम से प्राप्त फर्म की प्रति अंश आय पर विभिन्न ब्याज एवं कर पूर्व आय के स्तरों के प्रभावों को व्यक्त किया जाता है। वित्तीय प्रबन्धकों द्वारा एक ऐसे पूँजी ढाँचे के निर्माण का प्रयास किया जाता है जिसके माध्यम से अंशधारकों को उच्चतर प्रति अंश आय प्रदान किया जा सके। प्रति अंश आय (EPS) फर्म की कार्य निष्पत्ति के मापक का कार्य करती है। इसके साथ ही प्रति अंश आय के माध्यम से फर्म के मूल्य निर्धारण में भी सहायता मिलती है। वस्तुतः वित्तीय प्रबन्धन का प्रमुख उद्देश्य फर्म के मूल्य में अधिकतम वृद्धि करना है।

अतः पूँजी संरचना का निर्माण इस प्रकार होना चाहिए जिससे पूँजी की औसत लागतों में कमी होने के साथ-साथ फर्म के बाजार मूल्य में अधिकतम वृद्धि हो। ब्याज एवं कर पूर्व आय (EBIT) के उच्च स्तर पर किसी प्रबन्धक द्वारा संगठन की पूँजी संरचना में ऋण पूँजी की मात्रा में अभिवृद्धि का निर्णय सहजता से लिया जा सकता है। जिसके कारण प्रति अंश अर्जन (EPS) में वृद्धि का लाभ प्रदान किया जा सकता है। अतः यह आवश्यक होता है कि विभिन्न वैकल्पिक योजनाओं के अन्तर्गत (EBIT) के विभिन्न स्तरों पर (EPS) का आगणन कर लिया जाय। EBIT के किसी स्तर पर विभिन्न ऋण समता मिश्रणों (Debt equity mix) के पश्चात् भी प्रति अंश आय में समानता रहती हो। EBIT का यह स्तर (EBIT) का सम विच्छेद बिन्दु (Break even level of EBIT) के नाम से जाना जाता है। यह वह स्तर है जिस पर किसी ऋण समता योजना (Debt equity plan) के बावजूद भी प्रति अंश आय में समानता रहती है। ऋण समता का समविच्छेद बिन्दु का चित्र के रूप में प्रदर्शन निम्नवत् है—

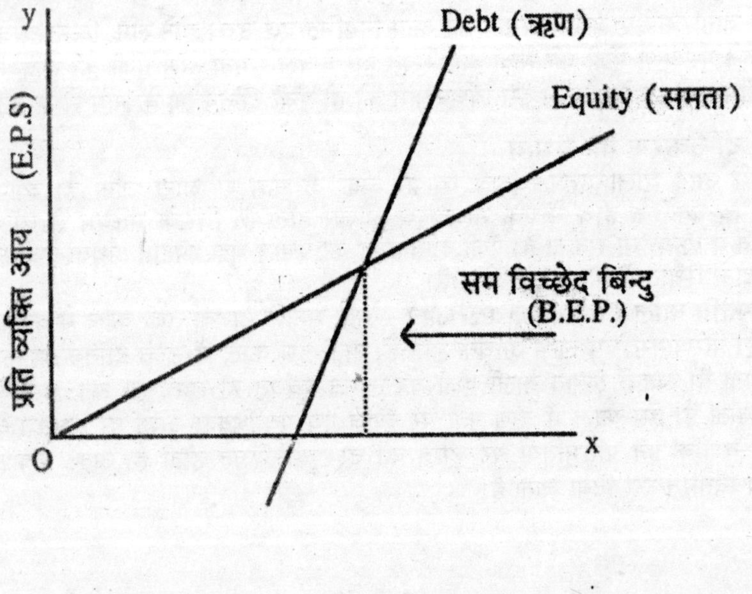

परीक्षा प्रश्न
(Examination Questions)

I. दीर्घ उत्तरीय प्रश्न (Long Answer Type Questions)

1. किसी संगठन की पूँजी संरचना से क्या अभिप्राय है? एक सुदृढ़ पूँजी ढाँचे के गुणों की विवेचना कीजिए।
   What is meant by capital structure of any organisation? Discuss the qualities of sound capital structure.
2. ''एक संगठन की सफलता सुनियोजित पूँजी संरचना पर आधारित होती है।'' परीक्षण कीजिए।
   "The success of an organisation is based on its well planned capital structure." Examine.
3. पूँजी ढाँचे से आप क्या समझते हैं? इसका निर्माण किस प्रकार किया जाता है? किसी पूँजी ढाँचे की प्रभावोत्पादकता का मापन आपके द्वारा कैसे किया जायेगा?
   What do you understand by capital structure? How is it determined? How would you measure the effectiveness of the capital structure?
4. पूँजी दन्तिकरण अनुपात से क्या अभिप्राय है? यह अनुपात ऋण पूँजी अनुपात से किस प्रकार भिन्न है?
   What is meant by Capital Gearing? How is it different from debt equity Ratio?
5. कम्पनी की पूँजी संरचना का निर्धारण करते समय किन-किन तत्त्वों को ध्यान में रखना चाहिए?
   What factors should be in mind while determining the capital structure of company?
6. समता पर व्यापार नीति से क्या आशय है? इसका महत्त्व एवं सीमाएँ स्पष्ट कीजिए।
   What is meant by trading on equity? Explain its importance and limitations.
   (Kashi VidyaPeeth B. Com. 1992)
7. ''स्वेतर धन का प्रयोग एक दोधारी अस्त्र है'' इस कथन को सोदाहरण समझाइये।
   Trading on equity is double edged weapon. Explain this statement with the help of suitable examples. (B.H.U. M. Com. 1991)
8. एक उत्तम पूँजी संरचना में जो गुण होने चाहिए उनकी विस्तृत व्याख्या कीजिए।
   Discuss in detail the qualities of a sound capital structure.
9. एक निगम के पूँजी कलेवर से आप क्या समझते हैं? एक स्वस्थ पूँजी कलेवर में जो मौलिक गुण होने चाहिए उनकी विवेचना कीजिए।
   What do you understand by capital structure of a corporation? Discuss the basic qualities, a sound capital structure should Possess. (A.P.S. University Rewa M. Com. 1990)
10. पूँजी ढाँचे की विभिन्न अवधारणाओं की व्याख्या कीजिए इनकी सीमाओं का विवेचन कीजिए।
    Explain the various concepts of capital structure. Explain its limitations.

II. लघु उत्तरीय प्रश्न (Short Answer Type Questions)

(i) पूँजीकरण एवं पूँजी संरचना में अन्तर बताइये।
Discuss the difference between capitalisation and capital structure.

(ii) पूँजी ढाँचा एवं वित्तीय ढाँचा में क्या अन्तर है?
What is difference between capital structure and financial structure?

(iii) अनुकूलतम पूँजी ढाँचे से आप क्या समझते हैं?
What do you understand by optimum capital structure?

(iv) पूँजी ढाँचे के निर्धारक तत्त्व क्या हैं?
What are Determinants of capital structure?

(v) समता पर व्यापार का क्या आशय है?
What is meant by trading on equity?

(vi) पूँजी दन्तिकरण क्या है?
What is capital Gearing?

(vii) EBIT एवं EPS के मध्य सम्बध की व्याख्या कीजिए।
Explain the Relationship between EBIT and EPS.

III. वस्तुनिष्ठ प्रश्न (Objective Type Questions)

(i) पूँजी का एकत्रीकरण माध्यमों से किया जाता है—
The Collection of capital is being made by the means of
(A) स्थायी लागत वाली पूँजी (B) परिवर्तनशील लागत वाली पूँजी
(C) उपरोक्त सभी (D) उक्त में कोई नहीं
Ans. C

(ii) स्थिर लागत वाली पूँजी के अन्तर्गत सम्मिलित नहीं किये जाते।
Fixed cost capital does not involve
(A) पूर्वाधिकार अंश (B) प्रतिधारित आय
(C) ऋण पत्र (D) दीर्घकालीन ऋण
Ans. B

(iii) परिवर्तनशील लागत वाली पूँजी के अन्तर्गत सम्मिलित किया जाता है।
Variable Cost capital involves.
(A) समता अंश पूँजी (B) पूर्वाधिकार अंश पूँजी
(C) दीर्घकालीन ऋण (D) ऋण पत्र
Ans.A

(iv) संगठन में लाभ की मात्रा में उत्तरोत्तर वृद्धि पर लाभप्रद होती है।
The increase in the Profit Continuously is being Profitable in the organisation.
(A) परिवर्तनशील लागत वाली पूँजी (B) स्थिर लागत वाली पूँजी
(C) समता अंश पूँजी (D) प्रतिधारित आय
Ans. B

(v) उच्च दन्तिकरण के अन्तर्गत
High Gearing involves
(A) ऋण पूँजी की अधिकता (B) समता पूँजी की अधिकता
(C) ऋण पूँजी की कमी (D) इनमें से कोई नहीं।
Ans A.

(vi) निम्न दन्तिकरण के अन्तर्गत महत्त्व दिया जाता है।
Low Gearing Involves.

(A) ऋण पूँजी को (B) समता पूँजी को
(C) पूर्वाधिकार अंश पूँजी (D) ऋण पत्र

Ans. B

(vii) संगठन की सकल पूँजी के अन्तर्गत सम्मिलित होते हैं।
Gross Capital of organisation involve.
(A) समता पूँजी (B) पूर्वाधिकार पूँजी एवं ऋण पत्र
(C) दीर्घकालीन ऋण (D) उक्त सभी

Ans. D

(viii) पूँजी ढाँचे के अन्तर्गत स्त्रोतों को सम्मिलित किया जाता है।
Capital structure involves the sources of.
(A) दीर्घकालीन (B) अल्पकालीन
(C) मध्यमकालीन (D) इनमें से कोई नहीं

Ans. A

(ix) वित्तीय ढाँचे के अन्तर्गत सम्मिलित किया जाता है।
Financial structure involves.
(A) दीर्घकालीन स्त्रोतों को (B) अल्पकालीन स्त्रोतों को
(C) उक्त सभी (D) इनमें से कोई नहीं

Ans. C

(x) अनुकूलतम वित्तीय ढाँचे की विशेषता है—
The Characteristics of optimum capital structure is :
(A) दुरूहता (B) अलोचशीलता
(C) न्यूनतम लागत (D) अधिकतम जोखिम

Ans. C

(xi) पूँजी ढाँचे के निर्धारण तत्त्व हैं—
The Determining factors of capital structures are :
(A) आय (B) व्यवसाय की प्रकृति एवं आकार
(C) नियंत्रण तथा जोखिम (D) उक्त सभी

Ans. D

(xii) समता पर व्यापार नीति के अन्तर्गत
Trading on equity involves.
(A) समता अंश पूँजी की न्यूनता (B) समता अंश पूँजी की अधिकता
(C) ऋण पूँजी की न्यूनता (D) इनमें से कोई नहीं

Ans. A

(xiii) स्वामित्व पूँजी कहलाती है।
Owners capital involves.
(A) पूर्वाधिकार अंश पूँजी (B) समता अंश पूँजी
(C) ऋण पूँजी (D) उक्त सभी

Ans.B

(xvi) उच्च दन्तिकरण की दशा में

In the conditions of High Gearing is.

(A) परिवर्तनशील लागत वाली पूँजी स्थिर लागत वाली पूँजी से कम होती है।

(B) परिवर्तनशील लागत वाली पूँजी स्थिर लागत वाली पूँजी से अधिक होती है।

(C) स्थिर लागत वाली पूँजी परिवर्तनशील लागत वाली पूँजी से कम होती है।

(D) इनमें से कोई नहीं

Ans. A

(xv) निम्न दन्तिकरण के अन्तर्गत

Low Gearing involves.

(A) परिवर्तनशील पूँजी> स्थिर लागत पूँजी

(B) स्थिर लागत पूँजी > परिवर्तनशील लागत पूँजी

(C) परिवर्तनशील पूँजी < स्थिर लागत पूँजी

(D) इनमें से कोई नहीं

Ans. A

क्रियात्मक प्रश्न
(Practical Questions)

1. A तथा B लिमिटेड दो कम्पनियाँ समान प्रकृति के व्यवसाय में संलग्न हैं। प्रत्येक की पूँजी रु० 25,000 है। A लिमिटेड की पूँजी में 10 रु० मूल्य वाले 1000 समता अंश तथा 10 रु० मूल्य वाले 6% ऋण पत्र जिनकी संख्या 1,500 है सम्मिलित हैं। B लिमिटेड की पूँजी में 10 रु० मूल्य वाले 2,500 समता अंश सम्मिलित हैं। लाभ पर कर की दर 50% है।

   यदि ब्याज एवं कर से पूर्व लाभ रु० 5,000 हो तो दोनों कम्पनियों के सम्बन्ध में प्रति अंश आय की गणना कीजिए।

   There are two Companies A limited and B Limited. Both are engaged in the same type of business having capital of Rs. 25,000 each. The capital of A Limited consists of 1,000 equity shares of Rs. 10 each and 1500, 6% Debenture of Rs. 10 each. The Capital of B Limied Comprises 2,500 equity Shares of Rs. 10 each. Tax Rate on Profit is 50%. If the Profit before tax and interest Rs. 5,000 as certain earning Per share in cash of both the companies.

   Ans. A Limited 2.05 or (20.5%) B. Limited- 1.00 (10%) Rajasthan M. Com. ABST 1985

2. एक कम्पनी की विनियोजित पूँजी रु० 5,00,000 है। इसमें से 2,50,000 समता अंशों तथा शेष 2,50,000 8% ऋण पत्रों द्वारा संकलित है। आने वाले 5 वर्षों में कम्पनी ब्याज एवं कर पूर्व आय क्रमशः 45,000, 60,000,12,500, 50,000 तथा 75,000 का अनुमान लगाती हैं। निगम कर की दर 40% होने की दशा में प्रति अंश अर्जन की गणना कीजिए।

   A Company has a total invested capital of Rs. 5,00,000. Out of this Rs. 2,50,000 has been managed through equity capital and Remaining Rs. 2,50,000 through 8% debentures. Incoming five years Company expects to earn before interest and tax Rs. 45,000, 60,000, 12,500, 50,000, and 75,000 Respectively from first to fifth year. The rate of corporate income tax is 40%. Calculate and comment on the earning Per share.

   Ans. Ist year 6%. II year 9.6%. III year 0. IVyear 7.2% (v) year 13.2

3. Total Capital of A Company is Rs. 10,00,000. Following alternatives are available for the company to arrange its capital.

Particulares	Alternatives			
	I	II	III	IV
Ordinary shares	4,00,000	3,00,000	5,00,000	7,00,000
10% Preference shares	3,00,000	3,00,000	2,50,000	3,00,000
12% Debentures	3,00,000	4,00,000	2,50,000	-
Total Capital	10,00,000	10,00,000	10,00,000	10,00,000

The Company's earning before interest and tax is Rs. 1,50,000 Per Annum before charging interest on debentures. Corporate is 50%. Find out the role of dividend for ordinary shares.

I—6.75%, II—7%, III—7%, IV— 6.43

4. ABC limited is capitalised with Rs. 5,00,000 divided in 50,000 equity shares of Rs. 10 each the management wants to raise another Rs. 5,00,000 to finance a major project of expansion through four possible financing plans. The management may finance with debentures (i) all equity shares (ii) 50% debenture as equity share and 50% at 10% interest (iii) all debts at 8% (iv) 50% by equity shares and 50% by 10% preference shares. The company's EBIT is Rs. 75,000, Corporate tax is to be 50%.

Ans. I : 3.75%, II : 2.67%, III : 3.5%, IV : 1.67%

अध्याय 11	अति एवं अल्प पूँजीकरण : कारण, परिणाम एवं उपचार (Causes, Consequences and Remedies of over and under Capitalisation)

परिचय—मानव समाज प्राचीन काल से ही अपने भरण पोषण हेतु किसी-न-किसी रूप में उद्यमरत रहा है। आखेटक से लेकर पशुपालक तक एवं चरवाहे से कृषक तक प्रत्येक रूप में उद्यम का स्थान रहा है। आवश्यकता की पूर्ति हेतु सृजित वस्तु विनियम प्रणाली से उद्भूत "मुद्रा" के चलन तक मानव समाज श्रमसाधक समाज था। तत्कालीन परिस्थितियों में पूँजी के स्थान पर श्रम की उपादेयता सर्वोपरि थी। किन्तु मुद्रा के आविष्कार के उपरान्त समस्त भौतिक वस्तुओं का मूल्य मुद्रा के रूप में परिवर्तित करने की सुविधा होने पर मुद्रा का सृजनशील प्रयोग आरम्भ हुआ। मुद्रा का वह भाग जो मुद्रा की मात्रा में अभिवृद्धि हेतु विनियोजित किया जाता है, पूँजी कहलाता है।

पूँजी शब्द का प्रादुर्भाव मुद्रा के चलन काल से ही हुआ है। आज का युग उद्यमप्रधान युग है। उद्यमिता के विकास हेतु पूँजी एक सशक्त माध्यम है। हम, उद्योग व्यापार, वाणिज्य, पेशा आदि कार्यों की कल्पना पूँजी के अभाव में कदापि नहीं कर सकते। वर्तमान संदर्भों में पूँजी शब्द का प्रयोग एकार्थी न होकर अपितु अनेकार्थी परिप्रेक्ष्य में किया जाता है। प्रयोजन के आधार पर पूँजी का अर्थ विभिन्न क्षेत्रों में भिन्न-भिन्न होता है। मुद्रा के प्रबन्धन से जुड़ी प्रत्येक शाखाओं में पूँजी के अर्थ के सम्बन्ध में प्राय: मतैक्य का अभाव रहा है। वित्तीय प्रबन्धकों लेखापालकों अर्थशास्त्रियों एवं मुद्राशास्त्रियों के मतों में भिन्नता होने के कारण पूँजी की प्रचलित विभिन्न अवधारणाओं का अध्ययन किये बिना हम पूँजी शब्द के वास्तविक अर्थ का विश्लेषण नहीं कर सकते।

अवधारणाएँ—

1. पूँजी की वैधानिक अवधारणा (Legal Conecpt of Capital)—पूँजी की वैधानिक अवधारणा के अन्तर्गत पूँजी शब्द से अभिप्राय संगठन की सम्पत्तियों एवं दायित्वों से होता है। दायित्व की दृष्टि से पूँजी का आशय अंशों के निर्गमन से प्राप्त धनराशि से लगाया जाता है। सम्पत्ति की दृष्टि से पूँजी शब्द का अभिप्राय लेनदारों के लिये उपलब्ध कोषों से होता है। दूसरे शब्दों में पूँजी से अभिप्राय उस धनराशि से है। जिसे स्वामित्व का अधिकार प्राप्त करने हेतु अंशधारकों द्वारा अंशों के बदले कम्पनी को भुगतान किया जाता है। इस प्रकार की पूँजी को अंशों के सममूल्य (Par value) से सम्बद्ध किया जाता है। उदाहरणस्वरूप यदि किसी संगठन द्वारा रु० 1,000 मूल्य वाले 1,000 पूर्ण प्रदत्त अंशों का निर्गमन किया जाता है। तो संगठन की विधिक पूँजी रु० 10,00,000 होगी। वैधानिक पूँजी =सामान्य अंश +पूर्वाधिकार अंश।

2. पूँजी की अर्थशास्त्रीय अवधारणा (Economical Concept of Capital)—पूँजी की अर्थशास्त्रीय अवधारणा अत्यन्त व्यापक है। अर्थशास्त्र में धन के उस भाग को पूँजी की संज्ञा दी जाती है। जिसका उपयोग और अधिक धन बनाने के लिये किया जाता है। **प्रो० फिशर** के अनुसार "पूँजी एक ऐसी सम्पत्ति है। जो भूतकालीन श्रम द्वारा उत्पन्न की जाती है एवं जिसका उपयोग अधिक धनोत्पत्ति के साधन के रूप में किया जाता है।"[1] इसी प्रकार **प्रो० टामस** ने भूमि को छोड़कर व्यक्ति तथा समाज की सम्पत्ति के उस भाग को जिसका प्रयोग अधिक मात्रा में धन पैदा करने हेतु किया जाता है, पूँजी की संज्ञा दी है।

वस्तुत: अर्थशास्त्रीय अवधारणा के अन्तर्गत मनुष्य द्वारा उत्पादित वह धन पूँजी के अन्तर्गत सम्मिलित किया जाता है जिसका प्रयोग और अधिक धन के उत्पादन हेतु किया जाता है। किसी भी आर्थिक संगठन द्वारा जितनी धनराशि का

---

1. "Capital is that Property which is the Product of Past Labour but which is used as a means of further Production."
— Prof. Fisher

विनियोजन उत्पादन प्रक्रिया में किया जाता है। वह एक समय के उपरान्त संगठन की सकल सम्पत्तियों के समतुल्य हो जाता है। पूँजी की यह अवधारणा पूँजी की क्रियाशीलता के स्वभाव का विवेचन करती है। भूमि स्थिर तत्त्व होने के कारण इसे पूँजी की परिभाषा में सम्मिलित नहीं किया जाता है किन्तु व्यापक एवं व्यावहारिक तौर पर भूमि के अभाव में हम धन उत्पादन प्रक्रिया की संकल्पना ही नहीं कर सकते। अत: पूँजी के अन्तर्गत भूमि तत्त्व को भी सम्मिलित करना समीचीन होगा।

अर्थशास्त्रीय पूँजी = बैंक में रोकड़ + भवन + फर्नीचर + वाहन + प्लाण्ट एवं मशीन + अंतिम रहतिया

3. पूँजी की लेखांकन सम्बन्धी अवधारणा (Accounting Concept of Capital)—पूँजी की लेखांकन सम्बन्धी अवधारणा के अन्तर्गत पूँजी शब्द से आशय व्यवसाय के आर्थिक चिट्ठे में दायित्व पक्ष की ओर से दिखाई जाने वाली पूँजी से होता है। इस पूँजी से अभिप्राय स्वामित्व पूँजी (Owner's Capital) अथवा समता पूँजी से है। समता पूँजी के अन्तर्गत उन अंशों के चुकता मूल्य के अतिरिक्त संचित कोष तथा आधिक्य को भी सम्मिलित किया जाता है। इस प्रकार की पूँजी व्यावहारिक तौर पर शुद्ध पूँजी (Net worth) अथवा स्वामित्व पूँजी (Owner's Capital) भी कहलाती है। इस पूँजी का प्रत्यक्ष सम्बन्ध संस्था के स्वामित्व से होता है। संगठन की सम्पत्तियों का स्वामित्व स्वामियों एवं लेनदारों के अधीन होता है। वस्तुत: आर्थिक चिट्ठे के सम्पत्ति पक्ष को प्रदर्शित सम्पत्तियों का प्रत्यक्ष सम्बन्ध, स्वामित्व पूँजी एवं संगठन के दायित्वों से होता है। सम्पत्तियों में से दायित्वों को घटा दिये जाने के उपरान्त प्राप्त राशि स्वामित्व पूँजी होती है। कम्पनी की सम्पत्तियों में ऋण पूँजी के रूप में प्राप्त धनराशि का विनियोजन हो सकता है किन्तु इसे लेखांकन अवधारणा में सम्मिलित नहीं किया जाता।

वस्तुत: वित्तीय प्रबन्धन के क्षेत्र में पूँजी शब्द से अभिप्राय स्वामित्व पूँजी (Owner's Capital) से होता है। समस्त पूँजी को जोखिम पूँजी (Risk Capital) अथवा समता पूँजी (Equity Capital) तथा ऋण पूँजी (Debt Capital) के रूप में वर्गीकृत किया जा सकता है।

वेस्टन एवं ब्राइम के शब्दों में ''जोखिम पूँजी का अभिप्राय व्यवसाय के स्वामियों द्वारा प्रदत्त कोषों से होता है। जब कि ऋण पूँजी का अभिप्राय ऋणदाताओं द्वारा प्रदत्त पूँजी से है।''[1]

Net worth or owner's captital = Equity share Capital + Preference share Capital + Reserve funds + Undivided Profits-miscellaneous expenses—

लेखांकन पूँजी = सामान्य अंश + पूर्वाधिकार अंश + सामान्य संचय + अवितरित लाभ – विविध व्यय

4. पूँजी की व्यवसाय सम्बन्धी अवधारणा (Business Concept of Capital)—पूँजी की व्यवसाय सम्बन्धी अवधारणा के अन्तर्गत पूँजी शब्द से अभिप्राय व्यवसाय में विनियोजित सकल धनराशि से है। वस्तुत: किसी भी आर्थिक संगठन का उद्देश्य लाभार्जन होता है। अत: संगठन के उद्देश्य की पूर्ति हेतु प्रयुक्त सम्पत्तियों के कुल मूल्य के बराबर पूँजी की आवश्यकता होती है। पूँजी की व्यवसाय सम्बन्धी अवधारणा के संदर्भ में विभिन्न विद्वानों में मतैक्य का अभाव है। कतिपय विद्वान व्यावसायिक पूँजी की गणना हेतु व्यवसाय की समस्त सम्पत्तियों में विनियोजित धन को सम्मिलित करते हैं। परन्तु कतिपय विद्वान व्यावसायिक पूँजी की गणना हेतु कृत्रिम तथा अमूर्त सम्पत्तियों को सम्मिलित नहीं करते। वस्तुत: व्यावसायिक पूँजी की गणना हेतु मूर्त सम्पत्तियों के साथ-साथ अमूर्त सम्पत्तियों जैसे पेटेन्ट, कापीराइट, प्रारम्भिक व्यय आदि पर होने वाले व्ययों को सम्मिलित करना ही समीचीन होगा।

व्यावसायिक पूँजी = स्थायी सम्पत्तियाँ + चालू सम्पत्तियाँ।

पूँजी की परिभाषा (Definition of Capital)

पूँजी शब्द का प्रयोग बहुआयामी अर्थों में किये जाने के कारण इसके प्रयोग के आधार पर परिभाषाओं का वर्गीकरण किया गया है। पूँजी की प्रचलित विभिन्न अवधारणाओं के आधार पर पूँजी को निम्नानुसार परिभाषित किया गया है—

1. ''पूँजी वह सम्पत्ति है जो भूतकाल के श्रम द्वारा उत्पन्न होती है, परन्तु जिसका प्रयोग धन उत्पादन के साधन के रूप में किया जाता है।''

—प्रो० फिशर

---

1. "Equity is the amount of funds contributed by the owners of the business. Debit is the amount owned to the creditor."

— Weston & Brigham

Capital is that Property which is the Product of Past Labour but which is used as a means of further Production."
— Prof Fisher

2. ''भूमि को छोड़कर व्यक्ति तथा समाज की सम्पत्ति का वह भाग जिसका प्रयोग अधिक मात्रा में धन उत्पन्न करने हेतु किया जाता है, पूँजी कहलाता है।''
—प्रो० टामस

Capital is that Part of the wealth of individuals and of Communities, other than land, which is used to assist in the Production of further wealth.
—Prof. Thomas

3. ''पूँजी शब्द का प्रयोग उत्पादन के उन सभी उपकरणों के लिये किया जाता है, जिन्हें मनुष्य स्वेच्छानुसार भविष्य में उत्पादन करने के उद्देश्य से निर्मित करता है।''
—प्रो० स्टोनियर एवं हेग

विशेषताएँ—उपरोक्त वर्णित परिभाषाओं के आधार पर पूँजी की निम्न विशेषताएँ परिलक्षित होती है।

(i) पूँजी उत्पादन का निष्क्रिय किन्तु अत्यन्त महत्त्वपूर्ण तत्त्व है। श्रम के अभाव में पूँजी प्रभावहीन होती है।

(ii) पूँजी का जन्म मनुष्य द्वारा की गई बचतों से होता है, अत: पूँजी उत्पादन का मानव निर्मित साधन है।

(iii) उत्पादन के अन्य सभी तत्त्वों में पूँजी सर्वाधिक गतिशील तत्त्व है। इसमें स्थान एवं व्यावसायिक दोनों प्रकार की गतिशीलता विद्यमान होती है।

(iv) पूँजी की आपूर्ति अत्यन्त लोचदार होने के कारण माँग के अनुरूप इसका समायोजन सहजता से किया जा सकता है।

पूँजी का वर्गीकरण (Classification of Capital)

पूँजी शब्द का प्रयोग विशद एवं बहुअर्थी होने के कारण इसके विभाजन हेतु अनेक आधारों का प्रयोग किया जाता है। पूँजी प्राप्ति के स्रोत, विनियोजन काल, पूँजी का प्रयोग, विनियोग मात्रा एवं लेखांकन के आधार पर पूँजी को वर्गीकृत किया जा सकता है। वस्तुत: पूँजी निर्माण का प्रत्यक्ष सम्बन्ध व्यक्तिगत बचतों से होता है। पूँजी निर्माण में बूँद से सागर तक की कहावत चरितार्थ होती है। समाज में बचत करने वाले वर्ग ही प्राय: पूँजी विनियोजक वर्ग नहीं होते। इसके अतिरिक्त जोखिम तत्त्व सहन करने की सामर्थ्य वाले लोगों द्वारा अंशों के माध्यम से ऋण पत्रों के माध्यम से बैंक ऋण द्वारा, निजी स्रोतों से पूँजी का एकत्रीकरण करके लाभदायी विनियोजनों में प्रयोग किया जाता है। पूँजी का विनियोजन काल कितनी अवधि का होगा? यह तथ्य भी पूँजी की वहनीयता एवं लाभदेयकता पर प्रत्यक्ष प्रभाव डालता है। विभिन्न आधारों पर पूँजी को निम्नानुसार वर्गीकृत किया जा सकता है—

1. स्रोतानुसार वर्गीकरण (Classification on the Basis of Sources)

पूँजी प्राप्ति के स्रोत के आधार पर पूँजी को निम्नानुसार वर्गीकृत किया जा सकता है—

(i) स्वामी पूँजी (Owned Capital)—स्वामी पूँजी जैसा कि नाम से ही स्पष्ट है, इस प्रकार की पूँजी का प्रबन्धन व्यवसाय के स्वामियों द्वारा किया जा सकता है। इस पूँजी के अन्तर्गत अंशों के माध्यम से प्राप्त पूँजी (समता एवं पूर्वाधिकार अंश) संचित कोष एवं आधिक्य को सम्मिलित किया जाता है। पूँजी विनियोजकों का संगठन में स्वामित्व होने के कारण इस प्रकार की पूँजी पर कम्पनियों द्वारा लाभांश का भुगतान किया जाता है। इस प्रकार की पूँजी में विनियोजन करने पर प्राय: जोखिम का तत्त्व अपेक्षाकृत अधिक मात्रा में उपलब्ध होता है।

(ii) ऋण पूँजी (Loaned Capital)—इस प्रकार की पूँजी संगठन द्वारा ऋणों के रूप में प्राप्त की जाती है। यह पूँजी संगठन के अल्पकालीन, मध्यकालीन एवं दीर्घकालीन आवश्यकताओं के अनुरूप ऋणदाताओं द्वारा प्रदान की जाती है। ऋणदाता, व्यक्ति, संगठन, वित्तीय संगठन आदि हो सकते हैं। ऋणदाता बाह्य व्यक्ति होते हैं तथा वे संगठन के लेनदार होते हैं। संगठन के संचालन एवं प्रबन्धन में इनका कोई योगदान नहीं होता। संगठन में इन्हें किसी भी प्रकार का स्वामित्व नहीं प्राप्त होता पूँजी विनियोजन के प्रतिफलस्वरूप उन्हें लाभांश न प्राप्त होकर अपितु ब्याज प्राप्त होता है। ऋणदाताओं द्वारा ऋण के रूप में प्रदत्त राशि पूर्णतया सुरक्षित होती है तथा उनकी माँग पर या समय सीमा की समाप्ति पर विनियोजकों को ऋण के रूप में प्राप्त पूँजी ऋणदाताओं को वापस करनी होती है। इस प्रकार की पूँजी में बाण्ड ऋणपत्र बैंक ऋण बन्धक पत्र लेनदारों से प्राप्त ऋण आदि को सम्मिलित किया जाता है। इसमें ब्यांज का निर्धारण पुनर्भुगतान अवधि के आधार पर किया जाता है।

2. काल आधारित वर्गीकरण (Time Based Classification)—पूँजी का काल आधारित वर्गीकरण विनियोजकों द्वारा संगठन में विनियोजित पूँजी के समय पर आधारित है। सामान्तया संगठन में पूँजी का विनियोग कई प्रकार की कालावधियों के लिये किया जाता है। पूँजी का कुछ भाग अल्पकाल हेतु तथा कुछ भाग मध्यकाल हेतु तथा आधारभूत संरचना के सृजन हेतु अपेक्षाकृत अधिक भाग दीर्घकाल हेतु विनियोजित किया जाता है। पूँजी का काल आधारित वर्गीकरण प्राय: निम्न प्रकार के होते हैं—

(i) अल्पकालीन पूँजी (Short term Capital)—संगठन की अल्पकालीन पूँजी, वह पूँजी होती है जो संगठन की नैत्यक (Routine) एवं अल्पकालीन आवश्यकताओं की पूर्ति हेतु उपलब्ध होती है। यह पूँजी प्राय: व्यवसाय में एक वर्ष या इससे कम अवधि हेतु प्रयोग में लाई जाती है। यह पूँजी कच्चे माल, वेतन, मजदूरी किराया, कर आदि रूप में प्रयोग की जाती है। इस प्रकार की पूँजी व्यापारिक साख बैंक अधिविकर्ष, देय विपत्र, नकद साख तथा विभिन्न निक्षेपों से प्राप्त की जाती है।

(ii) मध्यकालीन पूँजी (Medium term Capital)—मध्यकालीन पूँजी, वह पूँजी होती है जो सामान्य तौर पर संगठन में एक वर्ष से अधिक एवं तीन से 5 वर्ष तक के लिये विनियोजित होती है। इस पूँजी का प्रयोग प्राय: सम्पत्तियों के प्रतिस्थापन, नवीनीकरण एवं न्यून मात्रा में कार्यशील पूँजी की आवश्यकताओं की सम्पूर्ति हेतु किया जाता है। यह पूँजी जन निक्षेप शोध्य पूर्वाधिकार अंश, ऋण पत्रों, व्यापारिक बैंकों एवं वित्तीय निगमों के माध्यम से प्राप्त की जाती है।

(iii) दीर्घकालीन पूँजी (Long term Capital)—दीर्घकालीन पूँजी की आवश्यकता प्राय: संगठन की दीर्घकालीन आवश्यकताओं की सम्पूर्ति हेतु होती है। दीर्घकालीन पूँजी का विनियोजन संगठन के अन्तर्गत आधारभूत संरचना के सृजन हेतु किया जाता है। प्राय: यह पूँजी 5 वर्ष से अधिक अवधि के लिये विनियोजित की जाती है। किसी वाणिज्यिक संगठन में दीर्घकालीन पूँजी का संकलन, अंशों, ऋण पत्रों, संचित कोषों लाभों के पुनर्विनियोजन आदि माध्यमों से किया जाता है। इस प्रकार की पूँजी संगठन में, भूमि, भवन, उपकरण, फर्नीचर तकनीक आदि के क्रय हेतु उपयोग में लाई जाती है। दीर्घकालीन पूँजी का प्रयोग प्राय: संगठन में एक बार किया जाता है। जिसका लाभ संगठन को उसके सम्पूर्ण जीवन काल तक प्राप्त होता रहता है।

3. उपयोग आधारित वर्गीकरण (Classification on the Basis of Application)—प्राय: संगठन में उपयोग के आधार पर दो प्रकार की पूँजी की आवश्यकता होती है, पूँजी की कुछ मात्रा का प्रयोग दीर्घकालीन आवश्यकताओं की पूर्ति हेतु किया जाता है तथा पूँजी की कुछ मात्रा अल्पकालीन आवश्यकताओं की पूर्ति हेतु प्रयोग में लाई जाती है।

(i) स्थायी पूँजी (Fixed Capital)—इसे स्थायी पूँजी या अचल पूँजी के नाम से जाना जाता है। इस प्रकार की पूँजी का प्रयोग व्यवसाय की दीर्घकालिक आवश्यकताओं की पूर्ति हेतु किया जाता है। संगठन में स्थायी सम्पत्तियों के सृजन हेतु प्राय: इस पूँजी का प्रयोग किया जाता है। इसके अतिरिक्त स्थायी पूँजी का प्रयोग प्रारम्भिक विकास व्यय प्रवर्तन, व्यय विस्तार एवं सुधार व्यय तथा स्थायी कार्यशील पूँजी आदि व्ययों हेतु किया जाता है। स्थायी पूँजी का प्रयोग प्राय: अनवरत् प्रयोज्य सम्पत्तियों के सृजन हेतु किया जाता है। इन सम्पत्तियों में तरलता की मात्रा कम होने तथा दीर्घकालीन उपयोग होने के कारण इन्हें स्थायी सम्पत्ति कहा जाता है।

(ii) कार्यशील पूँजी (Working Capital)—संगठन में चालू सम्पत्तियों के रूप में विनियोजित पूँजी कार्यशील पूँजी कहलाती है। इस प्रकार की पूँजी अत्यन्त तरल होती है। इसका स्वरूप निरन्तर परिवर्तित होता रहता है। एक वित्तीय वर्ष के दौरान ही कार्यशील पूँजी विभिन्न उद्देश्यों की सम्पूर्ति हेतु प्रयोग में लाई जाती है। जैसे कच्चे माल का क्रय एवं निर्मित माल के विक्रय से पुन: रोकड़ वापसी का चक्र। सैद्धान्तिक तौर पर चालू दायित्वों पर चालू सम्पत्तियों के आधिक्य को चालू पूँजी कहते हैं।

4. कम्पनी अधिनियम आधारित वर्गीकरण (Classification on the Basis of Company Act)—भारतीय कम्पनी अधिनियम, 1956 की धारा 211 अनुसूची VI भाग 1 के अन्तर्गत पूँजी को चिट्ठे के निर्धारित प्रारूपानुसार निम्नवत् वर्गीकृत किया गया है—

(i) अधिकृत अथवा पंजीकृत पूँजी (Authorised or Registered Capital)—अधिकृत अथवा पूँजीकृत पूँजी से अभिप्राय उस पूँजी से है जिससे कम्पनी पंजीकृत होती है। यह पूँजी की वह अधिकतम मात्रा है जिसे जनता से प्राप्त करने हेतु कम्पनी अधिकृत होती है। इस पूँजी का उल्लेख कम्पनी के पंजीयन काल में ही पार्षद सीमा नियम (Memorandum of association) में कर दिया जाता है।

(ii) निर्गमित पूँजी (Issued Capital)—कम्पनी द्वारा अपनी सम्पूर्ण अधिकृत पूँजी का निर्गमन जनता के लिए न करके अपितु आवश्यकतानुसार कुछ भाग नकद अथवा किसी अन्य प्रतिफल के प्रतिकार स्वरूप निर्गमित किया जाता है। उसे निर्गमित पूँजी कहते हैं, जैसे किसी कम्पनी की अधिकृत पूँजी रु० 10,00,000 है जो कि 10 रु० के 1,00,000 के अंशों में विभाजित है कम्पनी द्वारा केवल 50,000 अंशों का निर्गमन जनता के लिये किये जाने पर निर्गमित पूँजी मात्र 5,00,000 होगी।

(iii) प्रार्थित पूँजी (Subscribed Capital)—निर्गमित पूँजी का सम्पूर्ण भाग जनता द्वारा स्वीकार किया जाना आवश्यक नहीं होता है। अत: निर्गमित पूँजी का वह भाग जो जनता द्वारा आवेदित होता है। उसे प्रार्थित पूँजी कहते हैं। जैसे कम्पनी द्वारा निर्गमित 50,000 अंशों में से मात्र 40,000 अंश जनता द्वारा आवेदित होने पर प्रार्थित पूँजी रु० 4,00,000 होगी।

(iv) याचित पूँजी (Called up Capital)—कम्पनी द्वारा जनता के निर्गमित किये गये अंशों का सम्पूर्ण मूल्य एक साथ न लेकर प्राय: पंजीयन, प्रथम याचना, द्वितीय याचना, अंतिम याचना आदि रूप में लिया जाता है। अत: याचित पूँजी प्रार्थित पूँजी का वह भाग है जो कम्पनी द्वारा वास्तविक तौर पर भुगतान के रूप में माँगी गई है। जैसे—40,000 अंशों पर मात्र 5 रु० प्रति अंश कम्पनी द्वारा पंजीयन हेतु माँगे जाने पर याचित पूँजी रु० 2,00,000 होगी।

(v) चुकता पूँजी (Paid up Capital)—याचित पूँजी का वह भाग जिसे जनता को आवंटित किया गया है तथा जिसका भुगतान अंशधारकों से प्राप्त हो चुका है, चुकता पूँजी कहलाती है। जैसे 40,000 अंशों की याचित पूँजी पर मात्र 5 रु० प्रति शेयर कम्पनी द्वारा याचना करने पर सम्पूर्ण याचित भुगतान जनता द्वारा किये जाने पर चुकता पूँजी रु० 2,00,000 होगी। याचित धनराशि का भुगतान सदस्यों द्वारा न किये जाने की दशा में उन्हें (अदत्त याचिनाएँ) (Calls in arrear) कहा जाता है।

पूँजीकरण (Capitalisation)

मानव द्वारा प्राचीन काल से ही प्राय: दो प्रकार की क्रियाएँ सम्पादित की जाती रही हैं—1. आर्थिक क्रियाएँ 2. अनार्थिक क्रियाएँ आर्थिक क्रियाओं के सम्पादन में तीन प्रकार के कार्यों को सम्मिलित किया जाता रहा है। 1. व्यवसाय 2. उद्योग 3. पेशा, इन समस्त कार्यों के सम्पादन हेतु न्यूनाधिक मात्रा में पूँजी की आवश्यकता होती है। वस्तुत: पूँजी व्यावसायिक जीवन का आधार स्तम्भ है, इसके अभाव में न तो किसी भी प्रकार की व्यवसाय/उद्यम प्रारम्भ कर सकते हैं और न ही सफलतापूर्वक संचालित कर सकते हैं। दूसरे शब्दों में, पूँजी औद्योगिक क्रियाकलापों के लिये जीवनदायी रक्त के समान है। पूँजीकरण शब्द का प्रादुर्भाव पूँजी से ही हुआ है। सामान्य तौर पर पूँजीकरण पूँजी की वह मात्रा है, जिसका निर्धारण धारित अंशों, ऋण पत्रों एवं बाण्डों से होता है। वास्तविक अर्थों में लाभोपार्जन हेतु अंशों, ऋण पत्रों के अतिरिक्त संचित कोषों एवं आधिक्यों का भी प्रयोग किया जाता है। अत: वृहद अर्थों में पूँजीकरण के अन्तर्गत स्वामित्व पूँजी, ऋण पूँजी संचय आधिक्य एवं दीर्घकालीन तथा अल्पकालिक ऋणों को सम्मिलित किया जाता है।

पूँजीकरण की प्रकृति, मात्रा एवं व्यवस्था के अनुसार उद्यम की लाभदेयकता एवं सफलता का निर्धारण सर्वविदित है। पूँजीकरण के अन्तर्गत इस तथ्य का सुनिश्चयन आवश्यक होता है कि कितनी मात्रा में संगठन द्वारा अंश पूँजी का संग्रहण किया जाय, तथा कितनी मात्रा में ऋण पूँजी का, अंश पूँजी एवं ऋण पूँजी के मध्य साम्य आवश्यक होता है। विस्तृत अर्थों में पूँजीकरण को वित्तीय योजना के पर्याय के रूप में जाना जाता है। जिसके अन्तर्गत पूँजी की मात्रा, किस्म एवं व्यवस्था से सम्बन्धित कार्यों को सम्मिलित किया जाता है। संकुचित अर्थों में पूँजीकरण के अन्तर्गत उस धनराशि को सम्मिलित किया जाता है। जिस पर संगठन के उद्यम को मूल्यांकित किया जाता है।

पूँजीकरण की परिभाषाएँ (Definitions of Capitalisation)—पूँजीकरण के अर्थ, प्रकृति एवं क्षेत्र के संदर्भ में विभिन्न विद्वानों में मतैक्य का अभाव रहा है। कतिपय विद्वान पूँजीकरण के अन्तर्गत अंशधारकों द्वारा धारित अंश पूँजी एवं ऋण पत्र धारियों द्वारा धारित ऋण पूँजी को ही सम्मिलित करते हैं। अन्य अनेक वित्तशास्त्रियों द्वारा अंशों, ऋण पत्रों द्वारा धारित पूँजी के साथ-साथ संचित कोषों एवं आधिक्यों को भी पूँजीकरण के अन्तर्गत सम्मिलित किया जाता है। संक्षेप में कतिपय विद्वानों द्वारा दी गई परिभाषाएँ निम्नवत् हैं—

1. "व्यावहारिक दृष्टि से पूँजीकरण का अर्थ किसी संस्था में नियमित रूप से प्रयुक्त कुल पूँजी के सकल लेखा मूल्य से है।"[1]

—गर्स्टेनबर्ग

2. "पूँजीकरण निगम की अदत्त स्टाक एवं बन्ध पत्रों के सममूल्य का योग है।" —गुथमैन एवं डुग्गल

पूँजीकरण की यह परिभाषा केवल अंश पूँजी एवं ऋण पूँजी को ही इसके अन्तर्गत सम्मिलित करती है। लाभोपार्जन के परिणामस्वरूप होने वाले संचितों एवं आधिक्यों को इसके अन्तर्गत सम्मिलित नहीं किया जाता है।

3. "पूँजीकरण के अन्तर्गत निगम की स्वामित्व पूँजी तथा उधार पूँजी सम्मिलित होती है। जिसका प्रस्तुतीकरण दीर्घकालिक ऋणों के रूप में होता है। इसका तात्पर्य पूँजी स्कन्ध के सम्पूर्ण लेखांकन मूल्य से भी हो सकता है।[2]

—लिलियन डोरिस

पारम्परिक विचारधारा के पोषक विद्वान केवल दीर्घकालीन पूँजी को ही पूँजीकरण के अन्तर्गत सम्मिलित करते हैं। इस विचारधारा के अन्तर्गत लेनदारों से प्राप्त ऋण सुविधा एवं वित्तीय संस्थानों से प्राप्त अल्पकालिक ऋणों को सम्मिलित नहीं किया जाता। किन्तु आधुनिक विचारधारा के पोषक विद्वान किसी भी व्यावसायिक संगठन के वित्तीयकरण में अल्पकालीन पूँजी को भी महत्त्वपूर्ण स्थान देते हैं। **वाकर** एवं **वाधन** के शब्दों में "पूँजीकरण का प्रयोग केवल दीर्घकालीन ऋण एवं पूँजी को सम्बोधित करने हेतु भ्रामक है।"

"वस्तुत: पूँजीकरण किसी भी आर्थिक संगठन के अन्तर्गत निहित वह राशि है, जिसका सृजन स्वामित्व पूँजी, संचित एवं आधिक्य, दीर्घकालीन एवं अल्पकालीन ऋण पूँजी के संयोजन से होता है।"

पूँजीकरण के सिद्धान्त (Theories of Capitalisation)—किसी आर्थिक संगठन में पूँजीकरण की मात्रा का निर्धारण एवं पूँजीगत आवश्यकताओं का पूर्वानुमान निर्धारित करने हेतु निम्न दो सिद्धान्तों का प्रयोग किया जाता है—

1. पूँजीकरण का लागत सिद्धान्त, 2. पूँजीकरण का आय सिद्धान्त

पूँजीकरण का लागत सिद्धान्त (Cost theory of Capitalisation)—इस सिद्धान्त को ऐतिहासिक, परम्परागत अथवा तुलना पत्र विधि सिद्धान्त भी कहा जाता है। पूँजीकरण का लागत सिद्धान्त फर्म के पूँजीकरण हेतु उसकी विभिन्न सम्पत्तियों में अनुमानित विनियोग पर आधारित होता है। इस सिद्धान्त के अनुसार, संगठन की स्थापना पर होने वाले वास्तविक व्यय के समतुल्य पूँजीकरण की धनराशि होती है। वस्तुत: संगठन की मौलिक सम्पत्तियों, जैसे भवन, मशीनरी, औजार आदि पर होने वाले विनियोग ही पूँजीकरण की राशि होती है। इस सिद्धान्त के अन्तर्गत पूँजीकरण की मात्रा सुनिश्चित करने हेतु प्रस्तावित उद्यम का प्रक्षेपित आर्थिक चिट्ठा (Projected Balance Sheet) तैयार किया जाता है। चिट्ठे में सम्पत्ति पक्ष की ओर दर्शायी जाने वाली समस्त मदों का योग ही पूँजीकरण की धनराशि होती है। दूसरे शब्दों में, व्यवसाय के प्रतिस्थापन सम्बन्धी सम्पूर्ण प्रारम्भिक व्ययों, परिचालन हेतु आवश्यक स्थायी सम्पत्तियों, कार्यशील पूँजी, आदि को जोड़कर पंजीकरण की धनराशि की गणना की जाती है। उदाहरणस्वरूप यदि किसी औद्योगिक संगठन की कार्यशील पूँजी रु० 2,00,000 स्थायी सम्पत्तियाँ रु० 4,00,000 तथा संगठन की प्रतिस्थापन लागत रु० 50,000 हो तो पूँजीकरण की राशि 6,50,000 रु० होगी। यह सिद्धान्त वर्तमान परिव्यय (Current outlay) पर अत्यधिक बल देता है।

गुण (Merits)

पूँजीकरण का लागत सिद्धान्त यद्यपि कि पूर्ण नहीं है। इस सिद्धान्त के अन्तर्गत निर्धारित पूँजीकरण एक निश्चित समय पर संगठन के चालू विनियोग मूल्य (Current Investment Value) की उपेक्षा करती है, किन्तु फिर भी लागत सिद्धान्त के कतिपय प्रमुख लाभ निम्नांकित हैं—

(i) यह सिद्धान्त अत्यन्त सरल एवं गणना करने में सुविधाजनक है। समग्र सम्पत्तियों एवं प्रारम्भिक व्ययों पर विनियोजित धनराशि का सकल योग ज्ञात करके पूंजीकरण की राशि का निर्धारण किया जा सकता है।

(ii) संगठन के प्रतिस्थापन काल में विभिन्न सम्पत्तियों के क्रय हेतु पूँजी की आवश्यकता होती है। इन्हीं सम्पत्तियों पर विनियोजित धनराशि के आधार पर संगठन के पूँजीकरण का निर्धारण अधिक तर्कसंगत है।

---

1. For all Practical Purposes capitalisation some times means the total accounting value of all the capital regularly employed in the business.
— *Gerstenberg, Financial Organisation & Management*

2. Capitalisation of Corporation Comprises the ownership and borrowed capital as represented by long term indebtedness. It may also mean the total accounting value of the capital stock.

(iii) नई कम्पनियों के प्रतिस्थापन हेतु प्रारम्भिक स्तर पर होने वाले व्ययों की मात्रा का सुनिश्चियन इस सिद्धान्त द्वारा आसानी से किया जा सकता है।

(iv) यह सिद्धान्त उन संगठनों के लिये अधिक उपयुक्त है जिनमें स्थायी पूँजी का विनियोग अत्यधिक मात्रा में होता है। तथा आय की निरन्तरता बनी रहती है। जैसे—जनोपयोगी संगठन (Public Utility Organisation)

दोष (Demerits)

पूँजीकरण के लागत सिद्धान्त में निम्न दोष हैं—

(i) इस सिद्धान्त के अनुसार, निर्धारित पूँजीकरण की राशि आय के परिवर्तन के साथ अपरिवर्तित रहती है। जबकि सम्पत्ति के वास्तविक मूल्य का निर्धारण उसके द्वारा अर्जित आय से होता है।

(ii) इसके अन्तर्गत व्यवसाय की वर्तमान आवश्यकताओं को ध्यान में रखकर भावी वित्तीय आवश्यकताओं की उपेक्षा की जाती है।

(iii) यह सिद्धान्त नवीन व्यवसायों के लिये व्यावहारिक है किन्तु पूर्व स्थापित उद्यमों के लिये अत्यन्त अव्यावहारिक है।

(iv) इस सिद्धान्त के अन्तर्गत सम्पत्तियों की लागत का अनुमान एक समय विशेष पर किया जाता है। किन्तु व्यावहारिक तौर पर मूल्य स्तर परिवर्तन होने के कारण ऐसे अनुमान अव्यावहारिक हो जाते हैं।

(v) प्रारम्भिक लागतें (Historical Cost)—अपरिवर्तित रहने के कारण कोई सम्पत्ति, अनुपयुक्त, अप्रचलित, अथवा आंशिक उपयोगी होने की दशा में उसके लागत मूल्य से वास्तविक मूल्य कम हो जाने के कारण अति पूँजीकरण की सम्भावना होती है।

(vi) प्रतियोगी व्यवसायों में जहाँ परिचालन व्यय परिवर्तनशील हैं तथा आय प्राप्ति की निश्चितता एवं निरन्तरता नहीं होती, ऐसे संगठनों में पूँजीकरण का लागत सिद्धान्त अनुपयुक्त होता है। पूँजीकरण का लागत सिद्धान्त वर्तमान संदर्भों में अधिक उपयुक्त नहीं है क्योंकि इसके अन्तर्गत व्यवसाय की अर्जन क्षमता की उपेक्षा की जाती है। वस्तुतः सम्पत्तियों पर किये गये विनियोजन को आधार मानने की दशा में स्थिर सम्पत्तियों के पूर्ण उपयोग न होने पर संगठन की अर्जन क्षमता प्रभावित होती है। अत: व्यवसाय का वास्तविक मूल्य उस धनराशि को मानना चाहिए जिस पर वह व्यवसाय उपयुक्त दर से लाभांश प्रदान कर सके। अत: लागत सिद्धान्त की अपेक्षा पूँजीकरण का आय सिद्धान्त अपेक्षाकृत अधिक तर्कसंगत प्रतीत होता है।

पूँजीकरण का आय सिद्धान्त (Earning Theory of Capitalisation)—वस्तुतः किसी भी आर्थिक संगठन का प्रथम व अंतिम लक्ष्य लाभोपार्जन होता है। लाभोपार्जन के अभाव में न तो किसी संगठन की स्थापना की जा सकती है और न ही उसे सुचारु रूप से संचालित किया जा सकता है। लाभ उपार्जन क्षमता ही संगठन की वास्तविक सफलता अथवा असफलता के मापदण्ड का सुनिश्चयन करती है। पूँजीकरण का आय सिद्धान्त संगठन की लाभार्जन क्षमता के आधार पर पूँजीकरण की राशि का निर्धारण करता है। अब प्रश्न उठता है कि कोई संगठन न्यूनतम कितनी मात्रा में लाभोपार्जन करे। वस्तुतः लाभोपार्जन की न्यूनतम सीमा वह धनराशि होनी चाहिये, जिसमें से समस्त व्ययों को घटाने के उपरान्त ऋण पर देय ब्याज व अंशधारियों द्वारा विनियोजित पूँजी पर उचित मात्रा में लाभांश दिया जा सके। यदि कोई संगठन उक्त मूलभूत उद्देश्य की सम्पूर्ति करने में अक्षम हो तो लागत के आधार पर विनियोजित पूँजी का अवमूल्यन अवश्य होगा। यदि कोई संगठन अनवरत् घाटे में चल रहा है तो विनियोजित पूँजी का वास्तविक मूल्य लागत मूल्य से क्रमशः घटता जायेगा किन्तु यदि संगठन की शुद्ध आय अनवरत् रूप से बढ़ रही है तो विनियोजित पूँजी का वास्तविक मूल्य लागत मूल्य से अधिक होगा। वस्तुतः संगठन की अर्थोपार्जन क्षमता उसके पूँजीकरण की मात्रा का निर्धारण करती है। इस सिद्धान्त के अनुसार पूँजीकरण की राशि का निर्धारण निम्न सूत्र द्वारा किया जा सकता है—

$$\text{पूँजीकरण की राशि} = \frac{\text{अनुमानित वार्षिक आय} \times 100}{\text{पूंजीकरण की प्रचलित दर}}$$

$$\text{Amount of Capitalisation} = \frac{\text{Estimated Annual Earnings} \times 100}{\text{Current rate of Capitalisation}}$$

उदाहरणार्थ—किसी कम्पनी की सम्भावित वार्षिक आय रु० 10,00,000 तथा पूँजीकरण की प्रचलित दर 20% हो तो पूँजीकरण की राशि होगी।

$$= \frac{1,00,000 \times 100}{20} = \text{Rs. } 5,00,000$$

पूँजीकरण के आय सिद्धान्त के अनुसार, पूँजीकरण की गणना हेतु दो महत्त्वपूर्ण तत्त्वों, अनुमानित वार्षिक आय एवं पूँजीकरण की प्रचलित दर का निर्धारण आवश्यक होता है।

अनुमानित वार्षिक आय (Estimated Annual Earnings)—किसी व्यावसायिक संस्था की अनुमानित वार्षिक आय का आकलन पूर्व के वर्षों में होने वाले लाभों के आधार पर किया जाता है। कार्यरत संगठनों में वार्षिक अनुमान की गणना विगत अनुकूल तथा प्रतिकूल परिस्थिति वाले वर्षों में होने वाली आय का औसत ज्ञात करके किया जा सकता है। कार्यरत संगठनों के पुनर्गठन (Re-organisation) पुनर्निर्माण (Re-construction) के समय पूँजीकरण की मात्रा निर्धारित करने हेतु अनुमानित वार्षिक आय की गणना भूतकालीन लाभों का औसत ज्ञात करके की जाती है। इस प्रकार के अनुमान भावी वर्षों में वास्तविक हो यह आवश्यक नहीं है क्योंकि भावी वषों के लाभ आन्तरिक एवं बाह्य तथा आर्थिक सामाजिक एवं राजनैतिक तत्त्वों से प्रभावित होते हैं। अत: औसत आय को उद्यम के आन्तरिक, बाह्य एवं अन्य घटकों के प्रभाव से समायोजित करना चाहिए।

नवीन कम्पनी के प्रवर्तन पर भावी आय का अनुमान दुरुह होता है क्योंकि इन कम्पनियों में पूर्व वर्षों में होने वाले लाभों की मात्रा शून्य होती है। ऐसी दशा में औसत आय की गणना हेतु समान परिस्थितियों में कार्यरत व्यावसायिक इकाइयों द्वारा अर्जित लाभों के आधार पर प्रस्तावित कम्पनी की सम्भावित आय को अनुमानित किया जाता है। इसके लिये सर्वप्रथम अनुमानित कुल माँग का आकलन करके एक निश्चित मूल्य स्तर को आधार मानकर सकल बिक्री की राशि का अनुमान लगाया जायेगा, तत्पश्चात सकल बिक्री की राशि से परिचालन व्ययों को घटाकर शुद्ध आय (Net Income) की गणना की जाती है। तुलना करते समय प्रस्तावित कम्पनी का आकार, आयु, प्रबन्ध स्तर, स्थान, विस्तार की सम्भाव्यता, राजकोषीय नीति, उपभोक्ताओं की रुचि आदि तथ्यों पर अवश्य विचार किया जाना चाहिये।

पूँजीकरण की प्रचलित दर (Current rate of Capitalisation)—पूँजीकरण की प्रचलित दर वह दर होती है जिस पर किसी संगठन की अनुमानित वार्षिक आय को पूँजीकृत किया जाता है। वस्तुत: पूँजीकरण की प्रचलित दर का निर्धारण अत्यन्त कठिन कार्य होता है क्योंकि यह दर अलग-अलग उद्यमों में देश, काल, परिस्थिति के अनुसार भिन्न भिन्न हो सकती है। प्राय: पूँजीकरण के लिये यह वह प्रत्याय दर है जो उसे संगठन द्वारा विनियोजकों से पूँजी प्राप्त करने हेतु भुगतान करनी होती है। प्राय: निर्माणी उद्यमों में उद्यम विशेष में कार्यरत कम्पनियों द्वारा पूँजी पर उपार्जित लाभ की औसत दर के आधार पर पूँजीकरण की प्रचलित दर का आकलन कर लिया जाता है। उदाहरणस्वरूप, यदि किसी समान प्रकृति वाले उद्यम में अधिकांश कम्पनियाँ 15% आय (ब्याज एवं कर से पूर्व) अर्जित कर रही हैं तो ऐसी स्थिति में पूँजीकरण की प्रचलित दर 20% निर्धारित की जा सकती है। पूँजीकरण की प्रचलित दर 20% से अभिप्राय 20 रु० की आय को इस दर से पूँजीकृत करने पर पूँजीकरण की राशि रु० 100 होना है।

उदाहरणार्थ—यदि किसी कम्पनी की अनुमानित औसत आय रु० 50,000 वार्षिक है। तथा समान प्रकृति की अन्य कम्पनियों में विनियोजित सकल पूँजी पर 20% की दर से आय उपार्जित होती है तो पूँजीकरण की राशि निम्न होगी।

$$= \frac{50,000 \times 100}{20} = 2,50,000$$

अर्थात् कम्पनी की कुल पूँजीकरण राशि रु० 2,50,000, सम्भावित आय की 5 गुना होगी। दूसरे शब्दों में प्रस्तावित कम्पनी का पूँजीकरण रु० 2,50,000 कर देने की दशा में 20% की दर से लाभार्जन हेतु कम्पनी की शुद्ध आय न्यूनतम रु० 50,000 आवश्यक होगी।

कम्पनी की पूँजीकरण की मात्रा का निर्धारण होने के उपरान्त यदि कम्पनी भावी वर्षों में अनुमानित आय का उपार्जन करने में सक्षम होगी तो कम्पनी के पूँजीकरण को अनुकूल पूँजीकरण (Favourable Capitalisation) कहा जायेगा। किन्तु यदि वास्तविक आय अनुमानित आय से कम होगी तो ऐसी स्थिति कम्पनी के लिये अति पूँजीकरण (Over capitalisation) की स्थिति होगी। इसके विपरीत पूर्वानुमानित आय से वास्तविक आय अधिक होने की दशा में

कम्पनी अल्प पूँजीकृत (Under capitalisation) मानी जायेगी। यह स्थिति कम्पनी की लाभोपार्जन दक्षता को प्रदर्शित करती है।

लाभ (Merits)—

(i) पूँजीकरण का आय सिद्धान्त अपेक्षाकृत अधिक तर्कसंगत है। क्योंकि इसके अन्तर्गत उद्यम की अर्थोपार्जन क्षमता को दृष्टिगत रखते हुए पूँजीकरण की राशि का निर्धारण किया जाता है।

(ii) पूर्व में स्थापित एवं संचालित उद्यमों में पूँजीकरण की राशि का निर्धारण करने हेतु यह सिद्धान्त अत्यन्त उपयोगी है।

(iii) प्रतियोगी प्रतिष्ठानों के लिये यह सिद्धान्त अनुकूल होता है।

दोष (Demerits)—

(i) उद्यम की सम्भावित आय का पूर्वानुमान तथा पूँजीकरण की प्रचलित दर का सुनिश्चयन कठिन होता है।

(ii) पूँजीकरण की राशि पर पश्चात्वर्ती वर्षों में सामाजिक, आर्थिक, राजनैतिक मुद्रास्फीति व्यापार चक्र, राजकोषीय नीति, वित्तीय जोखिम तथा प्रतियोगिता आदि तत्त्वों का प्रत्यक्ष प्रभाव पड़ता है। इस सिद्धान्त में इन तत्त्वों की उपेक्षा की जाती है।

(iii) नवप्रवर्तित कम्पनियों के लिये यह सिद्धान्त अनुपयुक्त है क्योंकि भावी आय का आकलन करने हेतु पूर्व वर्षों की आय अनुपलब्ध होती है।

निष्कर्ष—उपरोक्त सिद्धान्तों के अध्ययन से स्पष्ट है कि कोई भी सिद्धान्त पूर्णरूप से परिष्कृत नहीं है। उक्त दोनों सिद्धान्त आवश्यकतानुसार प्रयोग में लाये जा सकते हैं। नवसृजित कम्पनियों के लिये जहाँ पूँजीकरण का लागत सिद्धान्त उपयुक्त है। वहीं पूर्व काल से संचालित कम्पनियों के पूँजीकरण का निर्धारण व्यय सिद्धान्त का प्रयोग करके आसानी से किया जा सकता है। वस्तुत: नवसृजित उद्यमों में पूँजीकरण की राशि का निर्धारण लागत सिद्धान्त के आधार पर करके स्थापना के कुछ वर्षों पश्चात् पूँजीकरण की जाँच आय सिद्धान्त के अनुसार किया जाना श्रेयस्कर होगा।

अत: पूँजीकरण की मात्रा का सुनिश्चयन करने हेतु उक्त दोनों सिद्धान्त अलग-अलग न होकर अपितु एक दूसरे के पूरक हैं। किसी भी संगठन के पूँजीकरण की धनराशि का निर्धारण संगठन की प्रकृति, भावी योजनाओं, अनुकूल एवं प्रतिकूल परिस्थितियों, राजकोषीय नीतियों एवं साविधिक व्यवस्था को दृष्टिगत रखते हुए किया जाना चाहिये।

पूँजीकरण के प्रारूप (Forms of Capitalisation)—पूँजीकरण से अभिप्राय किसी संगठन में पूँजी की मात्रा से है। वस्तुत: पूँजी की अपरिहार्यता को व्यावसायिक अस्तित्व एवं प्रगति का आधार माना जाता है। किसी भी संगठन में कितनी मात्रा में पूँजी का विनियोजन किया जाय, जिससे संगठन के सुचारु रूप से संचालन एवं कार्यकुशलता पर प्रतिकूल प्रभाव न पड़े तथा साथ ही संगठन की आवश्यकता से अधिक मात्रा में पूँजी विनियोजक का अतिरिक्त प्रभार संगठन की लाभदेयकता पर न पड़े। व्यवहारिक तौर पर हम पूँजीकरण के प्रारूप को तीन भागों में वर्गीकृत कर सकते हैं—1. अति पूँजीकरण 2. अल्प पूँजीकरण 3. अनुकूल पूँजीकरण।

पूँजीकरण की उपरोक्त स्थितियों का अध्ययन हम निम्नवत् करेंगे।

अति पूँजीकरण (Over Capitalisation)

अति पूँजीकरण शब्द का अभिप्राय संगठन में पूँजी की अधिकता से नहीं है। यह एक सापेक्ष शब्द है। अति पूँजीकरण की स्थिति किसी संगठन में तब उत्पन्न होती है। जब वह संगठन अपनी सकल विनियोजित पूँजी पर अनुकूल मात्रा में आय अर्जित करने में अनवरत् अक्षम रहता है। ऐसी दशा में पूँजीकरण की राशि संगठन की औसत आय से अधिक होती है। संगठन में लगातार कई वर्षों तक ऐसी दशा रहने पर संगठन के पूँजीकरण का वास्तविक मूल्य (Real value) उसके लेख मूल्य से कम हो जायेगा।

वस्तुत: संगठन द्वारा उचित मात्रा में आय न अर्जित कर पाने की दशा में समता अंशों पर लाभांश की घोषणा नहीं की जा सकती, फलस्वरूप समता अंशों का बाजार मूल्य उनके वास्तविक मूल्य से कम होने लगता है। ऐसी दशा में संगठन में पूँजी विनियोजन की प्रकिया अंशधारकों की उदासीनता के कारण बाधित होती है।

अति पूँजीकरण के अर्थ को अधिक स्पष्ट करने हेतु हम कतिपय महत्त्वपूर्ण परिभाषाओं का उल्लेख करेंगे।

परिभाषाएँ (Definitions)

1. ''किसी कम्पनी के अति पूँजीकृत होने का आशय कम्पनी की उस अवस्था से है जब उसके द्वारा अर्जित आय व्यवसाय में विनियोजित अंशों एवं बाण्डों पर उचित मात्रा में लाभांश एवं ब्याज देने में असमर्थ हो।''

—सी० डब्ल्यू० गर्स्टेनबर्ग

A Corporation is over capitalised when its earnings are not enough to yield a fair return on the amount of securities outstanding exceeds the current value of the assets" — C.W. Gerstenberg

2. ''जब कोई कम्पनी अपनी देय प्रतिभूतियों पर समान प्रकृति वाली कम्पनियों के अर्जन एवं निहित जोखिम को दृष्टिगत रखते हुए बाजार में वर्तमान दर से प्रत्याय अर्जित करने में अनवरत् असमर्थ रहती है तो उसे अतिपूँजीकृत कहा जाता है।''

—एच० गिलबर्ट

When a company Consistently been unable to earn the Prevailing rate of return on its outstanding securities (Considering the earnings of similar Companies in the same Industry and the degree of risk involved) It is said to be over capitalised. — H. Gilbert

3. ''जब कोई कम्पनी अपनी अदत्त प्रतिभूतियों पर उचित दर से प्रत्याय उपार्जित करने में समर्थ नहीं होती तो वह कम्पनी अतिपूँजीकृत कही जाती है।''[1] –वान विले एवं डिबे

4. ''जब किसी कम्पनी में स्थायी सम्पत्तियों का वास्तविक मूल्य अंशों तथा बाण्डों के द्वारा उपलब्ध पूँजी के सममूल्य से कम होता है। तो ऐसी दशा में वह कम्पनी अति पूँजीकृत कही जायेगी।''

"Whenever the aggregate of the Par values of books and bonds outstanding exceeded the true value of fixed assets. The Corporation would said to be over capitalised." — Hoagland

अति पूँजीकरण की प्रस्थिति (Status of over Capitalisation)

(i) संगठन के पास आवश्यकता से अधिक शुद्ध सम्पत्तियाँ होने की दशा में कम्पनी अति पूँजीकृत हो सकती है।

(ii) अति पूँजीकृत कम्पनी द्वारा अपनी विनियोजित पूँजी पर प्रचलित दर से लाभार्जन नहीं किया जाता।

(iii) इन कम्पनियों द्वारा अपने विनियोजकों को लाभांश का भुगतान न कर सकने की दशा में ऐसी कम्पनी के अंशों का लेख मूल्य (Book value) उनके वास्तविक मूल्य (Real value) से अधिक हो जाता है।

(iv) अति पूँजीकरण की स्थिति किसी कम्पनी में तभी हो सकती है। जब वह निरन्तर कुछ वर्षों तक उचित प्रत्याय अर्जित न कर सके। यदि कोई कम्पनी अल्प काल में किसी वर्ष विशेष में आकस्मिक घटना सामयिक, प्रतिकूलता, युद्ध, हड़ताल, आदि कारणों से उचित प्रत्याय अर्जित करने में असमर्थ हो, तो ऐसी दशा में कम्पनी को अति पूँजीकृत नहीं कहा जा सकता।

(v) अति पूँजीकरण एक दीर्घकालिक धारणा है। व्यवसाय प्रारम्भ के वर्षों में किसी भी उद्यम में अति पूँजीकरण के लक्षण नहीं प्रकट होते। अनवरत् कई वर्षों के संचालन उपरान्त अति पूँजीकरण के लक्षण चिह्नित किये जा सकते हैं।

(vi) अति पूँजीकरण का अभिप्राय किसी भी संगठन में पूँजी की बहुलता से कदापि नहीं होता।

अति पूँजीकरण की पहचान (Indentification of over Capitalisation)—अति पूँजीकरण का आशय समझने के उपरान्त यह आवश्यक हो जाता है कि इस तथ्य का अन्वेषण कैसे किया जाय कि कोई कम्पनी अतिपूँजीकृत है अथवा नहीं। सामान्य तौर पर यदि किसी कम्पनी द्वारा विनियोजित पूँजी से इतनी आय नहीं प्राप्त हो पाती, जिससे समता अंशधारकों को प्रचलित दर से लाभांश का भुगतान किया जा सके, उस दशा में कम्पनी को अति पूँजीकृत कहा जा सकता है। ऐसी स्थिति में कम्पनी के अंशों का बाजार मूल्य (Market value) उनके सम मूल्य (Par value) से कम हो जाता है। एक अन्य प्रचलित मत के अनुसार यदि किसी कम्पनी के अंशों का वास्तविक मूल्य (Real value) उनके पुस्तकीय मूल्य (Book value) से कम हो जाता है। तो कम्पनी में अति पूँजीकरण की स्थिति सुनिश्चित होती है। अति पूँजीकरण की सुस्पष्ट पहचान हेतु अंशों के सममूल्य, पुस्तकीय मूल्य, बाजार मूल्य एवं वास्तविक मूल्य का अर्थ स्पष्ट होना आवश्यक है।

---

1. Organisation and financing business. *—Bonnwville & Dewiby*

अंशों का सममूल्य—वह स्थिर मूल्य होता है जिस पर उनका निर्गमन किया जाता है। इन अंशों पर न तो किसी प्रकार का प्रीमियम दिया जाता है और न ही किसी प्रकार की छूट दी जाती है। अंशों का यह मूल्य निर्गमन काल से ही स्थिर एवं अपरिवर्तनशील बना रहता है। कम्पनी द्वारा स्वेच्छा से ही इसके मूल्य में परिवर्तन किया जा सकता है।

अंशों के लेख मूल्य से अभिप्राय विनियोजित पूँजी के लेखों में दर्शाये गये मूल्य से है। अंशों का लेख मूल्य (Book value) कम्पनी की अंश पूँजी स्वामित्व कोष एवं अधिशेष के सकल योग में कम्पनी के कुल प्रदत्त अंशों की संख्या से भाग देने पर प्राप्त होता है।

अंशों के वास्तविक मूल्य से आशय उस मूल्य से है जो व्यवसाय की लाभोपार्जन क्षमता से सम्बन्धित होता है। अंशों का वास्तविक मूल्य ज्ञात करने हेतु कम्पनी की औसत वार्षिक आय (Average annual Income) की गणना की जाती है। औसत वार्षिक आय को पूँजीकरण की प्रचलित दर से गुणा करके कम्पनी की आय का पूँजीकृत मूल्य ज्ञात किया जाता है। कम्पनी के पूँजीकृत मूल्य को अंशों की संख्या से विभाजित करके प्रति अंश वास्तविक मूल्य की गणना कर ली जाती है।

अंशों का बाजार मूल्य वह परिवर्तित मूल्य होता है जिस पर स्कन्ध बाजार में अंशों का क्रय एवं विक्रय किया जाता है। अंशों के बाजार मूल्य पर कम्पनी की आन्तरिक एवं बाह्य स्थितियों का सकारात्मक तथा नकारात्मक प्रभाव पड़ता है। आन्तरिक स्थिति के अन्तर्गत कम्पनी की आर्थिक स्थिति, लाभांश नीति, लाभोपार्जन शक्ति एवं राजकोषीय नीति को सम्मिलित किया जाता है। इसके अतिरिक्त जनता की क्रय क्षमता, मूल्यान्तर, व्यापार चक्र राष्ट्रीय औद्योगिक नीति, करारोपरण नीति एवं राजनैतिक स्थिरता जैसे बाह्य तत्त्वों का भी प्रभाव पड़ता है।

प्राय: अति पूँजीकरण की स्थिति का आकलन करने हेतु निम्न तीन समीकरणों का प्रयोग किया जाता है—

(i) प्रचलित दर > वास्तविक दर

$$\text{वास्तविक दर} = \frac{\text{वास्तविक लाभ} \times 100}{\text{विनियोजित पूंजी}}$$

प्रचलित दर = समान उद्योग में कार्यरत अन्य कम्पनियों द्वारा अर्जित लाभ दर

(ii) व्यवसाय का पुस्तक मूल्य > व्यवसाय का वास्तविक मूल्य

$$\text{व्यवसाय का वास्तविक मूल्य} = \frac{\text{औसत लाभ} \times 100}{\text{प्रचलित दर}}$$

व्यवसाय का पुस्तक मूल्य = सकल सम्पत्ति — चालू दायित्व

(iii) अंशों का पुस्तकीय मूल्य > अंशों का वास्तविक मूल्य

$$\text{वास्तविक मूल्य} = \frac{\text{कम्पनी का पूंजीकृत मूल्य}}{\text{अंशों की संख्या}}$$

उदाहरण (Illustation 1.)

Balance Sheet of J.K. Industries
as on 31 March, 2004

Liabilities		Assets
Share capital :		Sundary assets : 12,00,000
10,000 Share of Rs. 100 each	10,00,000	
Reserves & Surplus	80,000	
Sundry Liabilities-	1,20,000	
	12,00,000	12,00,000

कम्पनी का औसत लाभ रु० 1,00,000 है, एवं बाजार में पूँजीकरण की प्रचलित दर 20 % होने की दशा में कम्पनी अति पूँजीकृत है अथवा नहीं

Solution :

(i) आय की वाम्तविक दर (Actual rate of earning) = $\frac{1,00,000 \times 100}{10,80,000} = 9.2\%$

प्रचलित दर (currrent rate) = 20%
अत: प्रचलित दर > वास्तविक दर = (अतिपूँजीकृत)

(ii) व्यवसाय का वास्तविक मूल्य (Real value of business) = $\frac{1,00,000 \times 100}{20}$ = Rs. 5,00,000 = 00

व्यवसाय का पुस्तक मूल्य (Book value of business) =12,00,000 - 1,20,000 = 10,80,000
अत: व्यवसाय का पुस्तक मूल्य व्यवसाय के वास्तविक मूल्य से अधिक है।

(अति पूँजीकृत)

(iii) अंशों का वास्तविक मूल्य (Real value of Shares) = $\frac{10,00,000}{10,000}$ = Rs. 100

अंशों का पुस्तक मूल्य (Book value of Shares) = $\frac{10,80,000}{10,000}$ = Rs. 108

Book value of Shares > Real value of Shares (अति पूँजीकृत)

उपरोक्त सूत्रों के माध्यम से गणना करने पर हमें ज्ञात हुआ कि कम्पनी अति पूँजीकृत है। तथा अति पूँजीकरण की राशि = 10,80,000 - 5,00,000 = रु० 5,80,000 है।

उदाहरण Ilustration 2.

रामा एण्ड सन्स का सकल पूँजीकरण रु० 5 लाख है जिनमें चुकता पूँजी रु० 2,00,000 संचित कोष रु० 1 लाख एवं ऋण पूँजी रु० 2,00,000 सम्मिलित है। कम्पनी की विगत वर्षों की औसत आय रु० 40,000 है। कम्पनी के विनियोजक विनियोजित पूँजी पर न्यूनतम 10% प्रत्याय की अपेक्षा रखते हैं।

उपरोक्त स्थितियों में गणना कीजिये (A) कम्पनी अति पूँजीकृत है, B यदि हाँ तो कितनी मात्रा में (C) उचित पूँजीकरण हेतु वांछित औसत वार्षिक आय

Solution :

(A) वास्तविक मूल्य = $\frac{40,000 \times 100}{10}$ = 4,00,000

पुस्तक मूल्य = 5,00,000
Book value > Real value
अत: कम्पनी अति पूँजीकृत है।
(B) अति पूँजीकरण की मात्रा = 5,00,000 - 4,00,000 = 1,00,000

उचित पूँजीकरण हेतु वांछित औसत वार्षिक आय = $\frac{5,00,000 \times 10}{100}$ = 50,000

अति पूँजीकरण के कारण
(Causes of over Capitalisation)

1. आय के आरम्भिक अनुमान में त्रुटि (Error in estimated opening Income)—कम्पनी के प्रवर्तन काल में संचालन के उपरान्त होने वाली अनुमानित आय की मात्रा का त्रुटिपूर्ण अनुमान अति पूँजीकरण का कारण हो सकता है। अनुमानित आय से कम मात्रा में वास्तविक आय प्राप्त होने की दशा में कम्पनी निश्चित तौर पर अतिपूँजीकृत

होगी। उदाहरणस्वरूप किसी कम्पनी की अनुमानित आय रु० 75,000 है तथा उसे 10% की दर से पूँजीकृत करके पूँजीकरण की कुल मात्रा रु० 7,50,000 निर्धारित की गई। किन्तु संचालन के उपरान्त यदि वास्तविक आय रु० 50,000, हुई तो इस आगम के लिये 10% की दर से पूँजीकरण करने पर पूँजीकरण की धनराशि मात्र रु० 5,00,000 होगी, अत: कम्पनी रु० 2,50,000 से अतिपूँजीकृत मानी जायेगी।

2. पूँजीकरण की निम्न दर (Lower Rate of Capitalisation)—पूँजीकरण की राशि का सुनिश्चयन करने हेतु प्राय: अनुमानित आय एवं पूँजीकरण की दर का ज्ञात होना आवश्यक होता है। यदि बाजार में प्रचलित पूँजीकरण की दर का अनुमान प्रचलित दर से कम हुआ तो कम्पनी अति पूँजीकरण होगी। अर्थात् पूँजीकरण की अनुमानित दर वास्तविक दर से कम होने की दशा में कम्पनी का अतिपूँजीकृत होना अवश्यम्भावी होगा। माना कि उपरोक्त उदाहरण में पूँजीकरण की प्रचलित दर 10% के स्थान पर 15% है। उस दशा में पूँजीकरण की राशि रु० 7,50,000 के स्थान पर मात्र रु० 5,00,000 होनी चाहिये।

3. प्रवर्तन की ऊँची लागत (High Cost of Promotion)—कम्पनी प्रवर्तकों द्वारा आवश्यकता से अधिक प्रवर्तन सम्बन्धी व्यय किये जाने की दशा में कम्पनी अतिपूँजीकृत हो सकती है। कम्पनी द्वारा आरम्भिक व्यय, साख व्यापार चिन्ह पेटेण्ट, कापीराइट इत्यादि पर होने वाले व्ययों का समायोजन धीरे धीरे आने वाले वर्षों के लाभ से अपलिखित (Write off) किये जाने के कारण कम्पनी की लाभदेयकता प्रभावित होगी। परिणामस्वरूप कम्पनी कुछ वर्षों तक बाजार में प्रचलित दर से लाभांश की घोषणा करने में अक्षम होगी। अत: कम्पनी प्रचलित दर से कम मात्रा में लाभांश देने के कारण शनै:-शनै: अति पूँजी हो जायेगी।

4. सम्पत्तियों का वास्तविक मूल्य पुस्तक मूल्य से कम होना—जब किसी कम्पनी द्वारा सम्पत्तियों का क्रय वास्तविक मूल्य से अधिक मूल्य पर किया जाता है। अर्थात् सम्पत्तियों का पुस्तकीय मूल्य वास्तविक मूल्य से अधिक होता है तो ऐसी दशा में कम मूल्य की सम्पत्तियों को चिट्ठे में अधिक मूल्य पर दर्शाये जाने के कारण अति पूँजीकरण की स्थिति उत्पन्न हो सकती है।

5. स्थायी सम्पत्तियों पर अधिक व्यय (Excess Expenditure on Fixed Assets)—यदि उद्योग के स्थापना काल में आवश्यकता से अधिक मात्रा में स्थायी सम्पत्तियों, मशीनें, भूमि, भवन, फर्नीचर इत्यादि का क्रय कर लिया जाता है तो पश्चात्वर्ती काल में उनका समुचित प्रयोग न हो सकने के कारण उत्पादन लागत में वृद्धि होने के साथ ही अर्जन क्षमता भी प्रभावित होगी परिणामस्वरूप कम्पनी में अति पूँजीकरण की स्थिति उत्पन्न हो सकती है।

6. उच्च ब्याज दर (High rate of Interest)—यदि किसी कम्पनी द्वारा पूँजी के रूप में प्राप्त ऋण अधिक ब्याज दर पर प्राप्त किया जायेगा तो कम्पनी की आय का अधिकांश भाग ऋणों पर ब्याज का भुगतान करने में व्यय होगा, ऐसी दशा में अंशधारकों को मिलने वाला लाभांश अपेक्षाकृत कम होने के कारण दीर्घकाल में अंशों के मूल्य घटेंगे। जिससे अति पूँजीकरण की स्थिति उत्पन्न हो सकती है।

7. मुद्रा स्फीति (Inflation)—जब किसी कम्पनी का प्रवर्तन एवं विकास स्फीतिक काल में होता है, तो मूल्य स्तर ऊँचा होने एवं क्रय शक्ति की प्रचुरता होने के कारण स्थापित कम्पनियों में पूँजीकरण की मात्रा का निर्धारण अपेक्षाकृत अधिक ऊँचे बिन्दु पर किया जाता है, किन्तु मंदी चक्र आने पर मूल्य स्तर गिरने के कारण क्रय शक्ति में कमी हो जाती है। परिणामस्वरूप कम्पनी की आय में गिरावट हो जाती है। किन्तु परिचालन व्ययों में आनुपातिक रूप से कमी न होने के कारण कम्पनी अति पूँजीकृत हो जाती है।

8. उदार लाभांश नीति (Liberal Dividend Policy)—प्राय: कम्पनियाँ अंशधारकों में अपनी साख जमाने के उद्देश्य से प्रारम्भ में अपेक्षाकृत ऊँची दर से लाभांश की घोषणा करती हैं। जिसके कारण उन कम्पनियों द्वारा ह्रास एवं संचय हेतु पर्याप्त मात्रा में प्रावधान नहीं किया जाता। फलस्वरूप कम्पनी की अर्जन क्षमता पर प्रतिकूल प्रभाव पड़ता है। उदार लाभांश नीति से कम्पनी में तरलता की स्थिति प्रभावित होती है। बहुमूल्य संसाधनों के अधिक मात्रा में बहिर्गमन से अति पूँजीकरण को बढ़ावा मिलता है।

9. दोषपूर्ण ह्रास नीति (Defective Depreciation Policy)—प्राय: कम्पनियाँ लाभ की मात्रा अधिक दिखाने के उद्देश्य से ह्रास, प्रतिस्थापन एवं अप्रचलन पर होने वाले व्ययों के लिये प्रचुर व्यवस्था नहीं कर पाती। कुछ काल के उपरान्त सृजित स्थायी सम्पत्तियों की उपयोगिता एवं उनके वास्तविक मूल्य में कमी होने लगती है। उनके द्वारा लेख मूल्य के अनुपात में आय उपार्जन न कर सकने की दशा में अति पूँजीकरण की स्थिति उत्पन्न हो जाती है।

10. कर नीति (Taxation Policy)—सरकार द्वारा निर्धारित कर नीति का प्रभाव भी पूँजीकरण की मात्रा पर पड़ता है। सरकार द्वारा किये गये अत्यधिक मात्रा में करारोपण से कम्पनी की आय का मुख्य भाग कर का भुगतान करने में चला जाता है। परिणामस्वरूप प्रबन्ध तंत्र ह्रास, अप्रचलन, प्रतिस्थापन एवं लाभांश वितरण हेतु पर्याप्त प्रावधान नहीं कर पाता, लाभांश की मात्रा कम घोषित किये जाने के कारण अंशों का मूल्य धीरे-धीरे घटने लगता है। अत: अति पूँजीकरण की स्थिति उत्पन्न हो जाती है।

11. पूँजी की कमी (Shortage of Capital)—कम्पनी की स्थापना के समय पूँजी की मात्रा का उचित पूर्वानुमान न हो पाने के कारण भी अति पूँजीकरण की स्थिति उत्पन्न हो जाती है। कम्पनी के विकास एवं विस्तार हेतु पूँजी की कमी को दूर करने हेतु अपेक्षाकृत अधिक ब्याज दर पर धन उधार लेना होता है। अत: कम्पनी की आय का बड़ा भाग ब्याज का भुगतान करने में व्यय हो जाता है। लाभांश के लिये अपेक्षाकृत कम धनराशि उपलब्ध होने के कारण अति पूँजीकरण की स्थिति उत्पन्न हो जाती है।

12. बाजार रुख (Market Sentiment)—कभी-कभी कम्पनियाँ बाजार के रुख को अपने अनुकूल करने हेतु अतिरिक्त मात्रा में अंशों का निर्गमन करती हैं। ऐसी दशा में कम्पनियों के पास आवश्यकता से अधिक मात्रा में पूँजी का एकत्रीकरण हो जाता है। जिनका समुचित उपयोग न हो सकने के कारण कम्पनी अतिपूँजीकृत हो जाती है तथा दायित्वों की मात्रा में अनावश्यक वृद्धि हो जाती है।

अति पूँजीकरण के प्रभाव (Effect of over Capitalisation)

1. कम्पनियों पर प्रभाव (Effect on the Companies)—अति पूँजीकरण की स्थिति प्रत्यक्ष तौर पर कम्पनियों से सम्बन्धित होने के कारण इसका सर्वाधिक प्रभाव सम्बन्धित कम्पनियों पर पड़ता है। मुख्यतया अतिपूँजीकृत कम्पनी पर निम्न प्रभाव प्रत्यक्ष तौर पर दृष्टिगत होते हैं—

(i) अति पूँजीकरण के कारण कम्पनियों की लाभार्जन क्षमता में कमी हो जाती है। परिणामस्वरूप वे कम्पनियाँ, पर्याप्त मात्रा में लाभांश की घोषणा नहीं कर पाती जिससे अंशधारकों का कम्पनी के प्रति विश्वास धीरे-धीरे समाप्त होने लगता है, और वे कम्पनी से अपनी पूँजी की सुरक्षित वापसी की माँग करने लगते हैं।

(ii) अतिपूँजीकृत कम्पनियों के अंशों का पुस्तकीय मूल्य उनके वास्तविक मूल्य से अधिक हो जाने के कारण कम्पनी की ख्याति में गिरावट आने लगती है।

(iii) कम्पनी की ख्याति गिरने की दशा में विनियोजकों एवं ऋणदाताओं का कम्पनी के प्रति अविश्वास होने के कारण कम्पनी की पूँजी अर्जन क्षमता पर प्रतिकूल प्रभाव पड़ता है। जिससे विकास एवं विस्तार परियोजनाओं का संचालन कठिन हो जाता है।

(iv) अति पूँजीकृत कम्पनियाँ अपेक्षाकृत ऊँची ब्याज दरों पर ऋण प्राप्त करने के कारण ब्याज का भुगतान एवं देयतिथि पर ऋणों का शोधन करने में अक्षम होती हैं। ऐसी दशा में लेनदार एवं ऋण पत्रधारक कम्पनी के समापन की माँग करने लगते हैं।

(v) कम्पनियों द्वारा वास्तविक उपार्जन क्षमता से कम मात्रा में लाभार्जन किये जाने के कारण कम्पनी नवीनीकरण एवं पुनर्स्थापना कार्यक्रमों को क्रियान्वित नहीं कर पाती जिससे कम्पनी के उत्पादों की माँग बाजार में घटने लगती है। तैयार माल का भण्डार बढ़ जाने के कारण कार्यशील पूँजी का प्रवाह रुक जाता है।

(vi) अति पूँजीकरण का प्रभाव कम्पनी में दृष्टिगत होने पर कम्पनियाँ अपनी वास्तविक उपार्जन क्षमता छिपाकर कृत्रिम लाभार्जन क्षमता प्रदर्शित करके अल्पकाल में ऊँची दरों पर लाभांश का भुगतान करने लगती हैं। उनके द्वारा अंशधारकों के हित संरक्षण का मिथ्या प्रचार किया जाता है।

(viii) कम्पनियों द्वारा अतिरिक्त लाभांश का भुगतान करने हेतु कम्पनी की पूँजी का प्रयोग किये जाने के कारण कम्पनी में जलयुक्त (Watered) पूँजी की मात्रा बढ़ने लगती है। जलयुक्त पूँजी वह पूँजी होती है। जिसका प्राप्त मूल्य उसके लेख मूल्य से कम होता है।

(viii) अतिपूँजीकृत कम्पनियों की पूँजी अनावश्यक रूप से व्यवसाय में संलग्न होने के कारण उत्पादन की प्रति इकाई लागत में वृद्धि तथा वस्तु की माँग में कमी होने लगती है। अत: ऐसी कम्पनियाँ धीरे-धीरे बाजारी प्रतियोगिता से बाहर होने लगती हैं एवं कुछ समय पश्चात् इन कम्पनियों का अस्तित्व समाप्त हो जाता है।

अंशधारकों पर प्रभाव (Effect on Share Holders)

अति पूँजीकरण का प्रभाव अंशधारकों पर स्पष्ट तौर पर पड़ता है। क्योंकि कम्पनी की सर्वाधिक सुरक्षित एवं लाभप्रद पूँजी अंशधारकों द्वारा ही उपलब्ध कराई जाती है। अंशधारक किसी भी कम्पनी के आधार स्तम्भ होते हैं। अत: अति पूँजीकरण का प्रभाव अंशधारकों पर निम्नवत् पड़ सकता है—

(i) अतिपूँजीकृत कम्पनियों की अर्जन क्षमता में कमी होने के कारण प्राय: अंशों पर लाभांश की दर कम हो जाती है। परिणामस्वरूप अंशों का बाजार मूल्य तीव्रता से घटने लगता है। जिससे अंशधारकों द्वारा अंशों को बाजार में अंकित मूल्य से कम मूल्य पर बेचा जाता है। फलस्वरूप अंशधारकों को पूँजीगत हानि होती है।

(ii) कम्पनी की आगम क्षमता में कमी होने के कारण अंशधारकों को प्राप्त होने वाले लाभांश की दर कम हो जाती है। अत: अंशधारकों को विनियोजित पूँजी पर मिलने वाले प्रतिफल की मात्रा कम हो जाने के कारण उनमें असन्तोष व्याप्त हो जाता है।

(ii) अंशों का मूल्य गिर जाने की दशा में समपार्श्विक प्रतिभूति (Collateral Security) के रूप में अंशों की उपयोगिता कम हो जाती है। फलस्वरूप अंशों की प्रतिभूति पर अंशधारकों को ऋण प्राप्त करने में कठिनाई होती है।

(iv) अति पूँजीकरण के कारण कम्पनियों में पूर्वाधिकारी देनदारियों का भुगतान करने के पश्चात् अंशधारकों में वितरण हेतु बहुत कम धनराशि बचती है। अत: कम्पनी के समापन अथवा पुनर्गठन की दशा में अंशधारकों को अत्यधिक मात्रा में हानि उठानी पड़ती है।

श्रमिकों पर प्रभाव (Effects on Workers)—चूँकि श्रमिकों का सीधा सम्बन्ध कम्पनी की उत्पादकता से होता है। अत: उपार्जन क्षमता में कमी होने के कारण श्रमिकों को उनकी उचित माँगे भी पूर्ण करना प्रबन्धन के लिये असम्भव होता है। कर्मचारियों को समय से वेतन भत्तों का भुगतान नहीं हो पाता तथां श्रमिक कल्याण की योजनाएँ संचालित न हो पाने के कारण श्रमिकों में असन्तोष की भावना जागृत होती है। कम्पनियों द्वारा संगठन की आय में वृद्धि करने हेतु श्रमिकों की छँटनी की जाती है जिससे बेरोजगारी, भुखमरी एवं श्रमिक आन्दोलन की स्थिति उत्पन्न होती है।

व्यवसाय पर प्रभाव (Effects on Business)—अतिपूँजीकृत कम्पनियों में अति पूँजीकरण का प्रतिकूल प्रभाव व्यवसाय पर भी दृष्टिगत होता है। व्यवसाय में आवश्यकता से अधिक मात्रा में पूँजी का विनियोजन उत्पादन लागत में अभिवृद्धि के साथ-साथ उत्पादन क्षमता में कमी को प्रदर्शित करता है। जिससे व्यवसाय में असन्तुलन की स्थिति उत्पन्न हो जाती है लाभार्जन क्षमता में कमी होने के कारण उद्यम की साख उत्तरोत्तर घटती जाती है। विनियोजकों का दृष्टिकोण संगठन के प्रति नकारात्मक हो जाता है। जिससे संगठन रुग्णावस्था (Sickness) का शिकार हो जाता है।

समाज पर प्रभाव (Effect on Society)—कम्पनियों का अस्तित्व समाज के अस्तित्व से सह सम्बन्धित होने के कारण अति पूँजीकरण का प्रभाव समाज पर भी दृष्टिगोचर होता है। संक्षेप में अति पूँजीकरण का प्रभाव समाज में निम्नवत् दृष्टिगत होता है—

(i) अतिपूँजीकृत कम्पनियों में उत्पाद की प्रति इकाई लागत में अभिवृद्धि होने के कारण बाजार में ऐसी कम्पनियों द्वारा उत्पादित वस्तुओं के मूल्य में वृद्धि हो जाती है तथा उपभोक्ताओं द्वारा वस्तु के प्रयोग हेतु अतिरिक्त मूल्य का भुगतान करना पड़ता है। जिससे उनके जीवन स्तर में कमी होती है।

(ii) अति पूँजीकृत कम्पनियों के उत्पाद बाजार में अपेक्षाकृत मँहगे होने के कारण जमाखोरी, कालाबाजारी एवं भ्रष्टाचार को बढ़ावा देते हैं।

(iii) लाभार्जन क्षमता में अभिवृद्धि हेतु कम्पनियाँ वस्तुओं के मूल्य में वृद्धि करने के साथ-साथ गुणवत्ता में कमी कर देती हैं। जिससे समाज को विवशता में घटिया सामान के उपयोग हेतु बाध्य होना पड़ता है।

(iv) किसी औद्योगिक देश में अतिपूँजीकृत कम्पनियों की संख्या अधिक होने पर प्रतिवर्ष अनेक कम्पनियों का समापन हो जाता है। जिससे उत्पादन क्षमता पर प्रतिकूल प्रभाव पड़ने के साथ-साथ बेरोजगारी की मात्रा में वृद्धि होती है। परिणामस्वरूप देश की आर्थिक एवं सामाजिक दशा दयनीय हो जाती है।

अति पूँजीकरण के उपचार (Remedies of over Capitalisation)—अति पूँजीकरण किसी भी कम्पनी के लिये अभिशाप के समान होता है। अतिपूँजीकृत कम्पनियों का उपचार उन्हें अति पूँजीकरण की दशा से अवमुक्त करके ही किया जा सकता है। कम्पनी के प्रतिस्थापन काल में लाभ की मात्रा कम हो सकती है। किन्तु दीर्घकाल तक लाभार्जन क्षमता में अभिवृद्धि न होने की दशा में कम्पनी के पूँजीकरण का मापन अपरिहार्य हो जाता है। अनेक कम्पनियों द्वारा अति पूँजीकरण की समस्या का उपचार न कर पाने की दशा में बाह्य होकर समापन का सहारा लेना पड़ता है। प्राय: अतिपूँजीकृत कम्पनियों का उपचार निम्न माध्यमों से किया जाता है—

(i) प्रबन्धकीय कुशलता में अभिवृद्धि—प्राय: कम्पनियों की लाभार्जन क्षमता में अनवरत् कमी होने का प्रमुख कारण अकुशल प्रबन्धन होता है। लाभदेयकता की कमी ही अति पूँजीकरण का प्रमुख कारण होती है। अत: अति पूँजीकरण का उपचार प्रबन्धकीय कौशल में अभिवृद्धि करके किया जा सकता है। प्रबन्धकीय कुशलता से उत्पादन लागतों को घटाकर लाभार्जन क्षमता से अभिवृद्धि की जा सकती है।

(ii) लाभों का पुनर्निवेश (Reinvestment of Profits)—कम्पनी के अति पूँजीकरण की प्राथमिक अवस्था में कुछ वर्षों तक लाभांश का वितरण स्थगित करके लाभों के पुनर्निवेश द्वारा अति पूँजीकरण की मात्रा कम की जा सकती है। जिसके परिणामस्वरूप कम्पनियों की सम्पत्तियों के मूल्य में वृद्धि हो जायेगी तथा दीर्घकाल में कम्पनी अति पूँजीकरण से अवमुक्ति के उपरान्त अंशधारकों के हितों को संरक्षित करने में सक्षम होगी।

(iii) ऋणों की मात्रा में कमी (Decrease in the Quantity of Loans)—कम्पनियों द्वारा अति पूँजीकरण की दशा से अवमुक्ति हेतु ऊँची ब्याज दरों वाले ऋणों, ऋण पत्रों एवं सार्वजनिक जमा का शोधन कर देना चाहिये, इसके लिये कम्पनी के संचयों का प्रयोग करना चाहिये।

(iv) पूर्वाधिकार अंशों का शोधन (Redemption of Preference Share)—अति पूँजीकरण की दशा से अवमुक्ति हेतु अपेक्षाकृत अधिक लाभांश दर वाले पूर्वाधिकारी अंशों का शोधन कम्पनी के संचयों एवं आधिक्यों में से कर देना चाहिए। जिसके परिणामस्वरूप भावी वर्षों में विभाजनीय लाभ (Divisible Profits) में अभिवृद्धि करके अंशधारकों के मध्य अधिक मात्रा में लाभांश का वितरण किया जा सकता है।

(v) समता अंशों के मूल्य में कमी (Decrease in the number of Equity Share)—अति पूँजीकरण के प्रभाव का समापन कम्पनी द्वारा समता अंशों के पुस्तक मूल्य में कमी करके किया जा सकता है। इससे अल्प काल में अंशधारक असन्तुष्ट हो सकते हैं किन्तु दीर्घकाल में प्रतिअंश आय में वृद्धि होने के कारण कम्पनी की साख सुदृढ़ होती है तथा अंशों के मूल्य में सुधार होता है।

(vi) समता अंशों की संख्या में कमी—अति पूँजीकृत कम्पनियों के उपचार हेतु समता अंशों की संख्या में कमी की जा सकती है। जिससे प्रति अंश आय बढ़ने का मनोवैज्ञानिक प्रभाव अंशधारियों एवं कम्पनी की साख पर पड़ता है।

अल्प पूँजीकरण (Under Capitalisation)

अल्प पूँजीकरण, पूँजीकरण की वह स्थिति है जिसमें किसी व्यवसाय का लेख मूल्य (Book value) उसके वास्तविक मूल्य से कम हो जाता है। वस्तुत: अति पूँजीकरण की विपरीत अवस्था को अल्प पूँजीकरण की संज्ञा दी जाती है। अल्प पूँजीकरण की दशा में कम्पनी अपने द्वारा विनियोजित पूँजी पर असाधारण रूप से आय उपार्जित करती है। अल्प पूँजीकृत कम्पनियों द्वारा अपने अंशधारकों को बाजार में प्रचलित दर से अधिक दर से लाभांश का वितरण किया जाता है। अत: ऐसी कम्पनियों के अंशों का वास्तविक मूल्य उनके पुस्तक मूल्य से सदैव अधिक होता है अल्प पूँजीकरण की दशा में कम्पनियाँ विनियोजित पूँजी की तुलना में अधिक मात्रा में लाभार्जन करती है तथा उनके द्वारा अर्जित लाभों का कुछ भाग पुनर्विनियोजित कर दिया जाता है। जिससे विकास एवं विस्तार परियोजनाओं का क्रियान्वयन संगठन में सदैव चलता रहता है। अल्प पूँजीकरण की स्थिति संगठन में सुदृढ़ आर्थिक स्थिति एवं उच्च प्रबन्धकीय कौशल की द्योतक होती है।

परिभाषा (Definition)

"एक कम्पनी अल्प पूँजीकृत हो सकती है जबकि समान प्रकृति वाले अन्य उद्यमों द्वारा अर्जित प्रत्याय की तुलना में वह कम्पनी असाधारण रूप से कुल पूँजी पर उच्च प्रत्याय दर प्राप्त करती है। अथवा उसके द्वारा वांछित पूँजी से कम पूँजी का विनियोजन करके व्यवसाय का सम्पादन किया जाता है।"[1]

—सी० डब्ल्यू० गर्स्टेनबर्ग

---

1. A Corporation is under capitalised when the rate of Profits, it is making on the total capital is exceptionaly high in relation to the return enjoyed by similarly situated companies in the same Industry or when it has too little capital with which to conduct its business.

—*C. W. Gerstenberg*

"जब किसी कम्पनी द्वारा विनियोजित पूँजी पर असामान्य रूप से अधिक आय का उपार्जन किया जाता है, तो वह कम्पनी अल्प पूँजीकृत कहलाती है।"[1]

"अल्प पूँजीकरण का आशय उद्यम में लगी हुई सम्पत्ति तथा उसकी कुल अंशपूँजी की अपेक्षा सम्पत्ति के आधिक्य से है।"
—हॉगलैंड

उपरोक्त परिभाषाओं के आलोक में अल्प पूँजीकरण के अर्थ को समझने हेतु निम्न बिन्दुओं पर चिन्तक की आवश्यकता होती है—

(i) अल्प पूँजीकरण पूँजी की न्यूनता या अपर्याप्तता का द्योतक नहीं है।
(ii) अल्प पूँजीकृत कम्पनी की औसत आय कम्पनी में विनियोजित पूँजी की तुलना में अपेक्षाकृत अधिक होती है।
(iii) अल्प पूँजीकरण अल्पकालिक अवधारणा न होकर अपितु दीर्घकालिक अवधारणा है।
(iv) अल्प पूँजीकरण कम्पनी द्वारा समान प्रकृति वाली अन्य कम्पनियों की तुलना में अधिक आय का उपार्जन किया जाता है।
(v) इन कम्पनियों द्वारा अपने अंशधारकों को अनवरत् अपेक्षाकृत ऊँची दर से लाभांश का भुगतान किया जाता है।
(vi) अल्प पूँजीकृत कम्पनियों की सम्पत्ति का पुस्तकीय मूल्य उसके वास्तविक मूल्य से कम होता है।
(vii) अल्प पूँजीकरण वाली कम्पनियों के अंशों का पुस्तकीय मूल्य उनके बाजार मूल्य तथा वास्तविक मूल्य से कम होता है।

अल्प पूँजीकरण का परीक्षण (Test of under Capitalisation)—अल्प पूँजीकरण के परीक्षण हेतु कतिपय बिन्दुओं का निर्धारण किया जा सकता है। अल्प पूँजीकृत कम्पनी विनियोजित पूँजी से अधिक मात्रा में प्रत्याय देती है। अत: स्वाभाविक तौर पर इनके समता अंशों पर लाभांश दर बाजार में प्रचलित दर से अधिक होगी। फलस्वरूप इन कम्पनियों के अंशों का वास्तविक मूल्य उनके बाजार मूल्य से अधिक होगा अल्प पूँजीकरण की स्थिति का परीक्षण करने हेतु निम्न तीन सूत्रों का प्रयोग किया जा सकता है—

(i) प्रचलित दर < लाभार्जन की वास्तविक दर
(ii) पुस्तक मूल्य < वास्तविक मूल्य (सम्पत्तियों का)
(iii) अंशों का पुस्तक मूल्य < अंशों का वास्तविक मूल्य

उदाहरण (Illustration) 3.

Following is the Balance Sheet of Shyam & Company as on 31 March, 2014.

Liabilities		Assets	
Share capital	2,50,000	Land & Building	2,00,000
(25,000 share of Rs. 10 each)		Plant & Machine	2,00,000
Debentures	1,20,000	Current Assests	2,25,000
Bonds	5,000		
Current Liabilities	2,50,000		
Total	6,25,000	Total	6,25,000

The average Profit of the organisation is Rs. 37,500 and same type of companies earn a Profit of 8% on capital Invested. Test the situation of capitalisation.

1. Organising & financing business.

Solution–

On the basis of earning

$$\text{Actual rate of earning} = \frac{\text{Actual Profit}}{\text{capital employed}}$$

$$= \frac{37{,}500 \times 100}{3{,}75{,}000} = 10\%$$

Market rate of return = 8%
actual rate of return = 10%
So the Company is under capitalised
on the basis of cost of net assets—
Book value of business = Total assets- current liabilities
= 6,25,000 - 2,50,000 = 3,75,000

$$\text{Real value of Business} = \frac{\text{Average Profit}}{\text{Market rate of return}} \times 100$$

$$= \frac{37{,}500 \times 100}{8} = 4{,}68{,}750$$

Book value of business < Real value of business
so the company is under capitalised

$$\text{Book value Per share} = \frac{3{,}75{,}000}{2{,}500} = \text{Rs. } 130$$

$$\text{Real value per Share} = \frac{4{,}68{,}750}{2{,}500} = \text{Rs.} 188$$

Book value Per Share < Real value Per Share
Hence the company is under capitalised.
Amount of under capitalisation
=Real value – Book value
= 4,68,750 – 3,75,000 = 93,750

अल्प पूँजीकरण के कारण (Causes of under Capitalisation)

अल्प पूँजीकरण को प्रभावित करने वाले प्रमुख कारण निम्नवत् होते हैं—

(i) प्रत्याय का अपेक्षाकृत कम अनुमान (Under Estimation of Return)—जब संगठन द्वारा त्रुटिवश, भूलवश, जान-बूझकर अथवा वित्तीय दक्षता के अभाव में विनियोजित पूँजी पर होने वाले प्रत्याय से कम प्रत्याय का अनुमान लगाया जाता है तथा व्यवसाय में अनुमान से अधिक आय का उपार्जन होता है तो अल्प पूँजीकरण की स्थिति उत्पन्न होती है।

(ii) उच्च प्रबन्धकीय कौशल (High Managerial Skill)—जब संगठन में उच्च प्रबन्धकीय कौशलयुक्त वित्त विशेषज्ञों की सहायता से सम्पत्तियों का अनुकूलतम उपयोग किया जाता है तो स्वाभाविक रूप से संगठन की कार्यकुशलता में अभिवृद्धि होती है। उत्पादन लागत में कमी, अनुकूलतम विपणन अवसर का लाभ, सम्पत्तियों का समुचित रख-रखाव, आधुनिक तकनीकों का प्रयोग इत्यादि उपायों से लाभदेयकता में वृद्धि की जाती है। फलस्वरूप अल्प पूँजीकरण की स्थिति उत्पन्न होना स्वाभाविक है।

(iii) पारम्परिक लाभांश नीति का क्रियान्वयन (Execution of Traditional Dividend Policy)—प्राय: कम्पनियों द्वारा परम्परागत लाभांश नीति का अनुश्रवण करते हुए अपेक्षाकृत कम लाभांश का वितरण किया जाता है तथा लाभ की राशि को आवश्यकता न होने पर भी पुनर्विनियोजित कर लिया जाता है। जिससे संगठन की वास्तविक पूँजी का मूल्य पुस्तक मूल्य से बढ़ जाता है। परिणामस्वरूप कम्पनियाँ अल्प पूँजीकरण की शिकार हो जाती है।

(vi) अवस्फीतिक काल में प्रवर्तन (Promotion During Deflation Period)—अवस्फीतिक काल में प्रवर्तित कम्पनियाँ स्फीतिक (Inflation) काल में अल्प पूँजीकृत हो जाती है। मन्दीकाल में अपेक्षाकृत कम मूल्य पर सृजित सम्पत्तियों की अर्जन क्षमता तेजीकाल में अधिक हो जाती है। परिणामस्वरूप उन सम्पत्तियों का वास्तविक मूल्य उनके पुस्तकीय मूल्य से अधिक हो जाता है।

(v) समता पर व्यापार (Trading on Equity)—जब कम्पनी समता अंशों के निर्गमन द्वारा अपेक्षाकृत कम मात्रा में पूँजी का संग्रहण करके अधिकांश कोष की व्यवस्था सस्ते ब्याज दर पर उपलब्ध ऋणों के माध्यम से करती है। उस दशा में पूँजी की लागत में कमी होने के कारण लाभार्जन क्षमता में अभिवृद्धि स्वाभाविक है।

(vi) गोपनीय संचय (Secret Reserve)—जब किसी कम्पनी द्वारा उपार्जित प्रत्याय का अधिकतम भाग ह्रास, या अन्य संचयों के रूप में छिपा लिया जाता है तथा लाभांश का भुगतान अपेक्षाकृत कम मात्रा में किया जाता है। उस दशा में कम्पनी की अचल सम्पत्तियों का वास्तविक मूल्य उनके पुस्तकीय मूल्य से अधिक हो जाता है। ऐसी दशा में अल्प पूँजीकरण की स्थिति आ सकती है।

(vii) कम पूँजी का निर्गमन (Issue of Lesser Capital)—कभी-कभी संगठन के संचालकों द्वारा नियंत्रण की सीमा का विस्तार न किये जाने के उद्देश्य से कम मात्रा में अंश पूँजी का निर्गमन किया जाता है। जिसके कारण अल्प पूँजीकरण की स्थिति उत्पन्न हो जाती है।

(viii) प्रवर्तन सम्बन्धी व्ययों का सस्ता होना—प्रवर्तन व्ययों के सस्ता होने के कारण प्रवर्तकों तथा विशेषज्ञों द्वारा अपेक्षाकृत कम प्रतिफल पर संगठन के लिये कार्य किया जाता है एवं वैधानिक व्ययों की मात्रा कम व्यय होती है। जिसके कारण अल्प पृँजीकरण की स्थिति उत्पन्न हो सकती है।

अल्प पूँजीकरण का प्रभाव (Effect of under Capitalisation)

किसी भी संगठन में अल्प पूँजीकरण की स्थिति उत्पन्न होने पर संगठन प्रत्यक्ष अथवा अप्रत्यक्ष तौर पर जुड़े समस्त घटकों यथा, कम्पनी, अंशधारक, समाज व राष्ट्र प्रभावित होते हैं। अल्प पूँजीकरण का प्रभाव प्राय: निम्नवत् दृष्टिगत होता है—

(i) पूँजी का अभाव (Lack of Capital)—अल्प पूँजीकृत कम्पनियों में पर्याप्त मात्रा में पूँजी का अभाव होने के कारण, विकास, विस्तार एवं नवीनीकरण के कार्य बाधित होते हैं। पूँजी की कमी को दूर करने हेतु कम्पनी द्वारा ऊँची दरों पर ऋण लिया जाता है।

(ii) प्रतियोगिता में वृद्धि (Increase in Competition)—अति पूँजीकृत कम्पनियों में लाभ की मात्रा विनियोजित पूँजी की तुलना में अधिक होने के कारण समान प्रकृति वाले उद्यमों में अन्य कम्पनियों का प्रवेश होने लगता है। धीरे-धीरे अल्प पूँजीकृत कम्पनियों के अनेक प्रतियोगी बाजार में उपस्थित हो जाते हैं। अनेक कम्पनियों के प्रवेश से संगठन की लाभदेयकता पर प्रतिकूल प्रभाव पड़ता है।

(iii) श्रमिक माँगों में वृद्धि (Increase in Labour Demands)—अल्प पूँजीकृत कम्पनियों में होने वाले लाभ अतिरेक के कारण श्रमिक अपने वेतन, भत्तों एवं अन्य सुविधाओं में वृद्धि की माँग करने लगते हैं। उनकी माँगे पूरी न हो पाने पर श्रमिकों में अशान्ति की स्थिति उत्पन्न होती है।

(iv) उपभोक्ताओं में असन्तोष (Consumer Dissatisfaction)—अल्पपूँजीकृत कम्पनियों में लाभ की मात्रा अधिक होने के कारण उपभोक्ताओं में इस बात के लिये असन्तोष रहता है कि कम्पनी अपने द्वारा उत्पादित वस्तुओं का अधिक मूल्य उपभोक्ताओं से ले रही है।

(v) सरकारी हस्तक्षेप—अल्प पूँजीकृत कम्पनियों में लाभ की अधिकता होने के कारण करों की मात्रा में अभिवृद्धि होने के साथ-साथ सरकारी हस्तक्षेप बढ़ने लगते हैं।

(vi) लाभांश का अधिक मात्रा में भुगतान—अल्प पूँजीकृत कम्पनियों द्वारा लाभ की अधिकता के कारण अधिक मात्रा में लाभांश का भुगतान अंशधारकों को किया जाता है।

(vii) अंशों के बाजार मूल्य में वृद्धि—अल्प पूँजीकरण वाली कम्पनियों द्वारा निर्गत समता अंशों के बाजार मूल्य में अभिवृद्धि हो जाती है। अंशधारकों द्वारा धारित अंशों का विक्रय करने पर उन्हें अधिक मात्रा में पूँजीकृत लाभ प्राप्त होता है। अंशों का बाजार मूल्य अधिक होने के कारण अंशधारकों को अंशों की जमानत पर आसानी से ऋण प्राप्त हो जाता है।

(viii) आर्थिक प्रगति का द्योतक—अल्प पूँजीकृत कम्पनियों में होने वाले लाभों को देखते हुए अन्य अनेक उद्यमी बाजार में प्रवेश करते हैं। जिससे सकल उत्पादन में अभिवृद्धि के साथ-साथ राष्ट्र आर्थिक प्रगति करता है।

(ix) पूँजी निर्माण में सहायक—अल्प पूँजीकृत कम्पनियाँ अधिक मात्रा में लाभांश का भुगतान करने के कारण विनियोजकों में संचय की प्रकृति जागृत करती है। बचत की प्रवृत्ति का पूँजी निर्माण में अत्यन्त महत्त्वपूर्ण योगदान होता है।

अल्प पूँजीकरण के उपचार (Remedies of under Capitalisation)

अल्प पूँजीकरण के दुष्प्रभावों से बचने हेतु निम्न सकारात्मक कदम उठाये जा सकते हैं—

1. अंशों का विभाजन (Division of Shares)—अल्प पूँजीकरण की स्थिति से निबटने हेतु कम्पनी द्वारा अधिक मूल्य के निर्गत अंशों के स्थान पर कम मूल्य के अंशों का निर्गमन किया जा सकता है। ऐसी दशा में कुल निर्गमित पूँजी की मात्रा में परिवर्तन नहीं होता, बल्कि अंशों की संख्या में वृद्धि हो जाने से प्रति अंश दिये जाने वाले लाभांश की मात्रा में कमी हो जाती है। उदाहरणस्वरूप यदि किसी कम्पनी की पूँजी रु० 50 मूल्य वाले 1,000 अंशों में विभक्त है तो रु० 10 मूल्य वाले अंशों में परिवर्तित होने पर कुल अंशों की संख्या 5,000 होगी। यदि पूर्व निर्गमित अंशों पर लाभांश का भुगतान रु० 10 प्रति अंश की दर से किया जाता है तो अंशों के विभाजन के उपरान्त प्रति अंश लाभांश की मात्रा रु० 2 होगी। अंशधारकों को प्राप्त होने वाले लाभांश की मात्रा यथावत् रहेगी।

2. बोनस अंशों का निर्गमन (Issue of Bonus Shares)—अल्प पूँजीकृत कम्पनियों द्वारा अल्प पूँजीकरण की स्थिति से अवमुक्ति हेतु बोनस अंशों का निर्गमन किया जा सकता है। इस प्रक्रिया के अन्तर्गत कम्पनी अपने संचित कोषों अवितरित लाभों की धनराशि को बोनस अंशों के रूप में समता अंशधारकों के मध्य वितरित कर सकती है। इससे कुल अंश पूँजी की मात्रा में अभिवृद्धि हो जाती है किन्तु अंशधारकों को मिलने वाली कुल आय अपरिवर्तित रहती है।

3. अधिक सममूल्य वाले अंशों का निर्गमन—कम्पनी के पास अपेक्षाकृत अधिक मात्रा में संचय एवं आधिक्य होने की दशा में कम्पनी अपने अंशधारकों को पुराने अंशों के स्थान पर अपेक्षाकृत अधिक सममूल्य वाले अंशों का निर्गमन कर सकती है। इससे प्रति अंश अर्जन क्षमता में कमी न होकर अपितु प्रति अंश अर्जन दर में कमी होगी।

4. नवीन अंशों का निर्गमन—अल्प पूँजीकृत कम्पनी यदि वांछित पूँजी की पूर्ति ऋण पूँजी के माध्यम से कर रही है तो उसे नवीन अंशों का निर्गमन करके पूँजी एकत्र करने का कार्य करना चाहिये। अतिरिक्त निर्गमित पूँजी लाभांश का विवरण करने की दशा में लाभांश की दर में कमी स्वाभाविक है।

अति पूँजीकरण बनाम अल्प पूँजीकरण

(Over Capitalisation v/s. under Capitalisation)

अति पूँजीकरण एवं अल्प पूँजीकरण सापेक्ष शब्द हैं। शाब्दिक अर्थों में अति पूँजीकरण एवं अल्प पूँजीकरण का अभिप्राय पूँजी से अधिकता अथवा कमी से होता है, किन्तु वस्तुस्थिति प्रायः इसके विपरीत होती है। अति पूँजीकृत संगठन में विनियोजित पूँजी की तुलना में लाभ की मात्रा कम होती है जबकि अल्प पूँजीकरण वाले संगठनों में विनियोजित पूँजी के अनुपात में लाभदेयकता की मात्रा अधिक होती है। कोई कम्पनी अति पूँजीकृत है अथवा अल्प पूँजीकृत, यह ज्ञात करने के लिए पूँजीकरण की मात्रा एवं उपार्जित आय के मध्य सम्बन्ध स्थापित किया जाता है। यदि किसी संगठन द्वारा निरन्तर प्रचलित दर से कम लाभांश का भुगतान किया जा रहा है तो कम्पनी अति पूँजीकृत तथा, प्रचलित दर से अधिक मात्रा में लाभांश का भुगतान करने की दशा में कम्पनी अल्प पूँजीकृत मानी जायेगी। अति पूँजीकरण की स्थिति प्रायः अनेक कम्पनियों में पाई जाती है किन्तु अल्प पूँजीकरण अपवादस्वरूप किसी संगठन में दृष्टिगोचर होता है। अति पूँजीकरण की स्थिति में संगठन की कुल सम्पत्तियों का पुस्तकीय मूल्य उनके वास्तविक मूल्य

से अधिक होता है जबकि अल्प पूँजीकरण की दशा में कुल सम्पत्ति का पुस्तकीय मूल्य उनके वास्तविक मूल्य से कम होता है। अति पूँजीकरण की दशा संगठन के वित्तीय व्यवस्था हेतु हानिकारक हो सकती है किन्तु अल्प पूँजीकरण के अन्तर्गत संगठन की वित्तीय व्यवस्था लाभदायी होती है। अंशधारक अपेक्षाकृत अधिक लाभांश प्राप्त करते हैं। अति पूँजीकरण के अन्तर्गत आर्थिक संसाधनों का अधिकतम एवं कुशलतम उपयोग नहीं हो पाता जबकि अल्प पूँजीकरण की दशा में संगठन के आर्थिक संसाधनों का अधिकतम एवं कुशलतम उपयोग होता है।

अति पूँजीकरण के उपचार हेतु अपनाये गये कदम अत्यन्त व्यापक एवं दुरूह होते हैं। अति पूँजीकरण से अवमुक्ति दीर्घकाल में ही सम्भव हो सकती है। जबकि अल्प पूँजीकरण के उपचार हेतु उठाये गये कदम अधिक सूक्ष्म सरल होते हैं। अल्प पूँजीकरण से अवमुक्ति अल्पकाल में ही पाई जा सकती है।

वस्तुत: किसी संगठन में अति पूँजीकरण एवं अल्प पूँजीकरण दोनों स्थितियाँ संगठन के प्रतिकूल होती है। अत: संगठन के हित में दोनों प्रवृत्तियों को हतोत्साहित करना चाहिये। फिर भी अति पूँजीकरण की स्थिति अल्प पूँजीकरण की तुलना में अत्यन्त भयावह होती है। वस्तुत: अति पूँजीकरण एवं अल्प पूँजीकरण दोनों प्रवृत्तियों में एक-दूसरे के बीज निहित होते हैं। कालान्तर में अति पूँजीकरण में अल्प पूँजीकरण के तथा अल्प पूँजीकरण में अति पूँजीकरण के लक्षण दृष्टिगोचर होते हैं। अत: निष्कर्ष रूप में कहा जा सकता है कि अल्प पूँजीकरण एवं अति पूँजीकरण दोनों स्थितियों से बचकर उचित पूँजीकरण (Fair Capitalisation) की स्थिति में संगठन को रखने का प्रयास करना चाहिये। अति पूँजीकरण एवं अल्प पूँजीकरण की पहचान हेतु निम्न उदाहरण प्रस्तुत है—

Illustration : 4

किसी कम्पनी की प्रस्तावित वार्षिक आय रु० 1,00,000 है। पूँजीकरण की दर 20% होने की दशा में कम्पनी की पूँजीकरण राशि की गणना कीजिए।

The Proposed annual income of any company is Rs. 1,00,000. Calculate the amount of capitalisation, if the rate of capitalisation is 20%.

$$C = \frac{\text{Expected annual earnings}}{\text{Rate of Capitalisation}}$$

कुल पूँजीकरण $$(C) = \frac{1{,}00{,}000 \times 100}{20} = \text{Rs. } 5{,}00{,}000$$

Illustration : 5

The amount of Capitalisation of a company has been fixed at Rs. 10,00,000. The current market rate of Capitalisation for similar Companies in 10%. What level of income should be earn to give benefit of current rate to the investors.

$$AI = C \times \text{current Rate of Capitalisation} \quad = \frac{\text{Annual Income}}{\text{Current rate of Capitalisation}}$$

$$A.I. = \frac{10{,}00{,}000 \times 10}{100} = 1{,}00{,}000$$

Illustration : 6

कम्पनी X तथा Y समान उद्योग में कार्यरत हैं। दोनों कम्पनियों में पूँजीकरण की मात्रा क्रमश: रु० 9,00,000 एवं रु० 10,00,000 है। औसत वार्षिक आय (ब्याज एवं कर से पूर्व) क्रमश: रु० 75,000 तथा रु० 1,50,000 रही है। बाजार में प्रचलित पूँजीकरण की दर 10% है। उपरोक्त तथ्यों के आधार पर दोनों कम्पनियों की पूँजीकरण स्थिति का आकलन कीजिए।

Solution—

पुस्तक मूल्य तथा वास्तविक मूल्य से तुलना करने पर—

वास्तविक मूल्य $(X) = \frac{75,000 \times 100}{10} = 7,50,000$

वास्तविक मूल्य $(Y) = \frac{1,50,000 \times 100}{10} = 15,00,000$

पुस्तक मूल्य (X) = रु० 9,00,000

" " (Y) = रु० 10,00,000

X कम्पनी का पुस्तक मूल्य उसके वास्तविक मूल्य से अधिक है। अत: कम्पनी अति पूँजीकृत है।

Y कम्पनी का पुस्तक मूल्य उसके वास्तविक मूल्य से कम है। अत: कम्पनी अल्प पूँजीकृत है।

विनियोग पर प्रत्याय दर की तुलना करने पर—

$$\text{विनियोग पर प्रत्याय दर} = \frac{\text{आय}}{\text{पूंजी}} \times 100$$

$$\text{कम्पनी } (X) = \frac{75,000}{9,00,000} \times 100 = 8.3\%$$

$$\text{कम्पनी } Y = \frac{1,50,000}{10,00,000} \times 100 = 15\%$$

कम्पनी (X) द्वारा अर्जित प्रत्याय दर 8.3% पूँजीकरण की प्रचलित दर 10% से कम है। अत: कम्पनी अति पूँजीकृत है।

कम्पनी (Y) द्वारा अर्जित प्रत्याय दर 15% पूँजीकरण की प्रचलित दर 10% से अधिक है। अत: कम्पनी अल्प पूँजीकृत है।

जलयुक्त पूँजी (Watered Capital)

प्राय: कम्पनियों द्वारा अंशों का निर्गमन करके पूँजी का एकत्रीकरण किया जाता है। अंशों द्वारा एकत्रित पूँजी ही कम्पनी के संचालन में महत्त्वपूर्ण होती है। किन्तु यदि अंश पूँजी के रूप में उपलब्ध पूँजी से कम्पनी के उद्देश्य की पूर्ति नहीं हो पाती है तो यह समझा जाता है कि पूँजी में जलीय तत्त्व का समावेश हो गया है। जलयुक्त पूँजी को मूल्यहीन पूँजी, द्रवित पूँजी आदि विभिन्न नामों से जाना जाता है। जब संगठन की सम्पत्तियों का पुस्तकीय मूल्य उसके वसूली मूल्य (Realisable) से अधिक हो जाता है अर्थात् सम्पत्तियों का मूल्य उनके पुस्तकीय मूल्य से कम हो जाता है तो उस कम्पनी की अंश पूंजी में जल का समावेश माना जाता है। प्राय: कम्पनी के प्रवर्तकों द्वारा अंशों के प्रतिफलस्वरूप अनेक प्रकार की अमूर्त सम्पत्तियाँ कम्पनी को हस्तान्तरित की जाती हैं। जिनका मूल्य वास्तविक मूल्य से अधिक निर्धारित कर दिया जाता है। ऐसी दशा में कम्पनी की सम्पत्तियों का पुस्तक मूल्य निर्गमित पूँजी से अधिक हो जाता है। निर्गमित पूँजी से निष्प्रयोज्य अथवा अमूर्त सम्पत्तियों का आधिक्य ही जलयुक्त पूँजी कहलाता है। इन सम्पत्तियों का वास्तविक मूल्य बढ़ाकर दर्शित किये जाने के कारण इनका वसूली मूल्य कम प्राप्त होता है। **हॉगलैंड** के शब्दों में "किसी कम्पनी में जलयुक्त पूँजी का समावेश तब होता है। जब सम्पत्ति का वास्तविक मूल्य उसके पुस्तकीय मूल्य से कम होता है।"[1] उदाहरणस्वरूप किसी कम्पनी की अंशपूँजी रु० 5,00,000 है। जिसे विभिन्न सम्पत्तियों के क्रय में व्यय किया गया। मूर्त सम्पत्तियों में 4,00,000 एवं अमूर्त सम्पत्तियों में रु० 1,00,000 वसूली मूल्य अमूर्त सम्पत्तियों का मात्र रु० 25,000 प्राप्त होने की दशा में रु० 75,000 की पूँजी जलयुक्त मानी जायेगी।

जलयुक्त पूँजी के कारण (Causes of Watered Capital)

कम्पनी की अंशपूंजी के जलयुक्त होने के कारण प्राय: निम्नवत् होते हैं—

(i) अमूर्त सम्पत्तियों अनपेक्षित विनियोग—ख्याति, पेटेन्ट, कापीराइट, ट्रेडमार्क जैसी अमूर्त सम्पत्तियों को क्रय करने हेतु कम्पनी द्वारा इनके वास्तविक मूल्य से अधिक मूल्य का भुगतान इन सम्पत्तियों के स्वामी को कर दिया जाता है।

1. A stock is said to be watered when its true value is less than its book value. —*Hoagland*

इन सम्पत्तियों की उपयोगिता समाप्त होने अथवा इनके मूल्य में कमी होने की दशा में इन कम्पनियों में किया गया विनियोग जलीय माना जाता है।

(ii) प्रवर्तकों की सेवाओं का अपेक्षा से अधिक मूल्यांकन—यदि कम्पनी प्रवर्तकों द्वारा कम्पनी के प्रवर्तन हेतु की गई सेवाओं का मूल्यांकन अपेक्षा से अधिक किया गया है, एवं कम्पनी द्वारा उक्त सेवाओं के बदले प्रवर्तकों को पूर्ण प्रदत्त अंशों का निर्गमन कर दिया गया है तो वास्तविक मूल्यांकन से आधिक्य की धनराशि जलयुक्त (Watered) कही जायेगी।

(iii) अधिक मूल्य पर सम्पत्तियों का क्रय—यदि कम्पनी द्वारा अपेक्षाकृत अधिक मूल्य पर सम्पत्तियों का क्रय अथवा हस्तान्तरण किया जाता है तो उन सम्पत्तियों की बिक्री पर कम धनराशि प्राप्त होने के कारण आधिक्य की राशि जलीय पूँजी होगी।

(iv) त्रुटिपूर्ण ह्रास नीति (Defective Depreciation Policy)—प्रवर्तन के उपरान्त कम्पनी की संचालन अवधि में सम्पत्तियों के टूट-फूट अप्रचलन घिसावट इत्यादि अथवा संयंत्र दुर्घटना (Plant accident) हेतु उचित ह्रास का अनुशीलन न किये जाने से कम्पनी की पूँजी जलयुक्त हो सकती है।

उपरोक्त तथ्यों के अध्ययन से स्पष्ट है कि कम्पनी में जलयुक्त पूँजी का समावेश तभी हो सकता है। जब सम्पत्तियों का वसूली मूल्य उनके पुस्तकीय मूल्य से कम हो जाता है। अत: ऐसी स्थिति से बचने हेतु यह आवश्यक है कि अंश पूँजी की मात्रा के अनुरूप कम्पनी की सम्पत्तियों का वसूली मूल्य पर्याप्त मात्रा में प्राप्त हो। द्रवित पूँजी की स्थिति से बचाव हेतु सम्पत्तियों के वसूली मूल्य (Realisable value) एवं पुस्तकीय मूल्य (Book value) के मध्य साम्य स्थापित करने का प्रयास करना चाहिये।

अति पूँजीकरण बनाम औद्योगिक रूग्णता (Over Capitalisation Vs. Industrial Sickness)—प्राय: अति पूँजीकरण एवं औद्योगिक रुग्णता को समानार्थी के रूप में प्रयोग किया जाता है। वस्तुत: अति पूँजीकरण साधन है और औद्योगिक रुग्णता साध्य है। दूसरे शब्दों में अति पूँजीकरण औद्योगिक रुग्णता सम्बन्धी बीमारी का लक्षण है। कम्पनियों में अपने प्रवर्तन के कुछ वर्षों उपरान्त अति पूँजीकरण के लक्षण दृष्टिगोचर होते हैं जो कि धीरे-धीरे कम्पनी को रुग्णता की ओर ले जाते हैं।

वस्तुत: औद्योगिक रुग्णता हेतु अति पूँजीकरण के अतिरिक्त अकुशल प्रबन्धन, संसाधनों का अमितव्ययी प्रयोग, पारम्परिक तकनीक का प्रयोग आदि ऐसे कारण हैं जिनसे कम्पनी औद्योगिक रूग्णता की शिकार हो सकती है। इसके अतिरिक्त बाजार में प्रतिस्पर्धा पूर्ति के अनुरूप माँग में गिरावट, विक्रय में कमी उपभोक्ताओं द्वारा प्रतिस्थानी वस्तुओं का प्रयोग आदि ऐसे बाह्य कारण भी औद्योगिक रूग्णता हेतु उत्तरदायी हो सकते हैं।

औद्योगिक रुग्णता की रोकथाम हेतु भारत सरकार ने 1985 में एक कानून पारित किया जिसे ''रुग्ण औद्योगिक कम्पनियाँ (विशेष प्रावधान) अधिनियम के''[1] नाम से जाना जाता है।

इस अधिनियम के अन्तर्गत रुग्ण कम्पनियों को निम्न प्रकार परिभाषित किया गया है।

''किसी वित्तीय वर्ष की समाप्ति पर (पंजीकरण को सात वर्ष होने की दशा में) संचित घाटा (Accumulated Losses) उसकी समस्त स्वामी पूँजी या शुद्ध मूल्य (Net worth) के समान या उससे अधिक हो जाय एवं उस वित्तीय वर्ष तथा उससे पूर्व के वित्तीय वर्ष में भी उसे अनवरत रोकड़ घाटों (Cash Losses) का सामना करने की दशा में उन कम्पनियों को बीमार औद्योगिक कम्पनी कहा जायेगा।''[2]

अति पूँजीकरण की दशा कम्पनी की रूग्णता का कारण एवं परिणाम हो सकती है। संगठन में योजित पूँजी की तुलना में कम्पनी की अर्जन क्षमता में होने वाली कमी अथवा वृद्धि क्रमश: अति पूँजीकरण एवं अल्प पूँजीकरण की स्थितियों की जन्मदात्री होती है। अत: पूँजीकरण एवं आय के मध्य साम्य प्रतिस्थापन की महती आवश्यकता होती है। वस्तुत: कम्पनी के प्रवर्तन के उपरान्त तत्काल पूँजीकरण की स्थिति दृष्टिगत नहीं होती। कम्पनी द्वारा कार्य आरम्भ करने के कुछ

---

1. Sick Industrial Companies (Special Provision) Act, 1985 was. Passed by the Parliament in Dec., 1985.
2. "Sick industrial Company means an industrial company (being a company registered for not less than seven years) which has at the end of any financial year accumulated losses equal to or exceeding its entire net worth and has also suffered cash losses in such financial year and...The financial year immediately Proceeding such financial year" vide Sick industrial companies (Special Provisions Act, 1985)

वर्षों बाद ही पूँजीकरण की दशा का ज्ञान होता है। कम्पनी की उपार्जन क्षमता ही वह कारक होती है जिसकी मापनी अल्प पूँजीकरण एवं अति पूँजीकरण की दशा एवं दिशा का सुनिश्चयन करती है।

द्रवित पूँजी बनाम अति पूँजीकरण (Watered Capital V/S. Over Capitalisation)—द्रवित पूँजी एवं अति पूँजीकरण दोनों का अर्थ भिन्न है। जलयुक्त पूँजी की समस्या प्रायः कम्पनी के प्रवर्तन काल में उत्पन्न होती है। जबकि अति पूँजीकरण की स्थिति प्रवर्तन के कुछ वर्षों उपरान्त दृष्टिगत होती है। प्रवर्तन काल में यदि मूर्त अथवा अमूर्त सम्पत्तियों को उनके वास्तविक मूल्य से अधिक मूल्य का भुगतान करके क्रय किया जाये तथा पश्चात्वर्ती काल में उन सम्पत्तियों का वसूली मूल्य पूर्व में भुगतान किये गये मूल्य से कम हो जाय तो अन्तर की धनराशि जलयुक्त पूँजी कहलायेगी किन्तु अति पूँजीकरण की दशा उन स्थितियों में उत्पन्न हो सकती है, जब कम्पनी विनियोजित पूँजी के अनुपात में लाभार्जन न करके अपितु प्रचलित बाजार दर से अपेक्षाकृत कम लाभ अर्जित करती है। प्रवर्तन काल में उत्पन्न जलयुक्त पूँजी कम्पनी के जीवनकाल में अति पूँजीकरण का एक महत्त्वपूर्ण कारक हो सकती है किन्तु आगामी वर्षों में यदि कम्पनी की आय में अपेक्षानुरूप वृद्धि हो जाती है तो पूँजी के जलयुक्त होने पर भी उसका प्रभाव कम्पनी पर अत्यल्प पड़ता है। अतः जलीय पूँजी एवं अति पूँजीकरण की स्थिति कम्पनी के लिये हितकर नहीं होती, इनके मध्य साम्यस्थापन कम्पनी को दीर्घायु प्रदान करने हेतु आवश्यक होता है।

परीक्षा प्रश्न
(Examination Questions)

I. दीर्घ उत्तरीय प्रश्न (Long Answer Type Questions)

1. अति पूँजीकरण के अर्थ एवं कारणों की व्याख्या कीजिये। अति पूँजीकरण के समापन की विधि समझाइये?

   Explain the meaning and causes of over Capitalisation. Discuss the methods of Disolving over capitalisation.

2. पूँजीकरण से आप क्या समझते हैं? अति एवं अल्प पूँजीकरण के उपक्रम पर होने वाले प्रभाव का मूल्यांकन कीजिये।

   What do you understand by Capitalisation? Evaluate the impacts of over and under capitalisation on an enterprise.

3. पूँजीकरण को परिभाषित कीजिये तथा इनकी विभिन्न अवधारणाओं की व्याख्या कीजिए।

   Define Capitalisation and explain various concepts of capitalisation.

4. अति पूँजीकरण को स्पष्ट कीजिये तथा इसके कारणों एवं प्रभावों की व्याख्या कीजिए?

   Clearify over Capitalisation and Explain the causes and impacts of over capitalisation.

5. अल्प पूँजीकरण, अति पूँजीकरण की विपरीत दशा है।'' क्या आप इस कथन से सहमत हैं?

   "Under Capitalisation is reverse Condition of over Capitalisation." Do you agree with this statement?

6. अति पूँजीकरण को परिभाषित कीजिए एवं इसके कारणों तथा परिणामों की समीक्षा कीजिए। क्या एक अति पूँजीकृत इकाई पूँजी की कमी का अनुभव कर सकती है?

   Define over capitalisation and analyse its causes and effects can an over capitalised unit experience Shortage of Capital? (A. U. B. Com. 1992)

7. अति पूँजीकरण का अर्थ एवं कारण स्पष्ट कीजिए। अति पूँजीकरण को ठीक करने की विधि समझाइये।

   Analyse the meaning and causes of over capitalisation. Discuss the methods to control over capitalisation. (Kashi Vidyapeet B. Com. 1992)

8. अल्प पूँजीकरण को परिभाषित कीजिए। इसके कारणों तथा उपचारों की व्याख्या कीजिए।
Define under Capitalisation. Explain its causes and remedies.

9. जलयुक्त पूँजी से आपका क्या अभिप्राय है इसके कारणों को स्पष्ट कीजिए।
What do you mean by watered capital. Explain its causes.

10. ''उद्योगों में अति पूँजीकरण उतना ही खतरनाक है जितना अल्प पूँजीकरण'' विवेचन कीजिए।
"In industries over capitalisation is as dangerous as under capitalisation." Discuss.
(K.U. M.Com 1990)

11. अल्प पूँजीकरण अति पूँजीकरण की ओर ले जाता है'' क्या इस कथन से सहमत है? कारण सहित व्याख्या कीजिए।
Under Capitalisation leads to over capitalisation. Do you agree with this statement? Explain with reasons.

II. लघु उत्तरीय प्रश्न (Short Answer Type Questions)

(i) पूँजीकरण की व्याख्या कीजिए।
Explain Capitalisation.

(ii) अति पूँजीकरण से आप क्या समझते हैं?
What do you understand by over Capitalisation?

(iii) अल्प पूँजीकरण को परिभाषित कीजिए।
Define under Capitalisation.

(iv) पूँजीकरण के लागत सिद्धान्त की व्याख्या कीजिए।
Explain Cost theory of Capitalisation.

(v) अति पूँजीकरण के कारण स्पष्ट कीजिए।
Explain Causes of over capitalisation.

(vi) अल्प पूँजीकरण के प्रभावों की समीक्षा कीजिए।
Summarise effects of under Capitalisation.

(vii) अति पूँजीकरण बनाम औद्योगिक रूग्णता।
Over Capitalisation Vs. Industrial sickness.

(viii) जलयुक्त पूँजी से आप क्या समझते हैं?
What do you understand by watered capital?

(ix) अनुमानित वार्षिक आय को स्पष्ट कीजिए।
Clearify estimated annual Income.

(x) अति पूँजीकरण की प्रस्थिति की व्याख्या कीजिए।
Explain Status of over Capitalisation.

III. वस्तुनिष्ठ प्रश्न (Objective Type Questions)

(i) पूँजी की अर्थशास्त्रीय अवधारणा।
Economical Concept of capital.

A. संकीर्ण (Narrow)
B. व्यापक (Broad)
C. दोनों (both)
D. इनमें से कोई नहीं (None of these)

Ans. B

(ii) ''पूँजी एक ऐसी सम्पत्ति है जो भूतकालीन श्रम द्वारा उत्पन्न होती है।''

"Capital is that Property which is Product of Past labour."

A. फिशर (Fisher)
B. वेस्टन एवं ब्राइघम (Weston & Brigham)
C. प्रो० टामस (Prof. Thomos)
D. इनमें से कोई नहीं (None of these)

Ans. A

(iii) पूँजी की लेखांकन अवधारणा सम्बन्धित है।

Accounting Concept of Capital is related with.

A. स्वामित्व पूँजी (Owner's Capital)
B. समता पूँजी (Equity Capital)
C. शुद्ध पूँजी (net worth)
D. उक्त सभी (All of these)

Ans. D

(iv) स्रोत के अनुसार पूँजी का वर्गीकरण है।

Classification on the basis of sources are.

A. स्वामित्व पूँजी (Oneris capital)
B. ऋण पूँजी (Loaned Capital)
C. उक्त सभी (All of these)
D. इनमें से कोई नहीं (None of the these)

Ans. C

(v) पूँजी का काल आधारित वर्गीकरण है।

Time based classification of capital is.

A. अल्पकालीन पूँजी (Short term capital)
B. मध्य कालीन पूँजी (Medium term capital)
C. दीर्घकालीन पूँजी (Long term capital)
D. इनमें से सभी (All of these)

Ans. D

(vi) ''पूँजीकरण निगम की अदत्त स्टाक एवं बन्ध पत्रों के सममूल्य का योग है''

"Capitalisation of Corporation Comprises the ownership and borrowed capital."

A. गुथमैन एवं डुग्गल
B. लिलियन डोरिस
C. गर्स्टेनबर्ग
D. इनमें से कोई नहीं

Ans. A

(vii) अति पूँजीकरण की दशा में

At the Condition of over capitalisation :

A. अंशों का बाजार मूल्य उनके सममूल्य से कम हो जाता है।

Market value of Shares is less than Par value of Shares.

B. अंशों का बाजार मूल्य उनके सममूल्य से अधिक हो जाता है।

Market value of Shares is more than Par value of Shares.

C. A तथा B दोनों सही A and B both are correct

D. इनमें से कोई नहीं None of these

Ans. A

(viii) अंशों के सममूल्य वह मूल्य है।

Par value Shares is that value.

A. स्थिर मूल्य (Fixed value)
B. चल मूल्य (Variable value)
C. प्रीमियम मूल्य (Premium value)
D. इनमें से कोई नहीं (None of these)

Ans. A

(ix) अति पूँजीकरण के समीकरण हैं।

Equations of over Capitalisation are.

A. प्रचलित दर > वास्तविक दर (Real rate)
B. व्यवसाय का पुस्तक मूल्य Book value of business > व्यवसाय का वास्तविक मूल्य Real value of business
C. अंशों का पुस्तकीय मूल्य (Book value of Share)> व्यवसाय का वास्तविक मूल्य Real value of business
D. इनमें से सभी All of these

Ans. D

(x) अल्प पूँजीकरण, पूँजीकरण की वह स्थिति है जब

Under Capitalisation is a situation of capitalisation when.

A. व्यवसाय का लेखमूल्य उनके वास्तविक मूल्य से कम हो जाता है।
Book value of business is less than real value of business.
B. व्यवसाय का लेखमूल्य उनके वास्तविक मूल्य से अधिक हो जाता है।
Book value of business is more than real value of business.
C. इनमें से सभी All of these.
D. इनमें से कोई नहीं None of these.

Ans. A

(xi) अल्प पूँजीकरण का परीक्षण किया जा सकता है—

Test of under capitalisation may be done.

A. प्रचलित दर < लाभार्जन की वास्तविक दर
B. पुस्तक मूल्य < सम्पत्तियों का वास्तविक मूल्य
C. अंशों का पुस्तक मूल्य < अंशों का वास्तविक मूल्य
D. उक्त सभी

Ans. D

(xii) अल्प पूँजीकरण के कारण हैं।

The Causes of under Capitalisation are.

A. प्रत्याय का अपेक्षाकृत कम अनुमान
B. प्रबन्धकीय अकुशलता
C. उदार लाभांश नीति
D. इनमें से सभी

Ans. A

(xiii) अल्प पूँजीकरण के प्रभाव हैं।

Effects of under capitalisation are.

A. पूँजी की पर्याप्तता B. प्रतियोगिता में वृद्धि

C. श्रमिक माँगों में कमी D. न्यूनतम सरकारी हस्तक्षेप

Ans. B.

(xiv) अल्प पूँजीकरण के उपचार हैं।

The remedies of under Capitalisation are.

A. अंशों का विभाजन B. बोनस अंशों का निर्गमन

C. नवीन अंशों का निर्गमन D. उक्त सभी

Ans. D

(xv) जलयुक्त पूँजी का प्रादुर्भाव होता है।

The watered Capital generates.

A. सम्पत्तियों का पुस्तकीय मूल्य उसके वसूली मूल्य से अधिक होने पर

B. सम्पत्तियों का वास्तविक मूल्य उनके वसूली मूल्य से कम होने पर

C. सम्पत्तियों का पुस्तकीय मूल्य उनके वसूली मूल्य से कम होने पर

D. उक्त सभी

Ans.A

(xvi) जलयुक्त पूँजी के प्रमुख कारण हैं।

A. अचल सम्पत्ति B. चल सम्पत्ति

C. चालू दायित्व D. अमूर्त सम्पत्ति

Ans. D

क्रियात्मक प्रश्न (Practical Questions)

1. ए०बी०सी० लिमिटेड की पूँजीकरण मात्रा रु० 10 लाख है। कम्पनी की औसत वार्षिक आय (ब्याज एवं कर पूर्व) रु० एक लाख रही है। बाजार में प्रचलित पूँजीकरण की दर 10% होने की दशा में गणना कीजिए कि कम्पनी अति पूँजीकृत है अथवा अल्प पूँजीकृत। उचित पूँजीकरण हेतु आय में वृद्धि अथवा कमी का मूल्यांकन कीजिए।

   Capitalisation of A.B.C. Limited is Rs. 10 Lakhs. The average annual earnings of the company (before Interest and tax) is Rs. one lakh. Calculate whether the company is over capitalised or under capitalised if Rate of return on capital in the market is 10%. Evaluate an increase or decrease of Income for attaining the fair capitalisation.

   Ans. उचित पूँजीकृत

2. किसी कम्पनी की सम्भाव्य वार्षिक आय रु० 2,50,000 अनुमानित है पूँजीकरण की दर 20% होने की दशा में प्रस्तावित कम्पनी की पूँजीकरण राशि ज्ञात कीजिए।

The probable annual earnings of any company has been estimated to be Rs. 2,50,000. The rate of capitalisation is 20%. What should be total amount of capitalisation for the proposed company.

Ans. 12,50,000

3. शिखर एण्ड सन्स की पूँजीकरण राशि रु० 50,00,000 निर्धारित की गयी है पूँजीकरण की वर्तमान दर 10% होने की दशा में कम्पनी अपनी विनियोजित पूँजी पर कितनी आय अर्जित करे।

   The Capitalisation amount of Shikhar and sons has been fixed at Rs. 50,00,000. The current rate of capitalisation is 10%. What level of the income should the company earn on capital employed.

   Ans. 5,00,000

4. पिछले पांच वर्षों में किसी कम्पनी द्वारा अर्जित लाभ क्रमशः रु० 20,000, 25,000, 30,000, 15,000 एवं 35,000 है। कम्पनी के कर की दर 20% है, विनियोग पर प्रत्याय दर 25% होने की दशा में पूँजीकरण की राशि ज्ञात करो।

   The Profit earned by any company in last five years is Rs. 20,000, 25,000, 30,000, 15,000 and 35,000 Respectively. The tax rate of the company is 20% find out amount of capitalisation if the rate of return on investment is 25%.

   Ans. 80,000

5. नवीन फार्मास्यूटिकल्स ने पिछले 5 वर्षों में क्रमशः रु० 80,000, 75,000, 85,000, 70,000 एवं 90,000 आय अर्जित किया कम्पनी प्रत्येक के लाभ पर 30% कर का भुगतान करती है। चौथे वर्ष के लाभ में विनियोग के विक्रय से प्राप्त रु० 5,000 को सम्मिलित किया गया है। समान कम्पनियों में प्रत्याय दर 15% होने की दशा में पूँजीकरण की राशि ज्ञात कीजिए।

   Navin pharmacuticals has earned the profit in last five years Rs. 80,000, 75,000, 85,000, 70,000, and 90,000 respectively company pays 30% taxes on the profit of each year. A sum & Rs. 5000 as profit on the sale of Investment included in the profit of fourth year. Find out the Amount of capitalisation if the rate of return is 15% in similar companies.

   Ans. 2,94,000

6. एक्स, वाई लिमिटेड की पूँजीकरण राशि रु० 5,00,000 निश्चित की गयी है। कम्पनी की वार्षिक औसत आय रु० 75,000 है। पूँजीकरण की दर 20% होने की दशा में ज्ञात कीजिए कि क्या कम्पनी अतिपूँजीकृत है, यदि हाँ तो कितनी मात्रा में तथा उचित पूँजीकरण हेतु कितनी आय में वृद्धि आवश्यक होगी।

   रु० 1,25,000 का अतिपूँजीकरण, रु० 25,000 की आय वृद्धि

   The total capitalisation of X Y limited has been fixed at Rs. 5,00,000, the average annual income of company is Rs. 75,000 the rate of capitalisation is 20%. Findout whether the company is over capitalised. If so what is amount of over capitalisation for fair capitalisation how much increase in the annual income required.

   Ans. Real value 15% < Book value 20% so company is over capitalised

   रु. 1,25,000 का अतिपूँजीकरण=रु. 25,000 की आय वृद्धि

7. नीतिका लिमिटेड का 31 दिसम्बर, 2007 का चिट्ठा निम्नवत् है–

   The balance sheet of Neetika Limited as on 31st Dec., 2007 is given below.

	Rs.		
Share capital	30,000		
(3,000 shares of Rs. 10)			
Reserve and surplus	2,000	Good will	8,000
Bank loan	10,000	Building	10,000
Current obligation	8,000	Machinery	12,000
		Debtors	15,000
		Cash in hand	3,000
		Prelim exp.	2,000
	50,000		50,000

यदि नीतिका लिमिटेड का औसत लाभ रु० 4,000 है तथा चालू प्रत्याय दर 8% है तो बताइये कि पूँजीकरण की क्या स्थिति है।

If the average profit of Neetika Limited is Rs. 4,000 and current rate of return is 8% comment upon the situation of capitalisation.

Ans. Under capitalisation (अल्पपूँजीकरण) **(Agra B.Com. 1998)**

8. एक फर्म सभी संचालन व्ययों एवं ऋणों पर ब्याज के बाद रु० 1,00,000 का लाभ अर्जित करती है। कुल अंश पूँजी रु० 9,00,000 एवं कुल सम्पत्तियाँ रु० 15,00,000 हैं। इस फर्म के समता अंशधारी 12% प्रत्याय दर की आशा करते हैं। इस प्रत्याशा का आधार इस प्रकार की अन्य समान फर्मों द्वारा भी लगभग 12% आय अर्जित करना है क्या फर्म अति पूँजीकृत है? टिप्पणी कीजिए तथा उचित या अनुकूलतम पूँजीकरण की राशि ज्ञात कीजिए।

A firm has earned Rs. 1,00,000 profit after paying all operating expenses and interest on loan. The total amount of equity share capital is Rs. 9,00,000 and total asset of the firm are Rs. 15,00,000. The equity shareholders or the firm expect 12% return on their investment in shares. The basis of the expectation is the fact that other similar firms are earning more of less 12% on equity share capital. Is the firm over capitalised? Comment and also calculate the fair of optimum amount of capitalisation. **Agra B.Com. 1997**

Ans. Actual rate of return 11.11% current rate of return 12% Book value Rs. 9,00,000. Real value Rs. 8,33,333. 'Yes' over capitalised. Optimum amount of capitalisation is 8,33,333.

अध्याय 12

परिचालन वित्तीय एवं संयुक्त उत्तोलक
(Operating, Financial and Combined Leverages)

लीवरेज (Leverage) शब्द का आविर्भाव अभियान्त्रिकी शब्द लीवर (Lever)[1] से हुआ। ''लीवर वह यंत्र है जिसके माध्यम से वृहदाकार मशीनों में भी त्वरण उत्पन्न हो जाता है।'' इसके माध्यम से दुरुह कार्यों को भी अत्यन्त सहजतापूर्वक सम्पन्न किया जा सकता है। वित्तीय निर्णयन के अन्तर्गत पूँजी संरचना विषयक निर्णयन लेने में वित्तीय उत्तोलकों (Financial leverage) की महत्त्वपूर्ण भूमिका होती है। उत्तोलक के द्वारा संगठन की लाभोपार्जन क्षमता एवं वित्तीय सुदृढ़ता तथा प्रबन्धकीय क्षमता का परीक्षण होता है। उत्तोलक की भाँति वित्तीय उत्तोलक भी अनुकूलता की दशा में लाभदेयकता में अत्यधिक वृद्धि तथा प्रतिकूलता की दशा में लाभदेयकता में अत्यधिक कमी कर देता है। इसके कारण विक्रय की मात्रा में तथा ऋण पूँजी की मात्रा में होने वाली अल्पवृद्धि भी संगठन के लाभों में कई गुना वृद्धि कर देती है। इसके विपरीत विक्रय एवं ऋण पूँजी की मात्रा में होने वाली मामूली कमी संगठन के लाभों में कई गुना कमी कर देती है।

प्राय: किसी भी वित्तीय संगठन द्वारा अपनी वित्तीय आवश्यकताओं की पूर्ति हेतु दो प्रकार के पूँजी संसाधनों का प्रयोग किया जाता है।

(i) स्थिर प्रत्याय दर वाली पूँजी (ii) परिवर्तनशील प्रत्याय दर वाली पूँजी। स्थिर प्रत्याय दर वाली पूँजी वह होती है जिसमें प्रत्याय दर निश्चित होती है। संगठन में लाभ अथवा हानि होने पर भी उसे उन विनियोजकों को प्रति वर्ष पूर्व निश्चित दर से अनिवार्यतः भुगतान करना पड़ता है। धनराशि की निश्चितता के कारण नियोक्ता द्वारा निश्चित प्रत्यायों के भुगतान की अग्रिम व्यवस्था करनी पड़ती है संगठन में लाभ की मात्रा में अभिवृद्धि होने पर नियोक्ता के लाभों में अभिवृद्धि हो जाती है। चूँकि उसे पूँजी पर एक निश्चित दर से ही भुगतान करना पड़ता है। इस प्रकार की पूँजी के अन्तर्गत ऋण पत्रों द्वारा प्राप्त पूँजी, दीर्घकालीन ऋणों द्वारा प्राप्त पूँजी तथा पूर्वाधिकार अंशों के माध्यम से प्राप्त पूँजी को सम्मिलित किया जाता है। स्थायी लागत वाली पूँजी संगठन में भार उत्तोलन के आधार का कार्य करती है। किसी भी संगठन में ब्याज एवं कर चुकाने के पूर्व की आय पूँजी स्थायी लागत से अधिक होने पर संगठन के लिए अनुकूल उत्तोलन की स्थिति होगी, इसके विपरीत यदि संगठन द्वारा उपार्जित आय (ब्याज एवं कर घटाने से पूर्व) पूँजी की स्थायी लागत से कम हो तो यह स्थिति प्रतिकूल उत्तोलन की स्थिति मानी जायेगी।

दूसरी ओर संगठन को उद्यम के सुनियोजित संचालन हेतु अस्थायी/परिवर्तनशील लागत वाली पूँजी की भी आवश्यकता होती है। परिवर्तनशील लागत वाली पूँजी संगठन में हानि की दशा में प्रत्यक्ष प्रभार नहीं डालती किन्तु लाभ होने पर लाभ का अधिकांश भाग परिवर्तनशील लागत वाली पूँजी पर प्रतिफलस्वरूप व्यय करना पड़ता है। परिवर्तनशील लागत वाली पूँजी के अन्तर्गत समता अंशों को सम्मिलित किया जाता है। वस्तुतः संगठन के अन्तर्गत वित्तीय आवश्यकताओं की सम्पूर्ति हेतु स्वामित्व अधिकार वाली पूँजी (owners capital) तथा लेनदारों के अधिकार वाली पूँजी (Creditors claim) के मध्य उचित साम्य स्थापन की महती आवश्यकता होती है। समता अंशों की मात्रा में अभिवृद्धि करने से स्वामित्व की मात्रा में अभिवृद्धि होगी तथा पूर्व के समता अंशधारकों को उपार्जित होने वाली आय की मात्रा कम होने के कारण उनके असन्तोष का भी सामना संगठन को करना पड़ सकता है। ऋण पत्रों एवं स्थायी ब्याज वाली प्रतिभूतियों से लेनदारों की मात्रा एवं उनके अधिकारों में अभिवृद्धि स्वाभाविक है।

---

1. A simple device for lifting and moving Heavy loads, Consisting of a rigid bar supported by a Pivoting about a "FULCRUM" at same Point along its length. So that an effort applied at one point can be used to move an object (the load) at another point.

वास्तविक अर्थों में संगठन के अन्तर्गत होने वाले वित्तीय निर्णयन के अन्तर्गत संगठन के वित्तीयकरण विषयक निर्णयन अत्यन्त प्रभावपूर्ण होते हैं। प्राय: वित्तीय निर्णयन के अन्तर्गत निम्नलिखित बिन्दुओं को दृष्टिगत रखते हुए संगठन के अनुकूल वित्तीयकरण की संरचना करने का प्रयास किया जाता है—

(A) संगठन की वित्तीय आवश्यकताओं की सम्पूर्ति किन माध्यमों से की जाये?
(B) संगठन में होने वाले विनियोगों के स्रोत क्या होंगे?
(C) ऋण पूँजी तथा समता पूँजी की विनियोग में मात्रा क्या होगी?
(D) समता पूँजी की मात्रा में होने वाली अभिवृद्धि का संगठन के वित्तीयकरण पर क्या प्रभाव होगा।
(E) पूँजी की लागत एवं उसके विनियोजन से होने वाली सम्भावित आय का स्वरूप क्या होगा।
(F) संगठन के लिए अनुकूलतम पूँजी ढाँचे की संरचना का निर्धारण कैसे किया जाय।

वस्तुत: वित्तीयकरण के संदर्भ में निर्णयन से पूर्व वित्त विशेषज्ञ उक्त प्रश्नों का समुचित उत्तर खोजने का प्रयास करता है। क्योंकि वित्तीयकरण सम्बन्धी निर्णयन का प्रत्यक्ष प्रभाव वर्तमान अंशधारकों, भावी अंशधारकों, पूर्वाधिकार अंशधारकों, लेनदारों एवं कम्पनी पर दृष्टिगत होता है। वित्तीय निर्णयन से संगठन का ऋण तथा समता पूँजी मिश्रण (Debt capital mix) प्रभावित होता है।

"वित्तीय लिवरेज (Financial Leverage) दुधारी तलवार के समान है जिसका प्रभाव दुतरफा होता है। जहाँ एक ओर इसके द्वारा संगठन के अन्तर्गत जोखिम की मात्रा में अभिवृद्धि की जाती है, वहीं दूसरी तरफ संगठन में विनियोजित पूँजी पर होने वाली प्रत्याय की दर में भी अभिवृद्धि का स्वर्णिम अवसर प्राप्त होता है। विक्रय के माध्यम से प्राप्त आय का स्तर उच्च रहने पर ऊँचा वित्तीय लिवरेज स्वामित्व पूँजी पर अनुपात से अधिक लाभ प्रदान करता है। किन्तु विक्रय से होने वाली आय में कमी होने पर इसके द्वारा स्वामित्व पूँजी भी लाभ की प्रतिशतता में अनुपात से अधिक कमी पर कर दी जाती है। अत: संगठन के अन्तर्गत उच्च स्तरीय लिवरेज के आधार पर उपक्रम के संचालन हेतु उच्चस्तरीय संचालन दक्षता, प्रबन्धकीय कौशल एवं विशिष्ट सतर्कता की आवश्यकता होती है।

उत्तोलक के प्रकार
(Types of Leverage)

संगठन में उत्तोलक की भूमिका हेतु स्थायी लागत वाली पूँजी का विशेष महत्त्व होता है। स्थायी लागत वाली पूँजी एवं संगठन की लाभदेयकता के मध्य अनुकूलन हेतु तीन प्रकार के उत्तोलकों का प्रयोग किया जाता है—

1. परिचालक उत्तोलक (Operating Leverage)
2. वित्तीय उत्तोलक (Financial Leverage)
3. संयुक्त उत्तोलक (Combined Leverage)

उपरोक्त उत्तोलकों की विस्तृत विवेचना अग्रांकित हैं—

परिचालन उत्तोलक
(Operating Leverage)

यदि किसी संगठन की पूँजी संरचना में स्वामित्व पूँजी (Owner's equity) की तुलना में ऋण पूँजी का अनुपात अधिक होता है तो संगठन में परिचालन उत्तोलक की विद्यमानता मानी जायेगी अर्थात् यदि फर्म की कुल लागतों में स्थिर लागत वाली पूँजी का अनुपात उच्च होगा तो यह स्वीकार्य तथ्य होगा कि संगठन का परिचालन उच्च परिचालन उत्तोलक (High Operating Leverage)के आधार पर किया जा रहा है।

वस्तुत: कुल लागतों के अन्तर्गत स्थिर लागत वाली पूँजी का प्रयोग संगठन में विक्रय की मात्रा में अभिवृद्धि एवं कमी से प्रत्यक्ष तौर पर प्रभावित होता है। दूसरे शब्दों में, ऊँची परिचालन लागत (पूँजी की कुल लागत में स्थिर लागत वाली पूँजी की मात्रा अधिक होने पर) के आधार पर फर्म का संचालन किये जाने की दशा में विक्रय स्तर में होने वाला मामूली, अनुकूल अथवा प्रतिकूल परिवर्तन ब्याज एवं करों से पूर्व आय (Earning before interest and tax) की मात्रा में अनुपात से अधिक अनुकूल अथवा प्रतिकूल परिवर्तन का कारक होता है। ऐसी स्थिति में संगठन के अन्तर्गत विक्रय से

होने वाली आय जब तक उच्च स्तर पर बनी रहती है, ऊँचे परिचालन उत्तोलक के आधार पर व्यवसाय करने वाली फर्में समान प्रकृति वाली अन्य फर्मों की तुलना में अधिक लाभदेयकता प्रदान करती है। किन्तु जिन फर्मों का परिचालन लिवरेज निम्न है अर्थात् स्थायी लागत वाली पूँजी की तुलना में परिवर्तनशील लागत वाली पूँजी की मात्रा अधिक होने पर विक्रय से होने वाली आय की मात्रा में कमी की दशा में जोखिम की मात्रा अन्य फर्मों की तुलना में अत्यधिक बढ़ जाती है।

ऐसी दशा में संगठन के समक्ष प्रायः दो विकल्प विद्यमान होते हैं। उनके द्वारा ऊँची स्थिर लागतों (High fixed cost) के आधार पर अथवा ऊँची परिवर्तनशील लागतों (High variable costs) के आधार पर उद्यम का संचालन किया जाय। ऊँची स्थिर लागतों वाले विकल्प का चयन करने की दशा में जोखिम की मात्रा में अभिवृद्धि हो जाती है। किन्तु इस विकल्प के चयन में लाभदेयकता की मात्रा में अभिवृद्धि होने की सम्भाव्यता रहती है। इसके साथ ही विक्रय की मात्रा में कमी होने पर संगठन की अर्जन क्षमता में जब कमी हो जाती है तो उस दशा में स्थिर लागतों वाली पूँजी की मात्रा में तत्काल कमी किया जा सकना सम्भव नहीं होता एवं स्थिर लागत वाली पूँजी के विनियोजकों को पूर्व निश्चित धनराशि का भुगतान प्रत्येक दशा में करना होता है। जिसके परिणामस्वरूप परिचालन लाभों (Operating Profits) में अनुपात से अधिक कमी दृष्टिगत होती है। यदि संगठन द्वारा दूसरे विकल्प अर्थात् ऊँची लागत वाली परिवर्तनशील लागतों के आधार पर व्यवसाय संचालन किया जाता है, तो उसमें होने वाली जोखिम की मात्रा यद्यपि न्यून है किन्तु इसके अन्तर्गत लाभ में अभिवृद्धि की संभावनाएँ भी सीमित हो जाती हैं। विक्रय की मात्रा में कमी होने पर संगठन के लाभों में होने वाली कमी अथवा हानियों की दशा में परिवर्तनशील लागतों को कम किया जा सकता है, किन्तु संगठन में होने वाले लाभ की मात्रा में अभिवृद्धि होने पर लाभांश की मात्रा में भी होने वाली आनुपातिक वृद्धि से लाभदेयकता में कमी होती है, वास्तविक अर्थों में परिचालन उत्तोलक विक्रय की मात्रा में होने वाले परिवर्तन के फलस्वरूप संगठन की लाभदेयकता में होने वाले परिवर्तन का मापक होता है। परिचालन उत्तोलक की मात्रा के सुनिश्चयन हेतु निम्नलिखित सूत्र का प्रयोग किया जाता है—

$$\text{(i) Degree of operating Leverage} = \frac{\text{\% Change in EBIT}}{\text{\% Change in Sales}}$$

EBIT = Earing before interest and tax

or

$$\text{(ii) } \frac{\text{Sales} - \text{Variable costs}}{\text{EBIT}}$$

परिचालन उत्तोलक अनुकूल अथवा प्रतिकूल हो सकता है। इनकी मात्रा का निर्धारण स्थायी लागतों वाली पूँजी की मात्रा के आधार पर होता है। संगठन में स्थायी लागत वाली पूँजी की मात्रा अधिक होने पर परिचालन उत्तोलक उच्च श्रेणी का माना जायेगा, उच्च परिचालन उत्तोलक संगठन की आय में निरन्तर अभिवृद्धि की दशा में अनुकूल माना जायेगा, किन्तु यदि संगठन की आय में निरन्तर कमी हो रही है तो उच्च परिचालन उत्तोलक संगठन के लिए प्रतिकूल होगा।

उदाहरण (Illustration) 1.

Compute the operating leverage for the companies given as follows.

Particulars	**Company**		
	X	**Y**	**Z**
Output (Units)	25,000	30,000	45,000
Selling Price Per Unit (Rs.)	12.50	13.50	15
Variable Cost Per Unit (Rs.)	4.50	5.00	6.50
Fixed Cost (Rs.)	1,15,000	1,50,000	1,90,000

हल (Solution) :

Operating Leverage

Particulars	**Company**		
	X	**Y**	**Z**
Sales (Selling Price Per unit x Out put	3,12,500	4,05,000	6,75,000
Less : Variable Costs	1,12,500	1,50,000	2,92,500
Contribution (Sales − Variables Costs)	2,00,000	2,55,000	3,82,500
(Minus) fixed Costs	1,15,000	1,50,000	1,90,000
Operating Profit (EBIT)	85,000	1,05,000	1,92,500
Operating Leverage = $\frac{\text{Contribution}}{\text{EBIT}}$	2.35	2.4	1.99

उक्त उदाहरण में स्थायी लागत वाली पूँजी की मात्रा में वृद्धि के साथ-साथ परिचालन उत्तोलक की मात्रा में भी वृद्धि हो रही है। परिचालन उत्तोलक में होने वाली मामूली वृद्धि से भी लाभदेयकता में अत्यधिक वृद्धि हो रही है।

उदाहरण (Illustration) 2.

निम्नलिखित सूचनाओं के आधार पर परिचालन उत्तोलक की गणना कीजिए।

Calculate Operating Leverage from the Following Information.

विवरण (Particular)	**वर्तमान स्थिति (Exiting situation)**	**नवीन स्थिति (New situation)**
विक्रीत इकाइयों की संख्या (No of sold units)	20,000	24,000
विक्रय मूल्य प्रति इकाई (Selling price per Unit)	25	40
प्रति इकाई परिवर्तनशील लागत (Variable Cost per unit)	15	15
स्थायी लागत (Fixed Cost)	75,000	4,00,000

हल (Solution)–

परिचालन उत्तोलक की मात्रा

Particulars विवरण	**वर्तमान दशा**	**नवीन दशा**
विक्रय (विक्रय मूल्य प्रति इकाई × विक्रीत इकाइयों की संख्या) Sales (S.P.P.U. × Units sold)	5,00,000	9,60,000
(−)परिवर्तनशील लागत (Variable cost)	3,00,000	3,60,000
दत्तांश (Contribution)	2,00,000	6,00,000
(−) स्थायी लागत (fixed cost)	75,000	4,00,000
संचालन लाभ (EBIT)(Operating Profit)	1,25,000	2,00,000
संचालन अनुपात (Operating Ratio) = $\frac{\text{दत्तांश (Contribution)}}{\text{संचालन लाभ (EBIT)}}$	1.6	3.0

उपर्युक्त उदाहरण से स्पष्ट है कि वर्तमान दशा में स्थायी पूँजी की मात्रा कम होने के कारण संचालन उत्तोलक 1.6 है किन्तु नवीन दशा में स्थायी लागत पूँजी की मात्रा में वृद्धि के साथ ही परिचालन उत्तोलक की मात्रा में भी अभिवृद्धि हो जाती है।

सम विच्छेद बिन्दु पर विक्रय की मात्रा का निर्धारण
(Determination of Quantity of Sale at Break Even Point)

संगठन की आय में अनवरत् वृद्धि होने की दशा में उच्च परिचालन उत्तोलक संगठन के हित में होता है। किन्तु आय में कमी होने पर उच्च परिचालन उत्तोलक संगठन के हितों के विपरीत होगा। अत: वित्तीय प्रबन्धक द्वारा इस तथ्य को जानने का प्रयास किया जायेगा कि किस स्तर तक विक्रय करने पर संगठन की उपार्जन राशि स्थायी परिचालन लागतों के समतुल्य होगी इस स्तर का निर्धारण करने हेतु सम विच्छेद विश्लेषण (Break even Analysis) नामक तकनीक का प्रयोग किया जाता है। इसे लागत मात्रा लाभ विश्लेषण (Cost value Profit analysis) भी कहा जाता है। सम विच्छेद बिन्दु के माध्यम से विक्रय के उस न्यूनतम स्तर (जिस सीमा तक स्थायी लागतों का भुगतान किया जा सके) को ज्ञात करने के साथ ही विक्रय के विभिन्न स्तरों पर होने वाले लाभ-हानि की गणना भी की जाती है। सम विच्छेद बिन्दु की गणना निम्न सूत्र के माध्यम से की जाती है—

(A) समविच्छेद बिन्दु पर विक्रय की मात्रा

$$\text{Break even Point (in Units)} = \frac{\text{Fixed Operating Cost Per Year}}{\text{(Sales Price Per Unit – Variable Cost Per Unit)}}$$

(B) सम विच्छेद बिन्दु पर विक्रय का आगम

$$\text{Break even Point (in amount)} = \text{Fixed Cost Per Year where P.V Ratio} = \frac{\text{Contribution}}{\text{Sales}}$$

(C) ब्याज एवं कर से पूर्व आय की गणना (EBIT)

EBIT = Current sales in units × (Sales Price Per Unit — Variable Cost Per unit) — Fixed Cost Per Year

2. वित्तीय उत्तोलक
(Financial Leverage)

जैसा कि हमें विदित है कि किसी संगठन के अन्तर्गत वित्तीय आवश्यकताओं की सम्पूर्ति हेतु पूँजी की लागत अथवा प्रत्याय की दृष्टि से दो प्रकार की पूँजी का प्रयोग किया जाता है। स्थायी लागत वाली पूँजी जिस पर एक निश्चित दर से ब्याज अथवा लाभांश का भुगतान करना होता है। जैसे पूर्वाधिकार अंश पूँजी, ऋण पूँजी, दीर्घकालीन ऋण इत्यादि। पूर्वाधिकार अंशों पर लाभांश का भुगतान विधिक बाध्यता नहीं है। किन्तु संगठन में लाभ होने की दशा में पूर्वाधिकार अंशधारकों को पूर्व निश्चित दर से लाभांश का भुगतान करना पड़ता है। परिवर्तनशील लागत वाली पूँजी वह पूँजी होती है जिस पर एक निश्चित दर से भुगतान न करके अपितु संगठन की लाभदेयकता के आधार पर लागतों का भुगतान करना होता है। इस प्रकार की पूँजी के अन्तर्गत समता अंश पूँजी व प्रतिधारित अर्जन को सम्मिलित किया जाता है। इस प्रकार की पूँजी के संदर्भ में संगठन को इस बात की स्वतंत्रता होती है कि वह लाभ की दशा में ही लाभांश का भुगतान स्वयं द्वारा निश्चित दर से करे। यदि संगठन में कतिपय कारणों से हानि होती है तो उसके द्वारा लाभांश का भुगतान करना बाध्यकारी नहीं है।

वस्तुत: वित्तीय उत्तोलक स्थायी एवं परिवर्तनशील लागत वाली पूँजी के मध्य अनुपात के निर्धारण का कार्य करता है। उसके द्वारा इस तथ्य का अन्वेषण किया जाता है कि संगठन की पूँजी संरचना में स्थायी एवं परिवर्तनशील लागत वाली पूँजी का मिश्रण किस अनुपात में तैयार किया जाय कि संगठन की लाभदेयकता अधिकतम हो तथा पूँजी की लागत न्यूनतम हो।

इजरा सोलोमन के शब्दों में "वित्तीय उत्तोलक संगठन की गतिविधियों में प्रयुक्त समता (equity) तथा ऋण (Debt) कोषों के मिश्रण को प्रकट करता है।"[1]

ब्राइघम के शब्दों में "वित्तीय तोलक निश्चित आय वाली प्रतिभूतियों ऋण तथा पूर्वाधिकार अंश के प्रयोग को स्पष्ट करता है।"[2]

वानहोर्न के अनुसार "वित्तीय उत्तोलक के अन्तर्गत स्थायी लागत कोषों का प्रयोग साधारण अंशधारियों के प्रत्याय को बढ़ाने हेतु किया जाता है।"[3]

वित्तीय उत्तोलक को समता पर व्यापार (Trading on equity) का समानार्थी एवं परिष्कृतस्वरूप माना जाता है। इसके माध्यम से उच्च ऋण पूँजी अनुपात के स्वामित्व पूँजी की लाभदेयकता पर पड़ने वाले प्रभााव का विश्लेषण किया जाता है। वित्तीय उत्तोलक के मापन हेतु निम्नलिखित सूत्र का प्रयोग किया जाता है।

$$\text{Financial Leverage} = \frac{\text{Earning before interst and tax}}{\text{Earning before interest and tax} - \text{Interest}}$$

$$FL = \frac{EBIT}{EBIT - INT}$$

किसी संगठन में वित्तीय उत्तोलक की मात्रा धनात्मक अथवा ऋणात्मक हो सकती है। वित्तीय उत्तोलक धनात्मक या उच्च स्तर का तब माना जाता है जबकि संगठन द्वारा स्थायी लागत वाली पूँजी (ऋण, पूर्वाधिकार अंश) के माध्यम से स्थायी लागत की तुलना में अधिक मात्रा में आय का उपार्जन किया जाता है। यदि संगठन ऋण पूँजी के प्रयोग द्वारा उसकी लागत की तुलना में कम आय का उपार्जन करता है तो यह स्थिति संगठन के हितों के प्रतिकूल अर्थात् ऋणात्मक मानी जाती है।

वस्तुत: संगठन में स्थायी लागत वाली पूँजी का अनुपात परिवर्तनशील लागत वाली पूँजी से अधिक रहने की दशा में उच्च वित्तीय तोलक की स्थिति होती है। इसके विपरीत स्थायी लागत वाली पूँजी का अनुपात परिवर्तनशील लागत वाली पूँजी की तुलना में कम होने की दशा में निम्नस्तर का वित्तीय तोलक उपस्थित रहता है। इस प्रकार का व्यवसाय समता पर व्यापार (Trading on equity) के नाम से जाना जाता है। संगठन की अर्जन क्षमता में उत्तरोत्तर अभिवृद्धि की दशा में स्थायी लागत वाली पूँजी का प्रयोग अधिक मात्रा में करना संगठन के लिए अनुकूल दशा मानी जाती है। किन्तु संगठन की अर्जन क्षमता में कमी होने की स्थिति में परिवर्तनशील लागत वाली पूँजी का प्रयोग अधिक मात्रा में किया जाना संगठन के लिए अनुकूल होगा अर्थात् संगठन को निम्न स्तर का उत्तोलक प्रयोग में लाना चाहिए।

उदाहरण (Illustration) 3.

निम्न कम्पनियों के लिए वित्तीय उत्तोलक की गणना कीजिए।

Find out the financial leverage for the Companies given follows :

	Company X	**Company Y**
Equity Share Capital (समता अंश पूंजी)	2,50,000	4,00,000
Debt (ऋण)	1,00,000	6,00,000
EBIT (ब्याज एवं कर पूर्व लाभ)	2,00,000	4,50,000
Int. @ 15% on Debts	—	—

---

1. Financial Leverage refers to the mix of Debt and equity used to finance the firm's activites." —Ezra Solomon
2. "Financial Leverage refers to the use of fixed income securities. Debts and Preference Stock." —Brigham
3. "Financial Leverage involves the use of funds obtained at a fixed cost in the hope of increasing the return to common stock holders." —*James. C. Vane Horn*

हल (Solution) :

	Company X	Company Y
Earning before Int. and tax	2,00,000	4,50,000
Less Interest	15,000	90,000
Earning after tax and Interest	1,85,000	3,60,000
Financial leverage $= \dfrac{\text{EBIT}}{(\text{EBIT} - \text{INT})}$	1.08	1.25

वित्तीय उत्तोलक की सार्थकता
(Significance of Financial Leverage)

वित्तीय उत्तोलक का प्रयोग वित्तीय प्रबन्धन एवं निर्णयन के क्षेत्र में औजार (Tools) की भाँति किया जाता है। विनियोग सम्बन्धी निर्णयन के अन्तर्गत वित्तीय उत्तोलक की महती भूमिका होती है। इसके माध्यम से पूँजी संरचना का उत्कृष्ट प्रारूप चयनित करके विभिन्न प्रतिभूतियों में संगठन की आवश्यकतानुसार विनियोग द्वारा सकल पूँजी की लागत को घटाने का प्रयास किया जाता है। वित्तीय उत्तोलक के माध्यम से संगठन के भावी लाभों एवं विस्तार कार्यक्रमों के सन्दर्भ में अनुकूल अथवा प्रतिकूल निर्णय लिए जा सकते हैं। जैसे—यदि स्थिर पूँजी की लागत विनियोजित पूंजी की सम्भावित प्रत्याय दर से अधिक है तो संगठन की विस्तार सम्बन्धी योजना का परित्याग करना पड़ेगा। इसके अतिरिक्त यदि स्थिर पूँजी की लागत विनियोजित पूँजी की सम्भावित प्रत्याय दर से कम है तो संगठन विस्तार एवं विकास सम्बन्धी परियोजना को स्वीकार कर सकता है। वित्तीय उत्तोलक तकनीक के माध्यम से संगठन की पूँजी लागत को न्यूनतम रखकर वित्तीय प्रबन्धकों द्वारा अंशधारकों को प्रति अंश अर्जन (Earning Per Share) की राशि का अधिकतम भुगतान किया जा सकता है।

वस्तुत: वित्तीय उत्तोलक फर्म की पूँजी संरचना का निर्धारण करके पूँजी की औसत लागत में कमी लाकर अंशधारकों को अधिक लाभांश का भुगतान करने हेतु महत्त्वपूर्ण उपकरण है। संगठन को सदैव इस बात का प्रयास करना चाहिए कि उसकी अर्जन क्षमता पूँजी की स्थिर लागत से सदैव अधिक बनी रहे। जिससे की परिवर्तनशील पूँजी की प्रत्याय दर में अभिवृद्धि की जा सके। किन्तु यदि संगठन में अर्जित आय की मात्रा उसकी स्थिर लागत की अपेक्षा कम है तो परिवर्तनशील लागत की प्रत्याय दर घटने लगती है। अत: वित्तीय उत्तोलक की भूमिका संगठन में दोधारी तलवार (Double edged Sword) की होती है जो कि एक तरफ अंशधारकों की आय को बढ़ाने की सम्भाव्यता प्रस्तुत करती है, तो दूसरी ओर संगठन में हानि की जोखिम का भी सृजन करती है।

उदाहरण (Illustration) 4.

निम्नलिखित सूचनाओं के आधार पर वित्तीय उत्तोलक की गणना कीजिए।

Calculate the Financial Leverage from the following Informations.

Equity Share Capital 10,000 Units = 1,00,000

(समता अंश पूंजी 10,000 इकइयाँ)

@ Rs. 10

(रु० 10 की दर से)

Earning before Interest and tax (EBIT) = 45,000

(ब्याज एवं कर पूर्व आय)

What would be the Degree of Financial Leverage if EBIT is 30,000 and 60,000 Respectively. How would the EPS be affected? The tax rate may be assumed as 30%.

वित्तीय उत्तोलन की मात्रा क्या होगी। यदि ब्याज एवं कर पूर्व आय रु० 30,000 एवं 60,000 है तो प्रति अंश आय कैसे प्रभावित होगी। अनुमानित कर की दर 30% है।

हल (Solution)–

(Degree of Financial Leverage)

	Current Position	Assumed Position (A)	Assumed Position (B)
Earning before Interest and tax (EBIT)	45,000	30,000	60,000
Less Int. on Debts	Nil	Nil	Nil
Earning before Int. and tax	45,000	30,000	60,000
Less taxes	13,500	9,000	18,000
Earning available for equity shares	31,500	21,000	42,000
Equity Shares	10,000	10,000	10,000
Earning Per Share	3.15	2.10	4.2
% Change in EPS		(-33.33%)	(33.33%)
% Change in EBIT		(- 33.33%)	(+ 33.33%)
Degree of financial Leverage = $\frac{\%\text{change in EPS}}{\%\text{Change in EBIT}}$		1	1

उक्त उदाहरण में वित्तीय उत्तोलक की मात्रा एक है अत: वित्तीय उत्तोलक विद्यमान नहीं है।

संयुक्त उत्तोलक (Combined Leverage)

वित्तीय स्थायी व्ययों एवं परिचालन व्ययों के आधार पर आगणित कुल उत्तोलक ही संयुक्त उत्तोलक (Combined Leverage) के नाम से जाना जाता है। इसके द्वारा परिचालन एवं वित्तीय उत्तोलक के संयुक्त प्रभाव का मूल्यांकन किया जाता है। संयुक्त उत्तोलक की गणना परिचालन उत्तोलन एवं वित्तीय उत्तोलन के परस्पर गुणन द्वारा की जाती है।

Degree of combined Leverage (DCL) =

Degree of financial Leverage × Degree of operational Leverage

or

$$DCL = \frac{\%\text{ Change in EPS}}{\%\text{Change in Sales}}$$

or

$$DCL = \frac{\%\text{Change in EPS}}{\%\text{Change in EBIT}} \times \frac{\%\text{Change in EBIT}}{\%\text{Change in Sales}}$$

or

$$DCL = \frac{(S-VC)}{(S-VC)-FC} \times \frac{(S-VC)-FC}{(S-VC-FC-Int.)}$$

Here,

S = Sales

Vc = Variable Cost

Fc = Fixed Cost

Int. = Interest

EBIT = Earning before Interest and tax

PBT = Profit before tax.

उदाहरण (Illustration) 5.

The Balance Sheet of Bharat Company as on 31 Dec. 2014 as follows :

31 दिसम्बर, 2014 को भारत कम्पनी का चिट्ठा निम्नवत् है–

Balance Sheet

Liabilities	Amount	Assets	Amount
Equity Share Capital @ Rs. 10 Per Share	1,50,000	Current Assets	2,50,000
15% Long term Debts	2,00,000	Fixed Assets	2,25,000
Retained earnings	50,000		
Current Liabilities	75,000		
Total	4,75,000		4,75,000

Total Assets turnover ratio is 2.0. Fixed operating costs are 1,50,000. Variable operating costs ratio is 30% the income tax rate is 40%.

कुल सम्पत्ति आवर्त अनुपात 2.0 है। स्थायी संचालन लागत रु० 1,50,000 तथा परिवर्तनशील संचालन लागत 30% है। आयकर की दर 40% है। संचालन उत्तोलक, वित्तीय उत्तोलक एवं संयुक्त उत्तोलक की गणना कीजिए।

Calculate the operational leverage, Financial Leverage and Combined Leverage.

Solution :

Statement of earnings

Sales	9,50,000
Less variable Cost 30% of Sales	2,85,000
Contribution	6,65,000
Less fixed cost	1,50,000
EBIT	5,15,000
Less Interest	30,000
EBT	4,85,000
Less taxes	1,94,000
Earning after tax (EAT)	2,91,000

(i) Degree of Operating Leverage :

$$DOL = \frac{Sales - VC}{EBIT} = \frac{9{,}50{,}000 - 2{,}85{,}000}{5{,}15{,}000} = 1.29$$

(ii) Degree of Firm Leverage $DFL = \frac{EBIT}{EBIT - Int.} = \frac{5{,}15{,}000}{5{,}15{,}000 - 30{,}000}$

$$= \frac{5,15,000}{4,85,000} = 1.06$$

(iii) Degree of Combined Leverage = DOL × DFL

= 1.29 × 1.06 = 1.37

Notes— Total Assets turnover ratio = Sales/ total Assets

Sales = 2 × 4,75,000 = 9,50,000

संयुक्त उत्तोलक का प्रभाव
(Impact of Combined Leverage)

संगठन में विनियोजन के अन्तर्गत प्राय: दो तत्त्व जोखिम (Risk) एवं अनिश्चितता (Uncertainty) अवश्य विद्यमान रहते हैं। इन तत्त्वों की मात्रा एवं सीमा का निर्धारण विशेषतया वित्तीय उत्तोलक एवं परिचालन उत्तोलक के माध्यम से किया जाता है। कल्पना कीजिए कि किसी कम्पनी का वित्तीय एवं परिचालन उत्तोलक क्रमश: 3 एवं 2 है तो उसका संयुक्त उत्तोलक 3 × 2= 6 होगा। उपक्रम की अनुकूलता एवं प्रतिकूलता की सीमा 6 गुना होगी अर्थात् कम्पनी के विक्रय एवं परिचालन लाभों में एक निश्चित वृद्धि उसके कर सहित लाभों में 6 गुना वृद्धि कर देगी। ऐसी कम्पनी अपने द्वारा निर्गमित अंशों पर बाजार में प्रचलित लाभांश दर से अधिक मात्रा में भुगतान करने की स्थिति में होगी। जिससे उसके द्वारा निर्गमित अंशों के बाजार मूल्य में अप्रत्याशित वृद्धि होगी। दूसरी ओर कम्पनी की लाभदेयकता कम होने पर उसके द्वारा स्थायी पूँजी लागत प्रभार का वहन करना कठिन होगा। परिवर्तनशील पूँजी पर प्रत्याय की दर घटने के कारण ऐसी कम्पनी के अंशों का बाजार मूल्य गिरने लगेंगे परिचालन एवं वित्तीय लिवरेज दोनों ही कम होने की दशा में निश्चय ही कम्पनी में जोखिम की मात्रा कम होगी इसका आशय यह होगा कि कम्पनी अत्यन्त सावधानीपूर्वक पूँजी ढाँचे का निश्चयन कर रही है। ऐसी कम्पनी विकास एवं विस्तार हेतु अतिरिक्त कोषों की व्यवस्था नहीं कर सकेगी। किन्तु उच्च परिचालन अनुपात एवं निम्न वित्तीय अनुपात होने पर प्रथम की प्रतिकूलता द्वितीय की अनुकूलता से समायोजित हो जायेगी। कम्पनी के लिए सर्वोत्तम दशा तब होगी जब न्यूनतम परिचालक उत्तोलक एवं उच्च वित्तीय उत्तोलक हो। क्योंकि कम्पनी द्वारा न्यून परिचालन उत्तोलक की सुरक्षा परिधि के कारण ऊँचे ऋण पूँजी अनुपात पर उद्यम का संचालन करते हुए अधिकतम लाभ उपार्जित किया जा सकेगा।

उत्तोलक–एक दोधारी औजार
(Leverage as a Double Edged Weapon)

किसी भी संगठन द्वारा प्राय: दो प्रकार की पूँजी का विनियोजन किया जाता है 1. स्थायी लागत वाली पूँजी, 2. परिवर्तनशील लागत वाली पूँजी, यदि कम्पनी की आय स्थिर लागत वाली पूँजी से अधिक है तो स्वामित्व पूँजी पर प्रत्याय दर में अभिवृद्धि होगी किन्तु यदि स्थिर लागत वाली पूँजी की लागत कम्पनी द्वारा उपार्जित आय से अधिक है तो स्वामित्व पूँजी पर प्रत्याय दर में कमी होगी। उदाहरणस्वरूप यदि किसी संगठन द्वारा 10% के स्थिर प्रभार पर पूँजी प्राप्त की जाती है, तथा उसका विनियोजन करके कम्पनी 18% आय प्राप्त करती है तो कम्पनी की अर्जन 8% होगी जोकि अंशधारकों को हस्तान्तरित होगी। किन्तु यदि कम्पनी सम्पत्तियों में विनियोजन से केवल 5% अर्जित करती है तो स्थिर प्रभार लागत 10% से उर्पाजन समता में 5% की कमी का प्रभार समता अंशधारियों को ही उठाना होगा। इस प्रकार यह स्पष्ट है कि वित्तीय उत्तोलक जहाँ एक ओर अंशधारियों की आय में अभिवृद्धि की सम्भावना प्रकट करता है वहीं लाभार्जन हेतु हानि उठाने की जोखिम का भी सृजन करता है इसीलिए वित्तीय उत्तोलक को दोधारी औजार (Double edged weapon) की संज्ञा दी जाती है। स्थिर प्रभार लागत की मात्रा कम होने की दशा में लाभ की मात्रा अधिक होगी तथा हानि की सम्भावना भी कम होगी। दूसरे शब्दों में, हम कह सकते हैं कि संगठन में ऋण पूँजी की मात्रा कम होने पर लाभ एवं हानि दोनों की सम्भावना अपेक्षाकृत कम होगी। इसके विपरीत संगठन में ऋण पूँजी की मात्रा अधिक होने पर लाभ की मात्रा कम होगी तथा हानि की सम्भावना अधिक होगी। अर्थात् संगठन में ऋण पूँजी की मात्रा अधिक होने पर लाभ एवं हानि दोनों की सम्भावना अपेक्षाकृत अधिक होगी।

परीक्षा प्रश्न
(Examination Questions)

I. दीर्घ उत्तरीय प्रश्न (Long Answer Type Questions)

सैद्धान्तिक प्रश्न (Theortical Question)

1. उत्तोलक से आप क्या समझते हैं? इसके कितने प्रकार हैं। संक्षेप में समझाइए।
   What do you understand by the term "Leverage"? What are its types? Explain in brief.
2. परिचालन एवं वित्तीय उत्तोलक क्या हैं। इनकी गणना आप किस प्रकार करेंगे?
   What are operational and financial leverage? How would you compute the Degree of these leverage?
3. ''वित्तीय उत्तोलक दोधारी हथियार की भाँति है'' स्पष्ट कीजिए।
   "Financial leverage is Double edged weapon." Explain it.
4. संयुक्त उत्तोलक से आप क्या समझते हैं। इसकी गणना कीजिए।
   What do you mean by 'Combined leverage'? Compute it.
5. ब्याज कर पूर्व लाभ तथा प्रति अंश लाभ विश्लेषण फर्म की ऋण समता के निश्चयन में किस प्रकार सहायक है?
   How does the EBIT and EPS analysis aid in determining Firms Debt capacity?
6. वित्तीय दन्तिकरण को समझाइये। यह अंशधारकों की आय को किस प्रकार अनुकूल रूप में प्रभावित करता है।
   Discuss the financial leverage. How does it affects Favourably on the income of Share holders?
   (Kashi Vidyapeeth M. Com. 1991.
7. कम्पनियाँ ऋण पूँजी का प्रयोग क्यों करती हैं? आप एकउपक्रम की ऋण क्षमता का मापन कैसे करेंगे। संक्षेप में वर्णन कीजिए।
   Why companies are using debt capital? How would you measure the Debt capacity of an enterprise? Discuss in brief. (Meerut University M.Com 88)

II. लघु उत्तरीय प्रश्न (Short Answer Type Question)

(i) लिवरेज से आप क्या समझते हैं?
What do you mean by Leverage?

(ii) वित्तीय दन्तिकरण क्या है?
What is financial Leverage?

(iii) परिचालन दन्तिकरण की व्याख्या कीजिए।
Explain Operational Leverage.

(v) मिश्रित उत्तोलक को परिभाषित कीजिए।
Define Combined Leverage.

(vi) संयुक्त उत्तोलक, वित्तीय उत्तोलक एवं परिचालन उत्तोलक का गुणनफल होता है स्पष्ट कीजिए।
Clearify that combined Leverage is multiplication of Financial and Operational Leverage.

(vii) परिचालन एवं वित्तीय उत्तोलक की गणना सूत्र लिखिए।
Write the Computation formula of Operational Leverage and Financial Leverage.

III. वस्तुनिष्ठ प्रश्न (Objective Type Questions)

(i) स्थिर प्रत्याय दर वाली पूँजी के अन्तर्गत सम्मिलित किया जाता है।
Fixed Rate of Return capital Included.

(A) ऋण पूँजी (Debt Capital)
(B) दीर्घकालीन ऋण (Longterm loan)
(C) पूर्वाधिकार अंश (Preference shares)
(D) उक्त सभी (All of above)

Ans. D

(ii) परिवर्तनशील लागत वाली पूँजी के अन्तर्गत सम्मिलित किया जाता है।
Which is included under the capital of current Rate of Return.

(A) समता अंश पूँजी (Equity share capital)
(B) प्रतिधारित आय (Retained earning)
(C) उक्त A तथा B (Above A and B)
(D) कोई नहीं (None of these)

Ans. C

(iii) उत्तोलक को वर्गीकृत किया जाता है।
Leverage is being classified as.

(A) परिचालन उत्तोलक (Operating Leverage)
(B) वित्तीय उत्तोलक (Financial Leverage)
(C) संयुक्त उत्तोलक (Combined Leverage)
(D) उक्त सभी (All of above)

Ans. D

(iv) संगठन की पूँजी संरचना में स्वामित्व पूँजी की मात्रा ऋण पूँजी की मात्रा में परिचालन अनुपात विद्यमान होता है।

(A) कम होने पर
(B) अधिक होने पर
(C) समान होने पर
(D) इनमें से कोई नहीं

Ans. A

(v) परिचालन उत्तोलक की गणना की जाती है।
The Computation of Operation Leverage is being made by—

(A) $\frac{S-VC}{EBIT}$
(B) $\frac{EBIT-VC}{S}$
(C) $\frac{VC-EBIT}{S}$
(D) $\frac{VC-S}{EBIT}$

Ans. (A)

(vi) वित्तीय उत्तोलक का निर्धारण किया जाता है।
The determination of financial leverage is being calculated by :

(A) $\frac{EBIT-INT}{EBIT}$
(B) $\frac{EBIT}{EBIT-INT}$
(C) $\frac{EBIT+INT}{EBIT}$
(D) इनमें से कोई नहीं।

Ans. (B)

(vii) वित्तीय उत्तोलक के द्वारा किया जाता है—
Financial Leverage involves—

(A) संगठन की पूँजी संरचना का निर्धारण
(B) पूँजी की औसत लागत में कमी
(C) अंशधारकों को अधिक लाभांश का भुगतान
(D) उक्त सभी।

Ans. (D)

(viii) संयुक्त उत्तोलक की गणना की जाती है।
The Computation of Combined Leverage is being made.

(A) DFL × DOL

(B) $\frac{DFL}{DOL}$

(C) $\frac{DOL}{DFL}$

(D) इनमें से कोई नहीं।

Ans. (A)

क्रियात्मक प्रश्न
(Practical Qeustions)

1. श्याम एण्ड सन्स की वार्षिक विक्रय राशि रु० 5,00,000, परिवर्तनशील लागत 3,40,000 तथा स्थायी लागत रु० 1,00,000 फर्म की कुल ऋण पूँजी रु० 1,50,000 है जिस पर 10% वार्षिक की दर से ब्याज देता है। उपर्युक्त आँकड़ों के आधार पर परिचालन, उत्तोलक, वित्तीय उत्तोलक तथा संयुक्त उत्तोलक की गणना कीजिए।

   Ans. DOL = 2.67, DFL = 1.33, DCL = 3.55

2. किसी कम्पनी की कुल पूँजी रु० 10,00,000 है जिसमें रु० 10 मूल्य के 50,000 अंश तथा 100 रु० मूल्य के 5,000 ऋण पत्र अन्तर्निहित हैं। जिन पर ब्याज 12% देय है। कम्पनी की आय (ब्याज एवं कर घटाने से पूर्व) रु० 4,00,000 है फर्म के वित्तीय उत्तोलक की गणना कीजिए।

   Ans. DFL=1.17

3. दिये गये आर्थिक चिट्ठे के आधार पर उत्तोलक की गणना कीजिए।

   Compute the Leverages from the balance sheet given as follows :

Liability	Amount	Assets	Amount
Equity Share (Rs. 10 each)	1,50,000		
12% Long term Debts	2,00,000	Cash in hand	80,000
Retained earnings	80,000	Cash at bank	1,20,000
Current Liabilities	70,000	Plant & Machine	3,00,000
	5,00,000		5,00,000

   Company's total assets turnover Ratio is 1.5. Fixed operating costs are 1,50,000 and variable operating costs are 2,00,000. The Income tax rate is 40%.

   Ans. Operating Leverage 1.38, Financial Leverage 1.06, Combind Leverage 1.46.

4. निम्नलिखित सूचनाओं के आधार पर परिचालन उत्तोलक की गणना कीजिए।

   Find out the operating leverage from the informations given as follows :

	Situation (A)	Situation (B)
No. of Units Sold	30,000	50,000
Selling Price Per Units	50	50
Variable Cost Per Units	30	30
Fixed Cost	2,00,000	4,00,000

   Ans. .07

5. यह कल्पना करते हुए कि किसी फर्म को स्थापित करने हेतु रु० 2,50,000 की आवश्यकता हो, वित्तीय विकल्प निम्न प्रकार है–

Assuming that an investment of Rs. 2,50,000 is required to set up the operation of a firm four alternates financial options are as follows.

Alternate A—total equity financing

Alternate B—1,50,000 Equily shares and Rs. 1,00,000 of Debt.

Alternate C—Rs. 20,000 equity share and Rs. 50,000 Preference shares.

Alternate D—Rs. 1,00,000 equity shares, Rs. 1,00,000 Debt Rs.50,000 Preference share.

The interest rate on debts is 12% dividend rate on preference share is 10%. Assume that EBIT would amount Rs. 75,000 the tax rate is 50% and the value of equity share per unit Rs. 10. Which financial option should be selected by the firm.

EPS-A—1.5, B—1.7, C—1.6, D—2.05. So Alternate D is more beneficial.

6. X, Y, Z लिमिटेड की 31 दिसम्बर, 2004 को आर्थिक चिट्ठा निम्नवत् है।

The Balance sheet of X, Y, Z Limited as on 31 Dec. 2004 is as follows :

Balance Sheet of X, Y, Z Limited

(as on 31 Dec., 2004)

Liabilities	Amount	Assets	Amount
Equity Shares of Rs. 10 units 15,000	1,50,000	Current Assets	4,00,000
Reserves	50,000	Fixed Assets	1,00,000
Debentures (12%)	2,50,000		
Current Liabilities	50,000		
Total	5,00,000		5,00,000

The additional informations are given as follows

(i) total assets turnover ratio— 4 times

(ii) Variable cost is 35% of sales

(iii) Fixed cost Rs. 2,00,000

on the basis of above find out O.L. and F.L. for the company.

Ans. OL — 1.08, FL — 1.02

7. कम्पनी A तथा B के सम्बन्ध में निम्नलिखित सूचनायें उपलब्ध हैं।

The following particulars have been given in resped of company A and B.

Particulars	Company (A)	Company (B)
Output and Sales (Units)	50,000	70,000
VC Per unit (Rs.)	5	4
Fixed Cost (Rs.)	2,00,000	2,40,000
Interest on debts	80,000	60,000
Selling Price Per unit	12	10

On the basis of above Particulars Compute Operating Leverage financial leverage and combined leverage.

Ans. (i) OL Company A—2.34 OL Company B —2.34

(ii) FL Company A—2.14 FL Company B—1.5

(iii) CL Company A—5.01 CL of Company B—3.51

अध्याय

13

पूँजी बजटिंग : परिचय, प्रकृति एवं महत्ता
(Introduction, Nature and Importance of Capital Budgeting)

किसी भी व्यापारिक, वाणिज्यिक एवं औद्योगिक संगठन में प्राय: दो प्रकार के निवेश समाहित होते हैं—

1. अल्पकालीन निवेश 2. दीर्घकालीन निवेश

अल्पकालीन निवेशों के अन्तर्गत आयगत व्ययों को सम्मिलित किया जाता है। आयगत व्ययों से अभिप्राय उन व्ययों से है जिसका लाभ संगठन को अल्प अवधि प्राय: एक वर्ष तक प्राप्त होता है। दीर्घकालीन निवेशों के अन्तर्गत पूँजीगत व्ययों को सम्मिलित किया जाता है। पूँजीगत व्यय के अन्तर्गत उन व्ययों को सम्मिलित किया जाता है जिनके विनियोजन का लाभ संगठन को प्राय: एक वर्ष से अधिक अथवा अनेक वर्षों तक प्राप्त होता रहता है। संगठन के स्थायी परिसम्पत्तियों का सृजन, शोध एवं विकास, उत्पादन की नवीनतम तकनीक का विकास एवं क्रियान्वयन आदि कार्यों में निवेश प्राय: पूँजीगत व्यय होते हैं। पूँजीगत व्ययों में निवेश की मात्रा अपेक्षाकृत अधिक होने के कारण तथा संगठन में दीर्घकाल तक उन व्ययों का प्रभाव दृष्टिगोचर होने के कारण इस प्रकार के विनियोग का निर्णय अत्यन्त सावधानीपूर्वक लिया जाना चाहिए, चूँकि इसके कारण उपक्रम की अर्जन एवं रोजगार क्षमता, लाभदेयकता तथा सांगठनिक स्वरूप निर्धारित होता है, अत: पूँजीगत व्ययों के पूर्वानुमान, नियोजन, प्रबन्धन एवं समुचित नियंत्रण हेतु बजट का सृजन अतीव आवश्यक होता है। पूँजीगत व्ययों के दीर्घकालीन नियोजन, प्रबन्धन एवं नियंत्रण हेतु अपनायी गयी तकनीक पूँजी बजटिंग (Capital Budgeting) के नाम से जानी जाती है। इसे स्थायी सम्पत्ति प्रबन्धन (Fixed assets management), पूँजी व्यय प्रबन्धन (capital expenditure management), पूँजी निवेश के दीर्घकालीन आयोजन (Long terms Planning for capital Investment) इत्यादि नामों से जाना जाता है। पूँजी बजटिंग एक आयामी प्रक्रिया न होकर अपितु बहुआयामी प्रक्रिया है। पूँजीगत सम्पत्तियों पर किया जाने वाला व्यय भविष्य की संचालन लागत को प्रभावित करता है, विवेकपूर्ण निर्णयन के द्वारा हम भविष्य की लागतों को कम कर सकते हैं। उत्पादन क्षमता में अभिवृद्धि कर सकते हैं। अत्यधिक मात्रा में अनावश्यक पूँजी विनियोजन को हतोत्साहित करके, दीर्घकालीन उत्पादन लागतों को कम करके लाभ को अधिकतमीकृत कर सकते हैं।

इस प्रकार पूँजी बजटिंग के अन्तर्गत नवीन एवं अपेक्षाकृत अधिक लाभदायक विनियोजन के प्रस्तावों की खोज करके उनके तकनीकी पहलुओं की जाँच के उपरान्त अधिक मितव्ययी विकल्प को संगठन में क्रियान्वित किया जाता है।

सामान्यतया पूँजी बजटिंग का अभिप्राय संगठन में दीर्घकालीन पूँजी विनियोजन हेतु नियोजित पूर्वानुमान से है। जिसके द्वारा पूँजीगत व्ययों को उपलब्ध विकल्पों में से सर्वोत्तम विकल्प का चयन करके संगठन के हित में क्रियान्वित किया जा सके। इसके अन्तर्गत लागत एवं लाभ का विश्लेषण करके सर्वोत्कृष्ट विकल्प का चयन सुनिश्चित किया जाता है।

पूँजी बजटिंग परिभाषाएँ
Definitions of Capital Budgeting

1. "पूँजी बजटिंग फर्म द्वारा पूँजी के रूप में कोषों की प्राप्ति एवं उनके विनियोजन की औपचारिक प्रक्रिया है।"[1]

—हैम्पटन जॉन जे०

1. Capital Budgeting is the firm's formal Process for acquisition and investment of capital.

—Hampton John J.(Financial Decision Making)

2. "पूँजी बजटिंग आवश्यक रूप से प्रबन्धकीय विश्वसनीयता की एक सूची है जिसके अन्तर्गत परियोजना हेतु माँगी गयी पूँजी सम्पत्ति एवं परियोजना की अनुमानित लागत सम्मिलित होती है।"[1]
—आर०एन० एन्थोनी

3. "पूँजी बजटिंग के अन्तर्गत सम्पत्तियों के लिए व्ययों के नियोजन को सम्मिलित किया जाता है जिनके द्वारा भविष्य काल की अवधियों में प्रत्यायें प्राप्त होंगी।"[2]
—मिल्टन एच० स्पेन्सर

4. "पूँजी बजटिंग प्रस्तावित पूँजी व्ययों के वित्त पोषण हेतु एक दीर्घकालीन नियोजन है।"[3] —चार्ल्स टी० होर्नग्रेन

5. "पूँजी बजटिंग पूँजीगत व्ययों के लिये विभिन्न विकल्पों के सृजन, मूल्यांकन, चयन एवं अनुवर्ती कार्यों की एक प्रक्रिया है।"[4]
—एल०जे० गिटमैन

6. पूँजी बजटिंग निर्णयन से अभिप्राय फर्म के चल कोषों (Current funds) के अत्यन्त प्रभावपूर्ण दीर्घकालीन विनियोग निर्णयों से है जिसके द्वारा आगामी अनेक वर्षों तक भावी लाभों को सुनिश्चित किया जा सके।[5]
—आई०एम० पाण्डेय

7. "पूँजी बजटिंग सामान्य तौर पर दीर्घकालीन प्रत्याय वाले आगतों को प्राप्त करने की दिशा एवं निर्देश सुनिश्चित करता है।"[6]
—रिचर्ड्स एवं ग्रीनला

उपर्युक्त परिभाषाओं के आलोक में यह स्पष्ट है कि पूँजी बजटिंग पूँजीगत व्ययों के दीर्घकालीन विनियोजन से सम्बन्धित है जिसके माध्यम से उपलब्ध संसाधनों का सर्वोत्तम प्रयोग करके फर्म के लाभों को दीर्घकाल में अधिकतम करने का प्रयास किया जाता है।

8. पूँजी बजटिंग के अन्तर्गत संस्था की दीर्घकालीन लाभ देयकता (विनियोग पर प्रत्याय) को अधिकतमीकृत करने के उद्देश्य से पूँजी के विकास एवं विस्तार हेतु नियोजन करने से है।[7]
—आर०एम०लिन्च

वस्तुतः प्रबन्धकीय क्षेत्र में पूँजी बजटिंग पूँजी के दीर्घकालीन नियोजन की एक विशिष्ट प्रक्रिया है। यह ऐसी प्रबन्धकीय तकनीक है जिसके माध्यम से फर्म के लाभों को अधिकतमीकृत करने हेतु फर्म के वित्तीय संसाधनों को ऐसी परिसम्पत्तियों में विनियोजित किया जाता है जिनका लाभ संगठन को दीर्घकाल तक प्राप्त हो सके।

पूँजी बजटिंग की विशेषताएँ
(Specifications of Capital Budgeting)

उपरोक्त विवरणित परिभाषाओं के आलोक में पूँजी बजटिंग की प्रमुख विशेषताएँ निम्नवत् हैं—

1. पूँजी बजटिंग निर्णयन के अन्तर्गत संगठन के चालू कोषों का विनियोजन दीर्घकाल के लिये होता है।
2. भविष्य में प्राप्त होने वाले लाभों की उपलब्धि अगले अनेक वर्षों में होने की सम्भाव्यता रहती है।
3. इसके अन्तर्गत संगठन के कोषों का विनियोजन लोचशीलता रहित दीर्घकालिक क्रियाओं अथवा कार्यक्रमों में किया जाता है।

---

1. The capital Budgeting is essentially a list of what management believes to be worth while Project for the acquisation for new capital assets together with the estimated cost of each Project. — *R.N. Anthony*
2. Capital Budgeting involves the planning of expenditures for assets, the returns from which will be realised in future time Period? —*Milton H. Spensor*
3. Capital Budgeting is a long term Planning for making and financing Profit capital outlays —*Charles T. Horngren*
4. Capital Budgeting refers to the total Process of generating evaluating selecting and following up of capital expenditures alternatives. — *L.J. Gitman*
5. Capital budgeting decision may be defined as the firms decision to invest its current funds most efficiently in long terms activities in anticipation of an expected flow of future benefits over a series of years. —*I.M. Pandey*
6. The capital budgeting generally refers to acquiring inputs with long run returns. — *Richards and Greenlaw*
7. Capital budgeting consists in planning the development of available capital for the purpose of maximising the long term Profitability (return on Investment) of the firm." —*R.M. Lynch*

4. इन विनियोजनों का प्रभाव संगठन की लाभदेयकता पर अल्पकालिक न होकर अपितु दीर्घकालिक होता है।
5. इस प्रकार के विनियोजन निर्णय के अन्तर्गत वृहद् मात्रा में कोषों का विनियोजन किया जाता है।
6. पूँजी बजटिंग सम्बन्धित निर्णय संगठन में क्रियान्वित होने के उपरान्त परिवर्तनीय नहीं होते, परिवर्तन करने की आवश्यकता महसूस होने पर संगठन के समक्ष आर्थिक विपन्नता की स्थिति आ सकती है।
7. पूँजी बजटिंग निर्णयन प्रक्रिया से सम्बन्धित है। इसके अन्तर्गत विभिन्न प्रकार की परियोजनाओं में पूँजी का विनियोजन करने अथवा न करने तथा विनियोजन करने की दशा में विनियोजन की मात्रा सम्बन्धी निर्णयन लिये जाते हैं।

पूँजी बजटिंग के उद्देश्य
(Objects of Capitals Budgeting)

पूँजी बजटिंग प्रक्रिया का अनुपालन अग्रांकित उद्देश्यों की पूर्ति हेतु किया जाता है—

1. पूँजीगत व्ययों का मूल्यांकन एवं पूर्वानुमान (Evaluation and Forecasting of Capital Expenditures)—पूँजी बजटिंग प्रक्रिया के माध्यम से संगठन में किये जाने वाले पूँजीगत व्ययों का मूल्यांकन एवं पूर्वानुमान सहजतापूर्वक किया जाता है। पूँजी बजट के निर्माण से स्थिर सम्पत्तियों के रूप में किये जाने वाले विनियोजन का मूल्यांकन एवं पूर्वानुमान नियोजित किया जाता है।

2. संगठन की प्राथमिकताओं का निर्धारण (Determination of Organisational Priorities)—संगठन की प्राथमिकताओं के निर्धारण का अभिप्राय विभिन्न परियोजनाओं को उनकी उपादेयता एवं लाभदेयकता के अनुक्रम में व्यवस्थित करने से है। पूँजी बजटिंग के माध्यम से हम संगठन की विभिन्न पूँजी परियोजनाओं में प्राथमिकता का निर्धारण करते हैं। तदुपरान्त उपलब्ध अनेक विकल्पों में से सर्वाधिक लाभप्रद विकल्प का चुनाव करके उनका क्रियान्वयन सुनिश्चित किया जाता है।

3. पूँजीगत व्ययों का वित्तीयकरण (Financing of Capital Expenditures)—पूँजी बजटिंग प्रक्रिया के माध्यम से संगठन के लिये आवश्यक पूँजीगत व्ययों का पूर्वानुमान करके, आवश्यक पूँजी की उपलब्धता पूँजी एकत्रण के दीर्घकालीन स्रोतों से संकलित करने का प्रयास किया जाता है।

4. पूँजीगत व्ययों में समन्वय एवं नियंत्रण (Coordination and Control on Capital Expenditures)—पूँजी बजटिंग का उद्देश्य संगठन के अन्तर्गत होने वाले विभिन्न पूँजीगत व्ययों के मध्य समन्वय स्थापित करने से है। इसके माध्यम से पूँजीगत व्ययों की पुनरावृत्ति रोककर व्ययों को संतुलित करने का प्रयास किया जा है। इसके अतिरिक्त पूँजी बजटिंग के माध्यम से संगठन के विभिन्न अनुभागों द्वारा किये जाने वाले पूँजीगत व्ययों को, अनुमानित व्यय तथा वास्तविक व्यय के मध्य होने वाले अंतरों का विश्लेषण करके, नियंत्रित किया जाता है।

5. पूर्ववर्ती निर्णयों का विश्लेषण (Analysis of Preceeding Decisions)—पूँजी बजटिंग तकनीक का प्रयोग करके संगठन में क्रियान्वित किये गये पूर्ववर्ती निर्णयों की उपादेयता का विश्लेषण किया जा सकता है। जिनके माध्यम से हम संगठन में क्रियान्वित निर्णयों की सार्थकता एवं निरर्थकता का विश्लेषण कर सकते हैं। दूसरे शब्दों में, हम इस तथ्य की विवेचना कर सकते हैं कि संगठन में किये गये दीर्घकालीन विनियोजनों का प्रभाव दीर्घकालिक है अथवा नहीं।

6. अचल सम्पत्तियों का मूल्यांकन (Valuation of fixed assets)—पूँजी बजटिंग के माध्यम से संगठन की स्थायी सम्पत्तियों का मूल्यांकन किथा जाता है। फलस्वरूप बजट अवधि के समापन के उपरान्त आर्थिक चिट्ठा सुगमता से बनाया जा सकता है।

पूँजी बजटिंग की उपादेयता अथवा आवश्यकता
(Need or Significance of Capital Budgeting)

उद्यम, एवं जोखिम एक सिक्के के दो पहलू के समान है। उद्यम में विनियोग सम्बन्धी विवेकपूर्ण निर्णय संगठन में जोखिम की मात्रा को घटा सकने में समर्थ होते हैं। उद्यम की सफलता एवं असफलता पूँजीगत व्ययों की मात्रा एवं

प्रयोजन विषयक निर्णय यथोचित समय पर लेने तथा लिये गये निर्णय को समयान्तर्गत क्रियान्वित करने पर निर्भर करती है। वस्तुत: उद्यम के संचालन में सबसे बड़ी बाधा पूँजी की सहज उपलब्धता होती है। अत: प्रबन्धन द्वारा पूँजीगत व्ययों के संदर्भ में अत्यन्त विवेकपूर्ण निर्णय की महती आवश्यकता होती है। इसके लिये वित्तीय प्रबन्धक द्वारा संगठन के लिये उपलब्ध विभिन्न परियोजनाओं की लाभदेयकता का आगणन करके सर्वाधिक लाभप्रद विकल्प को स्वीकार किया जाता है।

वस्तुत: पूँजीगत व्ययों के रूप में संगठन के अन्तर्गत अत्यधिक मात्रा में दीर्घकाल के लिये पूँजी का विनियोजन हो जाता है जिसे सहजतापूर्वक अल्पकाल में पुन: वापस नहीं लिया जा सकता। अत: अग्रांकित कारणों से पूँजी बजटिंग की उपादेयता अथवा आवश्यकता प्रतीत होती है।

(i) जोखिम तत्त्व (Risk Factor)—पूँजी व्यय सम्बन्धी निर्णय अल्पकालिक न होकर अपितु दीर्घकालिक होते हैं। पूँजीगत व्ययों के विनियोजन में अपेक्षाकृत अधिक जटिलतायें होने के कारण इन व्ययों में जोखिम एवं अनिश्चितता के तत्त्व प्रचुर मात्रा में होते हैं। पूँजी बजटिंग के माध्यम से विनियोजन के प्रत्येक पहलुओं की जाँच करके तदनुसार जोखिम के तत्त्व को कम किया जा सकता है।

(ii) लोचशीलता का अभाव (Lack of Flexibility)—पूँजीगत व्ययों को करने के उपरान्त सुगमतापूर्वक परिवर्तित किया जाना असम्भव होता है। इन व्ययों को बंद करने अथवा परिवर्तित करने की दशा में व्यवसाय को भारी मात्रा में वित्तीय क्षति की सम्भाव्यता होती है। अत: पूँजीगत व्ययों में लोचशीलता का अभाव होने के कारण पूँजी बजटिंग की अत्यन्त आवश्यकता होती है।

(iii) कोषों की व्यवस्था (Procurement of Funds)—संगठन में सर्वाधिक मात्रा पूँजीगत व्ययों की होने के कारण भारी मात्रा में पूँजी विनियोजन पूँजीगत व्ययों के रूप में की जाती है। पूँजी बजटिंग के माध्यम से पूँजी व्ययों का पूर्वानुमान करके विनियोज्य धनराशि की व्यवस्था पूर्व में ही करना होता है। अत: इसके लिये पूँजी बजटिंग की आवश्यकता होती है।

(iv) लाभ का अधिकतमीकरण (Maximisation of Profits)—संगठन का अंतिम लक्ष्य लाभ का अधिकतमीकरण होता है। अत: पूँजी बजटिंग के माध्यम से ही उपलब्ध विभिन्न विकल्पों में से सर्वाधिक उपयुक्त विकल्प का निर्धारण करके, अपव्ययों को नियंत्रित एवं संगठन की परिसम्पत्तियों की अधिकतम क्षमता का विदोहन करके लाभ को अधिकतमीकृत किया जा सकता है।

(v) लागत नियंत्रण (Control of Cost)—वस्तुत: किसी भी संगठन में लागत का निर्धारण बहुधा पूँजीगत व्ययों की दशा एवं दिशा पर निर्भर करती है। विवेकपूर्ण निर्णयन के माध्यम से पूँजीगत विनियोजन करके हम संगठन की संचालन लागत को नियंत्रित कर सकते हैं।

(vi) आदर्श विनियोजन (Ideal Investment)—संगठन की पूँजीगत परियोजनाओं में कहाँ, कब और कितनी मात्रा में पूँजीगत व्यय किये जायें। इसके लिये पूँजी बजटिंग प्रविधि अत्यन्त उपादेयी होती है। वस्तुत: स्थायी परिसम्पत्तियों के रूप में किये जाने वाले विनियोजनों की मात्रा को अत्यधिक मात्रा में न तो बढ़ाया जा सकता है और न ही कम किया जा सकता है। अत: विनियोजन की आदर्श दशा प्राप्त करने हेतु पूँजी बजटिंग एक महत्त्वपूर्ण औजार है।

(vii) सहज बजटिंग (Easy Budgeting)—पूँजीगत व्ययों सम्बन्धी बजट पूर्व में निर्धारित हो जाने के कारण सामान्य बजट को आसानी से बनाया जा सकता है। पूँजीगत व्ययों का लक्ष्य पूर्व निर्धारित हो जाने के कारण रोकड़ बजट, उत्पादन, लागत तथा उत्पादन का पूर्वानुमान सहजतापूर्वक किया जा सकता है।

(viii) हानि से बचाव—किसी भी औद्योगिक संगठन के लिये पूँजीगत व्यय अपरिहार्य आवश्यकता होती है। पूँजी सम्पत्तियों पर किया जाने वाला व्यय दीर्घकालिक प्रवृत्ति एवं भारी मात्रा में होने के कारण व्यवसाय में हानि की सम्भावना सबल होती है। अत: पूँजी बजटिंग के माध्यम से विवेकपूर्ण विनियोजन की प्रस्तावित रूपरेखा तैयार करके भविष्य में होने वाली सम्भावित हानियों से बचा जा सकता है।

(ix) फर्म की सफलता (Success of Firm)—पूँजी व्यय निर्णयन की अनुकूलता एवं प्रतिकूलता फर्म की भावी सफलता अथवा असफलता की द्योतक होती है। संगठन के लिए आवश्यक पूँजी से अधिक मात्रा में पूँजी का विनियोजन करके संगठन में अतिरिक्त क्षमता का सृजन नहीं किया जा सकता। परिणामस्वरूप फर्म की परिचालन लागतों

में अनावश्यक वृद्धि होती है। इसी प्रकार संगठन के लिये आवश्यक पूँजी से कम मात्रा में पूँजी का विनियोजन संगठन की वास्तविक उत्पादन क्षमता में ह्रास का कारक बनता है। जिसके फलस्वरूप उत्पादकता कम होने के कारण उत्पाद की लागत बढ़ जाती है। पूँजी बजटिंग के माध्यम से हम संगठन में अनुकूलतम विनियोजन की दिशा सुनिश्चित करके फर्म को सफलता के मानक पर पहुँचा सकते हैं।

पूँजी बजटिंग की प्रकृति एवं क्षेत्र (Nature and Scope of Capital Budgeting)—पूँजी बजटिंग प्रविधि के अन्तर्गत निम्न प्रकार के सांगठनिक कार्यों को सम्मिलित किया जाता है।

1. विकास एवं विस्तार परियोजनाएँ (Development and Expansion Projects)—विकास एवं विस्तार किसी भी संगठन का मूलभूत लक्ष्य होता है। प्रारम्भिक दौर में कोई भी संगठन नवजात शिशु की भाँति होता है। जोकि धीरे-धीरे विकास एवं विस्तार की ओर अग्रसर होता है। संगठन में विकास एवं विस्तार किसी अन्य उद्यम का अधिग्रहण या संविलयन आदि माध्यम प्रयोग में लाये जाते हैं। इन परियोजनाओं में विनियोग सम्बन्धी निर्णय, विनियोजन की लागत तथा सम्भावित प्रत्याय (Probable returns) के आधार पर लिये जाते हैं।

2. प्रतिस्थापना व पुनर्गठन परियोजनाएँ (Replacement and Reorganisation Projects)—संगठन के अन्तर्गत प्रयोज्य उपकरण, मशीन व अन्य साज-सज्जा, सामानों के निरन्तर प्रयोग करने पर हासिल हो जाने के कारण उन्हें प्रतिस्थापित करना पड़ता है, जिनके प्रतिस्थापन हेतु नवीन मशीनों एवं उपकरणों को क्रय किया जाता है। किसी मशीन अथवा संयत्र के पुराने होने पर नवीन संयंत्रों को प्रतिस्थापित करके अधिक लाभ अर्जित किया जा सकता है। इसी प्रकार नवीन तकनीक आ जाने पर पुरानी मशीनें बदलती आवश्यकताओं की पूर्ति में अक्षम होने के कारण अप्रचलित हो जाती है। परिणामस्वरूप पुरानी तकनीक का पुनर्गठन नवीन तकनीक अपनाकर करना पड़ता है। अत: नवीन यंत्रों एवं उपकरणों में व्यय का औचित्य पूँजी बजटिंग के माध्यम से लागत एवं मिलने वाले प्रत्याय (Return) की तुलना करके सिद्ध किया जा सकता है।

3. शोध एवं विकास परियोजनाएँ (Research and Development Projects)—संगठन में उत्पाद की गुणवत्ता बनाये रखने एवं आगे अभिवृद्धि करने तथा माँग के अनुरूप आपूर्ति सुनिश्चित करने हेतु विभिन्न डिजायनों एवं मॉडलों के माध्यम से ग्राहकों को आकर्षित करने का प्रयास किया जाता है। बृहद् स्तर के औद्योगिक संगठनों में शोध एवं विकास परियोजनाओं के संचालन हेतु शोध एवं विकास विभाग (Research and Development Department)—के नाम से एक अलग विभाग होता है। जिसमें उत्पादन में नवीनता लाने एवं समसामयिक परिवर्तनों के अनुरूप उत्पाद में गुणवत्ता, विशिष्टता लाने हेतु नवीन तकनीकों की खोज की जाती है। इसके लिये वैज्ञानिकों विशेषज्ञों, तकनीशियनों तथा शोधकर्ताओं की मदद ली जाती है। जिसके लिये वृहद् पैमाने पर पूँजी का विनियोजन करना पड़ता है। ऐसे विनियोजन से होने वाले लाभ अल्प काल में मुद्रा के रूप में मापे नहीं जा सकते।

4. कल्याण परियोजनाएँ (Welfare Projects)—वर्तमान परिप्रेक्ष्य में नियोक्ता कर्मचारी सम्बन्ध अत्यन्त महत्त्वपूर्ण हो गये हैं। अत: नियोक्ताओं द्वारा कार्मिकों के कल्याणार्थ अनेक परियोजनाओं का संचालन किया जाने लगा है। इन योजनाओं के अन्तर्गत श्रमिकों के लिये आवासीय भवन, चिकित्सालय, स्कूल, कालेज, कैन्टीन, मनोरंजन गृह आदि अनेक सुविधाओं को सम्मिलित किया जाता है। इन परियोजनाओं के संचालन से जहाँ एक ओर कर्मचारियों की कार्य क्षमता में वृद्धि होती है, वहीं दूसरी ओर नियोक्ता एवं कार्मिकों के मध्य सौहार्दपूर्ण सम्बन्ध प्रतिस्थापित हो जाते हैं। इन परियोजनाओं से होने वाले लाभों का मूल्यांकन मौद्रिक रूप में नहीं किया जा सकता, ऐसी परियोजनाएँ दीर्घकाल में संगठन के लिये अत्यन्त उपयोगी होती हैं।

5. गृह पालन परियोजनाएँ (House Keeping Project)—वृहद् औद्योगिक संगठनों में कतिपय ऐसी परियोजनाओं का क्रियान्वयन संगठन के लिये करना पड़ता है, जो प्रतिष्ठान की साख एवं सम्पत्ति के लिए अपरिहार्य होती है। इन परियोजनाओं में संगठन का प्रधान कार्यालय, प्रशासनिक भवन व अतिथि गृह इत्यादि को सम्मिलित किया जा सकता है। इन परियोजनाओं में विनियोग से संगठन को प्रत्यक्षत: कोई मौद्रिक लाभ नहीं होते किन्तु इनसें अधिकारियों एवं कर्मचारियों की कार्यकुशलता एवं मनोबल में वृद्धि होती है। इनके अन्तर्गत कतिपय विधान द्वारा बाध्यकारी परियोजनाओं का संचालन करना आवश्यक होता है जैसे प्रदूषण नियंत्रण परियोजनाएँ, सुरक्षा परियोजनाएँ, शिक्षा एवं श्रम कल्याण परियोजनाएँ, कार्मिक बीमा एवं पेंशन परियोजना, भवन निर्माण परियोजनाएँ आदि।

पूँजी बजटिंग की प्रक्रिया
(Procedure of Capital Budgeting)

औद्योगिक संगठनों में पूँजीगत व्ययों के निर्धारण हेतु व्ययों का पूर्वानुमान करने की कोई सर्वमान्य प्रक्रिया नहीं है। पूँजी बजटिंग प्रविधि संगठन के कार्य, व्यवहार, क्षेत्र एवं स्वभाव पर निर्भर करती है। सामान्यतया प्रत्येक वित्तीय वर्ष हेतु पूँजी बजटिंग तैयार करने का मूल उद्देश्य वार्षिक चिट्ठा तैयार करना होता है।

1. विनियोजन प्रस्तावों का उद्‌गम (Origin of Investment Proposals)—किसी भी आर्थिक संगठन में पूँजी बजटिंग तैयार करने की प्रक्रिया का प्रथम चरण विनियोजन प्रस्तावों के उद्‌गम से सम्बन्धित होता है। विनियोजन प्रस्तावों हेतु संगठन के किसी भी स्तर से पहल हो सकती है। इसके अन्तर्गत वित्तीय प्रबन्धन द्वारा नवीन उत्पादों को सम्मिलित करने, उत्पादन क्षमता में अभिवृद्धि करने, परिचालन स्तर अपरिवर्तित रखकर उत्पादों की लागत में कमी करना, अत्याधुनिक तकनीक अपनाकर उत्पाद की गुणवत्ता में सुधार करना इत्यादि प्रस्ताव संगठन के ऊपरी अथवा निचले किसी भी स्तर से प्राप्त हो सकते हैं। उदाहरणार्थ उत्पाद प्रक्रिया में सुधार हेतु सुझाव सुपरवाइजर के स्तर से तथा प्रबन्ध में सुधार हेतु सुझाव प्रबन्धक के स्तर से उत्पादन तकनीक में सुधार हेतु सुझाव तकनीकी विशेषज्ञ के स्तर से आ सकते हैं।

2. प्रस्तावों का प्रस्तुतीकरण (Presentation of Proposals)—विनियोग प्रस्तावों के उद्‌गम के उपरान्त उन्हें सक्षम अधिकारियों के समक्ष व्यवस्थित स्वरूप में प्रस्तुत किया जाता है। सामान्यतया प्रत्येक विभागाध्यक्ष द्वारा अपने विभाग के पूँजी व्ययों का निर्धारण करके समुचित प्रस्ताव के रूप में उन्हें योजना समिति/बजट समिति के समक्ष प्रस्तुत किया जाता है। अधिकांशत: विनियोग प्रस्तावों में निम्नांकित सूचनाएँ प्रदान की जाती हैं–

(i) प्रार्थना की तिथि (ii) विभाग का नाम (iii) परियोजना पहचान संख्या (iv) परियोजना का संक्षिप्त वर्णन (v) परियोजना में निहित उद्‌देश्य एवं जोखिम की मात्रा (vi) परियोजना की अनुमानित कुल लागत (vii) परियोजना के आरम्भ एवं समापन की तिथि (viii) परियोजना लागत में अनुमानित बचत एवं वित्तीय औचित्य (v) परियोजना से सम्भावित आय एवं लाभ प्राप्ति काल।

3. प्रस्तावों का चयन (Selection of Proposals)—विभिन्न विभागों द्वारा उपलब्ध करायी गयी परियोजनाओं का आर्थिक विश्लेषण करके अनार्थिक व अलाभकर परियोजनाओं का परित्याग करके आर्थिक व लाभकर परियोजनाओं का चयन किया जाता है। तत्पश्चात् अनुकूल परियोजनाओं के क्रियान्वयन हेतु उपलब्ध विभिन्न विकल्पों में से सर्वोत्तम एवं मितव्ययी विकल्प का चयन करके संगठन की आर्थिक क्षमता के अनुरूप उन परियोजनाओं के क्रियान्वयन की प्राथमिकता निर्धारित की जाती है।

4. प्रस्तावों की जाँच (Screening of Proposals)—विभिन्न विभागों द्वारा प्रेषित विनियोग प्रस्तावों की जाँच संगठन के सर्वोच्च स्तर पर की जाती है। जाँच समिति उपलब्ध प्रस्तावों में इस तथ्य का परीक्षण करती है कि उपलब्ध प्रस्ताव संगठन के दीर्घकालिक हितों के अनुकूल हैं अथवा नहीं। प्रस्तावों के क्रियान्वयन हेतु संगठन द्वारा वित्त व्यवस्था की जा सकेगी अथवा नहीं। विभागों द्वारा प्रस्तुत प्रस्ताव संगठन में असन्तुलन की स्थिति नहीं पैदा करेंगे।

5. प्रस्तावों का विश्लेषण (Analysis of Proposals)—उपलब्ध प्रस्तावों की जाँच के उपरान्त पूँजी बजटिंग की विभिन्न तकनीकों का प्रयोग करके प्रस्तावों का आर्थिक विश्लेषण किया जाता है। प्रस्तावों के विश्लेषण हेतु पूँजी बजटिंग की विभिन्न प्रविधियों में पुनर्भुगतान अवधि विधि, औसत प्रत्याय विधि, समय, समायोजित प्रत्याय दर विधि वर्तमान मूल्य विधि, लाभ लागत अनुपात विधि, प्रत्याय की आन्तरिक दर पर विधि इत्यादि विधियों का प्रयोग किया जाता है।

6. अंतिम निर्णयन (Final Decision)—बजट समिति द्वारा विभिन्न परियोजनाओं का आर्थिक विश्लेषण करके संगठन के लिये अनुकूल योजनाओं को चयनित करके वृहद् सिफारिशों के साथ उन्हें संचालक मण्डल के पास भेज दिया जाता है। संचालक मण्डल द्वारा परियोजनाओं के औचित्य का पुनर्परीक्षण करके उन्हें अनुमोदित अथवा अनानुमोदित कर दिया जाता है। अनानुमोदित परियोजनाएँ संगठन के लिये निष्प्रयोज्य हो जाती है तथा अनुमोदित परियोजनाएँ वार्षिक पूँजी बजट में सम्मिलित कर ली जाती हैं।

7. पूँजी बजटिंग निर्माण (Formation of Capital Budgeting)—पूँजी व्यय प्रस्तावों पर निदेशक मण्डल/संचालक मण्डल का अनुमोदन प्राप्त होने के उपरान्त परियोजनाओं के लिए कोषों का नियोजन (Planning of funds) किया जाता है। वस्तुत: कोषों के नियोजन को ही पूँजी बजटिंग कहा जाता है। वित्त समिति द्वारा पूँजी बजटिंग का निर्माण करके विभिन्न परियोजनाओं के क्रियान्वयन हेतु कोषों का आवंटन किया जाता है। आवंटित साधनों का संकलन एवं नियंत्रण प्राय: वित्तीय प्रबन्धकों द्वारा सम्पादित किया जाता है।

8. परियोजना व्यय हेतु अधिकृतीकरण (Authorisation of Project Expenditure)—परियोजनाओं को पूँजी बजटिंग में सम्मिलित करने के उपरान्त सम्बन्धित विभागाध्यक्षों को अपने विभागों की परियोजनाओं के क्रियान्वयन की जिम्मेदारी सौंपी जाती है। परियोजना व्यय हेतु अधिकृतीकरण का कार्य सम्बन्धित विभागाध्यक्षों के आवेदन पत्रों के आधार पर वित्त नियंत्रण द्वारा सम्पादित किए जाते हैं।

9. परियोजना क्रियान्वयन (Execution of Project)—परियोजना व्यय सम्बन्धी अनुमोदन एवं अधिकृतीकरण के उपरान्त संगठन में परियोजना का क्रियान्वयन सुनिश्चित किया जाता है। परियोजना के क्रियान्वयन में इस तथ्य को ध्यान में रखा जाता है कि पूँजी बजट में स्वीकृत राशि से अधिक व्यय कदापि न होने पाये। स्वीकृत धनराशि से अधिक धन व्यय होने की दशा में अतिरिक्त व्यय के औचित्य की समीक्षा उच्च प्रबन्ध द्वारा किया जाना आवश्यक होता है।

10. परियोजना का अनुशीलन (Feed back of Project)—परियोजना के क्रियान्वयन के उपरान्त परियोजना पर किये जाने वाले वास्तविक व्ययों एवं पूँजी बजटिंग द्वारा निर्धारित अनुमानित व्ययों का समय-समय पर अनुशीलन किया जाना चाहिए। अन्तर की राशि पूर्व निर्धारित सीमा से अधिक होने की दशा में उनका गणितीय विश्लेषण करके लागत अनुमानों में तदनुसार संशोधन किया जाना चाहिए। परियोजना व्ययों पर प्रभावी नियंत्रण की स्थापना माहवार बजट रिपोर्ट तैयार करके की जा सकती है।

पूँजी बजटिंग के आवश्यक घटक
(Necessary Factors of Capital Budgeting)

पूँजी बजटिंग तकनीक का प्रयोग किसी संगठन के लिये अत्यन्त दुष्कर कार्य होता है। इसके अन्तर्गत पूँजी व्यय सम्बन्धी निर्णयन लिये जाने के कारण उन व्ययों का प्रभाव भावी अनेक वर्षों तक होता है। चूँकि पूँजी व्यय संगठन के भविष्य काल से सम्बन्धित होते हैं। अत: इनके बारे में सही पूर्वानुमान लगाना कठिन होता है। पूँजी बजटिंग के द्वारा लिये जाने वाले विनियोग निर्णय परियोजना की लागत एवं आगम की भावी सूचनाओं पर आधारित होते हैं। अत: पूँजी बजटिंग तकनीक का उपयोग करने के पूर्व निम्नांकित महत्त्वपूर्ण तथ्यों अथवा सूचनाओं की आवश्यकता होती है।

1. शुद्ध विनियोग लागत व कुल रोकड़ बहिर्वाह (Net Investment cost or Total Cash Out Flows)—शुद्ध विनियोग लागत का अभिप्राय किसी परियोजना में प्रयोज्य सकल धनराशि से होता है। जिसका मापन मुद्रा के रूप में किया जा सके। यह धनराशि सकल रोकड़ बहिर्वाह (Gross Cash Outflows) के समतुल्य होती है। नवीन परियोजना की दिशा में शुद्ध विनियोजन लागत से अभिप्राय परियोजना के आरम्भिक काल के सकल रोकड़ बहिर्वाहों से है। इसके अन्तर्गत परियोजना की सम्पत्ति की लागत तथा इस पर होने वाले स्थापना सम्बन्धी व्ययों को सम्मिलित किया जाता है। किसी पूँजी व्यय निर्णय के परिणामस्वरूप कार्यशील पूँजी की मात्रा में वृद्धि अथवा कमी को भी इसके अन्तर्गत समायोजित किया जाता है। उदाहरण के तौर पर सेन्चुरी काटन मिल्स मुंबई में किसी आधुनिक मशीन की कीमत 8,00,000 रु० आयात भाड़ा 75,000 रु० स्थापना सम्बन्धी व्यय 12,000 रु० है तो सकल विनियोग की राशि 8,00,000 रु० न होकर अपितु —(8,00,000+75,000+12,000)= 8,87,000 रु० होगी।

प्रतिस्थापन परियोजना के क्रियान्वयन की दशा में पुरानी सम्पत्ति को नवीन सम्पत्ति से प्रतिस्थापित किया जाता है। अत: नवीन सम्पत्ति में विनियोग की शुद्ध राशि का आगणन करने हेतु उसके लागत मूल्य एवं स्थापना व्ययों की राशि के योग में पुरानी सम्पत्ति के अवशिष्ट मूल्य या निस्तारित मूल्य (Scrap value) को घटा देते हैं। उदाहरणस्वरूप माडर्न एग्रो फूड्स में किसी पुरानी मशीन के स्थान पर नवीन मशीन स्थापित करने की कुल लागत 1,75,000 रु० है, किन्तु पुरानी मशीन के विक्रय से 25,000 रु० प्राप्त हो सकते हैं। इस दशा में शुद्ध विनियोग की राशि (1,75,000–25,000)

1,50,000 रु० होगी। प्रतिस्थापन परियोजनाओं में समायोजन ऋणात्मक तथा धनात्मक हो सकते हैं। पुरानी सम्पत्ति को बेचने से रोकड़ के रूप में कार्यशील पूँजी प्राप्त होती है। इस राशि को शुद्ध विनियोग राशि में से घटा दिया जाता है। किन्तु नवीन सम्पत्ति को प्रतिस्थापित करने में आवश्यक कार्यशील पूँजी को विनियोग की राशि में जोड़ दिया जाता है। शुद्ध विनियोग अथवा रोकड़ बहिर्वाह की धनराशि का आगणन करने हेतु निम्न बिन्दुओं पर विचार किया जाता है।

मदें	–धनराशि
(i) नवीन परियोजना की लागत	—
(ii) + प्रतिस्थापन लागत	—
(iii) ± कार्यशील पूँजी	—
(iv) – पुरानी सम्पत्ति के विक्रय से प्राप्त राशि	—
(v) ± सम्पत्तियों के विक्रय पर कर	—
(vi) – विनियोग छूट (Investment Allowance)	—

2. शुद्ध रोकड़ अन्तर्वाह (Net Cash Inflows)—पूँजी व्यय निर्णयन के अन्तर्गत किसी भी परियोजना की शुद्ध विनियोग राशि ज्ञात करने के उपरान्त हम उस परियोजना से उपलब्ध होने वाली भावी शुद्ध रोकड़ अन्तर्वाह की गणना करते हैं। रोकड़ अन्तर्वाहों (Inflows) की गणना करते समय ह्रास की राशि सहित समस्त रोकड़ बहिर्वाहों को कुल आगम या विक्रय से घटाकर पूर्व की राशि की गणना कर ली जाती है। तत्पश्चात् देय आयकर की राशि घटाकर, कर पश्चात् की आय में पुन: ह्रास की राशि को जोड़ दिया जाता है। यही परियोजनाा के शुद्ध रोकड़ अन्तर्वाह होते हैं। इसकी गणना हम शुद्ध रोकड़ विवरण (Net Cash Inflows Statement) के रूप में निम्नवत् कर सकते हैं।

Net Cash Inflows Statement

	Rs.
Total Annual sales revenue :	......
Minus operating expenses including Depreciation	......
Income before tax	......
Minus Income Tax	......
Net Income after tax	......
Add. Depreciation	......
Net Cash Inflows	......

उपर्युक्त शुद्ध रोकड़ अन्तर्वाह विवरण को हम संक्षिप्त रूप में निम्नवत् प्रस्तुत कर सकते हैं—

NCI = TASR – OEID – IT + DEP

Or = IBT– IT + DEP

Where

NCI Stands for Net cash Inflows

TASR = Total Annual Sales Revenues

OEID = Operating Expenses Including Depreciation

IT= Income Tax

DEP = Depriciation

IBT= Income before tax

3. परियोजना का जीवन काल (Life time of Project)—प्रत्येक परियोजना के जीवन काल को हम दो भागों में वर्गीकृत कर सकते हैं—1. भौतिक जीवन काल 2. आर्थिक जीवन काल।

सम्पत्ति का भौतिक जीवन काल उसके निर्माताओं द्वारा निर्धारित किया जाता है। जबकि सम्पत्ति का आर्थिक जीवन काल उसके प्रयोगकर्ताओं द्वारा निर्धारित होता है। आर्थिक जीवन काल से अभिप्राय उस काल से है, जब तक सम्बन्धित परियोजना से आय प्राप्ति की अपेक्षा होती है। इसका निर्धारण सम्पत्ति की प्रकृति, प्रयोग, रखरखाव एवं तकनीकी परिवर्तन को दृष्टिगत रखकर किया जाता है। किसी भी आर्थिक संगठन में परियोजना के आर्थिक जीवन काल पर ध्यान दिया जाता है। संगठन में आगम की दृष्टि से परियोजना का आर्थिक जीवन काल अत्यन्त महत्त्वपूर्ण स्थान रखता है। आर्थिक जीवनकाल जितना अधिक होगा, संगठन की लाभदेयकता में अभिवृद्धि उतनी ही अधिक होगी।

4. अवसर लागत (Opportunity Cost)—अवसर लागत, वह लागत है जो किसी विनियोग प्रस्ताव को स्वीकार करने की दिशा में उस विनियोग राशि के अन्यत्र प्रयोग पर होने वाली आय के समतुल्य हानि के समान होती है। उदाहरणस्वरूप किसी परियोजना की लागत 50 लाख रु० है। जिसको अन्यत्र विनियोजित करके 9% वार्षिक आय का अर्जन किया जा सकता है। यदि रु० 50 लाख के मूल्य की कोई मशीन क्रय कर ली जाय तो मशीन में विनियोग की

अवसर लागत $\frac{50,00,000 \times 9}{100}$ = 4,50,000 प्रतिवर्ष होगी।

5. वाँछित न्यूनतम प्रत्याय (Desirable Minimum Returns)—वस्तुत: वांछित न्यूनतम प्रत्याय वह न्यूनतम राशि होती है। जिसके प्राप्त होने की संभावना होने पर ही वित्त प्रबन्धक किसी विनियोग निर्णय को स्वीकार करता है। विनियोग से प्रत्याय (Return from Investment) वाँछित न्यूनतम प्रत्याय से कम होने की दशा में विनियोग निर्णय अस्वीकार कर दिया जाता है। दूसरे शब्दों में हम, इसे पूँजी की औसत लागत अथवा अवसर लागत की संज्ञा देते हैं।

6. अप्रचलन से जोखिम (Risk from Obsolescence)—वर्तमान युग तकनीकी एवं वैज्ञानिक युग है। अत्याधुनिक वैज्ञानिक आविष्कारों के कारण उत्पादन की प्रचलित प्रविधियाँ उपकरण एवं मशीनें अप्रचलन की शिकार होती जा रही हैं। उनके स्थान पर नवीन प्रविधियों एवं मशीनों का प्रचलन बढ़ रहा है। अत: किसी भी परियोजना को चयनित करने से पूर्व उसके अप्रचलन से होने वाली भावी हानियों पर गम्भीरतापूर्वक विचार किया जाना चाहिये। इस प्रकार की जोखिमों से बचाव हेतु यह आवश्यक है कि उन्हीं परियोजनाओं को चयनित किया जाय जिनकी पुनर्भुगतान अवधि न्यूनतम हो।

7. उपलब्ध कोष (Available funds)—पूँजी बजटिंग निर्णयों के क्रियान्वयन हेतु अत्यधिक मात्रा में दीर्घकालिक विनियोजन की आवश्यकता होती है। अत: किसी परियोजना को आत्मसात करने से पूर्व संगठन को अपनी आर्थिक क्षमता का आकलन अवश्य कर लेना चाहिए। संगठन के आन्तरिक एवं बाह्य कोषों पर विचारोपरान्त ही परियोजनाओं को स्वीकृति प्रदान किया जाना चाहिये।

8. अदृश्य कारक (Invisible Factors)—पूँजी बजटिंग निर्णयों के क्रियान्वयन में उपरोक्त दृश्य (visible) कारकों के अतिरिक्त कतिपय अदृश्य कारकों को दृष्टिगत रखना पड़ता है। चयनित परियोजनाओं से कार्मिकों के अनुशासन एवं मनोबल पर प्रभाव, शासकीय नीतियाँ एवं कार्यक्रमों की अनुकूलता अथवा प्रतिकूलता, श्रम संघों का दृष्टिकोण इत्यादि विचारणीय बिन्दुओं पर भी विचार करना अपरिहार्य होता है।

पूँजी बजटिंग मूल्यांकन प्रविधियाँ
(Techniques of Capital Budgeting Evaluation)

पूँजी बजटिंग प्रविधियों के माध्यम से विभिन्न पूँजी परियोजनाओं का मूल्यांकन उनसे होने वाली लाभदेयकता का परीक्षण करके संगठन के लिये सर्वाधिक उपयुक्त एवं लाभदायी विकल्प का क्रियान्वयन किया जाना चाहिए। विनियोग सम्बन्धी लाभदेयकता का परीक्षण करने हेतु अनेक मूल्यांकन प्रविधियों का प्रयोग किया जाता है। पूँजी व्यय प्रस्तावों के मूल्यांकन हेतु कतिपय आधारों का सुनिश्चयन अवश्य किया जाना चाहिए। जिनके माध्यम से उपलब्ध अनेक विकल्पों में से सर्वोत्तम का चुनाव करके अस्वीकार्य विकल्पों को निर्णयन प्रक्रिया से वंचित रखा जा सके। पूँजी बजटिंग के मूल्यांकन हेतु उपलब्ध प्रविधियाँ निम्नवत हैं—

(A) परम्परागत विधियाँ :

1. औसत प्रत्याय दर विधि (Average rate of Return Method)
2. पुनर्भुगतान अवधि/प्रत्यावर्तन अवधि विधि (Pay back Period Method)
3. अपरिहार्यता विधि (Urgency Method)

(B) छूट आधारित रोकड़ प्रवाह विधियाँ (Discount Based Cash Flow Methods)

1. वर्तमान मूल्य विधि (Present Value Method)
2. शुद्ध वर्तमान मूल्य विधि (Net Present Value Method)
3. आन्तरिक प्रत्याय दर विधि (Internal Rate of Return Method)
4. लाभदेयकता सूचकांक विधि (Profitability Index Method)

1. औसत प्रत्याय दर विधि (Average Rate of Return Method)—औसत प्रत्याय दर विधि के अन्तर्गत गणना हेतु संगठन के लिये वांछित पूँजी एवं उसके विनियोजन के उपरान्त प्राप्त होने वाली शुद्ध आय (कर कटौती के पश्चात्) में सम्बन्ध स्थापित करके प्रत्याय दर (Rate of return) की गणना की जाती है। इस विधि को लेखांकन विधि (Accounting Method), विनियोग पर प्रत्याय पद्धति (Return on Investment) अथवा असमायोजित प्रत्याय दर विधि (Unadjusted Rate of Return) भी कहते हैं। इसकी गणना का प्रमुख आधार वित्तीय विवरण (लाभ हानि खाता एवं वार्षिक चिट्ठा) एवं अन्य लेखांकन सूचनाएँ होती हैं। इसके अन्तर्गत विनियोग प्रस्तावों की लाभदेयकता का मापन उपलब्ध विभिन्न परियोजनाओं की प्रत्याय दर ज्ञात करके किया जाता है। विभिन्न प्रत्याय दरों के मूल्यांकन के उपरान्त सर्वोच्च प्रत्याय दर वाली परियोजना को संगठन में समाहित किया जाता है। यह विधि प्राय: दीर्घकालिक परियोजनाओं के चयन हेतु उपयुक्त होती है।

(i) इस विधि के अन्तर्गत औसत प्रत्याय दर की गणना हेतु कर एवं ह्रास के पश्चात् औसत वार्षिक शुद्ध आय को औसत विनियोग से विभाजित करके उसे 100 से गुणा करके की जाती है।

(ii) औसत वार्षिक आय की गणना हेतु रोकड़ प्रवाहों को ध्यान में न रखकर अपितु लेखांकन सिद्धान्तों को ध्यान में रखा जाता है, सम्बन्धित वर्ष की शुद्ध आय का आगणन करने हेतु उस वर्ष की समस्त आयों एवं व्ययों को शामिल किया जाता है। यह आय ह्रास एवं कर के उपरान्त की आय होती है परियोजना के सम्भावित जीवन काल की वर्ष वार आयों का योग करके परियोजना के जीवन काल से विभाजित करके औसत वार्षिक शुद्ध आय की गणना की जाती है।

(iii) औसत विनियोग (Average investment) की गणना प्रारम्भिक विनियोग + अवशिष्ट मूल्य (Scrap value) को दो से विभाजित करके की जाती है।

$$\frac{\text{Initial investment} + \text{Scrap value}}{2}$$

औसत विनियोग पर प्रत्याय दर की गणना हेतु सूत्र

(i) कर एवं ह्रास घटाने के पश्चात् प्राप्त लाभ की दशा में

$$\text{Average Rate of Return} = \frac{\text{Average Annual Income after tax and Depreciation}}{\text{Average Investment}} \times 100$$

(ii) वार्षिक रोकड़ अन्तर्वाह दिये होने की दशा में

$$\frac{\text{Average Annual cash Inflows} - \text{Annual Depreciation}}{\text{Average Investment}} \times 100$$

उदाहरण Illustration 1.

ए०बी०सी० लिमिटेड अपने फर्म के लिये तीन मशीनें क्रय करने हेतु विचार कर रही है। तद्विषयक सूचनायें निम्नवत् हैं—

ABC Limited is Considering the Purchase of three machines for his firm the concerning Details are given as follows:

Machines

	Alternate A	Alternate B	Alternate C
Life expectency	5 years	5 years	5 years
cost	Rs. 5,00,000	Rs. 5,00,000	Rs. 5,00,000
Earning (After tax)			
Ist year	Rs.50,000	Rs. 30,000	Rs. 20,000
Second year	Rs. 40,000	Rs. 45,000	Rs. 25,000
third year	Rs. 25,000	Rs. 50,000	Rs. 30,000

Estimate the Profitability of the Above machines according to the average rate of return method.
उपर्युक्त मशीनों की लाभ देयकता का अनुमान औसत प्रत्याय दर विधि से ज्ञात कीजिए।

Solution (हल)

$$\text{Average rate of return} = \frac{\text{Average Annual Income after tax and Depreciation}}{\text{Average Investment}} \times 100$$

$$\text{Average Income (औसत आय)} = \frac{\text{Total income}}{\text{No. of Years}} = \frac{\text{(कुल आय)}}{\text{वर्ष की संख्या}}$$

$$\text{Average Income of Alternate A} = \frac{1,15,000}{5} = 23,000$$

$$\text{Average Income of Alternable B} = \frac{1,25,000}{5} = 25,000$$

$$\text{Average Income of Alternate C} = \frac{75,000}{5} = 15,000$$

$$\text{Average Investment of All Alternatives} = \frac{5,00,000}{2} = 2,50,000$$

$$\text{A.R.R. of Alternate A} = \frac{23,000}{2,50,000} \times 100 = 9.2\%$$

$$\text{A.R.R. of Alternate B} = \frac{25,000}{2,50,000} \times 100 = 10\%$$

$$\text{A.R.R. of Alternate C} = \frac{15,000}{2,50,000} \times 100 = 6\%$$

Alternate B gives the higher average return thats why it is more Profitable as compared to Alternate A and C.

उदाहरण (Illustration) 2.

एक परियोजना की लागत रु० 50,000 एवं अवशिष्ट मूल्य 10,000 है। इससे ह्रास एवं करों से पूर्व आय प्रथम 5 वर्षों में क्रमश: रु० 9,000, 9,500, 10,500, 13,500, 20,000 है। परियोजना के लिये औसत प्रत्याय दर की गणना कीजिए जबकि कर की दर 40% एवं ह्रास सीधी रेखा पद्धति से अपलिखित किया जाता है।

A Project Cost Rs.50,000 and has a scrap value of Rs. 10,000, Its stream of Income before depreciation and taxes during the first five years is Rs. 9,000, 9,500, 10,500, 13,500 and 20,000 Assuring rate of tax 40% and depreciation on A straight line basis. Calulate the average rate of return for the Project.

Solution (हल) :

Calculation of Average Rate of Return

	Ist Year	II Year	III Year	IV Year	V Year	Total	Average
Income before Depreciation of Taxes	9,000	9,500	10,500	13,500	20,000	62,500	12,500
– Depreciation	8,000	8,000	8,000	8,000	8,000	40,000	8,000
Net Income before tax	1,000	1,500	2,500	5,500	12,000	22,500	4,500
– Income Tax 40%	400	600	1,000	2,200	4,800	9,000	1,800
Net Income after taxes	600	900	1,500	2,300	7,200	13,500	2,700
Book value of Investment (opening)	50,000	42,000	34,000	26,000	18,000	1,70,000	34,000
Closing	42,000	34,000	26,000	18,000	10,000	1,30,000	26,000
Average Investment	46,000	38,000	30,000	22,000	14,000	1,50,000	30,000

$$\text{A.R.R} = \frac{\text{Average Annual Income after tax and Depreciation}}{\text{Average Investment}} \times 100$$

$$\frac{2,700}{30,000} \times 100 = 9\%$$

अथवा

$$\text{A.R.R} = \frac{\text{Average Annual Income}}{\frac{1}{2}(\text{Initial Investment + Scrap value})} \times 100$$

$$\frac{2,700}{\frac{1}{2}(50,000 + 10,000)} \times 100$$

$$= \frac{2,700}{30,000} \times 100 = 9\%$$

उदाहरण (Illustration) 3.

निम्नलिखित विवरण के अनुसार औसत प्रत्याय दर की गणना कीजिए।

Compute average return on investment for each of the following :

(A) Estimated life	10 years
Initial outlay-	Rs. 1,00,000=00
Annual Cash flow (After tax and before Dep).	Rs. 17,500=00
Scrap value	Nil
(B) Initial out lay-	1,00,000=00
Estimated life	10 years
Annual cash flow (after tax and before Dep.)	
First five years	Rs. 20,000=00
Second five years	Rs. 15,000=00
Scrap value	Nil

(C) Estimated life — 10 years

Initial outlay — Rs. 1,00,000=00

Anual cash flow

(After tax and before Dep) — 17,500=00

Scrap value — 40,000=00

Solution (हल)

Computation of average rate of return on investment according to first method.

$$\text{(A) Average rate of Return} = \frac{\text{Annual Cash Flow} - \text{Annual Depreciation}}{\text{Initial Investment}} \times 100$$

$$\frac{17{,}500 - 10{,}000}{1{,}00{,}000} \times 100 = \frac{7{,}500}{1{,}00{,}000} \times 100 = 7.5\%$$

$$\text{(B) Annual rate of return} = \frac{\dfrac{20{,}000 \times 5 + 15{,}000 \times 5}{10} - 10{,}000}{1{,}00{,}000} \times 100$$

$$= \frac{\dfrac{1{,}00{,}000 + 75{,}000}{10} - 10{,}000}{1{,}00{,}000} \times 100$$

$$= \frac{\dfrac{1{,}75{,}000}{10} - 10{,}000}{1{,}00{,}000} \times 100 = \frac{75{,}000}{1{,}00{,}000} \times 100 = 7.5\%$$

$$\text{(C) Annual rate of return} = \frac{\dfrac{\text{Annual Cash Flow} - (\text{Initial Investment} - \text{Scrap value})}{\text{Project life}}}{\text{Initial Investment}} \times 100$$

$$= \frac{17{,}500 - \left[\dfrac{1{,}00{,}000 - 40{,}000}{10}\right]}{1{,}00{,}000} \times 100 \text{ or } 17{,}500 - \left[\frac{60{,}000}{10}\right] \times 100$$

$$= \frac{17{,}500 - 6{,}000}{1{,}00{,}000} \times 100$$

$$= \frac{11{,}500}{1{,}00{,}000} \times 100$$

$$= 11.5\ \%$$

(ii) Average rate of Return on Average investment According to Second method

$$\text{(A) Average rate of return} = \frac{\text{Annual Cash inflow} - \text{Depreciation}}{\text{Average investment}} \times 100$$

$$= \frac{17{,}500 - 10{,}000}{1{,}00{,}000/2} \times 100 = 15\%$$

$$\text{(B) Average rate of Return} = \frac{\dfrac{(20{,}000\times 5+15{,}000)\times 5}{10}}{1{,}00{,}000 \div 2}$$

$$\frac{7{,}500}{1{,}00{,}000/2} = \frac{7{,}500}{50{,}000}\times 100 = 15\%$$

$$\text{(C) Average rate of return} = \frac{17{,}500-\dfrac{(1{,}00{,}000-40{,}000)}{10}}{\dfrac{(1{,}00{,}000+40{,}000)}{2}} = \frac{11{,}500}{70{,}000}\times 100 = 16.4\%$$

औसत प्रत्याय दर विधि के गुण (Merit of Average Rate of Return)

1. गणना की सरलता—यह विधि सहज बोधगम्य एवं गणना की दृष्टि से अत्यन्त सरल है। गणना की प्रक्रिया लेखांकन संमकों के आधार पर आधारित होने के कारण गणना हेतु किसी विशेष तकनीकी दक्षता की आवश्यकता नहीं होती है।

2. गणना का आधार सम्पूर्ण जीवन काल—इस विधि से औसत प्रत्याय दर की गणना हेतु सम्बन्धित परियोजना के सम्पूर्ण जीवन काल को गणना का आधार माना जाता है। इसके अन्तर्गत परियोजना के सम्पूर्ण जीवन काल तक होने वाली आय को दृष्टिगत रखा जाता है।

3. विनियोग की लाभदेयकता की जाँच—इस विधि के अन्तर्गत संगठन के लिये उपलब्ध विभिन्न विकल्पों में विनियोजन की लाभदेयकता की गणना की जाती है। तत्पश्चात् सर्वाधिक प्रत्याय (Return) देने वाली परियोजना का चयन करके संगठन में क्रियान्वयन किया जाता है।

4. ह्रास एवं कर के पश्चात् की आय का आगणन—इस विधि के अन्तर्गत शुद्ध आय की गणना करने हेतु ह्रास एवं करों की राशि को सकल आय से घटा दिया जाता है। जिसके कारण गणना के परिणाम वास्तविकता के निकट होते हैं।

5. दीर्घकालीन परियोजनाओं हेतु उपयुक्त—यह विधि दीर्घकालीन परियोजनाओं के मूल्यांकन एवं विश्लेषण हेतु अत्यन्त उपयोगी है। परियोजना के सम्पूर्ण जीवन काल पर विचार किये जाने के कारण दीर्घकालीन परियोजनाओं का मूल्यांकन प्रभावपूर्ण ढंग से किया जा सकता है।

6. पारस्परिक तुलनात्मकता—इस विधि का प्रयोग विभिन्न परियोजनाओं की लाभदेयकता की परस्पर तुलना करने हेतु किया जा सकता है। परिणामस्वरूप कोई उद्यमी अपने धन का सर्वोत्तम एवं लाभदायक विनियोग करने हेतु आसानी से निर्णय ले सकता है।

औसत प्रत्याय दर विधि के दोष (Demerits of average rate of return)

1. मुद्रा के समय मूल्य की उपेक्षा—यह विधि मुद्रा के समय मूल्य की उपेक्षा करती है। वस्तुतः मुद्रा के समय मूल्य की गणना न किये जाने के कारण परियोजनाओं से भविष्य में प्राप्य आयों का वास्तविक मूल्यांकन नहीं हो पाता।

2. लेखांकन लाभों के आधार पर गणना—इस विधि के अन्तर्गत गणना का आधार लेखांकन लाभ होते हैं। व्यवसाय के अन्य कारकों की उपेक्षा होने के कारण लेखांकन लाभ संगठन की वास्तविक तस्वीर नहीं प्रस्तुत करते। इसके अतिरिक्त इस विधि के अन्तर्गत संगठन के लाभों को औसत रूप में प्रस्तुत किया जाता है। वस्तुतः लाभ प्रतिवर्ष असमान हो सकते हैं तथा औसत स्थिति वास्तविक स्थिति से दूर हो सकती है।

3. उचित प्रत्याय दर का निर्धारण असम्भव—इस विधि के अनुसार विनियोग पर उचित प्रत्याय की दर की गणना असम्भव होती है। प्रत्याय दर के औचित्य का निर्धारण कठिन होने के कारण नियोक्ताओं द्वारा न्यूनतम प्रत्याय दर का निर्धारण कर दिया जाता है। निर्धारित दर से कम प्रत्याय वाली परियोजनाएँ विचारणीय नहीं होती है। जबकि दीर्घकाल में निम्न दर प्रत्याय वाली परियोजनाओं के अधिक लाभदायी होने की सम्भावना हो सकती है।

4. विनियोग व आय की धारणा भ्रामक—इस विधि के अन्तर्गत प्रस्तुत सूत्रों में अनुमानित औसत शुद्ध आय एवं औसत विनियोग प्रयोग में लाये जाते हैं। वस्तुतः विनियोग एवं आय शब्द का प्रयोग अनेक अर्थों में किया जाता है। अतः विनियोग एवं आय की अवधारणा भ्रामक होने के कारण परिणामों में भ्रामकता के लक्षण विद्यमान होते हैं।

इस विधि की उपरोक्त कमियों के बावजूद भी दीर्घकालीन परियोजनाओं के मूल्यांकन हेतु इस विधि का प्रयोग अत्यन्त सरलता से विश्वसनीयता से किया जा सकता है।

परियोजना का निर्धारण (Determination of Project)—औसत प्रत्याय दर विधि का प्रयोग करके हम आसानी से लाभदेयी परियोजना का निर्धारण कर सकते हैं। प्राय: संगठनों द्वारा प्रत्याय की एक न्यूनतम दर का सुनिश्चियन कर लिया जाता है। सुनिश्चित दर से कम प्रस्ताव देने वाली परियोजनाओं को प्राय: अस्वीकार कर दिया जाता है तथा अधिक प्रत्याय दर वाली परियोजना को प्राथमिक आधार पर चयनित कर लिया जाता है।

उदाहरण (Illustration) 4.

दी गयी सूचनाओं से परियोजनाओं X तथा Y के लिये ए० आर० आर० की गणना कीजिए।

From the following Informations calculate the A.R.R for Project X and Project Y.

	Project X	**Project Y**
Cost of the Project	50,000	80,000
Expected life	5 years	8 years
Scrap value	5,000	8,000

Net income after taxes and Dep:

Years	1	2	3	4	5
Project X	5,000	4,000	4,000	5,000	3,000
Project Y	8,000	6,000	6,000	5,000	—

If the required rate of return is 14% which Project should be entertained?

यदि वांछित प्रत्याय दर 14% है तो किस परियोजना को स्वीकार करना चाहिए।

Solution. (हल)

$$\text{Average Rate of return} = \frac{\text{Average Annual Income}}{\text{Average Investment}} \times 100$$

Average Annual Income of Project X =5,000 + 4,000 + 4,000 + 5,000 + 3,000 = 21,000/5 = 4,200=00

$$\text{Project X} = \frac{4{,}200}{27{,}500} \times 100 = 15.3\%$$

Average Investment = (50,000 + 5,000)/2

$$\text{Project Y} = \frac{5{,}000}{44{,}000/2} \times 100 = 11.3\%$$

उपरोक्त दशा में वांछित प्रत्याय दर 14% से अधिक प्रत्याय परियोजना X से प्राप्त हो रहा है। अत: परियोजना X संगठन के लिए अपेक्षाकृत अधिक अनुकूल होगी।

2. पुनर्भुगतान अवधि/प्रत्यावर्तन अवधि विधि (Pay Back Period Method)—पूँजी बजटिंग के अन्तर्गत विनियोग प्रस्तावों के मूल्यांकन की परम्परागत विधियों में पुनर्भुगतान अवधि विधि/ प्रत्यावर्तन अवधि विधि सर्वाधिक लोकप्रिय एवं प्रचलित है। यह विधि 'Pay out' अथवा 'Pay off' विधि के नाम से भी जानी जाती है। वस्तुत: प्रत्येक संगठन का अंतिम लक्ष्य जहाँ एक ओर अधिकतम लाभार्जन होता है वहीं दूसरी ओर संगठन विनियोजित लागत को अत्याल्पावधि में वसूल भी करना चाहती है। अत: उस अवधि को जिसमें किसी परियोजना की विनियोग लागत वसूल होने की सम्भाव्यता होती है। उसे अदायगी अवधि (Pay back Period) विनियोग वसूली अवधि (Investment recovery Period) रोकड़ वसूली अवधि (Cash recovery Period) कहा जाता है। वित्तीय प्रबन्धन के क्षेत्र में प्राय: यह स्वीकार किया जाता है कि पूँजी निवेश की प्रत्यावर्तन अवधि लम्बी होने की दशा में व्यवसाय में जोखिम की मात्रा

बढ़ जाती है। क्योंकि दीर्घकाल में उपभोक्ता की रुचियों में बदलाव, तकनीकी विकास एवं माँग की प्रकृति आदि कारणों से सम्पत्ति की उपयोगिता में कमी होने की सम्भावना रहती है।

प्रो० एस०पी० सिंह के शब्दों में "वह अवधि जिसमें किसी परियोजना की लागत वसूल होने की सम्भाव्यता होती है उसे पुनर्भुगतान अवधि कहते हैं।"[1]

(बीयर मैन एवं स्मित)

"प्रत्यावर्तन अवधि को किसी परियोजना में विनियोजित वास्तविक राशि की वापसी में लगने वाले वर्षों के रूप में परिभाषित किया जा सकता है।"[2]

(बीयर मैन एवं स्मित)

प्रत्यावर्तन अवधि की गणना करने के लिए दो आधारों का प्रयोग किया जाता है।

1. सम रोकड़ अन्तर्वाह (Even cash inflows) 2. विषम रोकड़ अन्तर्वाह (Odd cash inflows).

1. सम रोकड़ अन्तर्वाह (Even Cash Inflows)—संगठन में विनियोजित धनराशि से प्राप्त रोकड़ अन्तर्प्रवाह (Cash inflows) की दर प्रति वर्ष समान होने की दशा में विनियोग की वास्तविक लागत में वार्षिक रोकड़ अन्तर्प्रवाह की राशि से विभाजित करके हम प्रत्यावर्तन अवधि ज्ञात कर सकते हैं।

सूत्र रूप में

$$\frac{\text{Opening Investment}}{\text{Annual Cash Inflow}}$$

उदाहरण Illustration 5.

उदाहरणस्वरूप यदि किसी संगठन में रु० 3,60,000 विनियोजित करने पर 10 वर्षों तक रु० 60,000 शुद्ध रोकड़ अन्तर्वाह (वार्षिक आय) होने की सम्भावना है, तो प्रत्यावर्तन अवधि की गणना हम निम्न प्रकार करेंगे—

हल (Solution)

$$\text{Pay back Period} = \frac{3,60,000}{60,000} = 6 \text{ years}$$

उदाहरण (Illustrations) 6.

निम्न सूचनाओं के आधार पर प्रत्यावर्तन अवधि की गणना कीजिए–

Compute the Pay back Period form the information given below.

Life of the Project	=10 years
Initial Investment	Rs. 50,000=00
Annual cash inflow	10,000=00

Solution (हल) –

$$\text{Pay back Period} = \frac{50,000}{10,000} = 5 \text{ years}$$

उदाहरण (Illustration) 7.

Modern food Industries is considering to buy some Automatic machines. Board of Directors is interested to buy these machines with the terms that cost may be recovered in 4 years. The following informations are available here as under :

---

1. The Period during which a Project is expected to pay back its cost, described as Pay back Period.—*Prof. S.P. Singh.*
2. 'Pay back Period can be defined as the number of years required to recover the original cash outlay invested in a Project"

—*Bierman & Smit*

मार्डन फूड इण्डस्ट्रीज कुछ स्वचालित मशीनों के क्रय का विचार कर रही है। निदेशक मण्डल इस शर्त पर मशीन खरीदना चाहता है कि मशीन की लागत 4 वर्षों में वसूल हो जाये।

यहाँ निम्नवत् सूचनाएँ उपलब्ध हैं–

Cost of machines (मशीन की लागत)	50,000=00
Revenue generated from machine (मशीन से आय)	60,000=00
Variable cost 50% of sales (परिवर्तित लागत बिक्री की 50 %)	30,000 =00
Annual Fixed cost excluding Depreciation (वार्षिक स्थिर लागत ह्रास प्रावधान के बाद)	2,000
Life Expectancy of machines (मशीन का सम्भाव्य जीवन)	10 Years
Tax Rate (कर की दर)	30 %

Compute Pay back Period to support your answer.

अपने उत्तर के समर्थन में प्रत्यावर्तन अवधि की गणना कीजिए।

Computation of net Annual Cash Inflows

Revenue generated from machine		Rs. 60,000
(—) Variable cost 50% of sales =	30,000	
Annual Fixed Cost =	2,000	32,000
Fixed Cost		28,000
Depreciation 50,000/10 =	(-)	5,000
Profit before tax		23,000
—Income tax @ 30%	(-)	6,900
Profit after tax		16,100
+ Depreciation		(+) 5,000
Net Annual cash inflows		21,100

$$\text{Pay back Period} = \frac{60,000}{21,100} = 2.84 \text{ years}$$

(ii) विषम रोकड़ अन्तर्वाह (Odd Cash Inflows)—प्राय: किसी संगठन में रोकड़ अन्तर्वाह की दर समान नहीं होती, प्रतिवर्ष के रोकड़ अन्तर्वाहों में भिन्नता होना स्वाभाविक होता है। ऐसी दशा में जब विनियोजन के उपरान्त आगामी वर्षों में रोकड़ अन्तर्वाह की दर असमान होती है तो प्रत्यावर्तन अवधि की गणना हेतु प्रत्येक वर्ष के रोकड़ अन्तर्वाह का संचयी योग किया जाता है। इसकी गणना संचयी बारंबारता ज्ञात करने की भाँति की जाती है। जिसके लिये प्रथम वर्ष की आय को दूसरे वर्ष की आय में जोड़कर दूसरे वर्ष के लिए संचयी आय का आगणन किया जाता है। इस संचयी राशि को तीसरे वर्ष की आय में जोड़कर तीसरे वर्ष के लिये संचयी आय ज्ञात की जाती है। उदाहरणस्वरूप यदि 5 वर्षों में प्राप्त रोकड़ अन्तर्वाह क्रमश: रु० 5,000, 4,000, 6,000, 4,000 एवं 7,000 है तो संचयी आय क्रमश: 5,000,

9,000, 15,000 19,000, 26,000 होगी। इस प्रक्रिया के अन्तर्गत जब तक संचयी बचत की राशि सम्पत्ति पर किये गये कुल विनियोजन की राशि के समान नहीं हो जाती। जितनी अवधि में रोकड़ अन्तर्वाहों की राशि वास्तविक लागत के बराबर हो जाती है। वही अवधि पुनर्भुगतान अवधि कहलाती है।

उदाहरणस्वरूप जब किसी परियोजना में रु० 5,00,000 की धनराशि विनियोजित करने पर 5 वर्षों तक क्रमशः रु० 1,00,000, 80,000, 1,20,000, 1,50,000, 1,50,000, रोकड़ अन्तर्वाह हों उस दशा में प्रत्यावर्तन अवधि की गणना निम्न प्रकार की जायेगी।

Years	Amount	Amount	Amount	Amount	Amount
Initial Investment	Rs. 5,00,000	—	—	—	—
Cash inflows	Rs. 1,00,000	80,000	1,20,000	1,50,000	Rs. 1,50,000
Cumulative cash Inflows	Rs. 1,00,000	1,80,000	3,00,000	4,50,000	6,00,000

Pay Back Period = 5 years

उदाहरण (Illustration) 8.

एक सार्वजनिक कम्पनी के पास 5 स्वतन्त्र विनियोग प्रस्ताव है।

A Public company has a summary of five independent investment Proposals :

Proposal	Initial out lay	Annual cash flow	Life expected
I	6,000	800	10
II	9,000	2,000	15
III	5,000	2,500	8
IV	20,000	5,000	10
V	1,00,000	15,000	20

Rank these Proposals according to pay back method.

(Solution) हल

Ranking according to Pay Back Method

Proposal 1	Initial out lay 2	Annual cash flow 3	Pay back Period 4	Ranking 5
I	6,000	800	6,000/800 = 7.5 years	5
II	9,000	2,000	9,000/2,000 = 4.5 years	3
III	5,000	2,500	5,000/2,500 = 2.0 years	1
IV	20,000	5,000	20,000/5,000= 4.0 years	2
V	1,00,000	15,000	1,00,000/15,000= 6.7 years	4

अतः प्रस्ताव (III) अत्यधिक अनुकूल तथा प्रस्ताव (I) सर्वाधिक प्रतिकूल है।

उदाहरण (Illustration) 9.

रामा एण्ड कम्पनी के पास एक मशीन क्रय करने का प्रस्ताव है, बाजार में समान लागत की दो मशीनें उपलब्ध हैं। जिनकी लागत रु० 1,00,000 है, कर के उपरान्त निम्न आय प्रत्याशित है।

Rama & Company has a Proposal to Purchase a machine, two machines of equal cost are avilable in the market. The cost of each machine is Rs 1,00,000. Earning after taxation are expected to be as follows:

(Cash flows)

Year	Machine X	Machine Y
1	20,000	10,000
2	25,000	20,000
3	30,000	25,000
4	20,000	35,000
5	15,000	25,000

Evaluate the two alternatives according to the Pay back Period method.

दोनों विकल्पों को प्रत्यावर्तन अवधि विधि के अनुसार मूल्यांकित कीजिये।

Solution (हल)

Machine (X) **(Machine (Y)**

(Initial Investment Rs. 1,00,000)

Year	Annual cash Inflow (Machine X)	Cumulative Inflow	Annual Cash Inflow (Machine Y)	Cumulative Inflow
1	20,000	20,000	10,000	10,000
2	25,000	45,000	20,000	30,000
3	30,000	75,000	25,000	55,000
4	20,000	95,000	35,000	90,000
5	15,000	1,10,000	25,000	1,15,000

Calculation of Pay back Period

मशीन x की लागत 4 वर्षों में रु० 95,000 वसूली हो सकती है। शेष रु० 5,000 की वसूली (1,10,000 – 95,000) =15,000 वार्षिक की दर से 4 माह में हो जायेगी।

इसी प्रकार मशीन की वसूली 4 वर्ष में रु० 90,000 तथा शेष रु० 10,000 की वसूली (1,15,000 – 90,000) = 25,000 वार्षिक की दर से 8 माह में होगी।

$$\text{Machine X} = 4 \text{ years} + \frac{5{,}000}{15{,}000} \times 12 = 4 \text{ years } 4 \text{ months}$$

$$\text{Machine Y} = 4 \text{ years} + \frac{10{,}000}{25{,}000} \times 12 = 4 \text{ years } 8 \text{ months}$$

परियोजना का मूल्यांकन (Evaluation of the Project)

वस्तुत: किंसी परियोजना की लागत जितनी जल्दी वसूल हो जाये, वही परियोजना संगठन के लिये लाभकर होगी। अर्थात् परियोजना की अदायगी अवधि (Pay back period) जितनी कम होगी वह परियोजना उतनी ही जल्दी अपनी लागत की वूसली कर लेगी। प्राय: प्रत्येक परियोजना के आर्थिक जीवन काल के आधार पर एक सुनिश्चित अवधि निर्धारित कर दी जाती है। इसे सीमान्त दर बिन्दु (Break even Point) कहा जाता है। परियोजना की अदायगी अवधि सीमान्त दर बिन्दु से अधिक होने पर सम्बन्धित परियोजना को अस्वीकृत कर दिया जाता है। अवशिष्ट परियोजनाओं में जिसकी अदायगी अवधि न्यूनतम होगी, उस परियोजना का चयन क्रियान्वयन हेतु कर लिया जाता है। जिन परियोजनाओं के अनेक विकल्प उपलब्ध होते हैं। उन समस्त परियोजनाओं की अदायगी अवधि का आगणन करके उन्हें आरोही क्रम में क्रमबद्ध कर लिया जाता है। तत्पश्चात् प्रथम क्रम वाली परियोजना संगठन के लिये स्वीकार कर ली जाती है।

प्रत्यावर्तन अवधि विधि के गुण (Merits of Pay back Period Method)

1. सरलता (Simplicity)—इस विधि को समझना एवं गणना करना अत्यन्त सरल है। पश्चिमी देशों में विनियोगों की लाभदेयकता का मूल्यांकन प्राय: इसी विधि से किया जाता है।

2. आगणन लागत न्यूनतम (Minimum Calculation Cost)—चूँकि यह मूल्यांकन विधि अत्यन्त सरल है। इसकी गणना हेतु किसी विशेष तकनीकी व लेखांकन दक्षता की आवश्यकता नहीं होती। अन्य वैज्ञानिक एवं परिष्कृत विधियों के निर्वचन एवं विश्लेषण की तुलना में इस विधि की आगणन लागत न्यूनतम होती है।

3. पूँजी की कमी वाली परियोजनाओं के लिये महत्त्वपूर्ण—नकदी के रूप में पूँजी की कमी वाली परियोजनाओं के लिए यह विधि अत्यन्त उपयोगी होती है, क्योंकि ऐसी परियोजनाओं के संचालन में जिनमें विनियोजन लागत अतिशीघ्र प्राप्त हो सके, अधिक मात्रा में अतिरिक्त पूँजी विनियोग की आवश्यकता नहीं होती। जिसके कारण पूँजी की कमी वाली परियोजनाओं को भी शीघ्र विनियोजन राशि प्राप्त हो जाने से परियोजना का संचालन आसान हो जाता है।

4. अप्रचलन का भय—वस्तुत: वर्तमान तकनीकी विकास के युग में नित नूतन अनुसंधानों के कारण मशीनों के अप्रचलन का भय सदैव बना रहता है। पुनर्भुगतान अवधि अधिक होने की दशा में मशीनों के अप्रचलित होने की सम्भाव्यता अधिक होती है। अत: ऐसी स्थिति में उन परियोजनाओं का चुनाव किया जाता है जिनकी पुनर्भुगतान अवधि न्यूनतम होती है।

5. अपेक्षाकृत अधिक सही अनुमान—इस विधि के अन्तर्गत परियोजना के सम्पूर्ण जीवन काल पर विचार न करके अपितु परियोजना की लागत की पुनर्भुगतान अवधि पर ही विचार किया जाता है। अत: अन्य मूल्यांकन प्रविधियों की तुलना में इस माध्यम से अल्पकालिक विक्रय एवं लागत तत्त्वों के पूर्वानुमान अपेक्षाकृत अधिक सही होते हैं।

पुनर्भुगतान अवधि विधि के दोष (Demerits of Pay Back Period Method)

1. आरम्भिक वर्षों की प्रत्याय पर अधिक ध्यान—इस विधि के अन्तर्गत गणना कार्य हेतु सम्पत्ति के सम्पूर्ण जीवन काल में प्राप्त होने वाली आय को ध्यान में न रखकर अपितु परियोजना के आरम्भिक वर्षों में होने वाले प्रत्यायों का प्रयोग किया जाता है। परियोजना के आरम्भिक वर्षों में अपेक्षाकृत अधिक प्रत्याय वाली परियोजना को स्वीकार कर लिया जाता है जब कि पश्चातवर्ती वर्षों में अत्यधिक प्रत्याय वाली परियोजनाओं की उपेक्षा कर दी जाती है।

2. परियोजना की लाभदेयकता उपेक्षित—इस विधि के अन्तर्गत केवल परियोजना में लगी लागत की वसूली पर ही सम्पूर्ण ध्यान केन्द्रित किया जाता है। परियोजना की लाभदेयकता की उपेक्षा की जाती है। वस्तुत: लाभ की स्थिति संगठन में लागत वसूली के पश्चात् ही आती है। वस्तुत: किसी भी नियोक्ता द्वारा मात्र पूँजीगत व्ययों की वसूली के लिये ही विनियोग नहीं किये जाते, बल्कि संगठन से अधिकाधिक लाभ प्राप्त करने के लिये भी पूँजी का विनियोजन किया जाता है। प्राय: विनियोग के दो उद्देश्य होते हैं—(i) पूँजी की वापसी (ii) लाभदेयकता। यह विधि मात्र पूँजी की सुरक्षित वापसी पर ही ध्यान देती है। लाभ देयकता के उद्देश्य की उपेक्षा करती है। इसी कारण इस विधि को मछली चारा कसौटी (Fish bait Criterion) के नाम से भी जाना जाता है, क्योंकि इसके अन्तर्गत मछली के आकार एवं वजन की उपेक्षा करके केवल, चारे की वसूली पर ही सम्पूर्ण ध्यान केन्द्रित किया जाता है।"[1]

3. पश्चात्वर्ती रोकड़ अन्तर्वाहों की उपेक्षा—इस विधि के अन्तर्गत गणना कार्य हेतु परियोजना के सम्पूर्ण जीवनकाल में प्राप्त होने वाले रोकड़ अन्तर्वाहों की ओर ध्यान न देकर बल्कि अदायगी अवधि तक के रोकड़ अन्तर्वाहों पर ध्यान दिया जाता है। उदाहरणस्वरूप किसी संगठन के पास 50,000 रु० की लागत वाली दो मशीनों के क्रय के विकल्प हैं। प्रथम मशीन से रु० 12,500 की वार्षिक प्रत्याय 4 वर्ष तक जबकि दूसरी मशीन से रु० 15,000 की वार्षिक प्रत्याय 5 वर्षों तक होने की संभावना है इस विधि के अनुसार प्रथम मशीन को स्वीकार किया जायेगा क्योंकि इसकी अदायगी अवधि कम (4 वर्ष) है। जबकि दूसरी मशीन से लाभ अधिक होने के कारण भी अदायगी अवधि 5 वर्ष होने के कारण इसे अस्वीकार कर दिया जायेगा।

---

1. An Introduction to Industrial economic. —*Devine P.J & others*

4. विनियोजित कोषों की शीघ्र वापसी को अधिक महत्त्व—इस विधि के अन्तर्गत विनियोजित कोषों की शीघ्र वापसी को अनावश्यक रूप से अधिक महत्त्व दिया जाता है। अर्थात् विनियोग की तरलता पर अधिक ध्यान देकर लाभ देयकता के तत्त्व की उपेक्षा की जाती है।

5. अवशेष मूल्य की उपेक्षा—इस विधि के अन्तर्गत सम्पत्ति के अवशेष मूल्य को गणना में स्थान नहीं दिया जाता है, जबकि लगभग प्रत्येक मशीन का कुछ-न-कुछ अवशिष्ट मूल्य अवश्य होता है।

6. जोखिम तत्त्व की उपेक्षा—इस विधि के अन्तर्गत परियोजना में निहित जोखिम तत्त्व की उपेक्षा की जाती है। किसी परियोजना की पुनर्भुगतान अवधि कम होने पर अत्यधिक जोखिमपूर्ण परियोजना को भी स्वीकार कर लिया जाता है।

7. रोकड़ अन्तर्वाहों के आकार एवं समय तत्त्व की अवहेलना—इस विधि के अन्तर्गत अलग-अलग समयों में अलग-अलग मात्राओं में प्राप्त रोकड़ अन्तर्वाहों के मध्य कोई भेद नहीं किया जाता। उदाहरणस्वरूप यदि कोई परियोजना आरम्भिक वर्षों में कम व अंतिम वर्षों में अधिक तथा दूसरी परियोजना आरम्भिक वर्षों में अधिक व अंतिम वर्षों से कम रोकड़ अर्जित करती है तो अदायगी अवधि की न्यूनता के आधार पर लिया गया निर्णय अलाभकर हो सकता है।

8. रोकड़ अन्तर्वाहों के मूल्यों में समानता—इस विधि के अन्तर्गत यह माना जाता है कि विभिन्न समयावधि में प्राप्त होने वाली रोकड़ अन्तर्वाहों के मूल्य समान हैं। जबकि हम भली-भाँति जातने हैं कि वर्तमान में रुपये का जो मूल्य है वह एक वर्ष अथवा कुछ वर्षों बाद नहीं रहेगा।

पुनर्भुगतान अवधि विधि में सुधार (Improvement in Pay Back Period Method)—पुनर्भुगतान अवधि विधि के अत्यधिक मात्रा में प्रयोग होने के कारण उपयुक्त कमियों को दूर करने हेतु इस विधि में कतिपय सुधार किये गये हैं। जिनका विवरण निम्नांकित है—

1. अदायगी अवधि के उपरान्त लाभदेयकता की गणना (Calculation of Post Pay Back Profitability)–पुनर्भुगतान अवधि विधि की आलोचना का प्रमुख आधार यह है कि इसमें पुनर्भुगतान अवधि के उपरान्त परियोजना की लाभदेयकता पर ध्यान नहीं दिया जाता है। जिसके परिणामस्वरूप इस विधि से परियोजना की लाभ देयकता की जाँच न होकर अपितु केवल तरलता की जाँच होती है। इस कमी को दूर करने हेतु पुनर्भुगतान अवधि के उपरान्त परियोजना के अवशेष जीवन काल में प्राप्य आय की गणना करके पुनर्भुगतान अवधि के पश्चात् सर्वाधिक प्राप्य आय वाली परियोजना को सर्वश्रेष्ठ विनियोग मान कर संगठन में क्रियान्वित कर दिया जाता है।

उदाहरण (Illustration) 10.

Compute (i) Pay back Period (ii) Post Pay back Profitability for each of the two Project-Detailed Informations are given as follows.

	Project A	Project B
Initial outlay	50,000	50,000
Annual cash inflows (after tax but before Dep)	10,000	
First three years	—	15,000
next 3 years	—	5,000
Estimated life	6 years	6 years

Solution (हल)

A. (I) Pay back Period = $\frac{\text{Initial Investment}}{\text{Annual cash inflwos}}$

$$= \frac{50,000}{10,000} = 5 \text{ years}$$

(ii) Post Pay-back Profitability =

Annual cash inflows × (Estimated life – Pay back Perid)

10,000 × (6 years – 5years)

10,000 × 1 = 10,000=00

B. (i) Pay back Period

परियोजना के जीवन काल में रोकड़ अन्तर्वाहों में असमानता है अत: अदायगी अवधि की गणना निम्नवत् होगी—

First three years—15,000 × 3 = 45,000

Fourth year = 5,000

∴ Pay back Period 4 years

(ii) Post Pay back Profitability

= Total cash inflows - Initial cost

(15,000 × 3+ 5,000 × 3)= (60,000 – 50,000) = 10,000

2. पुनर्भुगतान अवधि व्युत्क्रमों की गणना (Computation of Pay back Reciprocals)—पुनर्भुगतान अवधि विधि के अन्तर्गत परियोजना के समय कारक (Time factor) एवं विनियोग तत्त्व (Investment factor) पर बिल्कुल ध्यान नहीं दिया जाता, इसके अन्तर्गत केवल प्रत्याय दरों की गणना कर ली जाती है। उपरोक्त खामियों को हम पुनर्भुगतान अवधि व्युत्क्रमों की गणना के माध्यम से दूर कर सकते हैं। वास्तविक अर्थों में अदायगी अवधि का व्युत्क्रम ही विनियोग पर समय समायोजित प्रत्याय की दर होती है। इसकी गणना व्युत्क्रमों को प्रतिशत में बदलकर की जाती है। उक्त की पुष्टि हेतु **एम० जे० गार्डन** का कथन "अदायगी अवधि का व्युत्क्रम वास्तविक अर्थों में प्रस्ताव की लाभदेयकता दर का अनुमान है।[1] पुनर्भुगतान अवधि व्युत्क्रमों की गणना निम्न सूत्र के माध्यम से की जा सकती है—

$$P.B.R. = \frac{1}{P.B.R.}$$

P. B. R. = Pay back rate

P. B..R. = Pay back reciprocal

उदाहरणार्थ किसी विनियोग की पुनर्भुगतान अवधि 5 वर्ष होने की दशा में उसका व्युत्क्रम 1/5 होगा, इसे प्रतिशत में बदलकर $100 \times \frac{1}{5} = 20\%$ के रूप में लिखा जा सकता है। विनियोग प्रस्तावों के मूल्यांकन हेतु यह विधि तभी प्रयोग में लायी जा सकती है जब परियोजना के सम्पूर्ण जीवन काल में वार्षिक प्रत्याय की समानता हो एवं परियोजना का आर्थिक जीवनकाल पुनर्भुगतान अवधि का दो गुना हो।

उदाहरण Illustration–11

एक परियोजना की लागत रु० 1,00,000 है। परियोजना से 20 वर्षों तक रु० 10,000 रोकड़ अन्तर्वाह के रूप में प्राप्त होते हैं। अदायगी अवधि व्युत्क्रमों की गणना कीजिए।

पुनर्भुगतान अवधि =1,00,000 ÷ 10,000 = 10 वर्ष

$$\text{पुनर्भुगतान व्युत्क्रम} = \frac{1}{10}$$

---

1. "The reciprocal of the Pay back Period is infact an estimate of proposal's rate of profit. —*M.J. Gordan*

लाभदेयकता/समय समायोजित प्रत्याय दर $= \frac{1}{10} \times 100 = 10\%$

3. बेल आउट पुनर्भुगतान अवधि की गणना (Calculation of Bail out Pay Back Period)—वस्तुत: पुनर्भुगतान अवधि विधि के अन्तर्गत सम्पत्ति के निस्तारण मूल्य (Salvage value) की गणना नहीं की जाती। इस कमी को पूरा करने हेतु हम बेल आउट पुनर्भुगतान अवधि की गणना करते हैं। वस्तुत: इस विधि का प्रयोग अत्यधिक जोखिम वाली परियोजनाओं सम्बन्धी पूँजी निर्णयों में अधिक कारगार होता है। इसके अन्तर्गत सर्वप्रथम परियोजना के सम्पूर्ण जीवन काल के लिये निस्तारण मूल्य की गणना की जाती है। प्रत्येक वर्षों के प्रत्यायों का संचयी योग ज्ञात कर लिया जाता है तथा प्रत्येक वर्ष के संचयी योग में उस वर्ष की सम्पत्ति के निस्तारण मूल्य को जोड़ देते हैं। जितनी अवधि में संचयी बचत और निस्तारण मूल्य की राशि विनियोजित राशि के समान हो जाती है वही अवधि बेल आउट पुनर्भुगतान अवधि कहलाती है।

उदाहरण (Illustration) 12.

The following informations have been given as follows :

Project Cost	Rs. 3,00,000
Life expected	10 years
Annual Cash Inflows	Rs. 50,000
Salvage value at the end of First year	Rs. 2,00,000
Annual Decrease in the Cost of Investment from the second year	Rs. 25,000

हल (Solution) :

Calculation of Bail out Pay back Period

Initial Investment Rs. 3,00,000

Year	Annual cash inflow	Cumulative cash Inflow	Salvage value	Cumulative Colume (3+4)
1	2	3	4	5
First	50,000	50,000	2,00,000	2,50,000
Second	50,000	1,00,000	1,75,000	2,75,000
Thrid	50,000	1,50,000	1,50,000	3,00,000

Bail out Pay back Period=3 years

उदाहरण (Illustration) 13.

A Company has some Investment Proposals. In order of three Profitability, Rank them according to (i) Pay back Method (ii) Average rate of return method.

Project	Initial out lay (Rs.)	Annual Net cash flow Rs.	Life in years
X	30,000	8,000	12
Y	8,000	5,000	5
Z	17,000	7,000	8
M	25,000	9,000	10
N	45,000	13,000	15
O	40,000	18,000	12

हल (Solution) :

(i) Ranking according to Average rate of return method.

	Projects					
	X	Y	Z	M	N	O
Initial outlay	30,000	8,000	17,000	25,000	45,000	40,000
Average Investement	15,000	4,000	8,500	12,500	22,500	20,000
Life (Years)	12	5	8	10	15	12
Annual cash inflow	8,000	5,000	7,000	9,000	13,000	18,000
Depreciation (Annual) (Initial ÷ life)	2,500	1,600	2,125	2,500	3,000	4,000
Net income	5,500	3,400	4,875	6,500	10,000	14,000
Average rate of Return (N.I. ×100 ÷A.I.)	36.67%	85%	57.3%	52%	44.44%	70%
Ranking	VI	I	III	IV	V	II

Ranking according to Pay back method

Projects	Initial out lay	Annual cash flow	Pay back Period	Ranking
1	2	3	4	5
X	30,000	8,000	$3\frac{6}{8}$ years	VI
Y	8,000	5,000	$1\frac{3}{5}$ years	I
Z	17,000	7,000	$2\frac{3}{7}$ years	III
M	25,000	9,000	$2\frac{7}{9}$ years	IV
N	45,000	13,000	$3\frac{6}{13}$ years	V
O	40,000	18,000	$2\frac{2}{9}$ years	II

अपरिहार्यता विधि (Urgency Method)

संगठन के संचालन में अनेकबार ऐसे अवसर आते हैं जब पूँजी बजटिंग की किसी भी विधि का प्रयोग करने का न तो समय होता है और न ही परिस्थितियाँ। ऐसी दशा में विनियोग सम्बन्धी निर्णयन बिना किसी पूर्व निश्चित योजना के

लेने पड़ते हैं। इस विधि को अपरिहार्यता विधि के नाम से जाना जाता है। इसके अन्तर्गत किसी भी प्रकार के गणितीय व लेखांकन सम्बन्धी गणना नहीं की जाती अपितु परियोजनाओं की अपरिहार्यता के आधार पर प्राथमिकताएँ सुनिश्चित की जाती हैं। जैसे किसी संयत्र में विद्युत मोटर के जल जाने की दशा में मरम्मत अथवा प्रतिस्थापन सम्बन्धी निर्णय। ऐसी दशा में अपरिहार्यता उत्पादन चालू करने की होती है। **प्रो० एस०पी० सिंह** के शब्दों में "सभी फर्मों में परियोजनाओं की वाँछनीयता की जाँच हेतु सर्वाधिक प्रचलित पद्धति अपरिहार्यता विधि रही है।"[1]

गुण (Merit)

1. यह विधि अत्यन्त सरल एवं बोधगम्य है।
2. इस विधि के क्रियान्वयन हेतु किसी भी प्रकार के विश्लेषण की आवश्यकता नहीं होती।
3. सरकार द्वारा निर्मित विभिन्न श्रम कानूनों के अन्तर्गत पूँजी व्यय सम्बन्धी निर्णय हेतु यह विधि अनुकूल होती है।

दोष (Demerits)

1. यह विधि दीर्घकालीन परियोजनाओं के लिये अनावश्यक होती है।
2. अपरिहार्यता विधि के अनुसार लिये गये निर्णय बिना किसी वैज्ञानिक विश्लेषण के आधार पर लिये जाने के कारण प्राय: संयोग पर आधारित होते हैं।
3. विभागीय प्रबन्धकों द्वारा लागत व लाभदेयता की उपेक्षा करके अनेक परियोजनाओं को स्वहित में स्वीकृत करा लिया जाता है।
4. परियोजना की स्वीकृति हेतु संगठन के पदाधिकारियों के मध्य विवादास्पद स्थितियाँ पैदा हो सकती हैं।

2. छूट आधारित रोकड़ प्रवाह विधियाँ (Discount Based Cash Flow Methods)

पूँजी बजटिंग की परम्परागत विधियों में कतिपय खामियाँ है। अनेक वित्त विश्लेषकों एवं प्रबन्धकों द्वारा उक्त विवरणित विधियों की कटु आलोचना की गई है। वस्तुत: पूँजी बजटिंग की परम्परागत विधियों में नि:सन्देह कमियाँ हैं। इस विधि के अन्तर्गत प्रारम्भिक वर्षों की प्रत्यायों पर अपेक्षाकृत अधिक ध्यान दिया जाता है। साथ ही किसी परियोजना से होने वाले भावी लाभों के रूप में प्राप्त होने वाले रोकड़ प्रवाहों के वर्तमान मूल्य पर विचार नहीं किया जाता। दूसरे शब्दों में, मुद्रा के समय मूल्य की गणना (Time value of money) पर विचार नहीं किया जाता। वास्तविक तौर पर परियोजना के भावी लाभों को वर्तमान के स्तर पर लाने हेतु यह परम आवश्यक है कि भविष्य में होने वाले अर्जनों के वर्तमान मूल्य की गणना की जाय। अत: पूँजी बजटिंग की आधुनिक विधियों में भावी रोकड़ प्रवाहों को वर्तमान समय के सन्दर्भ में समायोजित किया जाता है। इसी कारण इन्हें समय समायोजित प्रत्याय दर (Time adjusted Rate of Return) भी कहा जाता है।

मुद्रा का समय मूल्य (Time value of money) होने के कारण भविष्य में प्राप्त कोई राशि से वर्तमान में प्राप्त वही राशि अधिक मूल्यवान होगी। दूसरे शब्दों में वर्तमान में प्राप्त एक रुपये का भविष्य में मूल्य एक रुपये से कम होगा। इसका वास्तविक कारण रुपये के वैकल्पिक उपयोगों का होना है। वर्तमान में उपलब्ध रुपये को किसी अन्य परियोजना में विनियोजित किया जा सकता है। इसके अन्तर्गत समाहित प्रमुख विधियाँ निम्नांकित हैं—

1. वर्तमान मूल्य विधि (Present Value Method)

इस विधि के अन्तर्गत गणना हेतु परियोजना के भावी रोकड़ प्रवाहों को वर्तमान समय के मुद्रा मूल्य के रूप में आगणित (Calculate) किया जाता है। इसके साथ ही रोकड़ अन्तर्वाहों की कटौती हेतु उचित ब्याज दर का निर्धारण किया जाता है। वस्तुत: प्रत्येक विनियोजक अपने द्वारा विनियोजित पूँजी पर एक न्यूनतम दर से आय की प्रत्याशा करता है। भावी रोकड़ अन्तर्वाहों के वर्तमान मूल्य की गणना निम्न सूत्र की सहायता से की जाती है। प्राय: इसके लिये मुद्रा की वर्तमान मूल्य सारणी का प्रयोग किया जाता है—

---

1. Urgency is the most commonly used touch stone for testing the desirability of Projects in all the firms."

—*Prof. S.P. Singh, Capital Expenditure Decisions.*

$$Pv = \frac{C_1}{1+r} + \frac{C_2}{(1+r)^2} + \frac{C_3}{(1+r)^3} + \ldots\ldots\ldots\ldots \frac{Cn}{(1+r)^n}$$

Where PV = Present value of future cash inflows

C = Cash inflows

r = Rate of Investment

N = Number of years

उदाहरणार्थ—यदि एक परियोजना भावी 5 वर्षों तक क्रमशः 5,000, 6,000, 8,000, 6,000 व 10,000 रोकड़ अन्तर्वाह प्रदान करती हो तथा ब्याज की दर 10% वार्षिक हो तो उनका वर्तमान मूल्य निम्नवत् होगा—

वर्ष	रोकड़ अन्तर्वाह	एक रुपये का वर्तमान मूल्य (r = 0.1)	रोकड़ अन्तर्वाहों का वर्तमान मूल्य
I	5,000	$\frac{1}{1+.1} = 0.909$	4,545
II	6,000	$\frac{1}{(1+.1)^2} = 0.826$	4,956
III	8,000	$\frac{1}{(1+.1)^3} = 0.751$	6,008
IV	6,000	$\frac{1}{(1+.1)^4} = .683$	4,098
V	10,000	$\frac{1}{(1+.1)^5} = 0.621$	6,210
कुल वर्तमान मूल्य[1] =			25,817

उदाहरण 14.

Find out that a Proposal Involving an Investment of Rs. 5000, with expected cash inflows of Rs. 10,000 Annual for 6 years to be accepted if the required earning rate is 12% ?

Solution (हल)–

$$Pv = \frac{C_1}{1+r} + \frac{C_2}{(1+r)^2} + \frac{C_3}{(1+r)^3} + \ldots\ldots\ldots\ldots \frac{Cn}{(1+r)^n}$$

$$Pv = \frac{1}{(1+.12)} + \frac{1}{(1+.12)^2} + \frac{1}{(1+.12)^3} + \frac{1}{(1+.12)^4} + \frac{1}{(1+.12)^5} + \frac{1}{(1+.12)^6}$$

वर्तमान मूल्य सारणी के माध्यम से,

---

1. वर्तमान मूल्य की गणना हम $\frac{1}{(1+r)^n}$ सूत्र के माध्यम से कर सकते हैं। इसके अतिरिक्त वर्तमान मूल्य सारणी (Present value table) की सहायता से भी वर्तमान मूल्य की गणना की जा सकती है।

Year	Cash inflows	P.V. @ 12%	PV.
I	10,000	0.893	8,930
II	10,000	0.792	7,970
VII	10,000	0.712	7,120
IV	10,000	0.636	6,360
V	10,000	0.567	5,670
VI	10,000	0.507	5,070
Total Present Value			41,120

निर्णय (Decision)—विनियोग की लागत रु० 50,000 से भावी वर्षों में प्राप्त रोकड़ अन्तर्वाहों का कुल मूल्य रू० 41120 कम होने के कारण विनियोग प्रस्ताव अस्वीकृत करना हितकर होगा।

वस्तुत: इस विधि के अन्तर्गत विनियोग की लागत एवं परियोजना से भावी वर्षों में प्राप्त रोकड़ अन्तर्वाहों के वर्तमान मूल्यों की तुलना की जाती है। यदि वर्तमान मूल्य परियोजना की लागत से अधिक है तो विनियोग प्रस्ताव स्वीकार्य होता है किन्तु यदि वर्तमान मूल्य परियोजना की लागत से कम है तो विनियोग प्रस्ताव अस्वीकार्य होते हैं।

शुद्ध वर्तमान मूल्य विधि
(Net Present Value Method)

वस्तुत: समय समायोजित प्रत्याय दर पर आधारित पूँजी व्ययों के विश्लेषण हेतु प्रयोग की जाने वाली समस्त विधियों में शुद्ध वर्तमान मूल्य विधि सर्वोत्तम है। इस विधि का आधार मुद्रा का समय मूल्य (Time Value of Money) है। इस विधि का प्रयोग सहजतापूर्वक तभी किया जा सकता है जब विनियोगकर्ता द्वारा विनियोगों पर स्वीकार्य न्यूनतम प्रत्याय दर सुनिश्चित कर दी जाय।

मुद्रा के समय मूल्य से अभिप्राय वर्तमान में प्राप्त मुद्रा की एक इकाई भावी वर्षों में प्राप्त मुद्रा की एक इकाई के अधिक मूल्य होने से है।

रोकड़ अन्तर्वाहों के शुद्ध वर्तमान मूल्य की गणना हेतु हम सर्वप्रथम रोकड़ अन्तर्वाहों के वर्तमान मूल्य की गणना वर्तमान मूल्य सारणी की सहायता से करते हैं। रोकड़ अन्तर्वाहों के सकल वर्तमान मूल्य में से विनियोग लागत अथवा रोकड़ बहिर्वाहों के वर्तमान मूल्य को घटाकर हम विनियोग का शुद्ध वर्तमान मूल्य प्राप्त करते हैं। अन्तर धनात्मक होने की दशा में विनियोग प्रस्ताव स्वीकार्य एवं ऋणात्मक होने पर विनियोग प्रस्ताव अस्वीकार कर दिया जाता है।

प्रो० एस०पी० सिंह के अनुसार "रोकड़ अन्तर्वाहों के वर्तमान मूल्य के योग में रोकड़ बहिर्वाहों के वर्तमान मूल्य को घटाकर शुद्ध वर्तमान मूल्य की गणना की जाती है। जबकि संस्था की पूँजी लागत के समान कटौती दर से रोकड़ अन्तर्वाहों एवं बहिर्वाहों में कटौती की जाती है।"[1]

$$N.P.V = \frac{C_1}{(1+r)} + \frac{C_2}{(1+r)^2} + \frac{C_3}{(1+r)^3} + \frac{Cn}{(1+r)^n} - I$$

Where N.P.V = Net Present value

C_1, C_2, C_3.....Cn...Cash inflow for N years

I = Initial Investment

r = Rate of Interest

सामान्यतया किसी परियोजना के रोकड़ अन्तर्वाहों के वर्तमान मूल्य की गणना हेतु उपरोक्त सूत्र के स्थान पर वर्तमान मूल्य सारणी (Present value table) का प्रयोग किया जाता है।

---

1. Net Present value is defined as the aggregate of Present value of expected inflows minus the total Present value of out flows, where the inflows and outflows are discounted for timing a rate of discount equivalent to the cost of capital of the firm"

—*Prof. S.P. Singh*

उदाहरण (Illustration) 15.

Calculate the N.P.V for a Project, requiring an Initial Investment of Rs. 30,000 which involves a net cash inflow of Rs. 12,000 per years for 5 years. The cost of funds is 10%

Year	Cash inflows	Present value of Rs. 1@ 10 %	Total Present value of Inflows
I	12,000	0.909	10,908
II	12,000	0.826	9,912
III	12,000	0.751	9,012
IV	12,000	0.683	8,196
V	12,000	0.621	7,452
Grand total of PV			35,480

Total Present value of Inflows = 35,480

Less Initial Investment = 30,000

Net Present value (N.P.V) = 5,480

उदाहरण (Illustration) 16.

The management of A.B.C. limited is considering 3 Proposed Investment X, Y and Z. Each requires an investment of Rs. 50,000. The Project Economic life is 3 years and the same total cash inflows over the Period Rs 7,000. The pattern of cash flows for each Proposal however as indicated below:

Year	X (Rs.)	Y (Rs.)	Z (Rs.)
First	15,000	20,000	35,000
Second	25,000	25,000	20,000
Third	30,000	15,000	15,000
	70,000	60,000	70,000

Calculate the N.P.V. of each Proposal and account for the difference. Assuring cost of capital at the rate of 10%.

हल (Solution)–

Year	Discount factor @ 10%	Proposal X Cash inflow — P.V. Rs.	Proposal Y Cash inflows—P.V. Rs.	Proposal Z Cash inflows — P.V.Rs.
First	0.909	15,000 — 13,635	20,000 — 18,180	35,000 — 31,815
Second	0.826	25,000 — 20,650	25,000 — 20,650	20,000 — 16,520
Third	0.751	30,000 — 22,530	15,000 — 11,265	15,000 — 11,265
		70,000 — 56,815	60,000 — 50,095	70,000 — 59,600

Net Present value

Proposal X = 56,815 — 50,000 = + 6,815

Proposal Y = 50,095 — 50,000 = + 95

Proposal Z = 59,600 — 50,000 = + 9,600

So Proposal Z must be accepted.

उदाहरण (Illustration) 17.

Calculate the N.PV for machine "A" which initially cost Rs. 5,000 and generates years and cash inflows of Rs. 2,000, Rs. 1,800, Rs. 1,600, Rs. 1,400, Rs. 1,200 in one through five years the discounting rate has been fixed @ 10% by management. It is a worth while Project?

Raj. M. Com. (EAFM) Special 1981

Solution (हल)

Year	Cash Inflows	Discount @ 10%	P.V of cash inflows
1	2,000	0.909	1,818
2	1,800	0.826	1,487
3	1,600	0.751	1,202
4	1,400	0.683	956
5	1,200	0.621	745
Total			6,208

NPV = PV — C = Rs. 6,208 — Rs. 5,000 = Rs. 1,208

NPV of Machine is Rs. 1,208. So this Project should be accepted.

शुद्ध वर्तमान मूल्य विधि के गुण (Merits of Net Present Value Method)

1. इस विधि के अन्तर्गत आगत प्राप्ति की दृष्टि से परियोजना के समग्र जीवन काल में प्राप्य लाभों के आधार पर गणना की जाती है।
2. इसके अन्तर्गत मुद्रा के वर्तमान मूल्य की अवधारणा पुष्ट होती है।
3. इस विधि के अन्तर्गत आय प्राप्ति के समय कारक को अधिक महत्त्व दिया जाता है।
4. दीर्घकालिक निर्णयों के लिये यह विधि अत्यन्त उपयुक्त होती है।
5. इस विधि के अन्तर्गत स्वामियों के अधिकतम कल्याण को दृष्टिगत रखा जाता है।
6. यह विधि विभिन्न उपलब्ध विकल्पों के मध्य स्पष्ट विभाजन रेखा खींचती है।
7. असमान अर्जन वाली परियोजनाओं के लिये भी यह विधि उपयुक्त है क्योंकि असमायोजित प्रत्याय विधि की तुलना में अपेक्षाकृत यह अधिक शुद्धता प्रदान करती है।
8. इस विधि के माध्यम से विभिन्न जीवन कालों तथा रोकड़ अन्तर्वाहों वाली परियोजनाओं की सापेक्षिक लाभदेयकता प्राप्त करके तुलनात्मक अध्ययन किया जा सकता है।

शुद्ध वर्तमान मूल्य विधि के दोष (Demerits of N.P.V. Method)

1. यह विधि प्रयोग में अपेक्षाकृत कठिन है।
2. परियोजना के जीवन काल का वस्तुपरक आकलन अत्यन्त दुष्कर होता है।
3. यह विधि पूँजी की लागत पर कटौती या रोकड़ अन्तर्वाहों पर कटौती पर आधारित होती है। जबकि पूँजी की लागत का समुचित निर्धारण अत्यन्त कठिन होता है।
4. विनियोगों की धनराशियों में विभिन्नता होने की दशा में यह विधि अनुपयुक्त होती है।
5. यह विधि स्थैतिक है, गत्यात्मक नहीं।

(3) आन्तरिक प्रत्याय दर विधि
(Internal Rate of Return Method)

पूँजी बजटिंग प्रक्रिया के अन्तर्गत परियोजना मूल्यांकन की इस विधि के अन्तर्गत प्रत्याय की आन्तरिक दर की गणना की जाती है। आन्तरिक प्रत्याय दर वह दर होती है जिसके माध्यम से किसी परियोजना के भावी रोकड़ अन्तर्वाहों का वर्तमान मूल्य उस परियोजना के वर्तमान विनियोग मूल्य के समान हो जाता है।

यह विधि अपहारित रोकड़ प्रवाह विधि (Discounted cash flow method) समय समायोजित प्रत्याय दर विधि (Time adjusted rate of Return method) अथवा परियोजना प्रत्याय दर विधि (Project rate of Return method) इत्यादि नामों से जानी जाती है।

नेशनल एसोसिएशन आफ एकाउन्टेन्ट्स अमेरिका के अनुसार "आन्तरिक प्रत्याय दर ब्याज की वह अधिकतम दर होती है। जो किसी विनियोग में विनियोजित पूँजी पर बिना किसी हानि के विनियोजन के जीवन काल में विनियोजित पूँजी पर चुकता की जा सकती है।[1]

प्रो० एस०पी० सिंह के शब्दों में "आन्तरिक प्रत्याय दर प्रत्याय की वह दर है, जो विनियोजन से प्राप्त होने वाले प्रत्याशित सकल रोकड़ अन्तर्वाहों के वर्तमान मूल्य को विनियोजन की लागत के समान कर देती है।"[2]

वास्तविक अर्थों में आन्तरिक प्रत्याय दर विनियोजित पूँजी पर प्राप्य ब्याज की वह अधिकतम दर है, जो परियोजना के सम्पूर्ण जीवन काल तक प्राप्त की जा सकती है। व्यावहारिक तौर पर इस पद्धति के विनियोग पर निर्भर होने के कारण इसे आन्तरिक प्रत्याय दर कहा जाता है। बहुधा यह विधि प्रयोग में तब लायी जाती है जब प्रत्याशित आय की दर (Expected rate of return) अज्ञात हो।

आन्तरिक प्रत्याय दर को सूत्र में हम निम्न प्रकार अभिव्यक्त कर सकते हैं।

$$\text{I.R.R.} = \frac{CD_1}{(1+R)} + \frac{CD_2}{(1+R)^2} + \frac{CD_3}{(1+R)^3} + \frac{CDn}{(1+r)^n} - I = 0$$

जबकि IRR = Internal Rate of Return

$C.D_1, CD_2, CD_3, \ldots CD_n$ = Net cash inflows in defferent years

R = Internal Rate of Return

उदाहरणस्वरूप रु० 5,000 के विनियोग से प्रथम वर्ष के अन्त में 6,400 का रोकड़ अन्तर्वाह होने की दशा में रोकड़ अन्तर्वाहों के वर्तमान मूल्य को विनियोग की लागत के समान करने हेतु प्रत्याय दर होगी।

$$\frac{CD_1}{(1+R)} - I = 0$$

$$\frac{6{,}400}{(1+R)} = 5{,}000$$ (तिर्यक गुणा करने पर)

$$5{,}000 + 5{,}000R = 6{,}400$$

$$5{,}000R = 1{,}400$$

$$R = 0.28\%$$

---

1. I.R.R. maximum rate of Interest that could be paid for capital employed over the life of an Investment without loss on the Project.
— National association of accountants of America

2. The internal rate of return is defined as the rate of discount which equates the aggregate Present value of estimated cash inflows with the aggregate Present value of cash outflows of a Project.
—Prof. S.P. Singh

आन्तरिक प्रत्याय दर की गणना
(Calculation of Internal Rate of Return)

आन्तरिक प्रत्याय दर की गणना हेतु रोकड़ अन्तर्वाहों की सामान्तया दो स्थितियाँ हो सकती हैं—1. समान रोकड़ अन्तर्वाह की स्थिति 2. असमान रोकड़ अन्तर्वाह की स्थिति

समान रोकड़ अन्तर्वाह की स्थिति—रोकड़ अन्तर्वाह प्रतिवर्ष समान होने पर प्रत्याय दर की गणना हेतु विनियोग की लागत में रोकड़ अन्तर्वाहों की राशि का भाग देकर हम वर्तमान मूल्य कारक (Present value factor) या अदायगी अवधि की गणना करते हैं। वर्तमान मूल्य कारक की गणना के उपरान्त वर्तमान मूल्य सारणी की सहायता से परियोजना के आर्थिक जीवन के अनुसार निकटतम कारक को ज्ञात किया जाता है। गणना से प्राप्त वर्तमान मूल्य कारक सारणी के किन्हीं दो कारकों के मध्य स्थित होने पर अन्तर्गणन (Interpolation) का प्रयोग करके अपेक्षाकृत अधिक शुद्ध परिणाम प्राप्त किया जा सकता है। उदाहरणस्वरूप किसी विनियोग की लागत रु० 40,000 एवं परियोजना का जीवन काल 05 वर्ष तथा वार्षिक रोकड़ अर्न्तप्रवाह रु० 10,000 होने पर आन्तरिक प्रत्याय होगी।

वर्तमान मूल्य कारक (P.V factor) = $\frac{40,000}{10,000}$ = 4 संचयी वर्तमान मूल्य सारणी में परियोजना के समग्र जीवन काल अर्थात 5 वर्ष वाली पंक्ति में उपलब्ध वर्तमान मूल्य कारक (4) क्रमशः .926 + .857 + .794 + .735 + .681 = 3.993 पर प्रत्याय दर 8% है। 8% की प्रत्याय दर पर मूल्यकारक 3.993 वर्तमान मूल्य कारक 4 के अत्यन्त सन्निकट है अतः 8% की दर ही आन्तरिक प्रत्याय दर होगी।

आन्तरिक प्रत्याय दर की गणना हेतु कोई उपयुक्त गणितीय विधि नहीं है। बल्कि इनकी गणना हेतु भूल एवं सुधार विधि (Trial and error method) का प्रयोग किया जाता है। प्रारम्भ में किसी भी अनुमान के आधार पर परियोजना से प्राप्त रोकड़ अन्तर्वाहों का गुणन करके वर्तमान मूल्य ज्ञात किया जाता है। परियोजना के आगणित वर्तमान मूल्य (PV) की योजना के आरम्भिक विनियोग से तुलना की जाती है। (PV=C) की दशा शुद्ध प्रत्याय की आन्तरिक दर की स्थिति होगी। PV<C होने की दशा में अपेक्षाकृत नीची तथा PV>C की दशा में अपेक्षाकृत ऊँची दर का प्रयोग किया जाता है। परियोजना के अन्तर्वाहों का वर्तमान मूल्य परियोजना की आरम्भिक विनियोजित राशि के समान (PV–C) होने तक उक्त क्रिया सम्पादित की जाती रहेगी। इन दोनों के समान होने पर ही प्रत्याय की वास्तविक आन्तरिक दर की गणना की जा सकती है।

उदाहरण (Illustration) 18.

From the following Informations given below, find out that which Project is better.

	Project X	Project Y
Investment cost (Rs.)	1,20,000	1,50,000
Annual cash inflows	20,000	30,000
Economic life (in years)	8	10

Solution :

	Project X	Project Y
PV factor	$\frac{1,20,000}{20,000} = 6$	$\frac{1,50,000}{30,000} = 5$
Nearest Present values	5.9713	5.019
Discount Rate	7%	15%

We may find that Project Y is better than Project X.

असमान रोकड़ अन्तर्वाह की दशा में—किसी परियोजना से प्राप्त रोकड़ अन्तर्वाहों की राशियाँ असमान होने की दशा में आन्तरिक प्रत्याय दर की गणना हेतु हम भूल एवं सुधार (Trial and error) विधि का प्रयोग करते हैं। इसके लिये विभिन्न दरों पर रोकड़ अन्तर्वाहों के वर्तमान मूल्य की गणना की जाती है। यह गणना तब तक की जाती है जब तक कि असमान रोकड़ अन्तर्वाह का वर्तमान मूल्य विनियोग लागत के समान न हो जाय। इस प्रक्रिया के अन्तर्गत वह दर आन्तरिक प्रत्याय की दर होती है जिस पर रोकड़ अन्तर्वाहों का वर्तमान मूल्य विनियोग की लागत के निकटतम अथवा समान होता है।

आन्तरिक प्रत्याय दर की गणना प्रक्रिया
(Calculation Process of Internal Rate of Return Method)

(i) विभिन्न वर्षों के वार्षिक रोकड़ अन्तर्वाहों का औसत ज्ञात करके वर्तमान मूल्य कारक (Present value factor) की गणना की जाती है।

$$\text{PV Factor} = \frac{\text{Initial Investment}}{\text{Average amount cash inflows}}$$

(ii) अनुमानित प्रारम्भिक कटौती दर का सुनिश्चियन किया जाता है।

(iii) संचयी वर्तमान मूल्य सारणी की सहायता से परियोजना के आर्थिक जीवन एवं निर्धारित दर के आधार पर विनियोगों के वर्तमान मूल्य की गणना की जाती है।

(iv) विभिन्न वर्षों के रोकड़ अन्तर्वाहों के वर्तमान मूल्य का योग करके उसकी तुलना विनियोग लागत से की जाती है। वर्तमान मूल्य विनियोग लागत से अधिक होने की दशा में अगले परीक्षण हेतु पूर्व परीक्षित दर की तुलना में अपेक्षतया ऊँची दर का प्रयोग किया जाता है। किन्तु यदि वर्तमान मूल्य विनियोग लागत से कम है तो अगले परीक्षण हेतु पूर्व परीक्षित दर से नीची दर के आधार पर गणना करना चाहिये।

(v) व्यावहारिक तौर पर उक्त प्रक्रिया से उपलब्ध जिस दर पर विनियोग का वर्तमान मूल्य विनियोग लागत के समान अथवा लगभग समान हो जाता है। वही उपयुक्त प्रत्याय की दर होती है।

(vi) वास्तविक प्रत्याय दर की उपलब्धता न होने पर उसकी गणना अन्तर्गणन (Interpolation) के निम्न सूत्र द्वारा की जाती है।

$$\text{IRR} = \text{LDR} + \frac{P_1 - Q}{P_1 - P_2} \times (\text{H.D.R} — \text{LDR})$$

जबकि

IRR = Internal Rate of Return

LDR = Lower Discount Rate

P_1 = Present value at lower rate of Interest

Q = Net cash outlay.

P_2 = Present value of Higher rate of Interest

HDR = Higher discount rate

उदाहरण (Illustration) 19.

निम्नांकित विवरणों से किसी परियोजना की आन्तरिक प्रत्याय दर की गणना कीजिये।

Compute Internal rate of return with following Particulars given as follows.

Initial Investment-1,00,000

Cash Inflows (up to 3 years) 50,000, 40,000 and 30,000, respectively

हल (Solution)

$$\text{P.V factor} = \frac{\text{Initial Investment}}{\text{Average amount cash inflows}}$$

$$\frac{1,00,000}{(Rs.50,000+40,000+30,000)/3} = \frac{1,00,000}{40,000} = 2.5$$

संचयी वर्तमान मूल्य सारणी में इस वर्तमान मूल्य कारक पर प्रत्याय पर लगभग 10% है। अतः 10% प्रत्याय दर पर विभिन्न वर्षों के रोकड़ अन्तर्वाहों के वर्तमान मूल्य की गणना निम्न प्रकार की जायेगी।

Years	Cash inflows	PV factor @ 10%	Present value
1	50,000	0.909	45,450
2	40,000	0.826	33,040
3	30,000	0.751	22,530
			1,01,020

रोकड़ अन्तर्वाहों का वर्तमान मूल्य (रु०1,01,020) विनियोग की लागत रु० 1,00,000 से अधिक होने के कारण अगली जाँच हेतु इससे ऊँची दर अर्थात 12% की दर से गणना करना होगा।

Years	Cash inflows	PV factor @ 12%	Present value
1	50,000	0.893	44,650
2	40,000	0.797	31,880
3	30,000	0.712	21,360
			97,890

प्रत्याय की उपरोक्त दर पर रोकड़ अन्तर्वाहों का वर्तमान मूल्य (97,890) विनियोग की लागत (रु० 1,00,000) से कम होने के कारण प्रत्याय दर 10% एवं 12% के मध्य स्थित होगी। अतः इसकी गणना अन्तरगणन के निम्न सूत्र की सहायता से की जा सकेगी।

$$\text{IRR} = \text{LDR} + \frac{P_1 - Q}{P_1 - P_2} \times (\text{H.D.R - LDR})$$

$$= 10 + \frac{1,01,020 - 1,00,000}{1,01,020 - 97,890} \times (12 - 10)$$

$$= 10 + \frac{1,020}{3,130} \times 2 = 10 + (0.3258) \times 2$$

$$= 10 + 0.65 = 10.65\%$$

उपरोक्त आगणन के आधार पर प्राप्त 10.65% प्रत्याय दर पर तीन वर्षों के रोकड़ अन्तर्वाहों का योग विनियोग लागत के समान होगा, अतः आन्तरिक दर संस्था की न्यूनतम अपेक्षित प्रत्याय दर से अधिक या बराबर होने पर परियोजना स्वीकार्य होती है। इसके विपरीत प्रत्याय पर पूँजी लागत से कम होने की दशा में परियोजना को अस्वीकार करना ही तर्क संगत होगा।

आन्तरिक प्रत्याय दर विधि के गुण
(Merits of IRR Method)

(i) इस विधि के अन्तर्गत विनियोग पर आय उपार्जन की दृष्टि से परियोजना के समग्र जीवन काल पर विचार किया जाता है।

(ii) इस विधि के अन्तर्गत विनियोग सम्बन्धी जोखिम एवं अनिश्चितता के तत्त्व को सम्मिलित किया जाता है।

(iii) इस विधि के अन्तर्गत मुद्रा के समय मूल्य (Time value of money) कारक पर विचार किया जाता है। अर्थात् भावी प्राप्य आय को एक निश्चित दर से अपहारित (Discounted) करके वर्तमान मूल्य की गणना की जाती है।

(iv) विभिन्न विनियोजन प्रस्तावों की प्रत्याय दरें ज्ञात करके संस्था की पूँजी लागत से तुलना करके सहजतापूर्वक अनुकूल प्रस्ताव का चयन किया जा सकता है।

आन्तरिक प्रत्याय दर विधि के दोष
(Demerits of IRR Method)

(i) छूट की दर का निर्धारण अत्यन्त कठिन होता है।

(ii) गणन प्रक्रिया वैज्ञानिक न होकर अपितु भूल एवं सुधार पर आधारित होती है।

(iii) यह विधि इस मान्यता पर आधारित है कि संगठन द्वारा वार्षिक रोकड़ अन्तर्वाहों का पुनर्विनियोजन करने से प्रत्याय की दर के समान आय प्राप्त होगी। किन्तु व्यवहार में प्राय: ऐसा नहीं होता।

(iv) इस विधि के अन्तर्गत परियोजना की स्वीकार्यता ज्ञात करने हेतु प्रत्याशित प्रत्याय दर का निर्धारण सहज नहीं होता।

(v) किसी वर्ष में रोकड़ अन्तर्वाह ऋणात्मक होने की दशा में समान रोकड़ अन्तर्प्रवाहों से दो या अधिक प्रत्याय दरें प्राप्त हो सकती हैं। यह स्थिति अत्यन्त भ्रामक होती है।

(vi) इस विधि के अन्तर्गत खुले बाजार में बाजार दर पर लेन-देन की सम्भावनाओं की उपेक्षा की जाती है।

4. लाभदेयकता सूचकांक विधि
(Profitability Index Method)

शुद्ध वर्तमान मूल्य पद्धति के अन्तर्गत उन परियोजनाओं की लाभदेयकता का समुचित मूल्यांकन नहीं किया जा सकता जिनकी विनियोजन लागतें भिन्न-भिन्न हों। इस विधि के अन्तर्गत परियोजनाओं की उपयोगिता का मूल्यांकन निरपेक्ष मूल्यों के आधार पर किया जाता है। इस खामी को पूर्ण करने हेतु लाभदेयकता सूचकांक अथवा वर्तमान मूल्य सूचकांक की गणना की जाती है। वस्तुत: लाभदेयकता सूचकांक अपेक्षित प्रत्याय दर पर भावी रोकड़ अन्तर्वाहों के वर्तमान मूल्य का आरम्भिक विनियोजन लागत से अनुपात है। इसीलिये इसे लागत लाभ अनुपात (Cost benefit ratio) भी कहा जाता है।

प्रो० आई० एम० पाण्डेय के शब्दों में "यह अपेक्षित प्रत्याय दर पर विनियोग के प्रारम्भिक रोकड़ बहिर्वाहों से भावी रोकड़ लाभों (future cash benefits) के वर्तमान मूल्य का अनुपात है।"[1]

व्यावहारिक तौर पर प्राय: विभिन्न विनियोगों की लागतों में अन्तर होने के कारण शुद्ध वर्तमान मूल्य पद्धति द्वारा इसका मूल्यांकन नहीं किया जा सकता, उक्त कमी को दूर करने हेतु लाभदेयकता सूचकांक का प्रयोग किया जाता है। लाभदेयकता सूचकांक एक से कम होने की दशा में विनियोग प्रस्ताव को अस्वीकृत कर दिया जाता है। किन्तु सूचकांक एक से अधिक होने की दशा में विनियोग प्रस्ताव को स्वीकार कर लिया जाता है। दो या अधिक विनियोग प्रस्तावों की उपलब्धता होने पर सर्वाधिक सूचकांक वाले प्रस्ताव को स्वीकार किया जाता है। सूत्र रूप में,

---

1. Proof I.M. Pandey Financial management.

$$\text{Profitabililty Index} = \frac{\text{Present value of cash inflows}}{\text{Cost of investment}}$$

उदाहरण (Illustration) 20.

Calculate Profitability Index of machine A and machine B. which initially cost Rs. 50,000, and generates year and cash inflows of Rs. 20,000 Rs. 18,000, Rs. 16,000, Rs. 14,000, 12,000 & machine B Rs. 15,000, 20,000, 18,000, 25,000, 15,000 in are through five years. The discounting rate has been fixed @ 10% by the management. Is it a worth while Project?

हल (Solution)

	Discount Rate		Machine A	Machine B	
Year	**@ 10%**	**PV**	**Cash Inflows**	**Cash Inflows**	**PV**
1	.909	18,180	20,000	15,000	13,635
2	.826	14,868	18,000	20,000	16,520
3	.751	12,0 16	16,000	18,000	13,518
4	.683	9,562	14,000	25,000	17,075
5	.621	7,452	12,000	15,000	9,315
		62,078	80,000	93,000	71,278

$$\text{Profitability Index of Machine A} = \frac{62{,}078}{50{,}000} = 1.24$$

$$\text{Profitability Index of Machine B} = \frac{71{,}278}{50{,}000} = 1.42$$

अतः उपरोक्त सूचकांक में मशीन B की लाभदेयकता दर अधिक है अतः मशीन B का चयन परियोजना के लिये अपेक्षाकृत अधिक अनुकूल होगा।

(Illustration) 21.

एक कम्पनी के पास 3 स्वतन्त्र परियोजनाओं के विकल्प हैं। पूँजी की कुल लागत 12% तथा अनुमानित लागत प्रवाह निम्नवत् है—

A Company has the option of three Independent Project. The total cost of the capital 12% and the expected cost flows are given as follows.

		Cash inflows				
Project	**Investment Required**	I	II	III	IV	V
X	50,000	25,000	30,000	40,000	—	25,000
Y	60,000	20,000	40,000	25,000	30,000	40,000
Z	40,000	—	20,000	—	35,000	45,000

Rank the Projects according to Profitability Indexes.

(परियोजनाओं को लाभदेयकता सूचकांक के आधार पर वरीयता के लिए)

हल (Solution)

Year	Cash Inflows			P.V. factor	Present values		
	Project X	Project Y	Project Z	@ 12%	Project X	Project Y	Project Z
1	25,000	20,000	—	0.893	22,325	17,860	—
2	30,000	40,000	20,000	0.797	23,910	31,880	15,940
3	40,000	25,000	—	0.712	28,480	17,800	—
4	—	30,000	35,000	0.636	—	19,080	22,260
5	25,000	40,000	45,000	0.567	14,175	22,680	25,515
Gross Present value					**88,890**	**1,09,300**	**63,715**

$$\text{Present value Index} = \frac{\text{Present value of cash Inflows}}{\text{Initial Investment}}$$

$$\text{Project X} = \frac{88{,}890}{50{,}000} = 1.77$$

$$\text{Project Y} = \frac{1{,}09{,}300}{60{,}000} = 1.802$$

$$\text{Project Z} = \frac{63{,}715}{40{,}000} = 1.59$$

परियोजना X एवं Y का लाभदेयकता सूचकांक लगभग समान है। किन्तु परियोजना Z का लाभदेयकता सूचकांक अपेक्षाकृत कम है। अत: परियोजना X एवं परियोजना Y तथा परियोजना Z को क्रमश: प्रथम, द्वितीय एवं तृतीय स्थान पर रखा जा सकता है।

परीक्षा प्रश्न
(Examination Questions)

I. दीर्घ उत्तरीय प्रश्न (Long Answer Type Qeustions)

1. पूँजी बजटिंग को परिभाषित कीजिये तथा उसके महत्त्व की विवेचना कीजिये।
   Define capital Budgeting and discuss its significance.
   (B.H.U.M. Com 1992)
2. पूँजी बजटिंग से आप क्या समझते हैं? पूँजी बजट बनाने की प्रक्रिया को सविस्तार समझाइये।
   What do you understand by capital budgeting? Explian the Procedure of Preparing capital Budget in Detail.
3. पूँजी बजटिंग के क्षेत्र में विनियोगों के मूल्यांकन की विभिन्न प्रविधियों का वर्णन कीजिये।
   Discuss the defferent methods of valuation of investment in the area of capital Budgeting.
   B.H.U. M. Com. 1992
4. अपहारित रोकड़ प्रवाह तकनीक के महत्त्व पर प्रकाश डालिये।
   Through light on the significance of discounted cash flow technique.

5. विनियोग गुणवत्ता से माप के आन्तरिक प्रतिफल दर मान की अवधारणात्मक समीक्षा प्रस्तुत कीजिये। यह पद्धति स्वीकृत-अस्वीकृत निर्णयों के लिये किस प्रकार निर्देश देती है।

   Present a conceptual analysis of the internal rate of return criterion of measuring investment worth. How does this method guide accept-reject decisions. (Alld. University M. Com. 1985)

6. पूँजी बजटिंग से आप क्या समझते हैं? पूँजी बजटिंग की प्रक्रिया का वर्णन कीजिये?

   What do you understand by capital budgeting? Explain the Procedure of capital Budgeting.

   (Kanpur University M. Com. 1992)

III. वस्तुनिष्ठ प्रश्न (Objective Type Questions)

1. पूँजी बजटिंग नियोजन की एक प्रक्रिया है।

   Capital Budgeting is a Process of planning.

   A. अल्पकालीन (Short terms)

   B. दीर्घकालीन (Long terms)

   C. नैत्यिक (Routine)

   D. इनमें से कोई नहीं (none of these)

   Ans. B

2. ''पूँजी बजटिंग सम्पत्तियों के लिये व्ययों का नियोजन है जिनसे भावी अवधियों में प्रत्यायें प्राप्त होंगी।''

   "Capital Budgeting involves the Planning of expenditures for assets, the return from which will be realised in future time period."

   A. आर० एम० लिंच (R.M. Lynch)

   B. आर०एन० अन्थोनी (R.N. Anthoni)

   C. होर्नग्रेन (Horngren)

   D. मिल्टन एवं स्पेन्सर (Milton and Spencer)

   Ans.-D

3. पूँजी बजटिंग प्रक्रिया के अन्तर्गत सम्मिलित करते हैं।

   The Process of capital budgeting involves.

   A. परियोजना पहचान (Project Identification)

   B. परियोजना निर्धारण (Project formulation)

   C. परियोजना मूल्यांकन (Project evaluation)

   D. परियोजना क्रियान्वयन (Project execution)

   E. उपर्युक्त समस्त (All of above)

   Ans. E

4. ''पूँजी बजटिंग प्रस्तावित पूँजी व्ययों को करने तथा उनकी वित्त पूर्ति का दीर्घकालीन नियोजन है।''

   "Capital Budgeting is a long term Planning for making and financing Proposal capital out lays."

   A. आर०एम० लिन्च (R.M. Lynch)

   B. चार्ल्स टी. होर्नग्रेन (Charle T. Horngren)

   C. मिल्टन एवं स्पेन्सर (Milton and Spencer)

   D. (None of these)

   Ans. B

5. पूँजी परियोजनाओं के प्रकार हैं—

The types of capital Projects are—

A. संवर्धन परियोजनाएँ (Expansion Projects)

B. प्रतिस्थापन परियोजनाएँ (Replacement Projects)

C. शोध एवं विकास परियोजनाएँ (Research and Development Projects)

D. कल्याण परियोजनाएँ (Welfare Project)

E. All of the above

Ans. E

6. अदायगी अवधि की गणना की जाती है।

The calculation of Pay back Period is calculated by

A. $\frac{\text{Initial Investment}}{\text{Net annual cash Inflows}}$

B. $\frac{\text{Total Investment}}{\text{Net annual cash Inflows}}$

C. $\frac{\text{GrossProfit}}{\text{Net annual cash Inflows}}$

D. None of these

Ans. A

7. औसत वार्षिक आय राशि की गणना आधारित होती है।

The Calculation of Average annual income is based on.

A. रोकड़ प्रवाह (Cash flows)

B. विनियोग प्रवाह (Investment flows)

C. लेखांकन सिद्धान्त (Accounting Principles)

D. इनमें से कोई नहीं (None of these)

Ans. C

8. P.V. factor वर्तमान मूल्य कारक =

A. $\frac{\text{Initial Investment}}{\text{Average annual cash inflows}}$

B. $\frac{\text{Total Investment}}{\text{Average annual cash inflows}}$

C. $\frac{\text{GrossProfit}}{\text{Initial Investment}}$

D. None of these

Ans. A

9. लाभदेयकता सूचकांक (Profitability Index) =

A. $\frac{\text{Gross Profit}}{\text{Initial Investment}}$

B. $\frac{\text{Net Present value of cash outflows}}{\text{Initial Investment}}$

C. $\frac{\text{Net Profit}}{\text{Initial Investment}}$

D. None of these.

Ans. D

10. The advantage of Internal rate of return method are :
आन्तरिक प्रत्याय दर विधि के लाभ हैं—

A. समय कारक (Time factor)

B. तुलनात्मक लाभदेयता (Comparative Profitability)

C. जोखिम तथा अनिश्चितता (Risk and Uncertainety)

D. उपरोक्त सभी (All of the Above)

Ans. D.

क्रियात्मक प्रश्न
(Practical Questions)

1. X.Y.Z. लिमिटेड किसी परियोजना में रु० 75,000 विनियोग करना चाहती है। परियोजना से आय 5 वर्षों तक अनुमानित है। कर के पश्चात् तथा ह्रास के पूर्व अनुमानित आय प्रथम वर्ष में 18,000 द्वितीय वर्ष में 36,000, तृतीय वर्ष में 36,000 चतुर्थ वर्ष में 18,000 एवं पाँचवे वर्ष में 9,000 है।
प्रबन्ध को परियोजना की लाभदेयकता के सम्बन्ध में सुझाव दीजिये यदि प्रबन्ध द्वारा वर्तमान मूल्य के आगणन हेतु 12% कटौती दर का सुझाव दिया गया है।
Ans. P.V. 86949, परियोजना स्वीकार्य

2. A Proposal involving an investment of Rs. 18 lakhs with expected cash inflows of Rs. 5 lakhs in a years for five year should be accepted or not. It the required earnings rate is 14%?
Ans. P.V.=17,16,000-परियोजना अस्वीकार्य

3. एक कम्पनी के पास विनियोग के दो प्रस्ताव उपलब्ध हैं। निम्न सूचनाओं के आधार पर शुद्ध वर्तमान मूल्य की गणना कीजिये। सुझाव दीजिये कि उनमें से किस परियोजना को स्वीकार किया जा सकता है। यदि अनुमानित कटौती दर 8% हो।

A company having two proposals of investment. Calculate the N.P.V. of the project from the informations given below. Suggest which of the Projects may be accepted assuming the discount Rate of 8%.

	Project A (Rs.)	Project (B) Rs.
Initial Investment	15,000	2,00,000
Estimated life	07 years	07 years

The cash inflows (before Dep. and after taxes) are as follows:

ह्रास से पूर्व तथा कर पश्चात रोकड़ प्रवाह निम्नवत् है।

Years	1	2	3	4	5	6	7
Project A	40,000	80,000	80,000	25,000	16,000	50,000	30,000
Project B	80,000	50,000	25,000	30,000	50,000	20,000	40,000

Ans. N.P.V of Project A = 97,381. Project B-28,800

परियोजना A की N.P.V. अधिक होने के कारण परियोजना A को प्राथमिकता दी जायेगी।

4. किसी परियोजना की लागत रु० 5,00,000 है, परियोजना के 5 वर्षीय जीवन काल में सम्भावित अवशिष्ट मूल्य रु० 50,000 है। फर्म द्वारा अनुमानित कटौती दर 10% है। कर के उपरान्त सम्भावित वार्षिक लाभ रु० 1,00,000 है। ह्रास सीधी रेखा पद्धति से चार्ज किया जाता है। 10% वार्षिक दर पर 10 वर्ष तक प्रतिवर्ष प्राप्त होने वाले एक रुपये का वर्तमान मूल्य रु 6.144 एवं दसवें वर्ष के अंत में प्राप्य एक रुपये का वर्तमान मूल्य .386 रु० है।

Ans- Total N.P.V 11,86,660- Excess N.P.V. 1,86,660

परियोजना लाभदेयकता की दृष्टि से स्वीकार करने योग्य है।

5. Shyam Detergent Limited is considering to buy a machine.The machine, A and B are available in the market. The cost of each machine is Rs. 1,50,000 for the calculation of Profitability of the machine a discount Rate of 12% to be used. Earnings before Deperciation and after taxs are expected to be as follows.

श्याम डिटर्जेन्ट लि० एक मशीन के क्रय प्रस्ताव पर विचार कर रही है। बाजार में A तथा B मशीनें उपलब्ध हैं। प्रत्येक मशीन की लागत रु० 1,50,000 है। मशीन की लाभदेयकता की गणना हेतु 12% की छूट दर का प्रयोग किया जाना है। ह्रास के पूर्व तथा करों के पश्चात् की प्राप्तियाँ निम्नवत् हैं।

Year	1	2	3	4	5	6
Machine A	30,000	35,000	40,000	40,000	45,000	50,000
Machine B	25,000	15,000	35,000	30,000	40,000	15,000

Find out that which machine would be more profitable.

Ans- Total Present value of machine A= 1,59,470

Total " " B = 1,08,565

The Proposal of machine A Should be accepted. It is more Profitable

6. किसी परियोजना पर प्रारम्भिक विनियोग रु० 2,00,000 एवं अगले 5 वर्षों तक क्रमशः रु० 50,000, रु० 40,000, रु० 75,000, रु० 1,00,000, रु० 60,000, के रोकड़ अन्तर्वाह प्राप्त होते हैं। लाभदेयकता सूचकांक विधि का प्रयोग करके छूट दर 12% मानते हुए प्रस्तावित विनियोग की लाभदेयकता का मूल्यांकन कीजिये।

Ans. NPV = 27,550, PVI = 1.138

लाभदेयकता सूचकांक 1 से अधिक होने के कारण प्रस्ताव स्वीकार्य है। N.P.V.I.= .138- धनात्मक होने के कारण प्रस्ताव स्वीकार्य है।

7. A Company management is considering four projects which are fully independent the company is not in the position to take up more than one project expected discount rate of the company is 8% and expected cash flows are given as follows.

		Year				
Project	–	**I**	**II**	**III**	**IV**	**V**
A	50,000	30,000	25,000	50,000	—	10,000
B	75,000	—	40,000	25,000	30,000	—
C	1,40,000	15,000	30,000	25,000	50,000	30,000
D	1,00,000	50,000	30,000	40,000	50,000	—

You are requested to advise the management that which project should be accepted.

Ans. PVI of project A—1.9143, Project B—1.0157, Project C—8330, Project D—1.4052

Project A should be accepted.

8. Calculate internal role of return for the project A. Details of project are given as follows. Initial investment—2,50,000.

Year	1st	2nd	3th	4th	5th
Cash inflows	50,000	80,000	40,000	90,000	75,000

Ans. I.R.P. = 10.056

9. Compute internal rate of return from the details given as follows.
नीचे दिये गये विवरणों के आधार पर आन्तरिक प्रत्याय दर की गणना कीजिए।

Opening Investment Rs. 1,00,000.

Annual cash inflows—I year—20,000, IInd year—35,000, IIIrd year 18,000, IV year—40,000, Vth year—50,000.

Ans. I.R.R.—16.257

10. The management of Bharat Company Limited is conciding the purchase of a new plant two alternative plants A and B are available, each costing Rs. 5,00,000, the expected life of each plant is 5 years. The cash flows after tax are expected to be as follows—

Year	1	2	3	4	5
Cash flows PlantA	40,000	1,20,000	1,60,000	2,40,000	1,60,000
Plant B	1,20,000	1,60,000	2,00,000	1,20,000	1,60,000

Calculate which plant will be more preferable using.

(i) Pay back period (ii) Accounting rate of return (iii) Discounted cash flow method.

While calculating the present values of cash flows under (iii) above, use a discount rate of 10% present value of Rs. 1 @ 10% is 0.909 for one year 0.826 for two years 0.751 for three years 0.683 for four years and 0.621 for five years. Raj. M. Com. (EAFM) 1981

Ans. Pay back period plant A—$3\frac{3}{4}$ years, Plant B $3\frac{1}{6}$ years

ARR of Plant A—17.6% ARR of Plant B—20.8%

NPV of Plant A—18,440 NPV of Plant B—72,760

Plant B is more profitable by above all methods.

11. मोहन मिकिन्स लिमिटेड लखनऊ द्वारा एक परियोजना पर किया जाने वाला प्रारम्भिक विनियोजन रु० 5,00,000 है। परियोजना के 5 वर्षीय जीवन काल में क्रमश: 50,000, 1,20,000, 2,00,000, 90,000 एवं 1,50,000 के रोकड़ अन्तर्वाह अनुमानित है। आन्तरिक प्रत्याय दर की गणना शुद्धतम रूप में कीजिये।

Ans. 6.36%

12. ABC Limited is considering to purchase a new machine in order to increase its efficiency.The estimated cost of machine will be Rs. 50,000 and estimated cash flows during its life are as follows.

Year	1	2	3	4	5	6
Cashflows	5,000	15,000	9,000	25,000	20,000	18,000

Minimum rate of return laid down by the company is 20% P.A. Calculate the desirability of investment solve it according to IRR. Method.

Ans. 18.815% Investment is not desirable.

13. एक घड़ी निर्माता कम्पनी के पास 4 स्वतन्त्र प्रस्ताव हैं, कम्पनी की कुल पूँजी लागत 12% है। विभिन्न परियोजनाओं से अनुमानित रोकड़ प्रवाह निम्नवत् है। वांछित विनियोग परियोजना A—10,000, B—15,000, C—12,000 एवं D—8,000.

रोकड़ अन्तर्वाह	**I**	**II**	**III**	**IV**	**V**
A	3,000	4,000	—	5,000	8,000
B	—	8,000	5,000	6,000	8,000
C	6,000	3,000	7,000	5,000	—
D	2,000	1,000	4,000	9,000	6,000

लाभदेयकता सूचकांकों के आधार पर प्रस्तावों की क्रमबद्धता सुनिश्चित कीजिये PVI of Project A—1.396, Project B—1.2192, Project C—1.326, Project D—1.8196.

Ranking—Project D—I, Project A—II, Project C—III, Project B—IV.

अध्याय
14

लेखांकन प्रत्याय दर एवं पुनर्भुगतान अवधि विधि
(Accounting Rate of Return and Pay Back Period Method)

किसी भी व्यापारिक, वाणिज्यिक एवं औद्योगिक संगठन में सामान्यतया दो प्रकार के निवेश (Investment) समाहित होते हैं।

(1) अल्पकालीन निवेश (Short Term Investment)

(2) दीर्घकालीन निवेश (Long Term Investment)

अल्पकालीन निवेश प्रायः एक वर्ष की अवधि के लिए किये जाते हैं। इनके अन्तर्गत आयगत व्ययों को सम्मिलित किया जाता है, आयगत व्ययों से अभिप्राय उन व्ययों से है जिसका लाभ संगठन को अल्प अवधि (Short Term) के लिए प्राप्त होता है, दीर्घ कालीन निवेश (Long Term Investment) के अन्तर्गत पूँजीगत व्ययों (Capital Expenditures) को सम्मिलित किया जाता है। पूँजीगत व्ययों के अन्तर्गत उन व्ययों को सम्मिलित किया जाता है जिनके विनियोजन का लाभ संगठन को अनेक वर्षों तक प्राप्त होता रहता है। संगठन में स्थायी (fixed) सम्पत्तियों (Assets) के सृजन, शोध एवं विकास (Research and Development) नवीनतम उत्पादन तकनीक का विकास एवं क्रियान्वयन प्रायः पूँजीगत निवेश के माध्यम से किया जाता है। पूँजीगत व्ययों में निवेश की मात्रा आयगत व्ययों में निवेश की तुलना में प्रायः अधिक होती है तथा संगठन में, दीर्घकाल तक उन व्ययो का प्रभाव दृष्टिगोचर होने के कारण इस प्रकार के विनियोग का निर्णय अत्यन्त सावधानीपूर्वक लिया जाता है। अतः पूँजीगत व्ययों के पुर्वानुमान, नियोजन, प्रबन्धन एवं समुचित नियन्त्रण हेतु बजट का सृजन अत्यन्त आवश्यक होता है। पूँजीगत व्ययों के दीर्घकालीन नियोजन, प्रबन्धन एवं नियन्त्रण हेतु अपनायी गई तकनीक पूंजी बजटिंग (Capital Budgeting) के नाम से जानी जाती है।

इस प्रक्रिया के अन्तर्गत नवीन एवं अपेक्षाकृत अधिक लाभदायक विनियोजन के प्रस्तावों की खोज करके उनके तकनीकी पहलुओं की जाँच के उपरान्त अधिक मितव्ययी विकल्प को संगठन में क्रियान्वयन हेतु चयनित किया जाता है। विवेकपूर्ण निर्णयन के द्वारा हम भविष्य की लागतों को कम करके उत्पादन क्षमता में अभिवृद्धि कर सकते हैं। इसके साथ ही अत्यधिक मात्रा में अनावश्यक पूँजी विनियोजन को हतोत्साहित करके दीर्घकालीन उत्पादन लागतों को कम करके लाभ को अधिकतमीकृत (Profit Maximisation) कर सकते हैं।

पूँजी बजट के निर्धारण में प्रयोग की जाने वाली प्रविधियों (Techniques) में लेखांकन प्रत्याय दर विधि (Accounting Role of Return Method) एवं पुनर्भुगतान अवधि विधि (Pay Back Period Method) सर्वाधिक प्रचलित वैज्ञानिक एवं सरल है। लेखांकन प्रत्याय दर विधि के माध्यम से दीर्घकालीन परियोजनाओं का चयन किया जा सकता है, इसके साथ ही पुनर्भुगतान अवधि विधि (Pay Back Period Method) पूँजी व्ययों पर निर्णय लेने की सर्वाधिक प्रचलित एवं सरल विधि है।

1. लेखांकन प्रत्याय दर विधि (Accounting Rate of Return Method)—लेखांकन प्रत्याय दर विधि के अन्तर्गत गणना हेतु संगठन के लिये वाँछित पूँजी एवं उसके विनियोजन उपरान्त प्राप्त होने वाली शुद्ध आय (कर कटौती के पश्चात्) में सम्बन्ध स्थापित करके प्रत्याय दर (Rate of Return) की गणना की जाती है। इस विधि को औसत प्रत्याय दर विधि (Average Rate of Return Method) विनियोग पर प्रत्याय पद्धति (Return on Investment) अथवा असमायोजित प्रत्याय दर विधि (Unadjusted Rate of Return) भी कहते हैं। इसकी गणना का प्रमुख आधार वित्तीय विवरण (लाभ हानि खाता एवं वार्षिक चिट्ठा) एवं अन्य लेखांकन सूचनाएँ होती हैं। इसके अन्तर्गत विनियोग प्रस्तावों की लाभदेयकता का मापन उपलब्ध विभिन्न परियोजनाओं की प्रत्याय दर ज्ञात करके किया जाता है। विभिन्न प्रत्याय दरों के मूल्यांकन के उपरान्त सर्वोच्च प्रत्याय दर वाली परियोजना को संगठन में समाहित किया जाता है। यह विधि प्रायः दीर्घकालिक परियोजनाओं के चयन हेतु उपयुक्त होती है।

(i) इस विधि के अन्तर्गत औसत प्रत्याय दर की गणना हेतु कर एवं ह्रास के पश्चात् औसत वार्षिक शुद्ध आय को औसत विनियोग से विभाजित करके उसे 100 से गुणा करके की जाती है।

(ii) औसत वार्षिक आय की गणना हेतु रोकड़ प्रवाहों को ध्यान में न रखकर अपितु लेखांकन सिद्धान्तों को ध्यान में रखा जाता है, सम्बन्धित वर्ष की शुद्ध आय का आगणन करने हेतु उस वर्ष की समस्त आयों एवं व्ययों को शामिल किया जाता है। यह आय ह्रास एवं कर के उपरान्त की आय होती है परियोजना के सम्भावित जीवन काल की वर्ष वार आयों का योग करके परियोजना के जीवन काल से विभाजित करके औसत वार्षिक शुद्ध आय की गणना की जाती है।

(iii) औसत विनियोग (Average investment) की गणना प्रारम्भिक विनियोग + अवशिष्ट मूल्य (Scrap value) को दो से विभाजित करके की जाती है।

$$\frac{\text{Initial investment + Scrap value}}{2}$$

औसत विनियोग पर प्रत्याय दर की गणना हेतु सूत्र

(i) कर एवं ह्रास घटने के पश्चात् प्राप्त लाभ की दशा में

$$\text{Average Rate of Return} = \frac{\text{Average Annual Income after tax and Depreciation}}{\text{Average Investment}} \times 100$$

(ii) वार्षिक रोकड़ अन्तर्वाह दिये होने की दशा में

$$\frac{\text{Average Annual cash Inflows} - \text{Annual Depreciation}}{\text{Average Investment}} \times 100$$

(उदाहरण) Ilustration 1.

ए०बी०सी० लिमिटेड अपने फर्म के लिये तीन मशीनें क्रय करने हेतु विचार कर रही है। तद्विषयक सूचनायें निम्नवत् हैं—

ABC Limited is Considering the Purchase of three machines for his firm the concerning Details are given as follows:

Machines

	Alternate A	Alternate B	Alternate C
Life expectency	5 years	5 years	5 years
cost	Rs. 5,00,000	Rs. 5,00,000	Rs.5,00,000
Earning (After tax)			
Ist year	Rs.50,000	Rs. 30,000	Rs. 20,000
Second year	Rs. 40,000	Rs. 45,000	Rs. 25,000
third year	Rs. 25,000	Rs. 50,000	Rs. 30,000

Estimate the Profitability of the Above machines according to the Accounting rate of return method.

उपर्युक्त मशीनों की लाभदेयकता का अनुमान लेखांकन प्रत्याय दर विधि से ज्ञात कीजिए।

Solution (हल)

$$\text{Average rate of return} = \frac{\text{Average Annual Income after tax and Depreciation}}{\text{Average Investment}} \times 100$$

$$\text{Average Income (औसत आय)} = \frac{\text{Total income}}{\text{No. of Years}} = \frac{\text{(कुल आय)}}{\text{वर्ष की संख्या}}$$

Average Income of Alternate A = $\frac{1,15,000}{5} = 23,000$

Average Income of Alternable B = $\frac{1,25,000}{5} = 25,000$

Average Income of Alternate C = $\frac{75,000}{5} = 15,000$

Average Investment of All alternatives = $\frac{5,00,000}{2} = 2,50,000$

A.R.R. of Alternate A = $\frac{23,000}{2,50,000} \times 100 = 9.2\%$

A.R.R. of Alternate B = $\frac{25,000}{2,50,000} \times 100 = 10\%$

A.R.R. of Alternate C = $\frac{15,000}{2,50,000} \times 100 = 6\%$

Alternate B gives the higher average return thats why it is more Profitable as compared to Alternate A and C.

उदाहरण (Illustration) 2.

एक परियोजना की लागत रु० 50,000 एवं अवशिष्ट मूल्य 10,000 है। इससे ह्रास एवं करों से पूर्व आय प्रथम 5 वर्षों में क्रमश: रु० 9,000, 9,500, 10,500, 13,500, 20,000 है। परियोजना के लिये लेखांकन प्रत्याय दर की गणना कीजिए जबकि कर की दर 40% एवं ह्रास सीधी रेखा पद्धति से अपलिखित किया जाता है।

A Project Cost Rs. 50,000 and has a scrap value of Rs. 10,000. Its stream of Income before depreciation and taxes during the first five years is Rs. 9,000, 9,500, 10,500, 13,500 and 20,000 Assuring rate of tax 40% and depreciation on A straight line basis. Calculate the accounting rate of return for the Project.

Solution (हल) :

Calculation of Average Rate of Return

	Ist Year	II Year	III Year	IV Year	V Year	Total	Average
Income before Depreciation and Taxes	9,000	9,500	10,500	13,500	20,000	62,500	12,500
– Depreciation	8,000	8,000	8,000	8,000	8,000	40,000	8,000
Net Income before tax	1,000	1,500	2,500	5,500	12,000	22,500	4,500
– Income Tax 40%	400	600	1,000	2,200	4,800	9,000	1,800
Net Income after taxes	600	900	1,500	2,300	7,200	13,500	2,700
Book value of Investment (opening)	50,000	42,000	34,000	26,000	18,000	1,70,000	34,000
Closing	42,000	34,000	26,000	18,000	10,000	1,30,000	26,000
Average	46,000	38,000	30,000	22,000	14,000	1,50,000	30,000

$$A.R.R = \frac{\text{Average Annual Income after tax and Depreciation}}{\text{Average Investment}} \times 100$$

$$= \frac{2,700}{30,000} \times 100 = 9\ \%$$

अथवा

$$A.R.R = \frac{\text{Average Annual Income}}{\frac{1}{2}\text{(Initial Investment + Scrap value)}} \times 100$$

$$\frac{2,700}{\frac{1}{2}(50,000 + 10,000)} \times 100$$

$$= \frac{2,700}{30,000} \times 100 = 9\%$$

उदाहरण (Illustration) 3.

निम्नलिखित विवरण के अनुसार औसत प्रत्याय दर की गणना कीजिए—

Compute average return on investment for each of the following :

(A) Estimated life	10 years
Initial outlay-	Rs. 1,00,000=00
Annual Cash flow	
(After tax and before Dep).	Rs. 17,500=00
Scrap value	Nil
(B) Initial out lay-	1,00,000=00
Estimate life	10 years
Annual cash flow	
(after tax and before Dep.)	
First five years	Rs. 20,000=00
Second five years	Rs. 15,000=00
Scrap value	Nil
(C) Estimated life	10 years
Initial outlay	Rs. 1,00,000=00
Annual cash flow	
(After tax and before Dep.)	17,500=00
Scrap value	40,000=00

Solution (हल)

Computation of average rate of return on investment according to first method.

(A) Average rate of Return = $\dfrac{\text{Annual Cash Flow} - \text{Annual Depreciation}}{\text{Initial investment}} \times 100$

$$\frac{17{,}500 - 10{,}000}{1{,}00{,}000} \times 100 = \frac{7{,}500}{1{,}00{,}000} \times 100 = 7.5\%$$

(B) Annual rate of return = $\dfrac{\dfrac{20{,}000 \times 5 + 15{,}000 \times 5}{10} - 10{,}000}{1{,}00{,}000} \times 100$

$$= \frac{\dfrac{1{,}00{,}000 + 75{,}000}{10} - 10{,}000}{1{,}00{,}000} \times 100$$

$$= \frac{\dfrac{1{,}75{,}000}{10} - 10{,}000}{1{,}00{,}000} \times 100 = \frac{7{,}500}{1{,}00{,}000} \times 100 = 7.5\%$$

(C) Annual rate of return = $\dfrac{\text{Annual Cash Flow} - \left[\dfrac{\text{Intitial Investment} - \text{Scrap Value}}{\text{Project Life}}\right]}{\text{Initial Investment}} \times 100$

$$= \frac{17{,}500 - \left[\dfrac{1{,}00{,}000 - 40{,}000}{10}\right]}{1{,}00{,}000} \times 100$$

$$= \frac{17{,}500 - \left[\dfrac{60{,}000}{10}\right]}{1{,}00{,}000} \times 100$$

$$= \frac{17{,}500 - 6000}{1{,}00{,}000} \times 100$$

$$= \frac{11{,}500}{1{,}00{,}000} \times 100$$

$$= 11.5\,\%$$

(ii) Average rate of Return on Average investment According to Second method

(A) Average rate of return $= \dfrac{\text{Annual Cash inflow} - \text{Depreciation}}{\text{Average investment}} \times 100$

$= \dfrac{17{,}500 - 10{,}000}{1{,}00{,}000/2} \times 100 = 15\%$

(B) Average rate of Return $= \dfrac{\left(\dfrac{20{,}000 \times 5 + 15{,}000 \times 5}{10}\right) - (10{,}000)}{1{,}00{,}000 / 2} \times 100 = \dfrac{7{,}500}{1{,}00{,}000/2}$

$= \dfrac{7{,}500}{50{,}000} \times 100 = 15\%$

(C) Average rate of return $= 17{,}500 - \dfrac{(1{,}00{,}000 - 40{,}000)}{10}$

$= \dfrac{17{,}500 - 6{,}000}{\dfrac{1{,}00{,}000 + 40{,}000}{2}}$

$= \dfrac{11{,}500}{70{,}000} \times 100$

$= 16.4\%$

लेखांकन प्रत्याय दर विधि के गुण (Merit of Accounting Rate of Return)

1. गणना की सरलता—यह विधि सहज बोधगम्य एवं गणना की दृष्टि से अत्यन्त सरल है। गणना की प्रक्रिया लेखांकन संमकों के आधार पर आधारित होने के कारण गणना हेतु किसी विशेष तकनीकी दक्षता की आवश्यकता नहीं होती है।

2. गणना का आधार सम्पूर्ण जीवन काल—इस विधि से औसत प्रत्याय दर की गणना हेतु सम्बन्धित परियोजना के सम्पूर्ण जीवन काल को गणना का आधार माना जाता है। इसके अन्तर्गत परियोजना के सम्पूर्ण जीवन काल तक होने वाली आय को दृष्टिगत रखा जाता है।

3. विनियोग की लाभदेयकता की जाँच—इस विधि के अन्तर्गत संगठन के लिये उपलब्ध विभिन्न विकल्पों में विनियोजन की लाभदेयकता की गणना की जाती है। तत्पश्चात् सर्वाधिक प्रत्याय (Return) देने वाली परियोजना का चयन करके संगठन में क्रियान्वयन किया जाता है।

4. ह्रास एवं कर के पश्चात् की आय का आगणन—इस विधि के अन्तर्गत शुद्ध आय की गणना करने हेतु ह्रास एवं करों की राशि को सकल आय से घटा दिया जाता है। जिसके कारण गणना के परिणाम वास्तविकता के निकट होते हैं।

5. दीर्घकालीन परियोजनाओं हेतु उपयुक्त—यह विधि दीर्घकालीन परियोजनाओं के मूल्यांकन एवं विश्लेषण हेतु अत्यन्त उपयोगी है। परियोजना के सम्पूर्ण जीवन काल पर विचार किये जाने के कारण दीर्घकालीन परियोजनाओं का मूल्यांकन प्रभावपूर्ण ढंग से किया जा सकता है।

6. पारस्परिक तुलनात्मकता—इस विधि का प्रयोग विभिन्न परियोजनाओं की लाभदेयकता की परस्पर तुलना करने हेतु किया जा सकता है। परिणामस्वरूप कोई उद्यमी अपने धन का सर्वोत्तम एवं लाभदायक विनियोग करने हेतु आसानी से निर्णय ले सकता है।

लेखांकन प्रत्याय दर विधि के दोष (Demerits of Accounting Rate of Return)

1. मुद्रा के समय मूल्य की उपेक्षा—यह विधि मुद्रा के समय मूल्य की उपेक्षा करती है। वस्तुतः मुद्रा के समय मूल्य की गणना न किये जाने के कारण परियोजनाओं से भविष्य में प्राप्य आयों का वास्तविक मूल्यांकन नहीं हो पाता।

2. लेखांकन लाभों के आधार पर गणना—इस विधि के अन्तर्गत गणना का आधार लेखांकन लाभ होते हैं। व्यवसाय के अन्य कारकों की उपेक्षा होने के कारण लेखांकन लाभ संगठन की वास्तविक तस्वीर नहीं प्रस्तुत करते। इसके अतिरिक्त इस विधि के अन्तर्गत संगठन के लाभों को औसत रूप में प्रस्तुत किया जाता है। वस्तुतः लाभ प्रतिवर्ष असमान हो सकते हैं तथा औसत स्थिति वास्तविक स्थिति से दूर हो सकती है।

3. उचित प्रत्याय दर का निर्धारण असम्भव—इस विधि के अनुसार विनियोग पर उचित प्रत्याय की दर की गणना असम्भव होती है। प्रत्याय दर के औचित्य का निर्धारण कठिन होने के कारण नियोक्ताओं द्वारा न्यूनतम प्रत्याय दर का निर्धारण कर दिया जाता है। निर्धारित दर से कम प्रत्याय वाली परियोजनाएँ विचारणीय नहीं होती हैं। जबकि दीर्घकाल में निम्न दर प्रत्याय वाली परियोजनाओं के अधिक लाभदायी होने की सम्भावना हो सकती है।

4. विनियोग व आय की धारणा भ्रामक—इस विधि के अन्तर्गत प्रस्तुत सूत्रों में अनुमानित औसत शुद्ध आय एवं औसत विनियोग प्रयोग में लाये जाते हैं। वस्तुतः विनियोग एवं आय शब्द का प्रयोग अनेक अर्थों में किया जाता है। अतः विनियोग एवं आय की अवधारणा भ्रामक होने के कारण परिणामों में भ्रामकता के लक्षण विद्यमान होते हैं।

इस विधि की उपरोक्त कमियों के बावजूद भी दीर्घकालीन परियोजनाओं के मूल्यांकन हेतु इस विधि का प्रयोग अत्यन्त सरलता से विश्वसनीयता से किया जा सकता है।

परियोजना का निर्धारण (Determination of Project)—लेखांकन प्रत्याय दर विधि का प्रयोग करके हम आसानी से लाभदेयी परियोजना का निर्धारण कर सकते हैं। प्रायः संगठनों द्वारा प्रत्याय की एक न्यूनतम दर का सुनिश्चियन कर लिया जाता है। सुनिश्चित दर से कम प्रस्ताव देने वाली परियोजनाओं को प्रायः अस्वीकार कर दिया जाता है तथा अधिक प्रत्याय दर वाली परियोजना को प्राथमिक आधार पर चयनित कर लिया जाता है।

उदाहरण (Illustration) 4.

दी गयी सूचनाओं से परियोजनाओं X तथा Y के लिये ए० आर० आर० की गणना कीजिए।

From the following Informations calculate the A.R.R for Project X and Project Y

	Project X	Project Y
Cost of the Project	50,000	80,000
Expected life	5 years	8 years
Scrap value	5,000	8,000

Net income after taxes and Dep:

Years	1	2	3	4	5
Project X	5,000	4,000	4,000	5,000	3,000
Project Y	8,000	6,000	6,000	5,000	-

If the required rate of return is 14% which Project should be entertained?

यदि वांछित प्रत्याय दर 14% है तो किस परियोजना को स्वीकार करना चाहिए।

Solution. (हल)

$$\text{Average Rate of return} = \frac{\text{Average Annual income}}{\text{Average Investment}} \times 100$$

Average Annual Income of Project X =5,000 + 4,000 + 4,000 + 5,000 + 3,000 = 21,000/5 = 4,200

$$\text{Project X} = \frac{4{,}200}{\frac{50{,}000 + 5{,}000}{2}} = \frac{4{,}200}{27{,}500} \times 100 = 15.3\%$$

Average Investment = (50,000 + 5,000)/2 = 27,500

Average Annual Income of Project Y = 8,000 + 6,000+ 6,000 + 5,000

$$= \frac{25{,}000}{5} = 5{,}000$$

$$\text{Project Y} = \frac{5{,}000}{44{,}000} \times 100 = 11.3\%$$

$$\text{Average Investment} = \frac{\text{Initial Cost} + \text{Scrap Value}}{2}$$

$$= \frac{80{,}000 + 8{,}000}{2} = 44{,}000$$

उपरोक्त दशा में वांछित प्रत्याय दर 14% से अधिक प्रत्याय परियोजना X से प्राप्त हो रहा है। अतः परियोजना X संगठन के लिए अपेक्षाकृत अधिक अनुकूल होगी।

2. पुनर्भुगतान अवधि/प्रत्यावर्तन अवधि विधि (Pay Back Period Method)—पूँजी बजटिंग के अन्तर्गत विनियोग प्रस्तावों के मूल्यांकन की परम्परागत विधियों में पुनर्भुगतान अवधि विधि/ प्रत्यावर्तन अवधि विधि सर्वाधिक लोकप्रिय एवं प्रचलित है। यह विधि "Pay out" अथवा "Pay off" विधि के नाम से भी जानी जाती है। वस्तुतः प्रत्येक संगठन का अंतिम लक्ष्य जहाँ एक ओर अधिकतम लाभार्जन होता है वहीं दूसरी ओर संगठन विनियोजित लागत को अत्याल्पावधि में वसूल भी करना चाहती है। अतः उस अवधि को जिसमें किसी परियोजना की विनियोग लागत वसूल होने की सम्भाव्यता होती है। उसे अदायगी अवधि (Pay Back Period)विनियोग वसूली अवधि (Investment Recovery Period) रोकड़ वसूली अवधि (Cash Recovery Period) कहा जाता है। वित्तीय प्रबन्धन के क्षेत्र में प्रायः यह स्वीकार किया जाता है कि पूँजी निवेश की प्रत्यावर्तन अवधि लम्बी होने की दशा में व्यवसाय में जोखिम की मात्रा बढ़ जाती है। क्योंकि दीर्घकाल में उपभोक्ता की रुचियों में बदलाव, तकनीकी विकास एवं माँग की प्रकृति आदि कारणों से सम्पत्ति की उपयोगिता में कमी होने की सम्भावना रहती है।

प्रो० एस०पी० सिंह के शब्दों में "वह अवधि जिसमें किसी परियोजना की लागत वसूल होने की सम्भाव्यता होती है उसे पुनर्भुगतान अवधि कहते हैं।"[1]

"प्रत्यावर्तन अवधि को किसी परियोजना में विनियोजित वास्तविक राशि की वापसी में लगने वाले वर्षों के रूप में परिभाषित किया जा सकता है।"[2]

प्रत्यावर्तन अवधि की गणना करने के लिए दो आधारों का प्रयोग किया जाता है।

1. सम रोकड़ अन्तर्वाह (Even Cash Inflows) 2. विषम रोकड़ अन्तर्वाह (Odd Cash Inflows).

1. The Period during which a Project is expected to pay back its cost, described as Pay back Period. —*Prof. S.P. Singh*
2. "Pay Back Period can be defined as the number of years required to recover the original cash outlay invested in a Project." —*Bierman & Smit*

1. सम रोकड़ अन्तर्वाह (Even Cash Inflows)—संगठन में विनियोजित धनराशि से प्राप्त रोकड़ अन्तर्प्रवाह (Cash inflows) की दर प्रति वर्ष समान होने की दशा में विनियोग की वास्तविक लागत में वार्षिक रोकड़ अन्तर्प्रवाह की राशि से विभाजित करके हम प्रत्यावर्तन अवधि ज्ञात कर सकते हैं।

सूत्र रूप में

$$\frac{\textit{Opening Investment}}{\textit{Annual Cash Inflow}}$$

उदाहरण (Illustration) 5.

उदाहरणस्वरूप यदि किसी संगठन में रु० 3,60,000 विनियोजित करने पर 10 वर्षों तक रु० 60,000 शुद्ध रोकड़ अन्तर्वाह (वार्षिक आय) होने की सम्भावना है, तो प्रत्यावर्तन अवधि की गणना हम निम्न प्रकार करेंगे।

हल (Solution)

$$\text{Pay back Period} = \frac{3,60,000}{60,000} = 6 \text{ years}$$

उदाहरण (Illustrations) 6.

निम्न सूचनाओं के आधार पर प्रत्यावर्तन अवधि की गणना कीजिए–

Compute the Pay back Period form the information given below

Life of the Project	=10 years
Initial Investment	Rs. 50,000=00
Annual cash inflow	10,000=00

Solution (हल)

$$\text{Pay back Period} = \frac{50,000}{10,000} = 5 \text{ years}$$

उदाहरण (Illustration) 7.

Modern food Industries is considering to buy some Automatic machines. Board of Directors is interested to buy these machines with the terms that cost may be recovered in 4 years. The following informations are available here as under:

Cost of machines	50,000=00
Revenue generated from machine	60,000=00
Variable cost 50% of sales	30,000=00
Annual Fixed cost excluding Depreciation	2,000
Life Expectancy of machines	10 Years
Tax Rate	30 %

Compute Pay back Period to support your answer

Computation of net Annual Cash inflows

Revenue generated from machine		Rs. 60,000
(—) Variable cost 50% of sales =	30,000	
Annual Fixed Cost (excluding Depre.)	2,000	
	32,000	32,000
		28,000
- Depreciation 50,000/10		5,000

Profit before tax	23,000
- Income tax @ 30%	6,900
Profit after tax	16,100
+ Depreciation	(+) 5,000
Net Annual cash inflows	21,100

$$\text{Pay back Period} = \frac{60,000}{21,100} = 2.84 \text{ year}$$

(ii) विषम रोकड़ अन्तर्वाह (Odd Cash Inflows)—प्राय: किसी संगठन में रोकड़ अन्तर्वाह की दर समान नहीं होती, प्रतिवर्ष के रोकड़ अन्तर्वाहों में भिन्नता होना स्वाभाविक होता है। ऐसी दशा में जब विनियोजन के उपरान्त आगामी वर्षों में रोकड़ अन्तर्वाह की दर असमान होती है तो प्रत्यावर्तन अवधि की गणना हेतु प्रत्येक वर्ष के रोकड़ अन्तर्वाह का संचयी योग किया जाता है। इसकी गणना संचयी बारंबारता ज्ञात करने की भाँति की जाती है। जिसके लिये प्रथम वर्ष की आय को दूसरे वर्ष की आय में जोड़कर दूसरे वर्ष के लिए संचयी आय का आगणन किया जाता है। इस संचयी राशि को तीसरे वर्ष की आय में जोड़कर तीसरे वर्ष के लिये संचयी आय ज्ञात की जाती है। उदाहरणस्वरूप यदि 5 वर्षों में प्राप्त रोकड़ अन्तर्वाह क्रमश: रु० 5,000, 4,000, 6,000, 4,000 एवं 7,000 है। तो संचयी आय क्रमश: 5,000, 9,000, 15,000 19,000, 26,000 होगी। इस प्रक्रिया के अन्तर्गत जब तक संचयी बचत की राशि सम्पत्ति पर किये गये कुल विनियोजन की राशि के समान नहीं हो जाती। जितनी अवधि में रोकड़ अन्तर्वाहों की राशि वास्तविक लागत के बराबर हो जाती है। वही अवधि पुनर्भुगतान अवधि कहलाती है।

उदाहरणस्वरूप जब किसी परियोजना में रु० 5,00,000 की धनराशि विनियोजित करने पर 5 वर्षों तक क्रमश: रु० 1,00,000, 80,000, 1,20,000, 1,50,000, 1,50,000, रोकड़ अन्तर्वाह हों उस दशा में प्रत्यावर्तन अवधि की गणना निम्न प्रकार की जायेगी।

Years	Amount	Amount	Amount	Amount	Amount
Initial Investment	Rs. 5,00,000	—	—	—	—
Cash inflows	Rs. 1,00,000	80,000	1,20,000	1,50,000	Rs. 1,50,000
Cumulative cash Inflows	Rs. 1,00,000	1,80,000	3,00,000	4,50,000	6,00,000

Pay Back Period = 5 years Per year Rs. 1,20,000

उदाहरण (Illustration) 8.

एक सार्वजनिक कम्पनी के पास 5 स्वतन्त्र विनियोग प्रस्ताव है।

A Public company has a summary of five independent investment Proposals :

Proposal	Initial out lay	Annual cash flow	Life expected
I	6,000	800	10
II	9,000	2,000	15
III	5,000	2,500	8
IV	20,000	5,000	10
V	1,00,000	15,000	20

Rank these Proposals according to pay back method.

(Solution) हल

Ranking according to Pay Back Method

Proposal 1	Initial out lay 2	Annual cash flow 3	Pay back Period 4	Ranking 5
I	6,000	800	6,000/800 = 7.5 years	5
II	9,000	2,000	9,000/2,000 = 4.5 years	3
III	5,000	2,500	5,000/2,500 = 2.0 years	1
IV	20,000	5,000	20,000/5,000= 4.0 years	2
V	1,00,000	15,000	1,00,000/15,000= 6.7 years	4

उदाहरण (Illustration) 9.

रामा एण्ड कम्पनी के पास एक मशीन क्रय करने का प्रस्ताव है, बाजार में समान लागत की दो मशीनें उपलब्ध हैं। जिनकी लागत रु० 1,00,000 है, कर के उपरान्त निम्न आय प्रत्याशित है।

Rama & Compay has a Proposal to Purchase a machine, two machines of equal cost are available in the market. The cost of each machine is Rs 1,00,000. Earning after taxation are expected to be as fallows:

(Cash flows)

Year	Machine X	Machine Y
1	20,000	10,000
2	25,000	20,000
3	30,000	25,000
4	20,000	35,000
5	15,000	25,000

Evaluate the two alternatives according to the Pay back Period method.

दोनों विकल्पों को प्रत्यावर्तन अवधि विधि के अनुसार मूल्यांकित कीजिये।

Solution (हल)

Machine (X) **(Machine (Y)**

(Initial Investment Rs. 1,00,000)

Year	Annual cash Inflow	Cumulative Inflow	Annual Cash Inflow	Cumulative Inflow
1	20,000	20,000	10,000	10,000
2	25,000	45,000	20,000	30,000
3	30,000	75,000	25,000	55,000
4	20,000	95,000	35,000	90,000
5	15,000	1,10,000	25,000	1,15,000

Calculation of Pay back Period

$$\text{Machine X} = 4 \text{ years} + \frac{5,000 \times 12}{15,000} = 4 \text{ years, } 4 \text{ months}$$

$$\text{Machine Y} = 4 \text{ years} + \frac{10,000 \times 12}{25,000} = 4 \text{ years, } 4 \text{ months, } 24 \text{ Days}$$

परियोजना का मूल्यांकन (Evaluation of the Project)

वस्तुत: किसी परियोजना की लागत जितनी जल्दी वसूल हो जाये, वही परियोजना संगठन के लिये लाभकर होगी। अर्थात् परियोजना की अदायगी अवधि (Pay back period) जितनी कम होगी वह परियोजना उतनी ही जल्दी अपनी लागत की वसूली कर लेगी। प्राय: प्रत्येक परियोजना के आर्थिक जीवन काल के आधार पर एक सुनिश्चित अवधि निर्धारित कर दी जाती है। इसे सीमान्त दर बिन्दु (Break even Point) कहा जाता है। परियोजना की अदायगी अवधि सीमान्त दर बिन्दु से अधिक होने पर सम्बन्धित परियोजना को अस्वीकृत कर दिया जाता है। अवशिष्ट परियोजनाओं में जिसकी अदायगी अवधि न्यूनतम होगी, उस परियोजना का चयन क्रियान्वयन हेतु कर लिया जाता है। जिन परियोजनाओं के अनेक विकल्प उपलब्ध होते हैं। उन समस्त परियोजनाओं की अदायगी अवधि का आगणन करके उन्हें आरोही क्रम में क्रमबद्ध कर लिया जाता है। तत्पश्चात् प्रथम क्रम वाली परियोजना संगठन के लिये स्वीकार कर ली जाती है।

प्रत्यावर्तन अवधि विधि के गुण (Merits of Pay Back Period Method)

1. सरलता (Simplicity)—इस विधि को समझना एवं गणना करना अत्यन्त सरल है। पश्चिमी देशों में विनियोगों की लाभदेयकता का मूल्यांकन प्राय: इसी विधि से किया जाता है।

2. आगणन लागत न्यूनतम (Minimum Calculation Cost)—चूँकि यह मूल्यांकन विधि अत्यन्त सरल है। इसकी गणना हेतु किसी विशेष तकनीकी व लेखांकन दक्षता की आवश्यकता नहीं होती। अन्य वैज्ञानिक एवं परिष्कृत विधियों के निर्वचन एवं विश्लेषण की तुलना में इस विधि की आगणन लागत न्यूनतम होती है।

3. पूँजी की कमी वाली परियोजनाओं के लिये महत्त्वपूर्ण—नकदी के रूप में पूँजी की कमी वाली परियोजनाओं के लिए यह विधि अत्यन्त उपयोगी होती है, क्योंकि ऐसी परियोजनाओं के संचालन में जिनमें विनियोजन लागत अतिशीघ्र प्राप्त हो सके, अधिक मात्रा में अतिरिक्त पूँजी विनियोग की आवश्यकता नहीं होती। जिसके कारण पूँजी की कमी वाली परियोजनाओं को भी शीघ्र विनियोजन राशि प्राप्त हो जाने से परियोजना का संचालन आसान हो जाता है।

4. अप्रचलन का भय—वस्तुत: वर्तमान तकनीकी विकास के युग में नित नूतन अनुसंधानों के कारण मशीनों के अप्रचलन का भय सदैव बना रहता है। पुनर्भुगतान अवधि अधिक होने की दशा में मशीनों के अप्रचलित होने की सम्भाव्यता अधिक होती है। अत: ऐसी स्थिति में उन परियोजनाओं का चुनाव किया जाता है जिनकी पुनर्भुगतान अवधि न्यूनतम होती है।

5. अपेक्षाकृत अधिक सही अनुमान—इस विधि के अन्तर्गत परियोजना के सम्पूर्ण जीवन काल पर विचार न करके अपितु परियोजना की लागत की पुनर्भुगतान अवधि पर ही विचार किया जाता है। अत: अन्य मूल्यांकन प्रविधियों की तुलना में इस माध्यम से अल्पकालिक विक्रय एवं लागत तत्त्वों के पूर्वानुमान अपेक्षाकृत अधिक सही होते हैं।

पुनर्भुगतान अवधि विधि के दोष (Demerits of Pay Back Period Method)

1. आरम्भिक वर्षों की प्रत्याय पर अधिक ध्यान—इस विधि के अन्तर्गत गणना कार्य हेतु सम्पत्ति के सम्पूर्ण जीवन काल में प्राप्त होने वाली आय को ध्यान में न रखकर अपितु परियोजना के आरम्भिक वर्षों में होने वाले प्रत्यायों का प्रयोग किया जाता है। परियोजना के आरम्भिक वर्षों में अपेक्षाकृत अधिक प्रत्याय वाली परियोजना को स्वीकार कर लिया जाता है जब कि पश्चातवर्ती वर्षों में अत्यधिक प्रत्याय वाली परियोजनाओं की उपेक्षा कर दी जाती है।

2. परियोजना की लाभदेयकता उपेक्षित—इस विधि के अन्तर्गत केवल परियोजना में लगी लागत की वसूली पर ही सम्पूर्ण ध्यान केन्द्रित किया जाता है। परियोजना की लाभदेयकता की उपेक्षा की जाती है। वस्तुतः लाभ की स्थिति संगठन में लागत वसूली के पश्चात् ही आती है। वस्तुतः किसी भी नियोक्ता द्वारा मात्र पूँजीगत व्ययों की वसूली के लिये ही विनियोग नहीं किये जाते, बल्कि संगठन से अधिकाधिक लाभ प्राप्त करने के लिये भी पूँजी का विनियोजन किया जाता है। प्रायः विनियोग के दो उद्देश्य होते हैं—(i) पूँजी की वापसी (ii) लाभदेयकता। यह विधि मात्र पूँजी की सुरक्षित वापसी पर ही ध्यान देती है। लाभ देयकता के उद्देश्य की उपेक्षा करती है। इसी कारण इस विधि को मछली चारा कसौटी (Fish bait Criterion) के नाम से भी जाना जाता है, क्योंकि इसके अन्तर्गत मछली के आकार एवं वजन की उपेक्षा करके केवल, चारे की वसूली पर ही सम्पूर्ण ध्यान केन्द्रित किया जाता है।''[1]

3. पश्चात्वर्ती रोकड़ अन्तर्वाहों की उपेक्षाः—इस विधि के अन्तर्गत गणना कार्य हेतु परियोजना के सम्पूर्ण जीवनकाल में प्राप्त होने वाले रोकड़ अन्तर्वाहों की ओर ध्यान न देकर बल्कि अदायगी अवधि तक के रोकड़ अन्तर्वाहों पर ध्यान दिया जाता है। उदाहरणस्वरूप किसी संगठन के पास 50,000 रु० की लागत वाली दो मशीनों के क्रय के विकल्प हैं। प्रथम मशीन से रु० 12,500 की वार्षिक प्रत्याय 4 वर्ष तक जबकि दूसरी मशीन से रु० 15,000 की वार्षिक प्रत्याय 5 वर्षों तक होने की संभावना है इस विधि के अनुसार प्रथम मशीन को स्वीकार किया जायेगा क्योंकि इसकी अदायगी अवधि कम (4 वर्ष) है। जबकि दूसरी मशीन से लाभ अधिक होने के कारण भी अदायगी अवधि 5 वर्ष होने के कारण इसे अस्वीकार कर दिया जायेगा।

4. विनियोजित कोषों की शीघ्र वापसी को अधिक महत्त्व—इस विधि के अन्तर्गत विनियोजित कोषों की शीघ्र वापसी को अनावश्यक रूप से अधिक महत्त्व दिया जाता है। अर्थात् विनियोग की तरलता पर अधिक ध्यान देकर लाभ-देयकता के तत्त्व की उपेक्षा की जाती है।

5. अवशेष मूल्य की उपेक्षा—इस विधि के अन्तर्गत सम्पत्ति के अवशेष मूल्य को गणना में स्थान नहीं दिया जाता है, जबकि लगभग प्रत्येक मशीन का कुछ-न-कुछ अवशिष्ट मूल्य अवश्य होता है।

6. जोखिम तत्त्व की उपेक्षा—इस विधि के अन्तर्गत परियोजना में निहित जोखिम तत्त्व की उपेक्षा की जाती है। किसी परियोजना की पुनर्भुगतान अवधि कम होने पर अत्यधिक जोखिमपूर्ण परियोजना को भी स्वीकार कर लिया जाता है।

7. रोकड़ अन्तर्वाहों के आकार एवं समय तत्त्व की अवहेलना—इस विधि के अन्तर्गत अलग-अलग समयों में अलग-अलग मात्राओं में प्राप्त रोकड़ अन्तर्वाहों के मध्य कोई भेद नहीं किया जाता। उदाहरणस्वरूप यदि कोई परियोजना आरम्भिक वर्षों में कम व अंतिम वर्षों में अधिक तथा दूसरी परियोजना आरम्भिक वर्षों में अधिक व अंतिम वर्षों से कम रोकड़ अर्जित करती है तो अदायगी अवधि की न्यूनता के आधार पर लिया गया निर्णय अलाभकर हो सकता है।

8. रोकड़ अन्तर्वाहों के मूल्यों में समानता—इस विधि के अन्तर्गत यह माना जाता है कि विभिन्न समयावधि में प्राप्त होने वाली रोकड़ अन्तर्वाहों के मूल्य समान हैं। जबकि हम भली-भाँति जातने हैं कि वर्तमान में रुपये का जो मूल्य है वह एक वर्ष अथवा कुछ वर्षों बाद नहीं रहेगा।

पुनर्भुगतान अवधि विधि में सुधार (Improvement in Pay Back Period Method)—पुनर्भुगतान अवधि विधि के अत्यधिक मात्रा में प्रयोग होने के कारण उपयुक्त कमियों को दूर करने हेतु इस विधि में कतिपय सुधार किये गये हैं। जिनका विवरण निम्नांकित है—

1. अदायगी अवधि के उपरान्त लाभदेयकता की गणना (Calculation of Post Pay Back Profitability)—पुनर्भुगतान अवधि विधि की आलोचना का प्रमुख आधार यह है कि इसमें पुनर्भुगतान अवधि के उपरान्त परियोजना की

---

1. An Introduction to Industrial economic. Devine P.J & others.

लाभदेयकता पर ध्यान नहीं दिया जाता है। जिसके परिणामस्वरूप इस विधि से परियोजना की लाभदेयकता की जाँच न होकर अपितु केवल तरलता की जाँच होती है। इस कमी को दूर करने हेतु पुनर्भुगतान अवधि के उपरान्त परियोजना के अवशेष जीवन काल में प्राप्य आय की गणना करके पुनर्भुगतान अवधि के पश्चात् सर्वाधिक प्राप्य आय वाली परियोजना को सर्वश्रेष्ठ विनियोग मान कर संगठन में क्रियान्वित कर दिया जाता है।

उदाहरण (Illustration) 10.

Compute (i) Pay back Period (ii) Post Pay back Profitability for each of the two Project-Detailed Informations are given as follows.

	Project A	**Project B**
Initial outlay	50,000	50,000
Annual cash inflows (after tax but before Dep)	10,000	
First three years	—	15,000
next 3 years	—	5,000
Estimated life	6 years	6 years

Solution (हल)

A.—(I) Pay Back Period= $\dfrac{\text{Initial Investment}}{\text{Annual cash inflwos}}$

$$= \frac{50{,}000}{10{,}000} = 5 \text{ years}$$

(ii) Post Pay-back Profitability =

Annual cash inflows × (Estimated life - Pay back Perid)

10,000 × (6 years - 5 years)

10,000 × 1 = 10,000=00

B. (i) Pay back Period

परियोजना के जीवन काल में रोकड़ अन्तर्वाहों में असमानता है अत: अदायगी अवधि की गणना निम्नवत् होगी–

First three years @ 15,000 × 3 = 45,000

Fourth to Sixth Year = 5,000 × 3 = 15,000

∴ Pay back Period 4 years

(ii) Post Pay Back Profitability

= Total Cash Inflows - Initial Cash

= 45,000 + 15,000 = 60,000

= (60,000 − 50,000) = 10,000

2. पुनर्भुगतान अवधि व्युत्क्रमों की गणना (Computation of Pay Back Reciprocals)—पुनर्भुगतान अवधि विधि के अन्तर्गत परियोजना के समय कारक (Time factor) एवं विनियोग तत्त्व (Investment factor) पर बिल्कुल ध्यान नहीं दिया जाता, इसके अन्तर्गत केवल प्रत्याय दरों की गणना कर ली जाती है। उपरोक्त खामियों को हम पुनर्भुगतान अवधि व्युत्क्रमों की गणना के माध्यम से दूर कर सकते हैं। वास्तविक अर्थों में अदायगी अवधि का व्युत्क्रम

ही विनियोग पर समय समायोजित प्रत्याय की दर होती है। इसकी गणना व्युत्क्रमों को प्रतिशत में बदलकर की जाती है। उक्त की पुष्टि हेतु **एम० जे० गार्डन** का कथन ''अदायगी अवधि का व्युत्क्रम वास्तविक अर्थों में प्रस्ताव की लाभदेयकता दर का अनुमान है।[1] पुनर्भुगतान अवधि व्युत्क्रमों की गणना निम्न सूत्र के माध्यम से की जा सकती है—

$$P.B.R. = \frac{1}{P.B.R.}$$

P. B. R. = Pay back rate

P. B..P. = Pay back reciprocal

उदाहरणार्थ किसी विनियोग की पुनर्भुगतान अवधि 5 वर्ष होने की दशा में उसका व्युत्क्रम 1/5 होगा, इसे प्रतिशत में बदलकर $100 \times \frac{1}{5} = 20\%$ के रूप में लिखा जा सकता है। विनियोग प्रस्तावों के मूल्यांकन हेतु यह विधि तभी प्रयोग में लायी जा सकती है। जब परियोजना के सम्पूर्ण जीवन काल में वार्षिक प्रत्याय की समानता हो एवं परियोजना का आर्थिक जीवनकाल पुनर्भुगतान अवधि का दो गुना हो।

उदाहरण (Illustration) 11.

एक परियोजना की लागत रु० 1,00,000 है। परियोजना से 20 वर्षों तक रु० 10,000 रोकड़ अन्तर्वाह के रूप में प्राप्त होते हैं। अदायगी अवधि व्युत्क्रमों की गणना कीजिए।

पुनर्भुगतान अवधि =1,00,000 ÷ 10,000 = 10 वर्ष

पुनर्भुगतान व्युत्क्रम = $\frac{1}{10}$

लाभदेयकता/समय समायोजित प्रत्याय दर = $\frac{1}{10} \times 100 = 10\%$

3. बेल आउट पुनर्भुगतान अवधि की गणना (Calculation of Bail Out Pay Back Period)—वस्तुतः पुनर्भुगतान अवधि विधि के अन्तर्गत सम्पत्ति के निस्तारण मूल्य (Salvage value) की गणना नहीं की जाती। इस कमी को पूरा करने हेतु हम बेल आउट पुनर्भुगतान अवधि की गणना करते हैं। वस्तुतः इस विधि का प्रयोग अत्यधिक जोखिम वाली परियोजनाओं सम्बन्धी पूँजी निर्णयों में अधिक कारगार होता है। इसके अन्तर्गत सर्वप्रथम परियोजना के सम्पूर्ण जीवन काल के लिये निस्तारण मूल्य की गणना की जाती है। प्रत्येक वर्षों के प्रत्यायों का संचयी योग ज्ञात कर लिया जाता है तथा प्रत्येक वर्ष के संचयी योग में उस वर्ष की सम्पत्ति के निस्तारण मूल्य को जोड़ देते हैं। जितनी अवधि में संचयी बचत और निस्तारण मूल्य की राशि विनियोजित राशि के समान हो जाती है वही अवधि बेल आउट पुनर्भुगतान अवधि कहलाती है।

उदाहरण (Illustration) 12.

The following informations have been given as follows :

Project Cost	Rs. 3,00,000
Life expected	10 years
Annual Cash Inflows	Rs. 50,000
Salvage value at the and of First year	Rs. 2,00,000
Annual Decrease in the Cost of Investment from the second year	Rs. 25,000

1. "The reciprocal of the Pay back Period is infact an estimate of proposals rate of profit. —M.J. Gordan

हल (Solution) :

Calculation of Bail out Pay back Period

Initial Investment Rs. 3,00,000

Year	Annual cash inflow	Cumulative cash Inflow	Salvage value	Cumulative Colume (3+4)
1	2	3	4	5
First	50,000	50,000	2,00,000	2,50,000
Second	50,000	1,00,000	1,75,000	2,75,000
Thrid	50,000	1,50,000	1,50,000	3,00,000

Bail out Pay back Period=3 years

उदाहरण (Illustration) 13.

A Company has some Investment Proposals. In order of their Profitability, Rank them according to (i) Pay back Method (ii) Average rate of return method.

Project	Initial out lay (Rs.)	Annual Net cash flow Rs.	Life in Years
X	30,000	8,000	12
Y	8,000	5,000	5
Z	17,000	7,000	8
M	25,000	9,000	10
N	45,000	13,000	15
O	40,000	18,000	12

हल (Solution) :

(i) Ranking according to Average rate of return Method

	Projects					
	X	Y	Z	M	N	O
Initial outlay	30,000	8,000	17,000	25,000	45,000	40,000
Average Investement	15,000	4,000	8,500	12,500	22,500	20,000
Life (Years)	12	5	8	10	15	12
Annual cash inflow	8,000	5,000	7,000	9,000	13,000	18,000
- Depreciation (Annual) (Initial out lay ÷ Life)	2,500	1,600	2,125	2,500	3,000	4,000

Net income	5,500	3,400	4,875	6,500	10,000	14,000
Average rate of return = $\frac{\text{Net income}}{\text{Average investment}} \times 100$	36.67%	85%	57.3%	52%	44.44%	70%
Ranking	VI	I	III	IV	V	II

Ranking according to Pay back Method

Projects	Initial out lay	Annual cash flow	Pay back	Period Ranking
1	2	3	4	5
X	30,000	8,000	$3\frac{6}{8}$ years	VI
Y	8,000	5,000	$1\frac{3}{5}$ years	I
Z	17,000	7,000	$2\frac{3}{7}$ years	III
M	25,000	9,000	$2\frac{7}{9}$ years	IV
N	45,000	13,000	$3\frac{6}{13}$ years	V
O	40,000	18,000	$2\frac{2}{9}$ years	II

परीक्षा प्रश्न
(Examination Questions)

I. दीर्घ उत्तरीय प्रश्न (Long Answer Type Questions)

1. लेखांकन प्रत्याय दर से आप क्या समझते हैं?
   What do you understand by Accounting Rate of Return?
2. लेखांकन प्रत्यय दर विधि दीर्घकालीन पूँजी विनियोग सम्बन्धी निर्णयन हेतु सर्वाधिक उपयुक्त है। व्याख्या कीजिये।
   Accounting Rate of Return method is most Accurate method for capital Investment Decision, Explain it.
3. पुनर्भुगतान अवधि क्या है? पुनर्भुगतान अवधि के गुण एवं दोषों की विवेचना कीजिये।
   What is pay back Period? Discuss the merits and Demerits of pay back period method?

(B.H.U. M. Com. 1991)

क्रियात्मक प्रश्न
(Practical Questions)

1. कम्पनी प्रबन्धकों के समक्ष एक नई मशीन खरीदने का प्रस्ताव विचाराधीन है। मशीन की लागत रु० 80,000 है। तथा वार्षिक रोकड़ अन्तर्वाह रु० 10,000 है। मशीन का अनुमानित जीवन काल 10 वर्ष एवं निस्तारण मूल्य शून्य है। प्रत्यावर्तन अवधि की गणना कीजिये।

   The management of a company is considering a Proposal to Purchase a new machine. The cost of the machine is Rs. 80,000 and annual cash inflows are Rs. 10,000, Estimated life of machine is 10 years. Salvage of the machine is zero. Calculate the Pay back Period.

   Ans : 8 years

2. जान्सन एण्ड जान्सन कुछ विशेष प्रकार की मशीनों के क्रय पर विचार कर रही है। प्रबन्ध द्वारा केवल उन्हीं मशीनों को क्रय किया जाना है, जिनके द्वारा 5 वर्षों में लागत वसूली की जा सके। निम्न सूचनाएँ उपलब्ध हैं।

   Johnson & Johnson is considering to purchase some special types of machines the management wishes to by only those machines, Which may recover their cost only is 5 years the following informations are available.

   मशीनों की लागत Cost of the machines— 1,20,000

   नई मशीनों से प्राप्त विक्रय आगत

   (Sales revenue received by new machines)—1,50,000

   परिवर्तनशील लागतें—Variable Cost 90,000

   ह्रास के अतिरिक्त स्थिर लागतें (Fixed costs other than Depreciation)— Rs. 5,000

   मशीन का जीवन काल— Life of machine- 6 years

   कर की दर—Tax Rate 40%

   Based on the criteria of above recovery Period. Should the above machines be Purchased? Support your answer with a computation of Pay back Period required for the investment of Rs. 1,20,000 to be recovered.

   5 वर्षों में वसूली अवधि की कसौटी पर क्या मशीनों को क्रय किया जाय। रु० 1,20,000 के विनियोग की वसूली हेतु अदायगी अवधि से अपने उत्तर को पुष्ट कीजिये।

   Ans. 2.92 Years

   मशीनों को क्रय अवश्य किया जाना चाहिए।

3. एक सीमित दायित्व वाली कम्पनी रु० 5,00,000 पूँजी वाली परियोजना में विनियोग पर विचार कर रही है। ह्रास के पश्चात एवं कर से पूर्व की वार्षिक आय के पूर्वानुमान निम्नवत् हैं-

   A Company having limited liability is considerning to invest in a Project requiring a capital out lay of Rs. 5,00,000. Estimated annual income after Depreciation but before tax is as follows—

Years	1	2	3	4	5	6
Amt. Rs.	1,20,000	1,40,000	80,000	90,000	90,000	50,000

Depreciation may be charged @ 30% on orignial cost and Income tax @ 50% of net income. Evaluate the Project using pay back method.

ह्रास की गणना मूल लागत पर 30% की दर से एवं आयकर शुद्ध आय का 50% की दर से चार्ज किया जाता है। अदायगी अवधि विधि का उपयोग करते हुए परियोजना का मूल्यांकन कीजिये।

Answer— $2\frac{7}{19}$ years or 2 वर्ष 4.42 माह

4. A.B.C. Limited is considering to Purchase of a Machine. Two machine X and Y are available in the market. The cost of each machine is Rs. 50,000, Earnings before depreciation but after tax are expected to be as follows.

Cash Inflows

Years	Machine X	Machine Y
1	12,000	8,000
2	18,000	18,000
3	40,000	50,000
4	20,000	40,000
5	18,000	30,000

Evaluate of two alternatives accoridng to Pay back Period method.

अदायगी अवधि विधि द्वारा दोनों विकल्पों को मूल्यांकित कीजिये।

Ans. Pay back Period machine X–3 years, 3 months machine Y = 3 years मशीन Y का चयन उपयुक्त होगा।

5. An investor has seven independent in vestment Proposals the important financial Datas are available as follows.

एक विनियोजक के पास 4 स्वतंत्र विनियोग प्रस्ताव उपलब्ध है। महत्त्वपूर्ण वित्तीय आंकड़े निम्नवत् हैं।

proposal	A	B	C	D	E	F	G
Initial out lay	25,000	60,000	72,000	54,000	80,000	1,50,000	1,00,000
Annual Cash inflows	10,000	15,000	12,000	18,000	25,000	30,000	50,000
Estimated life (years)	5	8	7	9	10	12	15

Rank these Proposals serialy according to pay back method.

अदायगी अवधि विधि से इन प्रस्तावों को क्रमबद्ध कीजिये।

Ans.— A, -2, B-5, C-7, D-3, E-4, F-06 G-1

6. निम्न विवरणित प्रत्येक परियोजना हेतु (i) अदायगी अवधि तथा (iii) अदायगी अवधि के उपरान्त लाभदेयकता का आगणन कीजिये।

Compute (i) Pay back Period, (ii) Post Pay back Profitability for each Project given as follows.

A. Intial out lay	80,000
Annual cash flows	
(After tax before Dep.)	16,000
Estimated life	10 years

B. Initial out lay	80,000
Annual cash inlows	20,000
After tax before Dep.)	
Estimated life	10 years
C. Initial out lay	80,000
Annual cash inflows	
(After tax before Dep.)	
First five years	16,000
Next first years	12,000
Estimated life	10 years

Ans.— Project.A. Pay back Period- 5 years. Post pay back Profitability 80,000, Project B- Pay back Period 4 years Post pay back Profit ability, 1,20,000, Project C- Pay back Period, 5 years Post Pay back Profitability-60,000

7. निम्नांकित सूचनाओं के आधार पर औसत प्रत्याय दर की गणना कीजिये।
Calculate the average rate of return form the following Informations.
Cost of Project—50,000
Scrap value— 10,000
Cash inflows up to five years, 4,000, 8,000, 5,000, 12,000,16,000
(before Dep and tax)
Rate of Income tax-40%
Dep on straight line basis
Ans. 14%

8. निम्नलिखित सूचनाओं के आधार पर A तथा B परियोजनाओं के लिये औसत प्रत्याय दर की गणना कीजिये।
Calculate the average rate of return for the Project A and B on the basis of informations given below.

	Project A	**Project B**
Cost of Project	80,000	1,20,000
Expected life	8 years	10 years
Salvage value	10,000	20,000

Cash Inflows-
(After int. Dep. and tax)

Years	1	2	3	4	5
Project A	18,000	16,000	18,000	15,000	13,000
Project B	20,000	25,000	30,000	15,000	—

वांछित प्रत्याय दर 30% होने की दशा में किस परियोजना को चुनना लाभकर होगा।
The required rate of return is 30%. The selection of which Project would be Profitable.
Ans. Project A-35.55% Project B- 32.14% Project —A को चुनना लाभकर होगा।

9. कम्पनी द्वारा एक मशीन का क्रय रुपया 1,50,000 में 8 वर्ष पूर्व किया गया, जिसका ह्रासित मूल्य रु०1,00,000 है। प्रारम्भ में इसका अनुमानित जीवन काल 12 वर्ष एवं निस्तारण मूल्य शून्य था, एक नई मशीन के प्रतिस्थापन से जिसकी लागत रु० 2,50,000 होगी, अगले 8 वर्षों तक परिचालन लागतों में रु० 25,000 वार्षिक की कमी होगी, पुरानी मशीन का विक्रय मूल्य रु० 75,000 प्राप्त हो सकता है। नई मशीन का निस्तारण मूल्य रुपया 40,000 मानते हुए 10 वर्ष के जीवन काल में सीधी रेखा पद्धति से ह्रासित किया जाता है। कम्पनी की करारोपण दर 50% है। वांछित प्रत्याय दर 0.8% होने की दशा में क्या पुरानी मशीन को प्रतिस्थापित किया जा सकता है।
Ans. A.R.R.- 1.08% मशीन को प्रतिस्थापित किया जाना चाहिये।

10. निम्नलिखित विवरणित प्रस्तावों को औसत प्रत्याय दर पद्धति से उनकी लाभदेयकता के क्रम में व्यवस्थित कीजिये।
Arrange the following investment in order of their Profitability according to the average rate of return method.

Project - A	**B**	**C**	**D**
Initilal out lay- 14,000	18,000	20,000	50,000
Annual Cash Inflows- 4,000	5,000	8,000	10,000
Estimated life- 7 years	5 year	8 years	10 years

अध्याय

15

लाभांश के प्रकार एवं निर्धारक तत्व

(Dividend : Kinds and Determinants)

परिचय—किसी भी संगठन में विनियोग का आधार उचित प्रत्याय प्राप्त करने की इच्छा होती है। संगठन के कम्पनी प्रारूप में अंशधारक अपने द्वारा विनियोजित राशि पर उचित धनराशि लाभांश के रूप में प्राप्त करना चाहता है। लाभांश शब्द का आविर्भाव लैटिन भाषा के शब्द dividendum से हुआ है। इसका अर्थ ''वह जिसका वितरण करना है That which is to be divided'' से है।

सामान्यतया किसी कम्पनी की कुल आय में से समस्त व्ययों को घटाने के उपरान्त तथा विभिन्न कोषों एवं करों के लिए प्रावधान करने के उपरान्त अवशिष्ट राशि को विभाजन योग्य लाभ (Divisible Profit) की संज्ञा दी जाती है। अधिशेष का वह भाग जिसका वितरण कम्पनी द्वारा अंशधारकों को लाभांश के रूप में किया जाता है, लाभांश कहलाता है। अवशिष्ट भाग संगठन के भावी आवश्यकताओं की पूर्ति हेतु अथवा विकास एवं विस्तार कार्यक्रमों के संचालन हेतु संगठन में ही पुनर्विनियोजित कर लिया जाता है। अधिशेष का कितना भाग कम्पनी के विकास एवं विस्तार हेतु रखा जाय तथा कितना भाग लाभांश के रूप में वितरित किया जाय इसका निर्णयन संचालक मण्डल द्वारा संगठन की वित्तीय दशा, प्रतिस्पर्धियों द्वारा घोषित लाभांश की मात्रा एवं वैधानिक प्रतिबन्धों के आधार पर किया जाता है। प्राय: प्रबन्ध संचालकों के समक्ष दो प्रकार की समस्याएँ होती हैं। एक ओर अंशधारकों को उचित लाभांश का वितरण करके उन्हें सन्तुष्ट रखने की आवश्यकता होती है। क्योंकि अंशधारक कम्पनी की पूँजी से अधिक लाभार्जन तथा सम्पत्ति के मूल्य को अधिकतमीकृत करने हेतु प्रयास करते हैं।

दूसरी ओर संगठन अपनी विकास एवं विस्तार परियोजनाओं पर विशेष ध्यान न देकर भावी आय के सृजन को संकुचित करेगा। संगठन की आय का अधिकतम भाग अंशधारकों के मध्य वितरित कर दिये जाने पर संगठन की भावी विकास एवं विस्तार परियोजनाओं को संचालित करना दुष्कर होगा। अंशधारकों को प्राप्त लाभांश की मात्रा प्रचलित लाभांश दर अथवा बैंक ब्याज दर से कम होने की दशा में अंशधारक विनियोग के प्रति हतोत्साहित होंगे, जिससे नवीन कम्पनियों के लिए पूँजी का एकत्रीकरण कर पाना और भी कठिन होगा। अत: लाभांश की अवधारणा अंशधारकों, कम्पनी, विनियोग राष्ट्रीय बचत इत्यादि तत्त्वों को प्रभावित करती है।

इन्स्टीट्यूट आफ चार्टर्ड एकाउन्टेन्ट्स आफ इण्डिया के अनुसार ''लाभांश इस उद्देश्य हेतु उपलब्ध लाभों एवं संचयों में से अंशधारियों को किया गया वितरण है।''

आयकर अधिनियम 1961 के अनुसार ''लाभांश संचित लाभों चाहे वे पूँजीकृत हो अथवा नहीं का वितरण है यदि ऐसे वितरण से सम्पत्ति अथवा उसका कोई भाग निर्मुक्त होता है।''

विभाजन योग्य लाभ—विभाजन योग्य लाभ से अभिप्राय कम्पनी के उन लाभों से है जिनका वितरण वैधानिक तौर पर अंशधारकों के मध्य लाभांश के रूप में किया जाता है। कम्पनी (लाभांश पर अस्थायी प्रतिबन्ध) अधिनियम, 1974 तथा संशोधित अधिनियम, 1975 के अनुसार विभाजन योग्य लाभ से आशय कम्पनी के शुद्ध लाभ का 1/3 भाग अथवा कम्पनी के समता अंशों के अंकित मूल्य पर भुगतान की जाने वाली 12% लाभांश की राशि व पूर्वाधिकार अंशों पर देय लाभांश की राशि में से जो भी कम हो से है। शुद्ध लाभ का आशय उस लाभ से है। जो कम्पनी अधिनियम, 1956 की धारा 394 की व्यवस्थानुकूल होता है। इस धनराशि से आयकर एवं ह्रास की धनराशि को घटा दिया जाता है। ''लाभांश से आशय विभाजन योग्य लाभों की उस इकाई मात्रा से है जो अंशधारकों द्वारा विनियोजित पूँजी के प्रतिफलस्वरूप उनमें वितरित की जानी है तथा जिसे प्रति इकाई लाभांश अथवा प्रतिशत के रूप में अभिव्यक्त किया जाता है।''

एम० आर० अग्रवाल के शब्दों में—"लाभांश किसी कम्पनी के लाभों एवं आधिक्य कोषों का वह भाग है जो वस्तुत: एक निश्चित तिथि को कम्पनी की वैध क्रिया के अनुसार इसके अंशधारकों में एक निश्चित समय या माँग पर देय उनकी अंशधारिता के अनुपात में वितरण हेतु अलग रख दिया जाता है।"[1]

डॉ० आर० एस० कुलश्रेष्ठ के शब्दों में—"लाभांश किसी कम्पनी के लाभ का वह अंश है जो अंशों के सममूल्य के प्रतिशत के रूप में अथवा प्रति अंश एक निश्चित राशि के रूप में कम्पनी के संचालक मण्डल के निर्णय एवं विकल्प के अन्तर्गत घोषित एवं वितरित किया जाता है।"

वस्तुत: लाभांश के वितरण सम्बन्धी निर्णयन करने एवं तद्विषयक नीति निर्धारित करने में कम्पनी की आवश्यकताओं एवं अंशधारकों को उचित प्रतिफल नामक बिन्दुओं पर विशेष ध्यान देना होता है।

क-कम्पनी की आवश्यकताएँ (Needs of the Company)—लाभांश का निर्धारण करने से पूर्व कम्पनी की भावी वित्तीय आवश्यकताओं का विशेष ध्यान रखना चाहिए। निकट भविष्य में कम्पनी की विकास एवं विस्तार परियोजनाओं की आवश्यकता होने पर अतिरिक्त मात्रा में पूँजी विनियोग की आवश्यकता होगी ऐसी दशा में लाभांश की मात्रा कम घोषित करके प्रतिधारित आय (Retained earnings) के पुनर्निवेश (Re investment) द्वारा संगठन की भावी उपार्जन क्षमता में अभिवृद्धि की जा सकती है जिससे अंशधारकों को भावी वर्षों में अधिक मात्रा में लाभांश का भुगतान किया जा सके।

ख-अंशधारकों को उचित प्रतिफल (Reasonable Return to Share Holders)—अंशधारकों द्वारा संगठन में पूँजी का विनियोजन प्रत्याय की प्राप्ति हेतु किया जाता है। उनके द्वारा संगठन से यह अपेक्षा की जाती है कि उन्हें कम-से-कम बाजार में प्रचलित ब्याज दर से प्रत्याय की प्राप्ति अवश्य हो। कम्पनी द्वारा अंशधारियों की प्रत्याशा के अनुरूप लाभांश की घोषणा न किये जाने की दशा में अंशधारकों में असन्तोष होगा जिसके परिणामस्वरूप कम्पनी के अंशों का बाजार मूल्य गिरने लगेगा अंशधारक अपने द्वारा धारित अंशों को बेचकर अन्य कम्पनियों (जिनका घोषित लाभांश प्रतिशत अधिक है) के अंशों को क्रय करने का प्रयास करेंगे। जिससे कम्पनी की साख एवं भावी पूँजी संग्रहण क्षमता पर प्रतिकूल प्रभाव पड़ेगा।

ग-निदेशक मण्डल का विवेक (Discretion of Board of Directors)—संगठन के कम्पनी प्रारूप के अन्तर्गत स्वामित्व (Ownership) तथा प्रबन्धन (Management) दो अलग धाराएँ होती हैं। संगठन के स्वामियों द्वारा निदेशक मण्डल का चयन किया जाता है। निदेशक मण्डल के सदस्यगण स्वामियों के प्रतिनिधि के रूप में कार्य करते हैं। उनके द्वारा लाभांश निर्णयन करने हेतु अनेक बाह्य एवं आन्तरिक तत्त्वों को दृष्टिगत रखते हुए स्वविवेक का इस्तेमाल किया जाता है जिससे कम्पनी की आवश्यकताएँ बाधित न हों तथा अंशधारकों को उचित प्रतिफल भी प्राप्त हो सके। लाभांश के संदर्भ में निर्णयन का अधिकार निदेशक मण्डल के पास होता है किन्तु उनकी स्वेच्छाचारिता पर कम्पनी प्रावधानों के अन्तर्गत कतिपय प्रतिबन्ध भी लगाये गये हैं। जिनका अनुपालन करना उनके लिए परमावश्यक होता है। ये प्रतिबन्ध निम्नवत् है—

(i) कम्पनी के अन्तर्गत विनियोजित पूँजी में से लाभांश का भुगतान नहीं किया जा सकता।

(ii) लाभांश का भुगतान नकदी के रूप में ही किया जाना चाहिए, किसी अन्य प्रकार से (उत्पाद अथवा वस्तु) के रूप में लाभांश का भुगतान नहीं किया जा सकता।

(iii) किसी भी वित्तीय वर्ष हेतु लाभांश की घोषणा ह्रास का आयोजन करने के उपरान्त अवशिष्ट लाभों में से ही की जा सकती है।

(iv) कम्पनी में विद्यमान पूर्व हानियों का समायोजन करने के उपरान्त ही लाभांश की घोषणा की जानी चाहिए।

(v) अंश प्रीमियम से लाभांश की घोषणा होने की दशा में अंशधारकों को सूचित करना एवं उनकी राय लेना आवश्यक होता है।

---

1. A dividend is that Portion of Profits and surplus funds of a corporation which has actually set aside by a valid act of the corporation for distributing among its share holders of record on a fixed day in Proportion to their holdings to be paid on Demand or at a fixed time.

(vi) लाभांश की घोषणा से कम्पनी के दिवालिया होने की सम्भावव्यता होने पर लाभांश की घोषणा कदापि नहीं की जा सकती।

(vii) कम्पनी (संशोधित) अधिनियम 1974 के प्रावधानों के अनुसार कोई भी कम्पनी लाभांश की घोषणा करने से पूर्व एक निर्धारित प्रतिशत संचय कोष के रूप में अवश्य रखेगी यह मात्रा अधिकतम 10% तक हो सकती है।

लाभांश नीति का आशय (Meaning of Dividend Policy)—लाभांश नीति अत्यन्त व्यापक एवं लोचपूर्ण क्रिया है। सामान्य तौर पर लाभांश नीति का अभिप्राय निदेशक मण्डल द्वारा लाभांश वितरण हेतु अपनायी जाने वाली नीति से है। वृहद् अर्थों में लाभांश नीति का आशय लाभांश वितरण के सिद्धान्तों नियमों एवं कार्यप्रणाली के सुनिश्चयन द्वारा लाभांश के वितरण से है। वस्तुत: वित्तीय प्रबन्धन के अन्तर्गत लिये जाने वाले वित्तीय निर्णयों, विनियोग निर्णयन, वित्त पोषण निर्णयन तथा लाभांश निर्णयन में लाभांश निर्णयन का अत्यन्त महत्त्वपूर्ण स्थान है। "लाभांश नीति के द्वारा अर्जनों का अंशधारकों में भुगतान तथा प्रतिधारित अर्जनों में विभाजन निर्धारित किया जाता है।"[1] प्रतिधारित आय Retained earnings) संगठन के विकास एवं विस्तार परियोजनाओं के क्रियान्वयन हेतु आवश्यक होती है । लाभांश के भुगतान से संगठन में रोकड़ बहिर्गमन (Cash outflow) तथा चालू सम्पत्तियों की मात्रा में कमी होती है। अपेक्षाकृत ऊँची दरों से लाभांश की घोषणा लाभों के पुनर्विनियोजन को हतोत्साहित करती है तथा संगठन के भावी विकास की गति मंद हो जाती है। दूसरी ओर प्रचलित बाजार दर से कम मात्रा में लाभांश की घोषणा अंशधारकों में असन्तोष का कारण होती है। अत: संगठन के हित में संचालनों द्वारा एक सुस्पष्ट एवं सन्तुलित लाभांश नीति का निर्धारण परमावश्यक होता है।

लाभांश नीति के निर्धारक तत्त्व (Factors Determining the Dividend Policy)—किसी भी कम्पनी के लाभांश नीति का निर्धारण अनेक आन्तरिक एवं बाह्य तत्त्वों पर निर्भर करता है लाभांश नीति के निर्धारण में संगठन के हित अंशधारकों के हित समाज एवं राष्ट्र के हितों को ध्यान में रखना पड़ता है। समान्य तौर पर कम्पनी संगठन की लाभांश नीति को निम्नलिखित तत्त्व प्रभावित करते हैं।

1. उद्यम की प्रकृति (Nature of Business)—संगठन द्वारा किये जाने वाले व्यवसाय की प्रकृति का प्रभाव लाभांश नीति पर पड़ता है। अपेक्षाकृत स्थिर आय वाले उद्यमों में लाभांश के भुगतान में समरूपता रखी जा सकती है। अत्यधिक अर्जन क्षमता वाले प्रतिस्पर्धा रहित उद्यमों में उच्च दर से लाभांश का भुगतान किया जा सकता है। किन्तु अत्यधिक उच्चावचनों वाले उद्यमों में लाभांश का भुगतान नियमित तथा स्थिर दर से नहीं किया जा सकता। जनोपयोगी तथा आवश्यक वस्तुओं के उत्पादन में लगी इकाइयों में अपेक्षाकृत कम उच्चावचन होते हैं। ऐसी संस्थाएँ स्थायी लाभांश नीति का परिपालन कर सकती हैं। किन्तु व्यापारिक एवं विलासितापूर्ण वस्तुओं के उत्पादन में लगी इकाइयाँ कठोर लाभांश नीति का अनुपालन करती हैं।

2. लाभ की मात्रा (Quantity of Profit)—लाभांश नीति को प्रभावित करने वाले तत्त्वों में सर्वाधिक महत्त्वपूर्ण तत्त्व संगठन में होने वाले लाभ की मात्रा है। क्योंकि लाभ की मात्रा ही वह आधार है जिसके परिप्रेक्ष्य में लाभांश का भुगतान किया जाता है। लाभ की मात्रा अधिक होने पर अपेक्षाकृत अधिक लाभांश तथा लाभ की मात्रा कम होने पर कम लाभांश एवं हानि होने पर लाभांश भुगतान का स्थगन किया जा सकता है। सामान्य तौर पर लाभांश का भुगतान चालू वर्ष में होने वाले लाभों से ही किया जाता है। लाभांश के संदर्भ में नीति निर्धारित करने से पूर्व कम्पनी के पिछले लाभों को भी दृष्टिगत रखा जाता है।

3. कम्पनियों की आयु (Age of the Companies)—कम्पनी की आयु का भी प्रभाव लाभांश नीति के निर्धारण में पड़ता है। नवसृजित कम्पनियों द्वारा लाभांश की मात्रा कम घोषित करके लाभ की अधिकांश राशि को विकास, विस्तार, अनुसन्धान इत्यादि कार्यों में व्यय किया जा सकता है। किन्तु दीर्घकाल से कार्यरत कम्पनियों द्वारा लाभांश नीति के निर्धारण में काफी उदारता का परिचय दिया जा सकता है। विकास एवं विस्तार कार्यक्रमों के लिए उनके द्वारा पर्याप्त मात्रा में लाभ की राशि को पूर्व में प्रतिधारित (Retained) किया जा चुका होता है। अत: लम्बे समय से स्थापित कम्पनियाँ अपेक्षाकृत अधिक दर से लाभांश की घोषणा कर सकती हैं।

4. भावी वित्तीय आवश्यकताएँ (Future Financial Needs)—संगठन की लाभांश नीति का निर्धारण करने से पूर्व कम्पनी की भावी वित्तीय आवश्यकताओं का आकलन कर लेना आवश्यक होता है। कम्पनी द्वारा भविष्य में अपने

---

1. Dividend Policy determines the division of earnings between pay out to share holders and retained earnings.

—*Weston and Brigham*

विकास विस्तार एवं अनुसन्धान हेतु वांछित धनराशि का आकलन करने के उपरान्त ही लाभांश की घोषणा की जानी चाहिए। यदि कम्पनी की उत्पादन क्षमता में अभिवृद्धि हेतु विकास, विस्तार एवं अनुसन्धान पर अधिक धनराशि का विनियोग करना है तो कम्पनी द्वारा अत्यल्प मात्रा में लाभांश की घोषणा करके अधिकांश भाग को प्रतिधारित (Retained) कर लेना चाहिए। क्योंकि ऐसा करने से कम्पनी की भावी उपार्जन क्षमता में अभिवृद्धि होगी जिसके परिणामस्वरूप अंशधारकों को अपेक्षाकृत अधिक मात्रा में लाभांश का भुगतान किया जा सकेगा। इसके विपरीत यदि कम्पनी द्वारा अपनी आय का अधिकांश भाग अथवा समग्र भाग लाभांश के रूप में बाँट दिया जाता है, तो संगठन को भावी परियोजनाओं के क्रियान्वयन एवं विकास तथा विस्तार कार्यक्रमों पर होने वाले विनियोग की धनराशि को संकलित करने में अत्यन्त कठिनाई का सामना करना पड़ सकता है। वाँछित पूँजी की व्यवस्था ऋणों के माध्यम से करने की स्थिति भी आ सकती है। अतः संगठन के पास लाभकारी विनियोग प्रस्ताव होने की दशा में अधिकाधिक आय को प्रतिधारित (Retained) किया जाना संगठन एवं अंशधारक दोनों के भविष्य हेतु श्रेयस्कर होगा।

5. तरलता की मात्रा (Quantity of Liquidity)—संगठन में उपलब्ध तरलता की मात्रा का भी प्रभाव लाभांश नीति पर पड़ता है। लाभ की राशि पर्याप्त होने पर भी संगठन में तरलता की मात्रा कम होने पर अधिक लाभांश घोषित करना औचित्यपूर्ण नहीं होगा, उधार विक्रय करने वाली तथा स्थायी सम्पत्तियों में अपेक्षाकृत अधिक धनराशि विनियोजित करने वाली कम्पनियों में तरलता की स्थिति अनुकूल नहीं होती। सामान्य तौर पर सुप्रबन्धित कम्पनियों में जहाँ तरलता की स्थिति अच्छी होती है, उनमें पर्याप्त मात्रा में लाभांश की घोषणा की जा सकती है। प्रायः ऐसे संगठनों के पास विनियोग अवसरों की कमी होती है। दूसरी ओर विकासशील संगठनों में स्थायी कार्यशील पूँजी पर अत्यधिक मात्रा में विनियोजन होने के कारण तरलता की मात्रा अपेक्षाकृत कम होती है।

6. अंश निर्गमन की स्थिति (Extent of Share Issue)—लाभांश की मात्रा के निर्धारण में अंश निर्गमन की स्थिति का भी प्रभाव पड़ता है। यदि कम्पनी के अंशधारक कम मात्रा में तथा सम्पर्क में है अर्थात् कम्पनी सन्निकट रूप से नियंत्रित कम्पनी (Closely held company) है तो अंशधारकों की आम सहमति से अपेक्षाकृत कम लाभांश का भुगतान करने हेतु कठोर लाभांश नीति (Rigid Dividend Policy) को निरूपित किया जा सकता है। किन्तु अंशधारकों की संख्या अधिक होने तथा विस्तृत क्षेत्र में फैले होने की दशा में अपेक्षाकृत अधिक लाभांश का भुगतान करना संगठन के लिए हितकर होगा।

7. अंशधारकों की आर्थिक दशा (Economic Condition of Share Holders)—संगठन की वित्तीय आवश्यकता एवं कोषों की उपलब्धता के अतिरिक्त अंशधारकों की इच्छा एवं आर्थिक दशा का भी प्रभाव लाभांश नीति के निर्धारण में पड़ता है। क्योंकि कम्पनी प्रबन्धन का अंतिम लक्ष्य अंशधारकों की आय में अभिवृद्धि करना होता है। अंशधारकों की आर्थिक दशा अच्छी होने पर उनके द्वारा लाभांश को उतना महत्त्व नहीं दिया जायेगा जबकि कमजोर आर्थिक दशा वाले अंशधारक लाभांश के रूप में होने वाली आय को अपनी भावी व्यय योजनाओं में सम्मिलित करते हैं। अतः ऐसे अंशधारकों को नियमित रूप से लाभांश का भुगतान अवश्य किया जाना चाहिए। लाभांश नीति का निर्धारण अत्यन्त सन्तुलित रूप में किया जाना चाहिए। जिससे समग्र अंशधारकों के हितों को संरक्षित किया जा सके।

8. शासकीय नीति (Government Policy)—सरकार की आर्थिक नीति, श्रम नीति, औद्योगिक नीति, प्रशुल्क नीति का भी प्रभाव लाभांश नीति के निर्धारण पर पड़ता है। शासकीय नीतियाँ उदार एवं स्वतंत्र होने पर कम्पनी की आय पर अनुकूल प्रभाव पड़ेगा। जिससे कम्पनी अधिक मात्रा में लाभांश का भुगतान करने में सक्षम होगी, इसके विषरीत यदि शासकीय नीतियाँ अनुदार एवं नियंत्रित है तो संगठन का लाभार्जन एवं लाभांश नियंत्रित होगा।

9. वैधानिक प्रतिबन्ध (Legal Restrictions)—कम्पनी अधिनियम, 1956 के अन्तर्गत लाभांश की घोषणा एवं भुगतान हेतु लगाये गये प्रतिबन्धों का भी प्रभाव कम्पनी की लाभांश नीति पर पड़ता है। कम्पनी अधिनियम की धारा 205 के अनुसार ह्रास एवं पिछली हानियों को समायोजित करने के उपरान्त अवशिष्ट लाभों में से ही लाभांश का भुगतान किया जाना चाहिए, कम्पनी की पूँजी का प्रयोग लाभांश के भुगतान हेतु कदापि नहीं किया जाना चाहिए। कम्पनी संचय अधिनियम, 1975 के अनुसार लाभांश की घोषणा एवं भुगतान से पूर्व ह्रास का आयोजन करने के उपरान्त लाभ का अधिकतम 10 प्रतिशत संचय के रूप में हस्तान्तरित करना आवश्यक होता है। कम्पनी संचयों में से लाभांश की घोषणा कतिपय शर्तों के अधीन ही की जा सकती है।

10. कर नीति (Taxation Policy)—सरकार द्वारा निर्धारित कर नीति का भी प्रभाव लाभांश नीति के निर्धारण पर पड़ता है। यदि सरकार ऊँची दर से निगम कर कम्पनियों पर आरोपित करती है तो विभाजनीय (Divisible) लाभों की मात्रा में कमी होगी, इसके कारण लाभांश की दर भी अपेक्षाकृत कम होगी किन्तु सरकार द्वारा निगम कर की राशि का निर्धारण उदारतापूर्वक किया जाता है तो विभाजनीय लाभों की मात्रा में अभिवृद्धि होगी जिसके फलस्वरूप अधिक मात्रा में लाभांश का भुगतान किया जा सकता है।

11. नियंत्रण (Control)—कम्पनी प्रबन्धन द्वारा नियंत्रण की स्थापना के उद्देश्य से लाभांश नीति को प्रभावित किया जाता है। कम्पनी द्वारा अधिक मात्रा में लाभांश की घोषणा करने पर विनियोग कार्यक्रमों के वित्त पोषण हेतु भविष्य में नवीन अंशों का निर्गमन करना पड़ सकता है। उन निर्गमित अंशों को विद्यमान अंशधारकों द्वारा न लिए जाने पर कम्पनी का नियंत्रण मिश्रित हो जाता है। ऐसी दशा में नकद लाभांश वितरण के बजाय आय की प्रतिधारण नीति अपनाना हितकर होगा।

12. मुद्रा स्फीतिक दशा (Condition of Inflation)—मुद्रा स्फीति का भी प्रभाव संगठन की लाभांश नीति के निर्धारण में अवश्य पड़ता है। स्फीतिक काल में संगठन की अर्जन क्षमता को बनाये रखने हेतु अधिक मात्रा में आय के प्रतिधारण (Retained) की आवश्यकता होती है। ऐसी दशा में विकास परियोजनाओं के क्रियान्वयन में धनाभाव के कारण बाधा आती है। इस काल में प्रतिधारित अर्जनों की अत्यधिक आवश्यकता होने के कारण ऐसी लाभांश नीति को अपनाना होगा जिससे संचयों में अभिवृद्धि हो सके।

13. जनमत (Public Opinion)—कम्पनियों की लाभांश नीति जनमत तथा जन प्रतिक्रियाओं से भी प्रभावित होती है। प्राय: अधिक मात्रा में लाभांश का भुगतान करने वाली कम्पनियों को लोग संदेह की दृष्टि से देखते हैं। क्योंकि कम्पनी की आय को अविधिक रूप से अर्जित मान लिया जाता है। ऐसी दशा में कर्मचारी अधिक वेतन तथा उपभोक्ता वस्तुओं के मूल्यों में कमी की माँग करने लगते हैं। इसके विपरीत अल्प मात्रा अथवा शून्य मात्रा में लाभांश की घोषणा करने पर जनता द्वारा कम्पनी की प्रबन्धन क्षमता पर संदेह किया जाता है।

लाभांश नीति के प्रकार
(Types of Dividend Policy)

लाभांश नीति के निर्धारण की कोई सर्वमान्य तकनीक विकसित किया जाना सम्भव नहीं है। जिसे संगठन की समस्त दशाओं में क्रियान्वित किया जा सके। कम्पनी प्रबन्धकों द्वारा संगठन की प्रकृति, लाभार्जन क्षमता, प्रतिस्पर्धात्मक दशाएँ, एवं संगठन की वित्तीय आवश्यकताओं के आधार पर लाभांश नीति का निर्धारण किया जाता है। वस्तुत: कम्पनी के लिए सुसंगत लाभांश नीति का निर्माण आवश्यक होता है। जिससे अंशधारकों एवं संगठन दोनों के हित सुरक्षित एवं संरक्षित हो सके। वित्तीय प्रबन्धन द्वारा सामान्य तौर पर निम्न विवरणित लाभांश नतियों में से किसी एक नीति का अनुपालन किया जा सकता है।

1. स्थिर एवं नियमित लाभांश नीति (Stable and Regular Dividend Policy)—स्थिर एवं नियमित लाभांश नीति से अभिप्राय उस लाभांश नीति से है जिसके अन्तर्गत एक निश्चित धनराशि नियमित तौर पर लाभांश के रूप में अंशधारकों को प्राप्त होती रहती है। दूसरे शब्दों में, संगठन के लाभों में होने वाले उच्चावचनों का प्रभाव संगठन की लाभांश नीति पर नहीं पड़ता। कम्पनी प्रबन्धन द्वारा संगठन की आय में उतार-चढ़ाव होने पर भी प्रति अंश लाभांश की मात्रा स्थिर रखने की नीति का अनुपालन किया जाता है। इस विधि के अन्तर्गत प्रतिवर्ष अंशधारकों को एक निश्चित धनराशि लाभांश के रूप में प्राप्त हो जाती है। कम्पनी के अधिक लाभ वाले वर्षों में भी लाभांश की मात्रा स्थिर रहती है। इन वर्षों में अतिरिक्त लाभों को प्रतिधारित (Retained) कर लिया जाता है जिसका प्रयोग अपेक्षाकृत कम लाभ वाले वर्षों में लाभांश दर स्थिर बनाये रखने हेतु किया जाता है। स्थिर लाभांश नीति के अन्तर्गत घोषित लाभांश की मात्रा सदैव स्थिर न रहकर अपितु संगठन की आयों में निरन्तर अभिवृद्धि होने पर परिवर्तनशील हो जाती है। वस्तुत: यह लाभांश नीति अंशधारकों के हितों एवं संगठन के विकास एवं विस्तार कार्यक्रमों के मध्य सन्तुलन पर आधारित होती है। इसके अन्तर्गत यह ध्यान रखा जाता है कि विभाजनीय लाभों का एक भाग संगठन के विकास एवं विस्तार कार्यक्रमों हेतु प्रतिधारित होता रहे तथा कुछ भाग अंशधारकों के मध्य लाभांश के रूप में वितरित भी किया जाय। यह नीति मध्यवर्गीय

व्यवस्था की पोषक होती है। इस नीति के अन्तर्गत प्रति अंश स्थिर लाभांश, स्थिर भुगतान अनुपात तथा स्थिर लाभांश के साथ अतिरिक्त लाभांश नीति का अनुपालन किया जा सकता है।

(i) प्रति अंश स्थिर लाभांश (Constant Dividend Per Share)—प्रति अंश स्थिर लाभांश नीति के अन्तर्गत कम्पनी के प्रबन्धन द्वारा प्रति वर्ष एक निश्चित दर से लाभांश की घोषणा सुनिश्चित कर दी जाती है। इस नीति के अन्तर्गत लाभांश का भुगतान करने पर अंशधारकों को एक निश्चित दर से लाभांश की प्राप्ति अनवरत् होती रहती है। यह नीति उन संगठनों में अधिक कारगर होती है जिनकी आय दीर्घकाल तक स्थिर बने रहने की सम्भावना होती है। प्रति अंश स्थिर लाभांश की राशि का समयान्तर्गत भुगतान सुनिश्चित करने हेतु संगठन द्वारा ''लाभांश समानीकरण कोष'' की स्थापना की जा सकती है। सामान्यतया इस नीति का अनुपालन उन व्यक्तियों अथवा संगठनों के लिए अनुकूल होता है जो अपनी आजीविका हेतु लाभांश आय पर निर्भर होते हैं।

(ii) स्थिर लाभांश भुगतान अनुपात (Constant Pay Out Ratio)—भुगतान अनुपात से अभिप्राय उस अनुपात से है जो संगठन के विभाज्य लाभों के अनुपात के रूप में हो। कतिपय संगठनों द्वारा लाभांश की एक निश्चित प्रतिशत राशि का भुगतान करने की नीति अपनायी जाती है। उदाहरणार्थ यदि कम्पनी अपनी आय का 75% लाभांश के रूप में भुगतान करने की नीति अपनाती है तो इसका अभिप्राय यह है कि कम्पनी अपनी विभाजनीय (Divisible) आय का 75% लाभांश के रूप में वितरित करेगी तथा शेष 25% संचय के रूप में प्रतिधारित (Retained) करके विकास एवं विस्तार कार्यक्रमों में प्रयोग करेगी। इस नीति का अनुपालन करने पर कम्पनी की आय में परिवर्तन होने पर अंशधारकों को लाभांश के रूप में प्राप्त होने वाली धनराशि भी परिवर्तित होती रहेगी। उदाहणार्थ यदि कम्पनी की विभाज्य आय रु० 5,00,000 है तो उसके द्वारा रु० 3,75,000 लाभांश के रूप में वितरित किया जायेगा यदि अंशों की संख्या 1,00,000 है तो प्रतिअंश लाभांश की राशि रु० 3.75 होगी, किन्तु कम्पनी की विभाज्य आय रु० 3,00,000 हो जाने पर लाभांश के रूप में वितरित की जाने वाली धनराशि रु० 2,25,000 होगी तथा प्रति अंश लाभांश की राशि रु० 2.25 अंशधारकों को प्राप्त होगी। प्राय: यह नीति कम्पनियों के हितों के अनुकूल होती है। हानि होने पर संगठन द्वारा किसी भी प्रकार के लाभांश का भुगतान नहीं किया जायेगा। यह नीति प्रत्यक्ष तौर पर कम्पनी प्रबन्धकों की भुगतान क्षमता से सम्बन्धित होती है।

(iii) नियमित तथा अतिरिक्त लाभांश (Regular and Additional Dividend)—संगठन द्वारा इस नीति का अनुपालन करने पर नियमित लाभांश का भुगतान करने के साथ ही कम्पनी को अतिरिक्त आय होने पर अतिरिक्त लाभांश का वितरण सुनिश्चित किया जाता है। अतिरिक्त धनराशि का भुगतान संगठन की आय पर आधारित होता है। कम्पनी को अतिरिक्त आय न होने की दशा में अतिरिक्त लाभांश का भुगतान नहीं किया जायेगा। प्राय: इस नीति के अन्तर्गत नियमित तथा अतिरिक्त लाभांश के मध्य कोई विभाजन रेखा नहीं खींची जा सकती किन्तु बड़े संगठनों द्वारा अंशों पर दिये जाने वाले लाभांश को नियमित तथा अतिरिक्त लाभांश के रूप में वर्गीकृत करती है। ऐसा इसलिए किया जाता है कि अंशधारक इस तथ्य से अवगत हों कि कम्पनी का प्रबन्धन उच्च कोटि का है तथा वह असामान्य लाभों को प्राप्त करने की स्थिति में हैं।

यह नीति उन संगठनों के लिए अनुकूल होती है जिनकी आय कतिपय वर्षो में बढ़ जाती है किन्तु अतिरिक्त आय में स्थिरता नहीं रहती है। दीर्घकाल तक कम्पनी की अतिरिक्त आय में स्थिरता बनी रहने पर अतिरिक्त लाभांश को नियमित लाभांश के साथ जोड़ा जा सकता है। इस विधि के अन्तर्गत अंशधारकों को प्राप्त होने वाली धनराशि अनिश्चित रहती है।

स्थिर लाभांश नीति के तत्त्व (Factors of Stable Dividend Policy)

(i) कम्पनी को अपनी आय में स्थिरता तथा नियमितता लाने का प्रयास करना चाहिए जिससे अंशधारकों को स्थिर तथा नियमित रूप से लाभांश का भुगतान किया जा सके।

(ii) तरलता लाभांश के भुगतान हेतु सर्वप्रमुख तत्त्व है। अत: संगठन में तरलता की स्थिति अनुकूल होनी चाहिए।

(iii) वित्तीय वर्ष के अन्तर्गत अर्जित लाभों में से विभाज्य लाभों से ही लाभांश का भुगतान किया जाना चाहिए।

(iv) अतिरिक्त लाभ वाले वर्षों में ही अतिरिक्त लाभांश का भुगतान करना चाहिए।

(v) अतिपूँजीकरण की प्रवृत्ति पर अंकुश लगाने हेतु आवश्यकतानुसार प्रतिधारित लाभ में से स्कन्ध लाभांश अथवा बोनस अंशों का निर्गमन किया जाना चाहिए।

(vi) लाभांश के भुगतान में स्थायित्व एवं नियमितता लाने हेतु लाभांश समानीकरण कोष (Dividend Equalibrium Fund) की स्थापना अवश्य ही करना चाहिए, जिससे कम लाभ वाले वर्षों में भी समान रूप से लाभांश का भुगतान किया जा सके।

(vii) लाभांश का भुगतान पूर्व वर्षों की एकत्रित हानियों तथा ह्रास का प्रावधान करने के उपरान्त ही किया जाना चाहिए।

स्थिर लाभांश नीति के लाभ
(Benefits of Stable Dividend Policy)

वस्तुत: स्थिर लाभांश नीति अंशधारकों के न्यूनतम हितों को संरक्षित करने वाली नीति है। प्रतिशत के रूप में स्थिर लाभांश का भुगतान संगठन के हितों को भी संरक्षित करता है। अत: स्थिर लाभांश नीति अंशधारकों एवं कम्पनी दोनों के दृष्टिकोण से लाभदायी है। इस नीति के कतिपय महत्त्वपूर्ण लाभों का विवेचन निम्नवत् है—

1. अंशधारकों की न्यूनतम आय में निश्चितता (Certainty in the Minimum Income of Share Holders)—स्थिर लाभांश नीति अंशधारकों को न्यूनतम लाभांश आय में स्थिरता एवं नियमितता की गारण्टी देती हैं। अंशधारकों द्वारा भविष्य की व्यय योजनाओं की पूर्ति लाभांश के रूप में प्राप्त आय के माध्यम से की जा सकती है। कम्पनी में आय की मात्रा कम होने पर भी सुनिश्चित लाभांश अवश्यमेव प्राप्त हो जाने के कारण यह नीति विनियोजकों द्वारा अत्यन्त पसंद की जाती है। आर्थिक तौर पर कमजोर अंशधारकों की जीविकोपार्जन हेतु यह विधि अत्यन्त उपयुक्त है।

2. अंशों के बाजार मूल्य में स्थायित्व (Stability in the Market Value of Shares)—एक निश्चित दर से नियमित रूप से लाभांश वितरण करने वाले संगठनों के अंशों का बाजार मूल्य अपेक्षाकृत स्थिर रहता है। अंशों के बाजार मूल्य में उच्चावचन कम होने के कारण अंशों में सट्टेबाजी नहीं होती, जिससे कम्पनी की साख में अभिवृद्धि होती है।

3. कम्पनी के प्रति विश्वास—अंशधारकों को स्थिर एवं नियमित रूप से लाभांश प्राप्त होने के कारण उनका कम्पनी के प्रति विश्वास बना रहता है। आय की मात्रा कम होने पर भी कम्पनी द्वारा लाभांश की राशि में कटौती न करके अपितु संचित कोषों में से लाभांश का भुगतान कर देने के कारण अंशधारकों में प्रबन्धन के प्रति विश्वास एवं आस्था बनी रहती है। परिणामस्वरूप अंशों के निर्गमन, से अथवा ऋण पत्रों एवं अधिमान अंशों के माध्यम से भी अतिरिक्त पूँजी की प्राप्ति सहजतापूर्वक हो जाती है।

4. अतिरिक्त पूँजी प्राप्ति में सरलता (Easy to Acquire Extra Capital)—कम्पनी द्वारा लाभांश का भुगतान नियमित रूप से किये जाने के कारण बाजार में उनकी साख अत्यन्त उच्च कोटि की होती है। जिसके कारण कम्पनी को अतिरिक्त पूँजी प्राप्ति में सरलता होती है।

5. संस्थागत निवेशकों के अनुकूल (Favourable for Institutonal Investors)—संस्थागत निवेशकों से आशय व्यक्ति से न होकर बल्कि वित्तीय, शैक्षणिक, सामाजिक व अन्य संस्थाओं से है। कम्पनी के अंशों में विनियोग प्राय: व्यक्तियों के अतिरिक्त संस्थागत निवेशकों द्वारा भी किया जाता है। संस्थागत निवेशक स्थिर लाभांश देने वाली कम्पनियों में निवेश करना अधिक उपयुक्त समझते हैं। इन निवेशकों को आकर्षित करने हेतु भी कम्पनियाँ स्थिर लाभांश नीति अपनाती हैं।

6. दीर्घकालीन नियोजन हेतु उपयुक्त (Useful for Long Term Planning)—स्थिर लाभांश नीति का अनुपालन करने वाली कम्पनियाँ विकास एवं विस्तार हेतु दीर्घकालीन वित्तीय नियोजन आसानीपूर्वक कर सकती है। इन कम्पनियों द्वारा वर्षान्त में दिये जाने वाले लाभांश का अनुमान सहजतापूर्वक लगाया जा सकता है। व्यय अनुमानों के आधार पर संगठन के विस्तार हेतु दीर्घकालीन योजना बनाकर तदनुकूल वित्त की व्यवस्था की जा सकती है।

7. राष्ट्रीय आय में स्थिरता (Stability in National Income)—देश की अधिकांश कम्पनियों द्वारा स्थिर लाभांश नीति का अनुपालन किये जाने के कारण राष्ट्रीय आय में स्थिरता आ सकती है। जिससे सम्पूर्ण अर्थव्यवस्था उच्चावचनों से अवमुक्त होकर स्थायित्व प्राप्त कर लेती है।

उपर्युक्त लाभों के अध्ययन से यह स्पष्ट है कि स्थिर लाभांश नीति अंशधारकों के लिए वरदान स्वरूप होती है। यह उस पुत्र की भाँति होती है जो परदेश में रहकर अपने माता-पिता के भरण-पोषण हेतु मनीआर्डर भेजता है। आर्थिक रूप से विपन्न अंशधारकों के जीवनयापन हेतु यह नीति अत्यन्त कारगर होती है। कम्पनियों के लिए भी यह नीति अनुकूल होती है क्योंकि अतिरिक्त आय होने पर भी उनके द्वारा अतिरिक्त लाभांश का भुगतान न करके बल्कि अवशेष राशि को संगठन के विकास एवं विस्तार कार्यक्रमों में पुनर्विनियोजित किया जा सकता है।

Illustration 1.

A B C Limited has a paid up capital of Rs. 20,00,000. The company during 4 years earned the Profit of Rs. 2,00,000, Rs. 4,30,000, Rs. 1,50,000, and Rs. 3,40,000 Respectively. What shall be the Position if (i) Company follows a Policy of 30% Stable pay out ratio (ii) Policy of stable dividend Rate of 10%.

Solution :

(i) The Company following a stable pay out ratio of 30%

Year	Income	Payout Ratio	Dividend	% Dividend
1	2,00,000	30%	60,000	3%
2	4,30,000	30%	1,29,000	6.45%
3	1,50,000	30%	45,000	2.25%
4	3,40,000	30%	1,02,000	5.1%

(ii) The company following a stable dividend rate of 10%

Year	Income	Dividend Rate	Amount of Dividend	Payment Ratio
1	2,00,000	10%	2,00,000	100%
2	4,30,000	10%	2,00,000	46%
3	1,50,000	10%	2,00,000	100% + 50,000 planning
4	3,40,000	10%	2,00,000	59%

उपर्युक्त उदाहरण से स्पष्ट है कि स्थिर भुगतान अनुपात की नीति के अन्तर्गत लाभों की राशि में कमी अथवा वृद्धि से लाभांश की धनराशि में भी कमी अथवा वृद्धि होती है। इसके विपरीत सुस्थिर लाभांश नीति का अनुपालन करने पर भुगतान के अनुपात में परिवर्तन होता रहता है। इससे कम्पनी की आन्तरिक वित्तीय व्यवस्था प्रभावित होने के कारण अंशों के बाजार मूल्यों में उच्चावचन नहीं होंगे।

2. विकास परक लाभांश नीति (Growth Oriented Dividend Policy)—विकास परक लाभांश नीति संगठन की विकासोन्मुखी लाभांश नीति होती है। इसके अन्तर्गत कम्पनी प्रबन्धकों द्वारा अल्पकाल में अंशधारकों के हितों की अपेक्षा कम्पनी के हितों को सर्वोच्च प्राथमिकता प्रदान की जाती है। कम्पनी के निदेशक मण्डल द्वारा विकास, विस्तार एवं अनुसंधान कार्यक्रमों को क्रियान्वित करने हेतु वित्तीय सुदृढ़ता पर विशेष ध्यान दिया जाता है। इसके लिए अंशधारकों को लाभांश की अत्यल्प मात्रा का भुगतान करके अवशिष्ट समस्त राशि को प्रतिधारित (Retained) करने का प्रयास किया जाता है। लाभांश वितरण हेतु कठोर लाभांश नीति का पालन करने से अंशधारियों को मिलने वाला लाभांश अपेक्षाकृत अत्यल्प होता है। विकासोन्मुख कम्पनी द्वारा उत्पादकता में अभिवृद्धि हेतु चलाये गये विकास एवं विस्तार कार्यक्रम दीर्घकाल में अंशधारकों के हितों को ही संसाधित करते हैं। लाभ के अधिकांश भाग को संगठन में पुनर्विनियोजित करने के कारण संगठन का आधार मजबूत होता है तथा वह समान प्रकृति वाली अन्य कम्पनियों के साथ प्रतिस्पर्धा में कड़ा मुकाबला करने की स्थिति में होती है। इस नीति के अन्तर्गत लाभांश भुगतान अनुपात कम अथवा शून्य तथा प्रतिधारित आय अनुपात अत्यधिक अथवा शत-प्रतिशत हो सकता है।

विकास परक लाभांश नीति के सन्दर्भ में कोहेन तथा रोबिन्स का यह कथन अत्यन्त युक्तिसंगत है। "किसी भी कम्पनी की वृद्धि दर जितनी तीव्र होगी विकास एवं विस्तार हेतु पूँजी की माँग उतनी ही अधिक होगी, लाभदेयकता की

मात्रा जितनी अधिक होगी और अधिक लाभार्जन हेतु कोषों का संगठन से ही प्रतिनिधायन उतना ही युक्तिपूर्ण होगा, न कि उन कोषों का भुगतान अंशधारकों को अन्यत्र निवेश हेतु कर दिया जाये।''[1] विकास परक लाभांश नीति का अनुपालन करने से समता अंशों के अपुस्तकीय तथा बाजार मूल्य में अभिवृद्धि होती है। आय के अत्यधिक प्रतिनिधायन (Retained) से संचित कोषों की मात्रा में अभिवृद्धि हो जाती है। संचित कोषों की प्रचुरता होने पर कम्पनी द्वारा बोनस अंशों का निर्गमन किया जाता है। वस्तुत: इस नीति का अनुगमन दीर्घकाल तक करने की दशा में अंशधारक कम्पनी प्रबन्धन के प्रति अविश्वास करने लगते हैं। अंशधारकों को प्रचलित ब्याज दर की मात्रा तक प्रत्याय न प्राप्त हो पाने पर उनके द्वारा अंशों को बेचने का प्रयास किया जाता है जिससे संगठन की साख पर अनुकूल प्रभाव नहीं पड़ता। पश्चात्वर्ती कालों में कम्पनी को और अधिक वित्त की आवश्यकता होने पर पूँजी बाजार से पूँजी संग्रहण में अत्यन्त कठिनाई होती है।

3. उदार लाभांश नीति (Liberal Dividend Policy)—उदार लाभांश नीति विनियोजकों के अल्पकालीन हितों को संसाधित करती है। इस नीति का अनुपालन करने पर कम्पनी प्रबन्धन द्वारा विभाजनीय (Divisible) लाभों का अधिकतर भाग लाभांश के रूप में अंशधारकों के मध्य वितरित कर दिया जाता है, तथा अत्यल्प भाग संगठन के विकास एवं विस्तार हेतु प्रतिधारित (Retained) किया जाता है। विकास परक लाभांश नीति के विपरीत इस नीति के अन्तर्गत भुगतान अनुपात अत्यधिक उच्च तथा प्रतिधारित अनुपात न्यून अथवा शून्य होता है।

इस लाभांश नीति का पालन करने पर कम्पनी के अंशधारक अल्पकाल में सन्तुष्ट रहते हैं तथा कम्पनी द्वारा भावी पूँजी आवश्यकताओं की पूर्ति पूँजी बाजार से करने में सुगमता रहती है। किन्तु प्रतिधारण दर अत्यन्त नीची होने के कारण कम्पनी की विकास एवं विस्तार परियोजनाएँ वित्त के अभाव में पूर्ण नहीं हो पाती जिससे कम्पनी के अंशों में सट्टेबाजी की प्रकृति को बल मिलता है। इसके अतिरिक्त दीर्घकाल में कम्पनी की विकास एवं विस्तार योजनाएँ पूर्ण न हो पाने के कारण संगठन की लाभोपार्जन क्षमता पर प्रतिकूल प्रभाव पड़ता है। जिससे अंशधारकों को भविष्य में प्राप्त होने वाले लाभांश की मात्रा में कमी होती है। अत: संगठन की आर्थिक सुदृढ़ता नामक उपान्त को ध्यान में रखकर ही उदार लाभांश नीति का अनुपालन संगठन तथा अंशधारक दोनों के लिए हितकर होगा।

4. नियमित स्कन्ध लाभांश नीति (Policy of Paying Regular Bonus Dividend)—इस नीति के अनुसार कम्पनी द्वारा लाभांश का भुगतान नकद न करके बल्कि अंशों के रूप में दिया जाता है। उन निर्गमित अंशों को बोनस अंश की संज्ञा दी जाती है। इस नीति के अनुपालन से कम्पनी की समग्र आय पूँजीकृत हो जाती है तथा उसको विकास एवं विस्तार कार्यक्रमों में पुनर्विनियोजित कर दिया जाता है। बोनस अंशों के रूप में लाभांश का वितरण करने पर कम्पनी की तरलता प्रभावित नहीं होती, इस नीति को तभी अपनाया जा सकता है जब कम्पनी की विकास एवं विस्तार परियोजनाओं के संचालन हेतु अत्यधिक मात्रा में धन की आवश्यकता हो। इस नीति के अपनाने से अंशधारकों की सम्पत्ति में वृद्धि होती है किन्तु दीर्घकाल तक बोनस अंश जारी करने के कारण कम्पनी की प्रति अंश अर्जन क्षमता अत्यल्प हो जायेगी, इसके कारण अंशों के बाजार मूल्य में गिरावट होगी परिणामस्वरूप कम्पनी की ख्याति पर प्रतिकूल प्रभाव पड़ेगा।

5. नियमित रूप से नकद व स्कन्ध लाभांश नीति (Policy to Regular Cash and Bonus Dividend)—कम्पनी द्वारा इस नीति का अनुपालन करने से अंशधारकों को बोनस अंशों के साथ-साथ कुछ मात्रा में नकद राशि भी प्राप्त होती है। इस नीति का क्रियान्वयन तभी किया जाता है जब कम्पनी नियमित नकद लाभांश के साथ-साथ अतिरिक्त आय को बोनस अंशों के रूप में अंशधारकों के मध्य वितरित कर देती है। कम्पनी के पास तरलता की मात्रा का अभाव होने पर अतिरिक्त आय को बोनस अंशों के रूप में निर्गत कर दिया जाता है। अंशधारकों द्वारा आवश्यकता पड़ने पर उन बोनस अंशों को बेचकर नकदी के रूप में परिवर्तित किया जा सकता है।

6. अनियमित लाभांश नीति (Irregular Dividend Policy)—अनियमित लाभांश नीति के अन्तर्गत अंशधारियों को प्रदान की जाने वाली लाभांश राशि को संगठन की आय में होने वाले उतार-चढ़ाव के अनुसार घटा-बढ़ा लिया जाता है। संगठन के उपार्जन क्षमता में उच्चावचन होने की दशा में यह विधि अत्यन्त उपयोगी होती है। इस नीति

---

1. "The more rapid the growth the greater the demand for additional funds for expansion. The higher the profitability the more logical it will seem to retain funds and employ them to earn higher returns, than would be obtained if they were Paid out to stock holders and invested by them else where."
—Cohen & Robins

का अनुश्रवण, व्यवसाय के असफल संचालन, आय की अनिश्चितता, तरलता का अभाव इत्यादि कारणों से किया जाता है। कम्पनी के विनियोग अवसरों में होने वाले उच्चावचनों का प्रत्यक्ष प्रभाव इस नीति पर पड़ता है। कम्पनी के पास लाभकारी विनियोग प्रस्ताव वाले वर्षों में आय का अधिकांश भाग प्रतिधारित करना अनुकूल होगा जबकि विनियोग प्रस्तावों की कमी वाले वर्षों में आय का अधिकांश भाग लाभांश के रूप में वितरित करना श्रेयस्कर होगा।

7. तत्काल लाभांश न देने की नीति (Policy of not to Pay Immediate Dividend)—कम्पनी के प्रबन्धकों द्वारा संगठन में प्रचुर आय होने पर भी तत्काल लाभांश न वितरित करने का निर्णय लिए जाने को तत्काल लाभांश न देने की नीति कहा जाता है। इस नीति का अनुपालन नवसृजित कम्पनियों के लिए (जिन्हें विकास एवं विस्तार हेतु अत्यधिक पूँजी की आवश्यकता हो) अत्यन्त आवश्यक होता है। कम्पनी की विकास एवं विस्तार परियोजनाओं को पूर्ण करने हेतु पूँजी बाजार से पूँजी एकत्रित करने में कठिनाई होने पर भी यह नीति अत्यन्त कारगर होती है। वस्तुत: लाभांश देने की अवधि समाप्त होने के उपरान्त कम्पनी द्वारा संचित कोषों में से स्कन्ध लाभांश का भुगतान कर देना चाहिए।

सुदृढ़ लाभांश नीति के आवश्यक तत्त्व
(Essentials of a Sound Dividend Policy)

वस्तुत: कम्पनी के समता अंशधारक ही कम्पनी के स्वामी होते हैं। इनके द्वारा विनियोजित पूँजी स्वामित्व पूँजी कहलाती है। कम्पनी प्रबन्धन का प्रमुख उद्देश्य स्वामियों के हितों को संरक्षित करना होता है। स्वामियों की आय एवं सम्पत्ति में वृद्धि के लक्ष्य को प्राप्त करने हेतु ही संगठन द्वारा लाभांश नीति का निर्धारण किया जाता है। कम्पनी की विकास एवं विस्तार परियोजनाओं में प्रतिधारित आय का विनियोग भी स्वामित्व के हितों को संरक्षित करने हेतु किया जाता है। अत: लाभांश नीति निर्धारण का प्राथमिक उद्देश्य अंशधारकों की आर्थिक स्थिति उनकी अभिरुचि को ध्यान में रखना होता है। सुदृढ़ लाभांश नीति के अन्तर्गत लाभांश की राशि सामान्य वर्षों में तथा कम लाभ वाले वर्षों में स्थिर रहती है। कम्पनी की आय में अभिवृद्धि होने पर ही अशंधारकों को देय लाभांश में अभिवृद्धि की जाती है।

सामान्यतया संगठन की सुदृढ़ लाभांश नीति में निम्नलिखित निर्धारण तत्त्वों का समावेश होना आवश्यक होता है।

1. अर्जित लाभों में से लाभांश (Dividend from Earned Profits)—कम्पनी द्वारा उपार्जित लाभों में से ही लाभांश का भुगतान किया जाना चाहिए। पूर्व वर्षों की हानि को अपलिखित करके ही अवशिष्ट लाभ में से लाभांश का भुगतान करना चाहिए। ह्रास, संचय, ब्याज, कर इत्यादि का प्रावधान करने के पश्चात विभाज्य लाभों में से ही लाभांश का भुगतान करना हितकर होता है।

2. लाभांश का नकद भुगतान (Cash Payment of Dividend)—सुदृढ़ लाभांश नीति के अन्तर्गत लाभांश का भुगतान किसी अन्य रूप में न करके बल्कि नकद किया जाना चाहिए। भारतीय कम्पनी अधिनियम के प्रावधानों के अनुसार लाभांश केवल नकद रूप में ही दिया जा सकता है। कम्पनी द्वारा उत्पादित वस्तु सम्पत्ति अथवा प्रतिभूतियों के रूप में प्रदत्त लाभांश कम्पनी के अनुकूल नहीं माना जाता है। प्रतिधारित आयों की मात्रा अधिक होने पर संचित कोषों से बोनस अंशों का निर्गमन करके लाभों को पूँजीकृत किया जा सकता है।

3. स्थिरता (Stability)—कम्पनी द्वारा घोषित लाभांश की मात्रा में अधिक उच्चावचन नहीं होने चाहिए। संगठन की उपार्जन क्षमता में अभिवृद्धि के साथ-साथ लाभांश की राशि में शनै:-शनै: वृद्धि करना श्रेयस्कर होता है। लाभांश का भुगतान किसी वर्ष विशेष में अत्यधिक करना तथा कुछ वर्षों में लाभांश स्थगित रखना अंशधारकों के हितों के प्रतिकूल होता है। अधिक उतार-चढ़ाव वाली कम्पनियों में सट्टेबाजी की प्रवृत्ति बढ़ती है। अत: स्थिर एवं नियमित रूप से लाभांश का भुगतान करना सुदृढ़ लाभांश नीति हेतु परमावश्यक होता है।

4. आरम्भिक वर्षों में कम लाभांश (Less Dividend in Opening Years)—कम्पनी की स्थापना के आरम्भिक वर्षों में चूँकि अत्यधिक मात्रा में विनियोग की आवश्यकता होती है। अत: आरम्भिक वर्षों में अधिकांश आय को प्रतिधारित कर लेना युक्तिसंगत होता है। कम्पनी की आर्थिक स्थिति सुदृढ़ होने पर ही भावी वर्षों में कम्पनी की उपार्जन क्षमता में वृद्धि हो सकती है। अत: प्रारम्भ के वर्षों में अपेक्षाकृत कम मात्रा में लाभांश घोषित करना चाहिए।

5. स्वामियों का अधिकतम हित संवर्धन—कम्पनी के समता अंशधारक ही कम्पनी के स्वामी होते हैं। निदेशक मण्डल उनके प्रतिनिधि के रूप में कार्य करता है। अत: कम्पनी प्रबन्धन का यह प्रमुख कर्तव्य होता है कि वह लाभांश

नीति के निर्धारण में अंशधारकों के हितों की उपेक्षा न करे। अल्पकाल में स्वामियों के हितों को संरक्षित करने के साथ-साथ दीर्घकाल में भी उनके हितों को संरक्षित करने हेतु प्रतिधारित आय का प्रयोग कम्पनी के विकास एवं विस्तार कार्यक्रमों में निष्ठापूर्वक किया जाय तभी सुदृढ़ लाभांश नीति का निर्धारण किया जा सकता है।

6. लाभांश दरों में वृद्धि—मूल्य स्तर में वृद्धि का प्रभाव कम्पनी की आय पर भी पड़ता है। अत: कम्पनी की आय में अभिवृद्धि होने पर अंशधारकों की भी इच्छा अधिक लाभांश प्राप्त करने की होती है। अत: अंशधारकों को सन्तुष्ट रखने हेतु लाभांश की मात्रा में क्रमश: वृद्धि करते रहना चाहिए। अपेक्षाकृत अधिक लाभ वाले वर्षों में अन्तरिम लाभांश का भुगतान करना श्रेयस्कर होता है।

लाभांशों के प्रकार
(Types of Dividends)

किसी भी कम्पनी द्वारा सामान्यतया लाभांश का भुगतान नकदी के रूप में ही किया जाता है। किन्तु आवश्यकता पड़ने पर वैकल्पिक स्वरूपों का भी प्रयोग लाभांश भुगतान हेतु करना पड़ता है। लाभांश के विभिन्न स्वरूपों को कतिपय आधारों पर वर्गीकृत किया जाता है। प्रतिभूति की किस्म के अनुसार समता एवं पूर्वाधिकार अंश लाभांश, समय के आधार पर नियमित तथा अन्तरिम लाभांश, स्रोत के अनुसार लाभ लाभांश एवं समापन लाभांश भुगतान माध्यम के अनुसार नकद लाभांश, बन्ध लाभांश, अंश लाभांश अथवा सम्पत्ति लाभांश तथा स्कन्ध लाभांश इत्यादि रूपों में वर्गीकरण किया जा सकता है। उपर्युक्त आधारों पर वर्गीकृत लाभांशों का संक्षिप्त अध्ययन निम्नवत् है।

1. नकद लाभांश (Cash Dividend)—नकद लाभांश किसी भी कम्पनी द्वारा लाभांश वितरण की प्रचलित एवं सर्वमान्य पद्धति है। चूँकि कम्पनी की आय नकद रूप में होती है। अत: यह विधि लाभांश वितरण की वास्तविक विधि है। अंशधारक भी नकदी के रूप में लाभांश प्राप्त करना अधिक सुसंगत समझते हैं। भारतीय कम्पनी अधिनियम की धारा 205 नकदी के अतिरिक्त किसी अन्य प्रकार (स्कन्ध लाभांश को छोड़कर) लाभांश विभाजन को प्रतिबन्धित करती है।

2. सम्पत्ति लाभांश (Property Dividend)—सम्पत्ति लाभांश के अन्तर्गत अंशधारकों को लाभांश का भुगतान नकद के बजाय सम्पत्ति के रूप में किया जाता है। प्राय: व्यवसाय के लिए अनुपयोगी विभाजन योग्य सम्पत्तियों को सम्पत्ति लाभांश के रूप में वितरित किया जाता है। कभी-कभी संगठनों द्वारा अपने उत्पादों को लाभांश के रूप में वितरित कर दिया जाता है। यह विधि सामान्य तौर पर प्रचलन में नहीं है।

3. स्कन्ध लाभांश (Stock Dividend)—स्कन्ध लाभांश को बोनस अंश लाभांश के रूप में भी जाना जाता है। जब कम्पनियों द्वारा अंशधारकों को लाभांश का भुगतान नकदी रूप में न करके बल्कि लाभांश की देय राशि के समतुल्य अंशों का निर्गमन कर दिया जाता है तो वह लाभांश स्कन्ध लाभांश कहलाता है। इस व्यवस्था के अन्तर्गत कम्पनी के विभाजनीय लाभों का पूँजीकरण किया जाता है। अंशधारकों द्वारा धारित अंशों की मात्रा में अभिवृद्धि होने से उनकी सम्पत्ति के मूल्यों में अभिवृद्धि हो जाती है। स्कन्ध लाभांश का भुगतान नकदी रूप में न किये जाने के कारण संगठन की तरलता भी बनी रहती है तथा कर दायित्वों में भी कोई अभिवृद्धि नहीं होती।

4. बन्ध पत्र लाभांश (Bond Dividend)—कम्पनी द्वारा लाभांश का भुगतान नकद रूप में न करके बल्कि ऋण पत्रों के माध्यम से किया जाता है। लाभांश भुगतान की यह विधि बन्ध पत्र लाभांश कहलाती है। कम्पनी द्वारा ऋण पत्रों के रूप में लाभांश का भुगतान तभी किया जाता है जब कम्पनी की ब्याज देयक क्षमता अनुकूल हो। कभी-कभी कम्पनी द्वारा एक प्रतिज्ञा पत्र निर्गमन करके भविष्य की किसी तिथि को ब्याज सहित भुगतान करने का वचन दिया जाता है तो उसे विक्रय लाभांश या स्क्रिप लाभांश कहा जाता है। स्क्रिप लाभांश अल्पकालिक एवं बन्ध पत्र लाभांश दीर्घकालिक प्रकृति के होते हैं।

5. अधिमान लाभांश (Preference Dividend)—अधिमान लाभांश का आशय लाभांश के उस स्वरूप से है जिनका भुगतान अधिमान अंशों के प्रतिफलस्वरूप किया जाता है। यह लाभांश अंशों के वर्गीकरण पर आधारित है। इस प्रकार के लाभांश का भुगतान निर्गमन के समय निश्चित दर से किया जाता है। लाभांश के भुगतान में पूर्वाधिकार अंश धारक समता अंशधारकों की तुलना में वरीयता प्राप्त करते हैं। अर्थात् इन अंशधारकों को सर्वप्रथम लाभांश का भुगतान किया जाता है। पूर्वाधिकारी अंशधारकों को लाभांश का भुगतान करने या न करने के सन्दर्भ में निर्णय निदेशक मण्डल

द्वारा लिया जाता है, किन्तु कम्पनी द्वारा लाभांश घोषित करने पर इन अंशधारकों की वरीयता तथा पूर्वनिर्धारित दरों में परिवर्तन करने का इन्हें कोई अधिकार नहीं होता।

6. समता लाभांश (Equity Dividend)—समता अंशधारक कम्पनी के वास्तविक स्वामी होते हैं। इनके द्वारा धारित पूँजी को स्वामित्व पूँजी की संज्ञा दी जाती है। इस प्रकार के लाभांश का भुगतान कम्पनी द्वारा देय ऋण पत्रों पर देय ब्याज ह्रास एवं संचय प्रावधान कर भुगतान, पूर्वाधिकार अंशधारकों को देय लाभांश इत्यादि का प्रावधान करने के उपरान्त अवशिष्ट राशि में से किया जाता है। निदेशक मण्डल द्वारा समता अंशधारकों को देय लाभांश देने अथवा न देने की लाभांश की दर निर्धारित करने तथा भुगतान का माध्यम, नकद अथवा सम्पत्ति के रूप में आदि निर्धारण की पूर्ण स्वतंत्रता होती है।

7. अन्तरिम लाभांश (Interim Dividend)—कभी-कभी कम्पनी प्रबन्धन द्वारा वित्तीय वर्ष समाप्त होने से अथवा अन्तिम खाते बनाने से पूर्व लाभांश की घोषणा की जाती है। इस प्रकार घोषित लाभांश को अन्तरिम लाभांश की संज्ञा दी जाती है। इस प्रकार के लाभांश का भुगतान अन्तर्नियमों में प्रावधान होने पर ही किया जाता है। यह बिना वित्तीय लेखों को बन्द किये हुए वर्ष के मध्य अथवा किसी भी समय के लिए अनुमानित लाभ के आधार पर घोषित किया जाता है। इस प्रकार के लाभांश की घोषणा करने में पर्याप्त सतर्कता की आवश्यकता होती है। क्योंकि वित्तीय वर्ष के अन्त में यदि संगठन के लाभ की मात्रा चुकाये गये लाभांश की मात्रा से कम होती है तो इसकी सम्पूर्ण जिम्मेदारी संचालकों की होगी। क्योंकि इस प्रकार का भुगतान पूँजी में से लाभांश का भुगतान माना जाता है जोकि अवैध है।

8. नियमित लाभांश (Regular Dividend)—नियमित लाभांश कम्पनी द्वारा वित्तीय वर्ष के समापन पर संचालन मण्डल द्वारा घोषित लाभांश होता है। इस प्रकार के लाभांश की घोषणा कम्पनी के विभाजन योग्य लाभों में से की जाती है। इन्हें अंशधारकों को देय सामयिक भुगतान के स्वरूप में स्वीकार किया जाता है। नियमित लाभांश की घोषणा हेतु पारित प्रस्ताव में प्रावधान न रहने पर अन्तरिम लाभांश की धनराशि को इसमें समायोजित नहीं किया जाता।

9. लाभ लाभांश (Profit Dividend)—लाभ लाभांश का भुगतान कम्पनी द्वारा अर्जित लाभों में से ही किया जाता है। इसके अन्तर्गत चालू वर्ष के लाभ, गत वर्षों के संचित लाभ तथा सहायक कम्पनियों द्वारा अर्जित लाभों में से किया जा सकता है। लाभांश नीति निर्धारण के अन्तर्गत प्राय: लाभ लाभांश को ही केन्द्रबिन्दु माना जाता है।

10. समापन लाभांश (Liquidation Dividend)—समापन लाभांश का आशय लाभांश के उस स्वरूप से है जिसका भुगतान कम्पनी के समापन पर किया जाता है। प्राय: कम्पनी द्वारा देय यह अन्तिम लाभांश होता है इसे नकद अथवा सम्पत्तियों के रूप में दिया जा सकता है। प्राय: इस प्रकार के लाभांश व्यवहारिक तौर पर नहीं दिये जाते।

11. वैकल्पिक लाभांश (Alternative Devidend)—जब कम्पनी द्वारा अपने अंशधारकों को लाभांश नकद लेने अथवा सम्पत्ति के रूप में लेने सम्बन्धी विकल्प दिया जाता है तो उसे वैकल्पिक लाभांश कहा जाता है।

लाभांश के सिद्धान्त
(Theories of Dividend)

किसी भी व्यावसायिक संगठन का अंतिम लक्ष्य लाभ को अधिकतम करने के साथ ही संगठन की परिसम्पत्तियों में अभिवृद्धि करने से है। कम्पनी संगठन के अन्तर्गत चूँकि समता अंशधारक कम्पनी के स्वामी होते हैं। अत: अंशधारकों के लिए फर्म के मूल्य में वृद्धि (Increase in the value of the firm) कम्पनी प्रबन्धन का सर्वप्रधान उद्देश्य होता है। लाभांश नीति के निर्धारण में संगठन के हितों की अवहेलना कदापि नहीं की जा सकती किन्तु स्वामियों द्वारा विनियोजित पूँजी पर भी प्रत्याय प्रदान करना आवश्यक होता है। लाभांश के निर्धारिण सम्बन्धी कतिपय विचारधाराओं को सिद्धान्त के रूप में स्वीकार करके लाभांश सम्बन्धी नीतियों का निर्धारण किया जाना संगठन के लिए सुसंगत होता है। लाभांश सम्बन्धी विचारधाराएँ निम्नलिखित रूप में प्रस्तुत की जा सकती हैं—

वाल्टर फार्मूला
(Walter's Model)

लाभांश सम्बन्धी वाल्टर प्रतिमान संगति विचारधारा की पोषक है। इस विचारधारा के प्रवर्तक वाल्टर महोदय द्वारा 1963 में एक बीजगणितीय सूत्र का प्रतिपादन किया गया जिसे वाल्टर फार्मूले के नाम से जाना जाता है। इस सिद्धान्त के

अनुसार ''कम्पनी की लाभांश नीति सदैव उनके अंशों के बाजार मूल्य अथवा अंशधारकों की सम्पत्ति के मूल्य को प्रभावित करती है।''[1] वस्तुत: संगठन की विनियोग नीति तथा लाभांश नीति एक दूसरे की पूरक होती हैं। इन्हें आपस में पृथक नहीं किया जा सकता है। इस सिद्धान्त के अनुसार संगठन की आन्तरिक प्रत्याय दर (R) तथा पूँजी की लागत (Ce) के मध्य स्थित सम्बन्धों का प्रत्यक्ष प्रभाव लाभांश नीति पर पड़ता है। लाभांश नीति के निर्धारण हेतु **प्रो० वाल्टर महोदय** ने संगठन को तीन भागों में वर्गीकृत करके प्रत्येक वर्ग की आवश्यकता एवं विशेषतानुसार लाभांश नीति के निर्धारण का सुझाव दिया है।

(i) सामान्य संस्थाएँ (Normal Firms)—वे संगठन जिनकी आन्तरिक प्रत्याय दर (R) तथा पूँजी की लागत समान (R = Ce) होती है। सामान्य संगठन कहलाते हैं। ऐसे संगठनों में विनियोजकों को मिलने वाले प्रत्याय की दर बाजार में प्रचलित पूँजीकरण की दर के समान होती है। जिसके कारण इन संगठनों की लाभांश नीति का प्रभाव अंशों के बाजार मूल्य पर नहीं पड़ता क्योंकि अंशधारकों को उतना ही प्रत्याय मिलता है जितना कहीं अन्य स्थान पर विनियोग करने से अपेक्षित होता है। व्यवहारिक तौर पर संगठन में ऐसी स्थिति प्राय: नहीं आती यह मात्र काल्पनिक अवस्था है। अत: ऐसे संगठनों में लाभांश नीति का प्रभाव अंशों के बाजार मूल्य पर नहीं पड़ता। इन फर्मों द्वारा चाहे लाभांश का वितरण किया जाय अथवा लाभांश की आय को प्रतिधारित कर लिया जाय।

(ii) विकासशील संस्थाएँ (Growing Firms)—वे संगठन जिनकी आन्तरिक प्रत्याय दर पूँजी की लागत से अधिक (R > Ce) होती है। विकासशील संस्थाएँ कहलाती हैं। इन संगठनों के समक्ष अधिकतम लाभोपार्जन के अनेक अवसर होते हैं। इस प्रकार के संगठनों की लाभदेयकता विनियोजित पूँजी की लागत की तुलना में अत्यधिक होती है। अत: ऐसे संगठनों में लाभांश की सम्पूर्ण राशि को प्रतिधारित करके पुनर्विनियोजित किया जाना चाहिए। प्रतिधारित अर्जनों की प्रत्याय दर, अंशधारकों द्वारा किये जाने वाले अन्यत्र विनियोग से प्राप्त प्रत्यायों से अधिक होने के कारण लाभांश का भुगतान शून्य होने पर भी अंशधारकों में असन्तोष नहीं होगा। ऐसी दशा में अंशों का मूल्य अधिक होगा, किन्तु प्रतिधारित आय की मात्रा में कमी होने से अंशों के मूल्य में कमी हो सकती है।

(iii) अविकासशील संस्थाएँ (Declining Firms)—अविकासशील संस्थाएँ वे संस्थाएँ होती हैं, जिनकी आन्तरिक प्रत्याय दर की तुलना में पूँजी की लागत अधिक (Ce > R) होती है। इन संगठनों द्वारा पूँजी की लागत के समतुल्य प्रत्याय न उपार्जित किये जाने के कारण प्रत्यायों का प्रतिनिधायन (Retained) किया जाना समीचीन नहीं होगा बल्कि लाभांश के रूप में अर्जनों का वितरण कर दिया जाना प्रासंगिक होगा। ऐसी संस्थाओं द्वारा अंशधारकों के सम्पत्ति को अधिकतम करने हेतु सम्पूर्ण अर्जन को लाभांश के रूप में वितरित कर देना हितकर होगा।

$$\text{MPS} = \frac{\text{DPS} + \frac{\text{R}}{\text{Ce}}(\text{EPS} - \text{DPS})}{\text{Ce}}$$

MPS = Market Price Per Share (प्रति अंश बाजार मूल्य)

D. P.S. = Dividend Per Share (प्रति अंश लाभांश)

R = Internal Rate of Return (आन्तरिक प्रत्याय दर)

Ce = Cost of Capital (पूँजी की लागत)

मान्यताएँ (Assumptionss)—

प्रो० वाल्टर का लाभांश फार्मूला कतिपय मान्यताओं पर आधारित है, जो निम्नलिखित है—

(i) लाभांश नीति के निर्धारण में आन्तरिक प्रत्याय दर तथा पूँजी की लागत के अतिरिक्त अन्य किसी तत्त्व का समावेश नहीं होता।

(ii) संगठन के विकास एवं विस्तार परियोजनाओं का संचालन ऋण अथवा समता पूँजी के निर्गमन द्वारा न करके बल्कि प्रतिधारित आय के माध्यम से किया जाता है।

---

1. "The choice of dividend Policies always affects the value of enterprise."
— *James E. Walter*

(iii) संगठन में अतिरिक्त विनियोग करने से व्यावसायिक जोखिम की मात्रा अपरिवर्तित रहती है अतः आन्तरिक प्रत्याय दर (R) तथा पूँजी की लागत (Ce) में स्थिरता रहती है।

(iv) संगठन की समस्त आयों को या तो लाभांश के रूप में वितरित कर दिया जाता है अथवा संगठन के विकास एवं विस्तार हेतु प्रतिनिधायन कर लिया जाता है।

(v) संगठन का अस्तित्व दीर्घकालिक एवं सतत होता है।

उदाहरण (Illustration) 1.

Pioneer Limited is capitalised @ 10% and earns the Profit of Rs. 5 Per Share. Its Rate of return on Investment is 20% According to Walter's Model.

(i) What should be the Price Per Share at 30% dividend Payout Ratio?

(ii) Is it optimum payout ratio?

Solution :

$$MPS = \frac{DPS + \frac{R}{Ce}(E.P.S. - DPS)}{Ce}$$

$$MPS = 1.30 + \frac{.20}{.10}(5 - 1.30)$$

$$MPS = \frac{1.30 + \frac{74}{10}}{.10}$$

$$= \frac{13 + 74}{10} \div .10$$

$$\frac{87}{10} \div .10 = Rs.\ 87$$

उदाहरण (Illustration) 2.

ए०बी०सी० लिमिटेड के समता अंशों का सम मूल्य रु०100 है कम्पनी की प्रति अंश आय रु०10 है। प्रतिधारित आय 20% एवं पूँजीकरण की दर 15% होने की दशा में निम्नलिखित विकल्पों के आधार पर प्रति अंश आय की गणना कीजिए।

(i) लाभांश भुगतान अनुपात शून्य होने पर

(ii) ” ” ” 40% होने पर

(iii) ” ” ” 80% होने पर

(iv) लाभांश भुगतान अनुपात 100% होने पर

Solution—

$$(i)\ M.P.S. = \frac{DPS + \frac{R}{Ce}(EPS - DPS)}{Ce}$$

$$= \frac{0 + \frac{.20}{.15}(10-0)}{.15} = 89$$

(ii) $$\frac{.40 + \frac{.20}{.15}(10-.40)}{.15}$$

$$= \frac{.40 + \frac{192}{15}}{.15} = \frac{\frac{198}{15}}{15} = 88$$

(iii) $$= \frac{.80 + \frac{.20}{.15}(10-.80)}{.15}$$

$$= \frac{.80 + \frac{184}{15}}{.15} = \frac{\frac{12+184}{15}}{.15} = 87$$

$$= \frac{1 + \frac{.20}{.15}(10-1)}{.15} = 86.67$$

आलोचनाएँ (Criticism)—वाल्टर का सिद्धान्त जिन मान्यताओं पर आधारित है उन मान्यताओं के परिप्रेक्ष्य में इसकी आलोचनाएँ निम्नलिखित हैं–

(i) इस सिद्धान्त के अन्तर्गत संगठन के विकास एवं विस्तार हेतु केंवल प्रतिधारित आय के विनियोग को महत्त्व दिया जाता है। जबकि संगठन के अन्तर्गत पूँजी संग्रहण के अन्य माध्यमों समता अंशों के निर्गमन एवं ऋण पत्रों का भी प्रयोग किया जाता है।

(ii) इसके अन्तर्गत औसत प्रत्याय दर (R) तथा पूँजी की लागत (Ce) को स्थिर माना जाता है जबकि विनियोग की मात्रा में अभिवृद्धि होने पर दोनों दरों में परिवर्तन अवश्यंभावी होता है।

(iii) केवल समता अंश पूँजी के माध्यम से व्यापार करने वाले उद्यमों में यह सिद्धान्त औचित्यपूर्ण है व्यवहार में संगठनों द्वारा पूर्वाधिकार अंशों एवं ऋण पत्रों के माध्यम से भी पूँजी संग्रहीत की जाती है।

(iv) संगठन में पूँजी की लागत स्थिर नहीं रह सकती, क्योंकि जोखिम की मात्रा, विनियोग की मात्रा में वृद्धि अथवा कमी के साथ घटती बढ़ती है।

उदाहरण (Illustration) 3.

From the following Informations evaluate the impact of Dividend Policy.

	R	K	E
Growth Firm (R > K)	15%	10%	Rs. 10
Normal Firm (R = K)	10%	10%	Rs. 10
Declining Firm (R < K)	8%	10%	Rs. 10

Situations of payout ratio are (i) 0% (ii) 20%, 40%, 100%

Table No. 1

Impact of Dividend Policy on the value of shares

	Payout Ratlo 0%	Payout Ratio 20%	Payout Ratio 40%	Pay out Ratio 100%
	D = Rs. 0	**D = Rs. 4**	**D = Rs. 8**	**D= Rs. 10**
Growth firm	$P=\frac{0+(.15/.10)(10-0)}{.10}$	$P=\frac{4+(.15/.10)(10-4).}{.10}$	$P=\frac{8+(.15/.10)(10-8)}{.10}$	$P=\frac{10+(.15/.10)(10-10)}{.10}$
(R > K)	= Rs. 150	= Rs. 130	= Rs. 110	= Rs. 100
Normal Firm	$P=\frac{0+(.10/.10)(10-0)}{.10}$	$P=4+\frac{(.10/.10)(10-4)}{.10}$	$P=\frac{8+(.10/.10)(10-8)}{.10}$	$P=\frac{10+(.10/.10)(10-10)}{.10}$
R = K	= Rs. 100	= Rs. 100	= Rs. 100	= Rs. 100
Declining Firm	$P=\frac{0+(.08/.10)(10-0)}{.10}$	$P=\frac{4+(.08/.10)(10-4)}{.10}$	$P=\frac{8+(.08/.10)(10-8)}{.10}$	$P=10+\frac{(.08/.10)(10-10)}{.10}$
R < K	= Rs. 80	= Rs. 88	= Rs. 96	=Rs. 100

उपर्युक्त तालिका से स्पष्ट है कि किसी विकासशील उद्यम में (R> Ce) की दशा में अंशों का मूल्य अधिकतम रु० 150 तभी होता है जबकि भुगतान अनुपात शून्य है। अर्थात् समस्त आय व्यवसाय में प्रतिधारित कर ली जाती है। भुगतान अनुपात में क्रमशः 20%, 40%. एवं 100% वृद्धि होने के साथ ही प्रति अंश मूल्य भी क्रमशः रु० 130, रु० 110, रु० 100 घटने लगता है। अतः विकासशील फर्मों में सम्पूर्ण आय को प्रतिधारित करना ही लाभांश नीति का अंग होना चाहिए।

एक सामान्य फर्म की दशा में जहाँ R = Ce प्रति अंश मूल्य भुगतान अनुपात परिवर्तित होने पर भी अंशों का मूल्य अपरिवर्तित रहता है। इन फर्मों में पूँजी की प्रत्याय दर एवं पूँजी की लागत समान होने के कारण लाभांश नीति का कोई खास प्रभाव फर्म पर नहीं पड़ता।

अवनति वाले उद्यमों में (R<Ce) की दशा में विकासशील फर्मों की विपरीत अवस्था रहती है। इन फर्मों में समस्त आय को लाभांश के रूप में वितरित कर देने पर ही प्रति अंश मूल्य अधिकतम होता है, समस्त आय के प्रतिधारण पर प्रतिअंश मूल्य न्यूनतम रु० 80 रहता है। इस दशा में लाभांश की राशि में वृद्धि के साथ-साथ प्रति अंश मूल्य में भी वृद्धि होती जाती है। सम्पूर्ण आय को लाभांश के रूप में भुगतान करने पर प्रति अंश मूल्य रु० 100 अधिकतम हो जाता है। अतः इन फर्मों में लाभांश नीति का निर्धारण करने हेतु समग्र आय को लाभांश के रूप में वितरित करने सम्बन्धी नीति का अनुश्रवण करना ही श्रेयस्कर होगा।

गोर्डन का मॉडल
(Gordon's Model)

लाभांश नीति के निर्धारण में गोर्डन का मॉडल **प्रो० वाल्टर** के मॉडल पर ही आधारित है। इस सिद्धान्त के अन्तर्गत वर्तमान लाभांश नीति का प्रभाव उद्यम के मूल्य पर पड़ने के साथ-साथ भावी सम्भावित लाभांश (Expected Dividends) भी अंशों के बाजार मूल्य को प्रभावित करते हैं। **गोर्डन महोदय** के अनुसार विनियोगकर्ता विनियोजन सम्बन्धी निर्णयन में अत्यन्त विवेकपूर्ण व्यवहार करता है। उसके द्वारा ऐसे उद्यमों में ही विनियोग की प्राथमिकता होती है जिसमें जोखिम की मात्रा अत्यल्प हो। भावी लाभांश की तुलना में वर्तमान लाभांश अत्यधिक निश्चित एवं जोखिमरहित होता है।

अतः विनियोजक द्वारा सम्भावित लाभांश की तुलना में वर्तमान लाभांश को प्राथमिकता दी जाती है। विनियोजक की मानसिकता आज नकद न कल उधार (Today cash not tomorrow credit) की होती है। प्राप्यों की मात्रा के संदर्भ में

भी विनियोगकर्ता नौ नकद न तेरह उधार (Nine cash not thirteen credit) अथवा हाथ में एक चिड़िया घोसले की दो चिड़िया (A bird in hand is better than two in the bush) का पोषक होता है। विनियोजक उद्यम में आयों के प्रतिनिधायन की तुलना में नकद रूप में लाभांश प्राप्त करने में अधिक रुचि लेते हैं। चूँकि विभागीय लाभों का पुनर्विनियोग विनियोजकों के लिए जोखिमपूर्ण कार्य होता है। **गोर्डन** के अनुसार भविष्य की अनिश्चितता एवं अवास्तविकता के कारण संगठन के लाभों का प्रतिनिधायन अनिश्चयकारक ही होगा। यदि संगठन द्वारा अपने अंशधारकों को लाभांश का भुगतान न करके बल्कि आय को प्रतिधारित (Retained) कर लिया जाता है तो विनियोजक इन फ़र्मों के अंशों का कम मूल्य देना चाहेगा। इसके विपरीत जिन अंशों पर अनवरत् लाभांश की घोषणा की जाती है। विनियोजकों द्वारा इस प्रकार के अंशों को क्रय करने हेतु अधिक मूल्य का भुगतान किया जायेगा। इस प्रकार आयों के प्रतिधारक सीमा के अनुसार अंशों के कम मूल्य देने की प्रवृत्ति अंशधारकों में होती है। दूसरे शब्दों में लाभांश की कम मात्रा का भुगतान अथवा पूर्ण स्थगन फर्म के अंशों के बाजार मूल्य में कमी करता है।

मान्यताएँ (Assumptions)—गोर्डन का लाभांश सिद्धान्त निम्नलिखित मान्यताओं पर आधारित है—

(i) किसी भी संगठन द्वारा पूँजी की व्यवस्था केवल समता अंश पूँजी के माध्यम से की जाती है।

(ii) विकास, विस्तार एवं अनुसन्धान सम्बन्धी समस्त कार्यक्रम बाह्य संसाधनों द्वारा संचालित न करके अपितु आयों के प्रतिधारण (Retained) द्वारा संचालित किये जाते हैं।

(iii) विनियोग की आन्तरिक प्रत्याय दर (R) एवं पूँजी की लागत सदैव स्थिर रहती है।

(iv) समता अंश पूँजी की लागत, प्रत्याय की आन्तरिक लाभदायकता की वृद्धि की दर से सदैव अधिक होती है।

(v) फर्म का अस्तित्व दीर्घकालीन होता है। उसके द्वारा अनन्तकाल तक व्यवसाय किया जाता है।

(vi) फर्म की आय पर किसी भी प्रकार का कर देय नहीं होता।

(vii) प्रतिधारण अनुपात (Retention Ratio) सदैव स्थिर रहता है इसमें किसी भी प्रकार का परिवर्तन नहीं होता।

(viii) संगठन में क्रमागत सीमान्त कार्यकुशलता (Diminishing marginal efficiency of Investment) का कोई अस्तित्व नहीं होता।

सूत्र (Formula) गोर्डन के अनुसार—"अंश का बाजार मूल्य लाभांश के भावी प्रवाहों के वर्तमान मूल्य के समतुल्य होता है"[1]

सूत्र रूप में हम इसे निम्न प्रकार व्यक्त कर सकते हैं—

$$PS = \frac{E.P.S.(I - B)}{Ce - Br}$$

P.S = Value of equity shares (समता अंशों का मूल्य)

EPS = Earnings Per Share (प्रति अंश अर्जन)

B = Retention Ratio (प्रतिधारक अनुपात)

Ce = Cost of equity capital (समता पूँजी की लागत)

Br = Increase rate in Return (प्रत्याय में वृद्धि दर)

निष्कर्ष (Conciusion)—वस्तुतः गोर्डन के लाभांश सिद्धान्त एवं वाल्टर के लाभांश सिद्धान्त के मध्य कोई आधारभूत अन्तर नहीं है। दोनों सिद्धान्त लगभग समान मान्यताओं पर आधारित हैं। इस सिद्धान्त के अन्तर्गत भी वाल्टर के सिद्धान्त की भाँति लाभांश नीति एवं विनियोग नीति को एकीकृत किया गया है। इसके अन्तर्गत भी जोखिम में परिवर्तन के प्रभाव को दृष्टिगत नहीं रखा गया है। विकासशील फर्मों में (R>Ce) प्रतिधारण अनुपात (B) में वृद्धि के साथ अंशों के बाजार मूल्य में भी वृद्धि होती है। किन्तु सामान्य उद्यमों में (R=Ce) लाभांश नीति का कोई प्रभाव अंशों के बाजार मूल्य पर नहीं पड़ता। अवनति वाले उद्यमों में (R<Ce) लाभांश भुगतान अनुपात (1–B) में वृद्धि, अंशों के बाजार मूल्य में

1. The Market value of Share is equal to the Present value of future Stream of Dividends. —*M. Gorden*

वृद्धि की वाहक होती है। व्यवहारिक तौर पर लाभांश नीति के निर्धारण में **गोर्डन** एवं **वाल्टर** के निष्कर्षों में समानता पायी जाती है। वास्तविक अर्थों में सुदृढ़ लाभांश नीति का निर्धारण संगठन की आवश्यकताओं एवं विनियोजकों की आकांक्षाओं के अनुरूप ही किया जाना चाहिए।

मोदिग्लियानी एवं मिलर अवधारणा
(Modigliani and Miller's Concept)

यह अवधारणा लाभांश की अप्रासंगिक विचारधारा का प्रतिनिधित्व करती है। इसके अनुसार लाभांश सम्बन्धी निर्णयन में उद्यम के मूल्य का कोई सम्बन्ध नहीं होता। लाभांश सम्बन्धी निर्णयन वित्तीय निर्णयन का एक भाग होता है। संगठन के समस्त लाभों का वितरण योग्य लाभांश एवं प्रतिधारित आय के रूप में विभाजन, अंशों के मूल्य को प्रभावित नहीं करता।

मोदिग्लियानी मिलर के शब्दों में "अंशों के बाजार मूल्य पर पूर्ण पूँजी बाजारों की दशा में, विवकेशील विनियोजकों, लाभांश आय एवं पूँजी संवर्द्धन में कर विभेद की अनुपस्थिति तथा फर्म की प्रदत्त विनियोग नीति का कोई प्रभाव नहीं पड़ता।"[1]

लाभांश निर्णयन की असंगति विचारधारा के अन्तर्गत लाभांश नीति को भी एक वित्तीय निर्णय माना जाता है। विनियोजकों का उद्देश्य पूँजी पर अधिक प्रत्याय प्राप्त करना होता है। किसी भी उद्यम में जब तक समता पूँजीकरण (Ce) की दर से अधिक उपार्जन होगा, विनियोगकर्ता उद्यम में आय के प्रतिधारण को स्वीकार करेंगे तथा लाभांश के प्रति उदासीन रहेंगे। इस सिद्धान्त की यह मान्यता है कि अंशधारक लाभांश प्राप्ति एवं पूँजीगत लाभ के प्रति उदासीन होते हैं।

वस्तुत: किसी संगठन की अर्जन क्षमता फर्म की विनियोग नीति से प्रभावित होती है तथा उद्यम का मूल्य फर्म की अर्जन क्षमता पर निर्भर करता है। संगठन द्वारा उपार्जित आय को विभाजन योग्य लाभांश एवं प्रतिधारित आय के रूप में विभाजित करने से फर्म के मूल्य पर कोई प्रभाव नहीं पड़ता। इस अवधारणा के अनुसार लाभांश का भुगतान प्राप्त करके अंशधारकों के धन में अभिवृद्धि अवश्य होगी किन्तु फर्म द्वारा अतिरिक्त पूँजी की व्यवस्था करने हेतु अन्य उपलब्ध संसाधनों से अंशधारकों के धन में कमी होगी। इस प्रकार दोनों लेन-देन एक दूसरे के प्रभाव को समाप्त कर देंगे। उदाहरणस्वरूप यदि किसी उद्यम द्वारा अपनी समग्र आय को लाभांश के रूप में वितरित करने का निर्णय लिया जाता है ऐसी दशा में अंशधारकों की आय में वृद्धि होगी, किन्तु संगठन के विकास एवं विस्तार कार्यक्रमों को संचालित करने हेतु अतिरिक्त पूँजी की व्यवस्था में निर्गमित अंशों से उद्यम की वर्तमान अंश पूँजी अवमिश्रित (Dilute) होगी, इसके परिणामस्वरूप कम्पनी प्रबन्धन में भी परिवर्तन की सम्भाव्यता होगी। प्रति अंश बाजार मूल्य में भी कमी स्वाभाविक है। जिसे अंशधारक कदापि स्वीकार नहीं करना चाहेंगे। अत: उपर्युक्त दोनों प्रकार के सौदों से अंशधारकों के धन में होने वाली अभिवृद्धि प्रभावहीन हो जायेगी।

वास्तविक अर्थो में लाभांश का भुगतान अंशों के बाजार मूल्य में अभिवृद्धि का कारक होता है किन्तु अतिरिक्त अंशों के निर्गमन से अंशों के मूल्य में होने वाली कमी अंशों के बाजार मूल्य की वृद्धि को प्रभावहीन कर देती है। **मोदिग्लियानी मिलर** के अनुसार यह वह बिन्दु है, जहाँ अंशधारक लाभांश एवं आय के प्रतिधारण के प्रति उदासीन हो जाता है। ऐसी दशा में उद्यम का मूल्य चालू लाभांश से प्रभावित न होकर अपितु संगठन की भावी अर्जन क्षमता पर निर्भर करता है।

मान्यताएँ (Assumptions)—मोदिग्लियानी मिलर अवधारणा कतिपय मान्यताओं पर आधारित है। वे मान्यताएँ निम्नवत् हैं—

(i) कोई भी उद्यमपूर्ण पूँजी बाजार का कार्य करता है।

(ii) विनियोक्ता विवेकशील प्राणी होते हैं। उन्हें कम्पनी सम्बन्धी समस्त सूचनाएँ स्वतंत्रतापूर्वक प्राप्त होती रहती है।

---

1. "Under Conditions of Perfect capital Market's rational investors absence of tax discrimination between dividend income and capital Appreciation given the firms investment Policy. Its dividend Policy may have no influence on the market Price of the Share."

— *F. Modigliani and Miller*

(iii) विनियोजक अपने क्रियाकलापों से अंशों के बाजार मूल्य को प्रभावित करने की स्थिति में नहीं होते।

(iv) कम्पनी संगठन द्वारा अंशों के निर्गमन हेतु किसी भी प्रकार के व्यय नहीं करने होते।

(v) कम्पनी की आय पर किसी भी प्रकार का कर (Tax) नहीं देना होता। अर्थात् कम्पनी की समग्र आय विभाजनीय लाभों (Divisible) के रूप में वितरित की जा सकती है।

(vi) कम्पनी द्वारा सदैव एक समान विनियोग नीति का अनुपालन किया जाता है।

(vii) संगठन के भविष्य पर किसी भी प्रकार की अनिश्चितता अथवा जोखिम नहीं होती।

सूत्र (Formula)—मोदिग्लियानी मिलर अवधारणा के अन्तर्गत हम निम्नलिखित सूत्र के माध्यम से अंशों के बाजार मूल्य की गणना कर सकते हैं—

$$Po = \frac{D_1 + P_1}{I + R}$$

एक पूर्ण तथा निश्चित पूँजी बाजार में R = Ce होता है। अत: उक्त सूत्र को निम्न रूप में भी प्रस्तुत किया जा सकता है।

$$Po = \frac{D_1 + P_1}{1 + Ce}$$

Po = अंश का प्रचलित बाजार मूल्य

R = प्रत्याय की दर

Ce = समता अंश पूँजी की लागत

D_1 = किसी अवधि विशेष के अन्त में प्राप्य लाभांश

P_1 = किसी अवधि विशेष के अन्त में अंश का प्रचलित बाजार मूल्य

इसी सूत्र की सहायता से निम्नलिखित गणना भी की जा सकती है।

$D_1 = Po\,(1 + Ce) - P_1$

$P_1 = Po\,(1 + Ce) - D_1$

आलोचनाएँ (Criticism)—मोदिग्लियानी मिलर अवधारणा भी कतिपय अतार्किक मान्यताओं पर आधारित होने के कारण सिद्धान्त की कसौटी पर खरी नहीं उतरती। संक्षेप में इस अवधारणा की कतिपय आलोचनाएँ निम्नवत् हैं—

1. कर मुक्त लाभ (Tax Free Profit)—किसी भी कम्पनी संगठन द्वारा उपार्जित समस्त आय कर मुक्त होती है। यह मान्यता मिथ्या भ्रामक एवं यथार्थ से परे है। वस्तुत: संगठन के लाभों पर करों का भुगतान करने के उपरान्त ही विभाजनीय लाभों की गणना की जा सकती है।

2. अनिश्चितता (Uncertainty)—पूँजी बाजार में अनिश्चितता के लक्षण विद्यमान होते हैं। संगठन के सन्दर्भ में भावी पूर्वानुमान असम्भव होता है।

3. विनियोग नीति (Investment Policy)—कम्पनी द्वारा सदैव एक प्रकार की विनियोग नीति का अनुपालन न करके अपितु विविधीकृत विनियोग नीति का पालन प्राय: किया जाता है। विनियोजकों द्वारा भी अपने विनियोगों में विविधीकरण लाने का प्रयास किया जाता है।

4. पूँजी संग्रहण व्यय (Capital Collection Expenses)—कम्पनी की पूँजी निर्गमन सम्बन्धी लागतें शून्य नहीं होती। कम्पनी को अंशों के निर्गमन पर विज्ञापन स्टेशनरी, दलाली इत्यादि व्ययों को वहन करना होता है।

5. पूँजी बाजार की अपूर्णता (Imperfectness of Capital Market)—व्यवहारिक तौर पर पूँजी बाजार कभी पूर्ण नहीं होते हैं। इनमें सदैव अपूर्णता बनी रहती है। अंशधारकों को कम्पनी के संदर्भ में समस्त सूचनाएँ तत्काल नहीं प्राप्त होती यहाँ तक कि बिखरे हुये छोटे अंशधारकों को कभी भी कम्पनी के सन्दर्भ में कोई सूचना नहीं प्राप्त होती है।

6. लाभांश का भुगतान (Payment of Dividend)—लाभांश वह प्रेरक तत्त्व है जिससे संगठन की साख का आकलन होने के साथ ही अंशों के बाजार मूल्य में होने वाले उतार-चढ़ाव भी प्रभावित होते हैं। अधिक लाभांश देने वाली कम्पनियों के अंशों का बाजार मूल्य अधिक तथा कम लाभांश घोषित करने वाली कम्पनियों के अंशों का बाजार मूल्य कम होता है।

लाभांश की घोषणा एवं भुगतान सम्बन्धी भारतीय कम्पनी अधिनियम के प्रावधान
(Provisions of the Indian Companies act in Respect of Dividend)

भारतीय कम्पनी अधिनियम, 1956 के अन्तर्गत कम्पनी द्वारा लाभांश की घोषणा करने एवं भुगतान करने हेतु कतिपय महत्त्वपूर्ण प्रावधान किये गये हैं। लाभांश की घोषणा एवं भुगतान हेतु हमारे देश में सम्बन्धित कम्पनी के अन्तर्नियमों, कम्पनी अधिनियम की धारा 205 एवं 206 तथा सारणी ''अ'' के नियमों का अनुपालन करना आवश्यक होता है। इस सन्दर्भ में विहित व्यवस्थाएँ निम्नवत् हैं—

(i) कम्पनी द्वारा लाभांश का वितरण केवल वर्तमान लाभों में से ही किया जाना चाहिए पूँजी से कदापि नहीं। कम्पनी अधिनियम की धारा 205 के अनुसार स्पष्ट व्यवस्था दी गई है कि लाभांश की घोषणा, ह्रास की व्यवस्था एवं पूर्व की हानियों के अपलेखन के उपरान्त चालू वर्ष के लाभों अथवा केन्द्र/राज्य सरकारों द्वारा प्रदत्त लाभांश की प्रत्याभूति को समायोजित करके उपलब्ध राशि में से ही किया जाना चाहिए।

(ii) कम्पनी अधिनियम की धारा 205 (3) के अनुसार किसी भी कम्पनी द्वारा लाभांश का भुगतान केवल नकदी रूप में ही किया जा सकता है। किन्तु कम्पनी द्वारा वर्तमान लाभों को संचित करके भावी वर्षों में पूर्ण प्रदत्त बोनस अंशों अथवा आंशिक प्रदत्त बोनस अंशों के रूप में लाभांश का भुगतान किया जा सकता है।

(iii) लाभांश घोषणा एवं वितरण के सम्बन्ध में कम्पनी द्वारा निर्मित पार्षद सीमा नियमों तथा अन्तर्नियमों का पालन करना आवश्यक होता है। लाभांश की घोषणा एवं भुगतान सम्बन्धी विधियों का उल्लेख पार्षद अन्तर्नियमों में विहित होता है। कम्पनी द्वारा इस सन्दर्भ में व्यवस्था न दिये जाने की दशा में सारणी ''अ'' के नियम 85-94 के अन्तर्गत निम्नानुसार लाभांश वितरण की व्यवस्था की जाती है-

(a) कम्पनी द्वारा लाभांश की घोषणा वार्षिक साधारण सभा में की जानी चाहिए। संचालकों द्वारा निर्धारित लाभांश भुगतान की राशि से अधिक लाभांश का भुगतान कदापि नहीं किया जा सकता।

(b) कम्पनी के लाभों में अभिवृद्धि होने की दशा में संचालक मण्डल द्वारा अंशधारकों को अन्तरिम लाभांश का भुगतान किया जा सकता है।

(c) संचालक मण्डल द्वारा लाभांश भुगतान की स्वीकृति देने से पूर्व समस्त लाभ अथवा आंशिक रूप से सुरक्षित कोष में हस्तान्तरित किया जा सकता है।

(d) अंशधारकों को लाभांश का भुगतान उनके अंशों पर प्रदत्त राशि के आधार पर होगा। पूर्व प्रदत्त अग्रिम माँगों की राशि लाभांश भुगतान हेतु अर्ह नहीं होगी।

(e) संचालक मण्डल द्वारा किसी सदस्य को देय लाभांश में से आंशिक अथवा सम्पूर्ण राशि को रोका जा सकता है। जोकि उस अंशधारक द्वारा कम्पनी के लाभों के लिए अथवा कम्पनी अंशों के सम्बन्ध में अन्य किसी रूप में देय हों।

(f) लाभांश का भुगतान रेखांकित चेक अथवा अधिपर्त के माध्यम से किया जाना चाहिए। धनराशि का प्रेषण रजिस्टर्ड पते पर रजिस्टर्ड डाक द्वारा ही किया जाना चाहिए।

(g) संयुक्त अंशधारकों की दशा में किसी भी अंशधारक द्वारा लाभांश प्राप्त किया जा सकता है।

(h) घोषित लाभांश की सूचना अधिकृत सदस्यों को दिया जाना आवश्यक होता है।

(i) किसी भी लाभांश पर कम्पनी द्वारा ब्याज देय नहीं होगा।

(iv) कम्पनी अधिनियम की धारा 206 के अनुसार लाभांश का भुगतान केवल पंजीकृत अंशधारकों अथवा उनके आदेशानुसार किसी व्यक्ति अथवा बैंक को किया जाना चाहिए। अंशधारकों द्वारा अंशों को अंश अधिपत्रों के रूप में परिवर्तित करा लेने की दशा में अंश अधिपत्र रखने वाले व्यक्ति अथवा उसके बैंक को लाभांश का भुगतान किया जा सकता है।

(v) कम्पनी अधिनियम की धारा 207 के अनुसार लाभांश घोषणा के 42 दिन के अन्दर लाभांश का भुगतान किया जाना अनिवार्य होता है। ऐसा न होने पर कम्पनी का प्रत्येक संचालक (जानबूझकर त्रुटि करने की दशा में) 6 दिन के साधारण कारावास अथवा आर्थिक दण्ड का भागी हो सकता है।

(vi) कम्पनी द्वारा अपने लाभों पर देय कर का भुगतान करने के उपरान्त लाभांश पर आयकर उद्गम स्थान पर काटकर सरकारी खजाने में जमा कराना होता है। कटौती किये गये आयकर का प्रमाण पत्र कम्पनी द्वारा अंशधारक के पास समायोजन हेतु अथवा वापसी प्राप्त करने हेतु प्रेषित किया जाना आवश्यक होता है।

(vii) लाभांश घोषणा के उपरान्त यदि कतिपय अंशधारकों द्वारा लाभांश की माँग नहीं की जाती है तो इसे अयाचित अथवा न चुकाया गया लाभांश (Unclaimed Dividend) कहा जाता है। इस प्रकार लाभांश कम्पनी संशोधन अधिनियम 1974 (1 फरवरी 1975 से क्रियान्वित) के प्रावधानों के अनुसार लाभांश घोषणा तिथि से 42 दिन के पश्चात् एक सप्ताह के अन्दर किसी अनुसूचित बैंक में 'Unpaid Dividend Account of....Co. Limited/Private Limited' नामक खाते में जमा कराना चाहिए। इस खाते में जमा राशि अंशधारक द्वारा तीन वर्ष तक न माँगे जाने पर कम्पनी द्वारा इस धनराशि को केन्द्र सरकार के रेवेन्यू खाते में जमा कराके भारतीय रिजर्व बैंक से रसीद प्राप्त कर लेना चाहिए।

बोनस अंश
(Bonus Shares)

सामान्य तौर पर ''बोनस'' शब्द का अभिप्राय प्राप्त होने वाले अतिरिक्त लाभ से है। बोनस की नियमित पुनरावृत्ति अनिवार्य नहीं होती है। कम्पनी द्वारा लाभों के अतिरेक पर अथवा संचयों के अतिरेक पर लाभांश का भुगतान नकदी अथवा अंशों के रूप में किया जा सकता है। कभी-कभी संगठन के पास लाभ अथवा संचय पर्याप्त मात्रा में होते हैं किन्तु उसके द्वारा तरलता के अभाव में बोनस का नकद भुगतान नहीं किया जा सकता। उस दशा में अंशधारकों को देय राशि के अनुपात में अंश प्रदान कर दिये जाते हैं। जिन्हें बोनस अंश कहा जाता है। ऐसे निर्गमित अंशों को अधिलाभांश अंश भी कहा जाता है। बोनस अंशों के निर्गमन से कम्पनी के लाभ पूँजी के रूप में परिवर्तित हो जाते हैं। बोनस अंशों का निर्गमन केवल वर्तमान अंशधारकों के मध्य ही किया जाता है। संगठन के लाभों का उक्त पूँजीकरण पूर्ण प्रदत्त नवीन अंशों का निर्गमन करके अथवा आंशिक प्रदत्त अंशों को पूर्ण प्रदत्त बनाकर किया जा सकता है।

बोनस अंशों के निर्गमन की स्थितियाँ (Situations of Issuing Bonus Shares)

(i) कम्पनी के पास तरलता का अभाव होने की दशा में बोनस अंशों का निर्गमन किया जाता है। चूँकि नकद लाभांश वितरण से कम्पनी की कार्यशील पूँजी में कमी हो सकती है।

(ii) जब कम्पनी के संचयों में अत्यधिक वृद्धि हो गई हो तो अतिरेक संचय बोनस अंशों के रूप में वितरित किये जा सकते हैं।

(iii) कभी-कभी शासकीय प्रतिबन्धों के कारण पर्याप्त लाभ होने पर भी कम्पनी द्वारा ऊँची दर से लाभांश नहीं घोषित किया जा सकता। उस दशा में कम्पनी अतिरिक्त लाभांश को बोनस अंशों के रूप में वितरित कर सकती है।

(iv) कभी-कभी कम्पनी द्वारा ऊँची दर से लाभांश की घोषणा इसलिए नहीं की जाती कि भविष्य में अंशधारकों द्वारा उसी दर से लाभांश की अपेक्षा की जायेगी। ऐसी दशा में कम्पनी कम मात्रा में नकद लाभांश घोषित करके अवशेष लाभांश को बोनस अंशों के रूप में वितरित कर देती है।

(v) अंशों के अंकित मूल्य एवं बाजार मूल्य में अत्यधिक अन्तर होने की दशा में भी बोनस अंशों का निर्गमन किया जा सकता है।

बोनस अंशों का निर्गमन समता एवं पूर्वाधिकार दोनों प्रकार के अंशधारकों को किया जा सकता है। किन्तु प्राय: बोनस अंश समता अंशधारकों को ही निर्गत किये जाते हैं। इन्हें केवल पूर्ण प्रदत्त अंशों के स्वरूप में ही निर्गत किया जा सकता है।

वैधानिक प्रावधान (Legal Provisions)—बोनस अंशों का निर्गमन करने हेतु निम्नलिखित वैधानिक प्रतिबन्धों का पालन करना अनिवार्य होता है—

(i) बोनस अंशों के निर्गमन हेतु नियंत्रक शासकीय अभिकरण से अनुमति प्राप्त करना अनिवार्य है।

(ii) पार्षद अन्तर्नियमों में इस प्रकार के अंशों को निर्गमित करने हेतु पूर्व में व्यवस्था की गई हो।

(iii) निदेशकों के प्रस्ताव का अनुमोदन सामान्य सभा द्वारा किया जाना आवश्यक होता है।

बोनस अंशों के निर्गमन हेतु सेबी (S.E.B.I) द्वारा जारी दिशा निर्देश

बोनस अंशों के निर्गमन हेतु भारतीय प्रतिभूति विनिमय मण्डल द्वारा वर्ष 2000 में निम्नलिखित दिशा निर्देश जारी किये गये हैं—

(i) सेबी (SEBI) के दिशा निर्देश विद्यमान सूचीबद्ध कम्पनियों के लिए लागू होते हैं।

(ii) बोनस अंशों का निर्गमन केवल औचित्यपूर्ण लाभों से निर्मित स्वतंत्र संचयों अथवा नकद रूप में संग्रहीत शेयर प्रीमियम से की जा सकती है। ऋण पत्रों के शोधन हेतु संग्रहीत ऋण पत्र शोध्य संचय को सामान्य मानकर बोनस अंशों के निर्गमन हेतु प्रयोग किया जा सकता है।

(iii) बोनस अंशों का निर्गमन आंशिक रूप से प्रदत्त अंशों के स्थान पर पूर्ण प्रदत्त अंशों के रूप में किया जा सकता है।

(iv) स्थायी सम्पत्तियों के पुनर्मूल्यांकन से सृजित संचयों को बोनस अंशों के रूप में पूँजीकृत नहीं किया जा सकता।

(v) लाभांश के स्थान पर बोनस अंशों का निर्गमन नहीं किया जा सकता।

(vi) निदेशक मण्डल की स्वीकृति के उपरान्त कम्पनी द्वारा घोषित बोनस अंशों सम्बन्धी प्रस्ताव को 6 माह के अन्दर क्रियान्वित किया जाना चाहिए। इस प्रकार के निर्णयों में परिवर्तन कदापि नहीं किया जा सकता।

(vii) संचयों के पूँजीकरण हेतु कम्पनी अन्तर्नियमों में स्पष्ट प्रावधान होना चाहिए। ऐसा न होने पर कम्पनी द्वारा सामान्य सभा में प्रस्ताव पारित करके पूँजीकरण हेतु अन्तर्नियमों में प्रावधान किया जा सकता है।

(viii) किसी भी सार्वजनिक निर्गम के एक वर्ष उपरान्त ही बोनस अंशों का निर्गमन किया जा सकता है।

(ix) बोनस अंशों के निर्गमन के उपरान्त प्रस्तावित पूँजीकरण का न्यूनतम 50% अवशिष्ट संचय के रूप में अवश्य होना चाहिए।

(x) बोनस अंशों का निर्गमन करने के उपरान्त यदि प्रार्थित एवं प्रदत्त पूँजी अधिकृत पूँजी से अधिक हो जाती है तो कम्पनी द्वारा सामान्य सभा में अधिकृत पूँजी में अभिवृद्धि हेतु एक प्रस्ताव पारित किया जाना चाहिए।

(ix) बोनस अंशों के दो निर्गमनों के मध्य कम-से-कम 3 वर्षों का अन्तराल अवश्य होना चाहिए' फेरा (F.E.R.A) कम्पनियों की दशा में यह अवधि 2 वर्ष कर दी गयी है।

(x) कम्पनी के पिछले 3 वर्षों के औसत लाभ का 30% भाग (करों से पूर्व) बढ़ी हुई पूँजी पर 10% लाभांश अर्जित करने योग्य होना चाहिए।

(xi) बोनस अंश निर्गत करने हेतु कुल प्रदत्त पूँजी से अधिक राशि के मुक्त संचयों का पूँजीकरण नहीं किया जा सकता है। अर्थात् बोनस अंश एवं समता अंश समान अनुपात में ही निर्गमित किये जा सकते हैं।

(xii) बोनस अंश निर्गमित करने हेतु आवेदन पत्र संचालक मण्डल की सभा में घोषणा के एक माह के अन्दर प्रस्तुत कर दिया जाना चाहिए।

बोनस अंश निर्गमन के प्रभाव
(Effects of Issue of Bonus Shares)

बोनस अंशों के निर्गमन हेतु संचित कोषों अथवा लाभ हानि खाते से निर्गमित किये जाने वाले बोनस अंशों के मूल्य के समान राशि पूँजी खाते में हस्तान्तरित कर दी जाती है तथा अंशधारकों को उसी अंशानुपात में अंश प्रमाण-पत्र निर्गत कर दिये जाते हैं। बोनस अंशों के निर्गमन से कम्पनी की तरलता प्रभावित न होकर अपितु प्रतिधारित लाभ प्रभावित होते हैं। सामान्यतया बोनस अंशों के निर्गमन के निम्नलिखित प्रभाव संगठन में दृष्टिगोचर होते हैं—

1. अंश पूँजी में वृद्धि (Increase in Share Capital)—कम्पनी द्वारा बोनस अंशों के निर्गमन से कम्पनी की निर्गमित अंश पूँजी में अभिवृद्धि हो जाती है। उदाहरणस्वरूप यदि किसी कम्पनी की पूँजी संरचना में रु० 10 मूल्य वाले 10,000 समता अंश तथा रु० 30,000 के संचय एवं आधिक्य हों तथा कम्पनी द्वारा 4 अंशों के लिए एक बोनस अंश का निर्गमन किया जाय तो कम्पनी की अंशपूँजी 2,500 अंशों (10,000 × 1/4) अर्थात् रु० 25,000 से बढ़ जायेगी।

2. प्रति अंश आय में कमी (Decrease in Per Share Income)—बोनस अंशों के निर्गमन से निर्गमित अंशों की संख्या में वृद्धि होने के उपरान्त कम्पनी की प्रति अंश आय में कमी स्वाभाविक है। उपर्युक्त उदाहरण में बोनस अंश निर्गमन से पूर्व कम्पनी की आय रु० 50,000 वार्षिक हो तो प्रति अंश आय रु० 5 (50,000 × 10,000) तथा बोनस अंशों के निर्गमन के उपरान्त प्रति अंश आय (50,000 × 12,500) रु० 4 होगी।

3. अंशों के बाजार मूल्य में कमी (Decrease in the Market Price of Shares)—कम्पनी द्वारा बोनस अंशों की घोषणा करते समय अंशों का बाजार मूल्य ऊँचा होता है। किन्तु बोनस अंशों के आवंटन के उपरान्त अंशों के बाजार मूल्य में कमी हो जाती है। इसका कारण बोनस अंशों के निर्गमन से प्रतिअंश आय में कमी का होना होता है।

4. स्वामित्व पर प्रभाव नहीं (No Impact on Owner's Capital)—बोनस अंशों के निर्गमन से स्वामित्व पूँजी Owner's equity) पर कोई प्रभाव नहीं पड़ता। वस्तुत: बोनस अंशों का निर्गमन पूँजी लाभ अथवा संचित में ही किया जा सकता है। इससे जहाँ एक ओर अंश पूँजी में वृद्धि होती है। वहीं दूसरी ओर संचित कोषों की राशि में उतनी ही कमी हो जाती है। जिससे स्वामित्व पूँजी की मात्रा अपरिवर्तित रहती है। जैसे उपर्युक्त उदाहरण में अंशों के निर्गमन से पूर्व स्वामित्व पूँजी (रु०1,00,000 + 30,000) थी। बोनस अंशों के निर्गमन के उपरान्त (1,25,000 + 5,000) रु० 1,30,000 होगी।

बोनस अंशों के निर्गमन से लाभ
(Advantages of Bonus Shares)

सामान्यतया बोनस अंशों के निर्गमन से कम्पनी, अंशधारक इत्यादि पक्ष प्रभावित होते हैं। बोनस अंशों के निर्गमन से निम्नलिखित लाभ होते हैं—

1. निर्गमन लागत में कमी (Decrease in Issuing Cost)—बोनस अंशों का निर्गमन करने से कम्पनियों की पूँजी निर्गमन सम्बन्धी लागतों में कमी आ जाती है। इन अंशों के निर्गमन से प्रविवरण सम्बन्धी व्यय, दलाली, कमीशन, स्टेशनरी इत्यादि व्ययों में बचत होती है। बोनस अंशों का निर्गमन कम्पनी द्वारा अपने अंशधारकों को उनके द्वारा धारित अंशों के अनुपात में निर्गत कर दिये जाते हैं।

2. तरलता की स्थिति बनाये रखना (To Maintain Liquidity Position)—बोनस अंशों के निर्गमन द्वारा कम्पनी की तरलता प्रभावित नहीं होती, चूँकि कम्पनी द्वारा बोनस अंशों का निर्गमन करके नकद कोषों का उपयोग किये बिना लाभांश का वितरण किया जा सकता है। जिससे संगठन की तरलता यथावत् बनी रहती है।

3. भ्रामक प्रदर्शन से बचाव—कम्पनी की प्रति अंश आय उच्च होने पर अनावश्यक रूप से कर्मचारियों तथा उपभोक्ताओं द्वारा कम्पनी की प्रतिष्ठा पर संदेह किया जाता है। कर्मचारियों द्वारा न्यूनतम वेतन के रूप शोषण तथा उपभोक्ताओं द्वारा उत्पादों के अधिक मूल्य की शिकायत की जाती है। बोनस अंशों के निर्गमन से अंशों की संख्या में वृद्धि होने तथा कम्पनी की आय स्थिर रहने के कारण प्रति अंश लाभांश की राशि कम्पनी की अर्जन क्षमता के समान हो जाती है। अत: कम्पनी की प्रतिष्ठा सन्देहास्पद नहीं होती।

4. विकास पूँजी का माध्यम—बोनस अंशों के निर्गमन द्वारा संगठन के अनुसन्धान, विकास एवं विस्तार कार्यक्रमों को अत्यन्त सरलतापूर्वक वित्त पोषित किया जा सकता है। इससे पूँजी लागत में कमी आने के साथ ही कम्पनी का प्रबन्ध एवं नियंत्रण कम्पनी के वर्तमान सदस्यों के मध्य रह जाता है।

5. विपणनशीलता में अभिवृद्धि (Increase in Marketing)—बोनस अंशों के निर्गमन से अंशों के बाजार मूल्य में कमी हो जाती है। अत: सामान्य विनियोजक भी उस कम्पनी के अंशों को खरीदने की स्थिति में होते हैं। अधिक लाभ अर्जित करने वाली कम्पनियों के कारोबार में अभिवृद्धि होने के कारण प्रति अंश में भी वृद्धि हो जाती है। इसके परिणामस्वरूप कम्पनी के अंशों का बाजार मूल्य पुन: उच्च हो जाता है।

6. भावी लाभों में वृद्धि (Increase in Future Profits)—प्राय: किसी भी कम्पनी द्वारा बोनस अंशों का निर्गमन तभी किया जाता है, जब संगठन की आय में वृद्धि की सम्भावना हो। अर्थात् बोनस अंशों का निर्गमन कम्पनी के भावी लाभों में वृद्धि का सूचक होता है। भावी लाभों में अभिवृद्धि की सम्भाव्यता पर बाजार में कम्पनी के अंशों की माँग बढ़ जाती है। माँग में वृद्धि के परिणामस्वरूप अंशों के बाजार मूल्य में वृद्धि होने की सम्भावना बढ़ जाती है।

7. करों में बचत (Saving in Taxes)—बोनस अंशों के निर्गमन से अंशधारकों की कर देयता में बचत होती है। रोकड़ के रूप में प्राप्त लाभांश को अंशधारक की कुल आय में सम्मिलित कर लिया जाता है। जिससे अंशधारक को अधिक मात्रा में कर का भुगतान करना होता है। बोनस अंशों के रूप में प्राप्त लाभांश नकद रूप में प्राप्त न होने के कारण कर योग्य नहीं होता।

8. भावी लाभांशों में अभिवृद्धि (Increase in Future Dividends)—कम्पनी की अर्जन क्षमता में अभिवृद्धि न होने पर भी प्रति लाभांश समान होने पर अशंधारक को प्राप्य कुल लाभांश में वृद्धि हो जाती है। उदाहरणस्वरूप यदि कम्पनी द्वारा प्रति अंश रु० 2 लाभांश के रूप में वितरित करने की घोषणा की जाती है तो 1000 अंशों के धारक को लाभांश के रूप में 2,000 प्राप्त होंगे। यदि कम्पनी द्वारा 5 अंशों पर एक बोनस अंश निर्गत किया जाता है तो अंशधारक के पास बोनस के रूप में 200 अंश अतिरिक्त होंगे। उस दशा में उसे 1,200 अंशों पर लाभांश (1200 × 2) रु० 2,400 प्राप्त होगा।

9. अन्य लाभ (Other Benefits)—बोनस अंशों के निर्गमन से कम्पनी में नवीन अंशधारकों का प्रवेश नहीं हो पाता जिससे कम्पनी का प्रबन्धन वर्तमान सदस्यों के हाथों में बना रहता है। अंशधारकों का हिस्सा संगठन की कुल अंश पूँजी में बढ़ जाने पर भी प्रबन्ध एवं नियंत्रण पर कोई प्रभाव नहीं पड़ता। संगठन द्वारा प्रतिधारित आय में से विकास एवं विस्तार योजनाओं का क्रियान्वयन किये जाने से अंशधारक सन्तुष्ट रहते हैं।

बोनस अंशों के निर्गमन से हानियाँ
(Disadvantages to Bonus Shares)

बोनस अंशों अथवा स्कन्ध लाभांश के निर्गमन से संगठन को निम्नलिखित हानियाँ होती हैं—

1. अतिपूँजीकरण का भय (Fear of Over Capitalisation)—संगठन की भावी पूँजी आवश्यकताओं का गलत अनुमान लगाकर संचयों का पूँजीकरण कर दिये जाने से अतिपूँजीकरण का भय बना रहता है।

2. अतिरिक्त लाभांश का भुगतान (Payment of Additional Dividend)—बोनस अंशों के निर्गमन से संगठन की आय स्थिर रहने पर भी अतिरिक्त लाभांश का भुगतान कम्पनी को करना पड़ता है। बोनस अंशों के रूप में अतिरिक्त अंश, अंशधारकों के पास उपलब्ध होने के कारण कम्पनी की लाभांश सम्बन्धी देयता में वृद्धि हो जाती है। कम्पनी के भावी लाभों में वृद्धि न होने पर संगठन पर अतिरिक्त प्रभार पड़ता है।

3. सट्टे को प्रोत्साहन (Foster Speculation)—बोनस अंशों के निर्गमन से कम्पनी में सट्टेबाजी को प्रोत्साहन मिलता है। परिणामस्वरूप अंशों के बाजार मूल्य स्थिर नहीं रहते।

4. अंशधारकों में असन्तोष (Dissatisfaction in Share Holders)—लाभांश की दरों में कमी हो जाने से अंशों का बाजार मूल्य कम हो जाता है परिणामस्वरूप असन्तुष्ट अंशधारक उन अंशों का विक्रय प्रारम्भ कर देते हैं।

परीक्षा प्रश्न
(Examination Questions)

I. दीर्घ उत्तरीय प्रश्न (Long Answer Type Questions)

1. लाभांश से आप क्या समझते हैं? इनके विभिन्न प्रकारों का उल्लेख कीजिए।
   What do you understand by dividend? Mention the different types of dividends.
2. लाभांश नीति को प्रभावित करने वाले विभिन्न तत्त्वों की विवेचना कीजिए।
   Describe the various factors affecting Dividend Policy.
3. एक कम्पनी की लाभांश नीति को निर्धारित करने वाले घटकों का विवेचन कीजिए।
   Discuss the factors determining Dividend Policy of a company.

(Awadh University M.Com. 1989, BHU. M. Com. 1991)

4. एक फर्म की लाभांश भुगतान की क्षमता और स्वेच्छा को प्रभावित करने वाले प्रमुख घटक कौन-कौन से हैं?
What are the major factors influencing the firm's willingness and ability to Pay Dividends?
5. विभिन्न प्रकार की लाभांश नीतियों को समझाइये।
Discuss the different types of Dividend Policies.
6. स्थिर लाभांश नीति के प्रमुख लक्षणों की विवेचना कीजिए तथा इनके लाभों का उल्लेख कीजिए।
Discuss the salient features of a stable Dividend Policy and Describe its Merits.
7. लाभांश की घोषणा के सन्दर्भ में भारतीय कम्पनी अधिनियम की व्यवस्थाओं की व्याख्या कीजिए।
Explain the main Provisions of Indian Companies Act in respect of declaration of Dividend.
8. भारतीय कम्पनियों के लाभांश व्यवहार पर एक निबन्ध लिखिए।
Write an essay on the dividend behaviour of Indian compaines.
(Allahabad University, B. Com. 1988)
9. एक कम्पनी की लाभांश नीति के सृजन में विचारणीय प्रमुख तत्त्वों की आलोचनात्मक समीक्षा कीजिए।
Analyse critically the main factors which should be taken into consideration in formulating the dividend Policy of a company. (Alld. University B.Com. 1992)
10. लाभांश नीति की मोदिग्लियानी मिलर अवधारणा की व्याख्या कीजिए।
Explain the Modigliani Millar model of dividend Policy.
11. आप अपनी कम्पनी के लिए एक सुदृढ़ लाभांश नीति का निर्माण करते समय किन-किन घटकों को ध्यान में रखेंगे।
What factors would you consider in formulating a sound dividend policy for your company.
12. लाभांश नीति के निर्धारक तत्त्वों को संक्षेप में समझाइये।
Explain briefly the determination of a Dividend Policy. (B.H.U. M. Com. 1993)
13. एक कम्पनी की लाभांश नीति को निर्धारित करते समय किन-किन बातों पर ध्यान देना आवश्यक होता है उदाहरण सहित समझाइये।
What consideration are kept in mind while deciding the Dividend Policy of a company? Explain with Illustration. (Kanpur University M. Com. 1991)
14. बोनस अंश क्या है? इनके लाभ व दोषों की विवेचना कीजिए।
What are Bonus Shares? Discuss its benefits and losses.

II. लघु उत्तरीय प्रश्न (Short Answer Type Questions)

(i) "लाभांश से आप क्या समझते हैं"?
What do you understand by Dividend?
(ii) विभाजन योग्य लाभ क्या है?
What are divisible Profits?
(iii) लाभांश नीति से आप क्या समझते हैं?
What do you mean by Dividend Policy?
(iv) स्थिर लाभांश नीति क्या है?
What is stable Dividend Policy?
(v) उदार लाभांश नीति से आप क्या समझते हैं?
What do you mean by liberal dividend Policy?
(vi) अन्तरिम लाभांश क्या है?
What is interim dividend.
(vii) वाल्टर फार्मूला की व्याख्या कीजिए।
Explain Walter's Formula.

(viii) गोर्डन मॉडल से आप क्या समझते हैं?
What do you mean by Gordan's Model.

(ix) बोनस अंश क्या हैं?
What are 'Bonus' Shares?

(x) बोनस अंश के निर्गमन के प्रभाव की व्याख्या कीजिए।
Explain the effects of issue of Bonus Shares.

III. बहुविकल्पीय प्रश्न (Objective Type Questions)

(i) विभाजनीय लाभ की गणना हेतु प्रावधान किया जाता है।
The Provision for divisible Profit is being made.
(A) ह्रास सम्बन्धी (B) कर सम्बन्धी
(C) संचय सम्बन्धी (D) इनमें से सभी
Ans D.

(ii) लाभांश का भुगतान नहीं किया जा सकता है।
The Payment of Dividend can not be made.
(A) पूँजी से (B) संचयों से
(C) वर्तमान लाभों से (D) भूतकालीन लाभों से
Ans. A

(iii) अंशधारकों के मध्य वितरित किये जाने वाले लाभों को कहा जाता है।
(A) प्रतिधारित आय (B) संचय प्रावधान
(C) विभाजनीय लाभ (D) इनमें से कोई नहीं।
Ans. C

(iv) लाभांश का निर्धारण करने से पूर्व निम्नलिखित तथ्यों को दृष्टिगत रखा जाता है।
(A) कम्पनी की भावी वित्तीय आवश्यकताएँ (B) अंशधारकों को उचित प्रतिफल
(C) निदेशक मण्डल का विवेक (D) उपर्युक्त सभी
Ans. D

(v) लाभांश नीति के निर्धारण तत्त्व हैं—
(A) उद्यम की प्रकृति (B) लाभांश की मात्रा
(C) भावी वित्तीय आवश्यकताएँ (D) उपर्युक्त सभी
Ans. D

(vi) स्थिर लाभांश नीति के अन्तर्गत लाभांश की मात्रा रहती है।
(A) नियमित (B) अस्थिर
(C) स्थिर (D) A एवं C
Ans D.

(vii) स्थिर लाभांश नीति के अन्तर्गत निम्नलिखित विकल्प नहीं हो सकते हैं—
(A) प्रति अंश स्थिर लाभांश (B) स्थिर भुगतान अनुपात
(C) स्थिर लाभांश (D) प्रति अंशधारक निश्चित लाभांश
Ans D.

(viii) स्थिर लाभांश नीति के लाभ हैं—

(A) न्यूनतम लाभ निश्चित (B) अंशों के बाज़ार मूल्य में स्थायित्व

(C) अतिरिक्त पूँजी प्राप्ति सुगम (D) उपर्युक्त सभी

Ans. D

(ix) विकासपरक लाभांश नीति के अन्तर्गत

(A) कम्पनी का हित सर्वोपरि होता है। (B) अंशधारकों का हित सर्वोपरि होता है।

(C) दोनों के हितों का ध्यान रखा जाता है। (D) इनमें से कोई नहीं।

Ans. A

(x) विकासपरक लाभांश नीति के अन्तर्गत अंशधारकों को लाभांश

(A) अधिक प्राप्त होता है। (B) कम प्राप्त होता है।

(C) प्रतिधारित आय में कमी होती है। (D) इनमें से कोई नहीं।

Ans. B

(xi) उदार लाभांश नीति विनियोजकों के हितों को संरक्षित करती हैं—

(A) अल्पकालीन (B) दीर्घकालीन

(C) उपर्युक्त दोनों (D) इनमें से कोई नहीं

Ans. A

(xii) नियमित स्कन्ध लाभांश नीति के अन्तर्गत लाभांश का भुगतान किया जाता है।

(A) नकद रूप में (B) अंशों के रूप में

(C) दोनों रूपों में (D) इनमें से कोई नहीं

Ans B.

(xiii) सुदृढ़ लाभांश नीति के आवश्यक तत्त्व नहीं हैं।

(A) लाभांश का नकद भुगतान (B) अर्जित लाभों में से लाभांश

(C) स्थिरता (D) उपर्युक्त सभी।

Ans. C

(xiv) बन्ध पत्र लाभांश के अन्तर्गत लाभांश का भुगतान किया जाता है।

(A) अंशों के रूप में (B) नकद रूप में

(C) ऋण पत्रों के रूप में (D) इनमें से कोई नहीं

Ans. C

(xv) वाल्टर प्रतिमान विचारधारा की पोषक है।

(A) असंगति विचारधारा (B) संगति विचारधारा

(C) सामान्य विचारधारा (D) इनमें से कोई नहीं

Ans. B

(xvi) ''कम्पनी की लाभांश नीति सदैव उनके अंशों के बाजार मूल्य अथवा अंशधारकों की सम्पत्ति के मूल्य को प्रभावित करती है'' यह कथन है।

(A) मोदिग्लियानी मिलर (B) वाल्टर

(C) गोर्डन (D) इनमें से कोई नहीं

Ans. B

(xvii) गोर्डन सिद्धान्त का सूत्र है।

(A) $\frac{EPS(I-B)}{Ce-Br}$ (B) $\frac{B(EPS-1)}{Ce-Br}$

(C) $\frac{Ce-Br}{EPS(I-B)}$ (D) इनमें से कोई नहीं।

Ans. A

(xviii) मोदिग्लियानी मिलर अवधारणा लाभांश की विचारधारा की पोषक है।

(A) संगति विचारधारा (B) असंगति विचारधारा

(C) आधुनिक विचारधारा (D) परम्परागत विचारधारा

Ans. B

(xix) मोदिग्लियानी मिलर सिद्धान्त में लाभांश निर्धारण सूत्र है।

(A) $\frac{D_1+P_1}{I+r}$ (B) $\frac{D_1+P_1}{I+r}$

(C) $\frac{I+r}{D_1+P_1}$ (D) $\frac{I-r}{D_1+P_1}$

Ans. B

(ix) बोनस अंशों से अभिप्राय है।

(A) अतिरिक्त अंशों से (B) संचयों के अतिरेक से

(C) पूँजी के अतिरेक से (D) उपर्युक्त सभी

Ans. A
